"이 책은 ________ 를(을) 위한 책이야!

하나님께서 ________ 를(을) 사랑하신대.

그래서 하나님께서는 자신의 아들이신

예수님을 ________ 를(을) 위해 보내셨단다."

두란노 이야기성경

두란노 이야기성경

지은이 J.H. 뮬더-판 하링언 · 그린이 한너꺼 판 오우스트럼

두란노 KiDZ

지은이 **J.H. 뮬더-판 하링언(J.H. Mulder-van Haeringen)**

그린이 **한너꺼 판 오우스트럼(Hanneke van Oostrum)**

옮긴이 **윤혜숙**

현재, 네 아이의 엄마인 윤혜숙은 신학을 공부한 남편과 함께 네덜란드에서 생활하며 자녀에게 매일 성경을 읽어주는 개혁교회의 좋은 전통을 배웠다. 서울대 사범대학을 졸업했고 선생님이 되려던 꿈은 하나님이 주신 네 아이를 홈스쿨링을 하며 이루고 있다. 네덜란드어를 모르는 두 아들에게 좋은 이야기성경을 읽어주고 싶은 마음으로 번역하였다.

감 수 **임경근**

고려신학대학원을 졸업 후 네덜란드에서 Kampen 개혁교회신학대학원(Drs.)을 졸업하고 Apeldoorn 기독개혁교회 신학대학원(Th. D.)에서 교회사로 신학박사학위를 받았다. 분당 샘물기독학교 교목으로 섬겼고, 현재 용인 다우리 교회 담임목사이다. 특별히 한국 교회가 잃어버린 보물인 '가정예배'를 회복하기를 바라는 마음으로 가정예배 회복 운동(http://cafe.daum.net/family-worship)에 앞장서고 있다.

두란노 이야기 성경

펴낸날 | 2009. 11. 7.

1판 37쇄 | 2024. 2. 5.

등록번호 | 제302-2007-00009호 등록

처 | 서울시 용산구 서빙고동 65길38 발행

처 | 두란노키즈

영업부 | 2078-3333 Fax 080-749-3705

출판부 | 2078-3440

ISBN | 978-89-92889-72-8

| 독자의 의견을 기다립니다.

NAVER 카페검색

두란노 ▶ http://cafe.naver.com/durannobook

http://www.duranno.com

KiDZ DURANNO 두란노키즈는 두란노서원의 어린이책 전문 브랜드입니다.

“ 예수님의 특별한 사랑을 받고 있는 모든 이들에게 ”

머리말

「De Bijbel voor jou(네덜란드 원제: 너를 위한 성경)」는 쉽게 풀어 쓴 성경 이야기입니다.

하나님의 말씀인 성경은 세상에서 가장 많이 팔리는 책입니다. 그러나 성경은 어른만을 위한 책으로 인식됩니다. 실제로 어린아이들은 성경을 어렵다고 느끼고 또 성경을 어렵다고 느끼는 어른도 적지 않습니다. 어린아이나 성경을 어렵게 느끼는 이들이 성경과 친해지도록 하려면 어떻게 해야 할까요? 이 책은 어린아이들, 그리고 성경을 이해하는 데 어려움을 겪는 이들을 위해 썼습니다.

네덜란드의 아이들은 보통 유아용 그림 성경을 통해 성경을 처음 만납니다. 그다음에 이야기 성경을 읽고, 그 후에는 진짜 성경으로 넘어가게 됩니다. 이 책은 유아용 그림 성경에 비해 내용이 아주 풍부합니다. 그러면서도 어린아이들이 잘 이해할 수 있도록 쉽고 재미있게 성경을 풀어 썼습니다. 그림 성경을 보던 4, 5세 아이들에게는 성경 이야기의 재미를 선사할 것이며, 10세 전후의 아이들에게는 성경에 대한 이해와 흥미를 일으켜 진짜 성경으로 나아가도록 돕는 좋은 디딤돌이 될 것입니다.

저의 딸 띤까(Tinca)에게 들려주던 성경 이야기가 이렇게 책으로 만들어졌습니다. 정신지체 장애우들은 유아용 그림 성경을 읽다가 더 어려운 이야기 성경으로 나아가지 못하는 경우가 많습니다. 그들에게는 이야기 성경도 너무 어렵기 때문입니다. 이야기 성경이 아닌 진짜 성경은 결국 그들에게 다가갈 수 없는 책으로 남고 맙니다! 하지만 정신지체 장애우도 하나님께서 어떤 목적으로 사람을 만드셨는지 알아야 합니다. 나아가 예수님은 장애가 있는 이들도 사랑하시며, 예수님이 십자가에 돌아가시면서 장애가 있는 이들의 죄도 깨끗이 없애 주셨다는 것을 알아야 합니다. 우리가 만약 그들이 이해할

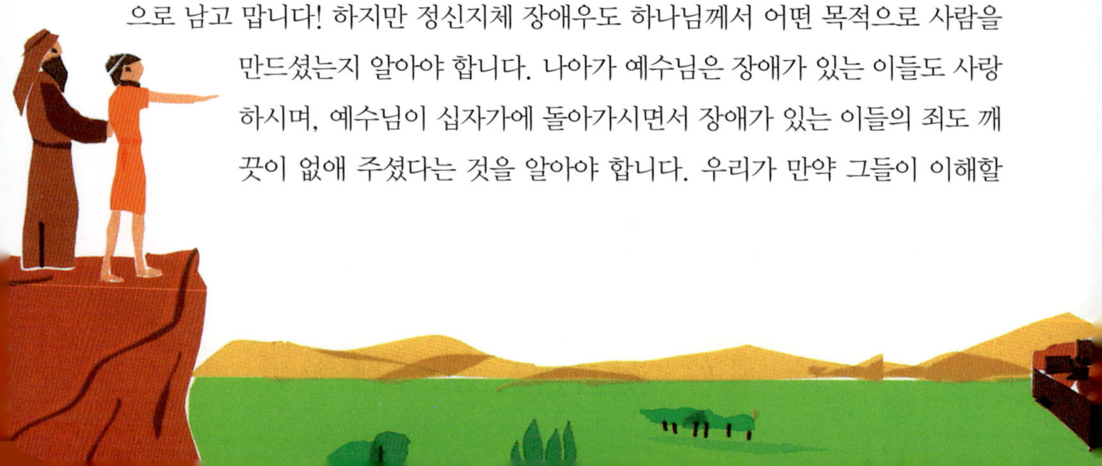

수 있는 언어로 이 이야기를 들려주지 않는다면 결국 우리는 그들이 하나님 앞에 나오는 것을 도울 수 없게 됩니다! 이 고민 앞에서 저는 딸 띤까의 도움으로 이 특별한 성경 이야기책을 쓰게 되었습니다.

저는 성경 본문에 아주 충실하게 이야기를 쓰려고 노력했습니다. 그리고 현재 우리가 사용하는 용어로 표현하려고 애썼습니다. 우리가 이제는 사용하지 않는 용어나 개념들은 가능하면 줄였습니다. 때로 그것이 불가능할 때는 먼저 성경 용어를 설명했습니다.

이 책을 읽거나 읽어 주시는 분들은 이 책에 나오는 이야기가 그냥 이야기가 아님을 확신해야 합니다. 그렇습니다. 이 책은 하늘과 땅을 만드신 '창조주'에 대한 이야기입니다. 그리고 하나님의 아들이신 '예수 그리스도'에 대한 이야기입니다.

한너꺼 판 오우스트럼(Hanneke van Oostrum) 님이 열정을 담아 각 이야기에 멋진 그림을 그려 주셨습니다. 이 삽화들은 단순하지만 이야기의 주요 순간을 아주 섬세하게 표현하고 있습니다. 교육계에서 일하시는 많은 전문가가 이 책 내용을 세밀하게 읽어 주셨습니다. 그분들의 창조적인 비평에 진심으로 감사를 드립니다. 특별히 빔 니뜨라우(Wim Nitrauw) 님은 이 책 전체를 읽고 비평하는 어려운 일을 맡아 저를 격려해 주셨습니다.

저의 바람은 「De Bijbel voor jou(네덜란드 원제: 너를 위한 성경)」를 읽는 많은 분들이, 예수님이 우리를 특별히 사랑하셔서 우리가 그분과 친밀하게 살기를 원하신다는 사실을 알게 되는 것입니다. 예수님은 모든 이들을 위해 가장 비싼 값을 치르셨습니다!

바르너펠트(Barneveld)에서
J. H. 뮬더-판 하링언(J.H. Mulder- van Haeringen)

일러두기

1. 「두란노 이야기 성경」은 아이들이 하나님의 말씀인 성경을 친근하게 느끼고 스스로 읽고 깨달을 수 있도록 돕는 책입니다. 저자의 해석과 상상을 가미하여 이야기로 풀어 썼으므로 성경을 병행하여 읽어 준다면 그 효과는 배가 될 것입니다.

2. 「두란노 이야기 성경」에 나오는 지명과 고유 명사들은 가능하면 현재 사용되는 발음에 가깝게 표기하고 대한성서공회에서 펴낸 성경전서(개역개정판)의 용어를 병행했습니다. 이는 어린이들에게 친근감을 주고 또한 성경이 실제적 사건임을 인지하도록 하기 위함입니다.

3. 「두란노 이야기 성경」은 스토리텔링 형식의 구어체로 썼습니다. 어린이들에게 어려운 내용이나 단어는 성경 본문을 최대한 살리면서 이해하기 쉽도록 썼습니다. 가정에서 자녀에게, 기독 유치원이나 기독교 학교에서 학생들에게 읽어 주는 것만으로도 성경을 가르칠 수 있습니다.

4. 「두란노 이야기 성경」은 세상에 인간의 모습으로 오신 30대 초반의 예수님을 생각하며 다른 사람에게 말씀하시는 예수님의 말을 '예사높임'으로 표현했습니다.

5. 이야기 제목 중 몇 개에는 * 표시가 있습니다. 이것들은 상당히 어려운 주제를 다룬 사건들을 의미합니다. 이 이야기들은 하나님에 대한 이해보다는 하나님을 향한 사랑을 강조한 것들입니다.

구약성경

구약 성경 목차

1. 세상을 만들었어. 그런데 누가?

창세기 1장

아주 오래전 하나님께서 하늘과 땅을 만드셨단다. 예수님과 함께 하늘나라에 살고 계시는 바로 그 하나님께서 말이야. 예수님은 하나님의 아들이셔. 하늘나라에는 천사들도 같이 살고 있어. 천사들은 하나님께서 시키시는 일을 하는 하나님의 종이란다. 하늘나라에는 모든 것들이 아름답고 좋았지. 하지만, 땅은 그렇지 않았어. 모든 것이 뒤죽박죽이었지. 하늘도 뒤죽박죽, 바다와 땅도 뒤죽박죽. 그리고 아무것도 볼 수 없을 정도로 깜깜했단다!

"사람을 만들자."

하나님께서 예수님에게 말씀하셨어.

"저 땅에 사람들이 살도록 하는 거야. 그러려면 땅을 먼저 멋있게 꾸며 줘야겠군!"

하나님께서는 사람이 살 수 있도록 땅을 멋있게 만들기 시작하셨어.

첫째 날, 하나님께서는 빛을 만드셨지. 하나님께서 만드신 것들을 보려면 빛이 있어야겠지?

둘째 날, 하나님께서는 파란 하늘과 멋진 구름을 만드셨단다.

셋째 날, 하나님께서는 바다, 호수, 땅을 만드셨어. 사람들은 이제 땅 위에 집을 지을 수 있고, 배를 타고 호수를 건너갈 수도 있겠지. 그리고 하나님께서는 풀과 꽃, 나무도 만드셨어. 벌써 땅이 아주 멋있게 변했단다.

넷째 날, 하나님께서는 해와 달과 별들을 만드셨어. 사람들은 낮이면 따뜻한 햇볕을 받을 수 있고 밤이면 반짝이는 별들을 볼 수 있게 되었지. 깜깜한 밤하늘에 떠오른 달은 은은하게 세상을 밝혀 주었어. 하지만, 그때까지 땅 위에는 움직이는 것이 아무것도 없어서 조용했단다.

그래서 하나님께서는 다섯째 날에 새들을 만드셨어. 새들은 파란 하늘을 날아다녔지. 나무에 둥지를 만들고 즐겁게 노래도 불렀단다. 하나님께서는 물고기도 만드셨어. 바다에서 헤엄치는 커다란 고래, 냇가에서 헤엄치는 작은 금붕어도 만드셨지. 아무것도 없이 조용하기만 하던 세상 여기저기에서 움직이는 것들이 생겨났어. 하지만 아직까지 동물들이 많지는 않았어. 하나님께서 동물들을 언제 만드실까? 조금 더 기다려 보자!

드디어 여섯째 날, 하나님께서는 많은 종류의 동물들을 만드셨단다. 사자, 곰, 코끼리, 소, 말, 그리고 어린 양. 하나님께서는 또 아주 작은 곤충들도 만드셨어. 벌, 딱정벌레, 거미도 만드셨지. 새들은 나무에서 노래하고 나비들은

이 꽃에서 저 꽃으로 날아다녔지. 기린은 나무에 달린 잎사귀들을 먹었어. 목이 아주 긴 기린은 나무 제일 꼭대기에 있는 잎도 야금야금 먹을 수 있었어. 사자가 사슴이랑 장난치며 놀고, 고양이는 쥐와 함께 놀았단다.

"이제 사람을 만들자."

하나님께서 말씀하셨어.

"사람에게 이 모든 동물을 보살피라고 해야겠다. 땅 위의 모든 것을 책임지고 돌보도록 해야지."

하나님께서는 남자와 여자를 만드셨어. 남자의 이름은 '아담'이었고, 여자는 '하와'였단다. 아담과 하와는 멋진 동산에서 살게 되었어. 이 동산이 바로 '에덴동산'이란다. 아담과 하와는 정말 기쁘고 행복했단다. 이렇게 여섯째 날이 저물었지. 하나님께서는 자신이 만드신 모든 것을 찬찬히 살펴보셨어. 모든 것들이 정말 아름다웠단다.

일곱째 날, 하나님께서는 푹 쉬셨어. 하나님께서 직접 만드신 모든 것들을 보시며 아주 기뻐하셨지. 나무랑 꽃이랑 동물들 모두 정말 멋있었어. 그중에서도 이야기를 나눌 수 있는 아담과 하와를 가장 마음에 들어 하셨지. 하나님께서는 아담과 하와에게 두 사람을 얼마나 많이 사랑하시는지 말씀해 주셨단다. 두 사람을 늘 지켜 주시겠다는 말씀도 하셨어.

하나님께서 말씀하셨단다.

"너희는 항상 내 말을 잘 들어야 한단다. 내가 하는 말을 잘 지키고 나에게 순종해야 해. 나는 세상 모든 것을 만들었단다. 그리고 모든 것을 알고 있지. 너희에게 무엇이 좋은지 무엇이 나쁜지도 내가 잘 알고 있단다."

2. 아담과 하와의 불순종

창세기 3장

아담과 하와가 살던 아름다운 에덴동산에는 나무가 많이 있었어. 군침이 살살 도는 맛난 과일이 열리는 나무가 많았지. 사과, 배, 자두, 복숭아……. 음, 맛있겠다! 물론 아담과 하와는 이 과일들을 마음대로 먹을 수 있었어.

에덴동산에는 특별한 나무가 한 그루 있었단다. 그 나무에도 맛있는 열매가 달려 있었지. 하지만, 그 열매는 먹을 수 없었어. 왜냐하면 하나님께서 아담과 하와에게 이렇게 말씀하셨거든.

"너희가 이 나무의 열매를 먹게 되면 아주 불행해진단다. 그리고 결국은 죽게 될 거야. 이 나무 가까이에는 얼씬도 하지 말아라!"

어느 날 하와가 에덴동산에서 산책하고 있었어.

'이곳은 정말 아름다운 곳이야. 이 모든 것을 직접 만드시다니 하나님은 정말 솜씨가 대단하셔!'

동산을 거닐고 있노라면 이런 감탄이 저절로 나온단다. 그러다가 하와는 하나님께서 따 먹지 말라고 하신 열매가 있는 나무 근처에 오게 되었지. 그때였어. 뱀이 '스르륵' 하고 하와 앞에 갑자기 나타나는 거야. 하와는 뱀을 보고 무서워하지 않았어. 그때까지 하와는 '무섭다'는 것이 무엇인지 몰랐거든. 뱀이 말을 걸어왔어.

“하나님께서 너희에게 사과도, 배도, 자두도, 다른 어떤 과일도 다 먹지 말라고 하셨지?”

“아니야.”

하와가 대답했어.

“동산에 있는 나무의 열매는 무엇이든 다 먹을 수 있어. 딱 이 나무 열매만 빼고. 우리가 이 나무의 열매를 먹으면 죽게 된대.”

“글쎄……. 하나님께서 너희에게 거짓말을 하신 것 같은데. 이걸 먹는다고 죽을 리는 없거든. 만약 네가 이 나무의 열매를 먹으면 너도 하나님처럼 뭐든지 할 수 있게 될걸! 하나님께서 그걸 싫어하시는 건 당연하지.”

뱀이 하는 말 좀 들어 봐. 어떻게 이런 거짓말을 한담?

그런데 하와는 뱀의 말을 듣고 이런 생각이 들었어.

'뱀이 한 말이 사실일까? 정말 하나님처럼 뭐든지 할 수 있게 될까?'

하와는 그 나무를 쳐다봤어. 열매가 얼마나 맛있어 보이는지! 하와는 나무에서 열매를 하나 땄단다. '열매를 따는 것쯤은 괜찮겠지?' 그런데 그 열매에서 얼마나 달콤한 냄새가 나는지! 이런, 이런, 어리석은 하와. 정신 바짝 차려야 해. 뱀의 말을 들으면 안 돼! 하나님의 말씀을 벌써 잊은 것은 아니겠지?

그런데 하와는 열매를 먹어 버렸어. 조금도 안 남기고 다 먹어버렸단다. 이제 하와가 하나님처럼 되었을까? 아니야, 오히려 하와는 기분이 너무 나빠졌어. 뱀이 거짓말을 했다는 것을 단번에 알게 되었지.

하와는 그 나무에서 열매를 하나 더 따서 아담에게 주었어.

"당신도 이 열매를 한번 먹어 보세요."

아담은 하와가 시키는 대로 했단다. 하나님께서 이 나무 열매는 절대로 먹으면 안 된다고 말씀하셨던 것을 똑똑히 기억하고 있었으면서도 말이야. 하나님의 말씀을 어긴 것은 하와가 먼저였어. 그런데 아담은 하와를 따라했단다. 하나님이 먹지 말라고 하신 나무 열매를 그만 먹어 버렸지!

그리고 두 사람은 불행해졌어. 모든 것이 달라졌단다. 슬픈 마음이 들었고, 겁도 났어! 아담은 갑자기 자기가 옷을 입지 않고 있다는 것이 너무 이상하고 부끄러웠단다. 조금 전까지도 몰랐는데 갑자기 부끄럽다는 생각이 들었어. 하와 앞에서 옷을 안 입고 벌거벗은 자신이 부끄러웠어. 하와도 아담 앞에서 부끄러운 생각이 들었어. 그때까지 하와도 아담처럼 옷을 안 입고 있었거든. 두 사람은 나뭇잎을 따서 치마를 만들었어. 몸을 조금이라도 가리려고 말이야.

저녁이 되자 하나님께서 동산에 오셨어. 아담과 하와는 너무 무서웠단다. 두 사람은 나무 사이에 몸을 숨겼어. 하나님께서 두 사람을 부르셨지.

"아담아, 하와야, 어디 있느냐?"

두 사람은 더는 숨어 있을 수가 없어 결국 앞으로 나왔지. 하나님께서 물으셨어.

"왜 그렇게 무서워하고 있지? 혹시 먹으면 안 되는 나무 열매를 따 먹은 것은 아니겠지?"

"하나님, 하와 때문입니다. 하와가 그 열매를 저에게 주는 바람에……."

아담이 이렇게 말하자 하와도 질세라 말했단다.

"다 뱀 때문입니다. 뱀이 열매를 먹어도 된다고 했습니다."

하나님은 뱀에게 정말 많이 화가 나셨어. 사탄에게는 더 많이 화가 나셨지. 왜냐하면 하와에게 뱀을 보낸 것은 바로 사탄이거든. 사탄은 나쁘고 심술궂은 천사야. 얼마 전까지도 사탄은 하나님의 중요한 종이었어. 그런데 하나님을 시기하게 되었지. 자기도 하나님처럼 무엇이든 다 할 수 있었으면 하고 바랐어. 결국 사탄은 하나님의 종이 되길 거부하고 하나님의 적이 되었어. 사탄은 하나님께서 만드신 아름다운 모든 것들을 부수고 싶어 했지.

하와에게 뱀을 보낸 것도 사탄이었어. 사탄은 아담과 하와가 불행해지자 아주 좋아했지. 거기다가 아담과 하와는 하나님께 벌을 받았어. 하나님이 계신 아름다운 동산에서 살 수 없게 되었단다. 마음씨 고약한 사탄은 이것을 아주 기뻐했단다. 정말 사탄은 나쁘지?

아담과 하와는 하나님께 순종하지 않았기 때문에 벌을 받게 되었어. 아름다운 동산에서 쫓겨나는 벌을 받았지. 그리고 먹을 것을 얻으려면 아담은 땀을 흘리며 열심히 일해야 하는 벌을 받았어. 게다가 두 사람은 슬픈 일도 겪어야 했어. 병에도 걸리게 되었지. 그리고 언젠가는 죽게 되는 벌까지 받았어.

하나님께서 두 사람에게 벌만 주셨을까? 아니야, 하나님께서는 아담과 하와에게 좋은 것을 약속해 주셨어. 하와는 자녀를 낳게 될 거야. 그 자녀도 또 자녀를 낳게 되겠지. 그리고 오랜 세월이 지난 후 그 자녀 중에 아주 특별한 아기가 태어나게 될 거야. 그 아기가 누구일까? 바로 예수님이란다!

예수님은 아직 하늘나라에서 하나님과 함께 살고 계셔. 하지만 오랜 시간이 지나면 예수님은 어린 아기로 이 땅에 오시게 되지. 그분이 커서 어른이 되면 나쁜 천사인 사탄을 벌주실 거야. 예수님은 사탄이 사람들을 불행하게 만들지 못하도록 해 주실 거야. 또 예수님을 사랑하는 사람들 곁에 하나님이 가까이 오실 수 있도록 도와주는 일을 하실 거야. 하나님의 약속을 들은 아담과 하와는 조금 기분이 좋아졌지.

하나님께서는 두 사람을 위해 손수 옷을 만들어 주셨어. 짐승을 죽이고 그 가죽으로 옷을 만들어 주셨단다. 아담과 하와가 하나님께 불순종했기 때문에 두 사람 대신 짐승이 죽어야만 했지!

그때부터 동물들이 다른 동물들을 잡아먹게 되었어. 사자는 사슴을 잡아먹었고 고양이는 쥐를 죽였지. 모든 것들이 아주 슬프게 변해 버렸단다.

그래도 하나님께서는 여전히 아담과 하와를 사랑하셨어. 그리고 늘 돌보아 주셨지. 언젠가 모든 것이 다시 좋아지는 때가 꼭 오게 될 거야.

3. 가인과 아벨

창세기 4장

하나님께서 아담과 하와에게 아들을 주셨단다. 하나님께서 주신 아들 때문에 아담과 하와는 무척 기뻤지! 아기에게는 '가인'이라는 이름을 지어 주었어. 얼마 후 하나님께서 또 아기를 주셨는데, 그 아기는 '아벨'이라고 이름 지었단다.

아담과 하와는 두 아들에게 에덴동산에서 살던 때의 이야기를 종종 해 주었단다. 그때는 아담과 하와가 하나님과 가까이 지냈잖아. 그리고 무척이나 행복했어. 아담은 자기들이 하나님께 불순종했던 것도 이야기해 주었지. 그 일 때문에 하나님께서 두 사람을 에덴동산에서 내쫓으셨다는 것도 말이야. 하나님께서는 아담과 하와를 에덴동산에서 내쫓으셨지만 두 사람을 늘 지켜 주시겠다고 약속을 하셨어.

아담은 아들들에게 밭에서 일하는 법을 가르쳐 주었단다. 양을 돌보는 법도 가르쳐 주었지. 그리고 제단을 만드는 법과 하나님께 제사하는 법도 가르쳐 주었어. 제단을 만들려면 먼저 큰 돌들을 많이 모아서 잘 쌓는단다. 이것이 제단이야. 제단 위에는 나뭇가지를 놓아. 그리고 동물을 죽여서 나뭇가지 더미 위에 올려놓는 거야. 그 후 나무에 불을 붙여 활활 타도록 한단다. 이렇게 하는 것을 제사한다고 해.

제사하는 방법을 자세히 가르쳐 주신 분은 바로 하나님이셔. 사람들은 하나님께서 말씀하신 그대로 제사해야 해. 그것이 하나님이 원하시는 제사 방법이거든. 사람들이 이렇게 제사할 때 하나님께서는 사람들이 하나님을 마음 깊이 사랑한다는 것을 보시고 기뻐하셔.

가인과 아벨은 쑥쑥 자라 어른이 되었지. 가인은 밭에 곡식을 뿌리고 키우는 농부가 되었어. 곡식이 익으면 곡식을 빻아 가루를 만들지. 그 가루로 빵을 굽는 거야. 아벨은 양을 아주 많이 길렀는데 새끼 양도 많이 있었단다. 아벨은 들판에서 풀을 먹으며 자라는 양들을 아주 잘 돌보았지.

어느 날 가인과 아벨 두 사람은 제단을 만들고, 하나님께 제사를 드렸어. 아벨은 양을 잡아 하나님께 제물로 바쳤지. 아벨은 하나님을 많이 사랑했단다. 하나님께서는 아벨을 잘 보살펴 주셨지. 아벨은 하나님께 진심으로 감사했고, 늘 행복했어. 그래서 하나님께 제사했단다.

가인도 하나님께 제사를 드렸지. 가인은 제단 위에 곡식을 놓고 불을 붙였단다. 이것은 제대로 된 제사가 아니었어. 하지만, 가인은 신경 쓰지 않았지. 하나님을 사랑하지 않았거든. 가인은 모든 일을 자기 스스로 할 수 있다고

생각했지. 하나님이 필요 없다고까지 생각했기 때문에 가인은 행복하지 않았단다. 하나님이 없으면 행복하지 않다는 것을 가인은 몰랐어!

아벨이 늘 행복한 것을 가인도 알고 있었지. 가인은 동생 아벨에게 샘이 났어. 샘이 난 가인은 아벨에게 계속 싸움을 걸었단다. 그러던 어느 날 가인이 아벨에게 또 싸움을 걸었어. 그러다가 가인이 아벨을 아주 세게 때렸는데 바닥에 픽 쓰러진 아벨은 결국 죽고 말았어. 가인이 동생 아벨을 죽인 거야! 가인도 깜짝 놀랐단다. 너무 놀라 그 자리에서 재빨리 도망쳐 버렸지. 하나님께서는 이 모든 것을 보고 계셨어. 하나님께서 가인에게 물으셨단다.

"네 동생 아벨은 어디 있느냐?"

가인은 아주 퉁명스럽게 대답했어.

"제가 알 게 뭡니까? 제가 동생이나 돌보는 사람입니까?"

하나님께서는 가인에게 아주 많이 화가 나셨어.

"네가 동생 아벨을 때려서 죽이는 것을 보았다. 그 벌로 너는 네 아버지 아담이 먹을 것을 얻으려고 일했던 것보다 더 힘들게 일해야 할 것이다. 그리고 아무도 너를 좋아하지 않을 것이다."

정말 무거운 벌을 받았지? 모든 것이 가인 자기의 잘못 때문이란다. 아담과 하와는 아벨이 죽었다는 것을 알고 무척 슬펐어. 게다가 가인은 멀리 도망가 버려 두 번 다시 만날 수 없었단다.

시간이 흐른 뒤 하나님께서는 아담과 하와에게 새 아들을 주셨어. 참 감사하지? 이 아들의 이름은 '셋'이었어. 셋은 예전 아벨처럼 하나님을 무척 사랑했단다. 그 후로 아담과 하와는 더 많은 아들과 딸들을 얻었어. 아담과 하와는 아주 나이가 많아졌고 그 사이 손자 손녀도 얻었지. 아담과 하와가 아담 할아버지, 하와 할머니가 된 거야.

4. 큰 배를 만든 노아

창세기 5–10장

하나님께서는 아담과 하와에게 많은 자녀를 주셨고, 손자, 손녀도 많이 주셨단다. 아담과 하와의 손자, 손녀에게도 하나님께서 자녀를 많이 주셨지. 그러면서 땅 위에 사는 사람들의 수가 점점 늘어났어.

그 사람들이 모두 행복하게 잘 살았을까? 아니란다. 사람들이 더는 하나님을 사랑하지 않았고 오히려 나쁜 일을 많이 했지. 하나님께서는 사람들에게 나쁜 일을 하지 말라고 몇 번이나 말씀하셨어. 하지만, 사람들은 그 말을 듣지 않았지. 하나님의 말씀에 순종하지 않은 거지.

이런 사람들을 보시고 하나님은 무척 화가 나셨단다.

“이렇게 해서는 안 되겠다. 저 못된 사람들을 세상에 살도록 내버려 둬서는 안 되겠다.”

다행스럽게도 세상에는 하나님을 사랑하는 사람이 딱 한 사람 있었단다. 바로 ‘노아’였어. 노아는 하나님께 순종했고 언제든지 하나님 말씀대로 했어. 노아에게는 3명의 아들이 있었는데 셈, 함, 야벳이었지. 이 3명은 결혼해서 모두 아내가 있었어. 노아의 세 아들은 모두 결혼을 했지만 아직 자녀는 없었단다. 어느 날 하나님께서 말씀하셨어.

“노아야, 큰 배를 만들어라. 너의 세 아들도 배 만드는 일을 함께 돕도록 해라. 배를 어떻게 만들어야 하는지 내가 자세히 설명해 주겠다. 그 배는 아주 특별한 배가 될 것이다. 그 배는 네모난 모양의 '방주'가 될 것이다.

먼저 방주를 왜 만들어야 하는지 설명해 주겠다. 조금 있다가 내가 엄청나게 많은 비를 세상에 내릴 것이다. 세상 모든 것이 물속에 잠기게 될 것이다. 집과 나무, 심지어 산들도 다 잠길 것이다! 사람들은 모두 물에 빠져 죽게 될 것이다. 그러나 너는 아니다! 너와 너의 아내, 그리고 너의 아들들과 며느리들도 함께 방주로 피하게 될 것이다. 너의 가족 8명만 방주에 들어가게 하겠다."

그런데 하나님께서는 방주를 아주 크게 만들라고 하셨어. 왜 이렇게 크게 만들라고 하시는 걸까? 여덟 사람이 탈 거라면 작은 배로도 충분할 텐데 말이야. 하지만, 하나님의 생각은 조금 달랐단다. 하나님께서는 다른 계획을 세우고 계셨는데, 그것은 작은 배로는 어림도 없는 그런 계획이었어. 방주 안에는 아주 많은 동물이 들어갈 계획이었단다. 세상이 모두 물에 잠겨 버리면 동물들도 다 죽게 될 거야. 동물들이 완전히 없어지는 거지. 하나님은 그걸 원하지 않으셨어. 그래서 모든 동물들을 두 마리씩 방주에 태우려고 하셨단다. 수놈과 암놈 이렇게 두 마리씩 말이야.

노아의 가족 8명과 모든 동물들이 방주 안으로 들어갈 거야. 거기다 적어도 1년 동안 방주 안에서 사람과 동물들이 먹을 음식도 충분히 실어야 하겠지! 그래서 하나님께서는 방주를 크게 만들라고 하신 거야.

노아는 하나님께 순종했어. 아들들과 함께 망설이지 않고 방주 만드는 일을 시작했지. 나무를 베어 오고, 그 나무를 잘라 널빤지를 만들었어. 그리고 못질을 해서 배를 만들었단다. 하나님께서 가르쳐 주시는 방법 그대로 배를 만들었지. 배 옆에는 아주 커다란 문을 만들었어. 코끼리도 방주 안으로 '성큼' 들어올 수 있어야 하니까 말이야. 배의 천장에는 창문도 만들었지. 방주 안이 깜깜하면 안 되잖아.

배를 만드는 일은 아주 오래 걸렸단다. 주위 사람들은 오가며 노아 가족이 배 만드는 광경을 보았지. 모두들 놀라서 말했단다.

"노아, 도대체 뭘 만드는 거요? 육지 한가운데 이렇게 큰 배를 만들어 어떡하겠다는 건지. 여기는 물도 없는데 배는 어떻게 띄울 셈이요?"

노아는 하나님께서 비를 많이 내리셔서 모든 것이 물에 잠기고 사람, 동물 가리지 않고 모두 물에 빠져 죽게 될 거라고 설명해 주었어.

노아는 계속해서 설명했단다.

"지금까지 당신들이 하나님께 불순종한 것들을 하나님께 모두 말씀드리시오. 잘못을 용서해 달라고 하나님께 말씀드리면, 당신들도 방주에 탈 수 있소."

하지만, 사람들은 노아의 말을 믿지 않았어. 오히려 노아를 비웃으며 예전에 하던 나쁜 짓을 그대로 계속하면서 하나님마저 비웃었단다.

드디어 방주가 완성되었어. 노아는 먹을 것을 방주에 실었지. 동물들을 위해서 바닥에 깔 볏짚도 실었단다. 저쪽에서 말 한 마리가 달려오고 있네. 그 옆에 또 한 마리가 달려와. 수놈 말과 암놈 말이야. 두 마리 말은 함께 방주

안으로 들어갔지. 잠시 후 원숭이 두 마리가 달려왔어. 원숭이는 긴 팔을 뻗어 흔들흔들 매달리며 방주 안으로 들어갔단다. 그 뒤를 이어 사슴 두 마리, 사자 두 마리, 곰 두 마리가 들어갔지. 모두 차례차례 방주 안으로 들어갔어. 새들은 날아서 방주 안으로 들어갔단다. 황새 두 마리, 참새 두 마리, 앵무새 두 마리…….

모든 동물들이 암수 한 쌍씩 방주 안으로 들어갔어. 그렇지만, 동물들은 서로 으르렁대며 싸우지 않았단다. 모두 평화롭게 방주 안으로 들어가 자기 자리를 찾아갔어. 모든 동물들이 주인이신 하나님께 잘 순종한다는 것을 단번에 알 수 있겠지?

동물들이 차례차례 방주 안으로 들어간 후, 노아와 그의 아내도 방주로 들어갔단다. 셈과 함과 야벳과 그의 아내들도 방주 안으로 들어갔지. 이제 모든 사람이 방주 안에 다 들어간 거야. 하나님께서 방주의 문을 직접 닫아 주셨단다. 그리고 얼마 지나지 않아 비가 내리기 시작했어. 처음에는 보슬비처럼 내렸지. 그러다 점점 빗발이 굵어졌어. 땅에 물이 고이고 금방 작은 연못이 생겼어. 그 연못은 점점 커지더니 드디어 호수만큼 커졌어. 그러자 방주가 물에 약간 뜨기 시작했지. 비는 쉬지 않고 계속 내렸단다. 집들이 하나 둘 물에 잠기기 시작했어. 나무들도 잠겼어. 노아 가족이 탄 방주는 물에 둥둥 떠다녔지. 노아는 방주를 조종할 수 없었어. 배를 조종하는 일은 하나님께서 직접 하셨단다. 노아 식구들은 안전한 방주 안에 편안히 있기만 하면 되었단다.

무려 40일 동안 비가 내렸어. 높이 솟아 있던 산들도 물속에 잠겼단다. 온 세상이 큰 바다가 되어 모든 것이 물속에 잠겨 버렸지. 그 바다 위를 노아의 가족이 탄 방주가 둥둥 떠다니고 있었어.

마침내 비가 멎었어. 그래도 물이 줄어들어 땅바닥이 드러나기까지는 시간이 오래 걸렸단다. 처음에는 산들이 조금씩 모습을 드러내기 시작했어. 노아 가족과 동물들이 탄 방주는 어떤 산자락에 이르러 사뿐히 자리를 잡았단다. 노아는 이런 생각을 했지.

'이 물이 언제 다 빠지려나? 나무들을 볼 수 있으려면 앞으로 얼마를 더 기다려야 할까?'

노아는 바깥을 볼 수가 없었단다. 창문이 너무 높은 곳에 있었거든. 대신 노아는 크고 검은 까마귀 한 마리를 새장에서 꺼냈단다. 그리고 그 까마귀를 창문을 열고 밖으로 날려 보냈어. 까마귀는 방주 위를 빙빙 돌며 날더니 저 멀리 사라져 버렸단다. 아마 먹이도 찾고, 둥지를 틀 만한 곳도 찾은 모양이야. 까마귀는 생명력이 강한 새란다.

이번에 노아는 비둘기 한 마리를 꺼내 왔어. 그리고 창문을 통해 비둘기를 밖으로 날려 보냈지. 그러나 그 비둘기는 곧 돌아왔단다. 아마 비둘기가 좋아하는 먹이인 씨앗 같은 것을 찾을 수 없었나 봐. 땅에 씨앗이 없는 것을 보면 땅이 아직도 축축하게 젖어 있나 봐.

1주일이 지나고 나서, 노아는 비둘기를 다시 날려 보냈단다. 저녁쯤 비둘기가 주둥이에 뭔가를 물고 돌아왔단다. 나무에 새로 돋아난 초록 잎이었지. 와! 다행이야. 드디어 나무들이 새 잎을 내기 시작했구나.

다시 1주일이 지나고, 노아는 비둘기를 한 번 더 밖으로 날려 보냈단다. 그런데 이번에는 비둘기가 방주로 돌아오지 않았어. 아마 땅에 먹을 것이 많이 있었나 봐. 이 말은 땅이 충분히 잘 말랐다는 뜻이지!

하나님께서 말씀하셨단다.

"이제 모두 밖으로 나오너라. 모든 동물들도 다 나오너라. 이제 온 땅에 퍼져 살아라."

방주에서 나온 노아의 식구들은 정말 기뻤단다. 동물들은 방주에서 나오자마자 사방으로 뿔뿔이 흩어졌지. 원숭이들은 이 나무 저 나무에 매달리며 장난을 쳤어. 새들은 즐거운 노래를 불렀단다.

노아는 매우 기뻐하며 하나님께 감사를 드렸지. 노아는 가장 먼저 제단을 만들었어. 제단 위에 하나님께 드릴 제물을 올리고 제사를 드렸지. 노아의 제사를 보신 하나님께서는 크게 기뻐하셨단다.

하나님께서 노아에게 말씀하셨지.

"온 땅은 다시 사람과 동물들의 차지이다. 이제 앞으로 사람과 동물이 모두 물에 빠지는 그런 큰 비는 내리지 않을 것이다. 온 세상이 물에 잠기는 일이 다시는 없을 것이다. 내가 약속하마! 내가 그 약속을 잊지 않았다는 증거로 무지개를 보여 주겠다. 비가 내리고 한쪽에서 해가 비칠 때, 구름 사이로 무지개가 뜰 것이다. 하늘에 빨강, 노랑, 초록, 파랑, 보라 예쁜 색깔의 무지개가 뜰 것이다!"

우리도 하늘에서 구름 사이로 무지개를 볼 때가 있지? 그때마다 다시는 온 세상이 물에 잠기는 일은 없을 거라는 하나님의 약속을 기억하자!

5. 사람들이 쌓은 높은 탑

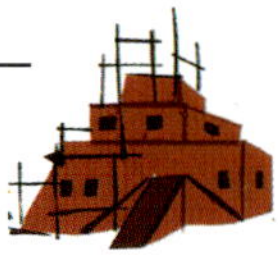

창세기 11장

노아와 세 아들 셈, 함, 야벳이 방주에서 나왔어. 그 후 노아의 세 아들은 자녀를 얻었단다. 이 자녀가 또 자녀를 얻었지. 그렇게 시간이 흐르면서 세상에 점점 더 많은 사람이 살게 되었어. 하나님께서는 온 세상을 사람들을 위해 주셨지. 온 세상이 사람들 차지야. 하나님께서는 사람들더러 흩어져 살라고 하셨어. 하지만, 사람들은 멀리 흩어져 사는 것을 좋아하지 않았단다. 오히려 한곳에 옹기종기 모여 사는 것을 더 좋아했지. 사람들은 다시 하나님의 말씀에 순종하지 않고 서로 가까이 모여 살았단다.

그러던 사람들이 이런 말을 했어.

"우리, 성을 쌓고 도시를 만들자. 그리고 그 성 안에 높은 탑을 세우는 거야. 탑을 아주 높게 쌓아서 하늘까지 닿게 하는 거야. 그러면 성에서 멀리 떨어진 곳에 있는 사람도 길을 잃고 헤매는 일은 없겠지. 어디서든 높이 솟은 탑을 보고 성을 찾을 수 있을 테니까 말이야. 그렇게 되면 언제 어디서든지 성으로 돌아올 수도 있겠지.

우리가 이렇게 모여 살면서 힘을 합친다면 우리는 누구보다 강해질 거야. 우리가 가장 위대한 사람이 되는 거지. 이 세상을 다스리는 주인이 되는 거라고. 그때부터 우리가 원하는 것은 뭐든지 다 할 수 있겠지."

사람들은 열심히 일하기 시작했단다. 높은 탑을 쌓으려면 벽돌이 아주 많이 필요했어. 사람들은 네모 모양으로 벽돌을 만들어 구웠지. 그리고 벽돌을 반듯반듯하게 쌓았지. 이렇게 하면 벽이 만들어지지. 벽을 쌓을 때는 벽돌 사이사이에 시멘트를 발라야 해. 시멘트가 없으면 벽이 와르르 무너질 테니까. 벽돌 사이에 시멘트를 바르면서 벽을 쌓는 일을 '미장'이라고 부른단다. 사람들은 모두 열심히 일했어. 사람 중에는 벽돌 굽는 일을 하는 사람도 있고, 시멘트를 만드는 사람도 있고, 벽돌을 탑까지 옮기는 일을 하는 사람도 있지. 미장공은 벽돌 사이에 시멘트를 바르고 반듯하게 벽을 쌓았지. 모든 사람들이 힘을 모아 함께 일했어. 그리고 모든 일을 책임지는 대장이 한 사람 있었단다. 모두 이 대장이 시키는 대로 일을 했지.

얼마가 지나자 탑이 주변의 집들 중에 가장 높아졌어. 사람들은 신이 나서 이렇게 말했단다.

"와, 우리가 한 일을 봐, 정말 대단하지! 우리가 만든 탑 좀 봐! 얼마나 높고 멋있는지, 정말 자랑스럽다!"

하나님께서는 사람들이 하는 일을 다 보고 계셨단다. 물론 사람들이 왜 이 탑을 만드는지도 알고 계셨지. 하나님께서는 사람들에게 이렇게 한곳에 모여 살지 말라고 분명히 말씀하셨어! 넓고 넓은 이 모든 세상을 사람들에게 주시면서 온 세상에 흩어져 살라고 하셨지. 하지만, 사람들은 정말 어리석어. 또 다시 하나님 말씀에 불순종하고 있으니까 말이야.

하나님께서 어떻게 하셨는지 아니? 이 불순종하는 사람들을 흩어 놓으려고 하나님께서 어떻게 하셨을까? 하나님께서는 사람들이 서로 말다툼을 벌이도록 하셨단다. 만약 누구와 말다툼을 하거나 싸움을 하게 되면, 그 사람을 피하게 되잖아. 그 사람 가까이 있고 싶은 마음이 '싸악' 없어지지. 바로 그런 일이 일어나도록 하셨단다.

벽돌 굽던 사람과 벽돌을 탑까지 나르던 사람이 말다툼을 하게 되었지. 시멘트를 만드는 사람은 미장공과 싸움이 붙었어. 탑 꼭대기에서는 공사 책임자가 혼자 서서 고래고래 소리를 지르는데, 아무도 그 말을 들어주는 사람이 없는 거야. 어떻게 이런 일이 일어나게 되었을까? 조금 전까지만 해도 서로 힘을 합해 열심히 일하던 사람들이었는데…….

이런 말싸움이 벌어지게 된 것은 갑자기 사람들이 서로 말을 이해하지 못하게 되면서 부터였어. 하나님께서 사람들이 하는 말을 전부 다른 말이 되도록 만드셨거든. 미장공이 하는 말은 독일 말과 비슷했어. 벽돌 굽는 사람이 하는 말은 영어 같았어. 공사 책임자가 하는 말은 스페인 말 같았어. 그러니까 공사 책임자가 하는 말을 알아듣는 사람이 아무도 없는 거야. 모두 다른 말을 하게 되어 다른 사람의 말을 하나도 알아들을 수 없게 되어 버렸단다. 결국, 큰 혼란이 벌어졌지!

사람들은 상대방에게 서로 화를 냈어. 그러다 싸움이 벌어졌단다. 같이 모여 사는 것이 싫어졌지. 거의 모든 사람들이 그곳을 떠나 이사를 하였단다. 모두 다른 방향으로 뿔뿔이 흩어졌지. 그 성에 남은 사람은 단지 몇 명뿐이었어.

그리고 탑은? 그 탑은 영원히 완성되지 못했단다! 그 성에 남은 사람들도 탑을 더 쌓고 싶은 마음이 없어졌거든. 이 성은 '바벨'이라고 불렀단다. 그리고 영원히 완공되지 못한 그 탑은 '바벨탑'이라고 불렀단다.

6. 아브라함의 순종

창세기 12장

멀고 먼 어떤 나라에 '아브라함'이라는 사람이 살고 있었어. 아브라함은 '사라'라는 아가씨와 결혼했지. 두 사람이 결혼한 지는 오래되었는데 아직 자식이 없었어. 그것 때문에 두 사람은 아주 슬펐단다. 두 사람은 '롯'이라는 조카와 같이 살고 있었어. 롯은 아브라함의 조카이고, 아브라함은 롯의 삼촌이었지.

어느 날 하나님께서 아브라함에게 말씀하셨어.

"아브라함아, 네 아내를 데리고 이곳을 떠나거라. 내가 너를 다른 나라로 보낼 테니 그곳에서 살도록 해라. 나중에 그 나라는 너의 나라가 될 것이다. 네 아들과 손자 손녀들, 그리고 너의 자손들이 그 나라의 주인이 되어 살게 될 것이다."

아브라함은 하나님을 사랑했고 하나님께 늘 순종했어. 그래서 하나님께서 어느 나라로 가야 하는지 딱 집어 알려 주시지 않았지만 당장 짐을 꾸려 출발했단다. 하나님이 떠나라고 하시니까 바로 순종했지. 조카 롯도 아브라함과 함께 떠났어.

그 여행은 아주 긴 여행이 될 것 같았어. 하나님이 말씀하신 새로운 나라에 도착하려면 하루 이틀로는 어림도 없을 것 같았어. 그렇게 아브라함은 몇 날 며칠이 걸릴지 모르는 긴 여행을 시작했지. 아브라함은 여행 중간에 잠을 잘 수 있도록 천막을 챙겨 갔단다.

아브라함에게는 소, 양, 그리고 어린 양이 많이 있었어. 모두 다 아브라함의 것이었지. 아브라함에게는 낙타도 있었어. 낙타 등에는 천막 같은 무거운 짐을 실을 수 있단다. 여행 중에 먹을 것도 낙타 등에 실었지. 아브라함과 사라와 롯은 낙타 등에 올라앉아 여행을 했단다. 아브라함은 종들이 많이 있었어. 바로 아브라함의 가축을 돌보는 목자들이었지.

하나님께서는 어느 방향으로 가야 하는지 조금씩 알려 주셨어. 그 길을 따라 아브라함의 식구들이 가는 거야. 그 여행은 정말 긴 여행이었단다. 낙타를 탄 아브라함이 가장 앞에서 길을 안내하며 갔어. 조카 롯은 그 옆에서 갔단다. 그 뒤에는 사라가 따라왔고 목자들은 소와 양과 새끼 양 그리고 덩치가 큰 낙타를 챙기며 따라왔단다. 매일 조금씩 앞으로 나아갔지. 빨리 걸을 수

없는 어린 양들이 많아서 빨리 갈 수 없었거든.

드디어 아브라함 가족은 아주 아름다운 곳에 도착했단다. 어떤 마을 곁에 천막을 쳤는데, 그곳은 가축들이 먹을 신선한 풀이 잘 자라고 있었어. 앞으로 한동안 이곳에 머물 것 같았지.

어느 날 밤 하나님이 아브라함에게 말씀하셨단다.

“이곳이 바로 내가 너에게 약속한 나라이다. 이곳은 ‘가나안’이라는 곳이다. 지금 여기에는 다른 민족들이 살고 있지만 나중에 너의 아들과 그 자손들이 이곳에서 살게 될 것이다. 너의 자손은 아주 많아질 것이다. 그리고 다시 긴 시간이 지난 후 예수가 이곳에서 태어날 것이다.”

아브라함은 그때까지 자식이 없었단다. 그래도 하나님께서 하신 말씀을 그대로 믿었지. 아브라함은 커다란 돌을 쌓아 제단을 만들었어. 제단 위에 양을 올려놓고 하나님께 제사했단다. 하나님은 아브라함이 하나님을 진심으로 사랑한다는 것을 보시고 기뻐하셨지.

7. 아브라함과 롯

창세기 13장

아브라함과 롯이 가나안에 살기 시작하고 오랜 세월이 흘렀단다. 가나안 사람들도 아브라함과 롯이 그곳에 사는 것을 좋아했단다. 아브라함의 가축 수는 점점 많아졌어. 소, 양, 낙타, 당나귀의 수가 점점 늘어났지. 가축이 많아지면서 가축을 지키고 돌볼 목자들도 더 많아졌단다. 가축과 목자뿐 아니라 아브라함은 금과 은도 많이 가지고 있었어. 아브라함은 큰 부자였단다! 롯도 가축이 많았어. 가축을 지키는 목자들도 많이 데리고 있었지.

목자들은 가축들을 이끌고 가축들이 먹을 신선한 풀이 많은 곳을 찾아 다닌단다. 또 가축들이 마실 시원한 물이 있는 곳도 중요하지. 작은 못이나 우물가 같은 곳 말이야. 우물은 땅 밑으로 깊은 굴을 파서 만든단다. 깊은 굴을 파면 그 밑에 물이 고여. 목자들이 우물에서 어떻게 물을 퍼 올리는지 아니? 먼저 양동이에 밧줄을 단단히 묶은 다음 깊은 우물 속으로 양동이를 던져 내린단다. 잠시 후 양동이를 위로 끌어올리면 양동이에 시원한 물이 가득 담겨 있지.

어느 날 아브라함의 목자들이 넓은 풀밭이 펼쳐진 곳에 가축 떼를 이끌고 도착했단다. 그곳에는 우물도 있었어. 가축에게는 정말 좋은 곳이었단다. 그런데 그곳으로 롯의 목자들도 가축을 이끌고 오는 것이었어. 그 목자들이 아브라함의 목자들을 보더니 이렇게 말하는 거야.

"이곳은 우리 땅이오. 당신들은 다른 데를 찾아보시오."

아브라함의 목자들도 질세라 대꾸했단다.

"아니오, 우리가 이곳에 먼저 왔소. 당신들이나 다른 곳으로 가시오."

이렇게 두 목자들 사이에 싸움이 벌어졌단다! 며칠 후 아브라함의 목자들과 롯의 목자들은 다른 풀밭에서 다시 만나게 되었지. 무슨 일이 벌어졌을까? 다시 싸움이 벌어졌어. 아브라함의 목자와 롯의 목자 모두 그곳에 가축을 풀어놓고 싶은데, 그럴 수가 없었어. 두 집의 가축을 다 풀어놓기에는 그곳이 너무 좁았거든. 이런 일이 계속해서 일어났단다. 목자들도 어쩔 수가 없었어. 매번 싸움이 벌어져 모두 힘이 들었지. 드디어 아브라함이 그 사실을 알게 되었단다. 아브라함은 롯을 찾아갔지.

"롯, 함께 의논할 일이 있단다. 내 목자들이 너의 목자들과 만나기만 하면 싸움을 하는구나. 이곳의 풀밭은 너무 좁아서 두 집의 가축이 함께 있기에는 부족한 것 같다. 우리가 함께 지내기가 힘들어졌어. 네가 어느 곳을 원하는지 먼저 선택하도록 해라. 그러면 나는 다른 곳으로 가겠다."

롯은 주위를 잘 살펴보았단다. 어느 곳으로 가야 할까? 숲이 있는 곳으로

갈까? 그곳에는 작은 못도 있지. 아니면 저쪽 언덕 쪽으로 갈까? 거기에는 풀이 많이 자라고 있지. 롯은 여기저기 두리번거리며 사방을 살폈단다! 마침내 롯이 결정을 내렸지. 저쪽에 강이 흐르는 곳이 있었어. 그 강은 '요단 강'이었단다. 그곳에는 아주 멋진 풀밭이 있었지. 물이 늘 풍부한 곳이었어. 나무들도 많이 있었단다. 날씨가 더우면 나무 그늘에 앉아 쉴 수도 있을 거야. 그리고 바로 곁에는 사람들이 많이 사는 성이 있었단다. 필요한 것이 있으면 언제든 쉽게 갈 수 있는 거리였지. 그곳은 롯과 롯의 가축에게 더 바랄 나위 없이 좋은 곳이었어!

롯이 아브라함에게 말했단다.

"저는 저쪽 강 근처로 가겠습니다. 소돔 성 근처입니다."

롯은 정말 버릇이 없지? 아브라함은 롯의 삼촌이잖아. 삼촌 아브라함에게 먼저 선택하라고 양보할 수 있었는데……. 하지만 롯은 자기가 먼저 가장 좋은 곳을 선택했단다!

아브라함이 롯에게 말했어.

"그래, 롯. 네가 좋은 대로 하려무나. 나는 이제 다른 쪽으로 가겠다."

그렇게 해서 두 사람은 헤어졌단다. 롯은 자기 가축들을 이끌고 소돔 성 옆에 천막을 치고 살았지. 아브라함은 다른 쪽으로 갔단다. 아브라함은 헤브론이라는 동네 옆으로 가 천막을 치고 살았단다.

어느 날 하나님께서 아브라함에게 말씀하셨어.

"아브라함, 네 주위를 잘 둘러보아라. 네가 보는 이 모든 땅을 나는 너의 자손에게 주겠노라. 네 자손은 아주 큰 민족이 될 것이다!"

하나님께서 아브라함에게 많은 자손을 주겠다고 약속하신 것은 이번이 벌써 두 번째란다. 하지만, 그때까지 아브라함에게는 자녀가 한 명도 없었어! 그런데도 아브라함은 하나님께서 하신 말씀을 믿었단다.

8. 롯을 도운 아브라함

창세기 | 14–15 장

롯은 강이 흐르고 풀이 잘 자라는 곳을 택해서 떠났단다. 그곳은 '소돔 성' 근처였지. 주위를 살펴보던 롯에게 그곳은 정말 멋있어 보이는 곳이었단다. 새 옷이나 천막에 필요한 밧줄, 그리고 무엇이든지 필요한 것이 있으면 언제든지 소돔 성에 가서 살 수도 있어.

소돔에는 몹시 나쁜 사람들이 살고 있었단다. 못된 일을 서슴없이 하는 사람들이었지. 하나님께서는 소돔에 사는 사람들을 싫어하셨단다. 소돔 성 사람들은 자기들이 못된 일을 하고 있다는 것을 알고 있었어. 하지만 그뿐이었지. 나쁜 일을 반성하지도 않고 후회하지도 않았어. 그냥 못된 일들을 계속했단다. 소돔 성에 사는 사람들은 하나님이 없다고 생각했어. 그러니 두려운 것이 없었지. 롯은 소돔 사람들이 몹시 나쁘다는 것을 알고, 그 사람들을 싫어했어. 그래서 그 사람들과 어울리지 않았단다. 롯은 하나님을 사랑했거든.

소돔 사람들은 돌로 만들어진 집에서 살았어. 돌로 만들어진 집은 롯이 사는 천막과는 비교할 수 없이 튼튼했단다. 비가 오고 천둥 번개가 치고 바람이 많이 부는 그런 날씨가 돼도 돌로 만들어진 집은 물이 새지 않고 안전했어. 하지만, 롯이 사는 천막에는 한두 개쯤 구멍이 나 있고 그 구멍으로 물이 뚝뚝 새어 들어오곤 했지.

또 롯은 도둑이 와서 자기 물건을 훔쳐 가지 않을까 늘 신경 써서 지켜야 했단다. 하지만, 소돔 성에 사는 사람들은 그런 걱정 없이 안전하게 지내는 것 같았어. 성에는 높고 튼튼한 성벽이 있었거든. 성벽에는 바깥으로 나갈 수 있는 곳이 있는데, 바로 성 입구란다. 이 입구에는 열고 닫을 수 있는 문이 달렸지. 낮 동안에는 성문이 활짝 열려 있지만 밤이 되면 성문은 굳게 닫힌단다. 어떤 도둑도 성안에 얼씬 못하게 말이야.

천막에 살던 롯에게 이런 생각이 들었어.

'성안으로 이사를 하는 것은 어떨까? 내게는 좋은 집을 살 돈도 충분해. 소돔 사람들이 나쁜 일을 많이 하긴 하지만, 나랑 상관없잖아. 내가 같이 어울리지 않으면 되니까.'

결국, 롯은 소돔 성안으로 이사했단다. 아내와 자녀를 데리고 소돔에서 살게 되었지. 이제 더 안전하게 살게 되었다고 롯은 믿었지.

하지만, 롯의 기대는 금세 빗나갔단다! 어느 날 아주 끔찍한 일이 일어났거든. 이웃 나라의 군대가 쳐들어온 거야. 환한 대낮에 성문이 활짝 열려 있을 때 적군이 쳐들어왔단다. 그러고는 소돔 성에 있는 사람들을 다 잡아갔지. 롯과 그의 아내와 자녀도 다 잡혀가는 신세가 되었지. 롯의 그 많던 재산도 다 빼앗겨 버렸어!

아브라함은 아내 사라와 함께 여전히 '헤브론' 근처에 천막을 치고 살고 있었단다. 아브라함은 도둑들을 겁내지 않았어. 하나님께서 지켜 주신다는 것을 믿었거든! 아브라함은 양과 소들을 돌보며 바쁜 나날을 보내고 있었지. 양과 소는 점점 많아졌고 가축을 돌보는 목자도 더 많아졌지.

어느 날 오후 아브라함이 시원한 나무 그늘에 앉아 아내 사라와 이야기를 나누고 있을 때였어. 갑자기 한 사람이 이쪽으로 급히 뛰어오더니 이렇게 말하는 것이었어.

"아브라함님, 저희를 도와주십시오. 당신의 조카 롯이 끔찍한 일을 당했습니다. 갑자기 이웃나라 군대가 소돔 성에 쳐들어왔습니다. 아무도 그 적군을 막아 낼 수가 없었습니다. 저희보다 훨씬 강한 군대였거든요. 적군들은 성에 있는 모든 사람을 다 잡아갔습니다. 당신의 조카 롯과 그 아내와 자녀도 다 잡혀갔습니다. 저만 간신히 도망쳐 나와 당신께 이렇게 달려왔습니다. 제발 저희를 도와주십시오."

이 말을 들은 아브라함이 어떻게 했을까?

"내 그럴 줄 알았어. 롯이 그런 어리석은 일을 벌일 때 알아봤다니까. 처음에는 기름진 초원을 선택해 가더니, 나중에는 나쁜 사람들이 우글대는 소돔으로 이사까지 했잖아. 롯을 돕고 싶은 마음은 털끝만큼도 없어. 다 롯 스스로 잘못한 탓이니까 말이야."

아브라함이 이렇게 말했을까? 아니야. 그렇지 않았어! 아브라함은 자기 종들 중에서 전쟁에 나가 싸움을 잘할 수 있는 종들을 당장 불러 모았단다.

"자, 롯을 잡아간 적군들을 뒤쫓도록 해라."

아브라함의 종들은 낙타를 타고 달려갔단다.

잠시 후 소돔 사람들이 포로로 붙잡혀 끌려가는 곳에 이르렀단다. 아브라함과 그 종들은 전쟁을 잘하는 사람들답게 작전을 잘 짜고, 날이 어두워질 때까지 숨어서 기다렸지. 그리고 날이 어두워지자 갑자기 달려나가서 적군을 공격했단다. 굉장한 싸움이 벌어졌지. 결국, 누가 전쟁에서 이겼을까? 그래, 아브라함 편이 크게 이겼단다! 소돔 사람들은 모두 자유의 몸이 되었지. 빼앗겼던 물건들도 모두 되찾았어. 아브라함을 다시 만난 롯은 얼마나 기뻤을까? 롯은 자기 목숨을 구해 준 아브라함 삼촌에게 진심으로 감사했단다. 모두 기뻐하며 소돔으로 돌아가게 되었지.

돌아오는 길에 아주 특별한 일이 일어났단다. 아주 멋진 옷을 입은 어떤 사람이 아브라함과 롯 쪽으로 오는 것이었어. 그 사람은 한눈에도 신분이 높은 사람이라는 것을 알 수 있었지. 그 사람은 좀 어려운 이름을 가지고 있었단다. '멜기세덱'이라는 이름이었어. 멜기세덱은 예루살렘의 왕이었어. 왕일 뿐만 아니라 제사장이기도 했단다. 제사장은 하나님의 일을 하는 아주 중요한 종을 말한단다. 그러니까 멜기세덱은 아주, 아주 중요한 사람이지. 멜기세덱은 왕이면서 제사장이었으니까!

멜기세덱 왕은 아브라함이 전쟁에서 아주 용감하게 싸워 이겼다는 말을 듣고 아브라함이 있는 곳으로 찾아와 아브라함의 종들에게 빵과 포도주를 나누어 주었단다. 아브라함의 종들은 먹을 것을 받아 들고 아주 기뻐했지. 전쟁을 마치고 아주 지쳐 있었거든. 빵과 포도주를 꿀꺽꿀꺽 맛있게 먹었단다. 음식을 먹고 나자 모두들 기운이 났지.

그때 멜기세덱 왕이 아브라함에게 말했단다.

"아브라함, 하나님께서는 당신을 많이 사랑하십니다. 그래서 당신이 적군과 싸워 이길 수 있도록 도와주셨습니다!"

아브라함은 멜기세덱 왕 앞에 머리를 깊이 숙여 절을 했단다. 그리고 멜기세덱 왕에게 좋은 선물을 주었지. 그 후에 아브라함은 헤브론에 있는 자기 천막으로 돌아왔단다. 사라는 아브라함이 돌아오기까지 내내 걱정을 하며 기다리고 있었지. 집으로 돌아온 아브라함은 그동안 있었던 모든 일을 사라에게 이야기해 주었단다.

어리석은 롯은 어떻게 되었을까? 롯은 다시 소돔 성으로 돌아가 그곳에서 살았단다. 다시 나쁜 소돔 사람들과 함께 살기로 한 거야!

어느 날 밤이었어. 아브라함은 잠을 잘 수가 없었지. 꼬리에 꼬리를 물고 이 생각 저 생각이 나서 이리저리 뒤척이고 있었단다. 그날 낮에 아내 사라가 아주 슬퍼하는 것을 보았거든. 아브라함과 사라는 그때까지 자녀가 없었어. 두 사람 모두 나이가 많아져 많이 늙어버렸는데도!

하나님께서 아브라함에게 벌써 2번이나 말씀해 주신 것이 있어. 아브라함이 아주 많은 자손들을 얻게 될 거라는 말씀 말이야. 하지만 지금까지 자녀가 한 명도 없는데 어떻게 그런 일이 일어날 수 있을까? 하나님께서는 아브라함을 늘 잘 지켜 주셨어. 또 아브라함은 아주 부자였어. 하지만 아들이 한 명도 없는데, 그것이 다 무슨 소용이 있겠니?

그때 갑자기 하나님의 음성이 들렸단다.

"아브라함아, 내가 너를 지켜 줄 것이다. 어느 누구도 너를 해치지 못할 것이다. 그리고 너는 더 큰 부자가 될 것이다."

그 말에 아브라함은 더 슬퍼졌단다. 아브라함이 공손하게 대답했지.

"하나님, 하나님께서 저를 부자로 만들어 주신다 한들 그것이 다 무슨 소용이 있겠습니까? 하나님께서는 지금까지 제게 자녀를 1명도 안 주셨습니다. 그리고 저는 벌써 늙었습니다. 이제 제가 죽고 나면, 저의 종 엘리에셀이 저의 재산을 물려받게 될 것입니다."

하지만 하나님께서는 다른 말씀을 하셨단다.

"아니다. 엘리에셀이 너의 유산을 물려받는 일은 없을 것이다. 너에게서 태어난 아들이 너의 가축과 금과 은을 물려받게 될 것이다. 밖으로 나가 하늘에 있는 저 별들을 보아라. 자, 별들을 한번 세어 보아라!"

아브라함은 별을 세기 시작했단다.

"하나, 둘, 셋, 넷, 다섯, 여섯, 일곱, 여덟……."

별을 세다가 아브라함은 그만 머리가 어지러워졌어. 그래서 별을 세는 것을 멈추었지. 하늘에 별이 얼마나 많은지……. 아무도 하늘의 별들을 다 셀 수는 없을 거야.

하나님께서 아브라함에게 말씀하셨단다.

"저 모든 별들을 내가 만들었다. 아무도 셀 수 없을 만큼 많은 저 별들을 내가 만들었다. 내가 너의 자손들도 저렇게 셀 수 없이 많아지도록 할 것이다! 네가 살고 있는 이 땅은 지금 너의 땅이 아니다. 하지만 나중에 이 모든 땅이 네 자손들의 땅이 될 것이다."

하나님께서 아브라함에게 아들을 주겠다고 약속하신 것은 이번이 꼭 세 번째가 되는 거야. 아브라함은 그제야 마음이 조금 즐거워졌단다. 하나님이 말씀하신 일은 꼭 이루어지기 때문이지. 아브라함은 그 일이 이루어질 때까지 인내심을 가지고 기다리기만 하면 되는 거야.

9. 하갈과 이스마엘

창세기 16 장

하나님께서 아브라함에게 아들을 주겠다고 약속하신 후로 많은 시간이 흘렀단다. 아브라함과 사라는 기다리고 기다렸지. 하지만 아무 일도 일어나지 않았단다. 드디어 사라는 더 이상 기다릴 수가 없었어. 기다리다 지친 사라는 아브라함에게 말했단다.

"하나님께서는 당신에게 아들을 주겠다고 약속하셨어요. 당신은 아버지가 될 거예요. 하지만 나더러 어머니가 될 거라고 약속하신 것은 아닌 것 같아요. 나는 이미 너무 늙었어요. 더 이상 아이를 낳을 수 없다고요. 그러니 당신이 다른 여자와 다시 결혼하는 것이 좋겠어요. 내 여종 하갈과 결혼하는 것은 어때요? 하갈은 아직 젊잖아요. 분명히 당신에게 아들을 낳아 줄 거예요. 하갈이 아들을 낳으면 우리 아들인 것처럼 키우면 되잖아요."

그 말을 들은 아브라함은 바보 같은 일을 했단다. 바보 같은 일이 뭐냐고? 아브라함이 사라의 말대로 하갈과 결혼을 했지 뭐야! 이제 아브라함은 부인이 두 명이 되었어. 게다가 아브라함은 이렇게 하는 것을 하나님께서 좋아하실지 하나님께 전혀 여쭤 보지 않았단다. 여쭤 보았더라면 하나님께서는 분명히 그렇게 하지 말라고 말씀하셨을 텐데 말이야. 아브라함은 하나님께 물어보지도 않고 사라의 말을 들었단다. 그 일 때문에 앞으로 슬픈 일이 많이 일어나게 돼.

아브라함과 결혼한 후 얼마 지나지 않아 하갈은 자기가 아기를 임신했다는 것을 알게 되었어. 하갈은 스스로 얼마나 자랑스러웠는지 모른단다. 이제 하갈은 부자 아브라함의 아내가 되었고, 아브라함의 아기를 낳게 될 테니까!

하갈은 그때부터 주인 사라를 무시했단다. 자기가 여전히 사라의 여종이라는 것을 잊은 거야. 그건 하갈이 잘못 생각한 거지. 사라는 그런 하갈에게 화가 많이 났단다. 그래서 하갈을 괴롭혔어. 이렇게 한 사라도 역시 잘못한 거지. 그런데 아브라함은 그 일에 대해 아무 말도 하지 않았어. 결국 더 슬픈 일이 생기게 되었단다.

어느 날 하갈은 도저히 견딜 수가 없어 집을 뛰쳐나왔지. 자기가 예전에 살았던 고향으로 돌아갈 작정이었어. 하갈이 살던 고향까지 가려면 사막을 지나가야 했단다. 사막은 사방에 모래가 가득한 아주 넓은 땅이란다. 집이나 나무는 하나도 없고 그냥 모래만 있는 곳이야. 그런 사막에는 간혹 샘이 있는데 그곳에서 사람들은 물을 마실 수 있지.

하갈은 아브라함의 집을 떠나 그 사막을 걸어가고 있었어. 아브라함과 결혼하고 아기를 임신했을 때만 해도 하갈은 참 기뻤지. 하지만 지금은 너무 불행하다는 생각이 들었어. 사막을 걷다가 지친 하갈이 샘 곁에 앉아 잠시 쉬고 있을 때였지. 갑자기 하나님의 음성이 들렸단다.

"사라의 여종 하갈아, 여기에서 무엇을 하고 있느냐?"

하갈이 대답했어.

"저는 저의 주인 사라님을 피해 도망가고 있습니다. 사라 주인님은 저를 너무 괴롭힙니다. 도저히 견딜 수가 없었습니다."

"다시 집으로 돌아가거라."

하나님께서 하갈에게 말씀하셨단다.

"너는 사라의 종이다. 네 주인 사라에게 순종해라. 너는 아들을 얻게 될 것이다. 그 아들을 '이스마엘'이라고 불러라. 내가 너와 네 아들을 돌봐 주겠다. 겁 내지 말아라."

하갈은 다시 아브라함과 사라에게 돌아갔단다. 그리고 얼마 후 아기를 낳았는데, 아들이었단다! 하갈은 그 아기에게 이스마엘이라는 이름을 붙여 주었어. 하나님께서 그렇게 이름을 지어 주셨으니까.

드디어 아브라함에게 아들이 생겼단다. 하지만 이 아들은 사라에게서 태어난 아들이 아니었어. 그러니까 하나님께서 약속하신 아들도 아니지!

10. 아브라함을 찾아온 세 사람

창세기 17–18 장

어느덧 이스마엘은 13살이 되었단다. 이스마엘은 아버지 아브라함의 천막에서 지냈지. 목자들이 가축을 돌볼 때면 따라가 도와주기도 했단다. 아픈 어린 양이 있으면 곁에서 보살펴 주기도 했어. 키가 큰 낙타 등에 올라타 보기도 했지.

아브라함은 이스마엘을 끔찍이도 사랑했어. 이스마엘이 태어나기 전까지 아브라함의 천막 안은 항상 조용했단다. 그런데 지금은 재잘재잘 이스마엘의 말소리가 끊이지 않았어. 아브라함의 기분도 덩달아 좋아졌단다. 나중에 아브라함이 세상을 떠나면, 이 모든 재산은 이스마엘이 물려받겠지. 하나님께서 아브라함에게 약속하셨던 모든 복을 이스마엘이 받게 되겠지. 적어도 아브라함은 그렇게 믿었어. 하지만, 그것이 아니었단다. 하나님의 계획은 아브라함의 생각과 달랐어.

어느 날 하나님께서 아브라함과 얘기를 하고 계셨단다. 이야기 도중 하나님께서는 벌써 네 번째로 같은 말씀을 하셨어.

"아브라함, 너의 자손은 그 수가 아주 많아질 것이다. 너의 자손 중에는 왕들도 많이 태어날 것이다. 가나안에 있는 이 모든 나라가 너의 자손들의 땅이 될 것이다. 그리고 너의 아내 사라는 아들을 낳게 될 것이다."

아브라함이 대답했어.

"주님, 제 자손이라면 제 아들 이스마엘을 말씀하시는 것이죠? 사라와 저는 너무 늙었습니다. 이제 아이를 낳을 수 없다는 것을 아시잖아요?"

"그렇지 않다."

하나님께서 말씀하셨어.

"내가 말하는 너의 아들은 이스마엘이 아니다. 물론 이스마엘도 내가 잘 보살펴 줄 것이다. 1년 후 내가 사라에게 아들을 줄 것이다."

'하나님께서 사라와 나처럼 이렇게 늙은 사람에게 아기를 주신다고?'

아브라함이 생각했어.

'하나님께서 그렇다고 말씀하시면, 반드시 이루어지겠지!'

그런 생각을 하며 아브라함은 기뻐서 웃음을 지었단다.

며칠이 지나고 아브라함이 자기 천막 입구에 앉아 있을 때였어. 점심때가 지난 시간이었지. 가나안 지역은 그 시간에는 매우 더웠단다. 하지만, 아브라함의 천막은 나무 그늘에 있어서 시원했지.

시원한 나무 그늘에 앉아 쉬고 있는 아브라함 눈에 저 멀리서 세 사람이 걸어오는 것이 보였단다. 그들 중 한 명은 아주 신분이 높은 사람 같았어. 도대체 저 사람들은 어디로 가는 것일까? 그리고 왜 하필 이렇게 더운 시간에 여행하는 걸까?

아브라함은 얼른 세 사람 쪽으로 마중을 나가서 말했지.

"저 나무 밑에 있는 제 천막에서 잠시 쉬었다 가시겠습니까? 제가 여러분을 위해 먹을 것과 마실 것을 준비하지요. 조금 있다가 바깥이 좀 시원해지면 다시 길을 떠나시는 것이 어떻겠습니까?"

"좋소, 그렇게 하지요."

세 사람이 대답했어. 그리고 나무 밑에 있는 아브라함의 천막 곁에 와서 앉았단다. 아브라함은 사라에게 가서 말했어.

“얼른 빵을 구우시오. 우리 집에 아주 귀한 손님 세 분이 오셨소.”

사라에게 말을 마친 아브라함은 가축들이 있는 곳으로 갔단다. 가축 중에서 어린 송아지 한 마리를 골랐지. 그리고 하인들에게 그 송아지를 잡으라고 했단다. 송아지 고기를 아주 맛있게 요리해서 손님들에게 대접하려고 말이야. 사라는 막 구워 낸 빵과 함께 버터와 우유를 차려 냈지.

3명의 손님이 식사하다가 그중 특별히 신분이 높아 보이는 한 사람이 물었어.

“아브라함, 당신의 아내 사라는 어디 있소?”

“제 천막 안에 있습니다.”

아브라함이 대답했어. 맞아, 사라는 그때 천막 안에 숨어서 손님들이 하는 이야기를 몰래 엿듣고 있었단다. 그 사람은 계속해서 말했어.

“1년 뒤 내가 다시 올 것이오. 그때 사라는 아들을 품에 안고 있을 것이오.”

그 말을 듣는 순간 아브라함은 이 사람이 누구인지 알게 되었어. 그분은 바로 하나님이셨어! 하나님께서 천사 둘을 데리고 아브라함을 찾아오신 거야. 처음에는 평범한 사람처럼 보였는데, 사실은 하나님이셨어!

사라는 그 사람이 한 말을 모두 들었단다. 하지만, 그 말을 믿지는 않았어. 아기를 낳기에 자기는 너무 늙었다고 생각했거든. 사라는 신분이 아주 높아 보이는 그 사람의 말을 듣다가 오히려 살짝 비웃었어. 그랬더니 모든 것을 꿰뚫어 보시는 하나님께서 이렇게 말씀하시는 거야.

"사라야, 왜 웃느냐? 나를 믿지 못하느냐? 내가 한 말은 사실이다!"

그 말에 사라는 겁이 나서 거짓말을 했지.

"아닙니다. 저는 웃지 않았습니다!"

하나님께서 말씀하셨어.

"사라야, 네가 웃은 것을 분명히 알고 있다. 너는 내 말을 믿지 않고 웃었다."

식사를 마친 3명은 다시 길을 떠났단다. 아브라함은 3명을 배웅하기 위해 밖으로 따라나갔지. 하나님께서 아브라함에게 말씀하셨어.

"우리는 소돔으로 가는 길이다. 그 도시 사람들이 아직도 못된 짓을 하고 있는지 살펴볼 것이다. 만약 그렇다면 그 도시를 멸망시킬 것이다. 집들이 모두 부서지고 사람들도 다 죽게 될 것이다."

하나님께서는 그 모든 이야기를 아브라함에게 설명해 주셨어. 왜냐하면, 아브라함은 하나님을 믿고 사랑하는 사람이었거든.

하나님의 계획을 들은 아브라함은 소스라치게 놀랐단다. 소돔 성이 완전히 멸망할 거라고? 그곳에는 조카 롯이 아내와 아이들과 함께 살고 있는데……. 그렇다면 롯도 함께 죽게 되는 것이 아닐까? 이 일을 어떻게 하면 좋지? 롯도 하나님을 사랑하는데…….

어쩌면 소돔 성에는 하나님을 사랑하는 사람이 더 많이 살고 있을지도 몰라.

그런데도 하나님께서 소돔 성을 멸망시키실까?

아브라함은 아주 공손하게 하나님께 여쭤 보았단다.

"주님, 만약 소돔 성에 하나님을 사랑하는 사람이 50명 살고 있다면, 그래도 그 성을 멸망시키시겠습니까?"

"아니다. 소돔 성에 나를 사랑하는 사람이 50명 있다면, 그 성을 멸망시키지 않겠다."

'아, 다행이다!'

아브라함은 생각했지. 그런데 조금 지나서 이런 생각이 들었어.

'하지만 만약 하나님을 사랑하는 사람이 50명이 안 되면 하나님께서 어떻게 하실까?'

그래서 하나님께 다시 여쭤 보았지. 하나님께서 그 말에 대답하셨어.

"그래, 소돔 성에 나를 사랑하는 사람이 45명 산다면, 그 성을 멸망시키지 않겠다."

"주님, 만약 그 성에 하나님을 사랑하는 사람이 40명 산다면 어떻게 하실 건가요?"

"그래도 그 성을 멸망시키지 않겠다."

하나님께서 말씀하셨지. 아브라함은 속으로 생각했어.

'어쩌면 그보다 더 적을지도 몰라. 하나님을 사랑하는 사람이 고작 30 명? 아니 20명쯤 있으려나?'

걱정이 된 아브라함이 어떻게 했을까? 하나님께 한 번 더 여쭤 봤을까? 그래, 아브라함은 아주, 아주 공손하게 하나님께 말씀드렸단다.

"주님, 소돔 성에 하나님을 사랑하는 사람이 20명이 있다면, 어떻게 하시겠습니까?"

"그렇다면 그 성을 멸망시키지 않겠다."

아브라함은 다시 곰곰이 생각해 보았지. 하나님을 사랑하는 사람이 20명이나 될까? 소돔 성에 사는 사람들은 아주 나쁜 사람들이었거든. 만약 그곳에 하나님을 사랑하는 선한 사람이 10명만 있다면? 아브라함은 차마 그 말을 하나님께 여쭈어 볼 용기가 생기지 않았단다. 어쩌면 하나님께서 아브라함에게 화를 내실지도 모르니까! 그래도 한 번 더 여쭈어 보기로 했지.

"주님, 소돔 성에 하나님을 사랑하는 사람이 딱 10명뿐이라면, 그 성을 어떻게 하시겠습니까?"

다행스럽게도 하나님께서는 아브라함에게 화를 내지 않으셨어.

그리고 이렇게 말씀하셨단다.

"소돔 성에 나를 사랑하는 사람이 10명밖에 없다 해도 그 성을 멸망시키지 않겠다."

그 말씀을 하시고 하나님께서는 갑자기 사라지셨어.

아브라함은 우울한 마음으로 집으로 돌아왔단다. 소돔성에 하나님을 사랑하는 사람이 10명이나 살고 있을까? 롯과 그의 아내 그리고 두 딸, 그래봐야 고작 4명이야. 그렇다면 하나님을 사랑하는 사람이 6명 더 있어야 하는데……. 과연 소돔 성에 하나님을 사랑하는 사람이 6명이나 더 살고 있을까?

11. 롯, 빨리 이곳을 떠나요

창세기 19장

하나님께서는 천사 둘을 소돔 성으로 보내셨단다. 두 천사가 소돔 성의 입구에 막 도착했을 때였어. 그때 마침 성의 입구에 서 있던 롯이 두 사람이 걸어오는 것을 보았지. 롯은 두 사람이 천사라는 사실을 눈치채지 못했어. 그냥 평범한 사람처럼 보였거든. 롯이 두 사람에게 말을 걸었지.

"오늘 밤 저의 집에서 묵으시겠습니까? 그리고 내일 다시 여행을 떠나십시오."

천사들은 롯의 말대로 하기로 했지. 그리고 롯과 함께 그의 집으로 갔어. 롯의 아내가 손님들을 위해 맛있는 음식을 준비해 왔단다. 두 천사는 손님이 되어 롯의 집에서 식사를 하고 있었어.

그런데 못된 소돔 사람들이 롯의 집에 낯선 손님이 와 있다는 사실을 알게 되었지. 그들은 저녁 늦은 시각에 롯의 집으로 찾아와서 소리쳤어.

"롯, 당신 손님을 밖으로 내보내!"

롯은 그 말을 듣지 않았어. 소돔 성의 사람들이 두 손님을 괴롭힐 것이 뻔했거든. 롯이 직접 집 밖으로 나가 이렇게 말했지.

"이 두 사람은 내 손님이오. 오늘 밤 우리 집에서 묵고 갈 거라오. 이 사람들을 괴롭히지 마시오."

소돔 사람들은 롯에게 화가 났단다. 그래서 이렇게 소리쳤어.

"그따위 말은 듣기 싫어! 너도 원래는 이 성 사람이 아니잖아. 감히 떠돌이 주제에."

화가 난 사람들이 금방이라도 롯을 붙잡을 것 같았어. 모든 것을 지켜보던 두 천사가 롯을 얼른 집안으로 끌고 들어왔어. 그리고 문을 잠가 버렸단다.

그걸 본 소돔 성 사람들이 어떻게 했을까? 화가 나서 롯의 집안으로 밀고 들어오려고 하지 않았을까? 물론이야. 소돔 성 사람들은 집안으로 들어오려고 했어. 하지만, 그렇게 할 수가 없었단다. 갑자기 그곳에 있던 소돔 성 사람들이 모두 눈이 멀어 버렸거든. 그래서 문을 찾을 수 없게 되었어. 천사가 사람들의 눈을 어둡게 만들어 문을 찾지 못하도록 한 거야.

소돔 성 사람들은 더듬거리며 문을 찾고 또 찾았단다. 하지만 도저히 문을 찾을 수 없었어. 결국, 문을 찾다 지쳐 버렸지. 지친 사람들은 한사람 두사람씩 집으로 돌아갔어.

하나님께서는 소돔 성 사람들이 얼마나 나쁜지 분명히 알게 되셨어. 이 성에는 하나님을 사랑하는 선한 사람이 10명도 살지 않는다는 것이 분명해졌어. 정말 안 된 일이지만 사실이야. 천사가 롯에게 말했어.

"롯, 당신의 아내와 딸들을 데리고 빨리 이 성에서 도망쳐야 합니다. 하나님께서 이 성을 멸망시키실 것입니다. 이 성에 사는 모든 사람들이 죽게 될 겁니다. 저희는 당신에게 이 사실을 알려 주려고 왔습니다."

그러나 롯은 그 성을 떠나고 싶은 마음이 눈곱만큼도 없었어. 자기가 좋아하는 모든 것들을 두고 도망가야 한다고 생각해 보렴. 롯은 아주 부자잖아! 그의 아내도 같은 마음이었어. 하지만, 천사들이 계속 재촉했단다.

"얼른 가세요, 롯. 시간을 더 끌면 그때는 늦습니다!"

롯과 그의 아내는 새벽이 밝아오도록 망설였단다. 천사는 더 기다릴 수가

없었어. 롯과 그의 아내와 두 딸을 집 밖으로 끌고 나왔지. 그리고 네 사람을 데리고 거리를 지나 성 바깥으로 나왔단다. 천사가 말했어.

"저기, 산이 보이지요? 그 산을 향해 쉬지 말고 빨리 가십시오. 그곳은 안전할 겁니다. 얼른요. 그리고 중간에 절대로 멈춰 서거나 뒤를 돌아보지 마십시오."

롯과 두 딸은 산을 향해 쉬지 않고 걸어갔단다. 하지만, 그의 아내는 자꾸만 자기가 살던 아름다운 집이 생각났어. 그리고 두고 온 예쁜 물건들도 계속 생각났어. 롯의 아내는 점점 더 천천히 걷게 되었어. 그러다 결국 그 자리에 멈춰 서서 뒤를 돌아보았단다. 소돔 성에 있는 자기 집 쪽을 바라보았지. 어쩜 그렇게 어리석을까? 그리고 어쩌면 그렇게 하나님의 말씀을 안 들을까!

소돔 성에는 난리가 났어. 모든 것이 뒤죽박죽이 되었단다. 처음에는 하늘에서 불과 함께 뜨거운 유황이 쏟아져 내렸지. 그것들이 사람들 위로 마구 떨어졌어. 그리고 땅이 '쩌억' 갈라지면서 거기에서도 불과 유황이 흘러나왔지. 그 바람에 많은 집이 무너졌어. 하늘과 땅에서 흘러나온 불과 유황이 사방으로 흐르며 집과 사람들을 다 덮어 버렸단다. 온 성이 불과 유황으로 뒤덮여 버리고 원래 성의 모습은 찾아볼 수 없게 되었지. 그 유황이 롯의 아내도 덮쳐버렸어. 롯의 아내는 그 자리에서 꼼짝 못하고 죽어버렸지.

롯은 두 딸과 함께 멈추지 않고 계속 걸었단다. 마침내 천사가 가르쳐 준 산에 안전하게 도착했지. 롯은 갑자기 가난뱅이가 되었어. 이 모든 것은 나쁜 사람들과 함께 살았던 자기 잘못 때문이었지. 하지만 하나님께서는 롯을 구해 주셨어! 마지막 순간에 성에서 도망치라고 알려 주셨잖아. 덕분에 롯과 그의 두 딸은 무사히 살아났지!

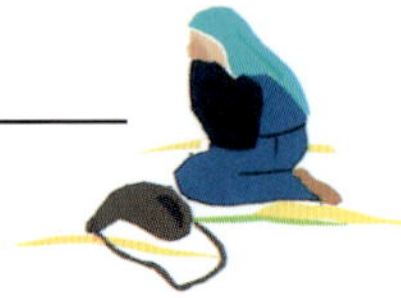

12. 이삭과 이스마엘

창세기 21장

1년이라는 시간이 흘렀어. 아브라함과 사라의 천막에서 무슨 소리가 들려. 어? 아기가 울고 있어! 아기가 운다고? 사라가 품에 아기를 안고 앉아 있어. 사라가 웃고 있네. 하지만, 이번에는 기뻐서 웃는 거란다. 모든 것이 하나님께서 말씀하신 그대로 이루어졌지. 사라가 진짜 엄마가 되었어. 사라 품에 있는 아기는 아브라함과 사라의 아기였어. 아기는 아들이었는데 이름은 '이삭'이었지. 하나님께서 직접 지어 주신 이름이야.

아브라함은 이삭을 품에 안고 밖으로 나갔지. 이삭에게 모든 것을 보여 주었어. 소와 당나귀, 그리고 큰 낙타들도 보여 주었어. 이삭은 모든 것을 신기하게 바라보았단다. 기분이 좋아 까르르 소리를 내며 웃기도 했지.

시간이 지나 이삭이 걸을 수 있게 되었어. 아브라함과 사라는 이삭의 손을 잡고 이곳저곳을 산책했단다. 초원을 뛰어다니는 어린 양들을 보기도 했어. 양의 털을 깎는 목자를 보기도 했지. 아브라함과 사라는 아들 이삭 때문에 아주 행복했단다. 모든 것이 좋았어!

그러던 어느 날 슬픈 일이 일어났단다. 아브라함이 잔치를 열었어. 이삭이 튼튼한 아이로 자라 혼자서 먹고 마실 수 있게 된 것을 축하하며 잔치를 연 거지. 이제는 엄마인 사라가 이삭을 도와주지 않아도 될 만큼 자란 거야. 잔치에는 많은 사람이 왔지. 모든 사람이 즐거워하며 준비된 음식을 기분 좋게 먹었단다.

하지만, 이스마엘은 그 잔치가 하나도 즐겁지 않았어. 이삭을 질투하고 있었거든. 이삭이 태어나기 전에는 아브라함이 언제나 자기를 데리고 가축을 보러 갔지. 목자들은 나중에 이스마엘이 주인이 될 걸로 생각했어. 모든 사람이 이스마엘에게 친절했어.

하지만, 이삭이 태어난 후로 모든 것이 달라졌단다. 아버지 아브라함은 가축을 보러 갈 때면 항상 이삭을 데리고 가셨지. 나중에 이삭이 이 모든 것의 주인이 될 거라는 것을 이스마엘도 알고 있었어! 이삭의 어머니는 사라고 그러니까 이삭이 아브라함의 진짜 아들이란다. 이스마엘의 어머니는 하갈인데 하갈은 사라의 하녀잖아.

그래서 이스마엘은 그 잔치가 하나도 즐겁지 않았어. 화가 난 이스마엘은 이삭을 놀렸단다. 조금만 놀린 것이 아니라, 아주 심하게 많이 놀렸단다! 마침 사라가 그 광경을 보았지. 사라는 이스마엘에게 굉장히 많이 화가 났단다. 그래서 당장 아브라함에게 달려가 말했어.

“하갈과 그 아들 이스마엘을 당장 내쫓으세요. 앞으로 더 나쁜 일이 생길 것이 뻔해요. 이스마엘이 이삭을 얼마나 괴롭히는지 몰라요.”

아브라함은 그 말을 듣고 깜짝 놀랐지! 이스마엘을 내쫓으라고? 아브라함은 그렇게 하고 싶지 않았지. 이스마엘도 자기 아들인걸. 비록 하갈이 낳은 아들이지만 아버지는 바로 자기거든. 아브라함은 이스마엘을 절대로 내쫓고 싶지 않았어!

하지만, 하나님께서 아브라함에게 말씀하셨단다.

“아브라함아, 사라의 말을 듣도록 해라. 하갈과 아들 이스마엘을 내보내는 것이 좋겠다. 하지만, 내가 두 사람과 함께 있겠다. 두 사람에 대해서는 네가 걱정하지 않아도 된다."

아브라함은 하나님의 말씀에 순종했단다. 그래서 하갈과 이스마엘을 내보냈지.

하갈은 '이집트'에 가고 싶다고 했어. 이집트는 사막 건너편에 있는 나라야. 예전에 하갈이 살던 곳이기도 해. 아브라함은 두 사람에게 여행 중에 먹을 빵을 싸 주었지. 그리고 가죽 주머니에 물도 가득 담아 주었어. 가죽 물주머니를 잘 챙겨 갈 수 있도록 하갈의 어깨 위에 걸어 주었지.

이집트까지 가려면 사막을 가로질러 가야 하기 때문에 물이 많이 필요했단다. 사막에는 좀처럼 물이 없거든. 어디를 봐도 모래만 가득 있는 곳이 사막이야. 그리고 그곳은 정말 덥단다.

몇 년 전 하갈이 이곳 사막에 왔던 적이 있는데, 기억나니? 그때는 주인 사라와 싸워서 이곳으로 도망쳐 왔잖아. 그때 하나님께서 하갈에게 나타나 사라에게 돌아가라고 말씀하셨지. 그리고 아들을 낳을 거라고도 말씀하셨어. 그 말씀은 지금 모두 이루어졌어. 하갈이 아들 이스마엘과 함께 걷고 있으니까 말이야.

하지만, 이번에는 하나님께서 하갈에게 집으로 돌아가라는 말씀을 안 하시네. 지난번에는 하갈이 스스로 도망을 나왔지만, 이번은 정말로 내쫓겨서 온 길이야. 하갈은 이스마엘의 손을 잡고 정말 슬픈 마음으로 걷고 있었어. 눈물이 계속 나왔지. 자기가 어느 쪽으로 가고 있는지 잘 보지도 않았어. 그 바람에 길을 잘못 들어서고 말았지. 결국, 길을 잃고 말았단다. 세상에, 사막에서 길을 잃다니…….

사막에서는 물을 구할 수가 없어. 그리고 날씨는 얼마나 더운지. 아브라함이 두 사람을 위해 물을 많이 챙겨 주긴 했지만, 물주머니의 물은 갈수록 줄

어들었지. 이스마엘은 계속 목이 마르다고 했어. 이제 이스마엘이 딱 한 번 더 마실 물만 남아 있었어. 한 번 더 물을 마시고 나면 이제 마실 물도 없어. 드디어 마지막 물을 마셔 버렸단다. 물주머니는 비었고 어디를 봐도 새 물을 퍼 올 우물은 보이지 않았어.

두 사람은 앞으로 터덜터덜 걸어갔단다. 하지만, 이스마엘이 더는 못 걷겠다고 하는 것이었어. 머리가 어지럽다는 말을 하면서 말이야. 온몸에 힘이 다 빠져서 한 발자국도 더 못 걷겠다는 것이었어. 이러다 너무 목이 말라 죽게 될 것 같았지! 하갈은 이스마엘을 작은 덤불 옆에 눕혔단다. 조금이나마 그늘에서 쉴 수 있게 하려고 말이야. 그리고 하갈은 혼자서 물을 찾으러 앞으로 걸어가다가 모래 위에 그만 풀썩 주저앉고 말았지. 하갈은 울고 또 울었어. 이스마엘은 목이 말라서 죽어 가고 있는데, 자기는 이스마엘을 도와줄 수가 없었거든!

그때 갑자기 하나님의 목소리가 들려왔지.

"하갈아, 슬퍼하지 말아라. 모든 것이 잘될 것이다. 이스마엘의 손을 잡고 함께 이집트로 가거라. 거기서 이스마엘은 용감하고 힘센 남자가 될 것이다."

하갈은 하나님께서 하신 말씀을 믿었단다. 하갈은 이스마엘에게로 걸어갔어. 그리고 아들의 손을 잡았지. 그 순간, 저쪽에 우물이 보이는 것이 아니겠니! 하갈은 얼른 우물로 달려갔지. 시원한 물을 물주머니에 가득 채웠어. 그리고 이스마엘에게 다시 달려와서 물을 먹여 주었어.

와! 그 물은 세상의 그 무엇과도 비교할 수 없이 맛있는 물이었어! 이스마엘은 금방 정신을 차렸단다. 얼마 후 완전히 기운을 차리게 되었어. 이제 하갈과 그 아들 이스마엘은 다시 길을 갈 수 있게 되었어. 그렇게 두 사람은 무사히 이집트에 도착했지.

13. 이삭을 제물로?

창세기 22장

이 이야기는 처음에는 슬픈 이야기처럼 들려. 하지만, 슬픈 이야기가 아니란다!

이삭은 어느덧 아주 튼튼한 소년으로 자랐단다. 아버지를 도와 많은 일을 했지. 양과 소와 어린 양을 돌보는 일을 했지. 또 이삭은 하나님께 제사 드리는 법도 배웠단다. 아버지 아브라함이 가르쳐 주었거든. 맨 먼저 커다란 돌들을 가져와서 그것들을 잘 쌓아 올리는 거야. 바로 제단을 만드는 거지. 제단 위에는 나뭇가지를 한 더미 올린단다. 그 사이 아브라함은 가축 떼가 있는 곳으로 가. 거기에서 잘생긴 양이나 건강한 어린 양을 찾아낸단다. 그리고 그 짐승을 죽여서 나뭇가지 위에 올려놓는단다. 그리고 나뭇가지에 불을 붙여 타게 만들어. 이렇게 하는 것을 하나님께 제사한다고 해. 사람들은 이렇게 제사를 함으로써 자신들이 하나님을 사랑한다는 것을 하나님께 알려 드리는 거야.

아브라함은 종종 이삭에게 예전에 있었던 일들을 들려주었단다. 아주 오래전 아브라함과 사라는 다른 나라에서 살았어. 그때 하나님께서 두 사람에게 나타나 지금 살고 있는 이곳으로 길을 떠나라고 말씀하셨어. 그리고 하나님께서는 이 모든 땅이 나중에 아브라함 자손들의 것이 될 거라고 말씀하셨지.

하나님께서는 두 사람에게 아들을 주시겠다는 약속도 하셨단다. 하지만 이삭이 태어나기까지 두 사람은 25년 동안이나 기다려야만 했지. 처음 그 약속을 주실 때 이미 아브라함과 사라는 아이를 낳기에는 너무 나이가 많았는데도 말이야.

이삭은 순종을 잘하는 아이였어. 항상 아브라함이 원하는 대로 했단다. 한 번도 "저는 싫어요, 그렇게 안 할래요. 왜 제가 그 일을 해야 하죠?"라고 말한 적이 없었어. 아브라함은 이삭을 정말 많이 사랑했지.

하나님께서 생각하셨어.

'아브라함이 나보다 이삭을 더 사랑하는 것은 아닐까?'

그래서 하나님께서는 아브라함에게 매우 어려운 것을 시켜 보기로 마음먹으셨지. 어느 날 밤, 하나님께서 아브라함에게 말씀하셨어.

"아브라함, 네가 가장 사랑하는 아들 이삭을 나에게 제물로 바쳐라! 모리아 땅에 있는 산에 와서 이삭을 바쳐라."

아브라함이 놀라서 하나님께 여쭤 보았지.

"저더러 양 대신 이삭을 제단 위에 올리라는 말씀이신가요? 이삭을 죽여서 제물로 바치라는 말씀이십니까?"

하지만, 하나님께서 더는 말씀하지 않으셨어.

정말 무서운 일이었단다! 사라와 아브라함은 이삭이 태어나기를 정말 오랫동안 기다렸지. 그런데 그 이삭을 제물로 바친다고? 그러면 이삭이 없어지는 건데……. 하나님께서 정말 그걸 원하시는 걸까? 아브라함의 머리는 복잡해졌어. 절대로 이삭을 잃을 수는 없었지. 이삭을 얼마나 사랑하는데!

하지만, 아브라함이 하나님의 말씀대로 하지 않는다면, 하나님께 순종하지 않는 거야. 하나님께 불순종하는 게 되는 거지. 아브라함은 하나님께 불

순종하는 것도 싫었어. 아브라함은 하나님을 아주 많이 사랑하거든. 아브라함은 하나님께서 자기를 언제나 보살펴 주신다고 믿고 있었어. 그런데 아브라함이 하나님께서 시키시는 대로 한다면 이삭을 잃게 돼. 이삭을 죽여서 제단 위에 올려놓아야 한다고. 제사를 드릴 때 하나님께 양을 바치는 것처럼 말이야. 그렇게 할 수는 없지! 안 돼, 그럴 수는 없어!

아브라함은 그날 밤 한숨도 못 잤단다. 밤이 새도록 이리저리 방안을 서성거렸어. 하나님 말씀대로 하자! 아니야, 그럴 수는 없어! 아무리 생각해도 정말 어려운 문제였지.

하지만, 아침이 되자 아브라함은 자기가 무엇을 해야 하는지 분명히 알게 되었어. 결정을 내린 거야. 하나님께 순종하기로 말이야. 하나님께서 시키신 대로 하는 거야. 이삭을 제단 위에 제물로 바치는 거야. 아브라함은 마음속으로 어떤 생각을 했는지 아니?

'하나님께서는 모든 것을 할 수 있으셔. 이삭이 죽더라도 하나님께서는 다시 살려 주실 거야. 그리고 나에게 돌려주실 거야! 하나님께서는 나중에 이삭의 자손이 많아질 거라고 말씀하셨는걸. 그리고 이 모든 땅이 우리 자손들의 땅이 될 거라고 약속하셨어. 하나님은 약속을 지키시는 분이야. 하나님께서 약속하신 것은 꼭 이루어진다고!'

아브라함이 이삭을 불렀어. 그리고 말했단다.

"이삭아, 며칠간 여행을 떠나자꾸나."

여행을 간다는 말에 이삭은 기분이 좋아서 따라나섰단다. 하인을 두 명 데리고 길을 떠났어. 아브라함은 나귀 위에 올라타고 갔단다. 이삭과 하인들은 걸어서 길을 떠났지. 아브라함은 나무와 밧줄과 날카로운 칼을 챙겼단다. 이삭은 아버지 아브라함이 무슨 일을 하러 가는지 금방 눈치챘어. 하나님께 제사 드리러 가는 길이라는 것을 말이야.

사흘 후에 그들은 모리아 땅에 도착했어. 저 멀리에 하나님께서 말씀하신 산이 보였단다. 저 산에서 이삭을 하나님께 바쳐야 하는 거야! 아브라함은 타고 있던 나귀에서 내렸어. 그리고 이삭에게 나무 짐을 주었지. 아브라함 자신은 불씨가 들어 있는 단지와 칼과 밧줄을 챙겼단다. 그리고 하인들에게 말했지.

"여기서 나귀를 지키며 우리를 기다리도록 해라. 우리는 산에 올라가서 제사를 드리고 다시 내려오겠다."

아브라함이 하는 말 들었니? '우리는 다시 내려오겠다'라고 말했어. 아브라함은 하나님께서 이삭을 다시 살려 주실 거라고 확실히 믿고 있었던 거야! 그런데 하나님께서 어떻게 이삭을 살리실지는 아브라함도 몰랐어. 그냥 살려 주실 거라고만 믿었지.

아버지 아브라함과 아들 이삭이 산을 오르고 있어. 이삭은 갑자기 궁금한 것이 생겼지. 아버지께서 무언가 빠뜨리신 것 같거든. 그래서 여쭤 보았어.

"아버지, 아버지께서는 불과 칼과 밧줄을 챙기셨어요. 저는 나무를 가지고 가고요. 하지만, 제물로 바칠 양은 어디 있나요?"

"얘야, 그건 하나님께서 직접 준비해 주실 거란다."

아브라함이 대답했어. 이삭은 더는 묻지 않았단다. 그렇게 두 사람은 산을 올라갔지. 하나님께서 말씀하신 곳에 도착한 두 사람은 돌들을 모아 제단을 만들었단다. 이삭이 제단 위에 나뭇가지를 올려놓았어. 그리고……!

아브라함이 이삭에게 하나님의 말씀을 전해야 할 시간이 되었지. 이삭을 제물로 바치라는 바로 그 말씀 말이야. 이삭은 지금까지 항상 순종을 잘했어. 아버지를 사랑했고, 하나님도 사랑했으니까. 아버지의 말을 듣고 이삭은 아무 말도 하지 않았단다. 대신 조용히 제단 위에 올라가 누웠어. 아버지가 자신을 밧줄로 묶을 때도 가만히 누워 있었단다. 아브라함은 칼을 집어 들었어. 이제 그 무시무시한 일을 해야 하는 순간이 온 거야. 이삭을 죽여야 했지!

바로 그때 하나님께서 말씀하셨어.

"아브라함아, 멈추어라! 이삭을 죽이면 안 된다! 이제 네가 나를 얼마나 사랑하는지 알겠다. 네 아들 이삭을 나에게 바칠 만큼 나를 사랑한다는 것을 알겠다."

그 말에 아브라함은 얼마나 기뻤는지 모른단다! 이삭을 칭칭 묶었던 밧줄을 얼른 끊어 버렸단다. 이삭은 제단 위에서 껑충 뛰어내렸어. 아브라함은 이삭을 품에 안고 행복에 겨워 같이 울었지!

그 순간 두 사람 눈에 저쪽에 양 한 마리가 덤불에 걸려 있는 것이 보였어. 양은 덤불에 뿔이 걸린 채 꼼짝 못하고 있었단다. 아브라함은 그 양을 잡아와 제단 위에 올려놓았지. 그리고 그 양을 하나님께 제물로 바쳤어. 정말로 하나님께서 직접 제물을 준비해 주셨지?

하나님께서 그 순간 아브라함에게 복을 주시며 말씀하셨지.

"아브라함아, 내가 너를 늘 보살펴 주겠다. 너의 자손은 하늘의 별들처럼

많아질 것이다. 하늘의 별들은 너무 많아 아무도 셀 수 없다. 나중에 너의 자손도 그렇게 셀 수 없이 많아질 것이다. 너무 많아 아무도 셀 수 없을 것이다!"

그리고 그 자손 중 한 명이 바로 예수님이셔! 그래, 시간이 아주 많이 흐르고 나서 예수님이 태어나실 거야. 하나님께서 아브라함에게 약속하신 땅에서 태어나실 거야. 바로 가나안 땅에서.

아브라함과 이삭은 산에서 내려왔단다. 하인들이 있는 곳으로 와서 함께 이삭의 어머니 사라가 있는 집으로 돌아갔지. 집에 도착하면 사라에게 해 줄 얘기가 참 많겠지?

거봐, 내가 이 이야기는 슬픈 이야기가 아니라고 말했지?

14. 리브가

창세기 24 장

아브라함과 사라는 어느덧 나이가 아주 많은 할아버지 할머니가 되었어. 이삭도 벌써 40살이 다 되어 가고 있었지. 그런데 그때까지 이삭은 결혼을 못하고 있었어. 그러던 어느 날, 이삭의 어머니 사라가 죽었단다. 아브라함과 이삭은 사라를 무덤에 묻었어. 이제 남자 두 사람만 덩그러니 천막에 살게 되었지.

아브라함은 이삭이 지금 살고 있는 곳의 여자와 결혼하는 것을 싫어했단다. 자기들이 지금 살고 있는 땅, 그러니까 가나안에 사는 사람들은 하나님을 사랑하는 사람들이 아니었거든. 아브라함은 자기가 가장 믿는 하인을 불렀어. '엘리에셀'이라는 이름의 하인이었단다. 아브라함이 엘리에셀에게 말했어.

"엘리에셀, 나를 위해서 어려운 일을 해 주어야겠네. 나는 이삭이 이 나라 여자와 결혼하는 것이 싫어. 그래서 자네를 옛날에 내가 살던 나라에 보내려고 한다네. 그곳에는 우리 가족들이 아직도 살고 있지. 내 동생이 결혼해서 그곳에 살고 있다네. 자녀도 있고 손자, 손녀까지 얻었을 거야. 그중에서 이삭을 위한 신부를 한번 찾아보게."

아브라함 주인님이 정말 어려운 일을 맡기셨어! 엘리에셀은 처음부터 걱정이 이만저만이 아니었단다! 그렇지만, 주인인 아브라함의 말씀을 따라 길을 떠났단다. 엘리에셀은 낙타를 10마리나 끌고 갔어. 낙타를 그렇게 많이 끌고 간 이유가 뭘까? 나중에 신부를 태우고 올 낙타 1마리만 끌고 가도 충분하지 않을까? 아니야, 엘리에셀은 낙타를 10마리나 끌고 갔다니까. 무엇 때문에? 신부와 신부 가족에게 줄 선물을 잔뜩 가지고 갔거든. 그 선물을 다 싣다 보니 낙타가 10마리나 필요했어. 아브라함이 얼마나 큰 부자인지 알겠지! 엘리에셀은 여행을 하는 동안 낙타를 돌볼 하인도 서넛 데리고 갔단다.

아브라함이 예전에 살던 나라까지 가려면 꽤 먼 거리를 여행해야 했지. 마침내 긴 여행을 마치고 아브라함의 고향에 도착했어. 엘리에셀은 앞으로 어떻게 할지 생각했단다.

'이삭 도련님의 신부를 어떻게 찾지? 이곳에는 신부가 될 만한 아가씨들이 아주 많은 것 같은데……. 그렇지, 이삭 도련님의 신부가 될 사람은 무엇보다 하나님을 사랑하는 사람이어야 해. 그런데 내가 그걸 어떻게 한눈에 척 알아낼 수 있을까? 그런 것은 하나님만이 분명하게 아시는데! 하나님께서 나를 도와주시는 수밖에 없겠군!'

그래서 엘리에셀은 기도를 했단다.

"주님, 저를 도와주십시오. 제가 좋은 계획을 세웠습니다. 저는 이제 성 가까이 있는 우물에 가려고 합니다. 저녁이 되면 아가씨들이 항아리를 들고 그곳에 물을 길으러 옵니다. 제가 그 아가씨들에게 '물 한 모금만 주시오' 라고 부탁을 하는 겁니다. 그때 저에게 '여기요, 이 물을 마시세요. 그리고 저 낙타들에게도 제가 물을 주겠습니다' 하고 말하는 아가씨가 있으면 그 아가씨가 바로 주님이 이삭 도련님을 위해 찾아 주신 신부인 줄 알겠습니다."

엘리에셀이 정말 좋은 계획을 세웠지? 엘리에셀은 주인 아브라함과 함께 있으면서 하나님을 확실히 믿으면 모든 일이 잘된다는 것을 배웠어. 그래서 자기도 이번 일을 위해 하나님을 믿고 계획을 짠 거야!

그 성에 있는 어떤 큰 집에 아주 예쁜 아가씨가 살고 있었지. 아가씨 이름은 '리브가'였단다. 리브가는 마음씨도 아주 따뜻했어. 리브가에게는 오빠가 있는데 오빠의 이름은 '라반'이었지. 리브가의 부모님도 모두 살아 계셨는데 아버지의 이름은 '브두엘'이었지.

리브가는 매일 우물에 가서 물을 길어 왔단다. 물을 길으러 갈 때는 항아리를 메고 갔어. 항아리는 흙을 구워 만든 큰 병 같은 것인데 보통 어깨에 메고 다니지. 항아리를 어깨에 메면 항아리에 물이 가득 들어 있을 때에도 잘 걸을 수 있거든.

여느 때와 같이 리브가는 항아리를 메고 우물에 물을 길으러 갔단다. 그때는 저녁 무렵이었지. 우물에 도착한 리브가는 저쪽에 어떤 사람이 서 있는 것을 보았어. 한 번도 본 적이 없는 낯선 사람이었지. 이 근처에 사는 사람이 아닌 것이 분명했어. 곁에 낙타가 10마리나 있는 것을 보니 굉장한 부자인 것 같아! 그 사람은 리브가를 가만히 쳐다보다가 이내 아무 말도 하지 않고 그냥 서 있었어. 리브가는 항아리에 물을 가득 담고 집으로 돌아가려고 했단다. 그 낯선 사람은 그제야 이렇게 말을 거는 거야.

"아가씨, 항아리에 있는 물을 좀 마실 수 있을까요?"

"그럼요."

리브가는 대답을 하고 어깨에 메고 있던 물이 가득 담긴 항아리를 얼른 내려놓았단다.

"여기요, 이 물을 마시세요. 그리고 낙타들에게도 물을 주겠어요."

우물 옆에는 동물들이 물을 마시는 물통이 있단다. 리브가는 몇 번이나 물을 길어 와서 물통에 부었어. 낙타들이 물을 충분히 마실 수 있도록 말이야. 그 사이 그 낯선 사람은 리브가를 조용히 보고 있었지.

리브가가 낙타들에게 물을 다 주고 나자 그 낯선 사람은 자기 낙타 쪽으

로 걸어가더니 자루를 하나 내렸어. 그 사람이 자루를 열고 무엇을 꺼냈을까? 글쎄, 금으로 만든 팔찌 두 개와 예쁜 금반지를 꺼내는 거야!

"받으세요."

낯선 사람이 말했어.

"아가씨에게 주는 선물입니다."

리브가는 깜짝 놀랐단다. 이렇게 예쁜 팔찌를 진짜로 자기에게 준다고? 그럼, 정말인 것 같아! 그 낯선 사람은 리브가의 팔에 팔찌를 끼워 주었어.

이 낯선 사람은 도대체 누구일까? 그래, 바로 아브라함의 하인인 엘리에셀이었어!

엘리에셀이 리브가에게 말했어.

"아가씨 이름이 뭐지요? 혹시 오늘 밤 아가씨 아버지의 집에서 잘 수 있을까요? 나뿐만 아니라 내 하인들과 낙타들도 함께 쉴 수 있을까요?"

리브가가 말했어.

"저는 리브가라고 해요. 저의 아버지는 '브두엘'이에요. 저희는 아주 큰 집에 살아요. 오늘 밤 저희 집에서 주무셔도 됩니다. 저희 집 마구간에는 낙타들이 잘 자리도 충분해요. 아마 저희 아버지께서도 아주 좋아하실 거예요."

엘리에셀은 바닥에 무릎을 꿇고 하나님께 감사했단다. 하나님께서 도와주신 것이 정말 감사했거든! 우물에서 물을 달라고 처음으로 부탁한 그 아가씨가 바로 하나님께서 이삭을 위해 미리 준비해 두신 아가씨였어! 만약 그 아가씨만 좋다고 한다면 엘리에셀의 일은 완전히 마무리되는 거지!

그 사이 리브가는 한달음에 집으로 달려갔어. 그 낯선 사람에게 자기 집이 어디 있는지 말하는 것도 잊고 말이야. 얼른 가서 아버지 어머니께 자기의 예쁜 팔찌를 보여 주고 싶었어! 리브가의 오빠 라반이 리브가의 팔찌를 보았단다.

"그 팔찌는 어디서 난 거니?"

라반이 물었지. 라반이 보기에도 그 팔찌는 아주 비싼 물건이었거든.

"우물에 있던 어떤 사람이 줬어."

리브가가 대답했지.

"그 사람은 낙타를 10마리나 가지고 있어. 그리고 하인도 서너 명이나 데리고 왔어! 오늘 밤 우리 집에서 주무시겠대."

그 말을 듣고 라반은 이렇게 생각했어.

'그 사람은 아주 부자인가 봐. 어쩌면 나한테도 비싼 선물을 줄지 몰라. 얼른 가서 그 사람을 우리 집으로 데리고 와야지. 아니, 그런데 리브가는 자기 혼자 이렇게 달려오면 어떻게 해? 정말 바보 같은 리브가.'

라반은 얼른 우물가로 달려갔지. 엘리에셀은 그때까지 우물가에 있었어. 라반이 말했지.

"저와 함께 저희 집으로 가시죠. 제가 어르신의 낙타를 위해 먹이와 건초를 다 준비해 놓았습니다."

이렇게 해서 엘리에셀은 리브가의 아버지인 브두엘의 집에 오게 되었단다.

브두엘의 집에 도착하자 먼저 낙타 등에 싣고 온 선물 보따리들을 다 내려놓았지. 그리고 낙타들을 마구간으로 데려가 먹이와 건초를 주고 푹 쉬게 했어. 엘리에셀과 하인들은 깨끗이 몸을 씻었단다. 긴 여행을 하는 동안 온갖 먼지를 다 뒤집어쓰고 있었거든.

저녁 식사가 벌써 준비되어 있었어. 식사를 하기 전에 엘리에셀은 자기가 왜 이곳에 왔는지 말했단다. 큰 부자가 된 아브라함 이야기를 하고, 얼마 전에 죽은 사라 이야기도 했어. 그리고 아직 결혼을 못한 이삭 얘기도 했단다. 마지막으로 주인 아브라함이 이삭의 신부가 될 사람을 찾아오라고 자기를 이곳에 보냈다는 말도 했지. 이곳은 아브라함이 예전에 살았던 곳이야. 알고 보니 아브라함은 브두엘의 삼촌이었단다. 그러니까 아브라함과 리브가는 가까운 친척인 거야!

아브라함은 이삭이 자기들이 지금 사는 땅의 여자와 결혼하는 것을 원하지 않았어. 그곳 사람들은 하나님을 사랑하지 않았거든. 그래서 엘리에셀을 이곳으로 보냈단다. 엘리에셀이 말했지.

"하나님께 이삭 도련님의 신부가 될 좋은 아가씨를 찾게 해 달라고 기도했습니다. 하나님께서는 리브가 아가씨가 바로 이삭 도련님의 신부가 될 사람이라고 말씀해 주셨지요. 리브가 아가씨를 모셔가도 되겠습니까?"

아버지 브두엘이 말했지.

"만약 그 일이 하나님께서 원하시는 일이라면, 리브가와 이삭의 결혼을 허락합니다. 우리 딸 리브가가 당신을 따라 가나안으로 가도 좋습니다."

엘리에셀은 낙타 등에 싣고 온 선물 보따리들을 전부 풀어놓았단다. 그 속에는 리브가를 위한 예쁜 보석들이 많이 있었지. 멋진 옷을 만들 수 있는 예쁜 천도 있었어. 리브가의 어머니는 금으로 된 팔찌를 얻었단다. 라반도 멋있는 선물을 받았지!

다음 날 아침 엘리에셀은 당장 가나안으로 돌아가고 싶었어. 한시라도 빨리 주인 아브라함에게 돌아가고 싶었지. 하지만, 리브가의 아버지와 어머니는 리브가를 그렇게 빨리 보내고 싶지 않았어. 리브가를 이렇게 먼 곳으로 시집을 보내고 나면 어쩌면 앞으로 영영 리브가를 못 볼지도 모르니까 말이야. 그래서 단 며칠만이라도 리브가를 더 데리고 있고 싶어 했단다.

하지만, 리브가는 당장에라도 떠나고 싶어 했어. 이삭이 어떻게 생겼는지 굉장히 궁금했거든! 리브가는 자기 짐을 꾸리고 부모님과 오빠 라반에게 작별 인사를 했어. 그리고 낙타 위에 올라타고서 엘리에셀과 함께 가나안으로 갔단다.

그동안 아브라함과 이삭은 집에서 엘리에셀을 기다리고 있었지. 엘리에셀이 돌아오려면 얼마나 더 기다려야 할까? 엘리에셀은 과연 이삭을 위한 신부를 데리고 올까?

이삭은 매일 저녁 산책을 했단다. 혼자서 풀밭을 지나고 작은 나무들 사이를 지나고 언덕을 넘어 산책하는 것을 좋아했지. 이렇게 걷다 보면 많은 생각을 할 수 있거든. 이삭은 어머니 사라에 대한 생각을 많이 했지. 돌아가신 어머니를 아직도 많이 그리워하고 있었단다. 엘리에셀에 대한 생각도 했어! 엘리에셀이 아름다운 아가씨를 데리고 올까?

어느 날 저녁 이삭이 언덕 위에 서 있는데, 멀리서 낙타들이 이쪽으로 오는 것이 보였어. 엘리에셀이 오는 것일까? 이삭은 그쪽을 향해 재빨리 걸어갔단다.

리브가는 낙타 위에 앉아 있었지. 엘리에셀이 잠시 후 집에 도착할 거라고 리브가에게 말해 주었단다. 긴 여행 때문에 리브가도 지쳐 있었어. 하지만 궁금한 것도 많았단다. 이삭은 어떻게 생겼을까? 이삭이 자기를 좋아할까?

그때였어. 저쪽에서 어떤 사람이 언덕을 내려오는 것이 보였어. 정말 멋있게 생긴 사람이었어! 누굴까? 리브가는 엘리에셀에게 물어보았지.

“저분이 이삭 도련님입니다!”

엘리에셀이 대답했단다. 리브가는 낙타에서 내렸어. 그리고 이삭에게 걸어갔지. 이삭도 리브가 쪽으로 걸어왔지. 두 사람은 얼굴을 보는 첫 순간부터 서로 아주 마음에 들었단다. 정말 잘 됐지?

이삭은 리브가를 데리고 아브라함이 있는 천막으로 갔어. 그리고 리브가에게 모든 것들을 보여 주었지. 얼마 후 두 사람은 결혼식을 올렸단다. 두 사람은 서로 진심으로 사랑하며 아주 행복하게 살았어!

15. 야곱이 원했던 장자권

창세기 25 장

이삭과 리브가는 아주 행복했단다. 하지만, 두 사람에게는 한 가지 슬픈 일이 있었지. 두 사람은 그때까지 아기가 없었어! 이삭은 하나님께 아기를 달라고 기도했단다. 그 기도를 들으신 하나님께서는 아기를 주겠다고 대답하셨어. 그렇지만, 두 사람이 하나님께 아기를 받기까지는 다시 아주 오랜 시간을 기다려야 했단다.

마침내 이삭과 리브가가 아기를 얻었어. 그것도 한꺼번에 두 명씩이나 말이야! 맞아, 하나님께서 리브가에게 쌍둥이를 주신 거야. 쌍둥이 남자 아이를 주셨지. 하지만, 두 형제는 전혀 다르게 생겼단다!

이삭과 리브가는 첫 번째로 태어난 아기에게 '에서'라고 이름을 붙여 주었지. 에서는 머리카락이 빨간색이었어. 그리고 온몸에 털이 보송보송 많이 나 있었단다. 두 번째로 태어난 아기는 '야곱'이었어. 야곱은 털이 없는 매끈한 피부를 갖고 있었지. 두 아기는 무럭무럭 잘 자랐지. 시간이 지나면서 에서와 야곱은 걷기도 하고 말도 배웠단다.

할아버지가 된 아브라함은 손자들을 끔찍이도 귀여워해 주었지. 아브라함 할아버지는 에서와 야곱을 무릎 위에 앉히고 재미있는 얘기를 많이 해주었어. 할머니 사라에 대한 이야기도 해 주고, 아버지 이삭이 어렸을 때의 이야기도 해 주었단다. 그리고 할아버지 아브라함이 오래전에 다른 나라에 살았다는 것도 이야기해 주었지. 그곳은 쌍둥이 형제의 어머니인 리브가가 살았던 곳이기도 하지.

또 하나님께서 자기더러 이 나라로 이사하라고 말씀하셨던 것도 들려주었어. 하나님께서는 지금 자기들이 살고 있는 이 땅을 자기들의 자손에게 주겠다고 약속하셨다는 것도 말해 주었지. 그리고 자기들 후손이 아주 크고 중요한 민족이 될 거라는 사실도 말해 주었어. 그 후손 중에서 왕도 많이 태어나게 될 거야! 그 왕 중에는 가장 위대한 왕인 예수님도 있단다. 예수님께서 아브라함의 자손으로 태어나게 될 거야!

야곱은 하나님에 대한 이야기를 들을 때마다 아주 좋아했단다. 야곱은 하나님을 사랑했거든. 에서는 하나님에 대한 이야기가 별로 재미없었어. 하나님을 사랑하는 맘이 없었거든.

이삭은 아주 부자였단다. 금이랑 은을 아주 많이 가지고 있었지. 소와 양과 낙타도 많이 가지고 있었어. 하인들도 많이 거느리고 있었지. 나중에 이삭이 죽고 나면, 누가 그 많은 것을 받게 될까? 에서일까, 야곱일까? 그리고 가나안 땅은 누구의 것이 될까? 에서 후손의 것이 될까, 아니면 야곱 후손의 것이 될까?

에서는 첫째 아들이었어. 그 시대에는 첫째 아들이 아버지 재산의 대부분을 물려받았단다. 첫째 아들이 가장 중요한 아들이었거든. 첫째 아들은 나중에 아버지의 뒤를 이어 새 주인이 되지. 그것을 '장자권'이라고 한단다. 에서는 첫 번째로 태어난 아들이기 때문에 장자권을 받겠지.

하지만, 에서와 야곱의 경우는 좀 달랐단다! 하나님께서 리브가에게 야곱의 후손들이 나중에 가나안 나라를 다스리게 될 것이라고 말씀하셨어. 그리고 야곱의 후손 중에서 예수님이 태어날 거라고 말씀하셨어. 에서의 후손이 아니라 야곱의 후손 중에서 말이야. 야곱의 후손이 에서의 후손보다 더 중요해질 거라고 말씀하셨어.

두 형제는 무럭무럭 자랐단다. 자라면서 두 형제는 점점 더 달라졌단다. 에서는 힘이 세고 활동적인 남자가 되었고, 결국 사냥꾼이 되었지. 날마다 활과 화살을 가지고서 산과 들을 뛰어다녔어. 사슴이나 곰에게 활을 쏴서 잡았단다. 에서는 그렇게 잡은 동물을 집으로 가지고 와서 맛있게 요리를 했단다. 아버지 이삭은 에서가 만든 음식을 아주 좋아했어. 그 음식을 아주 맛있게 먹었지. 이삭은 힘세고 활발한 에서를 좋아했단다. 사실 야곱보다 에서를 훨씬 더 사랑했어. 두 아들 중 한 아들만을 더 사랑하는 것은 아버지로서 잘하는 것이 아니야!

반대로 야곱은 조용하고 차분한 남자였지. 집에서 가축 돌보는 것을 좋아했어. 야곱은 목자가 되었고 집에서 어머니를 도와주는 것을 좋아했지. 리브가는 야곱을 사랑했어. 야곱은 어머니 곁에서 다정하게 이야기를 나누면서 어머니의 일은 무엇이든지 도와드렸어. 사실 리브가는 에서보다 야곱을 더 사랑했지. 어머니 리브가가 이렇게 한 것도 잘못이야.

어머니 리브가는 야곱에게 하나님께서 하신 말씀을 들려주었어. 야곱은 나중에 자기가 가장 중요한 아들이 될 거라는 것을 알게 되었지. 하지만, 에서 형은? 에서 형이 먼저 태어났는걸! 형이 있는데 자기가 가장 중요한 아들이 된다고? 어떻게? 야곱은 가끔 그런 걱정을 했단다.

아버지 이삭도 야곱이 나중에 가장 중요한 아들이 될 거라는 것을 알고 있었어. 하지만, 이삭은 그 사실을 싫어했어! 생각도 하기 싫어했지. 에서가 첫째 아들이고 게다가 자기는 에서를 더 좋아했으니까!

어느 날 야곱이 아주 맛있는 음식을 만들었단다. 팥죽을 만들었어. 색이 붉은 팥으로 죽을 만들었지. 보기에도 아주 먹음직스러웠고, 맛있는 냄새도 솔솔 났단다! 그때 에서가 숲에서 돌아왔어. 지칠 대로 지쳐서 말이야. 에서는 온종일 사냥을 했는데, 그날따라 짐승을 한 마리도 못 잡은 거야. 에서는 진짜로 배가 고팠어! 배가 고파서 쓰러지기 직전이었지. 그때 야곱이 끓이고 있는 맛있는 죽 냄새를 맡았어. 얼마나 먹고 싶었겠니?

"야곱, 죽 한 그릇만 줘. 배가 고파 당장에라도 쓰러질 것 같아!"

야곱은 에서 형이 얼마나 지치고 배가 고픈지 한눈에 알아봤지. 야곱은 속으로 이렇게 생각했어.

'지금 에서 형은 정말 배가 고픈 모양이야. 이 죽이 먹고 싶어서 내 말은 무엇이든지 다 들어줄 거야. 이 기회를 잘 이용해야 해!'

야곱이 이렇게 말했지.

"좋아, 형. 이 죽을 줄게. 하지만, 형도 나에게 무언가 줘야 해. 공평하게 주고받는 거야! 나는 형에게 이 죽을 주고 형은 나에게 장자권을 주는 거야. 그리고 앞으로는 내가 장자가 되는 거야."

하나님께서는 분명히 야곱이 가장 중요한 아들이 될 거라고 말씀하셨지! 하나님은 약속하신 것을 항상 지키셔. 그러니까 야곱이 에서에게서 장자권을 사거나 빼앗을 이유가 없지. 하지만, 야곱은 다르게 생각했어.

'내가 하나님을 조금 도와드려야겠어. 내가 진짜로 장자권을 가지고 있어야 나중에 가장 중요한 아들이 될 수 있을 것 아니야!'

에서는 진짜로 배가 고팠어! 그래서 이렇게 말했단다.

"지금 당장 죽 한 그릇을 먹지 않으면, 금방 쓰러져 죽고 말 거야. 그러면 첫째 아들이 무슨 소용이 있겠어? 그래, 내 장자권은 너나 가져. 나는 저 죽 한 그릇이 더 좋아!"

야곱은 에서에게 죽 한 그릇을 퍼 주었지. 그리고 빵도 함께 주었어. 형에게 아주 친절한 척하면서 말이야! 에서는 죽 한 그릇을 '뚝딱' 먹어치우고 다시 기운을 차렸지. 원래의 힘세고 활발한 에서로 돌아왔지! 그 자리를 떠난 에서는 그 후로 자기가 야곱과 한 말에 대해서 더는 생각하지 않았어.

하지만, 야곱은 그 말을 잊지 않고 잘 기억하고 있었지! 자기 자신이 똑똑하다고 생각하면서 스스로 자랑스러워하기까지 했어. 자기가 하나님을 잘 도왔다고 믿고 있었거든.

16. 아버지를 속인 야곱

창세기 27 장

시간이 흘러 에서와 야곱은 어른이 되었지. 아브라함은 이미 나이가 많이 들어 죽고 난 뒤였지. 아버지 이삭도 아주 나이가 많이 들었단다. 나이가 들면 들수록 이삭은 눈이 잘 보이지 않게 되었어. 점점 눈이 나빠지더니 결국은 아무것도 볼 수 없게 되었단다. 이삭이 장님이 된 거야. 게다가 힘이 없어 잘 걸을 수도 없게 되었지. 그래서 자기 천막 안에 있는 침대에 온종일 누워 있었단다. 만약 네가 앞도 못 보고 날마다 침대에 누워 있어야 한다면 기분이 어떻겠니? 온종일 무엇을 하면서 지내겠니? 아마 누워서 여러 가지 생각을 많이 하겠지. 이삭도 그랬어. 이런저런 생각을 하며 지냈지.

하루는 이삭이 이런 생각을 했어.

'머지않아 나는 죽을 거야. 내가 죽고 나면 앞으로 우리 집안은 어떻게 될까? 지금까지 내가 모은 이 많은 재산은? 우리 집에는 은과 금도 많고, 낙타, 소, 양도 많지. 이것 말고도 재산이 꽤 있지. 이 재산을 누가 다 물려받게 될까? 누가 이 집안의 새 주인이 될까? 에서가 우리 집안의 장남이지. 첫 번째 태어난 아들이라고. 내가 죽고 나면 에서가 이 집안을 다스리는 주인이 되어야 해. 내가 죽기 전에 에서를 축복해야겠다.'

'축복하는 것'이 어떻게 하는 것인지 아니? 이삭이 자기 아들을 축복한다는 것은, 자기 아들에게 앞으로 일어날 일을 말해 주는 거야. 그런데 그 말은 이삭이 스스로 생각해서 하는 말이 아니야. 축복의 말은 하나님께서 이삭에게 말하도록 시키신 말씀을 말하는 거야.

어느 날 이삭이 에서를 가까이 불렀어. 그리고 에서에게 말했지.

"에서야, 들에 나가 나를 위해 짐승을 잡아 오너라. 그리고 그 고기로 맛있는 음식을 만들어라. 내가 어떤 음식을 좋아하는지 잘 알고 있지? 내가 좋아하는 음식을 만들어 오너라. 그 음식을 먹고 나서 내가 너를 축복하겠다. 나는 앞으로 얼마 못 살고 죽을 것 같은데, 내가 죽기 전에 너를 축복해 주마."

"알겠습니다, 아버지."

대답을 마친 에서는 바로 사냥을 하러 나갔지. 하지만, 에서가 잊은 것이 있어. 언젠가 죽 한 그릇을 받고 야곱에게 장자권을 팔았던 것을 전혀 기억하지 못하고 있어. 아버지 이삭은 에서가 아닌 야곱을 축복하게 될 거야. 그걸 모르다니 에서는 정말 어리석어, 그렇지?

이삭에게는 생각하기도 싫은 일이 하나 있었지. 그것은 하나님께서 에서가 아닌 야곱이 장자의 복을 받게 될 것이라고 직접 말씀하셨다는 것이야. 비록 이삭은 그 사실을 잘 알고 있긴 했지만, 자기는 야곱보다 에서를 훨씬 더 사랑하고 있었어. 그렇다고 하나님 말씀을 모른 척 무시하다니 이삭도 정말 바보 같지?

리브가는 이삭이 에서와 하는 말을 다 엿들었단다. 그리고 에서가 사냥을 하러 들로 나가는 것까지 보았어. 리브가는 이렇게 생각했지.

'가만히 있다가는 일이 잘못될 것 같은데……. 에서가 복을 받으면 안 되지. 야곱이 그 복을 받아야 해. 하나님께서 그렇게 말씀하셨잖아. 이제 이 일을 어떡하면 좋을까? 그래, 내가 하나님을 좀 도와 드리는 것이 좋겠다.'

리브가도 정말 어리석지? 자기가 하나님을 돕겠다고?

리브가는 야곱에게 가서 말했단다.

"야곱아, 가만히 있다가는 일이 잘못될 것 같구나. 빨리 가축이 있는 곳으로 가서 염소 두 마리를 끌고 오너라. 그리고 그 염소를 잡아라. 내가 그 염소로 네 아버지가 좋아하시는 음식을 만들어 주마. 너는 내가 만들어 준 음식을 들고 네 아버지에게 가거라. 그리고 네가 마치 에서 형인 것처럼 해라. 네 아버지는 지금 눈이 멀어 아무것도 못 보시니까 네가 야곱인 줄 모르실 거야. 네 아버지는 너를 축복해 주실 거야!"

야곱은 어머니의 말을 듣고 깜짝 놀랐단다. 아버지를 속이라고? 정말 아버지를 속일 수 있을까? 야곱이랑 에서는 서로 닮은 데가 없었어. 야곱과 달리 에서는 손과 목에 복슬복슬한 털이 많이 있었단다. 게다가 에서한테서는 숲과 들짐승 냄새가 나. 야곱에게서는 집에서 키우는 가축 냄새가 나지. 아버지가 앞을 볼 수는 없지만, 그 정도쯤은 눈치채실 것 같은데…….

하지만 리브가가 말했어.

"너희 아버지가 눈치채지 못하게 내가 도와줄 테니 시키는 대로만 하렴."

야곱은 가축우리에 가서 염소 두 마리를 골랐단다. 그리고 그 염소를 잡았지. 리브가는 그 고기로 맛있는 음식을 만들었어. 그러면서 리브가는 아무도 생각 못할 꾀를 생각해 냈단다. 염소 가죽을 야곱의 손과 목에 잘 감은 거야. 이제 야곱도 에서처럼 털이 많이 난 것처럼 되었지. 그리고 야곱에게 형 에서의 옷을 입혔단다. 그러자 야곱에게 에서의 냄새가 났어.

모든 준비가 끝나자 야곱은 맛있는 음식이 담긴 그릇을 들고 아버지가 계신 천막으로 갔단다. 아버지 이삭을 과연 속일 수 있을까?

야곱이 에서 형의 목소리를 흉내 내며 말했어.

“아버지, 맛있는 음식을 만들어 왔습니다. 일어나 앉으셔서 이 음식을 드세요. 그리고 저를 축복해 주세요.”

“네가 누구냐?”

이삭이 물었지.

“저는 에서입니다.”

야곱이 거짓말을 했어. 하지만, 이삭은 그 말을 믿을 수가 없었어. 뭔가 이상했거든.

“이리 가까이 와 보거라.”

야곱은 아버지 가까이 다가갔지. 아버지 이삭은 손을 뻗어 야곱의 손과 목을 만져 보았지. 이삭이 만진 것은 털이 숭숭 난 염소 가죽이었어. 하지만 이삭은 자기가 만진 것이 에서의 손이라고 믿었지.

“이상한 일이야.”

이삭이 말했지.

“목소리는 야곱인데, 손은 에서의 손이 맞는 것 같군.”

이삭은 음식 냄새를 한번 맡아보고 맛있게 음식을 먹었단다. 음식을 다 먹고서 이제 아들을 축복할 차례가 되었어. 하지만, 곁에 있는 이 아들이 정말 에서가 맞는 걸까? 이삭은 한 번 더 확인하고 싶었지.

"이리 가까이 와 내게 입맞춤을 해다오."

야곱은 겁이 더럭 났단다. 하지만, 자기 마음을 숨기고 아버지에게 다가가 입맞춤을 했지. 이삭은 에서 옷에서 나는 냄새를 맡았어. 그리고 말했지.

"에서가 맞구나. 에서의 냄새가 나. 이리 오너라. 내가 너에게 복을 빌어 주겠다."

야곱은 아버지 앞에 무릎을 꿇고 앉았어. 이삭은 야곱의 머리 위에 두 손을 올려놓았지. 이것이 에서의 머리라고 생각했지, 야곱의 머리일 줄은 꿈에도 몰랐어. 이삭은 야곱을 축복했단다.

"너는 앞으로 큰 부자가 될 것이다.

하나님께서 언제나 너를 지켜 주실 것이다.

너는 네 형제를 다스리는 주인이 될 것이다.

그리고 너의 자손은 아주 중요한 민족이 될 것이다."

이삭이 축복을 마치자 야곱은 그 자리를 빨리 떠났단다. 앞을 못 보는 아버지를 속이는 것이 너무 겁이 났거든. 하지만, 일단 아버지를 속이는 일은 성공한 것 같았어. 이삭이 야곱을 축복했으니까.

잠시 후 에서가 집으로 돌아왔단다. 짐승을 한 마리 잡아서 돌아오는 길이었지. 에서는 그 고기로 맛있는 음식을 만들었어. 그리고 아버지가 누워 계시는 곳으로 가 말했지.

"아버지, 여기 음식을 만들어 왔습니다. 제가 아버지께서 좋아하시는 음식을 만들어 왔습니다. 자리에서 일어나 이 음식을 드십시오. 그리고 저를 축복해 주십시오."

그 말에 이삭은 깜짝 놀랐지.

"네가 누구냐?" 하고 물었단다.

"에서입니다, 아버지. 아버지의 장남, 에서입니다."

에서가 대답했지. 그 순간 이삭은 야곱이 자기를 속인 것을 깨닫게 되었어. 이삭은 에서에게 무슨 일이 있었는지 말해 주었단다.

에서는 불같이 화를 냈지. 동시에 아주 슬퍼졌단다.

에서가 아버지에게 말했어.

"아버지, 저를 아주 조금만이라도 축복해 주세요."

하지만, 그럴 수가 없었단다. 야곱이 모든 복을 다 받아갔으니까. 그 사실을 알게 되자 에서는 조금 전보다 더 많이 화가 났지.

"야곱, 이 자식을 죽여 버리겠어. 일단은 아버지가 돌아가실 때까지 기다려 주지. 하지만, 아버지가 돌아가시면 야곱은 내 손에 끝장날 줄 알아."

17. 삼촌 라반의 집으로 도망간 야곱

창세기 28-29 장

이삭과 리브가의 슬픔은 말할 수 없이 컸단다. 야곱은 눈먼 아버지를 속였어. 그리고 아주 비겁한 방법으로 형 에서도 속였어. 게다가 화가 난 에서는 동생 야곱을 죽이려고 하고 있어. 이 일을 어떻게 하면 좋을까?

리브가가 좋은 수를 생각해 냈단다. 야곱을 잠시 동안 자기 오빠 라반의 집으로 보내기로 한 거야. 라반은 리브가가 예전에 살았던 고향에 살고 있었어. 리브가의 고향은 이곳에서 아주 멀리 떨어진 곳이야. 그 먼 곳까지 도망간다면 에서도 야곱을 잡지 못할 거야. 에서의 화가 풀리면 그때 다시 돌아오면 되겠지. 또 야곱이 리브가의 고향에서 사랑스러운 아가씨를 만나 결혼을 한다면 그것도 좋겠다는 생각을 했지.

이삭은 야곱이 라반에게 가 있는 것에 찬성했단다. 이삭은 야곱을 한 번 더 축복해 주었지. 이삭은 이번 일을 통해 하나님 말씀에 순종해야 한다는 것을 한 번 더 배웠단다. 가장 중요한 아들은 자기가 좋아한 에서가 아니라 야곱이라는 것도 분명해졌어. 이삭은 야곱에게 말했단다.

"하나님께서 아버지 아브라함과 나에게 약속하신 모든 것들이 다 너의 것이 될 것이다."

하나님께서 아브라함과 이삭에게 무엇을 약속하셨는지 기억하니? 지금 이삭의 가족이 살고 있는 이 나라를 나중에 후손들에게 주겠다고 약속하셨지.

그리고 예수님께서 그 후손 중에서 태어나실 거라고 약속하셨지. 이제 이 모든 약속이 야곱의 후손에게서 이루어질 거야.

어느 날 에서가 집에 없는 틈을 타 야곱은 도망을 쳤단다. 집을 떠나고 싶은 맘은 없었지만 다른 수가 없었지. 이렇게 된 것도 사실은 다 자기 잘못 때문이지.

삼촌 라반은 아주 멀리 살았단다. 얼마나 오랫동안 삼촌 집에 있어야 할까? 에서 형의 화가 풀리려면 얼마나 기다려야 할까? 아버지 어머니를 다시 만나게 될까? 야곱은 그 먼 길을 혼자서 터벅터벅 걸어갔지. 슬픈 마음으로 걸어갔어. 밤이 되어 날이 깜깜해졌는데 주위에는 집이 한 채도 없었어. 하는 수 없이 야곱은 땅바닥에 누워 잠을 잤단다. 하룻밤쯤이야 들판에서 이렇게 잘 수도 있지. 야곱은 돌을 베고 자리에 누웠어.

그날 밤 야곱은 아주 특별한 꿈을 꾸었어. 꿈에서 야곱은 사다리 같기도 하고 계단 같기도 한 것을 보았어. 그런데 그 계단은 아주 높아서 하늘나라에 닿아 있었어. 그리고 천사들이 그 계단을 오르락내리락하고 있었지. 천사들은 하나님의 종이야.

계단 저 위쪽 하늘나라에 하나님께서 서 계신 것이 보였지. 하나님께서 야곱에게 말씀하셨어. 그런데 화가 난 목소리가 아니었단다.

"야곱아, 내가 너를 항상 돌보아 주겠다. 네가 지금 누워 있는 그 땅을 나중에 너의 자손에게 주겠다. 나중에 너는 이곳으로 다시 돌아올 것이다. 두려워하지 말아라. 내가 너를 항상 지켜주겠다."

다음 날 야곱은 다시 길을 떠났어. 길을 떠나기 전 야곱은 자기가 그 전날 밤 베고 잤던 돌을 똑바로 세웠단다. 그리고 말했어.

"내가 나중에 이곳으로 돌아오면 이 돌 옆에서 하나님께 제사할 거야. 이곳은 나에게 아주 특별한 곳이야. 이곳 이름을 '벧엘'이라고 부르겠어."

긴 여행 끝에 야곱은 삼촌 라반의 집에 도착했어. 삼촌에게는 딸이 두 명 있었어. 첫째 딸의 이름은 '레아'였고, 둘째 딸의 이름은 '라헬'이었지. 라헬은 아주 예쁘게 생긴 아가씨였고, 레아는 그렇지 않았어. 라반이 말했단다.

"야곱, 우리 집에 머물면서 일을 하도록 하게. 내 가축을 돌보는 일을 하면 될 것 같군. 그럼 네가 받고 싶은 품삯을 한번 이야기해 보게."

삼촌이 묻기를 기다렸다는 듯이 야곱이 대답했단다.

"삼촌, 저는 삼촌을 위해 7년 동안 일하겠습니다. 그 후에 저를 라헬과 결혼시켜 주십시오."

그래, 야곱은 라헬을 사랑하고 있었어. 그래서 열심히 일했지. 라반의 가축은 점점 수가 많아졌어. 왜냐하면, 야곱이 가축을 잘 돌보았거든.

7년의 세월은 쏜살같이 빠르게 지나갔단다. 드디어 야곱이 라헬과 결혼하게 되었지. 그 나라에서 결혼하는 방법은 지금 우리와 조금 달랐단다. 야곱이 어떻게 결혼했는지 잘 들어 봐. 라반은 사람들을 초대해 낮에 결혼 잔치를 열었어. 그리고 밤이 되어 날이 어두워지자 신부를 야곱에게 데리고 왔지. 신부는 머리에 천으로 된 면사포를 쓰고 있었어. 그 면사포 때문에 야곱은 신부를 잘 볼 수 없었지. 그렇게 두 사람은 결혼 잔치를 하고 결혼을 했지.

날이 밝아 아침이 되었을 때 야곱은 잠에서 깨어났어. 그런데 그때야 비로소 야곱은 자기가 라헬이 아닌 레아와 결혼했다는 것을 알게 되었어. 삼촌 라반이 자기를 속인 거야. 그래, 이번에는 야곱이 속은 거야. 예전에 야곱은 눈이 먼 아버지에게 자기가 에서라고 거짓말을 하면서 아버지를 속였지. 하지만, 이번에는 삼촌 라반이 라헬 대신 레아를 신부로 주면서 야곱을 속였어. 자기가 남을 속였던 것처럼 야곱도 속임을 당한 거야. 그런데 야곱을 속인 라반도 정말 비겁하지?

야곱은 삼촌 라반에게 화가 아주 많이 났단다. 그리고 아주 슬프기도 했지. 야곱이 사랑해서 결혼하고 싶었던 사람은 레아가 아닌 라헬이었으니까. 삼촌 라반이 말했단다.

"이곳에서는 첫째 딸이 먼저 결혼하게 되어 있다네. 그러니까 레아가 먼저 결혼해야 했어. 이제 라헬도 자네에게 신부로 주겠네. 라헬과 결혼하는 대신 나를 위해 다시 7년을 일해 주게."

그래서 야곱은 다시 라헬과도 결혼했어. 야곱은 두 명의 아가씨와 결혼했고 그 바람에 아내가 두 명이 되어 버렸어. 그리고 또 7년을 일해야만 했지.

18. 고향으로 돌아가는 야곱

창세기 30-36 장

야곱은 삼촌 라반의 집에 오랫동안 머물렀어. 내내 가축을 돌보면서 말이야. 원래 야곱은 목자였으니까 가축 돌보는 일을 잘했겠지! 야곱은 라헬과 레아와 결혼하기 위해 아주 오랜 세월 동안 일했단다. 그렇게 삼촌을 위해 일하는 동안 야곱은 자녀도 많이 얻었지. 아들 11명에 딸 1명이 있었단다. 그중 막내아들의 이름은 '요셉'이었지. 야곱은 막내아들을 가장 사랑했단다. 왜냐하면, 라헬이 낳은 단 한 명의 아들이 바로 요셉이었거든.

그 오랜 세월 동안 내내 야곱은 고향으로 돌아가고 싶은 마음이 굴뚝같았지. 늘 고향으로 돌아가고 싶었어. 자기가 원래 살던 곳, 가나안에 가고 싶었어. 하지만, 라반은 야곱을 계속 자기 곁에 두고 싶어 했단다. 야곱이 가축을 아주 잘 돌보았으니까. 나중에 야곱은 삼촌 집에서 일한 대가로 양을 받게 되었지. 얼마 지나지 않아 야곱의 양 떼도 아주 많아졌어. 야곱도 부자 목자가 되었지. 하나님이 약속하신 그대로였어.

어느 날 하나님께서 야곱에게 말씀하셨지.

"야곱아, 이제 너의 고향으로 돌아가거라. 내가 너를 지켜 주겠다. 겁내지 말아라."

그 말씀을 듣고 야곱은 아내와 아이들을 데리고 길을 떠났어. 소, 양, 나귀, 낙타를 다 이끌고 길을 나섰단다. 야곱 식구들만 해도 그 수가 아주 많아서 줄이 꽤 길어졌지.

야곱 일행이 가나안 나라 근처에 도착했을 때 야곱은 더럭 겁이 났어. 에서 형이 군인들을 많이 데리고 자기 쪽으로 달려오고 있다는 말을 들었거든. 에서 형은 아직도 자기에게 화가 나 있을까? 야곱이 예전에 자신을 속였던 것을 에서는 아직 기억하고 있겠지? 에서는 그때만 해도 야곱을 죽이겠다고 말했지. 그런 에서 형이 무서워서 야곱은 삼촌 집으로 도망을 갔잖아. 에서 형이 아직도 자기를 죽이려고 할까? 자기 아내와 아이들도 다 죽이려고 하면 어떡하지? 야곱은 정말 겁이 났어. 야곱은 하나님께 기도했단다.

"하나님, 제가 형에게 잘못한 것을 압니다. 하지만, 제발 저를 도와주십시오. 에서 형이 너무 무섭습니다. 하나님은 제가 고향에 안전하게 돌아가도록 지켜 주신다고 약속하지 않으셨습니까?"

그래, 야곱은 하나님께 도와 달라는 기도를 했어. 그렇지만, 그것만으로 마음이 놓이질 않아서 스스로 꾀를 냈단다. 야곱은 아직도 여전히 자기가 하나님을 조금은 도와드려야 한다고 생각하고 있었거든. 예전에 죽을 팔아서 형에게 장자권을 샀던 그때처럼 말이야.

야곱은 하인 서너 명을 에서 형에게 먼저 보냈지. 그리고 하인들에게 양과 소와 염소를 많이 끌고 가라고 했어. 모두 다 에서 형에게 줄 선물이었지. 어쩌면 에서 형이 선물을 받고 화를 풀지도 모르잖아.

야곱은 정말 어리석지? 하나님께서는 약속하신 것을 반드시 지키신다는 것을 믿으면 될 텐데……. 야곱은 아직도 그것을 모르나 봐. 아니면 자꾸 잊어버리든지. 그렇지만, 야곱은 하나님을 많이 사랑했단다.

그날 밤 하나님께서는 야곱에게 천사를 보내셨어. 그런데 이 천사가 야곱에게 자꾸 싸움을 거는 거야. 마치 하나님께서 야곱을 이제는 사랑하시지 않

는 것처럼 보였어. 야곱은 그것이 정말 무섭고 싫었지. 그래서 야곱도 같이 싸움을 하면서 말했단다.

"하나님, 저를 버리시면 안 됩니다. 저는 주님이 없으면 못 삽니다. 저 혼자서는 아무것도 못합니다. 하나님께서 저를 지켜 주셔야 합니다."

그래, 이제야 야곱이 하나님을 제대로 알게 된 것 같아. 야곱은 하나님만 믿으면 돼. 스스로 똑똑한 척 꾀를 낼 필요가 없어.

그때 하나님께서 야곱에게 멋진 새 이름을 지어 주셨어. '이스라엘'이라는 이름이었지. 이제 야곱은 이름이 두 개야. '야곱'이라는 이름과 '이스라엘'이라는 이름. 나중에 야곱의 자손은 '이스라엘 민족'이라고 불리게 된단다. 이스라엘 민족이라는 뜻은 이스라엘의 자손이라는 뜻이야.

다음 날 야곱의 식구들은 다시 길을 떠났어. 길을 떠난 지 얼마 되지 않아 저 멀리에서 먼지구름이 몰려오는 것이 보였어. 에서 형이 자기 군사들을 이끌고 이쪽으로 달려오는 것이었어. 에서 형이 아직도 야곱에게 화가 나 있다면 어떡하지?

하지만, 야곱은 이제는 무서워하지 않았어. 하나님께서 자기를 지켜 주실 거라고 굳게 믿었거든. 야곱의 식구들이 있는 곳에 도착한 에서는 낙타에서 풀쩍 뛰어내렸지. 그리고 야곱을 향해 달려왔어. 에서는 야곱을 끌어안으며 입을 맞추었단다.

에서 형은 야곱에게 화가 나 있지 않았어. 오히려 야곱을 만난 것을 기뻐했단다. 에서도 아주 큰 부자가 되어 있었거든. 아버지 이삭이 야곱만 축복해 주었다고 속상해할 이유가 없었지. 정말 다행이야. 모든 일이 잘되었어. 이제 야곱은 평화롭게 가던 길을 계속 갈 수 있었지. 아버지 이삭과 어머니 리브가가 살았던 고향 헤브론을 향해서.

헤브론으로 가는 중에 야곱은 하나님께 제사하기 위해 '벧엘'이라는 곳으로 먼저 갔단다. 아주 오래전 야곱이 하나님께 제사하겠다고 약속했던 곳이 바로 벧엘이잖아. 거기서 야곱은 하늘로 올라가는 계단 꿈을 꾸었지.

그곳에서 제사를 드린 야곱은 헤브론을 향해 계속 갔어. 양 떼와 어린 양까지 데리고 가는 길이어서 빨리 걸을 수는 없었단다. 하지만, 고향에 점점 가까워지고 있었어. 야곱 일행이 헤브론 근처에 이르렀을 때 라헬이 아기를 낳았단다. 이번에도 아들이었지. 이 아들의 이름은 '베냐민'으로 지었단다. 이제 야곱은 아들이 12명이나 되었단다. 그런데 아주 슬픈 일이 일어났어. 라헬이 베냐민을 낳다가 죽은 거야. 야곱은 무척 슬펐단다. 라헬을 많이 사랑하고 있었거든.

마침내 야곱은 고향 집에 도착했지. 아버지 이삭은 살아 계셨지만, 어머니 리브가는 이미 돌아가신 뒤였어. 나이가 많은 이삭도 얼마 지나지 않아 세상을 떠났단다. 에서와 야곱은 함께 아버지를 묻어 드렸지.

그 후 에서는 다른 나라에 가서 살겠다고 떠났단다. 야곱은 자기의 12아들과 함께 헤브론에 계속 살기로 했지. 결국, 야곱이 아버지 재산을 모두 물려받았고 하나님께서 약속하신 일이 모두 그대로 이루어졌지.

19. 요셉과 형제들

창세기 37장

아버지 야곱은 아들 12명과 함께 헤브론 땅에 살았단다. 야곱에게는 양 떼도 많이 있었고, 염소, 낙타, 나귀도 많이 있었지. 야곱의 아들들은 양과 염소를 돌보는 일을 했어.

야곱이 특별히 사랑한 아들이 있었는데, 누구였지? 그래, 요셉이야. 야곱은 요셉을 가장 사랑했지. 다른 아들보다 요셉을 더 많이 사랑했단다. 요셉도 아버지를 많이 사랑했어. 그리고 아버지의 말씀에 늘 순종했단다. 요셉은 아버지 야곱이 이야기를 들려주실 때면 아주 좋아하며 들었지. 아버지 야곱은 요셉에게 어머니 라헬에 대해 이야기를 해 주었어. 요셉은 어머니가 돌아가시고 안 계셨단다. 동생 베냐민을 낳고 돌아가셨어.

야곱은 하나님에 대한 이야기도 많이 해 주었지. 요셉은 그 이야기도 아주 좋아했어. 요셉은 하나님을 무척 사랑했단다. 아버지 야곱은 요셉에게 하나님께서 언제나 지켜 주신다는 것을 가르쳐 주었지. 또 하나님은 우리에게 무엇이 좋은지 잘 알고 계시는 분이시고, 우리는 그 사실을 확실하게 믿어야 한다는 것을 요셉에게 가르쳐 주었어.

다른 아들들은 하나님을 많이 사랑하지 않았단다. 오히려 나쁜 짓을 종종 했지. 요셉은 형들이 나쁜 짓을 하는 것이 못마땅했어. 그래서 아버지께 형들의 잘못을 이야기하곤 했단다. 그럴 때마다 형들은 오히려 요셉에게 화를 내며 싫어했지.

"고자질쟁이!"

형들은 요셉을 이렇게 불렀어.

요셉이 17살이 되자 아버지 야곱은 요셉에게 예쁜 겉옷을 선물했단다. 빨간색, 초록색, 노란색, 파란색이 있는 멋진 옷이었지. 꼭 왕자가 입는 옷 같았어! 형들은 한 번도 그런 멋진 옷을 입어 본 적이 없었어. 그래서 요셉에게 샘이 났지. 요셉이 하는 짓은 뭐든지 얄밉기만 했단다. 형들은 정말로 동생 요셉을 사랑하지 않나 봐.

그러던 어느 날 형들을 더 화나게 하는 일이 일어났단다. 요셉이 형들에게

아주 이상한 이야기를 해주었거든!

요셉이 말했어.

"제가 어젯밤에 꿈을 꾸었어요. 꿈에 우리 모두 밭에서 일하고 있었지요. 곡식을 걷는 일을 하고 있었어요. 곡식 줄기를 잘라서 모으고 단단히 묶어 곡식 단을 만들었지요. 그때 어떤 일이 있었는지 아세요? 제가 만든 곡식 단이 똑바로 일어났어요. 그러자 형들이 만든 곡식 단이 제 곡식 단 주위에 빙 둘러서는 거예요. 그리고 제 곡식 단을 향해 머리를 숙이면서 절을 하는 것이 아니겠어요?"

형들이 이 이야기를 좋아했을까? 아니지! 아주 기분 나쁜 이야기라고 생각했단다.

"뭐라고, 요셉! 제발 그런 쓸데없는 이야기 좀 꾸며내지 마라! 네가 나중에 우리 대장이라도 될 거라고 생각하는 모양이지? 이런 허풍쟁이!"

그 일이 있은 뒤로 형들은 요셉을 더 미워했단다.

얼마 후 요셉은 또 다른 꿈을 꾸었어. 그 꿈도 형들에게 말해 주었지. 그리고 이번에는 아버지께도 말씀드렸어. 요셉의 꿈 이야기를 들어 봐.

"제가 또 꿈을 꾸었어요. 꿈에 하늘에 있는 해와 달과 11개의 별들이 나타났어요. 그리고 그 해와 달과 11개의 별이 저를 보고 절을 했어요!"

그 11개의 별은 보나 마나 요셉의 형제들을 말하는 것이겠지. 요셉의 형들은 이번 꿈 이야기를 듣고 기분이 더 나빠졌어. 아버지 야곱도 조금 언짢은 마음이 들었단다. 야곱이 요셉에게 말했지.

"요셉아, 그게 대체 무슨 말이냐? 너의 형들과 내가 너에게 절을 할 거라고? 네가 우리 대장이 된다고? 네가 왕이라도 된다는 말이냐?"

요셉도 그 꿈이 무슨 뜻인지 몰랐어.

"하지만, 진짜로 그런 꿈을 꾸었어요!"

요셉이 말했어. 형들은 요셉에게 머리끝까지 화가 났단다. 하지만, 아버지 야곱은 그 꿈을 잊지 않고 기억해 두었단다. 어쩌면 이 꿈이 정말로 어떤 의미가 있는지도 모르니까. 어쩌면 요셉에게 중요한 일이 일어날지도 모르니까!

어느 날 형들이 양과 염소 떼를 이끌고 들판으로 나갔단다. 집으로부터 아주 멀리 떨어진 곳으로 가 몇 주 동안 집을 떠나 있었어. 요셉과 베냐민은 형들을 따라가지 않고 집에 남아 있었어. 야곱은 큰 아들들이 들판에서 잘 지내고 있는지 궁금했단다. 그래서 요셉에게 형들이 일하는 곳에 한번 갔다 오라고 했지. 요셉은 아버지 말씀에 따라 형들을 찾아서 길을 떠났어. 들판에 있던 형들은 저기 멀리에서 눈에 번쩍 뜨이는 멋진 겉옷을 입은 사람이 오는 것을 보았어. 형들은 단번에 그 사람이 요셉인 줄 알아봤단다.

"저기 얄미운 요셉이 오고 있어."

요셉을 알아보자마자 형들 마음속에 요셉을 샘내고 미워하는 마음이 마구 생겼어. 자기들 동생이지만 꼴도 보기 싫을 만큼 미운 거야. 형들이 이렇게 말했어.

"우리 저놈을 죽여 버리자. 죽여서 저기 우물 안에 던져 버리는 거야. 앞으로 두 번 다시 그놈 볼 일이 없도록 하자고. 그리고 저놈이 말한 그 웃기는 꿈이 어떻게 되는지 두고 보자고. 아버지께는 사나운 짐승이 요셉을 해쳤다고 말하는 거야."

어떻게 형들이 이런 끔찍한 말을 할 수 있을까? 형제 중 첫째인 르우벤은 동생들이 주고받는 이 말을 듣고 정말 끔찍하다고 생각했어. 르우벤이 동생들의 말을 잘랐어.

"안 돼. 우리가 동생을 죽이다니, 말도 안 돼. 대신 요셉을 저쪽 우물 안에 던져 버리는 게 어때? 그러면 요셉은 저절로 죽게 될 거라고."

말은 이렇게 했지만 르우벤은 속으로 다른 계획을 세웠지. 다른 형제들이 눈치챌까 봐 르우벤은 자기의 진짜 계획에 대해서는 입을 다물었단다. 르우벤이 세운 계획이 무엇인지 아니? 조금 있다가 밤이 되어 깜깜해지면 몰래 가서 요셉을 우물에서 꺼내 주는 거야. 그리고 요셉을 집으로 돌려보내는 거지.

요셉이 형들이 있는 곳에 도착했을 때 형들은 요셉을 붙잡았어. 그리고 입고 있던 멋진 겉옷을 벗기고 요셉을 우물 안에 던져 넣었지. 다행히 그 우물 안에는 물이 하나도 없어서 물에 빠져 죽지는 않았단다. 그렇지만, 요셉 스스로 그 우물에서 빠져나올 수는 없었어. 누가 꺼내 주지 않으면 먹을 것도, 마실 물도 없는 그 우물에서 굶어 죽게 되는 거지.

나쁜 형들은 동생을 우물에 던져 넣고 무엇을 하고 있었을까? 형들은 우물곁에 자리를 펴고 앉아 맛있게 음식을 먹었어. 르우벤은 도저히 그 광경을 그냥 보고 있을 수가 없었지. 동생 요셉을 생각하니 마음이 너무 아팠거든. 그래서 자리에서 일어나 멀리 다른 곳으로 갔단다.

그때 저쪽에서 낙타 떼가 형들이 있는 쪽으로 다가오는 것이 보였어. 낙타 등에는 상자며 보따리며 짐들이 잔뜩 실려 있었지. 낙타 옆에는 사람들도 같이 걸어오고 있었어. 바로 아라비아 사람들이 낙타에 짐을 싣고 이집트로 가는 중이었지. 이 사람들은 낙타 등에 실린 짐을 이집트에 가서 파는 아라비아 상인들이었어.

형제 중에 '유다'가 마침 떠오른 생각을 이야기했어.

"우리 이렇게 하자! 요셉을 저 아라비아 상인들에게 팔아넘기는 게 어때? 아라비아 상인들이 요셉을 이집트로 끌고 가 버리면 다시는 요셉이 우리 앞에 나타나는 일은 없을 거야. 우리가 요셉을 죽일 필요도 없고 말이야. 어때? 멋지지 않아?"

형들은 그 말에 고개를 끄덕이고 밧줄을 내려 우물에 빠져 있던 요셉을 꺼내 주었지. 아무것도 모르는 요셉은 마냥 기뻤단다. 형들이 자기를 집으로 돌려보내려고 그러는 줄 알았거든.

그런데 아니었어. 낯선 사람들이 요셉에게 가까이 오더니, 요셉을 붙잡고 밧줄로 꽁꽁 묶는 것이었어. 그리고 낙타 뒤에 묶어 버렸지. 그 사람들은 형들에게 돈을 주고 요셉을 끌고서 가던 길을 계속 갔어.

요셉은 울면서 형들을 불렀단다. 하지만, 형들은 요셉의 소리를 못 들은 척했어. 요셉은 노예로 팔린 거야. 노예는 자기가 하고 싶은 일을 맘대로 할 수가 없단다. 대신 주인이 시키는 일만 해야 해. 어떤 사람이 요셉의 주인이 될까? 게다가 요셉은 낯선 나라, 이집트로 끌려가고 있어.

그때까지 큰형 르우벤은 다른 곳에 있었어. 그래서 다른 형제들이 어떤 일을 벌였는지 까맣게 모르고 있었지. 저녁이 되었을 때 르우벤은 조용히 우물 곁으로 갔단다. 요셉을 꺼내 주려고 말이야. 그런데 요셉이 보이지 않았어.

"요셉이 어디 갔지? 요셉을 어떻게 한 거야?"

르우벤이 물었단다.

"팔아 버렸어!"

다른 형제들이 대답했어.

"이집트로 팔아 버렸지. 이제 요셉하고는 영영 이별이야. 다시는 우리 앞에 못 나타날걸!"

"뭐라고? 아버지가 아시면 어떡하려고? 아버지가 아시면 내게 얼마나 많이 화를 내실까? 첫째인 내가 동생 요셉을 지켰어야 했는데……."

르우벤이 슬퍼서 소리쳤지. 하지만, 다른 형제들은 태연히 대꾸했단다.

"르우벤 형, 너무 걱정하지 마. 아버지께는 사나운 짐승이 요셉을 해쳤다고 말하면 돼."

형들은 요셉이 입었던 멋진 겉옷에 염소 피를 묻혔어. 그리고 하인을 시켜 그 옷을 집으로 보냈단다. 하인에게는 집에 가서 이렇게 말하라고 시켰지.

"저희가 길을 가다가 이 옷을 발견했습니다. 혹시 요셉 도련님의 옷이 아닌지요?"

그 옷을 본 아버지 야곱은 정말로 요셉이 사나운 짐승에게 잡혀 죽었다고 생각했어. 하늘이 무너지는 것처럼 슬펐단다. 주위에 있는 누구도 야곱을 위로해 줄 수 없었어.

예전에 야곱이 자기 아버지를 속인 적이 있었지? 그런데 지금은 야곱 자신이 아들들에게 속고 말았네!

20. 노예로 끌려가는 요셉

창세기 39 장

저길 봐. 요셉이 걸어가고 있어! 도망가지 못하도록 밧줄에 꽁꽁 묶인 채 끌려가고 있어. 요셉을 묶은 밧줄은 낙타에게 단단히 묶여 있었지. 요셉은 노예가 되었단다. 자기 맘대로 아무것도 할 수 없는 그런 신세가 된 거야. 그리고 아주 멀고 먼 이집트로 끌려가고 있었지.

요셉의 형들은 낯선 상인들에게 요셉을 팔았어. 그때 요셉은 엉엉 소리 내어 울었단다. 하지만, 매정한 형들은 요셉을 모른 척했지! 이렇게 이집트로

팔려 가면 언제 다시 아버지 야곱을 볼 수 있을까? 귀여운 동생 베냐민은?

'이제 나는 어떻게 되는 거지? 이 외국 상인들은 나를 어떻게 할까?'

요셉은 슬프기도 하고 무섭기도 했단다. 하지만, 이런 생각도 들었지.

'하나님께서 나를 보고 계셔. 하나님께서 나를 지켜 주실 거야.'

긴 여행 끝에 마침내 이집트에 도착했단다. 사람들은 이집트의 왕을 '파라오'라고 불렀어. 파라오 밑에는 신하들이 많이 있었지. 파라오의 명령에 따라 움직이는 군인들도 많이 있었단다. 파라오의 군인 중에 '보디발'이라고 하는 장군이 있었어. 마침 보디발 장군이 자기 집에서 여러 가지 일을 할 사람을 찾고 있던 참이었어. 그때 요셉을 보게 된 거야. 첫눈에 요셉이 아주 튼튼한 청년인 것을 알아봤단다. 게다가 요셉은 아주 총명해 보였지. 보디발 장군은 요셉이 아주 맘에 들었단다. 그래서 상인에게 돈을 내고 요셉을 샀지. 지금까지 요셉을 묶었던 밧줄이 드디어 풀렸어. 이제 요셉은 보디발 장군의 노예가 되어 장군의 집으로 가게 되었지.

요셉은 보디발 장군의 집에서 일하게 되었어. 비록 노예이지만 요셉은 온 힘을 다해서 일했단다. 보디발 장군도 열심히 일하는 요셉을 칭찬하면서 요셉에게 점점 중요한 일을 맡겼단다. 얼마 후 요셉은 모든 종을 책임지는 사람이 되었어.

요셉이 보디발 장군의 집에서 일하게 되면서 무슨 일이든지 술술 잘 풀렸단다. 보디발 장군의 집에는 실패하거나 안 되는 일이 없었어. 정원에 있는 꽃들은 예쁜 꽃을 활짝 피웠어. 밭에는 곡식들이 풍성하게 잘 자랐단다. 소들은 맛있는 우유를 많이 냈어. 게다가 소의 숫자도 점점 많아졌단다. 어떻게 이런 일이 일어났을까? 보디발 장군은 그 까닭을 알아챘단다. 자기 집에 이렇게 좋은 일만 생기는 것은 요셉 때문이었어. 하나님께서 요셉을 사랑하셔서 요셉이 하는 모든 일들이 잘되도록 도와주신다는 것을 보디발 장군도 알게 되었어! 보디발 장군이 요셉에게 말했단다.

"만약 내가 집에 없을 때는 네가 모든 일을 책임지도록 해라. 네가 모든 종을 맡아서 일을 시키도록 해라."

보디발 장군의 아내는 요셉이 아주 잘 생겼고 친절하다고 생각했단다. 그러다가 자기 남편을 좋아하는 것처럼 요셉을 좋아하게 되었지. 자기가 요셉을 좋아한다는 말을 요셉에게 직접 하기도 했단다. 보디발 장군의 아내가 요셉에게 이런 말을 했어.

"요셉, 남편이 집을 비우면 나는 혼자야. 너무 외로워! 그때 나와 같이 있어 주겠어?"

그 말을 들은 요셉은 깜짝 놀랐단다.

"절대로 그럴 수 없습니다. 당신은 보디발 장군의 아내입니다. 안 됩니다. 당신의 말을 들을 수 없습니다. 제가 그런 일을 한다면 하나님께서도 좋아하지 않으실 겁니다."

그런데도 보디발 장군의 아내는 요셉을 계속 따라다니며 졸랐어. 하지만, 요셉은 그 말을 한 번도 들어주지 않았지.

어느 날 요셉이 방에서 혼자 일을 하고 있을 때였단다. 보디발 장군은 마침 집을 비우고 없었지. 그때 보디발 장군의 아내가 다시 요셉에게 다가와 말하는 것이었어.

"요셉, 나에게 뽀뽀해 줘. 나는 당신을 정말 좋아해!"

그러더니 보디발 장군의 아내가 요셉을 껴안으려고 하는 것이 아니겠니? 요셉은 보디발 장군의 아내에게 뽀뽀해 주고 싶은 마음이 눈곱만큼도 없었어. 그 자리에서 빨리 도망치고 싶은 마음뿐이었지. 하지만, 보디발 장군의 아내가 요셉의 옷을 꽉 붙잡고 놓아 주질 않는 거야. 하는 수 없이 요셉은 자기 옷을 벗어 버리고 그곳에서 빠져나왔단다.

처음에 요셉을 아주 좋아했던 보디발 장군의 아내는 그 순간 요셉에게 마구 화가 났단다. 요셉이 자기에게 뽀뽀도 해 주지 않고 도망가 버렸기 때문이지.

'요셉, 내가 뽀뽀를 해 달라고 했는데 내 부탁을 거절하고 도망가? 감히 내게 그런 짓을! 어디 한번 두고 보자!'

보디발 장군의 아내는 있는 힘을 다해 소리를 지르기 시작했단다. 다른 종들이 그 소리에 놀라 뛰어왔지. 그리고 보디발 장군의 아내가 요셉의 옷을 손에 든 것을 보았어. "마님, 무슨 일이십니까?"

보디발 장군의 아내가 무슨 말을 꾸며 냈는지 아니?

"글쎄, 내가 이 방에 혼자 있는데 요셉이 들어왔어. 그러더니 내게 뽀뽀를 하려고 하는 거야. 당연히 내가 안 된다고 했지. 나는 보디발 장군과 결혼한 몸이야. 그런데도 요셉은 나를 껴안으려고 했어. 내가 놀라 소리를 지르자 깜짝 놀란 요셉은 도망가 버렸지. 여길 봐. 자기 옷까지 여기다 버려두고 갔다니까."

세상에 이런 거짓말이 어디 있을까? 나중에 보디발 장군이 집에 돌아왔을 때, 보디발 장군의 아내는 남편에게 그 거짓말을 다시 했단다. 보디발 장군은 아내의 말을 믿었어. 보디발 장군은 요셉에게 불처럼 화가 나서 요셉을 감옥에 가둬 버렸단다. 그것도 이집트 왕 파라오의 감옥에 가둬 버렸어.

요셉은 정말 억울하겠지? 잘못한 일이 하나도 없는데 감옥에 갇힌 신세가 되었으니 말이야. 요셉은 아주 많이 슬펐단다. 하지만, 이런 생각을 하며 슬픔을 견뎌 냈어.

"주 하나님께서 모든 것을 보셨어. 하나님께서는 내가 잘못하지 않았다는 것을 알고 계셔. 비록 내가 감옥에 갇혀 있지만, 하나님께서는 감옥에서도 나를 지켜 주실 거야!"

21. 감옥에 갇힌 요셉

창세기 40 장

요셉은 억울하게 감옥에 갇히게 되었어. 정말 속상하겠지, 그렇지? 아버지 야곱이 사는 고향에서 멀리 떨어져 혼자 사는 것도 속상한데, 이번에는 멀고 먼 이집트 땅에서 감옥에 갇히는 신세가 되었어. 아버지 야곱은 요셉이 감옥에 갇혔다는 것을 꿈엔들 아실까? 아니, 아버지 야곱은 요셉이 죽은 줄로 알고 계시지. 사나운 짐승이 나타나 요셉을 죽인 것으로 알고 계시잖아. 요셉의 형들이 아버지 야곱에게 그렇게 말했으니까!

요셉은 감옥에 갇혔단다. 나쁜 일을 많이 한 사람처럼 감옥에 갇히게 되었어. 요셉이 감옥에서 풀려날 수 있을까? 그럼, 나중에 모든 일이 잘 해결되어 요셉은 감옥에서 풀려날 거야. 하나님께서 요셉을 지켜 주시잖아!

감옥을 지키는 책임자는 곧 요셉이 나쁜 일을 한 사람이 아니라는 것을 알았어. 요셉은 언제나 친절했어. 감옥을 지키는 책임자는 요셉을 믿고 여러 일을 맡겼단다. 요셉은 더는 꽁꽁 묶인 채 감옥에 갇혀 있지 않아도 되었어. 감옥에 갇혀 있는 사람들에게 매일 먹을 것을 날라 주는 일을 했단다. 요셉이 하는 모든 일은 다 술술 잘 풀렸단다. 보디발 장군의 집에서 그랬던 것처럼 말이야.

요셉이 갇혀 있는 감옥에 또 누가 갇혀 있었는지 아니? 이집트의 왕 파라오를 위해 술을 책임지는 신하와 빵을 책임지는 신하가 갇혀 있었어. 술을 책임지는 신하는 파라오에게 매일 맛있는 포도주를 따라 주는 일을 했단다. 포도를 따서 포도주를 만드는 일도 했지. 그런데 어느 날 술을 책임지는 신하가 파라오에게 잘못을 저지른 거야. 그 바람에 파라오는 이 신하를 감옥에 가두라고 명령했단다. 이렇게 해서 술을 책임지는 신하는 요셉이 갇혀 있는 감옥에 오게 되었지.

빵을 책임지는 신하는 매일 파라오를 위해 빵을 구웠단다. 어느 날 빵을 책임지는 신하도 뭔가 잘못을 저질렀어. 파라오는 빵을 책임지는 신하도 감옥에 넣으라고 했단다. 옥 안에는 이제 술을 책임지는 신하와 빵을 책임지는 신하가 함께 갇혀 있었어. 요셉은 매일 이 두 신하에게 먹을 것을 가져다주었지.

어느 날 아침이었어. 요셉이 두 신하에게 먹을 것을 가져다주러 갔더니 두 신하가 아주 심각한 얼굴을 하고 앉아 있는 것이었어.

"무슨 일입니까? 무슨 걱정이 있나요? 얼굴이 어두운데 무슨 일입니까?"

요셉이 물었단다.

술을 책임지는 신하가 대답했어.

"우리 두 사람 모두 아주 이상한 꿈을 꾸었소. 우리 생각에는 이 꿈이 어떤 특별한 의미가 있는 것 같소. 그런데 우리 꿈을 해석해 줄 사람을 찾을 수가 없구려. 이렇게 감옥에 갇혀 있는 신세니……."

"사람은 꿈을 해석할 수 없습니다. 오직 하나님만이 꿈의 의미를 설명해 주실 수 있습니다. 나에게 한번 그 꿈을 말해 주십시오."

술을 책임지는 신하가 먼저 자기 꿈을 설명하기 시작했단다.

"꿈에서 나는 다시 파라오의 신하로 일하고 있었소. 포도나무가 있는 정원에 내가 서 있었다오. 한 포도나무에 가지가 3개 있는 것이 보였소. 이 가지

에서 싹이 나고 꽃이 피더니 탐스러운 포도가 열리는 것이 아니겠소? 나는 그 포도송이에서 즙을 짰다오. 그리고 그 포도즙을 은으로 만든 멋진 컵에 담아 왕에게 드렸소."

와, 이 꿈은 아주 좋은 꿈이었어. 요셉은 이 꿈이 무슨 뜻인지 알 수 있었단다. 하나님께서 요셉에게 그 뜻을 알게 해 주셨거든. 요셉이 꿈을 해석해 주었어.

"3개의 가지는 3일을 뜻합니다. 3일이 지나면 당신은 다시 감옥에서 풀려나게 될 것입니다. 그리고 파라오에게 포도주를 부어 주는 일을 다시 하게 될 것입니다. 다시 예전 일을 하게 되는 거지요. 당신에게 부탁이 있습니다. 3일 후 당신이 풀려나서 파라오를 위해 다시 일하게 되면, 왕에게 내 이야기를 해 주겠습니까? 나는 잘못한 일이 하나도 없는데 감옥에 갇혀 있습니다. 파라오에게 얘기해 내가 감옥에서 풀려날 수 있도록 도와주세요."

술을 책임지는 신하는 요셉이 감옥에서 풀려날 수 있도록 파라오에게 꼭 말해 주겠다고 약속했단다.

빵을 책임지는 신하도 기대에 차서 자기 꿈 얘기를 시작했단다.

"나는 꿈에 맛있는 빵이 든 광주리 3개를 머리에 이고 있었소. 제일 위에 있는 광주리에는 파라오에게 바칠 맛있는 빵이 있었죠. 그런데 새들이 날아오더니 광주리에 앉아 그 빵을 다 먹어 버리는 것이 아니겠소."

이 꿈도 좋은 꿈일까? 안타깝지만 아니었단다. 요셉은 빵을 책임지는 신하에게 슬픈 소식을 전해야 했지.

“3개의 광주리는 3일을 뜻합니다. 3일 뒤 당신도 감옥에서 나가게 될 것입니다. 하지만, 당신은 파라오를 위해 다시 일하지는 못할 것입니다. 당신이 잘못한 일이 드러나 왕은 당신을 죽이라고 명령할 테니까요.”

사흘 뒤에 큰 잔치가 열렸단다. 파라오의 생일이었지. 파라오는 빵을 책임지는 신하를 감옥에서 데리고 오라고 했단다. 그러고는 죽이라는 명령을 내렸지. 빵을 책임지는 신하가 잘못한 일이 밝혀졌거든. 파라오는 술을 책임지는 신하도 감옥에서 데리고 오라고 했단다. 그리고 그 신하에게는 다시 술을 부어 주는 일을 하게 했단다. 이 신하는 예전의 일을 다시 하게 되었지.

술을 책임지는 신하는 감옥에서 풀려나자 하늘을 날듯이 기뻤단다. 주위 다른 신하들과 함께 축하 잔치를 벌였지. 이제 그 지긋지긋한 감옥은 생각도 하고 싶지 않았어. 어렵게 감옥에서 풀려나왔잖아. 술을 책임지는 신하는 요셉에 대한 것도 더는 생각하지 않았어. 아예 요셉을 까맣게 잊어버렸단다. 참 너무하지? 요셉이랑 단단히 약속까지 할 때는 언제고.

22. 파라오가 꾼 꿈

창세기 41 장

깜깜한 밤이었어. 모든 사람이 쿨쿨 자고 있었지. 파라오도 곤히 잠을 자고 있었어. 그런데 잠을 자던 파라오가 갑자기 자리에서 벌떡 일어나 앉았단다. 아주 이상한 꿈을 꾸었거든! 꿈속에서 파라오는 나일 강 옆에 서 있었단다. 나일 강은 이집트에 있는 가장 크고 아름다운 강이야. 갑자기 그 강에서 7마리의 암소가 올라오는 것이 보였어. 강가로 올라온 암소들은 맛있게 풀을 뜯어 먹었지. 7마리 모두 아주 멋지게 생긴 암소들이었단다. 살이 통통하고, 털에는 윤이 반지르르 흐르는 그런 암소였어.

잠시 후 다시 7마리의 암소가 강에서 나오는 것이 보였지. 그 암소들도 강가로 올라오더니 처음에 나타난 7마리 암소 옆으로 걸어가는 것이었어. 두 번째 나타난 암소들은 어떻게 생겼을까? 처음 암소들처럼 통통하고 멋진 암소였을까? 아니야. 이번 암소는 아주 끔찍한 몰골을 하고 있었어. 빼빼 말라 뼈들이 가죽 사이로 삐죽삐죽 솟아 나와 있었지. 말 그대로 뼈만 남은, 정말 끔찍하게 생긴 암소들이었어.

그리고 무슨 일이 일어났을까? 뼈만 앙상한 7마리 암소들이 통통하게 살진 7마리 암소 곁으로 다가가는 것이었어. 그러더니 살진 암소들을 잡아먹는 것이 아니겠니? 한입 한입 베어 먹더니, 결국 통통한 암소들을 다 먹어 버렸단다!

그런데 더 이상한 일이 있었어. 뼈만 앙상한 암소들이 통통한 암소들을 전부 다 먹어 버렸는데도 여전히 처음처럼 빼빼 말라 있는 거야! 정말 이상한 꿈이지? 파라오는 그 꿈을 꾸다가 잠에서 깨어났어. 몸에 소름이 확 돋았지. 자기가 꿈을 꾸었다는 생각이 들자 그제야 안심이 되었어. 파라오는 다시 잠을 청했단다.

잠이 든 파라오는 또 꿈을 꾸었어! 이번 꿈에서 파라오는 곡식이 자라는 들판을 걸어가고 있었지. 그때 땅에서 곡식 줄기 하나가 나오는 것이 보였단다. 줄기는 점점 자랐어. 그러더니 그 줄기에서 7개의 이삭이 나오는 것이 보였어. 통통한 곡식 알갱이가 가득 열린 이삭이었지.

이어 그 줄기에서는 7개의 이삭이 다시 나왔단다. 이 이삭에는 곡식 알갱이가 조금밖에 달려 있지 않았어. 그나마 달린 알갱이들도 속이 텅 빈 껍질뿐이었단다. 알갱이가 없는 쭉정이들만 달린 이삭이었지! 파라오의 꿈은 그다음에 어떻게 되었을까? 글쎄, 쭉정이만 달린 7개의 이삭이 통통한 7개의 이삭을 다 먹어 버리는 것이 아니겠니!

이번에도 파라오는 깜짝 놀라 잠에서 깨어났지. 이상한 꿈을 두 번이나 연속해서 꾸다니……. 파라오는 도저히 다시 잠을 잘 수가 없었어. 자기가 꾼 꿈들은 분명히 어떤 뜻이 있을 거라는 생각이 들었지.

다음 날 아침 파라오는 모든 신하를 불러 모았단다. 그리고 어젯밤에 꾼 꿈 이야기를 해 주었어.

"이 꿈이 무슨 뜻인지 알겠느냐?"

파라오가 물었단다. 하지만, 어떤 신하도 그 뜻을 모른다는 거야. 파라오가 꾼 꿈의 뜻을 아는 사람이 아무도 없었지.

마침 그때 술을 책임지는 신하가 파라오가 꿈을 꾸었다는 말을 들었단다. 그 순간 자기가 감옥에 있을 때 일이 생각났어. 이어서 요셉도 생각났지! 아,

이럴 수가! 술을 책임지는 신하는 지금까지 요셉에 대해 까맣게 잊고 있었어. 요셉이 감옥에서 나올 수 있도록 자기가 파라오에게 말해 주겠다고 약속했던 것도 까맣게 잊고 있었지. 약속을 잊어버린 자기 자신이 너무 부끄러웠단다. 하지만, 지금이라도 약속을 지킬 수 있을지 모른다는 생각이 들었어.

술을 책임지는 신하는 파라오에게 당장 달려가 말했단다.

"왕이시여, 그전에 왕께서 저를 감옥에 가두셨던 것을 기억하십니까? 빵을 책임지는 신하도 그때 같이 감옥에 갇혔습니다. 어느 날 밤 빵을 책임지는 신하와 제가 꿈을 꾸고 궁금해하고 있었습니다. 그때 요셉이라고 하는 젊은 청년이 감옥에 갇혀 있었는데 그 청년이 우리 꿈을 풀어 주었습니다. 저에게는 사흘 후 왕을 위해 술을 따르는 일을 다시 하게 될 것이라고 했습니다. 그리고 빵을 책임지는 신하에게는 사흘 뒤 죽게 될 것이라고 했습니다. 놀랍게도 사흘 후 그 청년이 말한 그대로 되었습니다."

"그 청년을 당장 이리로 데려오너라!"

파라오가 명령을 내렸단다.

파라오의 종들은 급히 감옥으로 가 요셉을 감옥에서 데리고 나왔어. 먼저 요셉을 깨끗하게 씻어 주었단다. 그리고 좋은 옷을 입혀 주었지. 준비를 마친 요셉은 파라오 앞으로 나아갔지. 파라오가 말했어.

"내가 아주 이상한 꿈을 꾸었다. 그 꿈이 무슨 뜻이 있는지 설명해 줄 수 있는 사람이 아무도 없다. 마침 술을 책임지는 신하가 네가 꿈을 잘 푼다는 말을 하더군."

요셉은 파라오 앞에 섰지만 조금도 두려워하지 않았단다. 요셉은 왕에게 정직하게 말했단다.

"저는 꿈을 풀 줄 모릅니다. 오직 하나님만이 꿈의 뜻을 아시고 풀어 주실 수 있습니다. 저는 하나님의 말씀을 전할 뿐입니다. 저에게 왕께서 꾸신 꿈을 설명해 주십시오."

파라오는 요셉에게 자신이 꾼 두 개의 꿈 이야기를 해 주었단다. 파라오의 모든 신하와 종들도 그 옆에 나란히 서서 조용히 듣고 있었어. 과연 요셉이 어떤 말을 할까? 요셉이 정말 꿈의 뜻을 풀어낼 수 있을까?

그럼, 요셉은 파라오의 꿈을 풀 수 있었어. 하나님께서 요셉에게 그 뜻을 알려 주셨거든. 요셉이 파라오에게 말했단다.

"하나님께서는 왕께 앞으로 이 나라에 일어날 일을 보여 주셨습니다. 하나님께서 꿈을 통해서 왕께 설명해 주신 것입니다.

통통한 7마리 암소는 7년 동안의 풍년을 뜻합니다. 7년 동안 곡식을 많이 추수하게 될 것입니다. 곡식이 아주 많아 사람들이 실컷 먹고도 잔뜩 남을 정도로 곡식이 잘 자랄 것입니다. 곡식이 정말 많을 겁니다.

뼈가 앙상한 7마리 암소는 7년을 의미합니다. 하지만, 이번에는 7년 동안 흉년이 들 것입니다. 7년 동안의 풍년 뒤에 7년 동안 흉년이 온다는 뜻입니다. 그때는 곡식들이 하나도 자라지 않을 것입니다. 비도 오지 않고 어떤 곡식도 자라지 않을 겁니다. 사람들은 먹을 것이 없어 심하게 고생하게 될 것입니다. 모두 배가 고파 죽을 지경이 될 것입니다!

이삭이 나오는 두 번째의 꿈도 같은 뜻입니다. 7개의 통통한 이삭은 7년 동안 곡식이 잘 자랄 것을 의미합니다. 7개의 텅 빈 쭉정이 이삭은 7년 동안 곡식이 하나도 자라지 않을 것을 의미합니다. 하나님께서는 왕에게 같은 꿈을 두 번이나 꾸게 하셨습니다. 이것은 이 일이 반드시 일어난다는 뜻입니다. 그리고 이 일은 곧 일어날 것입니다.

왕이시여, 지금부터 대책을 세우십시오. 땅에서 곡식들이 아주 잘 자라 사람들이 아무리 먹어도 다 먹지 못할 때 준비를 하셔야 합니다. 풍년이 드는 7

년 동안 큰 창고를 짓게 하십시오. 사람들이 먹고 남는 곡식들을 창고에 보관하도록 하십시오. 나라 곳곳에 창고를 짓게 하십시오.

풍년이 끝나면 7년 동안 곡식 한 알도 수확하지 못하는 흉년이 들 것입니다. 집에 곡식이 다 떨어진 백성은 왕께서 보관해 둔 곡식을 사 먹을 수 있습니다. 배고파 죽는 사람이 없도록 준비를 하십시오!"

요셉의 말을 듣던 파라오는 감탄했단다.

"하나님께서 너에게 많은 지혜를 주셨구나. 내가 보기에 너는 정말 똑똑하구나. 우리나라 곳곳에 창고를 짓는 일을 네가 맡아 주었으면 좋을 것 같다. 백성에게 곡식을 사 들이고, 나중에 그 곡식을 되파는 일까지도 네가 책임지도록 하여라. 너만큼 이 일을 잘해 낼 사람은 없을 것 같다. 너를 총리로 임명한다! 나는 이 나라를 다스리는 왕이다. 이제 나를 빼면 네가 가장 높은 사람이 되는 것이다. 모든 사람은 너의 말에 복종해야 한다!"

요셉에게 일어난 일을 봐, 정말 멋지지? 요셉은 나쁜 사람 취급을 받으며 감옥에 갇혀 있던 적도 있었어. 하지만, 지금은 이집트의 총리가 되었단다! 파라오는 요셉에게 자기 손가락에 있던 반지를 빼서 주었단다. 멋진 옷도 선물했어. 목에는 금목걸이를 걸어 주었지. 게다가 멋진 말이 끄는 좋은 마차도 주었단다. 이 마차는 이집트에서 두 번째로 좋은 마차였어. 가장 좋은 마차는 파라오가 타는 마차였지. 길거리에서 마차를 타고 가는 요셉을 본 모든 백성은 요셉이 총리가 되었다는 것을 알게 되었어.

요셉은 아주 바빠졌단다. 온 나라를 돌아다녔지. 요셉은 가는 도시마다 큰 창고를 지었어. 그리고 백성이 먹고 남는 곡식을 사들였단다. 요셉이 사들인 곡식은 창고에 차곡차곡 쌓인 채 잘 보관되었지.

요셉은 아름다운 아내를 얻어 결혼도 했단다. 아내 이름은 '아스낫'이었어. 얼마 후 요셉과 그의 아내는 아들을 얻었고, 이름을 '므낫세'라고 지었단다. 그 뒤를 이어 두 사람은 두 번째 아들을 얻었고, '에브라임'이라고 이름 지었단다.

이제 요셉은 모든 일이 잘 해결되었고 아주 행복해졌어. 하지만, 지금보다 더 좋은 일이 요셉을 기다리고 있단다.

23. 이집트로 간 요셉의 형들

창세기 42 장

세월은 흘러 아버지 야곱은 점점 나이가 많아져 할아버지가 되었어. 그런데 야곱은 요사이 웃는 일도, 기쁜 일도 통 없는 사람처럼 살았단다. 아버지 야곱이 이렇게 슬퍼하며 살게 된 것은 요셉이 사나운 짐승에게 잡혀 죽었다는 말을 형들이 전해 준 후부터였어.

야곱의 다른 아들들은 모두 결혼을 했고 자녀도 낳고 살고 있었어. 모든 식구를 합하면 70명이나 되었지. 그 많은 식구는 한 식구처럼 가까이 모여 살았단다. 야곱의 아들들은 함께 힘을 모아 가축을 돌보았어. 야곱은 여전히 굉장한 부자였어. 소와 양과 당나귀와 낙타가 아주 많았지.

그런데 야곱이 사는 곳에 아주 오랫동안 비가 내리지 않았단다. 비가 안 오니까 들판에 곡식들도 잘 자라지 않았어. 물론 소들이 먹을 풀도 잘 자라지 않았지. 풀을 충분히 못 먹은 소들은 우유를 만들어 낼 수 없었어. 가나안에 사는 야곱과 야곱의 아들들은 살기가 조금씩 어려워졌어. 그 후에도 비가 계속 안 와서 점점 더 살기 힘들어졌어. 마침내 들판에서 곡식이 자라는 것을 전혀 볼 수 없게 되었지. 결국, 들판에는 아무것도 자라지 않아 아주 거칠고 쓸쓸해졌단다. 사람도 가축도 먹을 것이 없어졌어. 이제 모두 어떻게 살아야 할까?

어느 날 당나귀에 큼직한 곡식 자루를 2개나 실은 사람이 야곱이 사는 곳 옆을 지나가고 있었어. 그걸 본 야곱이 물었지.

"아니, 그 곡식들은 어디서 구하셨소?"

"이집트에서 구했습니다. 그곳에서 곡식을 사왔지요. 이집트에는 곡식이 많이 있습니다."

"그곳에는 곡식이 자라고 있나 보지요?"

야곱이 다시 물었지.

"아닙니다. 거기도 이곳과 마찬가지로 곡식 한 톨 자라지 않습니다. 하지만, 몇 년 전 곡식이 아주 잘 자라던 때가 있었대요. 그때 이집트 사람들은 커다란 창고를 많이 지어서 남은 곡식들을 차곡차곡 보관했다는군요. 이제 이집트 사람들은 흉년이 들어도 먹을 것 걱정은 안 한답니다. 총리님에게 가서 곡식을 살 수 있으니까요. 그 총리라는 분이 바로 곡식창고를 책임지고 관리하는 분이죠."

그 말에 귀가 번쩍 뜨인 야곱은 당장 아들들을 모아 놓고 말했어.

"너희도 이집트에 한번 가 봐라. 가서 곡식을 사 오도록 해라. 조금 있다 곡식이 다 떨어지고 나면 우리 모두 굶어 죽게 생기지 않았느냐!"

형들은 이집트에 가고 싶은 마음이 전혀 없었어. 오래전 요셉을 이집트로 팔아버린 것이 생각났거든. 이집트로 가는 외국 상인들에게 요셉을 팔았잖아. 하지만, 지금은 어쩔 수 없었어. 그 이집트로 가야만 했지! 형들은 나귀를 타고 이집트를 향해 출발했어.

베냐민은 아버지 야곱과 함께 집에 남기로 했단다. 야곱이 베냐민 걱정을 이만저만 하는 것이 아니었거든. 베냐민에게 혹시 나쁜 일이 생기지 않을까 늘 걱정인 야곱이 베냐민을 함께 보낼 리가 없지. 베냐민도 라헬이 낳은 아들이었어. 요셉이 없는 지금 베냐민은 야곱이 가장 사랑하는 아들이었단다.

긴긴 여행 끝에 형들은 이집트에 도착했어. 곡식을 사려고 온 사람들은 먼저 총리를 만나야 했단다. 형들도 총리를 만나려고 다른 사람들처럼 차례를 기다리고 있었지. 마침내 형들의 차례가 되어 총리 앞에 가게 되었지. 형들은 총리 앞에 깊이 머리를 숙여 절을 했단다. 혹시 요셉이 어릴 때 꾸었던 꿈 기억하니? 요셉의 형들이 요셉 앞에 절하는 꿈 말이야. 곡식 단들이 나오는 그 꿈! 그 이야기를 들은 형들은 요셉에게 정말 많이 화를 냈지. 그런데 지금 그 꿈이 그대로 이루어진 것을 보렴!

요셉은 자기 앞에 공손히 머리를 숙이고 절을 하는 이 열 사람이 자기 형들이라는 것을 단번에 알아봤어. 그런데 베냐민이 안 보였어. 베냐민은 어디 있는 걸까? 요셉은 걱정했단다. 혹시 형들이 베냐민도 팔아 버린 것은 아닐까? 베냐민이 어디 있는지 당장 확인해 봐야겠다고 생각했어.

요셉의 형들은 저 앞에 서 있는 높은 총리가 요셉일 거라고는 꿈에도 생각하지 못했어. 형들이 요셉을 팔 때 요셉은 고작 17살밖에 안 됐거든. 하지만, 지금 요셉은 어른이 되었고, 진짜 이집트 사람처럼 보였어.

요셉이 말했단다.

"너희는 어디에서 왔느냐?"

아주 공손하게 형들이 대답했단다.

"예, 저희는 가나안이라는 나라에서 왔습니다. 곡식을 사려고 이곳으로 왔습니다."

"뭐라고?"

요셉은 일부러 더 엄한 목소리를 내며 말했단다.

"내가 너희의 말을 믿을 것 같으냐? 너희는 첩자임이 틀림없다. 이집트를 몰래 살펴보려고 이곳에 온 것이 틀림없다. 나중에 너희 나라 군대를 이끌고

우리 이집트를 쳐들어오려는 계획을 세우고 이곳에 왔지?"

형들은 그 말에 소스라치게 놀랐어.

"아닙니다. 저희는 첩자가 아닙니다. 저희는 가나안에 사는 목자들입니다. 저희는 본래 형제가 12명이었습니다. 그런데 1명은 죽고, 다른 1명은 늙으신 아버지와 함께 고향에 남아 있습니다."

"그따위 말은 믿을 수 없다. 여봐라, 이 자들을 당장 감옥에 가둬라!"

요셉은 정말로 형들을 감옥에 가두었단다. 이제 형들은 감옥에 갇히는 것이 어떤 것인지 실제로 경험하게 되었지!

사흘이 지나고 요셉은 형들을 감옥에서 풀어 주었어. 그리고 말했단다.

"너희 중 1명, 저기 시므온은 계속 감옥에 가두어 두겠다. 다른 사람들은 돌아가도 좋다. 하지만, 너희들이 다시 돌아올 때는 너희 막냇동생을 데리고 와야 한다. 막냇동생을 데리고 오면 너희가 한 말을 믿어 주겠다. 너희가 첩자가 아니라는 것도 믿어 주겠다. 하지만, 너희가 만약 너희 막냇동생을 데리고 오지 않는다면 다음번에 곡식을 살 생각은 꿈에도 하지 말아라. 내 말을 명심해라."

그 말을 들은 형들은 얼마나 무섭고 슬펐는지 모른단다. 서로 이렇게 속삭였어.

"예전에 우리가 요셉에게 몹쓸 짓을 했기 때문에 이런 벌을 받는 거야. 우리가 동생을 팔아 버렸잖아. 요셉이 울면서 도와 달라고 말할 때 못 들은 척 무시했잖아. 그때 한 잘못 때문에 지금 벌을 받는 것 같아."

형들은 자기들이 지금 주고받는 말을 총리가 알아들으리라고는 꿈에도 생각하지 못했지. 하지만, 요셉은 형들의 말을 다 듣고 있었단다. 그 말을 듣던 요셉은 눈물이 나서 그 자리에 있을 수가 없었지. 급히 옆방으로 뛰어가 엉엉 울었단다. 형들 앞에서 울 수는 없으니까. 앞으로 얼마 동안은 형들 앞에서 계속 엄하고 무서운 총리인 것처럼 대할 생각이었거든. 자기가 동생 요셉이라는 것을 지금은 알려 줄 수 없었어.

사실 요셉은 형들을 만나 아주 기뻤단다. 아버지와 동생 베냐민이 아직

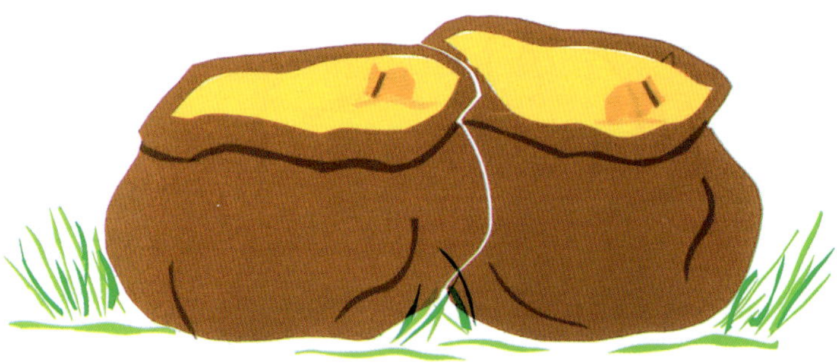

살아 있다니 그것도 기뻤어. 거기다 형들이 예전에 자기에게 못되게 굴었던 일을 후회한다는 말까지 들었잖아.

형들은 곡식을 사도 좋다는 허락을 받았어. 요셉의 종들이 자루 가득 곡식을 담아 주었단다. 그리고 형들이 곡식을 사면서 낸 돈을 곡식 자루에 도로 넣었어. 곡식 제일 위에 슬쩍 올려놓았지! 총리가 된 요셉이 그렇게 하라고 시켰거든.

형들은 다시 고향 가나안으로 돌아가고 있었지. 곡식을 잔뜩 싣고서. 하지만, 형제 중 1명 시므온은 이집트 감옥에 남겨 둔 채 돌아가는 길이었어.

집에 돌아온 형들은 아버지에게 이집트에서 있었던 모든 일을 이야기했어. 그리고 자기들의 곡식 자루를 열어 사 온 곡식을 보여 드렸지. 곡식 자루에는 곡식이 있고 그 위에 돈도 있었어. 형들이 곡식을 사면서 냈던 바로 그 돈 말이야. 형들은 그 무시무시한 총리가 자기들을 도둑이라고 생각할지 모른다는 이야기도 아버지에게 했어. 형들은 정말 무서웠단다.

아버지 야곱은 더욱더 슬퍼졌어. 처음에는 사랑하는 아들 요셉을 잃었지. 지금은 아들 시므온이 이집트 감옥에 갇혀 있어. 그리고 다음에는 베냐민을 데리고 이집트에 가야 한다잖아.

"절대로 그렇게는 못한다!"

야곱이 말했지.

"베냐민까지 잃을 수는 없다. 베냐민까지 내 곁을 떠나 버리면 내가 어떻게 살겠느냐? 슬퍼서 내가 어떻게 살겠느냐?"

24. 다시 이집트로 가는 형제들

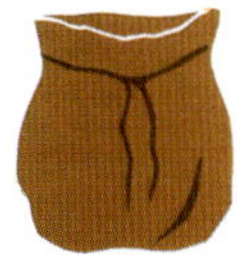

창세기 43–46 장

야곱의 아들들은 이집트에서 곡식을 많이 가져왔단다. 하지만 식구들이 많아서 얼마 지나지 않아 곡식이 바닥났지. 아버지 야곱이 말했어.

"아들들아. 이집트에 다시 다녀와야겠다. 곡식이 거의 다 떨어졌구나."

아들들이 입을 모아 대답했단다.

"알았습니다, 아버지. 하지만, 이번에는 베냐민을 꼭 데리고 가야 합니다. 베냐민이 함께 가지 않으면 곡식을 살 수 없습니다. 게다가 우리 모두 시므온처럼 감옥에 갇히는 신세가 될지도 모릅니다. 총리 되시는 분이 그렇게 말했습니다."

유다가 이어 말했단다.

"아버지, 제가 베냐민을 잘 지키겠습니다. 베냐민에게 어떤 나쁜 일도 일어나지 않도록 제가 책임지겠습니다. 반드시 베냐민을 안전하게 집으로 데리고 오겠습니다."

하는 수 없이 아버지 야곱은 베냐민을 보내야만 했단다. 식구들이 먹을 곡식이 필요했거든. 모두 굶어 죽을 수는 없으니까. 야곱이 말했지.

"그 엄한 총리님에게 드릴 귀한 선물을 가져가도록 해라. 그리고 지난 번 곡식 자루 속에 있던 돈도 다시 챙겨 가거라. 어쩌면 총리의 종들이 실수로 그 돈을 너희 자루에 넣었을 수도 있으니까."

야곱의 아들들은 다시 나귀를 타고 이집트를 향해 떠났지. 이번에는 베냐민까지 데리고 말이야. 야곱은 슬퍼하면서 고향 가나안에 남아 있었어. 앞으로 어떤 일이 일어날까?

야곱의 아들들은 이집트에 도착하자, 가장 먼저 총리가 있는 궁전으로 갔어. 총리 앞에 나아가 머리를 깊이 숙이고 절을 했단다.

요셉은 한눈에 베냐민이 함께 온 것을 보았어. 마침내 자기 동생을 보게 된 거야. 요셉의 기쁨은 말로 다 할 수 없을 만큼 컸단다. 하지만, 아직은 형들이 그 사실을 눈치채지 못하도록 해야 해.

요셉은 자기 신하에게 말했어.

"이 사람들을 내 집으로 데리고 가거라. 그리고 맛있는 음식을 많이 준비하도록 하여라. 이 사람들은 오늘 오후 내 집에서 식사하게 될 것이다."

총리의 신하가 형들을 총리의 집으로 데리고 가자 형들은 도대체 무슨 일인지 이해할 수가 없었어. 게다가 총리가 점점 더 무서워졌단다. 형들은 서로 이렇게 속삭였어.

"이 무서운 총리님은 우리를 도둑이라고 생각하고 계실 거야. 지난번 우리가 곡식을 사면서 돈을 내지 않았다고 생각하는 것이 틀림없어. 어쩌면 우리를 노예로 팔아 버리려고 하는지도 모르겠어. 지금이라도 빨리 그 돈을 총리의 신하에게 줘 버리자."

하지만, 신하는 돈을 받으려고 하지 않았어. 대신 이렇게 말하는 거야.

"총리께서는 지난번 당신들의 돈을 다 받으셨소."

도대체 어찌 된 일일까? 형들은 어리둥절하기만 했지. 정말 무슨 일인지 알 수가 없었어. 형들이 총리의 집에 도착했을 때 시므온도 그곳에 와 있었단다. 시므온은 지금까지 감옥에 갇혀 있다가 이제 풀려난 거야. 그리고 다른 형제

들을 만나러 이곳으로 온 거야. 아름답게 꾸며진 식당에서 형들은 총리를 기다리고 있었어. 마침내 총리가 식당에 나타나자 형들은 머리를 숙여 그 앞에 절했단다. 그리고 고향 가나안에서 챙겨 온 귀한 선물들을 총리에게 바쳤어.

총리가 된 요셉은 베냐민을 다시 만나자, 아주 기뻐 울음이 터져 나왔단다. 하지만, 아직은 형들에게 자기가 요셉이라는 것을 숨겨야만 했어. 요셉은 재빨리 식당 옆에 있는 방으로 뛰어갔지. 그리고 얼굴에 묻은 눈물을 깨끗이 씻었단다. 잠시 후 요셉은 아무 일도 없었다는 듯 태연하게 식당으로 돌아와 신하에게 말했어.

"먹을 것을 가져오너라."

종들이 아주 맛있는 음식이 담긴 접시들을 차례로 옮겨 왔어. 종들은 베냐민에게 맛있는 음식을 특별히 더 많이 주었어. 다른 형들보다 훨씬 많이! 총리가 그렇게 하라고 시켰거든. 형들이 다시 베냐민에게 샘을 내고 질투를 할까? 예전에 요셉이 아버지로부터 혼자만 멋진 겉옷을 받았을 때, 형들은 요셉을 질투했었지. 하지만, 다행스럽게도 지금은 형들이 베냐민을 질투하지 않았어. 요셉은 이런 생각을 했지.

'형들이 아직도 못된 마음을 가지고 있으면 어떡하지? 예전에 나를 팔아

넘길 때처럼 그런 나쁜 마음을 가지고 있으면? 베냐민을 정말로 사랑하는 걸까? 형들의 진짜 마음이 어떤지 알아봐야겠어. 옳지! 좋은 생각이 났다! 내 신하를 시켜서 내가 포도주를 마실 때 사용하는 멋진 은잔을 베냐민의 곡식 자루 안에 몰래 숨겨 놓는 거야. 그리고 베냐민이 내 잔을 훔쳤다고 말하는 거야. 잔을 훔친 벌로 베냐민을 감옥에 가두라고 명령하는 거지. 거기다 베냐민을 내 노예로 삼겠다고 하면? 그쯤 되면 형들은 어떻게 할까? 나서서 베냐민을 도울까? 아니면 베냐민을 감옥에 놔둔 채, 자기들만 고향으로 돌아갈까? 형들의 마음이 어떤지 알아봐야겠어!'

요셉은 자기 신하에게 자기 은잔을 베냐민의 곡식 자루 속에 몰래 감추라고 지시했단다. 그 신하는 요셉의 말대로 했지. 형들은 아무것도 눈치채지 못했어.

저녁이 되자 형들은 모두 총리의 집에서 잠을 잤어. 다음 날 아침, 야곱의 아들들은 나귀에 곡식이 가득 담긴 자루를 실었단다. 그리고 고향을 향해 출발했지. 야곱의 아들들이 길을 떠난 지 얼마 안 되었을 때, 총리의 신하가 형들을 뒤쫓아 왔어.

"멈추어라!" 총리의 신하가 화난 목소리로 말했단다.

"이런 못된 도둑들 같으니라고. 총리님의 집에서 맛있는 음식을 먹고 잠까지 자고서 도둑질을 하다니. 그것도 감히 총리님이 쓰시는 은잔을 훔치다니……."

형들은 깜짝 놀랐어. 동시에 몹시 화도 났지. 소리를 모아 이렇게 말했단다.

"우리는 잔을 훔친 적이 없소. 우리는 도둑이 아니오. 우리 말을 못 믿겠다면 우리 짐을 다 뒤져 보시오."

총리의 신하는 형들의 자루를 뒤지기 시작했지. 먼저 르우벤의 자루를 뒤졌어. 은잔은 그 속에 없었단다. 그다음 시므온의 자루를 뒤졌지. 거기에도 잔은 없었어. 그다음 유다의 자루를 뒤졌지. 거기에도 잔은 없었어. 신하는 형제들의 자루를 차례차례 다 살펴보았어. 하지만, 은잔은 어디에도 없었어.

마지막으로 베냐민의 차례가 되었지. 신하가 다가가 베냐민의 자루를 열었단다. 그런데 그 속에서 무엇이 나왔을까? 그래, 총리의 은잔이 나왔어. 베냐민의 자루에서!

형들은 깜짝 놀랐지. 어떻게 그 잔이 베냐민의 자루에 들어갔을까? 누가 총리의 은잔을 베냐민의 자루에 넣었을까? 정말 아무도 은잔을 훔치지 않았어! 하지만, 무서운 총리가 그 말을 믿을 리가 없겠지?

세상에 이럴 수가! 신하는 베냐민을 총리에게로 끌고 가겠다고 했어. 그리고 총리의 노예로 삼겠다고 하는 거야. 베냐민은 이제 아버지가 계시는 고향

에 돌아갈 수 없게 되는 거지. 형들은 가만히 있을 수가 없었어. 모두 총리에게 같이 가겠다고 말했단다. 베냐민만 혼자 보낼 수는 없었지!

형들이 다시 총리 앞에 섰을 때 형들은 또 한 번 머리를 깊이 숙이고 절을 했지. 총리가 된 요셉은 몹시 화가 많이 난 것처럼 말했단다.

"베냐민은 고향으로 돌아갈 수 없다. 이곳에서 나의 노예가 될 것이다. 너희만 고향으로 돌아가거라."

그때 유다가 아주 공손한 태도로 나아와 총리에게 말하기 시작했단다. 모든 사실을 다 이야기했지.

"우리 늙으신 아버지는 베냐민을 정말 많이 사랑하십니다. 저희 아버지는 베냐민을 이집트로 보내고 싶어 하지 않으셨습니다. 혹시 베냐민에게 나쁜 일이 생기지 않을까 걱정을 많이 하셨습니다. 하지만, 우리는 곡식이 필요했습니다. 온 식구가 먹을 식량이 필요했습니다. 그래서 하는 수 없이 베냐민을 데리고 이곳으로 온 것입니다. 지난번에 총리님께서 우리 막냇동생을 데리고 오지 않으면 곡식을 살 수 없다고 말씀하셨기 때문입니다. 그래서 제가 아버지에게 약속했습니다. 베냐민을 잘 지키겠다고, 베냐민이 안전하게 집으로 돌아오도록 책임지겠다고 했습니다. 베냐민 대신 저를 노예로 삼아 주십시오. 그리고 베냐민은 제발 고향으로 돌아가게 해 주십시오. 그렇지 않으면 저희 아버지는 돌아가시게 됩니다. 너무 슬퍼 돌아가시게 될 것입니다."

유다의 말이 정말 놀랍지? 베냐민을 얼마나 사랑하는지 알겠지? 그 말을 들은 요셉은 유다와 다른 형들이 그전처럼 나쁜 마음을 가지고 있지 않다는 것을 분명히 알게 되었어. 형들이 베냐민을 사랑한다는 것을 확실히 알게 되었어. 그리고 아버지도 진심으로 사랑하고 있어. 아버지가 슬퍼하실까 봐 정말로 걱정하고 있잖아.

요셉은 주위에 있던 모든 신하와 종들을 방에서 다 내보냈단다. 이제 요셉의 형제들만 그 방에 남게 되었지. 마침내 요셉이 사실을 밝혔어.

"형님들, 내가 바로 요셉이에요."

형들은 그 말에 기절할 듯이 놀랐단다. 뭐라고, 요셉이라고? 저기 앞에 서 있는 저 무섭고 엄한 총리가 바로 요셉이라고? 형들은 너무 겁이 나서 사시나무 떨듯 떨었단다! 그때 요셉이 말했지.

"형님들, 겁내지 마세요. 저는 이미 오래전에 형님들을 용서했습니다. 저를 우물에 집어던지고 이집트로 가는 상인들에게 팔았던 것을 용서했습니다. 하나님께서 저를 잘 보살펴 주셨습니다. 제가 이집트의 총리가 되도록 하나님께서 인도해 주셨습니다. 저는 지금 결혼해서 아내도 있고 아들도 두 명이나 있습니다. 저는 지금 아주 행복합니다. 형님들, 당장 고향으로 돌아가십시오. 그리고 형님들의 가족들을 다 데리고 이곳으로 오십시오. 아버지도 함께 모시고 오십시오. 가나안에 계속 사시다가는 굶어 죽게 될 것입니다. 하나님께서는 앞으로 5년 동안은 들판에 아무 곡식도 자라지 않을 거라고 말씀하셨습니다. 온 식구들을 다 데리고 제가 사는 이곳으로 오십시오. 제가 형님들을 잘 보살펴 드리겠습니다!"

요셉은 형들에게 파라오가 타는 마차를 주었어. 얼마 후 가나안에 있는 형들의 가족들이 이 마차를 타고 이집트로 올 수 있도록 말이야. 물론 아버지 야곱도 이 마차를 타고 함께 오시겠지! 요셉의 형제들은 서둘러 고향 가나안으로 돌아갔단다.

아버지 야곱이 무슨 말씀을 하실까? 요셉이 살아 있다는 것을 아신다면 무슨 말씀을 하실까? 거기다 요셉이 이집트의 총리가 되었다는 말을 들으시면?

25. 이집트로 이사 가는 야곱

창세기 46–50 장

야곱은 얼마나 걱정을 하며 지냈는지 모른단다. 매일 아침 해가 뜰 때마다, 또 저녁이 되어 날이 저물 때도 이집트 쪽을 바라보았지. 언제쯤 아들들이 돌아올까? 기다려도 기다려도 아들들은 돌아오지 않았어. 얼마를 더 기다려야 할까? 아들들에게 무슨 일이 생긴 것은 아니겠지? 특히 베냐민은 무사하겠지? 그 엄한 총리가 아들들에게 더 무섭게 하지는 않았겠지?

그렇게 기다린 끝에 드디어 아들들이 돌아왔단다. 베냐민도 함께! 정말 다행이야. 모든 아들이 다 돌아왔어. 그런데 고향으로 돌아온 아들들은 굉장히 흥분해 있었단다. 그리고 아들들이 이집트에서 가지고 온 이 비싼 물건들을 봐. 이것들은 다 어디에서 난 것일까? 야곱은 알 수가 없었어. 아들들이 흥분한 목소리로 말했단다.

“아버지, 요셉이 살아 있어요. 이집트 나라의 총리가 바로 요셉이에요.”

‘아니, 이 아이들이 무슨 말을 하는 거야?’

야곱이 생각했단다.

“요셉은 죽었어. 죽은 지가 언젠데……. 내 앞에서 요셉 이야기는 꺼내지도 마라. 요셉이라는 이름만 들어도 아직도 마음이 아픈데…….”

야곱은 아들들이 하는 말을 듣고 싶지 않았어. 하지만, 아들들은 입을 모아 다시 한 번 더 이야기했단다.

“아버지, 요셉이 살아 있습니다. 죽은 것이 아니에요. 요셉은 이집트의 총리가 되어 있습니다. 그리고 결혼도 했고 아들이 2명이나 있답니다. 요셉이 우리에게 모두 이집트로 이사 오랍니다. 이집트로 이사 가도록 이 마차들을 보냈습니다. 아버지는 저기 있는 가장 멋진 마차에 타고 가시면 됩니다.”

아들들이 가리키는 그 멋진 마차를 보자 야곱도 아들들의 말을 믿게 되었어. 믿지 않을 수가 없었지. 야곱은 무척 기뻐서 소리쳤단다.

“요셉이 살아 있었구나. 암, 요셉을 보러 가야지. 내가 죽기 전에 요셉을 다시 보게 되었구나!”

드디어 이집트로 이사를 하게 되었어. 남자, 여자, 아이들까지 온 식구가 함께 가는 큰 이사였단다. 소와 양과 염소들도 다 끌고 가야 했지. 가축들을 이곳에 버려두고 갈 수는 없잖아. 이곳은 가축이 먹을 풀도 이제는 자라지 않는 걸. 모든 짐을 다 싸서 마차에 싣고 이집트를 향해 출발했단다.

어느 날 밤 하나님께서 야곱에게 말씀하셨지.

“야곱아, 겁내지 말아라. 내가 너를 지켜 주겠다. 며칠 후 너는 이집트에서 요셉을 다시 만나게 될 것이다. 그리고 너는 이집트에서 죽게 될 것이다. 하지만, 너의 자손들은 오랜 세월이 지나고 다시 이 땅 가나안으로 돌아오게 될 것이다. 이 가나안 땅은 내가 너의 자손들에게 주겠다고 약속한 땅이다. 내가 아브라함에게 약속한 대로 이 땅은 너희 자손의 것이다.”

야곱의 식구들이 이집트에 도착할 즈음 요셉은 벌써 자기의 멋진 마차를 타고 마중을 나왔단다. 야곱과 요셉은 서로 목을 껴안고 기쁨의 눈물을 흘렸단다. 드디어 두 사람이 다시 만나게 되었어. 아버지를 만난 요셉은 아버지를 모시고 파라오에게로 갔단다. 왕에게 자기 아버지와 형제들이 도착했다는 것을 알렸지. 파라오가 말했어.

“너의 가족들을 ‘고센’ 땅에 살도록 하여라. 그곳은 가축이 먹을 풀이 잘

자라는 땅이다. 아마 너의 가족에게는 가장 좋은 땅일 것이다. 요셉, 너의 가족들을 잘 보살피도록 해라. 매일 먹을 것이 충분하도록 곡식을 많이 챙겨 주도록 해라."

이제 야곱은 누구보다도 행복한 사람이 되었어. 아들들이 모두 건강하게 가까이에서 살고 있고, 손자 손녀들도 많았어. 야곱은 정말 행복한 할아버지였지. 주위 곳곳에 먹을 것이 없어 고생하는 사람들이 많았지만, 야곱과 그 자손들은 아무 걱정이 없었지. 요셉이 잘 보살펴 주었거든.

어느 날 야곱이 요셉에게 말했단다.

"아들아, 나는 이제 많이 늙었다. 머지않아 곧 죽게 될 것이다. 죽더라도 나는 이 땅 이집트에 묻히고 싶지 않구나. 내가 죽거든 나를 가나안 땅에 묻어다오. 할아버지 아브라함과 할머니 사라, 그리고 아버지 이삭과 어머니 리브가가 묻힌 그곳에 나를 묻어다오."

요셉은 아버지에게 그렇게 하겠다고 약속했단다.

얼마 뒤 야곱이 죽었단다. 야곱이 죽기 전에 했던 말대로 야곱을 가나안 땅에 묻으려고 요셉의 모든 형제는 함께 가나안으로 갔단다. 그리고 아브라함과 사라의 묘, 이삭과 리브가의 묘 옆에 야곱을 묻었단다. 야곱을 장사 지내고 모든 형제는 이집트로 돌아왔지. 그런데 형들은 그때부터 갑자기 요셉이 다시 무서워졌어. 서로 이런 말을 주고받았단다.

"요셉은 아직도 우리에게 화가 나 있을 거야. 오래전 우리가 요셉에게 못된 일을 많이 했잖아. 지금까지는 아버지께서 슬퍼하실까 봐 우리에게 화나지 않은 것처럼 있었던 거야. 하지만, 이제 아버지가 돌아가셨으니 요셉은 다시 화를 낼 거야. 우리를 감옥에 처넣을지도 몰라."

형들의 말을 전해 들은 요셉은 무척 슬펐단다. 요셉이 말했어.

"형님들, 저는 형님들을 미워하지 않습니다. 이미 말씀드렸듯이 저는 형님들을 다 용서했습니다. 하나님께서는 지금까지 저를 지켜 주셨습니다. 형님들과 형님의 가족들을 구하려고 하나님께서 저를 이곳으로 보내신 것입니다. 저를 겁내실 필요 없습니다. 제가 어떻게 형님들에게 못된 짓을 할 수 있겠습니까?"

야곱의 아들들은 아들과 딸을 낳고, 또 많은 손자 손녀를 얻었단다. 야곱의 자손들을 나중에는 어떻게 불렀는지 아니? '이스라엘 민족'이라고 불렀단다. 이스라엘 민족이란 '이스라엘의 자손들'이라는 뜻이야. 아주 오래전 하나님께서 야곱에게 새 이름을 지어 주셨잖아. 야곱이 천사와 씨름을 했을 때, 그때 새 이름을 지어 주셨지. 그때 하나님께서 이렇게 말씀하셨지.

"너를 지금까지는 야곱이라고 불렀다. 그러나 앞으로는 새 이름 '이스라엘'이라고 부르겠다."

그래서 야곱의 자손들을 '이스라엘 민족'이라고 부른단다. 이스라엘 민족은 이집트 나라 고센 지역에 살았어.

* 26. 빈털터리가 된 욥

욥기

옛날 옛날에 한 부자가 살고 있었단다. 그 사람은 '욥'이라는 사람인데, 아주 큰 부자였지. 욥이 살던 곳은 가나안도 아니고, 이집트도 아니었어. 바로 '우스'라는 곳에 살았단다. 욥은 그 나라에서 가장 부자였지. 욥은 아브라함이나 야곱보다 더 많은 낙타와 양과 소를 가지고 있었어. 욥은 자녀도 많이 있었는데, 아들이 7명, 딸이 3명이었지.

욥은 하나님을 많이 사랑했어. 하나님의 말씀에 언제나 순종했단다. 그리고 가난한 사람들을 잘 돌봐 주었어. 도움이 필요한 사람은 언제나 도와주었지.

어느 날 나쁜 천사인 사탄이 하늘나라 하나님 앞에 가게 되었어. 하나님께서 사탄에게 말씀하셨단다.

"욥을 보았느냐? 욥은 세상에서 나를 가장 사랑하는 사람이다!"

"예."

사탄이 대답했단다.

"욥을 보았습니다. 욥이 하나님을 사랑하는 것은 당연합니다. 하나님께서는 욥을 아주 큰 부자로 만들어 주셨습니다. 게다가 자녀도 10명이나 주시지 않았습니까? 만약 욥이 가난해진다면, 하나님을 지금처럼 많이 사랑하지 않을 것입니다!"

"그래, 욥이 가난해지면 나를 사랑하지 않을 거라고? 어디 한번 두고 보자."

하나님께서 사탄에게 대답하셨단다.

어느 날 욥이 집에 있을 때였어. 욥의 하인 한 명이 헐레벌떡 집안으로 달려왔지.

"주인님, 아주 끔찍한 일이 벌어졌습니다!" 하인이 소리쳤단다.

"저희는 들판에서 나귀와 소들을 지키고 있었습니다. 그때 갑자기 어디선가 강도들이 나타났습니다. 그 강도들이 짐승들을 모두 잡아가고 하인들은 다 죽였습니다. 저만 간신히 도망쳐 왔습니다!"

그 말이 끝나자마자 또 다른 하인 한 명이 숨을 헐떡이며 달려왔단다. 그 하인이 말했어.

"주인님, 정말 무서운 일이 벌어졌습니다! 하늘에서 갑자기 천둥 번개가 쳤습니다. 그 바람에 주인님의 양 떼가 다 죽고 말았습니다."

이어서 또 다른 하인이 달려와 이렇게 말했어.

"주인님, 세상에 어떻게 이런 일이 일어나는지……. 주인님의 낙타들을 풀어놓은 곳에 도둑이 들었습니다. 그 도둑들이 낙타들을 다 훔쳐가 버렸습니다!"

그때 마지막 하인이 달려왔단다. 그 하인이 말했어.

"주인님, 정말 끔찍한 일이 생겼습니다. 주인님의 자녀들이 큰 아드님 집에 모여 잔치를 벌이고 있었습니다. 그런데 그때 바람이 아주 세게 불었습니다. 결국, 집이 무너지면서 주인님의 자녀가 모두 죽었습니다!"

욥은 이제 아무것도 없는 빈털터리가 되었단다! 소도 없고, 나귀도 없고, 양도, 낙타도 한 마리도 없어. 게다가 자식들까지 다 죽고 한 명도 남지 않았어! 이제 욥은 하나님께 화를 낼까? 이제는 하나님을 사랑하지 않고 싫어할까? 아니란다. 욥은 여전히 하나님을 많이 사랑했어. 욥이 말했지.

"세상의 모든 일은 하나님께서 다 알고 계셔. 모든 일이 다 하나님의 계획 안에 있다고. 이전에 하나님은 나를 아주 부자로 만들어 주셨지. 하지만, 지금은 나를 다시 가난하게 만드셨어. 그렇지만, 하나님은 나를 여전히 사랑하셔. 나도 하나님을 사랑해!"

사탄의 생각은 보기 좋게 틀려 버렸구나. 욥은 비록 가난하게 되었지만, 하나님을 여전히 사랑하고 있으니까!

사탄이 어느 날 다시 하늘에 계신 하나님 앞에 가게 되었단다. 하나님께서 사탄에게 말씀하셨지.

"욥이 비록 가난하게 되었지만 나를 여전히 사랑하는 것을 잘 보았지?"

"예." 사탄이 대답했어.

"욥이 아직 하나님을 사랑하는 것은 사실입니다. 하지만, 욥은 지금 건강합니다. 만약 욥이 아파진다면, 그것도 아주 많이 아프면, 욥도 분명히 하나님을 사랑하지 않게 될 것입니다!"

"그래? 과연 네 말대로인지 한번 더 두고 보자!"

하나님께서 말씀하셨단다.

얼마 지나지 않아 욥이 아프기 시작했어. 그것도 아주 많이 아파졌지. 온몸에 아주 더러운 종기들이 가득 생겨났어. 안 아픈 곳이 없이 온몸이 아팠단다. 그리고 진짜 많이 가려웠어. 욥의 모습은 정말 끔찍했단다!

욥은 더는 자기 집에서 살 수 없게 되었지. 집을 나와 마을에서 떨어진 움막에서 살았단다. 모든 사람이 더럽다며 욥을 상대해 주지 않았어. 욥이 사는 움막 주위를 지날 때면 아예 빙 둘러서 돌아갔단다. 욥의 아내가 욥에게 말했지.

"당신이 아직도 하나님을 사랑하고 있다니 정말 이해가 안 돼요. 하나님께서는 당신한테서 모든 것을 빼앗아 가셨어요. 당신을 가난하게 만들고, 지금은 이렇게 병까지 들게 하셨잖아요!"

하지만, 욥은 아내에게 이렇게 말했단다.

"그렇게 말하지 마시오. 세상의 모든 일은 다 하나님의 계획 안에 있다는 것을 모르시오?"

욥의 친구 몇 명이 욥을 병문안하기 위해 찾아왔어. 욥을 보자 모두 깜짝 놀라 말문이 막힐 정도였지. 저렇게 더럽고 병이 들어 아파하는 사람이 바로 자기들의 친구 욥이라고? 친구들은 이렇게 생각했지.

'욥이 갑자기 이렇게 아파진 것은 무슨 이유 때문일까? 혹시 욥이 나쁜 일을 한 것은 아닐까?'

친구들이 욥에게 말했어.

"욥, 자네가 뭔가 나쁜 일을 한 것이 분명해. 그렇지 않고는 하나님께서 자네를 이렇게 가난하게 만드시고 심한 병까지 걸리도록 하실 리가 없지 않은가. 하나님께서는 자네가 한 나쁜 일들 때문에 이런 벌을 주시는 거야. 욥, 자네가 한 나쁜 일들을 다 말씀드리고, 잘못했으니 용서해 달라고 하나님께 말씀드리게!"

친구들의 말은 욥의 마음을 더 아프게 했단다. 욥은 친구들로부터 위로의 말을 들을 줄 알았어. 그런데 친구들은 욥이 나쁜 일을 많이 했을 거라고 말하고 있잖아! 욥은 잘못한 일이 정말 하나도 없는데 말이야. 욥은 친구들에게 화가 나서 말했단다.

"지금 그 말은 전부 틀린 말일세. 나는 나쁜 일을 한 적이 없어. 오히려 항상 사람들을 도우며 살았다니까. 내가 왜 이렇게 아픈지는 나도 정말 모르겠어."

곁에서 친구들이 이상한 말을 자꾸 하자 결국 욥의 머리는 뒤죽박죽이 되었단다. 생각을 똑바로 할 수가 없었어. 그래서 욥은 아주 멍청한 말을 하기 시작했단다. 욥이 하나님에게 말했어.

"하나님, 왜 저를 이렇게 아프게 하시나요? 왜 이렇게 불행하게 만드셨나요? 저는 하나님을 사랑합니다. 저는 나쁜 일을 한 적이 없습니다. 항상 주님의 말씀을 듣고 순종했습니다. 제가 잘못한 것이 뭐가 있습니까? 제가 도대체 뭘 잘못했는지 말씀해 주십시오!"

욥의 말투가 조금 버릇없어졌지?

하나님께서 욥에게 대답하셨어.

"욥, 너는 지금 내게 버릇없이 따지듯이 말하고 있다. 하지만, 그것은 네 친구의 잘못 때문이다. 네 친구들이 이상한 말을 해서 네 생각을 어지럽게 만들었기 때문이다. 너의 버릇없는 말 때문에 조금 화가 나는구나. 하지만, 너보다는 너의 친구들에게 더 많이 화가 난다.

욥, 세상 모든 일은 다 내 계획 안에 있다. 나는 모든 것을 알고 있다. 내가 모든 것을 만들었다. 나무와 꽃들, 크고 작은 동물들을 만들었다. 사람도 내가 만들었다. 나는 모든 사람의 주인이다. 그리고 내가 너를 보살펴 준다. 너에게 무엇이 좋은지 내가 잘 알고 있다. 너는 나를 굳게 믿어야 한다!"

그 말을 듣고 욥은 자기 잘못을 알게 되었지. 하나님께 자기가 왜 이런 병에 걸려 아파해야 하느냐고 따졌던 것이 잘못이라는 것을 알게 되었어. 그렇게 말하는 것은 자기 마음대로 '하나님이 틀렸어' 하고 말하는 것과 같기 때문이지!

욥은 이제 아주 공손하게 말했단다.

"하나님, 제가 하나님께 버릇없이 말한 것 잘못했습니다. 용서해 주십시오. 그리고 잘못된 말을 한 제 친구들도 함께 용서해 주십시오."

하나님께서 말씀하셨어.

"너와 네 친구를 용서해 주겠다."

욥은 비록 가난하고 심한 병에 걸려 아프지만, 하나님을 사랑하는 마음은 변하지 않았지! 사탄의 기대는 이번에도 완전히 빗나갔어!

그 후 욥은 병이 나아 몸이 건강해졌단다. 온몸에 가득했던 종기들이 깨끗이 사라졌어. 그리고 원래 자기 집으로 돌아가 살게 되었지. 욥의 형제들과 친구들이 욥을 찾아왔단다. 그 사람들은 전부 욥에게 돈을 조금씩 주고 갔어. 욥은 그 돈으로 양을 사고 소를 샀단다.

얼마가 지나지 않아 욥은 다시 부자가 되었어. 그전보다 훨씬 더 큰 부자가 되었단다. 하나님께서 더 큰 부자가 되도록 도와주셨거든. 욥은 다시 자녀도 얻었어. 다시 7명의 아들과 3명의 딸을 얻었단다! 욥은 그전보다 훨씬 더 많이 하나님을 사랑하게 되었어. 하나님께서 언제나 변함없이 자기를 지켜 주신다는 것을 확실하게 믿었거든.

27. 이집트의 왕자, 모세

출애굽기 1–2 장

야곱의 식구들은 모두 이집트로 가서 살았어. 세월은 흘러 야곱이 죽은 지도 오래되었지. 요셉과 그의 형제들도 모두 죽었단다. 그렇지만, 그 자손들은 여전히 이집트에 살고 있었어. 야곱의 자손들을 '이스라엘 민족'이라고 부른다고 했지? 이스라엘 민족은 이집트에 있는 고센이라는 땅에 살고 있었단다.

옛날 그 파라오도 죽고 세월이 많이 흘렀단다. 새로운 사람이 왕이 되어 이집트를 다스렸지. 새 파라오는 요셉이 누구인지 전혀 모르는 사람이었어. 예전에 요셉이 이집트의 총리였다는 것도 몰랐어. 이집트에 흉년이 들어 사람들이 먹을 것이 없어 고생할 때 요셉이 모든 사람에게 곡식을 나누어 주었다는 사실도 몰랐지. 더구나 지금 이 파라오는 몹시 나쁜 사람이었어. 이스라엘 민족을 좋아하지 않았단다. 사실 좋아하지 않았다기보다는 오히려 이스라엘 민족을 무서워했어. 어느 날 파라오가 자기 신하들에게 말했단다.

"이스라엘 민족의 수가 점점 많아지고 있군. 이러다가 언제 이 나라를 빼앗겠다고 일어설지 모르겠어. 이스라엘 민족이 이 나라를 빼앗지 못하도록 지금부터 조심해야겠다. 어떻게 하면 좋을까? 그래, 이스라엘 남자들한테 아주 힘든 일을 시키는 거야. 힘든 일을 하다 보면 힘이 빠져서 싸움도 할 수 없게 되겠지!"

파라오는 그때부터 이스라엘의 모든 남자에게 일을 시켰단다. 파라오를 위해 일을 하도록 했어. 파라오는 사람들에게 벽돌 굽는 일을 시켰지. 벽돌이 구워지면 그 벽돌로 높은 성벽을 쌓게 했단다. 큰 성을 만들고자 벽을 쌓는 거야.

하지만, 이스라엘 민족의 수는 계속 늘어났단다. 아이들이 정말 많이 태어났거든. 파라오는 이전보다 더 겁이 났어! 겁에 질린 파라오가 말했어.

"다른 방법을 찾아봐야지 이런 식으로는 안 되겠군. 지금처럼 계속 가다가는 이집트 사람보다 이스라엘 사람들이 더 많아지는 날이 곧 오고 말 거야. 그때는 이스라엘 민족이 우리나라를 빼앗을지도 모르겠어!"

걱정을 하던 파라오가 몹시 나쁜 계획을 생각해 냈단다.

"이스라엘 민족의 집에서 사내아이가 태어나면 모두 죽여 버려라! 여자 아이는 살려 두어도 좋다. 여자들은 전쟁을 하면 싸울 수 없으니까. 그러나 사내아이가 태어나면 모두 깊은 '나일 강'에 던져 버려라!"

아기를 강에 던져 버리라고? 정말 나쁜 파라오다, 그렇지?

고센 땅에 있는 어느 작은 집에 엄마와 아빠가 두 아이와 함께 살고 있었어. 첫째 아이는 10살쯤 된 딸이었지. 이름은 '미리암'이었어. 둘째 아이는 3살 먹은 아들이었는데, 이름은 '아론'이었단다.

어느 날 그 엄마가 다시 아기를 낳았어. 아들이였지. 그런데 그때는 파라오가 사내아이가 태어나면 모두 강에 던져 버리라는 법을 만든 후였어. 법이 그렇다고 태어난 아기를 강에 던져 버릴 엄마 아빠가 세상에 어디 있겠니? 그 엄마 아빠도 아기를 무척 많이 사랑했어. 그래서 엄마 아빠는 아기가 태어났다는 것을 아무에게도 말하지 않고 집 한쪽 구석에 아기를 숨겨 놓고 키우기로 했지. 하지만, 아기가 태어나고 석 달이 지나자 더는 아기를 숨겨서 키울

수가 없었어. 아기의 울음소리가 너무 커서 길거리에서도 다 들릴 정도였거든. 만일 파라오의 군인들이 근처를 지나가다가 아기 울음소리를 듣게 된다면 당장 집안으로 들어올 거야. 그리고 그 울음소리가 사내아이의 울음인 것을 알게 된다면 당장 아기를 죽여 버릴 테지. 이제 어떡하면 좋을까?

그 엄마가 아주 좋은 방법을 생각해 냈단다. 엄마는 밖으로 나가 나일 강가에 자라는 갈대를 한 아름 꺾어 왔어. 그리고 그 갈대를 엮어 작은 상자를 만들었단다. 아기를 누이는 요람 비슷하게 만든 거야. 그리고 갈대 상자 안으로 물이 들어오지 못하도록 모든 구멍을 잘 막았단다. 엄마는 갈대로 뚜껑까지 만들어 덮었어.

갈대 상자가 다 만들어지자 엄마는 아기를 상자 안에 살며시 뉘었단다. 그리고 갈대 상자를 들고 강으로 갔어. 강 안쪽으로 몇 발자국 걸어 들어가 그 주위에 자라는 갈대 사이에 상자를 살며시 놓았단다. 이제 갈대 상자는 작은 배처럼 보였지!

엄마는 다시 집으로 돌아왔단다. 하지만, 큰 누나인 미리암은 그곳에 남아 무슨 일이 일어나는지 지켜보기로 했단다.

얼마쯤 시간이 지났을 때, 몇 명의 여자들이 이쪽으로 걸어오는 것이 보였어. 강가를 따라 천천히 산책을 하는 것 같았어. 그중 한 사람은 신분이 아주 높은 사람 같았어. 그 사람은 바로 파라오의 딸이었단다. 파라오의 딸이니까 그 나라 공주겠지. 다른 여자들은 공주의 시녀들이었어. 매일 아침 공주는 강에 와서 목욕했단다.

그날도 목욕을 하려고 강에 나왔어. 공주가 갈대를 헤치고 강물로 걸어 들어갔단다. 그때, 공주는 갈대 사이에 무언가 떠 있는 것을 발견했어. 무얼까? 바구니 같은 것이 갈대 사이에 떠 있었어. 공주는 곁에 있는 시녀에게 말했지.

"가서 저 바구니를 가져오너라. 안에 무엇이 들어 있는지 궁금하구나."

시녀 한 명이 물속으로 걸어 들어가 갈대 상자를 들고 왔어. 공주에게 상자를 건네주었지. 공주는 상자 뚜껑을 열어 보았어. 그 안에 무엇이 있었을까? 아주 귀엽게 생긴 아기가 있었단다. 그 아기는 정말 귀여운 사내아이였어. 공주는 단번에 모든 것을 눈치챘지. 이스라엘 민족에게서 태어난 사내아이는 전부 죽이도록 한 법을 알고 있었거든. 공주가 말했지.

"하지만, 이 아이는 죽이지 않을 것이다. 이 아이는 내가 키울 거니까. 내 아들로 삼아 키우겠다. 정말 예쁜 아기로구나! 그래, 이 아기는 이제부터 내 아들이야."

그래도 공주는 아기의 진짜 엄마가 아니잖아. 그러니까 아기에게 젖을 줄 수가 없었지. 그럼 어떻게 하면 좋을까? 미리암이 바로 곁에서 일어나는 모든 것을 다 보고 들었단다. 재빨리 공주 앞으로 뛰어가 말했지.

"제가 아기에게 젖을 줄 수 있는 유모를 알고 있어요. 그 유모를 데리고 올까요?"

"그렇게 하도록 해라."

공주가 대답했지. 미리암은 단숨에 집으로 달려갔어.

"엄마, 공주님이 우리 동생을 발견했어요. 우리 동생을 공주님이 키우겠대요. 하지만, 공주님은 아기에게 젖을 줄 수 없잖아요. 빨리 와 보세요."

그 말을 들은 엄마는 미리암 손을 잡고 공주에게로 달려갔단다. 공주가 엄마에게 말했지.

"이 아기를 키워 주겠소? 이 아기가 많이 자란 후 내가 있는 궁전으로 데리고 오시오. 나는 이 아기를 나의 아들로 삼을 생각이오. 이 아기의 이름은 '모세'라오."

이제 엄마는 편안하게 아기를 키울 수 있게 되었어. 만약 군인들이 집에 들어오더라도 이렇게 말을 하면 되니까 말이야.

"이 아기에게 손대지 마라! 이 아기는 공주님의 아들이시다. 나는 공주님의 부탁으로 이 아기를 키우고 있다."

모세는 몇 년 동안 고센에 있는 자기 부모님의 집에서 자랐단다. 미리암과 아론과 함께 놀며 지냈지. 그러던 어느 날 모세의 엄마는 모세를 공주가 사는 궁전에 데려다 주었지. 모세는 이제 진짜 왕자가 되었어. 멋진 방에서 지내게 되었고 좋은 장난감도 많이 있었어. 그리고 모세는 글을 읽고 쓰는 것도 배웠단다.

모세가 더 자랐을 때는 말이 끄는 멋진 마차도 생겼지. 마차를 타고 길거리를 달릴 때도 있었어. 길에서 그 모습을 본 사람들이 말했단다.

"저길 봐, 모세 왕자야. 공주님의 아들 모세 왕자가 오고 있어."

하지만, 모세는 공주가 자기의 진짜 엄마가 아니라는 것을 잘 알고 있었지. 자기의 진짜 엄마는 고센 땅에 있는 작은 집에서 살고 있었어. 그리고 자기 진짜 아빠는 파라오를 위해 아주 힘든 일을 해야 한다는 것도.

28. 왕자에서 목자가 된 모세

출애굽기 2장

모세가 40살이 되었을 때였어. 이집트에 사는 모든 사람이 모세 왕자를 알고 있었지. 공주의 아들, 모세 왕자! 하지만, 모세는 공주가 자기의 진짜 어머니가 아니라는 것을 잘 알고 있었단다. 모세의 진짜 어머니는 고센 땅에 있는 작은 집에 살고 있었어. 모세 아버지는 파라오를 위해 힘든 일을 열심히 해야 했어. 모세의 형 아론도 마찬가지였지.

모든 이스라엘 사람들은 파라오를 위해 고된 일을 해야만 했어. 파라오는 이집트 나라를 다스리는 왕을 말해. 그리고 이집트에 처음부터 살았던 사람들을 '이집트 사람'이라고 부른단다. 바로 이집트의 주인들이지. 그런데 이스라엘 민족은 처음부터 이집트 나라에 살던 사람들이 아니야. 그 땅의 주인도 아니지. 이스라엘 민족은 야곱의 자손들이야.

오래전 야곱은 가나안이라는 다른 나라에 살았어. 그러다 이집트로 이사를 왔단다. 그때 하나님께서는 야곱에게 야곱의 자손들이 나중에 가나안으로 다시 돌아오게 될 것이라고 약속하셨어. 이스라엘 민족은 언제쯤 가나안으로 다시 돌아가게 될까? 혹시 가나안으로 영영 돌아가지 못하는 것은 아닐까?

이스라엘 민족은 마음씨 고약한 파라오의 노예가 되었어. 자기가 하고 싶은 일을 마음대로 할 수 없는 노예 말이야. 이스라엘 민족은 파라오를 위해 쉬지 않고 일을 해야 했지. 큰 성을 만들려고 벽돌을 굽고 성벽을 쌓는 일을 했지.

이집트 사람들이 이스라엘 민족의 주인이었단다. 이집트 사람들은 채찍을 들고 이스라엘 사람들을 감시했단다. 만약 이스라엘 사람이 열심히 일을 하지 않으면 그때마다 이집트 사람이 나타나 채찍으로 때렸단다. 정말 심하지?

모세는 힘든 일을 할 필요가 없었어. 왜냐하면, 이집트 사람인 것처럼 하고 살았거든. 사람들은 모두 모세가 이집트 사람이라고 생각했어. 그런데 사실은 그렇지 않아, 그렇지? 모세는 이스라엘 사람이야! 하지만, 모세 왕자는 벽돌을 굽거나 성벽을 쌓을 필요가 없었어. 얼마 전까지만 해도 모세는 왕자로서 아름다운 궁전에서 사는 것이 참 좋았단다. 그렇지만, 지금은 자기 민족인 이스라엘 사람들 생각이 자꾸 나는 거야.

모세는 이스라엘 사람들이 일하는 곳을 자주 찾아갔단다. 가끔 이스라엘 사람들이 채찍에 맞는 것을 보기도 했어. 그때마다 모세는 화도 나고 슬프기도 했단다. 계속 이렇게 살아야 할까? 이스라엘 민족이 언제까지 노예로 살아야만 할까? 자기가 이스라엘 민족을 도울 수는 없을까?

어느 날 모세가 이스라엘 사람들이 일하는 곳을 다시 찾아갔을 때였어. 한 사람이 힘없이 비틀거리는 것이 보였단다. 너무 지쳐서 일을 할 수 없는 것 같았어. 하지만, 그 옆에 서 있던 이집트 사람이 채찍을 마구 휘두르는 거야. 그 바람에 그 사람은 일을 멈출 수가 없었단다. 그 광경을 보고 있던 모세는 화가 나서 참을 수가 없었지. 모세는 그 이집트 사람의 멱살을 붙잡더니 그만 때려서 죽여 버렸어. 그 이집트 사람은 숨이 멎은 채 땅바닥에 픽 쓰러졌지. 모세는 소스라치게 놀랐단다. 자기가 사람을 죽이다니! 이집트 사람을 때려 죽였다는 것을 만약 파라오가 알게 된다면, 분명히 파라오는 엄청나게 화를

낼 거야. 당장 모세를 죽이라고 명령할지도 몰라. 아무도 이 사실을 알아서는 안 돼. 절대로! 모세는 재빨리 모래를 파서 죽은 이집트 사람을 파묻었단다. 다행히도 자기를 본 사람은 아무도 없는 것 같았지.

다음 날 모세는 다시 이스라엘 사람들을 보러 갔단다. 그날도 두 사람이 싸우고 있었어. 한 사람이 다른 사람을 때리고 있었지. 하지만, 그날은 이집트 사람이 이스라엘 사람을 때리는 것이 아니었어. 이스라엘 사람 둘이서 싸우고 있었단다. 모세가 다시 화를 냈을까? 아니야, 그날은 모세의 마음이 아주 슬퍼졌단다. 모세는 싸움을 하는 두 사람에게 다가가 말했지.

"이게 무슨 짓이오? 이렇게 같은 이스라엘 사람들끼리 싸우다니. 그만들 두시오. 싸우지 마시오."

싸움을 하던 두 사람 중 한 사람이 눈을 부릅뜨고 모세를 보며 말했어.

"당신이 무슨 상관이야? 당신이 우리의 주인이라도 된단 말이야? 그래, 당신은 나까지 죽이고 싶은 모양이군. 어제는 이집트 사람을 죽이더니, 오늘은 나야?"

그 말에 모세는 깜짝 놀랐단다. 어제 자기가 이집트 사람을 죽인 것을 사람들이 알고 있다니……. 어쩌면 파라오도 이 사실을 곧 알게 되겠군!

얼마 지나지 않아 그 사실이 파라오의 귀에 정말로 들어갔단다.

파라오가 신하들에게 말했어.

"모세를 잡아 오너라! 당장 감옥에 가두도록 해라!"

파라오의 신하들이 모세를 잡으러 왔단다. 하지만, 신하들은 모세를 찾을 수가 없었지. 사방을 찾아보았지만 모세는 어디에도 없었어. 그때는 벌써 모세가 멀리멀리 도망을 간 후였거든. 모세는 이집트를 떠나 아주 먼 다른 나라로 도망쳤단다. 파라오가 자기를 절대로 찾지 못할 만큼 먼 나라로.

모세는 걷고 또 걸었어. 그러다가 어떤 우물곁에 도착했지. 그곳에서 시원한 물을 마시고 잠시 쉬고 있었단다. 그런데 아가씨 7명이 양 떼를 이끌고 우물로 오는 것이었어. 목이 마른 양들에게 물을 먹이려고 온 거였어. 아가씨들은 우물에서 물을 길어 곁에 있는 물통에 물을 부었지. 아가씨들이 끌고 온 양 떼는 물통 주위에 모여 물을 마셨단다. 그때 갑자기 다른 목자들이 양 떼를 이끌고 나타났어. 아주 심술궂은 목자들이었지. 그 목자들은 물을 마시고 있던 양 떼를 밀어냈어. 아가씨들도 함께 내쫓았지. 그러면서 이렇게 말했어.

"비켜! 우리 양들이 먼저 물을 먹어야겠어. 당신들은 나중에 다시 와."

그 모습을 본 모세는 다시 화가 치밀어 올랐단다. 성큼성큼 목자들에게 걸어가 말했어.

"이 아가씨들이 이곳에 먼저 왔소. 아가씨들의 양들이 먼저 물을 먹는 것이 마땅하오. 당신들이 기다리시오."

심술궂은 목자들은 모세의 그 말 한마디에 겁을 잔뜩 집어 먹었단다. 목자들은 양 떼를 이끌고 당장 도망가 버렸지. 모세는 아가씨들이 양들에게 물을 먹이는 것을 도와주었어. 양들은 '매에에'거리며 물을 다 마셨어. 아가씨들은 양에게 물 먹이는 일을 일찍 마칠 수 있었단다. 일을 마친 아가씨들은 집으로 돌아가 아버지 '이드로'에게 우물곁에서 있었던 일들을 모두 이야기했단다. 아버지 이드로가 말했어.

"아니, 너희를 도와준 그분을 우물곁에 그대로 남겨 두고 왔단 말이냐? 큰 실수를 했구나! 당장 돌아가 그분을 모셔 오너라. 오늘 우리 집에서 함께 식사하시도록 모시고 오너라."

이드로의 딸 중 한 명이 모세를 데리고 왔단다. 모세는 이드로의 집에서 식사를 하고, 그날 밤 그 집에서 잠도 자게 되었지. 그 후 모세는 그 집에 계속 머물며 살게 되었어. 이드로의 집에서 일하게 되었거든. 모세는 이드로의 가축을 지키는 일을 했지.

이제 모세는 목자가 되었어. 양을 지키는 목자가 된 거야. 이집트의 왕자였던 모세가 목자가 되다니 정말 많이 바뀌었지? 모세는 이드로의 딸 중에서 '십보라'라는 아가씨가 마음에 들었단다. 모세와 십보라는 나중에 결혼하게 되지. 하나님께서 두 사람에게 두 명의 자녀를 주셨는데, 모두 아들이었단다.

29. 파라오에게 간 모세

출애굽기 3–5 장

모세는 오랫동안 이드로의 집에 함께 살았단다. 무려 40년을 같이 살았어. 그동안 모세는 이드로의 양을 돌보았단다. 모세가 양을 돌보는 목자로 살아가는 동안 하나님께서는 모세에게 아주 중요한 일을 맡길 계획을 세우셨어.

어느 날 모세가 양 떼를 이끌고 집에서 멀리 떨어진 곳까지 갔을 때였어. 모세는 '시내 산'이라는 곳까지 가게 되었지. 양들이 먹을 맛있는 풀을 찾아가고 있는 중이었지. 주위를 둘러보던 모세의 눈이 번쩍 뜨였어. 저쪽 나무에 불이 붙은 것이 보였거든. 불꽃이 사방으로 활활 타고 있었어. 모세는 그쪽으로 한발 두발 다가갔단다. 그런데 정말 이상한 일이야! 작은 나무에 불이 붙었는데, 불에 타지는 않는 거야. 불꽃이 활활 타오르고 있었지만, 나뭇가지나 잎사귀가 불에 타 까맣게 변하지는 않았지. 모세는 한발 더 가까이 다가갔단다. 그때 갑자기 하나님의 음성이 들렸어.

"모세야, 모세야! 더 가까이 오지 말고 멈추어라. 그리고 너의 신을 벗어라. 내가 여기 있다."

모세는 깜짝 놀랐어. 두 손으로 자기 눈부터 가렸지. 너무 무서웠거든! 하나님께서 계속 말씀하셨어.

"모세야, 내 말을 잘 들어라. 이스라엘 민족이 이집트에서 힘든 일을 하며 고생하는 것을 내가 보았다. 그들이 파라오의 노예가 된 것을 보았다. 또 채찍에 맞는 것도 보았다. 그러나 파라오는 이스라엘 민족의 주인이 아니다. 이스라엘 민족의 주인은 바로 나다. 내가 이제 이스라엘 민족에게 자유를 주겠다. 옛날 야곱에게 야곱의 자손들이 모두 가나안 땅으로 돌아오도록 해주겠다고 약속했었다. 이제 그 약속을 지키려고 한다. 이스라엘 민족을 가나안으로 돌아가게 하겠다. 너는 나의 명령대로 그 일을 해야 한다.

너는 먼저 너의 민족 이스라엘 사람들에게 가거라. 그들에게 내가 너를 보냈다고 전하여라. 그리고 내가 그들을 노예에서 풀어 주고 자유롭게 해 줄 것이라고 전하여라. 그다음에 너는 파라오에게 가거라. 이스라엘 민족을 다시는 채찍으로 때리지 말라고 파라오에게 전하여라. 그리고 그들을 풀어 주라고 전하여라!"

모세는 하나님께서 하시는 말씀이 썩 마음에 들지 않았어. 물론 이스라엘 민족이 노예로 사는 이집트를 떠날 수 있다는 것은 정말 신나는 일이었지. 하지만, 하나님께서 이스라엘 민족을 가나안으로 데리고 가는 일을 시키려고

자기를 뽑으셨다고 하시잖아. 모세는 그것이 싫었어. 모세는 그 일을 할 용기가 없었거든. 오히려 겁이 났지. 모세가 하나님에게 말했단다.

“하나님, 제가 이스라엘 민족에게 가서 하나님의 말씀을 다 전한다 해도 아무도 저를 믿지 않을 거예요. 오히려 이렇게 말할 거예요. ‘모세, 하나님이 너를 보내셨다고? 흥! 그 말을 우리가 믿을 것 같아?’ 사람들이 이렇게 말하면 어떡합니까?”

하나님께서 모세에게 말씀하셨어.

“네 손에 든 것이 무엇이냐?”

모세가 대답했지.

“양을 돌볼 때 쓰는 지팡이입니다. 목자들이 쓰는 지팡이죠.”

하나님께서 말씀하셨어.

“그 지팡이를 땅바닥에 던져라.”

모세가 하나님의 말씀대로 지팡이를 던지자 지팡이가 갑자기 뱀으로 변해 땅바닥에서 꿈틀대는 것이었어. 모세는 뱀을 보자 무서워졌어. 당장에라도 도망치고 싶었지. 하나님께서 모세에게 말씀하셨지.

“모세야, 도망갈 것 없다. 뱀의 꼬리를 잡아라.”

모세가 뱀의 꼬리를 잡자 뱀은 다시 지팡이로 변했단다. 하나님께서 놀라운 기적을 일으키신 거야! 하나님께서 말씀하셨지.

“만약 이스라엘 민족이 너의 말을 믿지 않거든, 너의 지팡이를 땅바닥에 던져라. 그러면 지팡이가 다시 뱀으로 변할 것이다. 이스라엘 민족이 이 기적을 본다면 내가 너를 보냈다는 것을 믿게 될 것이다.”

하지만, 모세는 여전히 용기가 생기지 않았어! 모세가 다시 말했단다.

“주님, 이스라엘 민족을 가나안 땅으로 데리고 가시려거든 다른 사람을 뽑으십시오. 저는 할 수 없습니다. 그런 일은 정말 못하겠습니다.”

하나님께서는 모세에게 약간 화가 나셨단다. 하나님께서 말씀하셨어.

"너를 보내는 사람은 바로 내가 아니냐? 나는 모든 사람의 주인이다. 너는 겁을 낼 이유가 전혀 없다. 지금 너의 형 아론이 너를 만나려고 오고 있다. 아론이 너를 도와줄 것이다. 그 일은 너 혼자 하는 것이 아니다."

이제 모세는 하나님의 말씀에 순종할 수밖에 없었어. 모세는 양 떼를 이끌고 집으로 돌아갔지. 그리고 장인 이드로에게 말했어.

"이제는 이곳에서 양을 돌볼 수가 없습니다. 우리 가족이 살고 있는 이집트로 돌아가겠습니다."

모세는 아내와 두 아들을 데리고 40년 만에 다시 이집트로 돌아가게 되었단다.

모세가 길을 떠나 얼마쯤 갔을 때 저쪽에서 어떤 사람이 걸어오는 것이 보였어. 누굴까? 그래, 모세의 형 아론이었어! 정말 하나님께서 하신 말씀 그대로네! 오랜만에 만난 두 사람은 매우 기뻐 서로 얼싸안았단다.

모세는 아론에게 모든 이야기를 다 해 주었어. 작은 나무에 불이 붙었는데, 그 나무가 타지 않았다는 이야기와 뱀으로 변하는 지팡이 이야기도 했지. 하나님께서 이스라엘 민족을 가나안 땅으로 데리고 가려고 자기를 선택하셨다는 이야기도 했지. 형 아론이 그 일을 도와야 한다는 말도 했어. 아론은 기쁜 마음으로 모세를 돕겠다고 했어.

긴긴 여행 끝에, 두 사람은 이스라엘 민족이 사는 고센 땅에 이르렀어. 모세가 사람들에게 말했단다.

"하나님께서 나를 이곳으로 보내셨습니다. 파라오가 여러분을 풀어 주고 자유롭게 해 줄 것입니다. 나는 여러분을 데리고 가나안 땅으로 갈 것입니다."

모세의 말을 듣고 믿는 사람은 거의 없었어.

“하나님께서 당신을 보냈다는 그 말이 정말이오? 그 말을 어떻게 믿지?” 하고 되묻는 것이었어. 모세는 들고 있던 자기 지팡이를 땅바닥에 던졌지. 그러자 그 지팡이가 뱀이 되었단다. 모세는 뱀의 꼬리를 덥석 잡았어. 뱀은 다시 지팡이로 변했단다.

그걸 본 이스라엘 사람들은 하나님께서 모세를 보내셨다는 것을 확실히 믿게 되었어. 갑자기 모든 사람이 기뻐하며 춤을 추었단다. 파라오를 위해 힘들게 일하는 것도 이제 끝이야. 이집트 땅을 떠나는 거야. 가나안 땅으로 가는 거야. 하나님께서 옛날 아브라함과 이삭과 야곱에게 약속하셨던 그 가나안 땅을 향하여 가자!

모세와 아론은 왕이 사는 궁전으로 갔단다. 두 사람은 파라오가 전혀 무섭지 않았어. 하나님께서 자기들을 도와주실 거라고 굳게 믿었거든. 두 사람이 왕에게 말했어.

"하나님께서 이스라엘 민족을 풀어 주라고 말씀하셨습니다."

"하나님이라고? 너희 하나님을 내가 알게 뭐냐?" 파라오가 아주 건방지게 대답했어.

"너희가 믿는 신 따위의 말을 내가 들을 줄 아느냐? 더 고된 일을 해야 너희가 정신을 차리겠구나. 이스라엘 민족에게 더 고된 일을 시켜라. 다른 나라에 가겠다는 생각을 할 틈이 생기지 않도록 더 힘든 일을 시켜라."

정말 나쁜 왕이지? 얼마 전까지 이스라엘 민족은 이집트에서 떠날 거라는 말에 아주 기뻐했단다. 하지만, 파라오의 말 한마디에 그 꿈은 금방 산산조각이 나는 것 같았어. 게다가 파라오는 이스라엘 민족에게 더 힘든 일을 시키겠다고 하잖아. 이스라엘 사람들은 모세에게 아주 많이 화가 났단다.

"당신 도대체 뭐 하는 사람이야? 당신이 와서 좋아진 게 뭐가 있어?"

모두 다 이렇게 말했어.

"다 당신 책임이야. 파라오가 우리에게 시킨 일들을 봐. 일만 더 힘들어졌잖아."

모세도 정말 슬퍼졌단다. 모든 일이 잘못되는 것 같았어. 하지만, 하나님께서는 모세에게 이렇게 말씀하셨지.

"모든 일이 잘될 것이다. 모세야, 내가 시키는 대로만 해라. 내 말을 듣지 않는 파라오에게 벌을 내리겠다. 내가 파라오에게 큰 벌을 내리겠다!"

30. 벌을 받는 이집트

출애굽기 7–11 장

모든 일이 잘못되는 것 같았어. 이스라엘 민족은 영영 이집트를 못 떠날 것 같았거든. 그때 하나님께서 파라오에게 벌을 내리겠다고 말씀하셨어. 이제 파라오는 하나님의 말씀을 듣게 될까?

하나님께서 모세와 아론에게 말씀하셨지.

"파라오를 찾아가거라. 가서 이스라엘 민족을 풀어 주라고 전하여라."

모세와 아론은 파라오가 있는 궁전으로 갔지.

"겁도 없이 내 앞에 다시 나타나다니."

파라오가 말을 꺼냈어.

"무슨 일로 다시 나를 찾아왔지?"

모세와 아론이 말했단다.

"하나님께서 이스라엘 민족을 풀어 주라고 말씀하셨습니다. 만약 왕께서 하나님의 말씀을 듣지 않는다면 하나님께서 왕에게 벌을 내리실 것입니다."

"뭐? 벌을 내린다고? 내가 벌을 받게 될 거라고?"

파라오가 비웃는 목소리로 말했어.

"너희의 하나님도 기적을 일으킬 수 있다는 말이냐?"

모세와 아론은 들고 있던 지팡이를 바닥에 던졌단다. 그러자 그 지팡이는 뱀으로 변했어.

“그까짓 마술은 내 신하들도 할 수 있다.”

파라오가 말했지. 그리고 마술사들을 데려오라고 명령했단다. 불려 온 마술사들은 자기들의 지팡이를 바닥에 던졌어. 그러자 지팡이들이 모두 뱀으로 변했지. 바닥은 온통 뱀들로 우글거렸단다! 하지만, 아론의 뱀이 마술사들의 뱀을 다 잡아먹어 버렸어. 아론은 자기 뱀의 꼬리를 잡았지. 그러자 그 뱀은 다시 지팡이로 변했단다.

어느 날 아침 파라오가 나일 강 가까이에 서 있었어. 모세와 아론도 곁에 있었지. 아론은 들고 있던 지팡이를 강 위로 쭉 내밀었단다. 그러자 강물이 피로 변해 버렸어. 물속에 살던 물고기들은 다 죽어 버렸단다. 핏물에서는 물고기가 살 수 없잖아. 나일 강 물뿐 아니라 이집트에 있는 모든 물이 피로 변해 버렸어. 사람들이 마실 물이 한 방울도 남지 않고 모두 피로 변했단다. 생각만 해도 끔찍하지? 무려 7일 동안 모든 물이 피로 변해 있었어. 파라오도 견디기 어려웠지. 하지만, 이스라엘 민족을 자유롭게 풀어 주지는 않았어.

그 후에는 갑자기 엄청난 수의 개구리 떼가 나일 강에서 올라왔지. 사방에 개구리가 가득했어. 개구리들은 집안으로 펄쩍거리며 뛰어 들어왔어. 부엌에도 개구리가 펄쩍펄쩍, 사람들이 자는 침실에도 펄쩍펄쩍. 파라오가 사는 궁전도 개구리 천지였단다. 왕의 침대 속에도 개구리가 개굴개굴하며 뛰어다니고, 식사를 하는 식탁 위에도 개구리들이 뛰어다녔지. 어디를 봐도 개구리였어. 정말 끔찍했단다. 파라오가 모세에게 말했지.

"너의 하나님에게 이 개구리들을 없애 달라고 부탁해라. 그러면 내가 이스라엘 민족을 풀어 주겠다."

모세는 하나님께 기도했어. 그러자 모든 개구리가 다 사라져 버렸지.

"아, 이제 살 것 같다."

파라오가 말했단다.

"모든 개구리가 감쪽같이 사라져 버렸군. 그렇다면 이스라엘 민족들을 풀어 줄 까닭이 없지."

파라오는 이렇게 약속을 깨뜨렸어. 약속을 지키지 않다니. 정말 나쁜 파라오야, 그렇지?

하나님께서는 파라오에게 다른 벌을 내리셨어. 이번에는 이집트에 모기떼가 나타났어. 모기떼들은 사람과 짐승을 가리지 않고 막 물었단다. 이 벌레에 물린 사람들은 참을 수 없이 간지러웠지.

모기떼가 사라지자 그다음에는 더러운 파리 떼가 나타났단다. 신기한 것은 이 파리 떼가 이집트 사람들이 사는 집과 파라오의 궁전에만 나타났다는 거야. 이스라엘 민족이 사는 집에는 파리가 한 마리도 없었어! 파리 떼도 정말 귀찮고 고통스러웠지. 하지만, 파라오는 여전히 이스라엘 민족을 풀어 주지 않았어!

이번에는 이집트 사람들이 키우는 짐승들이 전부 병에 걸렸어. 병이 심해 죽는 짐승도 많았어. 파라오의 멋진 말들도 병에 걸려 죽었단다. 하지만, 이스라엘 민족들이 키우는 소나 양은 병에 걸리지 않았어. 여전히 건강하게 잘 자라고 있었지. 하나님께서 이스라엘 민족을 얼마나 잘 보호해 주시는지 알 수 있겠지?

그다음에는 더 심한 벌을 내리셨단다. 이집트에 사는 모든 사람 몸에 지독한 피부병이 생겼어. 몸에서 고름이 줄줄 흐를 정도였어. 사람들은 너무 아파서 앉지도 서지도 못했단다. 하지만, 파라오는 하나님의 말씀을 들으려고 하지 않았어. 이스라엘 민족을 풀어 주지 않았단다.

하나님께서 모세에게 말씀하셨지.

"이제 파라오에게 더 심한 벌을 내리겠다. 내일 무서운 우박이 내릴 거라고 파라오에게 전하여라."

다음 날 하나님의 말씀대로 무시무시한 우박이 내렸단다. 들판에 서 있던 가축들은 커다란 우박에 맞아 죽기도 했단다. 나뭇가지도 부러지고, 들판에 자라던 곡식들도 우박을 맞아 엉망이 되었지. 하지만, 이스라엘 민족이 사는 고센 땅에는 우박이 내리지 않았어. 그곳에서는 소들이 평화롭게 들판을 걸어 다녔지. 곡식들도, 나무들도 우박을 맞지 않아 싱싱한 그대로였단다. 하나님께서는 이번에도 이스라엘 민족을 지켜 주셨지.

커다란 우박이 계속 내리자 파라오는 잔뜩 겁을 집어먹었어. 그래서 모세에게 말했지.

"너희 이스라엘 민족 모두 이 땅을 떠나도 좋다. 그러나 먼저 너희 하나님에게 이 무시무시한 우박이 멈추게 해 달라고 부탁해다오."

모세가 하나님께 기도하자 우박이 내리지 않았단다. 이쯤에서 파라오가 이스라엘 민족을 보내 주었을까? 아니, 파라오는 마음을 다시 바꾸었단다.

하나님께서는 파라오에게 더 무서운 벌을 내리기로 하셨단다. 하늘을 새까맣게 덮을 만큼 많은 메뚜기 떼를 보내셨단다. 메뚜기는 크기가 작고 초록색을 띤 날아다니는 벌레야. 메뚜기 떼들은 나무에 달린 잎들을 다 먹어 치웠단다. 우박 피해를 당하지 않고 남아 있던 곡식들을 메뚜기 떼가 남김 없이 다 먹어 버렸지. 이집트 나라에는 먹을 것이라고는 아무것도 남지 않았어. 메뚜기 떼가 깡그리 갉아먹어 버렸거든. 이집트 나라 전체가 알거지가 된 거야. 사람들은 점점 더 겁이 났어. 파라오도 마찬가지였지.

“너희 이스라엘 민족들, 당장 이곳을 떠나거라. 이 지긋지긋한 메뚜기 떼가 사라지면 너희가 떠나도 좋다.”

모세가 하나님께 다시 기도하자 그 많던 메뚜기 떼들이 사라졌지. 이제 드디어 파라오가 이스라엘 민족을 자유롭게 풀어 주었을까? 아니, 파라오는 여전히 자기가 하나님을 이길 수 있다고 생각했어. 정말 어리석어, 그렇지?

하나님께서 그다음 벌을 내리셨단다. 어느 날 아침이 되었어. 그런데 바깥은 여전히 어두웠단다. 마치 아직 한밤중인 것처럼 사방이 깜깜했어. 이집트 사람들은 아무것도 볼 수 없었지. 사람들은 깜깜한 어둠 속에서 너무나 무서워 벌벌 떨고 있었단다. 3일 동안 세상은 칠흑처럼 깜깜했지. 하지만, 이스라엘 사람들이 사는 곳은 어둡지 않았어. 하나님께서 그곳에만 밝은 빛을 주셨거든.

파라오는 이제 모세와 아론에게 화가 났어. 굉장히 화가 나서 말했지.

“이제 너희 두 사람 꼴도 보기 싫다. 만약 너희가 내 눈앞에 다시 나타난다면 그때는 너희 둘을 다 죽여 버리겠다.”

모세가 대답했지.

“알았습니다. 왕께서 앞으로 우리를 만날 일은 없을 것입니다.”

파라오는 정말로 그 후에 모세와 아론을 만나지 못했단다.

왜냐하면, 이제 가장 무서운 마지막 벌이 기다리고 있었거든.

31. 이집트에서 풀려난 이스라엘 민족

출애굽기 12 장

하나님께서는 마침내 마지막이자 가장 무서운 벌을 파라오와 이집트 사람들에게 내리셨어. 하나님께서 모세에게 말씀하셨지.

"이스라엘 민족의 모든 아버지는 어린 양 한 마리를 골라 집안으로 끌고 가거라. 그리고 그 어린 양을 4일 동안 집안에 두어라."

모세는 모든 아버지에게 하나님께서 일러 주신 것을 전했지. 아버지들은 밖으로 나가 튼튼하고 잘 생긴 어린 양을 한 마리씩 골라 집안으로 데리고 들어갔지. 넷째 날 아버지들은 양을 잡았단다. 해가 지고 어두워지기 시작하는 저녁 무렵에 양을 죽였어. 잡은 양의 고기는 불에 구웠단다. 조금 있다가 식구들이 먹을 수 있도록 준비를 하는 거야. 어린 양의 피는 그릇에 모았어. 잠시 후 아버지들은 어린 양의 피가 담긴 그릇을 들고 문밖으로 나갔지. 그리고 붓에다 어린 양의 피를 듬뿍 묻혀서 문의 양옆과 위쪽에 발랐지. 문 둘레가 빨간색으로 변했어. 마치 문 주위에 빨간색 페인트를 칠한 것처럼 보였단다!

이스라엘의 모든 아버지는 자기 집 문 둘레에 어린 양의 피를 발랐어. 하나님께서 시키신 그대로 말이야. 그 후 아버지들은 집안으로 들어가 문을 꼭 닫았어.

이제 깜깜한 밤이 되었어. 이집트 사람들은 모두 다 잠을 자러 갔단다. 하지만, 이스라엘 사람들은 잠을 자러 가지 않았지. 반대로 옷을 든든히 챙겨 입었어. 그리고 오랫동안 걸어도 발이 아프지 않도록 신발끈을 단단히 조여서 신을 신었단다. 그 위에는 겉옷을 챙겨 입었지. 그리고 짐을 쌌어. 냄비와 접시, 옷과 이불, 그 외에 필요한 것들을 찾아 짐을 꾸렸어. 당장에라도 여행을 떠나는 사람처럼 말이야. 여행을 떠난다고? 파라오가 이집트를 떠나도 된다는 말을 했나? 아니, 파라오는 아직 이집트를 떠나도 좋다고 허락하지 않았지.

짐을 모두 꾸린 이스라엘 민족은 음식을 먹었단다. 온 식구가 둘러앉아 어머니가 구운 빵과 아버지가 구운 양고기를 먹었단다. 겉옷까지 다 입고서 말이야. 언제라도 길을 떠날 수 있도록 준비를 다한 채 식사를 했어. 하나님께서 이스라엘 민족들에게 이렇게 하라고 일러 주셨거든.

그날 밤 하나님께서 파라오에게 마지막 벌을 내리셨어. 물론 다른 이집트

사람도 같은 벌을 받았지. 하나님께서는 하늘에 있는 천사를 이집트에 내려 보내셨어. 천사를 눈으로 볼 수 있는 사람은 없지만, 천사는 분명히 있단다.

천사는 이집트의 거리를 지나갔어. 지나가면서 각 집의 문을 자세히 살폈지. 문 둘레에 피가 발려 있는지, 안 발려 있는지를 살폈어. 만약 어떤 집 문 둘레에 피가 안 발려 있으면 천사는 그 집안으로 들어갔단다. 그리고 그 집의 첫 번째 아들을 죽였지. 그 후 천사는 그다음 집으로 갔단다. 이렇게 해서 문 둘레에 피가 발려 있지 않은 모든 집의 첫 번째 아들이 다 죽었단다. 천사는 파라오가 사는 궁전에도 갔지. 물론 궁전 문 둘레에는 피가 발려 있지 않았어. 그러니까 궁전에 사는 파라오의 첫째 아들도 당연히 죽었겠지? 파라오의 뒤를 이을 왕자가 죽은 거야.

천사는 이스라엘 민족이 사는 고센 땅에도 갔지. 한 집, 한 집 문 둘레를 살피며 지나갔어. 이곳은 모든 집 문 둘레에 피가 발려 있었어. 그날 저녁 이스라엘의 아버지들이 문 둘레에 피를 발랐잖아. 저녁 무렵에 어린 양의 피를 문 둘레에 '쓱쓱' 발랐지. 피를 확인한 천사는 그 집에는 들어가지 않았어. 이렇게 천사는 모든 이스라엘 민족의 집을 그냥 지나갔단다.

천사가 모든 일을 끝내고 하늘나라로 돌아갔을 때 이집트는 눈물바다가 되었어. 모든 집에서 울음소리가 터져 나왔지. 이집트 사람이 사는 모든 집에서 첫째 아들이 죽었거든. 하지만, 이스라엘 민족 중에는 죽은 사람이 한 사람도 없었어. 이집트 궁전에서도 울음소리가 터져 나왔단다. 파라오를 이어 왕이 될 첫째 왕자가 죽었거든. 파라오는 이 일이 왜 일어났는지 금방 깨달았지. 이 일은 하나님께서 하신 일이었어. 하나님의 말을 듣지 않아서 벌을 받은 거야. 진작 하나님 말씀대로 이스라엘 민족을 자유롭게 풀어 주었더라면 이런 일은 없었을 텐데……. 자기 왕자도 죽지 않고 살아 있을 텐데…….

"모든 이스라엘 민족을 이 땅에서 쫓아내라."

파라오가 큰 목소리로 명령했단다.

"지금 당장 이스라엘 민족을 한 사람도 남기지 말고 모두 내쫓아라. 이스라엘 민족을 내보내지 않다가는 우리 모두 죽게 될 것이다."

이집트 사람들이 이스라엘 사람들을 찾아왔어.

"지금 당장 이곳을 떠나시오."

이집트 사람들이 말했어.

"제발 떠나주시오."

이스라엘 사람들은 벌써 떠날 준비가 다 되어 있었어. 어젯밤에 떠날 준비를 다 했잖아. 언제라도 떠날 수 있게 모든 준비가 끝나 있었지!

이스라엘 사람들은 길을 떠나기 전에 이집트 사람들에게 말했어.

"우리는 너무 가난합니다. 가진 것이 거의 없어요. 우리에게 옷이랑 금과 은을 주세요."

이집트 사람들은 이스라엘 사람들에게 모든 것을 주었어. 금 목걸이, 은 목걸이, 그리고 예쁜 천과 옷들을 다 주었어.

"자, 여기 이 물건들을 받으시오. 이것들을 다 챙겨서 지금 당장 떠나시오."

드디어 이스라엘 사람들은 자유를 얻어 길을 떠나게 되었어. 아버지와 어머니, 아이들 그리고 양과 소와 어린 양들도 모두 함께! 아주 많은 사람이 길게 줄을 지어 걸어갔단다. 사람들은 기뻐서 춤을 추며 걸어갔지. 가장 앞에는 모세와 아론이 걸어가고 있었어. 드디어 노예로 있던 이집트에서 풀려난 거야.

이제 어디로 갈까? 그래, 가나안으로 가는 거야. 가나안을 향해 출발!

32. 바다를 가로지르는 길

출애굽기 14 장

이스라엘 민족은 긴 여행을 시작했어. 모세와 아론이 가장 앞에서 걸어가고 있었단다. 모세는 가나안으로 가는 길을 잘 알고 있을까? 아니, 모세는 길을 전혀 몰랐어! 길도 모르면서 가장 앞에서 걸어간다고? 사실 이스라엘 민족을 인도하며 가장 앞에서 걸어가는 것은 모세가 아니었어. 길은 하나님께서 인도하셨어. 줄을 지어 걸어가는 사람들 앞에는 하나님께서 보내신 커다란 구름 기둥이 떠 있었단다. 이 구름 기둥이 조금씩 앞으로 계속 움직이고 있었지. 구름 기둥이 움직이는 쪽으로 모세는 걸어갔단다. 모든 이스라엘 사람들은 모세의 뒤를 따랐어.

그 구름 기둥은 아주 천천히 앞으로 움직였단다. 어린아이들은 빨리 걸을 수 없다는 것을 하나님께서 잘 알고 계셨거든. 그리고 새끼 양들도 빨리 걷지 못하겠지? 해가 쨍쨍 내리쬐는 동안에는 이 구름 기둥이 사람들 머리 위로 그림자를 만들어 주었어. 원래 그곳은 해가 비치면 몹시 더운 곳이야. 하지만, 이스라엘 사람들은 뜨거운 햇볕 때문에 고생하지 않았단다. 구름 기둥이 그늘을 만들어 주었으니까. 그리고 어두운 밤에는 구름 기둥이 빛을 비춰 주었단다. 주위가 깜깜해지지 않도록 빛을 비춰 주었어. 밤에도 사람들은 자기들이 걸어가는 길을 잘 볼 수 있었지. 하나님께서 이스라엘 민족을 얼마나 잘 보살펴 주시는지 알겠지?

이렇게 걷고 걸어 이스라엘 민족은 어느덧 커다란 산들이 있는 곳에 도착했어. 산과 산 사이에 넓은 길이 나 있었지. 이스라엘 민족은 이 길을 따라 계속 걸어갔어. 길을 걸어가는 내내 이스라엘 사람들은 아주 즐겁고 행복했단다.

그때였어. 이스라엘 사람들 뒤쪽, 저만치 멀리에서 '둥둥둥둥' 하는 소리가 들려왔지. 사람들이 고함치는 소리와 말들이 달리는 소리, 그리고 마차 소리도 들렸단다. 누가 이스라엘 민족의 뒤를 따라오고 있나 봐, 누굴까?

멋진 마차에 올라타 많은 군대를 이끌고 나타난 사람은 파라오였어. 말이 끄는 마차가 600대도 넘게 달려오고 있었어. 파라오는 마차와 많은 군인을 이끌고 이스라엘 민족을 따라오고 있었어. 파라오는 이스라엘 민족을 풀어 준 것을 금방 후회했단다. 이집트에서 성벽을 쌓는 일을 할 노예가 전부 없어져 버렸잖아. 이제 그 일을 이집트 사람들이 직접 해야만 했지. 하지만, 그런 고된 일을 하고 싶어 하는 사람이 어디 있겠니? 파라오가 군인들에게 명령했지.

"이스라엘 민족을 다시 잡아 오너라."

파라오의 명령이 떨어지자마자 군인들은 이스라엘 민족을 뒤쫓기 시작했단다.

이스라엘 민족은 점점 더 빨리 걷기 시작했단다. 그래도 파라오의 마차가 훨씬 빨랐어. 금세라도 이스라엘 민족을 따라잡을 것 같았지. 이스라엘 사람들은 걸음을 재촉해 거의 뛰다시피 했단다. 하지만, 곧 더는 앞으로 갈 수 없는 막다른 곳에 이르고 말았어. 눈앞에 넓은 바다가 나타난 거야. 건너갈 다리도 없는 넓은 바다! 옆으로는 높은 산이 있었어. 그 산을 넘어갈 수도 없고. 이제 어떡하면 좋을까?

겁이 난 사람들은 소리를 질렀단다. 모세에게 화가 나서 소리쳤어.

"모세, 모두가 당신 탓이야. 당신이 우리를 꼬드겨서 이리로 데리고 왔잖소. 이러다가 우리 모두 파라오에게 붙잡히게 생겼어. 이제 죽는 일만 남았다고."

모세가 말했지.

"어리석은 사람들! 겁 내지 마시오. 하나님께서 우리를 도와주실 거요. 잘 보시오."

이스라엘 사람들이 모세에게 불평을 늘어놓는 사이, 날은 어두워져 밤이 되었단다. 그때 이스라엘 민족 앞에서 길을 안내해 주던 구름 기둥이 이스라엘 사람들과 이집트 사람들 사이로 옮겨 갔단다. 그 구름 기둥은 이스라엘 사람들 쪽으로는 빛을 비춰 주었어. 이스라엘 사람들은 모든 것을 환하게 잘 볼 수 있었어. 하지만, 이집트 사람들 쪽은 깜깜했단다. 아무것도 볼 수 없었지.

하나님께서 모세에게 말씀하셨어.

"바다 쪽으로 걸어가거라. 그리고 네 지팡이를 물 위로 내밀어라."

모세는 바다 쪽으로 걸어가 파도가 넘실대는 바다를 향해 지팡이를 쭉 내밀었지. 그러자 어떤 일이 일어났을까? 바닷물이 가만히 멈추더니 양쪽으로 갈라져 높은 벽이 되었어. 물로 된 두 벽 사이에는 넓은 길이 만들어졌단다. 모세는 바닷물이 없어지면서 생긴 길을 걸어 앞으로 나아갔어. 모세가 건너가는 것을 본 이스라엘 사람들은 용기가 생겼지. 모세의 뒤를 따라 바다를 건너기 시작했어. 바닷물이 갈라지면서 생긴 2개의 물 벽 사이에 만들어진 길을 걸어갔지. 그렇게 이스라엘 민족은 밤새도록 바다를 건넜단다.

다음 날 아침, 이스라엘 민족은 한 사람도 빠짐없이 모두 바다를 건너서 반대편에 도착했어. 하나님께서 모세에게 말씀하셨지.

"네 지팡이를 다시 바닷물 위로 내밀어라."

모세는 말씀대로 했지. 그러자 물이 갈라지면서 생겼던 벽이 갑자기 무너졌어. 그 사이에 난 길도 없어졌지. 물은 그전처럼 흘러갔어.

마차와 군인을 이끌고 이스라엘 민족을 뒤쫓아 온 파라오는 그동안 무엇을 하고 있었을까? 파라오는 이스라엘 민족이 바다를 가로질러 건너는 것을 보았단다.

"저 뒤를 쫓아가라."

파라오가 소리쳤어.

"이스라엘 민족이 바다를 걸어서 갈 수 있다면 우리도 건너갈 수 있다."

그 말을 들은 이집트 군인들은 바다를 건너겠다고 앞으로 달려나갔단다. 하지만, 생각만큼 쉬운 일이 아니었어. 출발하자마자 마차 바퀴들이 진흙에 푹푹 빠졌거든. 말들은 물을 보고 겁을 냈어. '히힝'거리며 마구 날뛰었단다. 그러다가 말들끼리 부딪치기도 했어. 군인들이 소리쳤지.

"되돌아가라. 앞으로 더는 갈 수 없다."

군인들은 방향을 바꾸어 되돌아가려고 했단다. 그러나 이미 늦어 버렸어. 왜냐하면, 그때는 이미 모세가 바다 위로 지팡이를 다시 내민 후였거든. 물벽 뒤에 가만히 갇혀 있던 물이 쏟아지듯 흘러나왔어. 다시 보통 때처럼 흐르기 시작했단다. 집채보다 높은 물이 군인들과 마차 위를 덮쳐버렸어. 파라오도 예외는 아니었단다. 결국, 파라오도 물에 빠져 죽고 말았지. 군인들도 모두 물에 빠져 죽었어. 이스라엘 사람들은 바다 건너편에서 이 광경을 똑똑히 보았단다. 파도가 파라오와 군인들을 삼키는 것을 똑똑히 보았어. 이제 파라오는 이스라엘 민족을 괴롭힐 수 없게 되었지!

모세가 말했어.

"우리 모두 소리를 모아 노래를 부릅시다. 우리 하나님께 감사와 기쁨의 노래를 부릅시다."

"좋아요. 감사와 기쁨의 노래를 불러요."

이스라엘 민족도 기뻐서 대답했단다.

모세와 아론의 누나인 미리암이 여자들에게 말했어.

"우리는 노래에 맞춰 춤을 춥시다. 탬버린을 흔들며 춤을 춥시다."

이스라엘 민족은 그 자리에서 흥겨운 잔치를 벌였단다.

33. 특별한 식사

출애굽기 16–17 장

이스라엘 민족은 유유히 바다를 건너 안전하게 반대편에 도착했지. 그리고 파라오는 다시는 이스라엘 민족의 머리카락 하나도 다치게 할 수 없게 되었어. 이스라엘 사람들은 신이 나서 앞으로 걸어갔단다. 하나님께서 보내신 구름 기둥을 따라서. 그리고 모세의 뒤를 쫓아서 걸어갔지. 이스라엘 민족은 새로운 나라, 하나님께서 약속하신 땅을 향해 가고 있었어. 그래, 가나안으로 가는 거야!

여행을 하다 보면 잠을 잘 곳이 필요하지. 그래서 이스라엘 민족은 천막을 가지고 다녔단다. 저녁이 되어 구름 기둥이 가만히 멈춰 서면 그 자리에 천막을 쳤어. 그리고 천막 안에서 밤새 푹 잠을 잔단다. 다음 날 아침, 잠에서 깨어나면 천막을 다시 걷어 잘 챙기지. 이렇게 매일 조금씩 앞으로 나아갔단다.

이 여행은 결코 쉬운 여행이 아니었어. 사막을 가로질러 가는 여행이었거든. 사막이 어떤 곳인지 아니? 그곳에서는 식물들이 잘 자라지 않는단다. 주위가 온통 모래뿐이야. 간혹 나무나 풀들이 자라는 곳이 있긴 하지만, 그런 곳은 아주 드물단다. 사막을 가다 보면 중간에 산들도 있단다. 그 산에도 풀은 거의 자라지 않아. 사람 덩치보다 더 큰 바위만 있는 바위산이거든. 사막에는 특히 물이 거의 없단다. 가끔 작은 호수나 우물이 있는 곳을 지나기도

하지. 사막에서 우물을 만나면? 그때는 오랜만에 물을 실컷 마실 수 있는 기회지. 양동이로 우물 속에 있는 시원한 물을 길어 실컷 마실 수 있지.

이스라엘 사람들은 이집트를 떠날 때 먹을 것을 많이 챙겨 왔어. 하지만, 여행을 시작하고 얼마 지나지 않아 챙겨 온 음식이 모두 떨어졌어. 가져온 음식을 다 먹어 버린 거야. 이제 무엇을 먹지? 이 사막 한가운데서 먹을 것을 구할 방법도 없고.

먹을 것이 떨어지자 사람들은 모세에게 불평하기 시작했단다.

"모세, 무엇 때문에 우리를 이집트에서 끌고 나온 거야? 먹을 것도 없는 이 사막으로 우리를 끌고 온 사람은 바로 당신이잖아. 책임을 져. 이러다 우리 모두 굶어 죽겠어. 그냥 이집트에서 살았으면 더 좋았잖아! 이집트에는 고기도 있고, 빵도 있었다고."

이스라엘 민족이 가나안까지 가는 동안 먹을 음식이 있어야 한다는 것을 하나님께서 정말 모르셨을까? 아니야, 그런 것쯤은 하나님도 당연히 알고 계시지. 하나님께서 모세에게 말씀하셨어.

"내가 하늘에서 빵을 비처럼 내려보내겠다. 사람들은 내일 빵을 먹게 될 것이다. 그리고 오늘 저녁에는 고기를 먹게 될 것이다."

빵과 고기라고? 이 사막에서? 어떻게? 우리 생각으로는 진짜로 이해가 안 되는 일이지만 우리 하나님께는 안 되는 일이 하나도 없단다.

저녁이 되자 엄청나게 많은 새가 날아왔어. 크고 살이 통통하게 오른 새들이었지. 자세히 보니 메추라기들이었어. 메추라기들은 아주 멀리서부터 날아온 것 같았어. 이곳까지 날아오느라 힘이 빠진 메추라기들은 저절로 땅바닥에 '픽' 하고 떨어졌단다. 사람들은 떨어진 새들을 그냥 주워 오면 됐지. 주워 온 메추라기를 잡아서 불에 구웠단다. 이스라엘 민족은 그날 저녁, 고기를 먹었어! 하나님께서 약속하신 그대로지?

고기를 맛있게 먹고 사람들은 기분 좋게 잠을 잤단다. 그 다음 날 아침, 천막에서 밖으로 나온 사람들은 모두 눈이 휘둥그레졌지. 주위에 하얀 곡식 알갱이가 소복이 쌓여 있었거든. 손을 내밀어 그 곡식을 두 손에 퍼 담아 맛을 보았지. 그랬더니 단맛이 나는 거야. 모세가 사람들에게 말했어.

"이 곡식을 그릇에 담으시오. 그리고 이 곡식으로 빵을 만드시오. 이 곡식의 이름은 '만나' 입니다. 하나님께서 매일 아침 만나를 하늘에서 우리에게 내려 주실 것입니다. 우리가 가나안 땅에 도착할 때까지 만나를 내려 주실 것입니다. 앞으로 여러분은 여행 내내 배가 고파 고생하는 일은 없을 겁니다."

그 다음 날도 만나가 땅에 소복이 깔려 있었어. 사람들은 만나를 걷어 빵을 만들어 먹었지. 매일 아침마다 새 만나가 땅에 가득했어. 하나님께서는 이스라엘 민족을 이렇게 잘 보살펴 주신단다. 그런데도 사람들은 그 사실을 자꾸 잊어버리지!

어느 날 이스라엘 민족이 모세에게 또 불평을 늘어놓기 시작하는 거야. 이번에는 마실 물이 떨어졌다고 불평하는 거야. 물통들이 모두 텅텅 비고, 어디에도 물 한 방울 남아 있지 않았어. 주위를 둘러보아도 연못이나 우물이 하나도 안 보이는 거야. 날씨는 덥고 사람들은 점점 더 목이 말라왔어.

사람들이 모세에게 소리쳤어.

"우리에게 물을 줘. 목이 말라 죽겠다고!"

물이 없기는 모세도 마찬가지였어. 모세의 물병에도 물이 한 방울도 없었단다. 모세가 하나님께 물었지.

"주님, 이제 어떻게 할까요? 사람들이 다시 저에게 화를 냅니다."

하나님께서 모세에게 말씀하셨단다.

"저쪽 산이 보이느냐? 그 산에 있는 큰 바위가 보이느냐? 네 지팡이를 들고 남자 어른 서넛을 데리고 그 바위로 가거라."

모세는 하나님의 말씀대로 했지. 모세가 큰 바위 근처에 왔을 때 하나님께서 말씀하셨어.

"네 지팡이를 들어 바위를 세게 내리쳐라."

모세는 자기 지팡이를 들고 있는 힘을 다해 바위를 내리쳤어. 그 바람에 바위에 금이 갔어. 그러더니…… 깨진 바위틈으로 물이 솟구쳤어. 물이 '졸졸졸' 하고 조금씩 흘러나오는 것이 아니라, '콸콸' 하면서 쏟아져 나왔단다. 폭포처럼 물이 쏟아져 나왔어. 바위에서 솟아난 물은 바닥으로 흘러내렸어. 어느새 작은 개울이 만들어졌지.

사람들은 물을 보자 뛸 듯이 반가워하며 달려왔단다. 목이 말랐던 사람들은 벌컥벌컥 물을 마셨지. 일단 목을 축인 사람들은 가지고 있던 물통과 가죽 주머니를 꺼내 거기에 물을 가득 담았어. 그리고 소와 양들도 끌고 왔지. 가축들도 물을 실컷 마시게 했어. 이제 목마르다고 불평하는 사람은 한 명도 없었어. 또 한 번 하나님께서 이스라엘 민족에게 필요한 것을 챙겨 주셨단다. 이스라엘 민족이 여행하는 동안 무엇이 필요한지 하나님께서 모르실 리가 없지. 이스라엘 사람들은 하나님께서 자기들을 언제나 지켜 주신다는 것을 앞으로 잊지 않고 잘 기억할 수 있을까?

34. 시내산에서

출애굽기 19-32 장

이스라엘 민족은 아주 높은 산 밑에 이르게 되었단다. '시내 산'이라고 불리는 곳이었어. 하나님께서 보내신 구름 기둥이 이 산 옆에 가만히 멈추었지. 그 뜻은 이스라엘 민족이 이곳에 잠시 머물러도 된다는 뜻이야. 사람들은 짐을 풀고 천막을 세웠어. 아이들은 이곳저곳으로 뛰어다니며 놀았지. 앞으로 얼마 동안은 여행에 지친 몸을 쉴 수 있을 거야.

하나님께서는 모세와 이야기를 나누셨어.

"모세야, 이스라엘 민족에게 전할 말이 있다. 너희는 모두 한가족이다. 너희는 모두 아브라함과 이삭과 야곱의 후손이기 때문이다. 야곱에게는 다른 이름이 하나 더 있는데 바로 '이스라엘'이다. 그래서 너희를 이스라엘 민족이라고 부른다. 나는 지금까지 너희를 잘 돌보아 주었다. 너희를 이집트에서 데리고 나온 것은 바로 나다. 나쁜 파라오로부터 너희를 풀어 주고 자유를 준 것은 바로 나다. 나는 너희를 위해 하늘에서 먹을 것을 내려 주었고, 바위에서 물이 나오게 했다. 나는 너희를 정말 사랑하고 앞으로도 지켜 줄 것이다. 너희가 내 말을 잘 들으면 나의 보호를 받게 될 것이다."

이스라엘 민족은 하나님께서 자기들을 정말 많이 사랑하신다는 것이 아주 기뻤지. 그래서 입을 모아 대답했어.

"우리는 앞으로 하나님께서 말씀하시는 것은 무엇이든 지키겠습니다."

이스라엘 민족이 정말로 그렇게 할 수 있을까? 하나님의 말씀을 다 지킬 수 있을까? 얼마 전, 먹을 음식과 마실 물이 없어지자마자 불평을 늘어놓았던 사람들이 이스라엘 사람들이잖아. 그때는 하나님께서 자기들을 늘 지켜 주신다는 사실을 까마득하게 잊은 것 같았지. 앞으로는 그런 일이 없을까?

하나님께서 계속 말씀하셨단다.

"이스라엘 민족이 앞으로 해야 할 일을 일러 주겠다. 모든 사람은 먼저 옷을 깨끗이 빨아 입도록 해라. 그리고 이 산 주위에 기둥을 세우고 산을 돌아가며 굵은 밧줄을 두르도록 해라. 모세를 제외한 다른 어떤 사람도 산 위로 올라와서는 안 된다는 뜻으로 밧줄을 둘러라. 3일 후 모든 준비가 끝나면 내가 직접 산 위로 내려오겠다. 그리고 이스라엘 민족에게 말하겠다."

모든 이스라엘 사람들은 옷을 깨끗이 빨아 입었단다. 모세는 어른 남자 몇 명과 산 주위에 굵은 밧줄을 둘렀어. 중간 중간에 기둥을 세우고 밧줄을 단단히 고정하면서 말이야. 누구든지 밧줄이 둘려 있는 것을 보면 더는 앞으로 갈 수 없다는 것을 알겠지.

3일째가 되자 모든 준비가 끝났단다. 사람들은 깨끗한 옷을 입고 경건하게 산 밑에서 기다리고 있었지. 자, 앞으로 어떤 일이 일어날까? 하나님께서 어떤 말씀을 하실까?

그때, 아주 시커먼 구름이 나타나더니 산 위에 드리우는 것이 아니겠니? 그리고 천둥과 번개가 쳤어. 그리고 하나님께서 말씀을 시작하셨지.

"나는 너희를 이집트에서 구해 낸 하나님이다.
너희는 오직 나만 사랑해야 한다.
너희는 어떤 모양이라도 본을 떠서 신으로 섬기면 안 된다.
너희가 만든 우상의 모양 앞에 기도하거나 절을 하면 안 된다.
내 이름을 함부로 사용하지 말아라.
자녀는 부모님의 말씀을 잘 들어라. 부모님께 버릇없이 굴면 안 된다.
다른 사람을 죽이면 안 된다.
거짓말을 하거나, 도적질을 하면 안 된다.
다른 사람을 샘내거나 질투하는 것도 안 된다."

하나님께서는 다른 것들도 말씀해 주셨어. 하나님께서 말씀하신 이것을 우리는 '십계명' 또는 '하나님께서 주신 열 가지 계명'이라고 말한단다.

그 후 비가 더 세차게 내리고 천둥과 번개가 쳤단다. 그 바람에 온 산이 흔들렸지. 사람들은 겁이 나서 모세에게 말했어.

"당신이 우리에게 하나님 말씀을 설명해 주시오. 우리는 하나님이 정말 무섭습니다. 이제는 하나님 말씀을 들으며 이곳에 있고 싶지 않습니다."

그러나 모세는 겁이 나지 않았어. 오히려 하나님께서 자기와 함께 이야기하고 싶어 하신다는 것이 좋았어. 모세는 하나님께서 말씀하신 모든 것을 책에

기록했단다. 그리고 그것을 이스라엘 민족 앞에서 읽어 주었지. 사람들은 한 번 더 입을 모아 말했단다.

"우리는 항상 하나님의 말씀대로 살겠습니다."

과연 방금 한 말대로 할 수 있을까?

하나님께서 모세에게 계속 말씀하셨어.

"시내 산으로 올라오너라. 내가 있는 곳으로 오너라. 내가 큰 돌판 2개에 십계명을 새겨 놓았다. 이 돌판 2개를 산 아래로 가지고 내려가 잘 보관하도록 해라. 그리고 너에게 해 줄 말이 더 있다."

모세는 산으로 올라갔어. 자기 부하 여호수아도 데리고 갔어. 하나님께서 여호수아는 데리고 와도 된다고 하셨거든. 하지만, 산꼭대기까지 올라가는 마지막 부분은 모세 혼자 올라갔지. 모세가 산꼭대기에 이르렀을 때, 하나님께서는 십계명이 새겨진 넓적한 돌판 2개를 주셨어. 그 후에 하나님께서는 모세에게 다른 말씀을 더 하셨단다.

"나는 너희 이스라엘 민족과 가까이 있고 싶다. 너희는 나를 위해 멋진 천막을 세우도록 해라. 그 천막은 내가 머무는 곳이다. 그 천막을 만드는 법은 내가 설명해 주겠다."

모세는 하나님의 말씀을 아주 침착하게 잘 들었단다. 40일 동안 산꼭대기에 머물면서 하나님의 말씀을 들었지.

마침내 모세가 산을 내려왔어. 넓적한 돌판 2개를 안고서. 모세는 먼저 여호수아가 있는 곳으로 갔단다. 여호수아는 그동안 모세를 기다리고 있었지. 두 사람은 함께 산에서 내려왔어. 그런데 그동안 산 아래에서는 무슨 일이 있었는지 아니? 모세와 여호수아가 산 위에 있던 그 긴 시간 동안 이스라엘 사람들은 무엇을 하고 있었을까?

35. 금송아지 신

출애굽기 32 장

모세는 하나님께서 계신 시내 산 꼭대기에 있었단다. 그곳에서 하나님으로부터 십계명이 새겨진 넓적한 돌판 2개를 받았지.

사람들은 모세가 산 위로 올라가는 것을 보았어. 여호수아도 모세와 함께 산 위로 올라갔지. 하지만, 산꼭대기까지 가는 마지막 부분은 모세 혼자 갔단다. 모세는 점점 높이 올라가 산꼭대기까지 올라갔어. 마침내 모세는 시커먼 구름 속으로 사라졌단다. 그 구름 속에 하나님께서 계셨어.

이스라엘 사람들은 산 밑에서 기다리고 있었지. 저녁이 되었는데도 모세는 돌아오지 않았어. 사람들은 모두 천막으로 돌아가 잠을 잤단다. 내일쯤이면 모세가 돌아오겠지. 그런데 다음 날이 되어도 모세는 돌아오지 않았어. 그 다음 날도 돌아오지 않았어. 사람들은 조금씩 걱정이 되었지. 모세는 도대체 어디에 있는 것일까?

일주일이 지나도 모세는 여전히 돌아오지 않았단다. 모세에게 무슨 일이 일어난 것은 아니겠지? 혹시 사고라도 난 것은 아닐까? 바위에서 굴러떨어진 것은 아니겠지? 사람들은 일주일을 더 기다렸어. 하지만, 그때까지도 모세는 돌아오지 않았어. 앞으로 어떡하지? 약속의 땅, 가나안으로 가려면 어떻게 해야 하지? 지금까지 모세가 모든 것을 가르쳐 주었어. 앞으로 해야 할 일을 모세가 다 알려 주었지. 모세가 대장이니까. 아니, 사실은 모세가 대장이 아니라 하나님께서 대장이셨어. 하나님께서 모세에게 해야 할 일을 일러 주시면 모세는 그것을 사람들에게 전하는 일을 했거든. 하나님께서는 이스라엘 사람들에게 직접 말씀하지 않으셨단다. 하나님께서는 언제나 모세하고만 말씀하셨단다. 그런데 지금 모세가 사라졌어. 모세뿐 아니라 하나님도 어디 계신지 눈으로 직접 볼 수 없었지.

이집트에 있을 때는 신을 볼 수 있었단다. 나무나 돌로 만든 암소나 황소 모양의 신이 있었어. 이집트 사람들은 소 모양을 만들어 자기들의 신이라고 말했지. 이집트 사람들은 그 소 모양 앞에 무릎을 꿇고 절을 하고 이야기를 했지. 나무나 돌로 만든 이 소가 자기들을 도와줄 거라고 믿었단다.

이스라엘 사람들이 말했어.

"우리도 눈에 보이는 신이 있으면 좋겠어. 그런 신이 있으면 말을 할 수도 있고 좋잖아. 그리고 그 신에게 우리를 약속의 땅 가나안으로 데려가 달라고 부탁하는 거야!"

이스라엘 사람들은 아론을 찾아갔단다. 모세가 없는 동안 아론이 대장의 일을 하기로 했거든. 사람들이 아론에게 말했어.

"우리는 눈에 보이는 신이 있으면 좋겠소. 아론, 우리를 위해 신을 만들어 주시오. 그 신이 우리를 가나안 땅으로 데리고 가야 합니다. 모세는 이제 돌아오지 않을 것 같소!"

아론은 사람들의 말을 들어주고 싶지 않았단다. 하나님께서 어떤 모양을 본 떠서 신으로 섬기지 말라고 분명히 말씀하셨잖아. 그런데 사람들은 화가 나서 아론에게 마구 소리를 질러 대는 것이 아니겠니? 아론은 너무 무서웠어! 겁이 난 아론은 이런 생각을 했나 봐.

'이러다 사람들이 날 때려서 죽이면 어떡하지? 그냥 사람들이 원하는 대로

해 주는 게 낫겠어.'

결국, 아론은 이스라엘 사람들에게 이렇게 말했단다.

"좋습니다. 여러분을 위해 신의 모양을 만들겠습니다. 여러분이 가지고 있는 금반지들을 모두 모아 내게 가져오십시오."

사람들은 금반지를 빼서 모두 아론에게 주었단다. 아론은 그 금을 가지고 송아지를 만들었지! 물론 진짜 송아지를 만든 것이 아니고 송아지 비슷한 모양을 만든 거야. 이 금송아지는 전부 금으로 만들어져 햇빛 아래에서 눈부시게 번쩍거렸단다.

사람들은 노래를 부르며 춤을 추기 시작했어. 그리고 금송아지 앞에 무릎을 꿇고 말했단다.

"이제야 우리 눈에 보이는 신이 생겼구나. 이집트 사람들처럼 눈에 보이는 신이 생겼어! 이 신이 우리를 이집트에서 데리고 나왔고 앞으로 약속의 땅으로 데리고 갈 거야!"

정말 멍청한 짓이지! 그렇지 않니? 하나님께서 하신 말씀을 잊었나 봐. 하나님께서는 이렇게 말씀하셨지.

"너희는 어떤 모양이라도 본을 떠서 신으로 섬기면 안 된다. 너희가 만든 우상의 모양 앞에 기도하거나 절을 하면 안 된다."

그때 이스라엘 사람들은

"우리는 하나님께서 말씀하시는 모든 것을 다 지키겠습니다." 라고 말했지. 그런데 그 말을 하고 몇 주밖에 지나지 않았는데 사람들은 금송아지를 만들었어. 그리고 그 앞에 무릎을 꿇고 이 금송아지가 자기들의 신이라고 떠들고 있잖아. 그것을 보신 하나님께서는 아주 많이 화가 나셨단다!

하지만, 사람들은 하나님을 완전히 잊어버렸어. 모세도 까마득히 잊었단다. 대신 사람들은 금송아지를 위해 잔치를 벌였어. 춤을 추면서 금송아지에게 제사도 드렸어.

바로 그때였어. 저기 시내 산에서 누군가 내려오고 있었어. 누구일까? 그래, 바로 모세와 여호수아였어! 모세는 하나님께서 만들어 주신 2개의 돌판을 손에 들고 걸어 내려오고 있었단다. 모세와 여호수아는 사람들이 노래하고 소리치는 것을 들었어. 금송아지도 보았지. 사람들이 금송아지 앞에 무릎을 꿇고 절을 하는 것도 보았지. 모세는 화가 머리끝까지 났단다! 손에 들고 있던 넓적한 돌판 2개를 땅에 내동댕이쳤지. 하나님께서 직접 십계명을 새겨 주신 그 돌판을 말이야. '꽝!' 소리를 내며 돌판은 산산조각이 났어. 부서진 돌조각이 여기저기 흩어졌어!

모세는 당장 아론에게 달려갔단다. 그리고 화가 나 소리쳤어.

"이게 도대체 무슨 짓입니까? 어떻게 이런 나쁜 짓을?"

아론이 대답했단다.

"이스라엘 사람들이 무서웠어. 사람들이 얼마나 화를 잘 내는지 알잖아. 사람들이 전부 신의 모양을 만들자고 해서 할 수 없이 만들어 주었을 뿐이야."

모세는 금송아지 우상 쪽으로 갔단다. 그리고 그 우상을 부숴 버렸지.

하나님께서는 이스라엘 사람들에게 매우 화가 나셨어. 또 한편으로는 아주 많이 슬퍼하셨지! 이스라엘 사람들을 정말 사랑하셨거든. 그래서 이스라엘 사람들이 이런 우상을 만들어 그 앞에 무릎을 꿇고 절하는 것을 정말 싫어하셔.

하나님께서 이스라엘 민족의 진짜 신이셔. 이 이상한 금송아지는 하나님도 아니고 아무것도 아니야! 그제야 이스라엘 사람들은 자기들이 무엇을 잘못했는지 알게 되었지. 자기들의 잘못을 후회했어. 모세가 말했단다.

"하나님께 여러분의 죄를 용서해 달라고 기도하겠소."

그래서 모세는 다시 시내 산으로 올라갔지. 또 다시 40일 동안 산에 머물렀어. 이번에는 사람들이 더 이상 불안해하지 않았단다. 나쁜 짓을 하지도 않았지. 사람들은 모세가 돌아올 때까지 기다렸어.

마침내 모세가 돌아왔단다. 모세는 새로운 돌판 2개를 들고 돌아왔어. 이 돌판도 하나님께서 직접 십계명을 새겨 주신 것이었어. 감사하게도 하나님께서는 이스라엘 사람들이 우상을 만든 잘못을 용서해 주셨단다.

* 36. 온 힘을 다해 완성한 성막

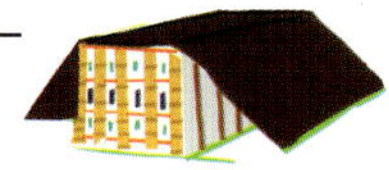

출애굽기 36–40 장

이스라엘 민족은 시내 산 옆에 아주 오랫동안 머물렀단다. 그곳에서 왜 그렇게 오래 있었을까? 약속의 땅 가나안까지 가려면 아직도 갈 길이 먼데 말이야. 맞아. 가나안까지 가려면 아직도 많이 가야 해. 그렇지만, 이스라엘 사람들은 하나님께서 시키신 일을 해야 했어. 어떤 좋은 것을 만들어야 했는데 그 일이 더 급하고 중요했단다.

하나님께서는 이스라엘 민족과 늘 가까이 있고 싶다고 말씀하셨지. 그래서 이스라엘 사람들은 하나님께서 계실 아주 예쁜 천막집을 만들어야 했단다. 그것은 평범한 천막이 아니라 아주 특별한 천막이었지. 이 천막을 '성막'이라고 불렀단다.

하나님께서는 모세에게 이 성막이 어떻게 생겼는지 자세히 말씀해 주셨어. 모세는 하나님의 말씀을 이스라엘 민족에게 전했단다.

"여러분 모두 도와야 합니다. 아름다운 물건을 가진 사람들은 성막을 만드는 데 그 물건을 사용하십시오."

이스라엘 사람들이 이집트를 떠날 때 이집트 사람들에게 금과 은으로 만든 장식품을 얻어 왔던 것, 기억하지? 또 예쁜 천과 다른 좋은 것들도 많이 받아 왔잖아. 이제 그 좋은 물건을 하나님을 위한 멋진 성막을 만드는 데 사용할 수 있게 된 거야. 이스라엘 사람들은 모두 함께 성막 만드는 일을 도울 수 있어 기뻤단다. 이제 자기들이 하나님을 얼마나 많이 사랑하는지 하나님께 보여 드릴 수 있게 되었으니까. 모두 자신이 가지고 있던 아름다운 물건들을 모세에게 가져왔단다.

아버지들은 양털을 깎았단다. 어머니들은 양털을 가지고 실을 만들고, 그 실로 다시 천을 짰어. 그 천으로 성막의 지붕을 만들었단다.

성막은 바깥에서 보면 보통 천막하고 비슷하단다. 하지만, 안쪽은 전혀 달랐어! 성막 안쪽 천정은 화려한 색깔로 장식했단다. 붉은색, 보라색, 파란색과 흰색으로 꾸몄지. 또 어머니들이 손으로 정성스럽게 수놓은 예쁜 커튼을 드리웠지. 이 커튼도 붉은색, 보라색, 파란색과 흰색으로 만들었어.

성막의 벽은 금으로 만들었단다. 금을 입힌 판자를 서로 연결해 벽을 만들었지.

성막에는 방이 2개 있었단다. 첫 번째 방에는 금으로 만든 촛대가 있었어. 금 촛대는 7개의 초를 꽂을 수 있도록 일곱 가지가 있었어. 촛불을 켜면 그 방은 아주 멋있게 보였단다. 그 방에는 그 외에도 금으로 만든 상이 있었단다. 그리고 금으로 만들어진 작은 제단이 있었단다. 이 제단 위에서 좋은 냄새가 나는 향료를 태웠지. 그 향 때문에 성막 안은 항상 향기로운 냄새로 가득했지.

두 번째 방에는 물건이 딱 하나 있었단다. 그것은 언약궤였어. 언약궤는 금으로 만든 상자에 금으로 된 뚜껑도 달려 있었지. 이 뚜껑에는 금으로 만든 천사 모양이 2개 있었어.

언약궤 안에는 무엇이 들어 있었을까? 하나님께서 십계명을 새겨 주신 돌판 두 개가 들어 있었어. 하나님께서 돌판을 언약궤 안에 보관하라고 하셨거든. 모세는 넓적한 돌판 두 개를 언약궤 안에 넣었지.

금으로 만들어진 성막이 얼마나 아름다운지 상상할 수 있겠니! 그런데 성막 안에 누구든지 들어갈 수 있었을까? 아니야, 성막 안에는 아무나 함부로 들어갈 수 없어! 오직 모세와 아론과 아론의 아들들만 들어갈 수 있었단다.

아론은 성막의 책임자였어. 아론이 바로 대제사장이었거든. 대제사장이 된 아론은 진짜로 멋있는 옷을 입었지. 이 옷도 붉은색, 보라색, 파란색과 흰색으로 예쁘게 수를 놓은 옷이었단다. 물론 금색 실로 수도 놓았지. 아론의 옷 가슴 부분에는 12개의 아름다운 돌을 달았단다. 보석 12개를 달아 놓은 거야. 그리고 아론이 입은 겉옷 끝자락에는 금으로 만든 작은 방울을 달았단다. 그래서 아론이 걸어갈 때면 그 방울들이 딸랑딸랑 소리를 냈어.

아론의 아들들은 성막에서 아론을 도왔단다. 아론의 아들들은 제사장이었어. 아론은 대제사장이고 그 아들들은 그냥 제사장이었지. 제사장은 아론처럼 그렇게 멋진 옷을 입지는 않았어. 제사장은 그냥 흰색 옷을 입었단다.

성막 바로 앞에는 둥근 물두멍이 있었어. 이 물두멍은 금으로 만들지 않고 구리로 만들었단다. 이 물두멍 안에는 물이 들어 있었지. 이 물은 마시는 물이 아니고 몸을 씻기 위한 물이었어. 대제사장이나 제사장들은 성막에 들어가기 전에 물두멍에 있는 물로 손과 발을 씻었단다. 사막에는 모래가 많아서 손과 발이 금방 더러워지잖아. 더구나 이스라엘 사람들은 샌들을 신었으니 발이 금세 더러워지겠지? 그래서 성막에 들어가기 전에는 반드시 물두멍에 있는 물로 손과 발을 깨끗이 씻도록 했어.

성막 앞에는 구리로 만든 물건이 하나 더 있었단다. 그것은 큰 제단이었어. 이 제단은 제사장이 양과 소를 잡아 하나님께 제물로 바치는 곳이란다. 예전에 아브라함은 큰 돌을 쌓아서 제단을 만들었지? 돌로 제단을 만들고 그 위에 나뭇가지를 올려놓아. 그리고 양을 잡아 나뭇가지 위에 올려놓지. 그 후에 나뭇가지에 불을 붙여 태웠단다. 아브라함과 이삭과 야곱은 하나님께 이렇게 제사했지. 이제 하나님을 위한 아름다운 성막을 만들면서 제사를 드릴 멋진 제단도 만들어야겠지? 하나님께서는 멋진 제단을 만들라고 하셨단다.

성막이나 제단 가까이에 누구든지 그냥 들어갈 수 있을까? 아니, 성막이나 제단 근처에는 아무나 갈 수 없었어. 성막과 제단 주위에는 아무나 함부로 들어가지 못하도록 흰색 천을 둘러 경계를 만들었단다. 그런데 한쪽 부분은 흰색 천 대신 다른 천을 썼어. 어머니들이 아주 예쁘게 수를 놓은 천으로 막을 쳤단다. 이것도 역시 붉은색, 보라색, 파란색과 흰색으로 수를 놓았지. 수를 놓은 이 막은 열 수 있게 되어 있었고 이곳이 입구야. 이곳을 통해 안으로 들어갈 수 있었어.

마침내 모든 일이 끝났단다. 모든 이스라엘 사람들은 온 힘을 다해 성막을 만들었지. 정말 멋진 성막이 만들어졌어!

하나님께서 보내신 구름이 성막 바로 위에 내려와 머물렀단다. 금으로 만든 언약궤 바로 위에 떠 있었어. 밤이면 구름에서 빛이 났단다. 깜깜한 밤에도 사람들은 성막을 볼 수 있었어.

성막이 완성되자 하나님께서는 이스라엘 사람들과 가까이 계실 수 있게 되었단다. 사람들은 하나님을 볼 수 없어. 하나님을 볼 수 있는 사람은 아무도 없어. 그러나 사람들은 성막 위에 떠 있는 구름은 볼 수 있었지. 사람들이 구름을 볼 때면 하나님께서 자기들 가까이 계신다는 것을 알 수 있었지. 그 하나님께서 자기들을 보호해 주신다는 것도 말이야.

이 이야기는 약간 어렵지, 그렇지? 성막에 대한 것은 다 기억하지 못해도 괜찮아. 실망할 필요 없단다.

37. 약속의 땅을 코앞에 두고

민수기 13 장

이스라엘 사람들은 여전히 시내 산 근처에 천막을 치고 살았단다. 그 한가운데에는 하나님의 천막이 있었지. 바로 '성막'이야. 성막 위에는 하나님께서 보내신 구름이 떠 있었어.

어느 날 아침, 그 구름이 높이 떠올랐단다. 그러더니 천천히 가나안 땅 쪽으로 움직이는 것이었어. 이스라엘 사람들은 갑자기 바빠졌어! 왜냐하면 자기들도 길을 떠나야 했기 때문이지. 하나님께서 보내신 구름을 따라 가야 하잖아! 사람들은 각자 짐을 챙겼어. 그리고 지금까지 지내던 천막도 걷었지. 성막도 같이 걷었단다. 성막을 걷는 일은 쉬운 일이었어. 성막도 천막과 비슷하게 생겼거든. 아론과 아론의 아들들이 성막 걷는 일을 했단다. 그 일은 특별히 더 조심스럽게 해야 했어. 왜냐하면, 성막은 하나님께서 계시는 집이잖아.

야곱에게는 아들이 몇 명이나 있었더라? 그래, 아들이 12명 있었지. 혹시 그 아들들 이름도 기억하니? 요셉, 베냐민, 그리고 유다……. 야곱의 아들 중에는 '레위'라는 이름을 가진 아들도 있었단다. 레위의 자손들을 '레위 사람'이라고 불렀지.

하나님께서는 레위의 자손들 그러니까 레위 사람들에게 성막을 옮기라고 하셨어. 성막에 쓰는 천과 벽을 세우는 데 썼던 금으로 된 널빤지 같은 것들을 옮기도록 하셨지. 그리고 예쁜 커튼들도 옮겼어. 성막 안과 성막 앞에 있는 금과 구리로 만들어진 물건들도 모두 옮겼지.

모든 사람이 짐을 다 꾸렸을 때 이스라엘 민족은 구름을 따라 길을 떠났단다. 매일 조금씩 나아갔지. 하나님의 구름이 가는 곳을 좇아 모세는 걸어갔어. 이스라엘 사람들은 그런 모세를 따라갔지.

어느 날 모세가 말했어.

"이제 약속의 땅에 거의 다 온 것 같소. 저기 보이는 저 산 뒤편이 바로 가나안이오. 조금만 더 가면 가나안에 도착할 수 있소!"

약속의 땅은 대체 어떤 곳일까? 허락도 안 받고 그냥 저 땅에 들어가서 살 수 있을까? 이스라엘 사람들은 갑자기 두려워졌어. 그래서 모세에게 말했지.

"우리가 저 땅에 들어가기 전에 저 땅을 살피는 것이 좋겠소. 우선 남자 몇 명을 골라서 저 땅을 살피고 오도록 보냅시다. 약속의 땅이 어떤 곳인지 보고 오는 거예요. 그리고 어떤 사람들이 살고 있는지도 잘 살피고 오는 거예요."

모세는 그 말에 찬성했지. 하나님께서도 좋다고 하셨어. 하나님께서 모세에게 말씀하셨단다.

"남자 12명을 뽑아서 가나안을 몰래 살펴보고 오도록 해라."

모세는 남자 12명을 뽑았지. 그들 중 한 사람의 이름은 '갈렙'이었단다. 모세의 부하 여호수아도 함께 뽑혔지.

어느 날 아침 일찍 12명의 남자들은 가나안으로 길을 떠났단다. 이스라엘 사람들은 그 자리에 천막을 쳤지. 아이들은 뛰어다니며 놀았어. 사람들은 각자 할 일을 했지. 12명의 남자들이 돌아올 때까지 그곳에서 기다릴 작정이었어.

40일이 지나고 드디어 가나안으로 갔던 12명의 남자들이 돌아왔단다. 그런데 그 사람들이 기다란 막대기에 뭔가를 꿰어 메고서 천천히 걸어오고 있었어. 막대기에 꿰어 메고 오는 것이 도대체 무엇일까?

12명의 남자들이 가까이 오자 그제야 이스라엘 사람들은 그들이 메고 온 것을 볼 수 있었지. 그것은 아주 큰 포도송이였어. 지금까지 한 번도 본 적이 없는 아주 큰 포도송이 하나가 막대기에 달렸었지! 이렇게 큰 포도가 열리다니, 가나안은 정말 좋은 곳임이 틀림없어! 가나안을 보고 온 남자들은 다른 과일들도 많이 가지고 왔단다. 모두 다 아주 먹음직스럽게 보였지!

"그곳이 어땠는지 얼른 얘기해 줘요!"

이스라엘 사람들이 가나안을 다녀온 12명의 남자들에게 재촉했단다.

"가나안은 어떤 곳이에요?"

12명의 남자들이 이야기를 시작했지.

"가나안은 정말 굉장한 곳이에요. 소와 양들을 위한 풀밭도 아주 많아요. 나무들도 아주 아름답고요. 그곳은 정말 멋진 곳이에요. 그런데…… 우리는 절대로 그곳에 들어가 살지 못할 거예요!"

"왜죠? 왜 안 되죠?"

이스라엘 사람들이 궁금해하며 물었지.

"지금 그곳에 사는 사람들은 굉장히 힘이 센 사람들이오. 그곳에는 거인들도 살고 있어요! 우리는 그 사람들의 상대도 안 될 거예요. 그 사람들과 싸워 이긴다는 것은 불가능해요. 게다가 그들은 아주 튼튼한 벽으로 둘러싸인 성에 살고 있지요. 그러니까 그 사람들과 싸울 생각은 아예 꿈에도 하지 마세요!"

이스라엘 사람들의 실망은 이만저만이 아니었단다.

"세상에 어떻게 이런 일이! 지금까지 사막을 지나 이렇게 긴 여행을 했는데. 그리고 약속의 땅에 마침내 도착했다고 좋아했는데, 저 땅에는 한 발자국도 들어가지 못한다고?"

사람들은 다시 모세에게 화가 났어. 모세에게 아우성을 쳤어.

"모세, 모두 당신 잘못이오! 당신이 우리를 이곳으로 데리고 왔잖소!"

가나안을 보고 온 12명의 의견이 모두 같았을까? 아니란다. 12명 모두가 이스라엘 민족이 가나안에 들어가지 못할 거라고 말한 것은 아니란다. 여호수아와 갈렙의 생각은 달랐어! 여호수아와 갈렙은 이렇게 말했지.

"다들 왜 그렇게 겁을 먹는 겁니까? 저 땅은 하나님께서 우리에게 약속하신 땅입니다. 하나님께서 우리를 대신해 싸우셔서 저 거인들을 쫓아내 주실 겁니다. 우리는 저 땅에서 살게 될 겁니다. 겁쟁이처럼 굴지 마십시오!"

하지만, 이스라엘 사람들은 여호수아와 갈렙의 말을 들으려고 하지 않았단다. 오히려 이렇게 외쳤지.

"우리 모두 이집트로 다시 돌아갑시다! 이제는 모세도 필요 없어요. 우리를 이집트로 데려다 줄 사람을 새로 뽑읍시다!"

정말 바보 같은 사람들이지? 이집트로 돌아가겠다고?

하나님께서 이스라엘 사람들에게 매우 화가 나셔서 말씀하셨어.

"너희는 가나안에 가서 사는 것이 싫단 말이냐? 너희가 나를 믿지 않았기 때문에 너희 중 한 사람도 가나안 땅에 들어가지 못할 것이다! 지금까지 그 긴 여행 동안 나는 너희를 보살펴 주었다. 너희가 가나안에 들어가 살게 하는 일쯤은 내게 아주 쉬운 일이다. 하지만, 너희들은 모두 가나안에 들어가지 못할 것이다. 너희 모두 사막에서 죽게 될 것이다. 너희 자손들이 자라면 그들은 약속의 땅에 들어갈 수 있게 하겠다. 또 여호수아와 갈렙은 가나안 땅에 들어가 살게 하겠다. 왜냐하면, 여호수아와 갈렙은 끝까지 나를 믿었기 때문이다. 이 두 사람만 나를 끝까지 믿었다."

그렇게 해서 이스라엘 민족은 다시 길을 떠나게 되었단다. 가나안이 아니라 사막으로 다시 돌아가는 길이었지. 모든 사람이 시무룩해져서 길을 걸어갔단다. 모래와 먼지가 펄펄 날리는 그곳으로 다시 돌아가는 중이었으니 기분이 좋을 리 없겠지?

이스라엘 사람들은 나중에서야 자기들이 얼마나 바보 같은 짓을 했는지, 하나님께 얼마나 크게 불순종했는지 깨달았단다. 하지만, 그때는 이미 늦어버렸어! 이 사람들은 영원히 그 멋진 가나안 땅에 들어가지 못할 거야. 하지만 그들의 자녀는 그 약속의 땅에 들어가 살게 될 거라고 하나님께서 말씀하셨지. 그때까지는 아주 긴 시간을 기다려야 했단다!

38. 모세와 아론의 불순종

민수기 20 장

이스라엘 사람들은 계속 사막을 헤매고 다녔단다. 사람들의 불평은 이만저만이 아니었지. 그들에게는 모든 것이 불평거리였단다!

그러던 어느 날 물이 떨어졌어. 이스라엘 사람들은 다시 모세와 아론에게 마구 화를 냈단다. 성난 목소리로 그들이 소리쳤지.

"우리가 이렇게 고생하는 것은 다 당신들 탓이야! 당신들이 우리를 이 지긋지긋한 사막으로 데리고 왔잖아. 여기는 풀 한 포기 자라지 않고 물도 한 방울 없단 말이야. 이러다 모두 목이 말라 죽고 말 거야. 우리 가축들도 물이 없어서 죽어 버릴 거야!"

모세와 아론은 화도 나고 동시에 슬프기도 했단다. 이스라엘 사람들은 불편한 것이 하나라도 있으면 언제나 모세와 아론 탓을 하니까 말이야. 모세와 아론이 이스라엘 사람들을 잘 보살피려고 얼마나 애를 쓰고 있는데 그걸 몰라주다니…….

모세와 아론은 하나님께 여쭈어 보았단다.

"하나님, 이제 어떻게 해야 합니까?"

하나님께서 모세와 아론에게 대답하셨지.

"지팡이를 들고 이스라엘 민족을 이끌고 저 바위 쪽으로 가거라. 거기에서 바위를 향해 물을 내라고 말하여라. 물을 내라고 바위에게 명령하거라. 그러면 내가 지난번처럼 바위에서 물이 나오도록 해 주마. 모든 사람이 물을 실컷 마실 수 있도록 해 주겠다."

모세와 아론은 지팡이를 들고 이스라엘 사람들과 함께 바위로 갔단다. 그때까지 모세와 아론은 화가 풀리지 않았어. 사람들의 끊임없는 저 불평! 그 불평 때문에 마음이 많이 상해 있었어. 일행이 바위에 도착하자 모세는 이스라엘 사람들을 향해 말했어.

"불평꾼들아, 내가 너희를 위해 이 바위에서 물이 나오게 하겠다!"

말을 마친 모세는 자기의 지팡이를 들어 바위를 아주 세게 두 번 내리쳤단다. 그 순간 바위가 두 쪽으로 갈라지면서 물이 쏟아져 나왔지. 지난번과 똑같았어. 모든 사람과 가축들이 물을 마실 수 있게 되었어.

그런데 모세와 아론이 이 일을 제대로 한 것일까? 하나님께서 모세에게 바위를 두 번 내리치라고 하셨니? 아니지! 하나님께서는 이번에 그렇게 말씀하시지 않았어. 대신 모세에게 "물을 내라"라고 바위를 향해 명령하라 말씀하셨지!

하지만, 모세와 아론은 불평하는 이스라엘 사람들에게 화가 나 있었단다. 그래서 하나님의 말씀을 잘 듣지 않았어. 게다가 이런 일쯤은 자기들도 알아서 그냥 할 수 있다고 생각한 거야. 정말 어리석지?

하나님은 모세와 아론이 하나님의 말씀을 잘 듣지 않고 자기들 마음대로 한 것에 화가 많이 나셨단다. 불순종은 아주 심각한 일이야!

하나님께서 두 사람에게 말씀하셨어.

"모세야, 아론아. 너희 두 사람은 내가 시키는 대로 하지 않았다. 내가 모세에게 바위를 향해 명령하라고 시킨 것을 잊었느냐? 나는 바위를 치라고 시키지 않았다. 너희 스스로 바위에서 물이 나오게 할 수 있다고 생각하느냐? 바위에서 물이 나오도록 하는 일은 오직 나만 할 수 있는 일이다. 너희 두 사람이 내 말에 순종하지 않고 어리석은 짓을 했기 때문에 너희도 약속의 땅에 들어가지 못할 것이다!"

그 말씀을 듣고 모세와 아론은 아주 크게 실망했단다.

어느 날 하나님께서 아론에게 말씀하셨지.

"아론아, 네가 지금 입은 아름다운 그 옷을 벗어라. 너의 대제사장 옷을 벗어라. 그리고 그 옷을 너의 맏아들, '엘르아살'에게 주어라. 아론아, 너는 이제 죽게 될 것이다. 그리고 너의 아들 엘르아살이 대제사장이 될 것이다."

아론은 하나님 말씀에 순종해서 입고 있던 아름다운 대제사장의 옷을 벗었지. 그리고 맏아들 엘르아살에게 입혀 주었어. 이제 엘르아살이 대제사장이 되었지. 그리고 아론은 숨을 거두었단다. 아론이 죽었다고 슬퍼할 일은 아니란다. 아론은 이미 나이가 아주 많았거든. 게다가 아론은 이제 하늘나라에 갔잖아. 하늘나라는 이 사막보다 훨씬 좋은 곳이지! 약속의 땅, 가나안보다도 더 좋은 곳이야! 하늘나라에서 하나님과 함께 있는 것은 무엇보다 좋은 일이잖아. 그곳에는 불행이나 슬픔도 없단다.

39. 독사

민수기 21 장

이스라엘 사람들은 아직도 여전히 사막을 헤매고 다녔단다. 그런데 이번에는 다시 가나안 쪽을 향해 조금씩 걸어가고 있었단다. 그동안 하나님께서 약속의 땅에 들어가도록 허락하신 아이들이 자라 어른이 되었어. 하지만, 이스라엘 사람들의 불평과 불만은 사라지지 않았단다. 세월이 흘러도 마찬가지였지.

어느 날 사람들이 또 불평을 늘어놓았어. 끝없이 사막을 헤매고 다니는 것에 신물이 난 거야. 게다가 매일 똑같은 만나를 먹는 것도 지긋지긋해졌어. 만나가 무엇인지 알고 있니? 만나는 단맛이 나는 작은 곡식 알갱이야. 하나님께서 매일 밤 이스라엘 민족을 위해 하늘에서 내려 주셨지. 아침이 되면 온 땅 위에 만나가 소복이 쌓여 있었단다. 사람들은 그 곡식을 손으로 쓸어 담았어. 어머니들은 그 만나로 먹을 것을 만들었지. 먹을 것은 언제나 충분했어. 하지만, 언제나 같은 음식을 먹어야 했지. 매일 만나로 만든 음식만 먹었거든.

사람들은 갑자기 만나로 만든 음식이 더는 쳐다보기도 싫어졌단다. 뭔가 새로운 음식이 먹고 싶었어. 그래서 하나님께 화를 내고 모세에게도 화를 냈단다. 하나님은 이스라엘 민족이 하나님께 화를 내자 정말로 슬퍼하셨단다. 지금까지 이스라엘 민족을 얼마나 잘 돌보아 주었는데…… 이 이스라엘 민족의 불평은 끝이 없었어.

어느 날 사막에 뱀이 아주 많이 나타났단다. 그 뱀들은 이스라엘 사람들의 천막 사이를 기어 다녔어. 천막 안으로도 기어들어 갔지. 천막 안으로 기어들어 간 뱀들은 사람을 물었어. 이 뱀들은 독을 가진 독사였기 때문에 뱀에게 물린 사람은 생명이 위험해졌어. 독사에게 물린 사람은 곧 죽게 된단다.

이스라엘 사람들은 겁이 났지. 독사를 피해 도망을 치고, 숨어도 보고, 모든 수를 다 썼단다. 하지만, 독사를 피할 수는 없었어. 뱀에 물린 사람들이 한두 사람씩 죽어갔지. 아주 많은 사람이 죽었단다. 정말 끔찍했어.

그때까지 독사에게 안 물린 사람들이 급하게 모세를 찾아왔단다.

"모세, 제발 우리를 도와주시오." 다급한 목소리로 부탁했지.

"하나님께 제발 이 독사들을 쫓아내 달라고 기도해 주시오. 지금까지 우리

가 하나님께 얼마나 잘못했는지 깨달았소. 만나 같은 것은 더는 먹고 싶지 않다고 불평하는 게 아니었소. 하나님께서 우리를 지금까지 이렇게 잘 보살펴 주셨는데, 우리는 언제나 불평만 늘어놓았소. 우리 잘못을 진심으로 후회하고 있소. 우리가 잘못을 뉘우치고 있다고 제발 하나님께 말 좀 해주시오, 부탁이오!"

모세는 하나님께 이스라엘 민족이 잘못을 뉘우치고 있다고 기도했단다. 그 기도를 듣고 하나님께서 독사들을 당장 내쫓아 주셨을까? 아니, 하나님께서는 다른 방법을 쓰셨어. 이스라엘 민족은 먼저 자기들이 하나님의 말씀을 그대로 믿고 따른다는 것을 증명해야만 했어. 그들이 하나님을 진심으로 믿는다는 것을 보여 드려야만 했지.

하나님께서 모세에게 말씀하셨단다.

"모세야, 구리로 뱀 모양을 만들어라. 그리고 그 뱀을 아주 긴 막대기 끝에 매달아 땅 위에 높이 세우도록 해라. 모든 사람이 이 구리 뱀을 볼 수 있도록 하여라. 그리고 독사에게 물린 사람에게 장대 꼭대기에 매달린 구리 뱀을 쳐다보라고 시켜라. 독사에게 물린 사람이 이 구리 뱀을 쳐다보기만 하면 죽지 않을 것이다."

모세는 서둘러 구리로 뱀 모양을 만들었단다. 그리고 이 뱀을 장대 끝에 매달아 아주 높이 세웠지.

자, 이제 어떻게 되었을까? 하나님께서 하신 말씀 그대로 되었을까? 그럼, 당연하지. 독사에게 물린 사람 중에서 구리 뱀을 쳐다본 사람은 죽지 않았단다. 정말 다행이지? 독사에게 물려도 죽지 않게 되었으니까.

이스라엘 사람들은 언제든지 하나님만 믿어야 한다는 것을 한 번 더 배웠어. 하나님께서는 약속하신 것을 항상 지키시는 분이셔. 그 후 독사들은 모두 사라졌단다. 모든 뱀이 꿈틀거리며 사막으로 다 사라졌단다.

40. 하늘나라로 간 모세

신명기 34 장

멀고 먼 길을 돌아 이스라엘 민족은 다시 가나안 땅 가까이에 오게 되었단다. 그동안 나이 많은 어른들은 다 죽었지. 나이가 어렸던 자녀는 자라서 모두 어른이 되었어. 마침내 약속의 땅에 들어가는 중요한 순간이 왔단다.

이스라엘 민족은 무려 40년 동안이나 사막을 헤매고 다녔어. 그 40년 동안 모세가 사람들 앞에 서서 길을 인도했지. 모세는 언제나 하나님의 말씀을 그대로 지켰단다. 딱 한 번만 빼고 말이야. 모세가 하나님의 말씀을 그대로 지키지 않은 적은 딱 한 번 있었어. 언제였더라? 바위에서 물이 나오도록 하려고 모세가 바위를 세게 내리친 적이 있었지? 그때 하나님께서는 모세에게 바위를 내리치라고 시키신 것이 아니었어. 바위를 향해 물을 내라고 명령하게 하셨지. 그런데 모세와 아론은 어리석게도 하나님 말씀에 순종하지 않았어. 그 일 때문에 모세와 아론은 결국 약속의 땅에 들어갈 수 없게 되었지.

아론은 이미 오래전에 세상을 떠났단다. 혼자 남은 모세도 이제 더 이상은 이스라엘 민족과 함께 갈 수 없었어. 모세의 마음이 아주 슬펐겠지? 약속의 땅이 어떤 곳인지 모세 역시 정말 궁금했거든.

모세는 하나님께 한 번 더 아주 공손하게 부탁해 보기로 했지.

"하나님, 저도 약속의 땅을 보고 싶습니다. 제가 이스라엘 민족을 이끌고 저곳으로 들어가고 싶은데 허락해 주십시오."

하지만, 하나님께서는 모세에게 이렇게 대답하셨단다.

"아니다. 모세야, 너는 저 땅에 들어갈 수 없다. 하지만, 너에게 약속의 땅을 미리 보여 주마. 잠시 후 저기 보이는 높은 산 위로 올라가거라. 그곳에서는 가나안 땅을 전부 볼 수 있다. 앞으로는 너의 부하 여호수아가 이스라엘 민족을 이끌고 가나안으로 들어가게 될 것이다. 네가 죽고 나면 너의 부하 여호수아가 대장이 될 것이다."

모세는 마지막으로 이스라엘 민족에게 말했단다.

"여호수아가 이제 여러분의 대장이 되었습니다. 앞으로 여러분은 여호수아의 말을 잘 들어야 합니다. 또 하나님의 말씀도 항상 잘 지켜야 합니다. 여러분이 하나님의 말씀을 잘 지키면, 약속의 땅에서 아주 평안하게 살게 될 것입니다. 여러분이 하나님께 항상 순종하기만 하면 하나님은 여러분을 지켜 주실 겁니다."

그 말을 마치고 모세는 산 위로 올라갔단다. 가나안 땅 아주 가까이 있는 산이었지. 이스라엘 민족은 산 위로 올라가는 모세를 바라보았단다. 산을 올라가는 모세를 보면서 흐느껴 우는 사람이 아주 많았어. 지금까지 자기들을 인도했던 모세가 산 위로 올라가 버리면 다시는 돌아오지 않는다는 것을 알고 있었거든. 얼마 지나지 않아 모세가 세상을 떠나게 되리라는 것을 사람들은 알고 있었어. 사람들은 모세를 정말로 많이 사랑했단다. 사막을 지나는 그 긴 여행 동안 모세는 이스라엘 민족을 잘 지켜 주었어. 이제 그 모세를 두 번 다시 보지 못하게 되는 거야.

산꼭대기에 올라온 모세는 가나안 땅을 전부 볼 수 있었지. 초록 풀로 뒤덮인 언덕이 보였어. 넓은 연못과 강물이 흘러가는 것도 보였지. 맛있는 과일이 탐스럽게 달린 나무도 보였어. 그리고 아득히 저 멀리에서 넘실대는 파란 바다도 보였단다. 가나안 땅은 정말 아름다운 곳이었어. 하나님께서 모세에게 말씀하셨어.

"저 땅이 바로 내가 오래전에 아브라함과 이삭과 야곱에게 약속했던 그 땅이다!"

가나안 땅을 쭉 둘러본 모세는 자기가 그 땅에 들어가지 못한다는 것 때문에 이제는 슬프지 않았단다. 모세는 자기가 이제 가게 될 하늘나라를 생각했지. 하늘나라는 가나안 땅보다 훨씬 좋은 곳이야. 하나님이 계신 하늘나라만큼 좋은 곳은 이 세상 어디에도 없단다.

그 후 모세는 산꼭대기에서 조용히 숨을 거두었어. 하나님께서 모세를 하늘나라로 데리고 가셨단다.

41. 라합

여호수아 2장

모세가 죽은 후 하나님의 말씀을 따라 여호수아가 새 대장이 되었어. 이제 여호수아가 이스라엘 민족을 데리고 약속의 땅에 들어가는 일을 책임지게 된 거야.

이스라엘 민족은 약속의 땅이 바로 코앞에 보이는 곳에 이르렀단다. 이제 강 하나만 건너면 하나님께서 약속하신 땅에 도착하는 거야. 이스라엘 민족 바로 앞에 있는 강은 '요단 강'이었어. 요단 강만 건너면 바로 가나안 땅이야! 요단 강을 건너 저 멀리에 높은 성벽으로 빙 둘러싸인 성이 보였단다. 그 성은 '여리고 성'이었어.

여호수아는 남자 2명을 불렀어. 그리고 두 사람에게 명령을 내렸단다.

"저 여리고 성에 대해 자세히 알고 싶소. 여리고 성의 성벽이 얼마나 두꺼운지 알아보시오. 성에 군인은 얼마나 있는지도 알아보시오. 몰래 저 성에 들어가 모든 것을 조사해 오시오."

이 두 사람은 그런 일을 잘하는 사람이었는데, 이런 사람을 '정탐꾼'이라고 부른단다. 두 정탐꾼은 여리고 성을 살피려고 길을 떠났지. 잠시 후 두 정탐꾼은 여리고 성에 이르렀어. 와! 저 높고 두꺼운 성벽 좀 봐! 여리고 성의 성벽이 얼마나 두꺼운지 사람이 성벽 위에 집을 짓고 살 수 있을 정도였단다. 다행스럽게도 성안으로 들어가려고 그 높은 성벽을 기어올라 갈 필요는 없었어. 성벽에는 성문이 있거든. 낮 동안 성문은 활짝 열려 있지. 그리고 밤이 되면 성문을 닫는단다. 성문이 닫히고 나서는 누구도 성안으로 들어가거나 성 밖으로 나올 수 없지. 두 사람이 여리고 성에 도착했을 때는 성문이 활짝 열려 있었어. 두 사람은 태연하게 성안으로 걸어 들어갔단다. 그리고 성 이곳저곳을 돌아다녔지. 길들이 어떻게 연결되어 있는지 살피고 성에 있는 것이 무엇 무엇인지도 구석구석 자세히 살펴보았어.

두 정탐꾼이 여리고 성을 다 살폈을 때는 이미 날이 어두워지고 저녁이 되었지.

"오늘 밤은 이 성안에서 자야겠군."

두 사람이 서로 말했단다.

"내일 아침에 돌아가는 것이 좋겠어. 성안에서 잠을 잘 수 있는 여관 같은 곳을 찾아보자고."

두 사람이 잠을 잘 수 있는 곳은 쉽게 찾을 수 있었단다. 그곳은 여리고 성의 두꺼운 성벽 위에 세워진 집이었어. 이 집의 주인은 '라합'이라는 여자였지. 라합은 먼저 이 두 사람에게 먹을 것을 주었단다. 그때 라합은 이렇게 생각했어.

'이 두 사람은 이 근처에 사는 사람이 아니야. 가나안 사람하고는 뭔가 달라. 말하는 것도 조금 다르고. 어쩌면 이 사람들은 이집트 땅에서 나온 이스라엘 민족인지도 모르겠어.'

라합은 이미 이스라엘 민족에 대해 많은 것을 들어 알고 있었어. 이스라엘 민족이 이집트에서 나왔을 때 바다를 가로질러 건넜다는 것도 들었지. 물론 그때 파라오와 군인들이 모두 바닷물에 빠져 죽었다는 것도 들었어. 그리고 이스라엘 민족이 사막을 지나 이곳 가나안까지 인도하신 분이 하나님이라는 것도 들었어. 하늘에서 먹을 것을 내려 주신 분도 하나님이시고, 바위에서 물이 나오게 하신 분도 바로 하나님이라고 들었어.

이스라엘 민족의 하나님은 모든 것을 하실 수 있는 분이야. 누구도 하나님을 방해하거나 막을 수는 없어! 여리고 성에 사는 사람들 모두 그 사실을 들어 알고 있었지. 사실 여리고 성 사람들은 이스라엘 민족의 이 위대한 하나님을 무서워하고 있었단다.

두 정탐꾼은 맛있게 음식을 먹었어. 음식을 먹으면서 라합과 이야기를 나누었지. 그때 갑자기 '쾅쾅' 하고 문을 두드리는 소리가 들렸어. 여리고 성의 군인들이 찾아온 거야. 라합은 군인들이 이 두 사람을 잡으러 왔다는 것을 금방 눈치챘어. 라합은 두 사람에게 말했단다.

"나를 따라 이쪽으로 올라오세요. 지붕에 두 분이 숨을 수 있는 곳이 있어요."

두 사람은 라합을 따라갔지. 라합은 두 사람을 자기 집 지붕에 숨겼단다. 그리고 아래로 내려가 문을 열었어.

"무슨 일이신가요?" 하고 라합이 물었지. 군인들이 말했단다.

"우리는 낯선 두 사람을 찾고 있소. 그자들은 오늘 온종일 우리 성을 살피며 돌아다녔다고 하오. 그자들은 이스라엘 민족의 정탐꾼이 분명하오. 그 정탐꾼들이 당신 집에 왔다는 말을 들었소. 그자들은 지금 어디 있소? 그자들은 아주 위험한 사람들이오."

그 말을 듣고 라합이 뭐라고 대답했는지 아니? 라합은 이렇게 대답했어.

"예, 맞습니다. 그 사람들이 우리 집에 왔었습니다. 이곳에서 식사했지요. 하지만, 오늘 저녁, 성문이 닫히기 전에 두 사람은 성을 빠져나갔습니다. 만약 지금 서둘러 가신다면 두 사람을 잡을 수 있을 겁니다."

라합의 말을 들은 군인들은 재빨리 그곳을 떠나 성 밖으로 달려갔단다. 그리고 사방을 뒤졌지. 하지만, 어디에서도 이스라엘 정탐꾼을 찾을 수 없었어.

그럼! 두 정탐꾼을 못 찾은 것은 당연하지. 두 사람은 라합의 집 지붕에 숨어 있었으니까 말이야. 라합이 여리고 성의 군인들을 속였잖아. 라합은 이스라엘 정탐꾼을 도와주고 싶어서 군인들을 속였단다.

군인들이 가 버린 후 라합은 두 사람을 다시 아래층으로 불렀어.

“겁내지 마세요. 제가 두 분을 도와드리겠습니다. 두 분은 여리고 성에 더 머물러서는 안 됩니다. 이곳은 너무 위험하니까요. 모든 사람이 두 분을 찾고 있어요. 벌써 성문이 닫혀 버렸으니 성을 빠져나갈 수도 없고 어떡하면 좋을까요? 아! 내게 좋은 방법이 있습니다. 저의 집이 성벽 위에 서 있잖아요? 제가 붉은색 긴 밧줄을 가지고 오겠습니다. 그 밧줄을 이곳에 단단히 묶고 창밖으로 내려뜨리는 거예요. 그럼 두 분은 그 밧줄을 붙잡고 성벽 아래로 내려갈 수 있어요. 밧줄을 타고 성 밖으로 나가는 거예요! 그리고 조심해서 이스라엘 민족이 있는 곳으로 가세요. 군인들이 계속해서 두 분을 찾을 테니까 조심하세요!”

그 말을 마친 라합은 두 정탐꾼에게 한 가지 부탁을 더 했단다.

“하나님께서는 얼마 후 여리고 성을 이스라엘 민족에게 주실 것입니다. 그때 모든 여리고 성 사람들은 이곳을 떠나야 하겠지요. 이 성에 사는 사람들은 하나님을 사랑하지 않습니다. 항상 나쁜 일들만 하는 사람들이지요. 게다가 우상 앞에 절까지 하죠. 며칠 후 여러분이 여리고 성을 빼앗고 여리고 성 사람들을 이곳에서 다 쫓아낼 때, 저를 지켜 주세요. 제가 이곳에 계속 살 수 있도록 지켜 주실 수 있나요?”

두 정탐꾼은 그렇게 하겠다고 라합에게 약속했단다.

두 사람이 말했지.

“라합, 당신이 원하는 대로 해 주겠습니다! 잠시 후 우리가 이곳으로 올 때 당신을 잘 보호해 주라고 모든 이스라엘 사람들에게 말하겠습니다. 그런데 다른 이스라엘 사람들은 당신 얼굴을 모릅니다. 그리고 어느 집이 당신 집인지도 모릅니다. 어떻게 하면 좋을까요? 그렇지! 우리 이스라엘 민족이 이 성에 올 때 이 창문에 빨간 밧줄을 다시 매달아 놓으십시오. 창문에 빨간 밧줄이 매달려 있으면 그 집이 바로 당신의 집인 줄로 알겠습니다.”

라합의 아버지와 어머니도 라합의 집에 와 있기로 했단다. 라합의 형제, 자매들도 함께 모여 있기로 했지. 라합의 가족 모두가 보호받을 수 있도록 말이야.

정탐꾼들은 라합과 단단히 약속을 했지. 그리고 빨간 밧줄을 타고 성벽을 내려가 성 바깥으로 나갔어. 두 정탐꾼은 몸을 숨긴 채 군인들이 자기들을 찾는 일을 그만둘 때까지 기다렸단다. 그 후 여호수아와 이스라엘 민족이 있는 곳으로 돌아갔어. 돌아온 두 사람은 보고할 이야기가 정말 많았어. 두 사람이 말을 시작했지.

"여리고 성 사람들은 우리를 아주 무서워하고 있습니다. 하나님께서 우리를 도우신다는 것을 이미 들어 알고 있지요. 여리고 성을 빼앗는 것은 식은 죽 먹기일 것입니다.

우리 두 사람이 여리고 성에 있을 때 굉장히 위험한 순간이 있었습니다. 군인들이 우리 두 사람을 잡으러 왔지요. 그때 라합이 우리를 지붕에 숨겨 주었습니다. 그리고 붉은 밧줄을 타고 창문을 통해 성을 빠져나오도록 도와주었습니다. 라합이 도와주지 않았다면 우리 둘은 군인들에게 잡혀갔을 것입니다.

그래서 우리는 라합에게 이렇게 약속했습니다. 나중에 우리가 여리고 성을 빼앗을 때에 라합을 보호해 주겠다고 말이죠. 나중에 여리고 성벽 위에 세워진 집 중에서 창문에 붉은 밧줄이 매달려 있는 집은 잘 지켜 주어야 합니다. 그 집 안에 있는 사람들을 안전하게 지켜 주어야 합니다. 그 집은 라합의 집이고, 라합은 우리의 생명을 구해 준 고마운 사람입니다."

42. 드디어 약속의 땅으로

여호수아 3장

드디어 하룻밤 남았어. 딱 한 밤! 하룻밤만 더 자고 나면 이스라엘 민족은 고대하던 약속의 땅에 들어갈 거야. 내일 저녁, 천막을 다시 칠 때는 다시는 이런 사막 한가운데가 아닐 거야. 내일 저녁에는 가나안 땅, 바로 약속의 땅에 도착해 있을 테니까.

오늘 낮에 여호수아는 내일 할 일을 사람들에게 자세히 설명해 주었단다. 내일은 정말 멋진 날이 될 거야!

그 다음 날 아침 사람들은 아주 일찍 자리에서 일어났지. 그리고 자기들이 잠을 잔 천막을 걷었어. 각자의 짐도 꾸렸지. 어머니들은 어린아이들을 챙겼단다. 아버지들과 큰 형들은 가축을 챙겼어. 그렇게 몇 시간을 보내고 모든 사람이 길을 떠날 준비를 다 마쳤단다.

자, 약속의 땅을 향해 출발하자! 그런데 누가 앞장을 서지? 바로 제사장들이야. 언약궤를 멘 제사장들이 사람들 맨 앞에서 출발했단다.

언약궤가 무엇인지 알고 있니? 언약궤는 성막 안에 놓여 있던 금으로 만든 멋진 상자를 말해. 언약궤에는 금으로 된 뚜껑이 달렸지. 그 뚜껑 위에는 금으로 만든 천사 모양이 2개 서 있단다. 언약궤 안에는 하나님이 십계명을 새겨 주신 돌판 2개가 들어 있지.

사람들은 성막도 조심해서 걷었단다. 레위 사람들이 성막에 있던 모든 것들을 짊어지고 갔어. 제사장들은 언약궤를 멨지. 언약궤는 아름다운 파란 천으로 잘 둘러싸여 있었단다. 그리고 언약궤에는 금을 입힌 긴 막대기가 2개 붙어 있었어. 제사장들이 언약궤를 잘 들 수 있도록 말이야. 제사장들이 앞서고 모든 이스라엘 사람들은 그 뒤를 따라갔지.

그런데 사람들이 출발한 지 얼마 안 돼 더는 앞으로 갈 수 없게 되었어. 바로 앞에 요단 강이 나타났거든. 요단 강에는 다리도 없었어. 이제 어떻게 하지? 이 많은 어린아이들을 데리고 강을 헤엄쳐 건널 수도 없고. 소나 양들도 헤엄을 못 치기는 마찬가진데.

하지만, 언약궤를 메고 가장 앞에서 걸어가던 제사장들은 요단 강을 보고도 계속해서 앞으로 걸어가는 것이었어. 마치 앞에 강이 없는 것처럼 말이야. 그냥 물속에 '첨벙' 하고 발을 내디뎠단다!

그랬더니 무슨 일이 일어났는지 아니? 지금까지 출렁이며 흘러가던 강물이 멈춰 버렸어. 강물이 더는 흘러가지 않고 가운데가 뚝 끊어져 버렸다고. 그래, 하나님께서 강물을 멈추신 거야! 제사장들이 걸어가는 그곳에 순식간에 길이 만들어졌지. 강물을 뚝 자르듯이 강 가운데에 마른 땅이 생겨났단다. 제사장들은 강 한가운데까지 걸어갔지. 그리고 그곳에 언약궤를 메고 가만히 서 있었어.

이스라엘 민족은 제사장들의 뒤를 이어 강을 건넜단다. 요단 강 중간에 만들어진 길 위를 걸어갔지. 강 한가운데에 가만히 멈춰 서 있는 제사장들을 지나 앞으로 계속 걸어갔지. 강을 다 건넌 사람들은 강 반대편 위로 올라갔단다. 모든 사람이 이렇게 강 반대편에 이르렀어. 양들과 소들, 그리고 새끼 양 한 마리까지 모두 빠짐없이 안전하게 강을 건너 반대편에 이르렀지.

요단 강 바닥에는 커다란 돌이 많이 놓여 있었단다. 여호수아는 12명을 뽑았어. 그리고 그 사람들에게 강바닥에 놓여 있는 큰 돌 12개를 집어 오게 시켰단다. 12명의 사람이 큰 돌 12개를 잡아 들고 강 반대편에 이르렀어. 사람들은 이 12개의 돌을 한곳에 쌓았단다.

모든 사람이 요단 강 반대편에 도착했을 때 언약궤를 맨 제사장들이 다시 걷기 시작했단다. 제사장들이 마지막으로 강 반대편에 올랐어. 이제 모든 사람이 약속의 땅, 가나안에 도착했지. 요단 강 건너 이쪽 땅이 바로 가나안 땅, 약속의 땅이거든.

강물은 전처럼 다시 흐르기 시작했어. 강 중간에 생겼던 길은 다시 순식간에 없어지고 말았단다. 길이 사라지자 조금 전 그렇게 많은 사람이 강을 가로질러 걸어왔다는 사실이 거짓말 같았어. 하지만, 강 이쪽에 쌓아 놓은 커다란 돌무더기는 남아 있었단다. 요단 강 바닥에서 가지고 온 12개의 커다란 돌은 그곳에 여전히 남아 있었지. 사람들은 그 돌무더기를 그대로 놓아두기로 했단다. 이 돌무더기를 보는 사람은 누구든지, 세월이 아무리 많이 흐른 뒤에라도 이스라엘 민족이 요단 강을 걸어서 건넜다는 사실을 똑똑히 알 수 있도록 하려고 말이야.

가나안 땅은 정말 아름다운 곳이었어! 그곳에는 가축들이 먹을 풀이 싱싱하게 자라고 있었단다. 들판에는 곡식이 자라고 있었어. 이스라엘 사람들은 그 곡식을 거두었단다. 거둔 곡식을 빻아 음식을 만들어 먹었지. 주위에 서 있는 나무에는 맛있는 과일들이 주렁주렁 열려 있었어. 사람들은 더할 수 없이 행복했단다.

사람들은 그곳에 천막을 세웠어. 그리고 자기들의 땅에서 첫날밤을 보냈단다.

그 다음 날 아침에는 하늘에서 만나가 내리지 않았지. 이제 더는 만나가 필요 없어. 이스라엘 사람들 스스로 먹을 것을 구할 수 있게 되었으니까.

43. 여리고 성

여호수아 5-6 장

이스라엘 민족은 처음으로 자기들의 땅에서 잠을 잤어. 가나안 땅은 이스라엘 민족이 천막을 치고 있던 곳보다 훨씬 크고 넓은 땅이었단다. 가나안은 아주 넓은 땅이었어. 가나안에는 언덕과 강과 성들이 많이 있었단다. 이제 이 넓은 땅이 모두 이스라엘 민족의 차지가 되는 거야.

그런데 가나안 땅에는 이미 다른 사람들이 살고 있었어. 가나안 사람들은 하나님을 사랑하지 않았지. 나쁜 일을 많이 하며 살고 있었단다. 우상을 만들어 그 앞에 절을 하기도 했어. 그것 때문에 이 사람들은 가나안 땅에서 계속 살 수 없었지. 가나안에서 쫓겨나야 했어. 이스라엘 사람들이 이 사람들을 쫓아내려고 싸울 때마다 하나님께서는 이스라엘 민족을 도와주실 거야.

이스라엘 민족은 여리고 성 근처에 천막을 쳤단다. 여리고 성은 높고 두꺼운 성벽으로 둘러싸여 있었어. 그 성벽이 얼마나 두꺼운지 성벽 위에 집을 짓고 살 정도였단다. 이 여리고 성에는 라합이 살고 있었지.

이스라엘 민족이 이 성을 어떻게 차지할 수 있을까? 성벽이 너무나 높아서 기어올라 갈 수는 없었어. 성문은 여리고 성 군인들이 든든히 지키고 있었지. 게다가 지금은 성문이 이미 굳게 닫힌 뒤였지. 이제 개미 한 마리도 성안으로 들어갈 수 없었어. 하지만, 하나님께서는 이스라엘 민족에게 여리고 성을 주겠다고 하셨어. 어떻게? 자, 이제 그 이야기를 해 줄게.

어느 날 아침 이스라엘 민족은 여리고 성을 향한 긴 행진을 시작했단다. 가장 앞에는 전쟁에서 잘 싸울 수 있는 용사들이 걸어갔어. 그 뒤에는 7명의 제사장이 손에 뿔 나팔을 들고 걸어갔지. 제사장들은 뿔 나팔을 크게 불었어. 그 뒤는 언약궤를 멘 제사장들이 걸어갔단다. 그 뒤를 남은 이스라엘 민족이 걸어갔지.

누구 한 사람 말을 하거나 소리를 지르는 사람 없이 조용히 걸어갔어. 단지 일곱 제사장이 부는 뿔 나팔 소리만 크게 들렸단다.

사람들은 길게 줄을 지어 크고 넓은 여리고 성 주위를 돌았단다. 아주 조용히, 그리고 평화롭게. 이렇게 여리고 성을 한 바퀴 돌고 이스라엘 민족은 자기들의 천막이 있는 곳으로 돌아왔단다.

여리고 성 군인들은 성벽 위에 서 있었어. 놀란 눈을 하고 이 광경을 지켜보았단다. 이스라엘 민족과 전쟁을 할 줄 알고 잔뜩 긴장해 있는데 도대체 싸움은 언제 시작하는 거야?

그 다음 날 이스라엘 민족은 첫째 날과 꼭 같이 했단다. 길게 줄을 지어 성 주위를 한 바퀴 돌았어. 말을 하거나 떠드는 사람은 없었고 제사장들만 뿔 나팔을 불었지. 셋째 날도 마찬가지였단다. 넷째 날도 마찬가지였어. 6일 동안 이스라엘 민족은 하루에 한 바퀴씩 여리고 성을 돌고 자기들의 천막이 있는 곳으로 돌아갔단다.

여리고 성의 군인들은 아무것도 이해할 수가 없었지. 이런 이상한 전쟁은 처음이었거든.

"저 바보 같은 이스라엘 민족 좀 봐! 저렇게 해서 우리 성을 빼앗을 수 있다고 생각하는 모양이야."

여리고 군인들은 서로 이렇게 말했단다.

여리고 군인들은 비웃었지만, 이스라엘 민족은 정말로 이렇게 해서 여리고 성을 빼앗을 수 있다고 믿었단다. 이스라엘 민족이 바보여서 그렇게 믿은 것은 아니었어. 이스라엘 민족은 단지 하나님 말씀에 순종할 뿐이었지. 하나님께서는 여리고 성을 빼앗으려면 이렇게 해야 한다고 시키셨어.

일곱째 날 이스라엘 사람들은 아주 일찍 일어났단다. 다시 길게 줄을 지어 여리고 성 주위를 돌기 시작했어. 하지만, 그날은 한 바퀴를 돌고 돌아가는 것이 아니었단다. 여리고 성을 한 바퀴 더 돌았지. 그리고 한 바퀴 더, 또 한 바퀴 더. 그날은 무려 일곱 바퀴나 여리고 성을 돌았어. 여리고 성을 도는 내내 말을 하거나 떠드는 사람은 없었단다. 7명의 제사장들만 뿔 나팔을 크게 불며 걸었지.

여리고 성을 일곱 바퀴 다 돌았을 때, 제사장들은 뿔 나팔을 더욱 크게 불었단다. 그 뿔 나팔 소리에 맞춰 이스라엘 사람들은 목청껏 고함을 질렀어.

"와! 와!"

마치 이미 전쟁이 끝나고 여리고 성을 벌써 빼앗은 사람들처럼 말이야. 사람들은 소리를 높여 다시 고함을 질렀어.

"와! 와!"

그러자 아주 놀라운 일이 벌어졌단다! 여리고 성의 성벽이 흔들리기 시작한 거야. 두꺼운 성벽에 '쩌억' 하며 금이 생겼어. 성벽에 생긴 금은 점점 더 커졌어. 결국, 그 두꺼운 성벽이 무너져 내리기 시작했단다. '꽈르르릉' 요란한 소리를 내며 성벽이 무너졌어. 커다란 돌덩이들이 사방으로 떨어졌지. 이스라엘 사람들은 더 크게 소리를 질렀단다.

"와! 와!"

이스라엘 민족은 부서진 성벽을 넘어 성안으로 들어갔지.

여리고 성벽이 다 무너져 내리는데 무너지지 않고 그대로 남아 있는 곳이 딱 한군데 있었어. 그 위에는 집이 한 채 서 있었단다. 바로 창문에 빨간 밧줄이 매달려 있는 집이었어. 그래, 라합이 사는 집이야. 얼마 전 라합의 집에 갔던 두 정탐꾼이 그 집을 찾아가 라합과 그 가족들을 데리고 나왔단다. 라합은 여리고 성을 떠나 이스라엘 사람들과 같이 살게 되었어. 여리고 성은 전부 부서졌거든. 이스라엘 사람들이 크고 튼튼한 여리고 성을 완전히 부숴 버렸단다. 하나님께서 시키신 그대로 말이야.

* 44. 기브온 성 사람들의 꾀

여호수아 9 장

이스라엘 민족이 크고 튼튼한 여리고 성을 완전히 부숴 버렸다는 소문이 가나안 곳곳에 퍼졌단다. 가나안 사람들은 이스라엘 사람들을 굉장히 무서워하게 되었지. 사람들은 이렇게 생각했어.

'얼마 있으면 이스라엘 민족이 우리 성에도 올 거야. 그때는 우리 성도 다 부숴 버리겠지!'

가나안에 살던 어떤 민족은 이스라엘 민족에 맞서 싸움을 하기도 했단다. 하지만, 전쟁에서 이기는 쪽은 언제나 이스라엘 민족이었어. 왜냐하면, 하나님께서 항상 이스라엘 민족을 도와주셨으니까.

가나안에는 '기브온'이라고 하는 커다란 성이 있었단다. 며칠 내로 이스라엘 민족이 기브온 성을 빼앗으러 올 것이라는 말이 그 성 사람들 사이에 퍼졌어. 겁이 난 기브온 성 사람들이 모여 의논을 했단다.

"이스라엘 민족과 전쟁을 벌여 봤자 우리가 질 게 뻔해. 다른 방법이 없는지 우리 꾀를 내 보자."

그런 궁리를 하던 기브온 성 사람들은 몇 사람을 뽑아 여호수아에게 보냈단다. 그 사람들을 변장 시켜 보냈지. 그들에게 오래되고 다 떨어진 옷을 입혔어. 옷 여기저기가 찢어지고 꼬질꼬질 땟물이 흐르는 그런 옷이었지. 그리고 바닥에 구멍이 숭숭 뚫린 낡은 신을 신겼어. 물주머니도 아주 낡은 것으로 들고 가게 했는데 이것 역시 여기저기 다 찢어진 것이었지. 그들은 물주머니의 찢어진 곳을 끈으로 대충 꿰매 물이 줄줄 새지 않도록 했어. 꿰맨 물주머니에는 물이 조금 담겨 있었단다. 게다가 오래되고 곰팡이가 핀 빵 부스러기를 챙겨 주었지. 그리고 더러운 주머니에 빵을 넣었어. 머리는 일부러 헝클어뜨리고, 얼굴에도 땟물이 줄줄 흐르는 것처럼 했단다. 그 꼴을 한번 상상해 봐! 오랫동안 여행을 한 사람처럼 보이려고 이런 변장을 한 거란다.

변장을 한 사람들이 여호수아를 찾아 길을 떠났단다. 며칠을 걸어 이 사람들은 이스라엘 민족이 천막을 치고 머물러 있는 곳에 도착했어. 이들은 여호수아를 만나게 해 달라고 부탁했지.

"당신들은 누구며, 무엇을 하러 왔소?"

여호수아가 물었단다. 이 사람들은 여호수아에게 꾸며 낸 이야기를 했지. 이렇게 말했어.

"저희는 아주 먼 곳에서 왔습니다. 저희는 당신들이 이곳 가나안 땅에서 살 것이라고 들었습니다. 그리고 하나님께서 여러분을 항상 도와주신다는 것도 들었습니다. 그래서 우리는 여러분과 친구가 되고 싶습니다."

그 말을 듣고 여호수아가 물었단다.

"당신들이 아주 먼 곳에서 왔다는 말이 사실이오?"

"예, 그렇습니다."

기브온 성에서 온 사람들이 말했지.

"우리가 입은 옷을 좀 보십시오. 우리가 여행을 막 떠날 때만 해도 우리 옷과 신은 새것이었습니다. 지금 떨어진 이 옷과 구멍 난 신발을 좀 보십시오! 물주머니도 새것이었고 우리가 떠날 때 우리 아내들이 갓 구운 빵을 챙겨 주었어요. 그런데 보세요. 물주머니도 다 해어졌고 빵은 곰팡이가 피어 먹을 수 없게 되어 버렸습니다."

그때 여호수아가 아주 바보 같은 일을 했단다. 여호수아는 이 사람들이 하는 말이 사실인지 하나님께 여쭈어 보지 않았어. 그냥 이 사람들의 말을 그대로 믿어 버렸단다. 여호수아가 말했지.

"가나안 땅에 사는 모든 사람은 이곳에서 다 쫓겨나야 합니다. 가나안 사람들은 나쁜 일들을 많이 하니까요. 그들은 하나님을 사랑하지 않습니다. 우리는 이런 가나안 사람들과 친구가 될 수 없습니다. 하지만, 여러분은 아주 먼 곳에서 왔다고 하니 우리와 친구가 될 수 있습니다. 우리는 당신들을 해치지 않겠습니다. 당신들의 성도 부수지 않겠습니다. 약속합니다."

이런, 이런. 여호수아가 큰 실수를 하고 말았어!

며칠이 지나고 이스라엘 민족은 어느 성 근처에 이르렀단다. 그 성을 빼앗을 참이었지. 그때 그 성의 성문을 지나 이쪽으로 걸어오는 사람들이 있었단

다. 누구일까? 그래, 며칠 전 이스라엘 민족과 친구가 되고 싶다고 찾아온 바로 그 사람들이었어. 그제야 여호수아는 자기가 속았다는 것을 알게 되었지. 그 사람들은 꾸며낸 이야기로 여호수아를 보기 좋게 속인 거야. 그들은 멀고 먼 곳에 사는 사람들이 아니었어. 반대로 아주 가까운 곳에 사는 사람들이었지.

속은 것을 깨달은 여호수아와 다른 이스라엘 사람들은 몹시 화가 났지! 하지만, 기브온 성 사람들을 해치지 않겠다고 이미 약속을 해 버린 뒤였어. 약속은 약속이야. 약속한 것을 함부로 깨뜨릴 수는 없잖아!

여호수아는 기브온 성 사람들에게 말했단다.

“우리는 당신들을 해치지 않겠소. 당신들의 성도 부수지 않겠소. 그러나 우리는 당신들과 친구가 될 수는 없소. 당신들이 우리를 속였기 때문이오. 당신들은 우리 종이 되어야만 하오. 우리를 위해 힘든 일을 대신 해주어야 하오.”

기브온 성 사람들은 여호수아의 말대로 하기로 했단다. 그래서 기브온 성 사람들은 이스라엘 민족과 같이 살게 되었어. 대신 힘든 일을 해야만 했지.

이스라엘 민족이 가나안 땅에 사는 사람들을 쫓아내는 데는 아주 많은 세월이 걸렸단다. 오랜 세월이 지났지만 모든 가나안 사람들을 다 쫓아내지는 못했지. 이스라엘 민족도 오랜 싸움으로 지칠 대로 지쳐 버렸어. 이제 전쟁은 그만두고 아름다운 약속의 땅에서 편안하게 살고 싶다는 생각을 하게 되었단다.

그때까지 여호수아가 이스라엘 민족의 대장이었지. 나이가 아주 많아진 여호수아는 자기가 곧 죽게 되리라는 것을 알게 되었어. 여호수아는 생각했단다.

‘내가 죽은 후에도 이스라엘 민족이 여전히 하나님의 말씀을 잘 들을까? 하나님께 잘 순종할까? 혹시 이곳 가나안 땅에 원래 살던 사람들처럼 우상을 만들어 그 앞에 절을 하게 되지는 않을까?’

여호수아는 이스라엘 사람들을 모아 놓고 자기의 생각을 말했단다.

그러자 이스라엘 사람들이 말했어.

“아닙니다. 그럴 리가 없습니다. 여호수아님, 걱정하지 마십시오. 우리는 항상 하나님의 말씀을 지킬 것입니다. 우상 앞에 절하는 그런 일은 절대로 없습니다. 우리는 오직 하나님만 사랑합니다.”

얼마 후 여호수아는 세상을 떠났단다. 그리고 모세와 아론처럼 하늘나라로 갔어.

45. 드보라

사사기 4 장

이스라엘 민족이 가나안 땅에 들어와 살게 되고 오랜 세월이 지났단다. 하나님께서는 이스라엘 민족에게 먼저 가나안 땅에 살던 사람들을 다 쫓아내라고 말씀하셨어. 하지만, 이스라엘 민족은 하나님 말씀에 순종하지 않았단다. 가나안 사람들을 쫓아내다가 도중에 그만두었지. 그래서 이스라엘 사람들 주위에는 가나안 땅에 원래부터 살던 사람들이 많이 살게 되었단다. 이스라엘 사람들은 그들과 친구가 되기까지 했어. 하나님이 그렇게 하지 말라고 하셨는데도 말이야.

이스라엘의 청년 중에 가나안 땅의 아가씨를 좋아하는 사람이 생겼단다. 그 두 사람은 결혼을 했지. 이스라엘 아가씨 중에서 가나안의 청년을 좋아하는 사람도 생겼단다. 이 둘도 결혼을 했어. 하나님께서 가나안 땅의 사람과는 결혼하지 말라고 분명히 말씀하셨는데도 말이야. 가나안 사람과 결혼을 하게 되면 나중에 나쁜 일이 생긴단다. 가나안 사람들은 우상 앞에 절을 해. 그 사람들은 '바알'이라고 하는 신을 섬기고 있었거든. 가나안 사람들은 바알 신의 형상을 만들고 그 앞에 절을 했지. 바알 신의 형상 앞에는 제단도 있었어. 그 제단은 바알 신에게 제물을 바치는 곳이야. 가나안 사람들은 이렇게 믿고 있었어.

"바알이 진짜 신이야. 바알 신이 우리를 지켜 주셔. 언제나 우리를 도와 주시지."

가나안 사람들이 바알을 섬기는 것보다 더 나쁜 일이 있는데 무엇인지 아니? 그것은 이스라엘 사람들까지 바알 앞에 무릎을 꿇고 절을 하게 되었다는 거야. 이스라엘 사람들은 바알에게 제물을 바치기도 했단다. 하나님께서 이스라엘의 신이라는 것을 완전히 잊어버린 거지. 바알은 진짜 신이 아니고 사람이 만든 가짜 신이란다. 이런 가짜 신을 '우상'이라고 불러.

정말 심각한 일이지? 하나님께서도 이 일 때문에 마음이 많이 아프셨단다. 이스라엘 민족이 하나님을 잊어버린 것을 많이 슬퍼하셨어. 어떻게 하나님을 잊을 수가 있을까?

이스라엘 민족을 하나님께 돌아오게 하려고 하나님께서는 이스라엘 민족을 괴롭힐 사람들을 보내셨단다. 이 사람들은 갑자기 나타나 이스라엘 사람들이 이제 막 거둬들인 곡식을 빼앗아 갔어. 그리고 이스라엘 사람들이 막 따온 포도송이들도 빼앗아 갔지. 이 사람들은 아주 힘이 셌단다. 이스라엘 사람들은 맞서 싸워 봤지만, 번번이 지고 말았지.

이제 어떻게 할까? 그전에는 전쟁을 할 때마다 이스라엘 민족이 이겼지. 그때는 하나님께서 이스라엘 민족을 도와주셨으니까 누구와 전쟁을 해도 항상 이길 수 있었어. 하지만, 지금은 하나님께서 도와주지 않으시니 전쟁에서 매번 질 수밖에.

이스라엘 사람들은 하나님을 잊어버린 잘못을 깨닫게 되었어. 그래서 다시 하나님께 기도했단다. 사람들은 이렇게 기도했지.

"하나님, 제발 저희를 도와주셔서 저 나쁜 사람들을 몰아내게 해 주세요. 저희가 하나님을 잊은 죄를 용서해 주세요. 이제 다시는 우상 앞에 절하지 않겠습니다. 하나님, 저희를 도와주세요."

하나님께서는 이스라엘 사람들의 기도를 들어주셨단다. 그래서 이스라엘 민족을 도와줄 한 사람을 뽑으셨어. 예전에 하나님은 이스라엘 민족을 이끌 지도자로 모세와 여호수아를 뽑으셨지. 이번에 하나님께서 선택하신 사람은 모세와 여호수아 같은 남자가 아니라 여자였단다. '드보라'라는 이름의 여자였어. 이스라엘 사람들은 드보라를 아주 좋아했단다. 어려운 문제가 생기면 드보라를 찾아가 물어보곤 했지. 드보라는 어려운 사람들을 항상 도와줄 수 있었어. 왜냐하면, 하나님께서 드보라와 직접 말씀하셨거든.

어느 날 하나님께서 드보라에게 말씀하셨어.

"드보라, 내가 이스라엘 민족을 도와 저 나쁜 사람들을 다 쫓아내겠다. 바락 장군을 불러서 저들을 어떻게 쫓아낼 것인지 일러 주어라."

'바락' 장군은 이스라엘의 훌륭한 장군이었단다. 이제 바락 장군은 드보라의 말을 듣고 군인들을 이끌고 전쟁에 나가 싸움을 해야 했어. 왜냐하면 드보라가 직접 전쟁을 지휘할 수는 없었거든. 드보라는 바락 장군을 불러 하나님께서 일러 주신 것을 말했단다. 그 말을 듣고 바락 장군이 대답했어.

"이스라엘 군대를 이끌고 나가 저 나쁜 적들과 싸우겠소. 하지만, 드보라 당신이 함께 가야 하오. 만약 당신이 가지 않으면 나도 전쟁에 나가지 않겠소."

아니, 드보라가 같이 가지 않으면 전쟁에 나가지 않겠다고? 이렇게 겁이 많은 장군이 이스라엘에서 가장 용감한 장군이라니……. 하지만, 드보라는 바락 장군에게 말했어.

"좋습니다, 장군님. 제가 함께 가겠습니다."

드디어 이스라엘 군대가 싸움을 시작했지. 그리고 이스라엘 군대가 이겼단다. 왜냐하면, 하나님께서 이스라엘 민족을 도와주셨거든. 적들은 사방으로

도망을 쳤어. 적군의 대장은 '시스라'라고 하는 장군이었지. 시스라 장군은 아주 잔인한 사람이었는데 전쟁에서 지자 도망을 쳤단다. 죽을 힘을 다해 달아났지. 기진맥진하도록 도망쳤단다.

한참을 도망가던 시스라 장군은 어떤 천막 옆에 이르게 되었지. 그 천막 앞에는 한 여자가 서 있었어. 시스라 장군을 본 이 여자가 이렇게 말하는 것이었어.

"제 천막으로 들어와 좀 쉬도록 하세요. 이곳은 안전합니다. 이곳에 있으면 바락 장군도 당신을 찾지 못할 거예요."

그 말을 한 여자는 '야엘'이라는 여자였어. 시스라 장군은 이제 한 발자국도 못 움직일 만큼 피곤했단다. 그래서 야엘의 천막으로 들어갔지. 야엘은 먼저 시스라 장군에게 마실 것을 주고 따뜻하게 이불까지 덮어 주었단다. 지치고 피곤했던 시스라 장군은 곧 잠이 들었어.

시스라 장군이 깊게 잠이 든 것을 확인한 야엘은 천막을 칠 때 사용하는 한쪽 끝이 뾰족한 막대기를 집어 들었단다. 그리고 그 막대기로 시스라 장군을 찔러 죽였어.

처음부터 야엘은 시스라 장군을 도와주고 싶지 않았어. 일부러 도와주는 척한 것뿐이란다. 시스라 장군은 몹시 나쁜 사람이었거든. 그동안 이스라엘 사람들을 무척 많이 괴롭혔어. 하지만, 앞으로는 이스라엘 사람들을 절대로 괴롭히지 못할 거야. 이미 죽었으니까 말이야.

바락 장군은 시스라 장군이 도망치는 것을 봤어. 그래서 그 뒤를 쫓아왔단다. 바락 장군도 야엘의 천막이 세워져 있는 곳에 오게 되었어. 야엘은 여전히 천막 바깥에 서 있었단다. 야엘이 바락 장군에게 말했어.

"혹시 시스라 장군을 찾으시나요? 저의 천막 안을 한번 보시죠."

바락 장군은 시스라 장군과 싸움을 하게 될 거라고 생각하고 있었어. 긴장을 하고 천막 안으로 들어갔지. 그런데 바락 장군이 천막 안에서 발견한 것은 바닥에 쓰러진 채 죽어 있는 시스라 장군이었어.

자기들의 대장인 시스라 장군이 죽었다는 말을 들은 적군들은 더는 싸울 용기가 없어졌지. 모두 겁에 질려 도망가 버렸어. 그리고 다시는 돌아오지 않았단다.

이스라엘 민족은 당분간 자기들의 물건을 빼앗아 가는 나쁜 적들 걱정은 안 하고 살 수 있게 되었어. 앞으로 하나님을 잊지 않는다면 그런 걱정은 전혀 할 필요가 없겠지. 하지만, 하나님을 잊어버리면 나쁜 일이 또다시 생길 거야.

46. 가짜 신을 부숴 버린 기드온

사사기 6장

드보라가 이스라엘 사람들을 도와주는 동안 이스라엘 사람들은 걱정 없이 편안하게 살았단다. 모두 하나님 말씀을 잘 들었지. 세월이 흘러 드보라는 나이가 많아 결국 세상을 떠나게 되었어. 그러자 모든 일은 다시 엉망진창이 되버리고 말았지. 이스라엘 민족은 하나님을 완전히 잊어버렸단다. 다시 우상 앞에 절을 하고 우상을 섬겼어. 사람이 만든 바알 우상 앞에 절을 했어. 바알 우상이 자기들을 보살펴 준다고 믿으면서 말이야.

자꾸만 하나님을 잊어버리는 이스라엘 민족을 어떡하면 좋을까? 절대로 하나님을 잊으면 안 된다는 것을 어떻게 가르쳐 주지? 하나님께서는 이번에도 이스라엘 민족을 괴롭힐 나쁜 사람들을 이스라엘에 보내셨어. 이번에는 무시무시한 강도 떼들을 보내셨단다. 이 강도들은 여러 명이 무리를 지어 이스라엘 땅에 나타났어. 그리고 이스라엘 사람들이 가진 것을 모두 빼앗아 갔지. 양과 소를 가리지 않고 다 빼앗아 갔어. 들판에서 자라는 곡식까지 짓밟아 다 망쳐 놓았단다.

하지만, 이스라엘 사람들은 강도 떼와 싸워 그들을 쫓아낼 수 없었어. 하나님께서 이스라엘 사람들을 도와주시지 않으셨거든. 그냥 이 강도 떼가 무서워 벌벌 떨고만 있었단다. 이스라엘 사람들이 얼마나 힘들게 살았을지 상상이 가니? 사람들은 점점 가난해졌고 먹을 것도 금방 바닥났지. 사람들은 바알 우상에게 도와 달라고 기도했단다. 그러나 아무 일도 일어나지 않았어. 왜냐하면, 바알은 사람이 만든 돌덩어리일 뿐이니까. 그제야 이스라엘 사람들은 하나님을 다시 기억해 냈단다. 오직 하나님만이 나쁜 강도들을 쫓아내고 자기들을 도와주실 수 있지. 이스라엘 사람들이 마침내 이 사실을 다시 기억해 낸 거야. 이스라엘 민족은 다시 하나님께 기도했단다.

"주님, 저희가 주님을 잊고 우상을 섬긴 것을 용서해 주세요. 제발 저희를 도와주세요."

하나님께서 이스라엘 민족을 용서하시고 다시 도와주실까?

그럼, 물론이지! 하나님은 이스라엘 민족의 기도를 들어주셨어.

지난번에 하나님께서는 이스라엘 민족을 도와주시려고 '드보라'라고 하는 여자를 선택하셨지. 이번에는 젊은 청년을 선택하셨어. 이 청년의 이름은 '기드온'이야.

어느 날 기드온이 아무도 모르게 곡식을 거둬들이고 있었어. 강도들이 나타나 곡식을 빼앗아 갈까 봐 기드온의 마음은 아주 급했지. 기드온과 그의 부모님 집에는 양식이 거의 없었단다. 강도들이 다시 나타나기 전에 재빨리 곡식을 거둬들여야 했지. 곡식을 다 거둔 기드온은 사람들 눈에 잘 띄지 않는 비밀 장소에 숨어서 곡식 알갱이를 털었어. 털어낸 곡식 알갱이는 자루에 담았단다. 그리고 그 자루를 아무도 모르는 곳에 잘 숨겨 두었어. 강도들이 곡식 자루를 찾아내지 못하길 바라면서 말이야.

기드온이 숨어서 곡식 거두는 일을 하고 있을 때에 천사 한 명이 기드온 옆에 나타났단다. 그 천사는 하나님께서 보내신 천사였어.

천사가 기드온에게 말했지.

"기드온, 하나님께서 강도들을 내쫓는 일을 할 사람으로 당신을 선택하셨습니다."

그 말에 기드온은 깜짝 놀랐어.

"제가 그런 일을 어떻게 합니까? 게다가 저는 아직 나이도 어립니다."

기드온의 대답에 천사는 이렇게 말했단다.

"기드온, 하나님께서 기드온을 도와주십니다."

그 말을 마치고 천사는 사라졌어.

그리고 그날 밤 하나님께서 기드온에게 직접 말씀하셨지.

"네 아버지 집 옆에는 바알 형상과 바알을 위한 제단이 있다. 기드온아, 그 형상과 제단을 부수어라. 그리고 돌을 가져와 나를 위한 새 제단을 만들어라. 그 제단에서 나에게 제사를 드려라."

그래도 기드온은 용기가 나지 않았어. 아직도 많은 사람이 바알 우상 앞에 엎드려 절을 하고 있었어. 기드온이 바알 형상을 부수었다는 것이 알려지면 사람들이 가만있지 않을 거야. 기드온에게 매우 화를 내겠지!

하지만, 기드온은 하나님께서 말씀하셨으니 어쩔 도리가 없었단다. 하나님 말씀대로 하는 수밖에.

깜깜한 밤, 주위가 어두워 아무도 자기들을 볼 수 없을 때, 기드온은 친구 몇 명을 데리고 바알의 제단이 있는 곳으로 갔어. 그리고 바알 형상과 제단을 완전히 박살 내 버렸지. 기드온과 그의 친구들은 돌을 모아 하나님을 위한 새로운 제단도 쌓았단다. 그 제단 위에 제물을 올려놓고 하나님께 제사를 드렸어.

다음 날 아침! 사람들은 바알의 제단이 부서져 있는 것을 발견했어. 그리고 새 제단이 만들어진 것도 보았지. 새 제단에는 하나님께 드리는 제물을 불에 태운 흔적이 있었어.

"감히 우리의 신, 바알의 제단을 부순 사람이 누구야?"

사람들은 화가 나서 소리쳤지. 제단을 부순 사람을 찾으려고 이리저리 캐묻고 다녔단다. 결국, 기드온이 그 일을 했다는 것이 밝혀졌지. 사람들은 기드온의 아버지 집으로 몰려갔어.

"당신의 아들을 집 밖으로 내보내시오. 당장 죽여 버려야겠소. 당신 아들이 우리 신의 제단을 부수었소."

사람들이 소리쳤단다. 하지만, 기드온의 아버지는 기드온을 집 밖으로 내보내지 않았어. 대신 이렇게 말했지.

"만약 바알이 진짜 신이라면, 바알 신이 직접 기드온을 벌할 거요. 기드온에게 화가 가장 많이 난 것은 바알 신일 테니 말이오!"

사람들은 이렇게 말했어.

"그래, 그 말이 맞아. 바알 신이 기드온을 가만두지 않을 거야. 무시무시한 벌을 내릴 거야. 이제 기드온은 큰일 났군."

자, 기드온에게 어떤 일이 일어났을까? 기드온이 벌을 받았을까? 아니란다! 기드온에게는 아무 일도 일어나지 않았단다. 바알은 사람이 만든 돌덩어리 우상일 뿐이야. 그러니 아무 일도 안 일어나는 것이 당연하지!

47. 사사 기드온

사사기 7장

기드온은 바알의 형상과 제단을 부순 후 다음 일을 해야 했어. 다음 일이 뭐냐고? 강도들을 내쫓는 일이었지. 하지만, 강도들을 어떻게 내쫓을지는 기드온도 잘 몰랐단다. 하나님께서 기드온에게 말씀하셨어.

"기드온, 이곳에서 강도들을 몰아내야겠다. 너는 내가 시키는 대로 강도들을 내쫓는 일을 도와주어야겠다. 300명의 군인을 거느리고 강도들을 내쫓아라."

300명이라고? 그렇게 적은 수로 어떻게 몇천 명이나 되는 강도들과 싸운단 말이야. 말도 안 돼. 하지만, 하나님께서는 이렇게 말씀하셨지.

"기드온, 내 말대로만 하면 된다."

강도들이 진을 친 곳은 아주 넓은 곳이었어. 강도들은 밤마다 그곳에 있는 천막에서 잠을 잤단다. 낮에는 이스라엘 사람들이 사는 곳에 와서 물건을 빼앗아 갔지.

어느 날 밤 기드온은 군인 300명을 이끌고 강도들이 잠을 자는 곳으로 갔어. 군인들에게 천막이 세워져 있는 진 주위를 빙 둘러싸라고 했지. 그때는 아주 깜깜한 밤이었기 때문에 아무도 기드온과 군인들이 움직이는 것을 볼 수 없었어. 이제 기드온이 300명의 군인을 데리고 강도들과 전쟁을 시작하려나 봐. 그런데 잠깐! 뭔가 조금 이상한데? 기드온과 300명의 군인들은 손에 아무런 무기도 없었어. 아니 무기도 없이 어떻게 전쟁을 하겠다는 거지?

기드온과 그의 군인들은 한 손에 나팔을 들고 있었어. "뚜뚜루뚜" 하고 부는 나팔 말이야. 다른 손에는 항아리를 들고 있었단다. 항아리 속에는 불이 붙은 횃불이 들어 있었지. 그리고 횃불은 눈에 띄지 않게 항아리 속에 잘 숨겨져 있었단다. 전쟁 준비치고는 참 이상하지? 하지만, 이렇게 하라고 말씀하신 분은 바로 하나님이셨어. 하나님 말씀대로 준비했으니 전쟁에서 이기는 것은 보나마나한 일이지.

강도들이 모두 깊은 잠에 곯아떨어져 있는 한밤중이었지. 갑자기 요란한 소리가 사방에서 들려 왔단다. 기드온의 군인들이 일제히 나팔을 불었거든. 강도들은 깜짝 놀라 잠에서 깨어났지. 눈을 뜬 강도들 앞에 무엇이 보였는지 아니? 자기들 진 주위가 온통 불바다가 되어 훨훨 타고 있었어. 게다가 주위는 왁자지껄하며 너무 시끄러웠지. 기드온의 군인 300명이 들고 있던 항아리를 깨부수면서 요란한 소리를 내고 있었거든. 기드온의 군인들은 항아리를 부수고 그 속에서 훨훨 타오르는 횃불을 꺼내 들었단다. 그리고 그 횃불을 이리저리 흔들면서 목청껏 고함을 질렀지.

"하나님을 위하여! 기드온을 위하여!"

그런 사실을 모르는 강도들은 그냥 놀랄 수밖에. 아닌 밤중에 날벼락을 맞은 기분이었지. 엄청나게 많은 군인이 자기들을 공격하러 온 것이 분명하다고 생각했지. 주위가 깜깜하니까 뭐가 뭔지 제대로 볼 수도 없었어. 강도들은 이스라엘 군인들이 벌써 자기들 진 안으로 공격해 왔다고 생각했단다. 그래서 무기를 찾아 들고 싸우기 시작했어. 옆에 있는 사람을 막 공격했는데 그 사람은 이스라엘 군인이 아니라 같은 편이었어! 이스라엘 군인인 줄 알고

공격을 했는데, 실제 그 사람은 같은 편 강도였던 거지. 이스라엘 군인은 아직 한 명도 진 안으로 들어가지 않았단다. 기드온과 300명의 군인들은 그때까지도 진 바깥을 빙 둘러싸고 있었지.

강도들의 진영 안은 뒤죽박죽이 되었어. 강도들은 점점 더 겁이 났지. 결국, 강도들은 모두 도망을 쳤단다. 자기 나라로 다 도망가 버렸어. 기드온과 300명의 군인들은 강도들의 뒤를 쫓아갔지. 그리고 강도들을 한 명도 남기지 않고 이스라엘 땅에서 모두 쫓아냈단다.

그 후에 기드온은 이스라엘 나라의 지도자가 되었단다. 이 당시에는 이스라엘의 지도자를 '사사' 라고 불렀는데 기드온이 '사사'가 된 거야. 기드온은 언제나 하나님을 사랑하며 살았어. 기드온이 사사로 있는 동안 이스라엘은 아주 평화로웠단다. 모두 하나님의 말씀을 잘 지켰지.

하지만, 기드온이 늙어 세상을 떠나자 이스라엘 사람들은 다시 나쁜 길을 선택했단다. 하나님을 잊고 옛날처럼 우상 앞에 절을 하며 우상을 섬겼단다.

* 48. 삼손과 수수께끼

사사기 13–16 장

기드온이 죽은 뒤 다른 사람이 사사가 되었단다.

이스라엘 사람들은 다시 하나님을 잊어버리고 살았어. 그러자 이스라엘 민족을 괴롭히는 나쁜 적들이 다시 쳐들어왔지. 이번에 나타난 적은 '블레셋'이라는 민족이었어. 이 블레셋 민족은 이스라엘 사람들을 아주 심하게 괴롭혔단다.

이때 하나님께서 선택하신 사사는 '삼손'이었어. 삼손이 태어나기 전 하나님께서 삼손의 어머니에게 이렇게 말씀하셨단다.

"앞으로 1년 후 너에게 아들을 주겠다. 그 아들은 나를 위해 일하는 특별한 종이 될 것이다. 너는 절대로 네 아들의 머리카락을 잘라서는 안 된다. 또 너의 아들이 자라 어른이 되어도 절대로 포도주를 마시게 하면 안 된다. 네 아들은 자라 이스라엘의 사사가 될 것이다. 그는 블레셋에 맞서 싸울 것이다. 내가 그를 아주 강하게 만들어 줄 것이다."

1년 후에 하나님께서 말씀하신 대로 아들이 태어났지. 삼손의 어머니는 아들을 얻었고, 그 아들의 이름을 '삼손'이라고 지었단다.

삼손은 덩치가 크고, 힘이 센 청년이 되었어. 그 주변에 삼손만큼 힘이 센 사람은 아무도 없었지. 삼손의 어머니는 삼손의 머리카락을 한 번도 자르지 않았단다. 하나님께서 삼손의 머리카락을 자르지 말라고 하셨잖아. 그래서 삼손은 머리카락이 아주 길었어.

삼손이 자라 어른이 되었어. 삼손은 누구도 겁내지 않았지. 자기가 힘이 가장 셌거든! 하나님께서 삼손을 아주 강하게 만들어 주셨기 때문이야. 이제 삼손이 블레셋 민족에 맞서 싸울 때가 되었어.

어느 날 삼손은 블레셋 사람들이 사는 마을로 갔단다. 블레셋 사람들은 늘 이스라엘 사람들을 괴롭혔지. 하지만, 삼손은 괴롭히지 않았어. 삼손을 감히 건드릴 용기조차 없었지.

삼손은 그 마을에서 아름다운 아가씨를 발견했어. 그 아가씨가 얼마나 예뻤던지 삼손은 당장 그 아가씨와 결혼하고 싶어 했단다. 삼손이 정말 바보 같은 짓을 하려고 하고 있어. 하나님께서 이스라엘 남자는 블레셋 여자와 결혼하면 안 된다고 말씀하셨잖아.

삼손의 부모님도 반대하셨지. 부모님은 삼손에게 이렇게 말씀하셨단다.

"이스라엘에도 예쁜 아가씨가 많잖니? 이스라엘 사람 중에서 아가씨를 찾아보렴!"

하지만, 삼손은 고집을 부렸어.

"싫습니다. 저는 이 아가씨와 결혼하고 싶습니다."

하는 수 없이 삼손의 부모님은 삼손과 함께 그 아가씨가 사는 마을에 가 보기로 했단다. 그 아가씨의 부모님을 만나러 가는 거야. 길을 가다가 중간에 삼손은 부모님과 헤어져 다른 길로 갔단다.

그때 갑자기 덤불 사이에서 사자가 튀어나와 삼손 앞에 턱 버티고 서는 것이었어. 삼손도 처음에는 깜짝 놀랐지. 하지만, 사자가 으르렁거리면서 삼손에게 다가오자, 삼손은 달려들어 사자의 턱을 움켜쥐었단다. 그리고 단숨에 사자를 두 동강으로 찢어 죽였단다. 삼손의 힘이 얼마나 센지 알겠지? 삼손

은 사자를 덤불 속에 던져 버리고 부모님이 계신 곳으로 걸어갔어. 부모님을 다시 만난 삼손은 자기가 사자를 죽였다는 것을 부모님께 말하지 않았단다.

드디어 삼손과 삼손의 부모님은 그 아가씨가 사는 마을에 도착했단다. 아가씨의 부모님도 만났어. 그리고 몇 주 후 결혼식을 올리기로 약속했지.

몇 주가 지나고 삼손과 삼손의 부모님은 결혼식을 위해 그 아가씨가 사는 마을에 다시 가게 되었어. 지난번에 걸었던 길을 가다가 삼손은 그때 그 사자가 어떻게 되었는지 궁금해졌단다. 그래서 그곳을 찾아가 보았지. 그랬더니 윙윙거리는 벌 떼가 죽은 사자의 몸에 벌집을 만들어 놓은 것이 보였어. 벌집에는 꿀이 잔뜩 들어 있었지. 벌들은 항상 꿀을 모으잖아.

맛있는 꿀을 보자 삼손은 꼴깍 침이 넘어갔지. 그래서 손을 뻗어 사자의 시체에서 꿀을 퍼 맛있게 먹었단다. 그 꿀을 조금 담아 부모님에게도 갖다 드렸어. 그 꿀이 어디에서 났는지는 말씀드리지 않았단다.

블레셋 마을에 도착한 삼손은 그 여자와 결혼을 했어. 결혼식 후에는 큰 잔치가 열리기 마련이지. 결혼 잔치는 무려 7일 동안이나 계속되었단다.

결혼 잔치에 블레셋 청년들이 30명이나 와 있었어. 이 청년들은 삼손 아내의 친구들이었지. 그들은 삼손을 좋아하는 척하며 친절하게 대해 주었어. 삼손은 기분이 아주 좋았단다.

삼손이 그 청년들에게 말했어.

"내가 수수께끼를 하나 내겠소. 매우 어려운 수수께끼니 잘 생각해 보시오. 이 결혼 잔치가 끝날 때까지 시간을 주겠소. 만약 당신들이 답을 맞히면 당신들 모두에게 윗옷 한 벌과 겉옷 한 벌씩을 주겠소. 그러나 수수께끼를 풀지 못하면 그대들이 내게 윗옷 한 벌과 겉옷 한 벌씩을 줘야하오."

"좋소. 그렇게 합시다."

삼손에게 거짓으로 친절한 척하던 그 젊은이들이 입을 모아 대답했어.

"자, 수수께끼를 말해 보시오."

삼손이 수수께끼를 냈단다.

"먹는 자에게서 먹을 것이 나오고 힘센 것에서 단 것이 나온다. 이것이 무엇이겠소?"

30명의 청년들은 수수께끼를 풀 수가 없었지. 무슨 말인지 도통 이해가 안 갔거든. 삼손이 낸 수수께끼는 정말 어려운 수수께끼였어. 결혼 잔치가 거의 끝나 가고 있었지. 하지만, 블레셋 청년들은 아직도 수수께끼의 답을 알아내지 못했단다. 이제 삼손에게 윗옷 한 벌과 겉옷 한 벌씩을 줘야 할 판이었어. 그랬으니 청년들 기분이 좋았겠니?

처음부터 이 사람들은 삼손을 좋아하지 않았지. 그들은 삼손의 아내에게 가서 이렇게 말했단다.

"삼손이 낸 수수께끼의 답을 삼손에게 물어봐. 그래서 그 수수께끼 답을 우리에게 알려 줘! 만약 우리 말을 듣지 않으면 네 부모님과 너를 죽여 버리겠어!"

정말 나쁜 사람들이지? 삼손의 아내는 이 말을 듣고 겁이 나 부들부들 떨었단다. 당장 삼손에게 가 말했지.

"그 어려운 수수께끼 답을 가르쳐 주세요."

하지만, 삼손은 이렇게 대답했어.

"안 되오, 수수께끼의 답은 가르쳐 줄 수 없소. 지금까지 아무에게도 그 답을 가르쳐 주지 않았는걸. 우리 부모님에게조차 말하지 않았소."

그러자 삼손의 아내는 울음을 터뜨렸어. 엉엉 울면서 말했단다.

"삼손, 당신은 나를 사랑하지 않아요. 나를 사랑한다면 그 수수께끼의 답쯤은 내게 가르쳐 줄 수 있잖아요."

삼손의 아내는 울면서 답을 가르쳐 달라고 쉬지 않고 졸랐단다. 어쩔 도리가 없어진 삼손은 아내에게 설명해 주었지. 자기가 사자를 죽였던 것을 말해주고 벌들이 사자의 시체에 꿀을 모았다는 것도 말해 주었어. 먹는 자에게서 먹을 것이 나오고 힘센 것에서 단 것이 나온다. 이 수수께끼의 답은 바로 이런 것이었지. 먹는 자는 사자를 말하는 거야. 단 것은 사자의 시체에 있던 꿀이야. 그러니까 수수께끼의 답은 '사자에게서 꿀이 나온다.'였어.

수수께끼의 답을 알아낸 삼손의 아내는 단숨에 블레셋 청년들을 찾아갔단다. 그리고 수수께끼의 답을 가르쳐 주었어.

결혼 잔치 마지막 날, 블레셋 청년들이 삼손에게 왔단다. 그들은 자신만만하게 이렇게 말하는 것이었어.

"수수께끼의 답을 알아냈소. '먹는 자'는 힘이 센 사자야. 그리고 '단 것'은 꿀이지."

삼손은 자기 아내가 청년들에게 수수께끼의 답을 가르쳐 주었다는 것을 그 자리에서 바로 눈치챘어. 뻔뻔한 청년들에게 화가 났단다. 하지만, 청년들과 한 약속은 지켜야 했어. 청년들에게 윗옷 한 벌과 겉옷 한 벌씩을 주기로 한 약속 말이야. 삼손은 블레셋 사람들이 사는 옆 마을로 갔단다. 그곳에서 삼손은 블레셋 사람 30명을 죽였어. 그리고 그 사람들이 입고 있던 옷을 벗겨 그 청년들에게 주었단다.

삼손은 수수께끼의 답을 청년들에게 알려 준 아내에게도 화가 났어. 자기를 속였잖아. 삼손은 그런 아내를 두 번 다시 보고 싶지 않았지. 삼손은 그곳을 떠나 자기 부모님 집으로 돌아왔단다.

하지만, 시간이 얼마쯤 지나고 삼손은 자기 아내를 버리고 떠나온 것이 후회되었지. 그래서 자기 아내가 사는 마을에 다시 가 보았단다. 하지만 삼손의 아내는 예전에 살던 집에 없었어. 이미 다른 남자와 결혼을 해서 다른 곳으로 갔다는 거야. 그녀의 아버지가 삼손에게 말했어.

"자네가 내 딸을 사랑하지 않아 영영 돌아오지 않을 줄 알았네. 그래서 내 딸을 다른 남자와 결혼시켜 버렸지."

그 말을 들은 삼손은 블레셋 사람들에게 더욱더 화가 났단다. 화가 난 삼손은 닥치는 대로 사람을 죽였어. 아주 많은 블레셋 사람을 죽였단다. 그것도 혼자서 말이야. 이스라엘 사람 누구도 삼손을 도와주지 않았어. 감히 블레셋 사람을 죽이겠다고 나서는 이스라엘 사람은 아무도 없었단다.

* 49. 삼손과 들릴라

사사기 16 장

삼손이 계속해서 이스라엘의 '사사'로 일하고 있을 때였어. 삼손은 기드온과는 달랐지. 언제나 혼자서 블레셋 민족과 싸웠거든. 그러나 다른 이스라엘 사람들은 감히 블레셋 사람들에 맞서 싸우려고 하지 않았어. 하지만, 삼손은 블레셋 사람들을 겁내지 않았어. 힘이 정말 셌거든! 하나님께서 삼손에게 특별히 센 힘을 주셨단다.

어느 날 삼손은 다시 블레셋 사람들이 사는 마을에 갔단다. 그리고 그곳에서 예쁜 여자를 보았어. 그 여자의 이름은 '들릴라'였지. 삼손은 자주 그 여자를 만나러 갔단다. 삼손이 또다시 어리석은 일을 시작한 거야. 블레셋 여자가 아니라 이스라엘 여자와 결혼해야 한다는 것을 벌써 잊었나 봐.

삼손은 들릴라를 정말로 사랑했지. 하지만, 들릴라는 삼손을 사랑하지 않았어. 삼손을 사랑하는 것처럼 보였지만 진심은 아니었단다. 하루는 그 마을에 사는 블레셋 남자들이 들릴라를 찾아와 이렇게 말했어.

"들릴라, 삼손을 아주 많이 사랑하는 척하도록 해. 그래서 삼손의 그 큰 힘이 어디에서 나오는지 알아내는 거야. 삼손의 비밀을 알아내서 우리에게 알려 주기만 하면, 그 보답으로 돈을 많이 줄 테니까 말이야."

그래서 들릴라는 삼손의 비밀을 알아내려고 삼손에게 물었지.

"당신이 그렇게 힘이 센 이유가 뭔지 이야기해 주세요."

삼손은 들릴라에게 그 비밀을 얘기해 주지 않았단다. 삼손이 비밀을 얘기하지 않자 들릴라는 화를 냈지. 화가 난 들릴라는 삼손에게 이렇게 말했어.

"그럼 여기서 나가요!"

그 말에 삼손은 무척 슬퍼했지. 삼손이 말했어.

"그래, 알았어. 너한테만 비밀을 말해 줄게. 만약 일곱 가닥으로 꼰 튼튼한 새 밧줄로 나를 꽁꽁 묶으면 나는 꼼짝 못하게 돼. 힘이 쭉 빠져서 보통 사람처럼 되지."

그 말을 듣고 들릴라가 중얼거렸단다.

"그 말이 정말인지 어디 한번 확인해 보아야겠어요."

들릴라는 일곱 가닥으로 꼰 튼튼한 새 밧줄을 구해 왔단다. 그리고 마을의 남자들을 찾아가 말했어.

"당신들은 문 뒤에 숨어 있으세요. 내가 삼손을 꽁꽁 묶어 놓고 소리를 지르면 들어와 삼손을 잡아가세요."

이런 나쁜 일을 꾸미고서 들릴라는 뻔뻔하게도 삼손에게 아주 친절한 척 굴었단다. 들릴라는 일곱 가닥으로 꼰 밧줄로 삼손의 팔과 다리를 꽁꽁 묶었어. 아무것도 모르는 삼손은 들릴라가 장난을 치는 줄 알고 오히려 재미있어 했지. 들릴라가 자기를 속이고 있는 줄은 꿈에도 몰랐어.

삼손을 다 묶은 들릴라는 갑자기 소리를 질렀단다.

"삼손, 블레셋 사람들이 당신을 잡으러 오고 있어요!"

"그래? 그놈들이 어디 있지?"

그렇게 말하면서 삼손은 벌떡 일어나 두 주먹을 불끈 쥐었단다. 그러자 일곱 가닥으로 꼰 밧줄은 썩은 줄처럼 끊어져 버렸어. 삼손은 이미 블레셋 사람들과 싸울 준비가 끝나 있었어. 그걸 본 블레셋 사람들은 '걸음아, 날 살려라' 하고 도망가 버렸단다. 들릴라는 삼손이 자기를 놀렸다는 것을 알게 되었지.

몇 주가 지나고 들릴라는 삼손에게 다시 같은 것을 물어보았어.

"당신의 그 놀라운 힘은 어디에서 나오는 거지요? 이번에는 거짓말하지 말고 똑바로 가르쳐 주세요."

삼손은 그 비밀을 말해 주고 싶지 않았어. 그러자 들릴라가 또다시 화를 내는 거야. 들릴라가 말했지.

"당신은 나를 사랑하지 않아! 여기서 당장 나가 버려!"

들릴라의 방 한쪽 구석에는 옷감을 짜는 베틀이 있었지. 베틀은 아주 크고 무거운 물건인데 많은 실이 걸려 있단다. 들릴라는 베틀에 앉아 예쁜 옷감을 짜곤 했어. 삼손은 생각했단다.

'이번에는 뭐라고 둘러댈까? 지난번에는 밧줄이라고 했는데, 이번에는 뭐라고 하지?'

궁리를 하던 삼손이 들릴라에게 이렇게 말했단다.

"내 머리카락을 저 베틀에 있는 실과 함께 섞어 천을 짜면 내 힘은 사라지지. 나는 힘을 잃고 보통 사람처럼 돼 버려."

들릴라가 말했단다.

"그 말을 믿고 한번 시험해 봐도 되나요?"

들릴라는 삼손의 멋지고 긴 머리카락을 베틀에 넣고 실과 함께 엮었단다. 그리고 그 끝에는 무거운 물건도 하나 매달아 두었어. 이제 삼손의 머리는 베틀에 완전히 묶인 상태가 되었어. 들릴라가 그때 다시 소리를 쳤단다.

"삼손, 블레셋 사람들이 당신을 잡으러 왔어요!"

순식간에 삼손은 자리에서 일어났어. 삼손의 머리끝에는 무거운 베틀이 대롱대롱 매달려 있었지. 하지만, 삼손은 그런 것에 전혀 신경을 쓰지 않고 블레셋 사람들과 싸울 준비를 했어.

'또 실패야!'

화가 난 들릴라가 속으로 생각했단다.

얼마 후 들릴라는 또다시 삼손이 귀찮을 정도로 힘의 비밀을 알려 달라고 졸랐지. 삼손이 그 비밀을 알려 주지 않겠다고 하자 들릴라는 삼손을 당장 쫓아내 버렸단다. 삼손은 너무 슬펐어. 들릴라 없이는 하루도 살 수 없을 것 같았거든.

삼손은 자기가 블레셋 여자와 함께 있는 것을 하나님께서 싫어하신다는 것을 완전히 잊고 있었지. 삼손은 하나님의 말씀을 듣지 않았어. 대신 예쁜 들릴라만 생각했지. 항상 들릴라와 같이 있으면 좋겠다고 생각했어.

그래서 결국 삼손은 들릴라에게 자신의 비밀을 말해 버리고 말았단다.

삼손이 말했어.

"나에게 있는 이 놀라운 힘은 하나님께서 주신거야. 하나님께서는 내게 머리카락을 절대로 자르지 말라고 하셨지. 만약 내 머리카락을 짧게 잘라버리면, 나는 힘을 잃을 거야."

이번에는 거짓말이 아니라는 것을 들릴라도 눈치챌 수 있었단다. 들릴라는 마을 남자들에게 가 이렇게 말했어.

"이제야 삼손이 가진 힘의 비밀을 알게 되었어요. 삼손의 힘은 바로 그 긴 머리카락에서 나온답니다. 오늘 밤, 삼손이 우리 집에 와서 잘 때 그의 머리카락을 짧게 잘라 버리세요. 그러면 삼손은 절대 힘을 쓰지 못할거예요. 오늘 밤에는 정말 삼손을 잡을 수 있을 거예요. 그리고 내게 줄 돈은 잊지 말고

두둑이 챙겨 오세요. 내게 돈을 많이 주겠다고 약속했죠?"

그날 밤 삼손이 잠들었을 때, 한 남자가 커다란 가위를 들고 삼손이 자는 방으로 살금살금 들어왔어. 그리곤 삼손의 긴 머리카락을 싹둑 잘라버렸지. 삼손은 아무것도 모르고 계속 잠을 자고 있었어. 그때 들릴라가 소리쳤어.

"삼손, 블레셋 사람들이 당신을 잡으러 왔어요!"

삼손은 자리에서 벌떡 일어났어. 이번에도 블레셋 사람들과 싸우려고 했단다. 그러나 불쌍한 삼손! 삼손은 이제 힘이 없어져 버렸어. 블레셋 사람들이 삼손을 붙잡았지. 그리고 자기들 맘대로 끌고 가 감옥 안에 가두었단다. 블레셋 사람들은 삼손을 장님으로 만들어 버렸어. 블레셋 사람들은 앞을 못 보는 삼손이 블레셋 사람들을 괴롭히는 일은 앞으로 절대 없을 거라 생각했어. 그러나 그들의 생각은 결국 보기 좋게 틀리고 말았단다.

그제야 삼손은 들릴라가 자기를 속였다는 것을 깨달았지. 들릴라는 자기를 사랑하지 않았어!

삼손은 생각했지.

'내가 감옥에 갇힌 것은 다 내 잘못이야. 내가 하나님의 말씀을 듣지 않아서 생긴 일이야. 하나님을 잊고 살았으니 난 정말 큰 죄를 지은 거야.'

감옥에 갇혀 있는 동안 삼손의 머리카락은 다시 자라기 시작했단다.

어느 날 블레셋 나라에 큰 잔치가 열렸어. 블레셋 사람들이 믿는 신인 '다곤'을 위한 잔치였단다. 잔치를 벌이려고 많은 사람이 커다란 건물에 모여들었어. 그곳은 바로 '다곤 신전'이었지. 그 신전에는 커다란 기둥이 2개 있는데, 이 두 기둥이 다곤 신전의 지붕을 떠받치고 있었단다.

블레셋 사람들은 기분이 좋아서 이렇게 떠들어 댔어.

"우리의 다곤 신께서 삼손을 잡도록 도와주셨어."

그들은 삼손을 감옥에서 끌고 나왔어. 그리고 다곤 신전으로 데리고 왔단다. 블레셋 사람들은 모두 다 삼손을 비웃었어.

"하하하, 저 삼손의 꼴 좀 봐! 예전의 그 강한 힘은 다 어디로 간 거야? 삼손, 우리의 다곤 신이 훨씬 힘이 세다는 걸 이제 알겠지!"

그 말을 들으며 삼손은 생각했지.

'다곤 신보다 하나님께서 훨씬 더 강하다는 것을 저 블레셋 사람들에게 보여 줄 수 있다면 얼마나 좋을까! 세상에서 가장 힘이 센 분은 하나님이야. 다곤은 우상일 뿐이라고.'

그리고 삼손은 기도하기 시작했단다,

"하나님, 저에게 딱 한 번 더 힘을 주세요! 저 블레셋 사람들에게 하나님께서 온 세상의 주인이시며 가장 힘이 센 분이라는 것을 보여 주세요."

그 순간 삼손은 온몸에서 예전과 같은 힘이 솟는 것을 느꼈단다. 삼손은 앞을 볼 수 없었어. 하지만, 그의 손과 발은 아직도 튼튼했지. 삼손은 다곤 신전을 떠받치는 두 기둥을 있는 힘을 다해 밀었단다. 그러자 기둥이 부러지면서 신전의 지붕이 와르르 무너져 내렸단다.

그때 다곤 신전에는 많은 사람이 모여 있었지. 신전의 지붕과 벽이 그 많은 사람 위로 떨어졌어. 그곳에 있던 사람들은 모두 죽어 버렸단다.

삼손이 있는 곳의 벽도 무너져 내렸지. 삼손 역시 그 밑에 깔려 죽고 말았어. 하지만, 삼손은 슬퍼하지 않았단다. 하나님께서 계신 하늘나라에 가게 되었으니까.

다곤 신전은 완전히 부서졌고 그곳에 있던 사람들은 모두 죽었어. 이렇게 해서 삼손은 마지막으로 온 세상의 주인은 다곤이 아니라 하나님이시라는 것을 모든 블레셋 사람들에게 보여 주었어.

50. 룻

룻기

이번 이야기의 주인공은 사사가 아니란다. 어떤 사람의 이야기인지 잘 들어 봐.

가나안 '베들레헴'이라는 마을에 한 부부가 살고 있었어. 남편의 이름은 '엘리멜렉', 아내의 이름은 '나오미'였단다. 두 사람에게는 아들이 2명 있었지.

엘리멜렉과 나오미가 사는 곳에 오랫동안 비가 내리지 않았어. 들판에는 곡식들도 거의 자라지 않았지. 엘리멜렉과 나오미의 집에도 먹을 것이 거의 떨어졌단다. 두 사람은 서로 의논을 했어.

"잠시 다른 나라에 가서 사는 것이 어떻겠소? 이웃 나라에는 곡식이 잘 자란다던데."

결국, 두 사람은 이웃 나라로 이사를 하기로 했지. 그래서 두 아들을 데리고 '모압'이라는 나라로 이사를 했단다. 모압에는 먹을 것이 풍족했단다. 네 사람은 그곳에서 행복하게 살았지. 엘리멜렉과 나오미 가족은 그곳에서 오랫동안 살게 되었어.

그러던 어느 날 남편 엘리멜렉이 죽고 말았단다. 나오미에게는 이제 두 아들만 남게 되었지. 두 아들은 자라 모압 아가씨와 결혼을 했단다. 한 아가씨 이름은 '오르바'이고 다른 아가씨는 '룻'이었어. 오르바와 룻이 나오미의 며느리가 되었고 나오미는 이 두 사람의 시어머니가 된 거야.

그런데 생각지도 못한 슬픈 일이 또 일어났어. 나오미의 두 아들이 모두 죽게 된 거야! 나오미는 큰 슬픔에 빠졌지. 나오미가 말했단다.

"고향으로 돌아가야겠구나. 예전에 살던 베들레헴으로 돌아가야겠어."

오르바와 룻은 시어머니 나오미와 함께 길을 떠났지. 세 사람이 가나안 가까이 왔을 때 나오미가 며느리들에게 말했단다.

"너희는 이제 돌아가거라. 너희는 모압 사람이잖니? 이곳 모압이 너희 나라잖아."

오르바는 나오미에게 작별 인사를 하고 돌아갔단다. 하지만, 룻은 이렇게 말했지.

"저는 어머니와 함께 가나안으로 가겠어요. 어머니를 혼자 버려두지 않겠어요. 저도 어머니처럼 이스라엘 사람이 되고 싶어요. 저는 하나님께 기도하고 하나님을 섬길 거예요. 저는 모압 사람들처럼 우상에게 기도하고 싶지 않아요!"

나오미는 마침내 고향 베들레헴에 다시 돌아왔단다. 고향을 떠나갔다가 많은 세월이 흐른 뒤였지. 남편도 없고 두 아들도 없이 며느리 룻만 데리고 돌아왔지. 베들레헴 사람들이 서로 수군거렸어.

"저 사람 진짜 나오미 맞아? 어쩜 저렇게 늙었을까?"

그래, 나오미는 슬픈 일들을 겪으면서 아주 많이 늙어 버렸어. 게다가 너무나 가난했지. 돈을 벌어다 줄 남편이나 아들도 없는 나오미가 이제 먹을 것을 어떻게 구할까?

룻이 말했단다.

"어머니, 지금은 농부들이 곡식을 수확하는 계절이에요. 제가 밭에 나가서 종들이 수확하다가 흘린 곡식을 줍겠어요. 저희 두 사람이 먹을거리는 마련할 수 있을 거예요."

농부들이 곡식을 수확할 때 떨어뜨린 것은 가난한 사람들이 가서 언제든지 주워도 된다는 것을 룻은 알고 있었어.

"그렇게 하려무나, 룻."

나오미가 허락해 주었지.

다음 날 아침 룻은 어떤 부자의 밭으로 갔어. 그 밭 주인의 이름은 '보아스'였지. 룻은 곡식을 추수하는 하인들의 뒤를 졸졸 따라다녔단다. 그러면서 바닥에 떨어진 곡식 알갱이를 주워 담았어. 오후가 되자 주인인 보아스가 밭을 살피러 나왔다가 물었지.

"저 젊은 여인은 누구인가?"

"예, 룻이라고 하는 여인입니다. 나오미의 며느리인데, 곡식 알갱이를 줍고 있습니다."

하인들이 대답했단다. 하인들의 말을 들은 보아스가 말했어.

"시어머니를 정성껏 돌보는 룻은 정말 착한 여인이다. 룻이 곡식을 많이 주워 갈 수 있도록 일부러 곡식을 많이 흘리도록 해라."

하인들은 그때부터 일부러 곡식을 흘리면서 일했단다. 주인 보아스가 시킨 대로 말이야.

보아스는 룻에게 다가가 친절하게 말했어.

"앞으로는 곡식을 주우러 항상 이곳으로 오도록 하오. 다른 농부의 밭으로 갈 필요 없소. 그리고 오늘 오후에 이곳에서 하인들과 함께 식사를 해도 좋소."

"저를 이렇게 친절하게 대해 주시는 이유가 무엇입니까?"

룻이 물었어.

“그대가 시어머니 나오미를 정성껏 돌보기 때문이오. 게다가 나오미는 나의 친척이기도 하오.”

그날 저녁 무렵 룻은 집에서 가지고 온 자루가 가득하도록 곡식을 주웠어. 이 정도면 며칠 동안 먹을 것 걱정을 하지 않아도 될 것 같았지. 룻은 기뻐하며 집으로 갔단다. 룻은 신이 나서 시어머니 나오미에게 말했어.

“어머니, 이것 좀 보세요! 제가 주워 온 곡식이 얼마나 많은지 한번 보세요.”

나오미가 룻에게 물었단다.

“누구네 밭에 갔었느냐?”

룻이 대답했어.

“보아스라는 분의 밭에 갔습니다. 앞으로 곡식을 수확하는 동안은 계속 그분의 밭에 와서 곡식을 주워도 된다는 허락도 받았습니다.”

그 후로 부자 보아스와 가난한 여인 룻은 매일 만났지. 룻이 하루도 쉬지 않고 보아스의 밭에 곡식을 주우러 왔거든. 보아스는 룻을 좋아하게 되었어. 룻을 사랑하게 되었단다. 룻도 보아스를 사랑하게 되었지.

얼마 후 두 사람은 결혼을 했단다. 그리고 두 사람은 아기를 얻었지. 그것도 아들을 얻었어. 그 아들의 이름은 '오벳'이었단다. 나오미는 이제 할머니가 되었어. 나오미는 사랑스러운 아기를 품에 안고 행복해했지. 오래전 나오미는 아주 큰 슬픔을 겪었단다. 남편도 죽고 아들도 다 죽고 며느리만 한 명 남게 되었지. 하지만, 지금은 귀여운 손자를 얻었고 나오미 할머니가 된 거야. 나오미는 다시 행복하게 되었단다.

51. 사무엘

사무엘상 1장

가나안 어느 마을에 '엘가나'라는 사람이 있었어. 그에게는 아내가 2명 있었지. 아내가 2명이라니 좀 이상하지? 그래서 엘가나의 집안은 그리 화목하지 못했단다.

두 아내 중 한 명의 이름은 '브닌나'였어. 브닌나는 자녀가 여러 명 있었지. 또 다른 아내의 이름은 '한나'였는데, 한나는 아이가 한 명도 없었단다. 한나는 자식이 없어서 너무 슬펐어. 자기도 아이가 있었으면 하고 간절히 바랐단다. 그런 한나를 브닌나는 자주 놀렸어.

"나는 이렇게 자식들이 많은데, 너는 안타깝게도 자식이 한 명도 없구나! 하나님은 너를 사랑하지 않으시는 것이 분명해. 그래서 너에게 아이를 주시지 않는 거야!"

그런 말을 들을 때면 한나는 더욱더 슬펐단다. 그러다가 브닌나에게 화를 내기도 했어. 이렇게 해서 엘가나의 집안에는 싸움이 끊이지 않았지.

엘가나는 한나를 아주 많이 사랑했어. 한나가 늘 슬픔에 잠겨 있는 것을 보는 엘가나의 마음도 아팠지. 그래서 엘가나는 브닌나보다 한나에게 더 많은 선물을 주었단다. 그러면 브닌나는 한나를 질투했고 엘가나의 집안에는 다시 싸움이 벌어졌지.

해마다 엘가나는 두 명의 아내를 데리고 '실로'라는 곳으로 갔단다. 실로는 성막이 있는 곳이야. 성막이 뭔지 기억하고 있지? 성막은 천막인데 이스라엘 사람들이 사막에 있을 때 하나님을 위해 만든 아름다운 천막이란다. 하나님께서 이렇게 말씀하셨지.

"나를 위해 아름다운 천막을 만들어라. 그곳은 나를 위한 곳이다. 앞으로 나는 너희와 가까이 있을 것이다. 성막은 나의 집이다."

이제 이스라엘 사람들은 더는 사막에 살지 않았어. 아름다운 땅, 가나안에 살고 있었지. 그리고 성막은 실로에 있었단다.

성막에는 제사장이 있지. 제사장은 하나님의 집인 성막에서 일어나는 모든 일을 책임지는 사람이야. 사람들이 성막에 있는 제단에 제물을 바치고 하나님께 제사를 드릴 때 그 일을 도와주는 사람이 제사장이란다. 엘가나가 살던 때의 제사장 이름은 '엘리'였지.

엘가나는 매년 하나님께 제사를 드렸어. 그래서 해마다 실로에 갔단다. 엘가나의 가족이 모두 둘러앉아 식사하고 있는데, 한나는 아기 때문에 다시 슬퍼졌어. 한나는 이런 생각을 했지.

'하나님의 집이 있는 이곳에 다시 왔어. 한 번 더 하나님께 아기를 주시라고 기도해야겠어.'

한나는 지금까지 이 기도를 계속해 왔지. 하지만, 한나는 한 번 더 간절히 하나님께 기도하기로 했단다. 한나는 성막 한쪽 구석으로 가서 무릎을 꿇고 앉았어. 그리고 눈을 감고 아주 작은 소리로 기도하기 시작했단다.

기도는 꼭 큰 소리로 하지 않아도 돼. 아주 작은 목소리로 조용히 할 수도 있지. 하나님은 언제나 우리의 기도를 들어주시거든.

한나는 작은 목소리로 기도했어.

"하나님, 제가 얼마나 아기를 갖고 싶어 하는지 아시지요? 하나님께서 저에게 아기를 주신다면, 나중에 그 아기가 자랐을 때 이 성막으로 데리고 오겠습니다. 저의 아들을 하나님을 위해 일하는 종으로 드리겠습니다. 제 아들이 제 곁을 떠나 저와 같이 살지 않더라도 저는 괜찮습니다."

한나는 아주 경건하게 하나님께 이런 기도를 했단다.

그때 엘리 제사장이 들어왔어. 엘리 제사장은 조금 전부터 한나를 계속 지켜보고 있었지. 엘리 제사장은 이렇게 생각했단다.

'저 여자는 좀 이상한 것 같아! 입술은 움직이는데 소리는 하나도 안 들리는군. 분명히 술에 취한 것 같아! 감히 술에 취해서 하나님의 집에 들어오다니. 그런 일은 절대 안 돼!'

엘리 제사장은 엄한 목소리로 한나에게 말했어.

"일어나 당장 여기서 나가시오! 여기가 어디라고 감히 술에 취한 채 들어왔단 말이요!"

한나는 슬픈 눈으로 엘리 제사장을 바라보면서 말했지.

"저는 술에 취한 것이 아닙니다. 저는 너무 슬퍼서 하나님께 기도하고 있었습니다. 하나님만이 저를 도와주실 수 있습니다."

한나의 말에 엘리 제사장이 대답했지.

"그랬군요. 하나님께서 당신의 기도를 분명히 들으셨을 것입니다. 당신이 기도했던 것이 그대로 이뤄질 것입니다!"

한나는 그 말을 듣고 자리에서 일어나 남편 엘가나가 있는 곳으로 돌아갔단다. 그리고 다시는 슬퍼하지 않았어.

1년이 지나고 엘가나는 다시 실로에 가게 되었어. 이번에도 하나님께 제사를 드리기 위해서였지. 하지만, 한나는 실로에 같이 가지 않았단다. 같이 갈 수가 없었어. 왜냐하면, 한나에게 아기가 생겼거든. 하나님께서 한나에게 아들을 주셨고, 그 아들의 이름은 '사무엘'이었어. 하나님께서 한나의 기도를 들어주신 거야.

사무엘이 4살이 되었을 때, 한나는 사무엘을 데리고 실로에 있는 성막에 갔지. 그때도 엘리가 제사장의 일을 하고 있었단다. 한나는 사무엘의 손을 잡고 엘리 제사장에게 걸어갔어. 그리고 엘리 제사장에게 말했단다.

"저를 알아보시겠습니까? 몇 년 전 하나님께 기도했던 그 여자입니다. 그때 제사장님은 제가 술에 취한 줄 아셨지요. 제가 그때 하나님께 무엇을 기도했는지 기억하십니까? 아들을 달라고 기도했답니다. 그 아들이 여기 있습니다! 저는 제 아들이 성막에서 제사장님을 도와 일하도록 하겠다고 하나님과 약속했습니다. 제 아들은 아직 어리지만 잘 가르쳐 주십시오. 제 아들을 잘 보살펴 주십시오."

그리고 한나는 집으로 돌아갔단다.

후에 엘가나와 한나는 더 많은 자녀를 얻었지. 하나님께서 아들 셋과 딸 둘을 주셨어. 그들은 한나와 같은 집에서 살았지. 하지만 사무엘은 하나님을 위해 일하는 어린 종이 되었단다.

52. 사무엘 선지자

사무엘상 3 장

사무엘은 성막에서 열심히 일했단다. 엘리 제사장을 도와 여러 가지 일을 했지. 사무엘의 어머니와 아버지는 해마다 하나님께 제사를 드리려고 사무엘이 있는 곳으로 왔어. 그때마다 사무엘의 어머니 한나는 사무엘을 위해 새 옷을 가지고 왔단다. 사무엘의 키가 해마다 쑥쑥 자랐거든. 사무엘은 벌써 의젓한 남자아이가 되었어.

엘리 제사장에게는 아들이 2명 있었단다. 이 두 아들은 아버지 엘리 제사장처럼 하나님께 제사 드리는 일을 하는 제사장이었어. 이 두 아들은 사람들이 하나님께 제사를 드릴 때면 아버지 엘리 제사장을 도와드렸지. 하지만, 이 두 아들은 좋은 제사장이 아니었고 나쁜 짓을 많이 했단다. 정말 나쁘지? 제사장은 하나님의 종인데 하나님의 종이 못된 짓을 하다니 말도 안 되는 일이지? 엘리 제사장도 자기 아들들이 나쁜 짓을 한다는 것을 알고 있었어. 가끔 엘리 제사장은 자기 아들들을 타일렀지.

"얘들아, 그렇게 하지 마라."

하지만, 엘리 제사장의 아들들은 계속 나쁜 일을 했단다. 엘리 제사장은 더는 아무 말도 하지 않고 지나갔어. 이 점은 엘리 제사장이 잘못 한 거야.

하나님께서는 엘리 제사장에게 이렇게 말씀하셨어.

"엘리야, 너의 아들들은 이제 제사장의 일을 할 수 없다. 얼마 후 너의 아들들은 둘 다 죽게 될 것이다."

어느 날 밤, 사무엘이 쿨쿨 잠을 자고 있을 때였지. 사무엘은 깜짝 놀라 잠에서 깨어났단다. 누군가 '사무엘아, 사무엘아!' 하고 부르는 소리가 들렸거든. 분명히 엘리 제사장일 거야! 엘리 제사장은 나이가 아주 많았어. 게다가 앞을 거의 보지 못했단다. 엘리 제사장이 사무엘의 도움이 필요한 것이 틀림없어.

사무엘은 엘리 제사장이 잠을 자는 곳으로 걸어가 말했지.

"예. 무슨 일로 부르셨습니까?"

그 말에 엘리 제사장은 아주 당황해 했지.

"너를 부른 적이 없단다. 가서 다시 잠을 자도록 하여라."

사무엘은 자기 침대로 돌아와 다시 잠이 들었단다. 얼마 후 사무엘은 다시 놀라서 벌떡 일어나고 말았어. 누군가가 '사무엘아, 사무엘아!' 하고 부르는 소리가 또다시 들렸거든. 침대에서 일어난 사무엘은 엘리 제사장에게로 걸어갔단다.

"부르셨습니까? 이번에는 저를 부르신 것이 맞죠?"

사무엘이 물었지. 하지만, 엘리 제사장은 이렇게 대답하는 것이었어.

"아니, 너를 부른 적이 없단다. 사무엘! 아마도 네가 꿈을 꾼 것 같구나."

사무엘은 다시 침대로 갔단다. 얼마 있지 않아 사무엘은 세 번째로 자기를 부르는 목소리를 들었어.

"사무엘아, 사무엘아!"

사무엘은 생각했지.

'누군가 나를 부르는 소리를 들었어. 이번은 틀림없어. 엘리 제사장님이

부르신 것이 분명해.'

자리에서 일어난 사무엘은 세 번째로 엘리 제사장의 침대로 걸어갔단다. 하지만, 엘리 제사장의 말은 세 번째인 이번에도 똑같았어.

"얘야, 정말로 너를 부른 적이 없단다."

그 순간 엘리 제사장의 머리에 떠오르는 생각이 있었어. 사무엘을 부르신 것은 아마 하나님이신가 봐! 사무엘은 그 사실을 알 수가 없었지. 그때까지 하나님께서 사무엘에게 직접 얘기하신 적이 한 번도 없었으니까.

엘리 제사장이 사무엘에게 말했단다.

"얘야, 네가 들은 목소리는 하나님의 목소리다. 다시 침대로 가거라. 잠시 후 또 그 목소리가 들리거든 '하나님, 말씀하십시오. 제가 듣겠습니다.' 하고 공손하게 말하여라."

사무엘은 자기 침대로 돌아왔지. 잠시 후 '사무엘아, 사무엘아!' 하고 부르는 소리를 다시 듣게 되었단다. 엘리 제사장의 말 그대로였지.

사무엘은 자리에서 일어나 똑바로 앉았어. 그리고 공손하게 말했단다.

"하나님, 말씀하십시오. 제가 듣겠습니다."

하나님께서는 사무엘에게 얘기를 시작하셨어. 하지만, 그 이야기는 좋은 이야기가 아니었단다. 하나님께서 이렇게 말씀하셨지.

"얼마 전 나는 엘리 제사장에게 그의 아들들을 벌주겠다는 말을 이미 했다. 엘리 제사장의 아들들은 나쁜 제사장들이다. 이제 엘리 제사장의 아들들은 벌을 받을 것이다. 그 두 아들은 같은 날에 죽을 것이다. 그리고 엘리 제사장도 같이 죽을 것이다. 왜냐하면, 엘리 제사장은 자기 아들들이 나쁜 짓 하는 것을 혼내지 않았기 때문이다."

정말 무서운 말씀이지? 사무엘은 잠을 잘 수가 없었단다.

다음 날 사무엘은 아침 일찍부터 부지런히 일을 하기 시작했어. 엘리 제사장이 어젯밤 일을 물어보지 않기를 바라면서 말이야! 하지만, 엘리 제사장은 사무엘에게 어젯밤 일을 물어보았지.

"사무엘아, 하나님께서 어젯밤에 너에게 뭐라고 하시더냐?"

사무엘은 엘리 제사장에게 아무 말도 하고 싶지 않았단다. 사무엘은 엘리 제사장을 정말로 사랑했거든. 그 이상하고 무서운 이야기를 엘리 제사장에게 전해 주어야 하는 걸까? 엘리 제사장이 다시 말했어.

"사무엘아, 나는 그 얘기를 꼭 듣고 싶구나."

사무엘은 어쩔 수 없었지. 사무엘이 슬픈 이야기를 모두 전해 주고 나자, 엘리 제사장이 말했단다.

"하나님은 세상의 주인이시다. 하나님께서는 자신이 옳다고 하시는 일은 반드시 이루신단다."

사무엘과 엘리 제사장은 그 일에 대해서 더는 얘기하지 않았단다.

사무엘은 하나님을 정말로 사랑했어. 하나님의 좋은 종이 되려고 열심히 성막에서 일했지. 사무엘이 어른이 되었을 때, 하나님께서는 사무엘과 자주 이야기하셨단다.

사람들은 이렇게 말했어.

"사무엘은 선지자야. 왜냐하면, 하나님께서는 사무엘에게 많은 얘기를 전해 주시거든."

그래, 사무엘은 하나님의 아주 특별한 종이었어.

53. 빼앗긴 황금 언약궤

사무엘상 4–7 장

가나안 땅에는 블레셋 민족이 이스라엘 사람들과 여전히 같이 살고 있었단다. 그들은 이스라엘 사람들을 계속해서 괴롭혔어.

한번은 블레셋과 이스라엘 사이에 전쟁이 벌어졌단다. 그런데 이스라엘이 전쟁에서 지고 말았지.

"우리가 전쟁에 지다니 어떻게 된 일이지?"

이스라엘 사람들이 서로 말했단다.

"하나님께서 우리를 더 이상 도와주지 않으시나 봐. 좋은 수가 없을까? 그래, 성막에 있는 황금 언약궤를 가지고 오자. 블레셋과 다시 전쟁을 하려면 언약궤를 이곳으로 가지고 와야 해. 언약궤만 있으면 우리가 전쟁에서 이길 수 있어! '여리고'라는 큰 성에서의 일 기억하지? 오래전 여리고 성 싸움에서도 우리가 이겼잖아. 그때 언약궤를 가지고 그 성 주위를 돌았다잖아! 가만히 성을 돌기만 했는데도 성벽들이 저절로 다 무너져 내렸대!"

얼마 후 엘리 제사장의 두 아들이 전쟁터에 나타났어. 그것도 언약궤를 가지고 말이야. 사실 엘리 제사장은 하나님의 언약궤를 성막에서 꺼내 다른 곳으로 옮기는 것을 좋아하지 않았어.

엘리 제사장이 말했지.

"그 일은 하나님께서 허락하지 않으실 거다. 언약궤는 성막 안에 있어야 한다. 언약궤를 전쟁터로 가지고 갈 수는 없다!"

하지만, 엘리 제사장의 아들들은 언약궤를 꺼내 전쟁터로 가져왔단다.

황금 언약궤를 본 이스라엘 사람들은 땅이 울리도록 소리를 질렀어.

"만세! 만세! 이제 블레셋과 싸우면 우리가 이길 것이다!"

블레셋 사람들도 이스라엘 사람들의 함성을 들었단다.

"도대체 무슨 일이지?"

블레셋 사람들은 무슨 일이 일어났는지 곧 알게 되었지. 누군가 이런 말을 전해 주었거든.

"이스라엘 사람들이 자기들 신의 언약궤를 가지고 왔대!"

그 말에 블레셋 사람들은 겁을 잔뜩 먹었단다! 이스라엘의 신인 하나님에 대해서 블레셋 사람들도 들은 이야기가 많았거든.

"이스라엘의 하나님은 정말 강한 신이야. 누구도 하나님께 대항할 수 없대."

블레셋 사람들은 너무 겁이 났어. 하지만, 이스라엘 사람들에 맞서 열심히 싸웠지. 그랬더니 글쎄 블레셋 사람들이 전쟁에서 또 이기고 말았단다! 게다가 블레셋 사람들은 이스라엘의 언약궤까지 뺏어 갔어. 언약궤를 지키고 있던 엘리 제사장의 두 아들은 전쟁에서 죽고 말았지. 이스라엘 사람들은 사방으로 뿔뿔이 도망가 버렸단다!

도망쳤던 사람 중에 한 사람이 '실로'로 도망을 갔지. 그곳에는 늙은 엘리 제사장이 두려움에 싸인 채 소식을 기다리고 있었어. 그 사람은 엘리 제사장에게 달려가 말했단다.

"저희가 전쟁에서 졌습니다. 제사장님의 두 아들은 죽었습니다. 또 블레셋 민족이 언약궤까지 빼앗아 갔습니다!"

자기의 두 아들이 죽었다는 소식을 듣고 엘리 제사장은 하늘이 무너지는

것 같았단다. 하지만, 엘리 제사장이 더 슬퍼한 것은 언약궤를 빼앗겼다는 것이었어! 모든 소식을 전해 들은 엘리 제사장은 너무 놀라 의자에서 뒤로 자빠지고 말았단다. 그리고 그 자리에서 죽어 버렸지.

하나님께서 오래전 어느 날 밤 사무엘에게 하신 말씀이 모두 다 이루어진 거야. 엘리 제사장과 그의 두 아들은 같은 날에 죽어 버렸어.

블레셋은 언약궤를 빼앗은 것을 아주 기뻐했단다. 블레셋 사람들은 이렇게 말했지.

"이스라엘의 신은 이제 우리 차지다!"

이스라엘의 신이 블레셋 민족의 것이 되었다고? 아니지! 언약궤는 황금으로 덮인 아름다운 상자일 뿐이야. 그리고 지금까지 하나님께서 계시는 곳인 성막에 놓여 있었지. 하지만, 언약궤가 하나님 자신은 아니란다. 하나님은 하늘에 계셔.

그런데 하나님께서는 이스라엘 사람들이 블레셋 사람들과 전쟁을 할 때 왜 도와주시지 않으셨을까? 그것은 이스라엘 사람들이 하나님께 더는 기도하지 않았기 때문이란다. 이스라엘 사람들은 우상에게 절을 했고 하나님을 잊어버렸단다. 그래서 블레셋 사람들과의 전쟁에서 진 거야.

블레셋 민족도 신이 있었는데, 그 신은 우상이야. 그냥 돌로 만든 인형일 뿐이지. 블레셋 사람들의 신은 '다곤'이었어. 다곤 신상은 아주 아름다운 집에 세워져 있었는데 그 집이 바로 '다곤 신전'이었지.

블레셋 사람들은 이스라엘의 언약궤를 다곤의 신전으로 가지고 갔어. 그리고 다곤 신상 앞에 언약궤를 두었지. 블레셋 사람들은 이렇게 말했어.

"다곤 신이 우리를 도와주셨어. 우리가 이스라엘을 이긴 것도 다곤 신 덕분이야. 다곤 신이 이스라엘의 신보다 훨씬 더 강해! 이제 이 언약궤는 다곤 신의 것이야."

블레셋 사람들은 신전의 문을 닫고 집으로 돌아갔단다.

다음 날 아침 다곤 신전에 온 블레셋 사람들은 깜짝 놀랐지. 아주 이상한 일이 벌어져 있었거든. 다곤 신상이 얼굴을 땅에 박고 언약궤 앞에 넘어져 있었어! 누가 그랬을까? 이런 일을 할 사람은 아무도 없는데!

블레셋 사람들은 다곤 신상을 다시 일으켜 세웠어. 저녁이 되어 블레셋 사람들은 다시 다곤 신전의 문을 꼭꼭 잠갔단다. 아무도 신전 안에 들어오지 못하도록 말이야!

하지만, 다음 날 아침 더 이상한 일이 벌어져 있었지! 다곤 신상은 다시 땅바닥에 넘어져 있었어. 다곤 신상의 머리와 팔은 잘려서 문지방에 널브러져 있었어. 누가 그랬을까? 감히 이런 일을 할 사람은 아무도 없는데!

그래, 이 일은 사람이 한 일이 아니야. 바로 하나님께서 직접 하신 일이란다. 언약궤의 주인이신 하나님께서 블레셋 사람들의 다곤 신보다 강하다는 것을 블레셋 사람들에게 보여 주신 거지!

그리고 다곤 신전이 있는 도시의 사람들이 모두 병에 걸려 아프게 되었단다. 사람들은 병에 걸린 이유를 바로 알아차렸어. 이스라엘의 신인 하나님께서 언약궤를 빼앗은 블레셋 사람들에게 벌을 주신 거야.

블레셋 사람들은 처음에는 언약궤를 빼앗았다고 기뻐했지. 하지만 지금은 좋아할 일이 아니었어! 사람들이 서로 말했단다.

"이 언약궤를 치워 버리는 것이 좋겠어! 다른 도시로 보내 버리자."

그런데 이 언약궤를 블레셋의 다른 도시에 갖다 놓자, 그 도시의 사람들도 모두 병에 걸려 버리고 말았어!

"이 언약궤 좀 제발 없애 버려!"

그 도시의 사람들이 이구동성으로 말했단다. 그래서 언약궤를 다시 다른 도시로 옮겼어. 하지만, 그 도시의 사람들은 언약궤를 자기들 도시에 갖다 놓는 것을 싫어했단다. 그 도시 사람들은 이렇게 말했지.

"우리도 병에 걸려서 아프게 될 거야. 그건 싫어!"

이제 이스라엘의 언약궤를 어떻게 하면 좋을까?

"그래, 이 상자를 이스라엘 민족에게 돌려줘 버리자."

블레셋 사람들은 결국 이렇게 결정했단다.

"이 언약궤 때문에 우리에게 안 좋은 일만 생기는군. 아무도 이스라엘의 신, 하나님을 이길 수가 없어. 만약 이스라엘의 신, 하나님이 누군가에게 화를 낸다면, 그 사람은 그 자리에서 끝장이야!"

블레셋 사람들은 아름다운 수레를 만들어 수레 위에 언약궤를 올려놓았지. 그리고 언약궤 옆에다 선물까지 갖다 두었어. 이스라엘의 하나님 마음을 조금이라도 누그러뜨려 볼 셈으로 말이야. 두 마리의 암소가 수레를 끌고 갔단다. 블레셋 민족은 이렇게 해서 언약궤를 이스라엘 민족에게 돌려보냈지.

이스라엘의 농부들이 자기네 밭에서 일하고 있었어. 그때 갑자기 농부들은 두 마리의 암소가 아름다운 수레를 끌고 이쪽으로 오는 것을 보았지. 그 수레 위에는 황금 언약궤가 놓여 있었어.

"언약궤가 돌아왔다!"

농부들이 기뻐하며 소리쳤단다.

이제 이 언약궤를 어디에 두어야 할까? 본래 언약궤가 있던 실로는 블레셋 민족이 다 부숴 버리는 바람에 언약궤를 실로의 성막에 갖다 놓을 수도 없었어. 그래서 사람들은 언약궤를 우선 '아비나답'이라는 사람의 집에 갖다 두기로 했단다. 아비나답의 아들에게 언약궤를 잘 지키라고 했어. 아무도 언약궤를 만지거나 언약궤에 가까이 가지 못하도록 말이야. 하나님께서 언약궤를 함부로 만지거나 가까이하지 말라고 말씀하셨거든!

54. 사무엘과 사울

사무엘상 7-11 장

사무엘은 이제 어른이 되었단다. 결혼도 하고 자녀도 태어났어. 사무엘은 선지자였는데 선지자는 하나님의 일을 하는 중요한 일꾼이란다. 사무엘 선지자는 하나님의 말씀을 듣고 그 말씀을 이스라엘 민족에게 전하는 일을 했지. 또 사무엘 선지자는 사사의 일도 했단다. '드보라'와 '기드온', '삼손' 처럼 말이야.

이스라엘 사람들의 생활은 점점 힘들어졌어. 블레셋 민족이 이스라엘 땅에 같이 살면서 이스라엘 나라의 주인 행세를 했기 때문이란다. 참다못한 이스라엘 사람들이 사무엘 선지자를 찾아왔어.

"뭐 좋은 수가 없을까요? 이제 더는 힘이 들어 지금 같이는 못 살겠어요. 하나님께서는 왜 우리를 도와주지 않으시는 거죠?"

사무엘 선지자는 그 이유를 알고 있었어! 사무엘 선지자가 말했단다.

"먼저 여러분이 절하고 섬기는 그 우상을 버리시오. 그리고 앞으로는 하나님께 기도드리도록 하시오!"

이스라엘 사람들은 사무엘 선지자의 말에 순종했어. 우상들을 다 부숴서 내다 버렸지. 그리고 하나님께 다시 기도하기 시작했단다.

사무엘 선지자도 하나님께 기도를 드렸지.

“하나님, 잘못했습니다. 하나님을 잊어버렸던 잘못을 진심으로 후회합니다. 이스라엘 사람들이 모든 우상을 다 내다 버렸습니다. 그리고 다시 주님께 기도하기로 결심했습니다. 저희의 기도를 들어주시고 저희를 지켜 주십시오. 블레셋 민족을 내쫓을 수 있도록 저희를 도와주십시오.”

하나님께서 사무엘 선지자의 기도를 들어주셨을까? 그럼 당연하지!

얼마 후 블레셋 민족이 이스라엘 민족을 공격해 왔단다. 전쟁이 일어난 거야. 하지만, 이번에는 하나님께서 이스라엘 민족을 도와주셨어. 이스라엘 민족이 전쟁에서 이겼지! 블레셋 사람들을 거의 다 이스라엘 땅에서 내쫓아 버렸단다.

사무엘 선지자는 또 아주 훌륭한 사사였어. 모두 사무엘 선지자를 사랑했지. 사무엘 선지자가 사사로 일하는 동안 이스라엘 사람들은 모두 하나님의 말씀에 순종했단다.

하지만, 여러 해가 지나고 사무엘 선지자는 점점 나이가 많아졌어. 사무엘 선지자는 예전처럼 일을 많이 할 수 없었지. 이스라엘 이곳저곳을 다니며 사람들을 도와주던 일도 더는 할 수 없었어.

어느 날 이스라엘 사람들이 사무엘 선지자를 찾아왔단다.

“사무엘 선지자님, 선지자님은 나이가 많아서 저희를 잘 도와주시지 못합니다. 앞으로 저희는 사사는 필요 없습니다. 대신 왕이 있었으면 좋겠습니다!”

그 말에 사무엘 선지자는 깜짝 놀랐어.

“왕이라고? 하나님께서는 왕을 세우는 것을 좋아하지 않으실 겁니다. 여러분의 왕은 하나님이라는 것을 모르시오?”

하지만, 이스라엘 사람들은 계속해서 이렇게 우겼지.

“다른 나라에는 모두 왕이 있습니다. 우리도 다른 나라들처럼 왕이 있으면 좋겠습니다. 사무엘 선지자님, 우리에게도 왕을 세워 주세요!"

사무엘 선지자가 대답했어.

"여러분 생각에는 왕이 있으면 좋을 것 같소? 만약 이 나라에 왕이 세워진다면, 여러분의 아들들은 왕을 위한 군인이 되어야 할 것이오. 그리고 여러분의 딸들은 왕을 위해 궁전에서 일을 하게 될 것이오. 게다가 왕을 부자로 만들기 위해 여러분들은 해마다 많은 돈을 왕에게 바쳐야 할 거요."

"아무래도 상관없습니다. 우리는 왕의 말이라면 뭐든지 할 것입니다."

이스라엘 사람들이 소리쳤지.

사무엘 선지자는 슬퍼 하나님께 물었단다.

"하나님, 이제 어떡하면 좋습니까?"

하나님께서 사무엘 선지자에게 대답하셨어.

"사무엘아, 이스라엘 민족의 말을 듣고 나도 마음이 아프다. 내가 이스라엘의 왕인데, 이스라엘 민족은 다른 왕을 원하는구나. 그러나 저들의 말을 들어주어라. 저들에게 왕을 세워 주어라. 내가 너에게 왕이 될 사람을 가르쳐 주겠다. 그 사람을 너에게 보내 주겠다. 아직 그는 자기가 왕이 될 거라는 사실을 모르고 있단다. 네가 그에게 이 사실을 설명해 주도록 해라."

다음 날 아침 한 사람이 사무엘 선지자를 찾아왔어. 사무엘 선지자의 도움을 받으러 온 이 사람은 '사울'이라는 사람이었지. 사울은 농장을 가지고 있었고 아주 잘 생긴 사람이었어. 키도 아주 커서 사람들 곁에 서면 사울의 머리만 위로 불쑥 솟아 보였단다. 사무엘 선지자가 사울에게 말했지.

"사울, 하나님께서 당신에게 이렇게 전하라고 하셨습니다. 하나님께서는 당신을 이스라엘의 왕으로 세우셨습니다!"

사무엘 선지자는 향기가 좋은 기름이 담긴 병을 가지고 있었어. 사무엘 선

지자는 그 기름을 사울의 머리 위에 부었단다. 이것을 '기름 부음'이라고 해. 사무엘 선지자는 사울을 이스라엘의 왕으로 기름 부었단다!

왕이 되었다는 사실에 사울은 아주 기분이 좋았지. 또 한편 왕이 되었다는 것이 조금 낯설었단다. 왜냐하면, 사울은 지금까지 농부로 살았거든.

사울이 이스라엘의 왕이 되었지만, 그 사실을 아는 사람은 아무도 없었어. 그래서 사무엘 선지자는 모든 이스라엘 사람들을 한자리에 불러 모았단다. 그리고 사울을 소개하려고 했지. 그런데 사울이 어딘가에 숨어버려서 찾을 수가 없었어. 사울은 왕이 된다는 것이 갑자기 무서웠나 봐!

사람들은 사울을 찾기 시작했고 결국 상자와 자루더미 속에서 사울을 찾아냈단다. 사울은 하는 수 없이 사람들 앞으로 끌려 나와 섰지. 사무엘 선지자가 말했어.

“이 사람이 바로 당신들의 왕이요!”

사무엘 선지자가 가리킨 사람은 키가 크고 얼굴도 잘생긴 사람이었어. 그 사람은 수줍어하며 주위를 둘러보고 서 있었지.

“우리 왕이시여, 만수무강하소서! 만세, 만세!”

사람들이 소리쳤단다.

왕이 된 사울은 그때까지 자기의 궁전이 없었어. 그래서 사울은 우선 자기의 집으로 돌아갔지. 모두 이스라엘에 새 왕이 생겼다는 사실이 낯설었어.

얼마 후 적들이 다시 가나안에 쳐들어왔단다. 적들은 이스라엘 사람들을 많이 괴롭혔어. 사울이 그 소식을 들었단다. 이제 사울이 이스라엘의 진짜 왕이 되었다는 것을 보여 줄 때가 온 거야. 사울은 자기의 농장을 떠나 이스라엘의 용감한 남자들을 모두 불러 모았어. 자, 이스라엘의 왕과 군대가 나가신다!

사울은 적들과 맞서 싸워 이겼단다. 이스라엘을 괴롭히는 나쁜 적들을 다 내쫓았지. 사울 왕이 군대를 이끌고 나가 전쟁에서 승리했단다!

싸움에서 이겨 적들을 다 쫓아낸 사울 왕은 자기의 농장으로 돌아가지 않았단다. 사울은 이제 진짜 왕이 되었지. 군대를 거느린 진짜 왕! 사울 왕은 그때부터 궁전에서 살았단다. 진짜 왕들은 궁전에서 사는 법이니까!

55. 불순종하는 사울 왕

사무엘상 13-16 장

어느 날 블레셋이 이스라엘을 다시 공격해 왔어. 하지만, 이번에는 이스라엘 민족이 블레셋 민족을 전혀 겁내지 않았단다. 이제 이스라엘 에도 왕이 있으니까 말이야. 사람들은 이스라엘의 왕, 사울 왕이 나가서 블레셋 민족을 다 쫓아내 줄 거라고 믿었어.

사울 왕은 군인들을 불러 모았단다. 군인들이 한자리에 모이자 그 수가 정말 많았지. 그때 사무엘 선지자가 사울 왕에게 말했어.

"사울 왕이시여, 아직은 블레셋과 전쟁을 시작하지 마십시오. 먼저 제가 하나님께 제사를 드리겠습니다. 그리고 하나님께 기도를 드려 블레셋 민족과 싸워 이기도록 도와 달라고 하겠습니다. 제가 왕께 돌아올 때까지 기다리십시오. 저는 7일 후에 오겠습니다. 제가 도착하면 그때 하나님께 제사를 드리도록 하지요."

사울 왕과 군사들은 사무엘 선지자를 기다리기 시작했단다. 하루가 지나고 이틀이 지나고 사흘이 지났어. 그 사이 블레셋 군대의 수는 점점 더 많아졌어. 사울 왕의 군사들은 당장에 블레셋 군대에 맞서 싸움을 하고 싶었지. 하지만, 사무엘 선지자가 올 때까지 기다려야 했어.

나흘이 지나고 닷새가 지났단다. 블레셋 군대는 그 수가 훨씬 많아졌어!

그러자 이스라엘 군인 중에는 겁을 먹는 군인들이 하나둘 생겨나기 시작했어. 전쟁은커녕 너무 겁이 나서 몰래 도망가는 군인들도 많았단다. 그 광경을 묵묵히 보고 있던 사울 왕은 당장 전쟁을 시작하고 싶은 마음이 굴뚝같았지. 사울 왕은 무섭지 않았어. 게다가 군인들이 자꾸만 도망가는 것을 가만히 지켜보고 있을 수만도 없었지. 사울 왕은 전쟁이라면 자신이 있었어. 하지만, 아직은 전쟁을 시작할 수가 없었단다. 사무엘 선지자가 와서 제사를 드려 줄 때까지 기다려야 했어.

그렇게 사울 왕은 엿새를 기다렸지. 사울 왕은 점점 더 조급해졌어. 군인들은 자꾸만 도망가 버리고 지금 남아 있는 군인이라고는 고작 600명 정도였거든.

사무엘 선지자가 영영 안 오면 어떡하지? 혹 사무엘 선지자에게 무슨 일이 일어난 걸까? 아니면 사무엘 선지자가 깜박 잊었을 수도 있지!

사무엘 선지자는 7일째 날 아침에도 나타나지 않았어.

"이렇게 마냥 기다릴 수만은 없어."

사울 왕이 말했단다.

"내가 직접 하나님께 제물을 바치고 기도를 하겠다."

사울 왕은 제단을 만들고 하나님께 제사를 드렸단다. 그런데 제사가 막 끝났을 때 사무엘 선지자가 도착하는 것이 아니겠니?

"사울 왕이시여, 대체 무슨 일을 하신 겁니까? 제가 올 때까지 기다리기로 약속하지 않았습니까?"

사무엘 선지자가 물었어. 이 말에 사울 왕은 이렇게 대답했단다.

"군사들이 거의 다 도망가 버렸습니다. 지금 남아 있는 군사는 고작 600명입니다. 사무엘 선지자님은 아무리 기다려도 오시지 않고, 블레셋 군인들은 점점 가까이 공격해 와서 전쟁을 더는 미룰 수 없었습니다. 하지만, 전쟁을

시작하기 전에 하나님께 먼저 제사를 드려야 했기에 하는 수 없이 제가 직접 제사를 드렸습니다."

그 말을 들은 사무엘 선지자는 몹시 슬펐단다.

"사울 왕이여, 왕은 하나님께 순종하지 않았습니다. 하나님을 신뢰하지도 않았습니다. 하나님께서 도와주시면 600명의 군사로도 전쟁에서 승리할 수 있습니다.

하나님께서는 왕을 이제 더는 좋은 왕으로 생각하지 않으십니다. 지금 왕이 잘못했기 때문에 나중에 왕이 늙어도 왕의 아들은 이스라엘의 왕이 되지 못할 것입니다. 하나님께서는 다른 사람을 이스라엘의 왕으로 선택하셨습니다. 하나님께 순종하는 사람을 왕으로 선택하셨습니다!"

"아니, 이럴 수가! 나의 아들 요나단이 나중에 왕이 될 수 없다고? 그럼 나중에 왕이 될 사람은 누구란 말입니까?"

그 사람이 누구인지는 사무엘 선지자도 몰랐단다. 하나님께서 사무엘 선지자에게도 그 사람이 누구인지 아직 알려 주지 않으셨거든.

사무엘 선지자는 돌아가 버리고 사울 왕은 블레셋과 전쟁을 했단다. 사울 왕의 아들 요나단도 함께 나가 싸웠단다. 요나단은 아주 용감한 청년이었어. 그리고 상냥하기도 했지. 이스라엘 사람들은 모두 요나단을 좋아했어. 그래서 이스라엘 사람들은 모두 "사울 왕께서 늙고 나이가 많아지면 요나단이 왕이 될 거야!" 하고 말했지. 하지만, 하나님의 계획은 달랐단다.

사울 왕과 요나단은 블레셋과의 전쟁에서 승리를 거뒀어. 이스라엘에서 블레셋 군인들을 한 명도 남김 없이 몰아냈지. 그 후에도 여러 번 적들이 이스라엘을 공격해 왔는데, 그때마다 사울 왕과 요나단이 항상 이겼단다.

그러던 어느 날 사울 왕이 또 한 번 큰 잘못을 저지르는 일이 생겼단다. 사울 왕이 아말렉 민족과 전쟁을 할 때였어. 아말렉 민족은 매우 나쁜 사람들이야. 오래전 이스라엘 민족이 사막에서 생활할 때 이스라엘 사람들을 아주 많이 괴롭혔던 나라였지. 하나님께서 사무엘 선지자에게 아말렉 민족을 벌주라고 말씀하셨고, 사무엘 선지자는 사울 왕에게 하나님의 말씀을 그대로 전했단다. 사울 왕이 하나님의 말씀대로 아말렉 민족에게 벌을 내려야 했지.

사무엘 선지자는 사울 왕에게 아말렉 왕을 꼭 죽여야 한다고 말했단다. 아말렉 왕은 나쁜 짓을 아주 많이 한 왕이었거든! 사울 왕은 군대를 이끌고 아말렉 민족과 전쟁을 하러 갔어. 아말렉 민족을 무찌르고 아말렉 왕을 사로잡았단다. 그런데 아말렉 왕을 죽이지 않고 자기 궁궐로 끌고 왔단다! 이 광경을 본 모든 사람은 이렇게 외치겠지.

"우리의 용감한 사울 왕 만세! 우리 사울 왕께서 저 무시무시한 아말렉 왕을 사로잡았다네!"

적어도 사울 왕은 그렇게 기대했어. 하지만, 사울 왕의 기대와는 전혀 다른 일이 벌어지고 말았단다. 사울 왕 앞에 화가 난 사무엘 선지자가 나타났거든. 사무엘 선지자는 또 많이 슬퍼하고 있었어. 사울 왕은 단번에 사무엘 선지자가 왜 화가 났는지 알아챘지. 그래, 아말렉 왕을 바로 죽였어야 했는데 사울 왕은 그렇게 하지 않았잖아. 사울 왕의 마음속에는 싸움을 잘하는 자기 자신을 사람들 앞에서 자랑하고 싶은 맘이 있었거든!

사무엘 선지자가 화난 목소리로 말했어.

"사울 왕이시여, 왕이 다시 어떤 일을 했는지 아십니까? 왜 아말렉 왕을 바로 죽이지 않았습니까? 자신이 싸움을 잘한다고 자랑하고 싶으셨습니까? 왕께서는 하나님 말씀에 순종해야 합니다. 왕께서 전쟁에서 이길 수 있도록 도와주신 분은 바로 하나님이십니다!"

"얼마 전까지만 해도 왕은 평범한 농부일 뿐이었습니다. 평범한 농부를 왕으로 세워 주신 분은 바로 하나님이십니다. 처음에 왕은 좋은 왕이셨습니다. 그러나 요즘 왕은 자꾸만 잘못된 일을 하고 있습니다. 그래서 하나님께서는 다른 사람을 이스라엘의 왕으로 선택하셨습니다. 그 사람이 왕을 대신하여 이스라엘의 왕이 될 것입니다. 사울 왕께서는 하나님을 진심으로 사랑하지 않습니다!"

말을 마친 사무엘 선지자는 슬픈 마음을 안고 떠나갔단다. 사무엘 선지자는 사울 왕을 많이 사랑했어. 그래서 사울 왕이 잘못을 저지르는 것이 너무 슬프고 괴로웠어. 사무엘 선지자는 이후로 사울 왕이 계속해서 많은 잘못을 저지를 것이라는 것을 알고 있었어. 그래서 사무엘 선지자의 마음은 더욱 아팠단다.

56. 양 떼를 치는 다윗

사무엘상 16 장

사무엘 선지자는 늙고 나이가 많아졌어. 이스라엘에 왕이 세워지고 사무엘 선지자는 더는 사사로 일하지 않았단다. 사무엘 선지자가 사사로 일하지 않은 지도 꽤 오래되었지. 그때 이스라엘의 왕은 사울 왕이었어.

사무엘 선지자는 사울 왕을 볼 때마다 마음이 너무 아팠어. 오래전 사무엘 선지자가 사울 왕을 이스라엘의 왕으로 세웠지. 사울 왕의 머리 위에 기름을 부어 왕으로 세운 사람이 바로 자신이었어. 사무엘 선지자는 하나님께서 시키시는 대로 그 일을 했단다.

처음에 사울 왕은 참 좋은 왕이었어. 하지만, 세월이 흐르면서 사울 왕은 변했단다. 점점 더 하나님의 말씀을 듣지 않게 된 거지. 사울 왕은 하나님을 진심으로 사랑한 것이 아니었어. 그래서 사무엘 선지자는 사울 왕을 볼 때마다 안타깝고 슬픈 마음이 생겼단다.

사무엘 선지자는 사사는 아니지만, 선지자의 일은 하고 있었어. 하나님께서는 사무엘 선지자에게 여전히 많은 것을 직접 알려 주셨지. 어느 날 하나님께서 사무엘 선지자에게 말씀하셨어.

"사무엘아, 내가 오래전 이스라엘의 왕으로 세우려고 다른 사람을 선택해 놓은 것을 알고 있지? 이제 그 사람이 누구인지 너에게 알려 주겠다. 그는

'이새'의 아들 중 한 사람이다. 이새는 '베들레헴'에 살고 있다. 이새를 찾아가라. 기름을 가지고 가서 이새의 아들 중 한 명에게 기름을 부어 그를 이스라엘의 왕으로 세워라."

사무엘 선지자는 자기가 하려는 일을 사울 왕이 알게 될까 봐 겁이 났어. 사울 왕이 이 일을 좋아할 리가 없잖아. 사울 왕은 평생토록 자기 혼자 왕이 되고 싶어 하니까. 그리고 자기가 죽고 나면 자기 아들 요나단이 뒤를 이어 왕이 되기를 바랄 테지.

하나님께서 사무엘 선지자에게 말씀하셨어.

"두려워할 것 없다. 사울 왕은 아무것도 눈치채지 못 할 것이다."

사무엘은 베들레헴에 사는 이새를 찾아갔단다. 이새의 집에서 함께 식사를 하기로 했지. 이새의 집에 도착한 사무엘 선지자는 이새의 첫째 아들을 보았어.

'오, 정말 잘생긴 청년이로군. 내가 기름을 부어 왕으로 세울 사람은 바로 이 청년일 거야.' 하고 사무엘 선지자는 생각했어. 하지만, 하나님께서는 이렇게 말씀하시는 것이었어.

"사무엘아, 이 청년이 아니다."

이새의 두 번째 아들이 그 뒤를 이어 들어왔단다. 이 청년도 아주 잘생긴 청년이었어. 하지만, 하나님께서는 이렇게 말씀하셨지.

"사무엘아, 아니다! 이 청년도 아니다."

그 뒤를 이어 세 번째 아들이 들어왔지. 그런데 이 청년도 아니라고 하나님께서 말씀하셨어. 이새의 일곱 아들이 차례로 사무엘 선지자 앞에 나왔단다. 하지만, 하나님께서는 일곱 번이나 같은 말씀을 하셨어.

"사무엘아, 아니다! 이 청년도 아니다."

이제 남은 아들은 한 명도 없었어. 사무엘 선지자는 영문을 알 수가 없었지. 이새의 아들 중 한 명이 왕이 될 거라고 하나님께서 직접 말씀하셨어. 그런데 이새의 아들을 다 만나 봤는데도 모두 아니라고 하시면 이제 어떡하라는 말씀일까?

사무엘 선지자가 이새에게 물어보았어.

"혹 아들이 더 있습니까?"

"예."

이새가 대답했지.

"아들이 한 명 더 있습니다. '다윗'이라는 아들입니다. 그런데 다윗은 아직 나이가 어립니다. 그리고 지금 집에 없습니다. 다윗은 양을 지키고 있거든요."

"당장 다윗을 집으로 데려오세요."

사무엘 선지자가 말했어.

"그대의 아들을 다 만나 보기 전에는 식사하지 않겠습니다."

잠시 후 다윗이 집에 왔단다. 다윗은 아직 어린 소년이었어. 비록 다윗이 나이는 어렸지만, 그는 하나님을 아주 많이 사랑했단다.

하나님께서 사무엘 선지자에게 말씀하셨지.

"바로 이 아들이다. 다윗에게 기름을 부어 이스라엘의 왕으로 세워라!"

사무엘 선지자는 그 자리에서 일어나 다윗의 머리에 기름을 부었단다.

어린 다윗은 이제 이스라엘의 왕이 된 거야. 하지만, 그 사실을 아는 사람은 아무도 없었지. 물론 사무엘 선지자가 다윗에게 기름 부을 때 곁에 있던 다윗의 아버지와 어머니 그리고 일곱 형은 그 사실을 알고 있었지.

이제 이스라엘에는 왕이 두 명 있는 거야. 사울 왕과 다윗 왕. 그렇지만, 당분간은 사울 왕이 진짜 왕으로 일할 거야. 두 명의 왕이 한 나라를 같이 다스리는 일은 있을 수 없거든. 그리고 나중에 다윗이 왕이 될 거라는 사실도

당분간은 누구에게나 비밀이야. 앞으로의 일은 하나님께서 지켜 주실 테니 걱정하지 말고 기다려야 해.

사무엘 선지자는 집으로 돌아갔어. 다윗은 다시 양을 지키러 갔지. 모든 일이 예전과 똑같았단다. 마치 아무 일도 일어나지 않은 것 같았지. 그러나 그렇지 않았어. 다윗에게는 달라진 것이 있었단다. 다윗은 예전보다 더욱더 하나님을 사랑하게 되었어. 다윗과 가까이 사는 사람들은 그 사실을 알 수 있었지. 다윗은 노래를 잘 불렀어. 그리고 '하프'도 연주할 수 있었단다. 하프는 여러 개의 줄로 소리를 내는 악기야. 양을 지키며 다윗은 가끔 노래를 불렀지. 하프를 연주하면서 노래를 부르기도 했단다. 그의 노래는 정말 아름다웠어. 사람들은 조용히 다윗의 음악을 듣곤 했지.

다윗이 노래 부르며 하프를 연주할 때는 주로 혼자 있을 때였어. 다윗은 노래 가사를 혼자 생각해 냈단다. 사람들 보기에는 다윗 스스로 노래를 만드는 것처럼 보였지. 하지만 사실은 하나님께서 다윗에게 노래 가사가 떠오르도록 해 주셨어.

다윗은 목자와 양에 관한 노래를 만들기도 했어. 다윗 자신이 목자였잖아. 다윗은 자기의 양을 잘 돌보았단다. 양을 잡아먹으려는 사나운 짐승들을 쫓아내 버리기도 했어. 어린 양을 잡아먹으려는 사자를 죽인 적도 있단다. 또 다윗은 자신이 돌보는 양 떼가 풀과 물을 충분히 먹고 마실 수 있도록 돌봐주었어. 다윗 곁에 있으면 양 떼들은 안전했고 아무 어려움이 없었단다.

다윗은 이렇게 생각했어.

'하나님도 우리에게 목자와 같은 분이시지. 하나님을 사랑하는 사람들은 양 떼와 같아. 마치 내가 양 떼를 돌보아 주는 것처럼 하나님께서도 사람들을 돌봐 주시지.'

다윗은 자신의 생각을 멋진 노래로 만들었어.

다윗이 만든 시를 한번 들어봐.

'여호와는 나의 목자.

나를 언제나 지켜주시네.'

이 시는 성경에 기록되어 있단다.

그 외에도 다윗은 많은 노래를 만들었어. 이 노래들도 역시 성경에 기록되어 있단다. 이 노래들을 '시편'이라고 부르지.

57. 사울 왕을 돕는 다윗

사무엘상 16 장

사울 왕은 궁전에 있는 왕좌에 앉아 있었어. 그런데 사울 왕의 얼굴은 아주 무서웠단다. 화가 많이 난 것 같았어. 사울 왕은 왜 이렇게 화가 많이 났을까? 그 이유를 아는 사람은 아무도 없었단다. 사울 왕이 화를 낼만한 일은 아무것도 없었거든. 그런데도 사울 왕은 화를 냈어. 요사이 사울 왕은 이렇게 이유도 없이 자주 화를 냈단다.

또 어떤 때 사울 왕은 화를 내지는 않았지만, 겁이 나서 덜덜 떨기도 했지. 사울 왕이 무엇이 무서워 저렇게 겁을 내는지 아무도 몰랐어.

도대체 사울 왕에게 무슨 일이 일어난 걸까? 얼마 전까지 사울 왕은 상냥하고 쾌활한 왕이었단다. 하지만, 최근의 사울 왕은 완전히 달라져 버렸어. 사울 왕을 사랑하던 신하들은 그것 때문에 마음이 많이 아팠단다. 신하들이 서로 말했어.

"우리 왕께서 병에 걸리신 것 같아. 어떻게 해야 왕의 병을 고칠 수 있을까? 왕의 기분이 다시 좋아지게 할 방법이 없을까? 그래, 좋은 생각이 났다! 아름다운 음악을 연주하는 사람을 한번 찾아보는 거야. 아름다운 음악을 들으면 누구든지 기분이 좋아지고 즐거워지니까 말이야."

신하들은 사울 왕에게 물어보았단다.

“왕이시여, 아름다운 음악을 연주하는 사람을 찾아보겠습니다. 아름다운 음악을 들으시면 왕의 병도 빨리 낫게 될 것입니다.”

“좋은 생각이군. 그렇게 하도록 하라.”

사울 왕이 허락해 주었어. 사울 왕은 이런 생각을 했단다.

‘그래, 아름다운 음악을 들으면 병이 낫게 될지도 모르지. 지금처럼 불행하다고 느끼지 않게 될 거야.’

맞아, 최근에 사울 왕은 스스로 아주 불행하다는 생각을 많이 했어. 그것은 하나님께서 사울 왕에게 더 이상 좋은 왕이 아니라고 말씀하신 이후의 일이었단다. 사울 왕은 여러 번 하나님 말씀에 순종하지 않았지. 하나님께서 시키는 대로 하지 않았어. 대신 자기가 하고 싶은 대로 했잖아. 사울 왕은 하나님을 정말로 사랑한 것이 아니었단다. 그래서 이런 일이 생긴 거야. 그러니까 이 모든 일은 사울 왕의 잘못 때문이란다. 사울 왕도 그 사실을 알고 있었지.

하나님께서는 다른 사람이 왕이 될 거라고도 말씀하셨어. 하나님을 사랑하고 하나님 말씀에 순종하는 그런 사람 말이야. 그 말 때문에 사울 왕은 이렇게 화가 많이 나고 겁이 났던 거야. 사울 왕은 언제까지나 자기가 왕 노릇을 하고 싶었단다. 그리고 나중에 자기의 아들 요나단에게 왕위를 물려줄 생각이었어.

사울 왕은 혼자 생각했어.

‘나중에 왕이 된다는 그 사람은 누구일까? 만약 그 사람이 누구인지 알게 된다면 당장 죽여 버릴 거야!’

아, 불쌍한 사울 왕! 이런 나쁜 마음을 가지고 있으니 불행할 수밖에.

신하 중 한 사람이 사울 왕을 찾아와 말했단다.

“폐하, 제가 하프를 아주 아름답게 연주하는 사람을 알고 있습니다. 그는

아직 나이 어린 소년인데, '다윗'이라고 합니다. 다윗은 베들레헴에 살고 있고, 자기 아버지 '이새'의 양을 돌보는 일을 한다고 합니다."

사울이 그 말을 듣고 말했어.

"이새에게 가서 그 아들을 내게로 보내 줄 수 있는지 물어보도록 하라."

그 신하는 베들레헴에 있는 이새의 집으로 갔단다. 그리고 이새에게 다윗을 궁전으로 보내 왕을 위해 하프를 연주하게 해 달라고 부탁했지. 이새는 허락해 주었어.

며칠이 지나, 다윗은 사울 왕 앞에 서게 되었지. 한 손에는 자기의 하프를 들고서 말이야. 마침 그 순간 사울 왕은 다시 엄청나게 화가 많이 나 있었어. 화가 나서 발을 둥둥 구르며 이리저리 걸어 다니고 있었지. 그리고 곁에 있는 사람들에게는 고래고래 소리를 질러 댔단다.

다윗은 한쪽 구석으로 가서 자리를 잡고 앉은 후 하프를 켜기 시작했어. 와! 정말 아름다운 소리가 울려 나왔단다. 신하들은 다윗의 연주에 귀를 기울였어. 사울 왕도 다윗의 연주를 들었지. 사울 왕은 자기의 왕좌로 걸어가 조용히 앉아 아름다운 다윗의 연주에 귀를 기울였단다. 사울의 마음속에 있던 화가 사라지고 겁을 내던 마음도 사라졌지. 사울 왕은 아주 조금 행복한 마음마저 생겼어!

다윗의 연주가 끝나자 사울 왕이 다윗에게 말했단다.

"다윗, 이곳에 살면서 나를 위해 아름다운 음악을 계속 연주해 주겠나?"

다윗은 그렇게 하겠다고 말했단다. 다윗은 자기가 왕을 행복하게 만들어 줄 수 있다는 사실이 기뻤어. 그래서 다윗은 사울 왕 가까이 궁전에서 살게 되었지. 그리고 사울 왕이 기분이 나빠져서 화를 낼 때면 아름다운 음악을 연주해 사울 왕의 기분을 좋게 만들어 주었단다.

사울 왕은 다윗을 점점 더 좋아하게 되었어. 다윗은 항상 친절하고 명랑했단다. 게다가 하프 연주도 아주 아름답게 잘했어. 다윗은 하프를 연주하며 종종 노래를 같이 부르기도 했어.

그리고 다윗은 자기 고향 집과 부모님, 형제들, 또 자기가 돌보던 양에 관한 이야기를 왕에게 들려주었단다. 사울 왕은 그 이야기를 들을 때면 다시 행복해했단다! 오래전 사울 왕도 농사를 지으며 살았지. 어릴 때는 양을 돌본 적도 있었어. 사울 왕은 다윗의 이야기를 무척 재밌어 하고 좋아했지. 그래, 사울 왕은 다윗을 아주 많이 사랑했단다!

58. 다윗과 골리앗

사무엘상 17 장

다윗은 사울 왕이 사는 궁전에 계속 살고 있었어. 어느 날 블레셋 민족이 이스라엘 나라를 다시 공격해 왔단다. 사울 왕은 다윗의 멋진 연주를 듣고 있을 시간이 없었어. 사울 왕은 군대를 이끌고 적과 싸움을 하러 나갔단다. 다윗은 집으로 돌아갔지. 집에 계신 아버지의 농장에는 할 일이 산더미처럼 많이 있었어. 왜냐하면, 다윗의 형들 중에 3명이 집에 없었거든. 형들은 사울 왕의 군인이 되어 전쟁터에 가 있었어.

다윗은 예전처럼 다시 양을 돌보는 일을 했단다. 짬짬이 하프 연주도 하면서 말이야. 어느 날 아주 커다란 곰이 양을 잡아먹으려고 나타났어. 다윗은 곰을 쫓아내려고 했단다. 그런데 곰이 도망가지 않고 계속 양을 잡아먹으려 하는 거야. 결국, 다윗은 곰을 죽여 버렸지. 다윗은 커다란 곰도 무서워하지 않았단다.

어느 날 저녁 다윗이 집에 돌아왔을 때, 다윗의 아버지가 말했단다.

"다윗, 내일은 양을 지키지 않아도 된다. 대신 다른 일을 해야겠다. 전쟁터에 나가 있는 네 형들 소식을 들은 지가 오래되었구나. 형들이 어떻게 지내는지 궁금하구나. 내일은 왕의 군대가 있는 전쟁터로 가서 너의 형들이 어떻게 지내고 있는지 알아보고 오너라. 빵과 치즈를 가지고 가도록 해라. 전쟁터의 군인들과 나눠 먹도록 말이다."

다음 날 아침 일찍 다윗은 길을 떠났어. 사울 왕의 군대가 있는 곳까지는 꽤 먼 길이었지. 하지만, 다윗은 씩씩하게 걸어갔단다. 한참을 걸어 저 멀리 군인들의 천막이 보이는 곳에 이르렀어. 저쪽 산 위에 천막들이 서 있었지. 그 산에서 조금 더 가면 산이 하나 더 있었는데, 그 산에는 블레셋 군인들의 천막이 있었단다.

사울 왕의 군대와 블레셋 적군은 서로 싸움을 하고 있지는 않았어. 그쯤은 다윗도 단번에 알 수 있었지. 그런데 뭔가 좀 이상했단다. 누군가가 아주 큰 목소리로 고래고래 소리를 지르는 것이 다윗에게 들렸어.

다윗은 산 위로 기어 올라가 사울 왕의 군인들 곁으로 가 보았지. 그곳에서는 그 소리가 더 똑똑하게 들렸단다. 그것은 두 산 사이에 있는 골짜기에서 나는 소리였어. 골짜기 저쪽에서 어떤 사람이 쩌렁쩌렁 울리는 목소리로 소리를 지르고 있었지. 다윗은 그 사람을 자세히 내려다보았어.

놀랍게도 그 목소리의 주인공은 그냥 보통 사람이 아니었단다. 그는 거인이었어. 덩치가 아주 큰 거인 말이야! 그 거인은 머리에 엄청나게 큰 투구를 쓰고, 몸에는 갑옷을 입고 있었지. 갑옷이란 쇠로 만들어진 옷 같은 것이야. 또 거인은 끝이 뾰족한 긴 막대기를 손에 들고 있었어. 바로 창이었어. 거인이 그 창을 힘껏 던지기라도 한다면……. 거인은 다른 손에는 칼을 들고 있었단다. 그 칼도 아주 큰 칼이었어. 거인이 그 칼을 휘둘러 누군가를 찌르기라도 한다면……. 상상만 해도 정말 끔찍한 일이야.

조용히 있어 봐. 저 거인은 도대체 뭐라고 떠드는 걸까?

"내게 맞서 싸울 용기가 있는 사람은 한번 나와 봐! 용감한 사람은 누구든 나와 보라고! 아무도 없을걸! 그렇지? 너희 같은 겁쟁이들이 감히 내게 맞설 수 있겠어? 너희의 그 힘센 하나님은 어디 있느냐?"

사울 왕의 군인들은 아무런 대꾸도 못하고 있었어. 거인에게 잔뜩 겁을 집어먹고 있었거든. 거인과 맞서서 싸워 보겠다는 사람이 아무도 없었단다. 오래전 그렇게 용감했던 사울 왕조차도 싸울 엄두를 못 내고 있었지. 군인들이 다윗에게 말했어.

"저 거인이 누군지 아니? 저 거인이 바로 '골리앗'이란다. 블레셋 군대 편이지. 만약 골리앗과 싸워 이기는 사람은 왕의 딸과 결혼을 시켜 주신데. 게다가 상금으로 돈도 많이 주신다는군. 사울 왕께서 직접 약속하신 거야."

"그런데 저 골리앗과 맞서 싸우겠다는 사람이 아무도 없나요?"

다윗이 물었어.

"골리앗은 우리를 모욕하고 있어요. 게다가 하나님까지도 욕하고 있어요. 그런데 저렇게 가만 놔두다니 말이 되나요?"

사울 왕은 다윗이 하는 말을 전해 듣게 되었지. 사울 왕은 다윗을 가까이 불렀어.

"너는 저 거인과 싸울 용기가 있느냐?" 하고 사울 왕이 물었단다.

"너는 아직 어린아이에 불과해. 하지만, 골리앗은 진짜 군인이야. 게다가 그는 덩치가 아주 큰 거인이야."

하지만, 다윗은 이렇게 말했단다.

"저는 고향 집에서 항상 제 아버지의 양 떼를 돌보았습니다. 얼마 전 곰이 나타난 적이 있었습니다. 그놈은 양을 잡아먹으려고 했습니다. 그때 제가 그 곰을 죽였습니다. 저는 양을 몰래 잡아먹으려는 사자를 죽인 적도 있습니다. 저는 무섭지 않습니다. 하나님께서 저를 지켜 주시기 때문입니다. 골리앗은 지금 저희 군대와 하나님을 욕하고 있습니다. 하나님께서는 제가 저 거인을 죽일 수 있도록 도와주실 겁니다. 확신합니다."

사울 왕이 말했단다.

“하지만, 너는 갑옷도 입지 않았고 투구도 쓰지 않았다. 이리 오너라. 내 갑옷과 투구를 입도록 해라. 그리고 내 칼을 들고 나가거라.”

다윗은 사울 왕의 갑옷을 입고 투구를 머리에 써 보았지. 그러나 그렇게 무거운 갑옷을 입고는 한 걸음도 걸을 수 없었단다. 다윗은 그것들을 다시 벗어 버렸어. 다윗이 말했단다.

"저는 이런 차림으로는 싸울 수 없습니다. 저의 무기를 들고 나가 싸우겠습니다."

다윗의 무기가 무엇인지 아니? 먼저 막대기가 있지. 그러니까 목자들이 쓰는 지팡이 말이야. 그리고 돌팔매 끈이 있었어. 돌팔매 끈은 긴 줄처럼 생겼는데, 끈 중간에 가죽 조각이 붙어 있단다. 그 가죽 조각 위에 돌멩이를 올려놓고 돌팔매 끈을 힘차게 빙빙 돌리는 거야. 그러면 '슝' 하고 가죽 조각 위의 돌멩이가 저 멀리 날아가게 되지.

다윗은 양을 지키다가 사나운 짐승이 나타나면 이 돌팔매 끈을 사용했어. 가죽 조각 위에 돌을 올려놓고 긴 돌팔매 끈을 빙빙 돌리면 돌이 '슝' 하고 날아가 짐승 몸에 맞는단다. 난데없이 날아온 딱딱한 돌멩이에 몸통 어딘가를 맞은 짐승은 그 자리에서 바로 도망을 쳐버리지.

다윗은 매끈한 돌멩이 몇 개를 찾아서 주머니에 넣었어. 그러곤 골리앗이 소리를 지르며 버티고 서 있는 골짜기로 걸어갔단다. 한 손에는 목자들이 쓰는 지팡이를 들고 다른 한 손에는 돌팔매 끈을 들고서 말이야.

어린 다윗이 걸어오는 것을 본 골리앗은 오히려 화를 냈단다.

골리앗이 소리쳤어.

"너는 내가 그깟 막대기로 툭툭 칠 수 있는 강아지 정도로만 보이느냐?

이리 가까이 와라. 내가 너를 단숨에 죽여 주마!"

골리앗은 욕설을 퍼부었어. 하나님을 향해서도 심한 욕을 퍼부었단다.

하지만, 다윗은 겁을 내지 않았어. 다윗은 침착한 목소리로 골리앗을 향해 말했단다.

“네가 욕하고 있는 그 하나님께서 지금 나를 도와주실 것이다. 하나님께서 나를 도와 너를 죽이도록 해 주실 것이다. 이제 모든 사람은 이스라엘의 하나님이 모든 사람의 주인이심을 알게 될 것이다.”

하지만, 거인 골리앗은 다윗을 향해 성큼성큼 걸어왔단다. 거인 골리앗은 이런 생각을 했을 거야.

‘저 어린 꼬마 녀석을 이 칼로 단숨에 찔러 버릴 테다.’

그 사이 다윗은 주머니에서 돌멩이를 꺼내 들었어. 돌멩이를 돌팔매 끈 중간에 놓고 빙빙 줄을 돌리기 시작했단다. 그 순간 돌멩이가 하늘을 가르며 ‘슝’하고 날아갔어. 그 돌멩이는 정확하게 골리앗에게 딱 맞았단다.

잠시 후 그렇게 강해 보이던 골리앗은 ‘픽’하고 땅바닥에 쓰러지고 말았단다. 그러고는 꼼짝도 않고 누워 있었어. 어떻게 된 일이지? 도대체 무슨 일이 일어났을까? 다윗이 날린 돌멩이는 정확하게 골리앗의 이마에 맞았단다. 골리앗은 그 자리에서 바로 죽어 버렸지! 다윗은 골리앗 쪽으로 걸어갔어. 그리고 골리앗의 칼을 뽑아 골리앗의 목을 쳤단다.

골리앗이 죽는 것을 본 이스라엘 군인들은 갑자기 용기가 생겼어. 무서움이 사라져 버렸단다. 단숨에 블레셋 군대를 향해 달려가 그들을 공격했어. 지금까지 거인 골리앗만 믿고 있던 블레셋 군인들은 골리앗이 죽자 싸울 용기를 잃어버리고 말았단다. 블레셋 군인들은 ‘걸음아, 날 살려라!’하고 도망을 가 버렸지. 이스라엘 군인들은 블레셋 군인들을 뒤쫓아 가 이스라엘에서 완전히 몰아내 버렸단다.

다윗은 골리앗의 머리를 들고 사울 왕에게 갔지. 못된 거인 골리앗은 이제 나쁜 짓을 못하게 되어 버렸어! 다윗은 모든 군인의 영웅이 되었지. 다윗이 얼마나 용감한 일을 했는지 모두 똑똑히 보았잖아.

사울 왕의 아들 요나단도 다윗이 골리앗을 죽이는 것을 똑똑히 보았지. 요나단은 이렇게 생각했어.

'다윗은 정말 대단해. 그리고 정말 용감해. 다윗이 하나님을 굳게 믿었기 때문에 거인을 이길 수 있었던 거야!'

요나단 왕자는 다윗에게 걸어가 말했어.

"다윗, 나의 친구가 되어 주오. 여기 내 겉옷과 내 활과 화살, 그리고 칼이 있소. 이것들을 다 그대에게 선물로 주겠소."

요나단과 다윗은 아주 친한 친구가 되었지. 두 사람은 그 후로 내내 아주 친한 친구 사이로 지냈단다.

다윗은 아버지가 계신 농장으로 돌아가지 않았어. 대신 블레셋 군대가 다시 공격해 올 때를 대비해 사울 왕의 군대에 들어갔단다. 적군이 쳐들어오지 않을 때면 사울 왕은 자기 궁전에 머물렀어. 그럴 때 다윗은 사울 왕을 위해 하프를 켰단다. 사울 왕이 미칠 듯이 화를 내는 경우가 아주 많아졌지. 사울 왕은 점점 더 불행해졌어. 하지만, 다윗이 연주하는 아름다운 음악을 들으면 사울 왕의 화도 사라졌단다.

다윗은 사울 왕의 딸과 결혼도 했어. 왕이 약속한 대로 말이야. 다윗과 결혼한 사울 왕의 딸 이름은 '미갈'이란다.

59. 도망치는 다윗

사무엘상 18–21 장

하나님께서 사울 왕에게 다른 사람을 왕으로 뽑았다는 말씀을 하신 적이 있지? 그 말에 사울 왕의 기분은 아주 나빠졌단다. 자기가 오랫동안 왕을 하고 싶었기 때문이지. 그리고 자기가 죽고 나면 자기 아들 요나단이 왕이 되어야 한다고 생각했거든. 사울 왕은 이런 생각을 했어.

'하나님께서 왕으로 뽑으신 사람은 누구일까? 그놈을 잡기만 하면 당장 죽여 버리고 말 테다!'

그러다가 사울 왕에게 다시 악한 영이 들어왔어. 사울 왕은 모든 것을 찢어 버렸지. 다윗은 하프를 가지고 왕에게 갔어. 그리고 방 한쪽 구석에 조용히 앉아 하프를 연주하기 시작했단다. 하지만, 이번에는 다윗이 연주하는 아름다운 음악으로도 사울 왕의 악한 영을 쫓아낼 수가 없었어. 오히려 더 나쁜 일이 벌어지고 말았지.

자리에 앉아 음악을 듣던 사울 왕이 다윗을 보았어. 그 순간 사울 왕에게 이런 생각이 든 거야.

'어쩌면 나중에 왕이 될 사람이 바로 저 다윗일지도 몰라. 모든 사람이 다윗을 좋아하잖아. 다윗은 하나님을 사랑하지. 그뿐 아니라 전쟁에서 싸움도 잘해. 그래, 하나님께서 다윗을 왕으로 뽑으셨을 거야. 하지만, 그렇게는 안 되지. 다윗이 왕이 될 수는 없어.'

그 순간 사울 왕은 다윗에게 참을 수 없이 화가 났단다. 사울 왕은 곁에 세워 두었던 자기 창을 집어 들어 다윗을 향해 던졌어. 다행히 다윗은 재빨리 옆으로 몸을 피했지. 그리고 사울 왕의 궁전을 빠져나와 도망을 쳤단다. 다윗은 자기 집으로 돌아가 아내 미갈에게 방금 일어난 일을 말해 주었지.

"여보, 당장 도망치세요."

미갈이 말했어.

"아버지는 틀림없이 당신을 죽일 거예요. 당신을 잡으려고 군인들이 벌써 와서 우리 집을 지키고 있어요. 어서 집 뒤편에 있는 창문을 뛰어넘어 도망치세요."

다윗은 미갈이 시키는 대로 했단다. 창문을 뛰어넘어 도망을 갔지.

꾀가 많은 미갈이 그다음에 어떻게 했는지 아니? 다윗의 침대 이불 밑에 커다란 인형을 놓아두었어. 마치 다윗이 침대에 누워 있는 것처럼 보이게 말이야. 군인들이 다윗을 잡으려고 집 안으로 들어왔을 때 미갈은 이렇게 말했단다.

"남편은 지금 몸이 아프답니다. 저기를 보세요. 침대에 누워 있잖아요?

지금 당신들을 따라갈 수 없습니다."

군인들은 하는 수 없이 빈손으로 사울 왕에게 돌아갔지.

"그렇다면 침대에 누워 있는 채로 다윗을 이리로 데려오너라!"

사울 왕이 화가 나 소리쳤단다.

군인들은 다시 다윗과 미갈의 집으로 돌아가 다윗의 침실로 갔단다. 침대를 살피던 군인들은 침대에 누워 있는 것이 다윗이 아니라는 것을 발견하게 되었지. 다윗 대신 인형이 놓여 있었어. 미갈이 군인들을 속이려고 갖다 놓은 인형 말이야.

그 사이 다윗은 아주 멀리 도망갔단다. 다윗은 먼저 사무엘 선지자를 찾아

갔어. 하지만, 언제까지 그곳에 머무를 수는 없었단다. 그다음에 다윗은 친구인 요나단 왕자를 찾아갔어.

"너의 아버지께서 나를 죽이려고 하는 이유가 뭘까?"

다윗이 요나단 왕자에게 물어보았단다.

"나는 잘못한 일도 없는데 말이야."

그 말에 요나단 왕자가 대답했지.

"아버지께 왜 너를 죽이려고 하시는지 여쭤 볼게. 잠시만 더 몸을 숨기고 있도록 해. 아버지와 이야기를 한 후 네게 알려 줄 테니까."

요나단 왕자가 사울 왕에게 물어보았어.

"아버지, 왜 다윗을 죽이려고 하십니까? 다윗은 잘못한 일도 없는데 말입니다."

그러자 사울 왕은 자기 아들에게도 불같이 화를 내며 말했지.

"너는 아비인 나보다 다윗을 더 좋아하는 것 같구나. 바보 멍청이 같은 요나단! 나중에 다윗이 이 나라의 왕이 될지도 모른다. 다윗이 왕이 된다는 말은 곧 네가 왕이 될 수 없다는 말이야, 알겠느냐?"

물론 요나단 왕자는 그 사실을 알고 있었어. 하지만, 요나단 왕자는 자기가 왕이 안 된다는 것을 속상해하지 않았단다. 다윗을 왕으로 선택하신 분은 바로 하나님이시니까. 다윗은 하나님을 진심으로 사랑하기 때문에 나중에 아주 훌륭한 왕이 될 수 있을 거라고 생각했지.

요나단 왕자는 다윗이 숨어 있는 곳으로 갔단다. 그리고 다윗에게 말해 주었어.

"당분간은 궁전으로 돌아올 생각은 안 하는 게 좋겠어. 아버지는 너를 정말로 죽이려고 하셔. 그렇지만, 두려워하지 마! 하나님께서 너를 안전하게 지켜 주실 거야. 너는 나중에 왕이 될 사람이야. 네가 왕이 되는 것이 나는 아주 기뻐. 나는 언제까지나 너와 좋은 친구로 지낼 거야."

요나단 왕자와 다윗, 두 사람은 몹시 슬퍼하면서 헤어졌단다.

요나단 왕자는 다시 집으로 돌아갔어. 그리고 다윗은 산으로 도망갔단다. 사울 왕이 절대 자신을 발견하지 못하길 바라며.

60. 다윗을 찾아 나선 사울 왕

사무엘상 24, 26 장

다윗은 사울 왕이 정말로 자기를 죽이려고 한다는 것을 분명히 알게 되었단다. 이제 사울 왕이 자기를 절대로 찾을 수 없는 곳으로 도망을 가야 했어.

사울 왕을 무서워하고 싫어하는 사람들이 몇 명 있었는데, 그런 사람들이 하나둘 다윗을 찾아왔단다. 그 사람들은 다윗과 함께 산속에 숨어 지내게 되었지. 하지만, 사울 왕은 다윗이 숨어 있는 곳을 곧 알게 되었어. 사울 왕은 당장 군대를 이끌고 다윗과 그 일행을 잡으러 왔단다. 이제 다윗은 어떻게 해야 할까? 만약 사울 왕에게 잡힌다면? 사울 왕은 벌써 다윗의 코앞에 와 있었어. 다른 곳으로 도망을 치기에는 벌써 늦어 버린 것 같아.

다윗과 그 일행은 산속에 있는 커다란 굴속으로 기어들어 갔단다. 이런 곳을 '동굴'이라고 부르지. 동굴 속은 칠흑처럼 깜깜했단다. 다윗과 같이 온 사람들은 모두 숨을 죽이고 조용히 있었어. 사울 왕의 군인들이 자신들을 발견하지 못하도록 말이야.

그런데 무슨 일이 벌어졌는지 아니? 글쎄, 동굴 안으로 한 사람이 걸어 들어오는 것이 아니겠니? 자세히 보니 그 사람은 바로, 사울 왕이었단다!

다윗을 찾느라 산속 여기저기를 돌아다닌 사울 왕은 더위를 먹은 거야. 더위에 지친 사울 왕은 이런 생각을 했지.

'저기 동굴이 보이는군. 동굴에 들어가 잠시 쉬어야겠어. 동굴 안은 아마 시원할 거야.'

다윗과 그 일행은 동굴 깊숙한 곳에서 쥐 죽은 듯이 조용히 있었어.

동굴 안으로 들어온 사울 왕은 다윗과 그 일행이 동굴 깊숙이 숨어 있으리라고는 꿈에도 생각하지 못했지. 다윗의 일행 중 한 사람이 다윗에게 소곤거렸어.

"다윗, 사울 왕을 잡을 수 있는 기회가 왔어요. 한칼에 왕을 찔러 죽일 수 있다고요."

다윗이 그 말을 들었을까? 아니지! 다윗은 칼을 가지고 사울 왕이 있는 곳으로 살금살금 기어갔어. 하지만, 다윗은 사울 왕을 찔러 죽이지 않았단다. 대신 아주 조심스럽게 사울 왕이 입은 겉옷의 한 귀퉁이를 잘라 냈지. 그러고는 동굴 깊숙이 숨어 있는 일행에게로 돌아왔단다.

사울 왕은 아무것도 눈치채지 못했지! 잠시 후 사울 왕은 자리에서 일어나 바깥으로 나갔단다. 사울 왕이 동굴을 나와 얼마쯤 걸어갔을 때 뒤에서 다윗이 외치는 소리가 들렸지.

"사울 왕이시여! 왕께서는 저를 왜 그렇게 미워하십니까? 왜 저를 죽이려고 하십니까? 제가 왕을 해칠 거라고 생각하십니까? 절대로 그렇지 않습니다. 왕이 입고 계신 겉옷을 잘 보십시오. 그리고 제가 지금 손에 들고 있는 이것을 잘 보십시오."

사울 왕은 자기의 겉옷을 먼저 살펴보았어. 그랬더니 한쪽 옷자락이 잘려 나간 것이 보였단다. 그리고 잘려 나간 그 옷 조각을 다윗이 손에 들고 있는 것이 아니겠니?

다윗이 소리쳤단다.

"제가 왕의 곁에 얼마나 가까이 있었는지 아시겠습니까? 저는 제 칼로 왕을 찔러 죽일 수도 있었습니다."

그 말에 사울 왕은 자기가 지금까지 다윗을 죽이려고 했던 것을 뉘우쳤단다. 사울 왕은 슬픈 목소리로 다윗에게 말했어.

"다윗, 네가 나보다 더 훌륭하구나. 나중에 너는 이스라엘의 왕이 될 것이다. 너는 정말 훌륭한 왕이 될 것이다. 다윗, 이제 다시는 너를 뒤쫓지 않으마."

이렇게 말한 사울 왕은 군대를 이끌고 궁전으로 돌아갔단다.

다윗과 그 일행은 다시 산으로 돌아가기로 했지. 비록 지금은 사울 왕이 다윗에게 상냥하게 대하지만, 다시 한 번 미친 듯이 화가 나면 언제 그랬냐는 듯이 다윗을 미워할 수도 있으니까.

다윗이 걱정했던 일은 얼마 후 그대로 일어났단다! 사울 왕이 다시 군대를 이끌고 다윗을 잡으러 온 거야. 사울 왕은 며칠 동안 쉬지도 않고 다윗과 그 일행을 뒤쫓았어. 하지만, 다윗을 잡을 수 없었어. 사울 왕과 그 군사들은 궁전에서 아주 멀리 떨어진 곳까지 오게 되었지. 밤이 되어도 궁전으로 돌아갈 수 없었단다. 그래서 천막을 치고 그 속에서 잠을 자곤 했지.

어느 날 밤 사울 왕과 그의 군사들이 모두 잠에 곯아떨어져 있을 때였어. 다윗과 그의 부하 '아비새'가 사울 왕의 군대 아주 가까이에 숨어 들어갔단다. 다윗과 아비새는 아주 조심스럽게 천막들 사이를 지나갔어. 사울 왕이 잠자고 있는 천막을 찾고 있었지. 사울 왕 군대의 사령관이며 왕을 지키는 책임을 맡은 '아브넬' 장군 역시 쿨쿨 잠을 자고 있었지. 다윗과 아비새는 아무 방해도 받지 않고 사울 왕의 천막을 찾을 수 있었어. 두 사람은 사울 왕의 천막 안으로 들어갔단다. 아비새가 다윗에게 소곤거렸지.

"제가 왕을 칼로 찔러 죽일까요? 지금 사울 왕을 없애 버립시다."

"안 된다."

다윗이 작은 소리로 대답했단다.

"왕을 죽이는 일은 안 된다. 사울 왕은 우리의 왕이다. 왕을 벌주는 일은 하나님께서 하실 것이다. 우리가 그 일을 할 수는 없다."

다윗과 아비새는 사울 왕의 창과 물주머니를 찾아 손에 들고 천막을 빠져 나왔어. 그리고 일행들이 기다리는 곳으로 안전하게 돌아왔지.

사울 왕의 군인들은 그때까지 쿨쿨 자고 있었어. 다윗이 왔다 간 것을 눈치챈 사람은 아무도 없었지.

다음 날 아침 다윗은 높은 언덕 위로 올라갔어. 사울 왕의 군대 가까이에 있는 언덕이었지. 다윗은 큰 목소리로 소리쳤단다.

"아브넬 장군, 과연 그대는 왕의 안전을 책임지는 장군이 맞는가? 어젯밤 누군가 왕을 죽이러 갔었다. 그때 아브넬 장군 그대는 잠을 자고 있었다. 왕의 창과 물주머니가 어디 있는지 아느냐?"

아브넬 장군은 깜짝 놀랐단다. 당장 사울 왕의 천막으로 달려갔지. 그런데 왕의 창과 물주머니가 감쪽같이 사라지고 없었어. 더 놀라운 일은 다윗이 그 두 가지를 손에 들고 있다는 것이었지. 그러니까 지난밤 다윗이 사울 왕의 천막에 왔다 간 거야. 그때 다윗은 정말로 사울 왕을 죽일 수도 있었지. 하지만, 다윗은 그렇게 하지 않았어. 사울 왕도 다윗이 하는 말을 다 들었단다.

"오, 다윗! 내가 또다시 잘못했다."

왕이 소리쳤단다.

"내게 돌아오너라. 다시는 너를 해치지 않겠다."

다윗은 사울 왕의 말을 통 믿을 수가 없었지. 그래서 사울 왕의 말대로 할 수가 없었단다. 다윗은 일행을 데리고 다시 멀리 떠났어. 사울 왕과 군인들은 궁전으로 돌아갔단다.

61. 이스라엘 왕이 된 다윗

사무엘하 1-5 장

블레셋이 또다시 이스라엘을 쳐들어왔단다. 그들은 이스라엘 사람들을 아주 많이 괴롭혔어. 이스라엘 사람들이 가진 것을 다 빼앗아 갔지. 예전에는 다윗이 사울 왕을 도와 블레셋 민족을 쫓아내곤 했지. 하지만, 지금 다윗은 멀리 도망을 가고 없었어. 사울 왕을 도와 블레셋 민족을 내쫓던 다윗이 멀리 떠나 이스라엘에 없는 거야.

그리고 예전에는 사무엘 선지자도 있었어. 사무엘 선지자는 블레셋 민족이 쳐들어오면 어떻게 해야 할지를 사울 왕에게 일러 주기도 했지. 하지만, 지금은 사무엘 선지자도 세상을 떠나고 없었단다. 이제 사무엘 선지자도 사울 왕을 도와줄 수가 없어.

사울 왕은 원래 아주 용감한 사람이었단다. 하지만 지금은 겁쟁이가 되어 버렸어. 블레셋 민족이 무서워서 벌벌 떨고만 있었지. 이스라엘을 괴롭히는 블레셋 민족의 수가 너무 많았거든.

사울 왕이 지휘하는 군대의 숫자는 예전처럼 그렇게 많지 않았단다. 많은 군인이 다윗 편으로 가 버렸기 때문이야. 이 군인들은 사울 왕보다는 다윗 편에 속하는 것이 더 낫겠다고 생각했지. 다행히 사울 왕의 아들 요나단 왕자는 사울 왕 옆에 있었단다. 요나단 왕자는 언제나 용감하게 싸웠어.

하지만, 이번에 쳐들어온 블레셋 군인들은 정말 강했단다. 이스라엘 군대는 블레셋 군대의 상대가 되지 않았지. 이스라엘 군인 중에는 미리 겁을 먹고 도망을 치는 사람도 많았어. 사울 왕과 요나단 왕자는 끝까지 블레셋 군대에 맞서 싸웠단다.

그렇지만, 블레셋 군대는 점점 가까이 공격해 왔어. 이스라엘 군대를 향해 쉴 새 없이 화살을 쏘아 대면서 말이야. 결국, 사울 왕과 요나단 왕자는 그 화살에 맞아 숨을 거두고 말았어. 많은 이스라엘 군인들이 죽었고, 죽지 않은 군인들은 모두 도망 갔단다. 이스라엘은 블레셋과의 전쟁에서 완전히 지고 말았어. 게다가 이스라엘은 왕까지 죽어 버렸지.

다윗은 이런 사실을 전혀 모르고 있었어. 다윗과 그를 따르는 군인들은 먼 곳에 있었거든. 그때 사울 왕의 군대에 속한 한 사람이 다윗에게 달려 왔어. 그리고 이스라엘이 전쟁에서 완전히 지고 말았다는 소식을 전해 주었어. 사울 왕과 요나단 왕자가 세상을 떠났다는 사실도 전해 주었지.

그 소식을 들은 다윗이 기뻐했을까? 사울 왕이 자기를 다시는 괴롭히지 못하게 된 것을 좋아했을까? 아니란다. 다윗은 사울 왕과 요나단 왕자 소식을 듣고 몹시 슬퍼했어. 더구나 요나단 왕자는 자기의 가장 친한 친구였잖아. 그리고 사울 왕은 이스라엘의 왕이었고.

다윗은 사울 왕과 요나단 왕자를 위해 노래를 만들었단다. 그 노래는 즐거운 노래가 아니라 아주 슬픈 노래였어. 자기가 가장 좋아하는 친구가 죽은 뒤 부른 노래였으니까.

다윗과 함께 있던 군인들이 다윗에게 말했어.

"이제 당신이 우리의 왕입니다!"

그래, 오래전에 하나님께서는 다윗이 이스라엘의 왕이 될 것이라고 말씀하셨지. 그때 사무엘 선지자가 다윗의 머리에 기름을 부어 주었어. 기름을 부어 다윗을 왕으로 세워주 었지. 군인들은 다윗의 머리에 다시 한 번 더 기름을 부었단다. 이제 다윗은 진짜 왕이 되었어. 이스라엘의 새 왕이 된 거란다!

다윗은 왕이 되고 나서 예루살렘에서 살았단다. 예루살렘은 언덕 위에 세워진 아주 아름다운 성이었지. 다윗 왕은 멋진 궁전을 짓고 그곳에서 살았어. 다윗 왕은 이스라엘에서 블레셋 민족을 다 쫓아내었단다. 블레셋 민족은 아주 오랜 세월 동안 이스라엘 민족을 괴롭혔지. 사울 왕이 왕으로 있는 동안은 늘 블레셋과의 전쟁이 계속되었어. 하지만, 이제 블레셋 민족은 이스라엘에서 완전히 쫓겨났단다.

다윗 왕은 아주 훌륭한 왕이었지. 하나님을 진심으로 사랑하는 왕이었어. 오래전 자기 아버지의 양을 지킬 때에도 다윗은 하나님을 사랑했고 앞으로도 계속 하나님을 사랑하며 살 거야!

62. 예루살렘으로 돌아온 언약궤

사무엘하 6–7 장

다윗 왕은 아름다운 도시 예루살렘에 세워진 멋진 궁전에서 살고 있었어. 하나님께서는 다윗 왕이 블레셋 민족을 다 쫓아낼 수 있도록 도와주셨단다. 마침내 이스라엘은 평화로워졌지. 양을 치던 목자 다윗이 왕이 되고 난 후의 일이었단다.

오래전 블레셋이 하나님의 황금 언약궤를 자기 나라로 빼앗아 갔던 적이 있는데 기억하고 있니? 그때 하나님께서는 블레셋 민족에게 벌을 내리셨단다. 그래서 블레셋 사람들은 언약궤를 이스라엘 사람들에게 돌려주었지.

언약궤는 원래 성막 안에 놓여 있었어. 그런데 블레셋 민족이 언약궤를 빼앗아 갈 때 성막이 세워져 있던 마을을 완전히 부숴 버린 거야. 그 바람에 블레셋 사람들이 언약궤를 돌려주었을 때 이스라엘 사람들은 언약궤를 어디에 두어야 할지 몰랐단다.

"일단 언약궤를 이 근처 집에 두기로 하세."

사람들은 서로 이렇게 말하고 근처에 있는 어떤 집에 언약궤를 두었지. 그 집은 '아비나답'이라는 사람의 집이었어.

그 일은 아주 오래전에 일어난 일이었단다. 다윗 왕은 그때 그 자리에 없었어. 그때는 다윗 왕이 아직 태어나지도 않았을 때였으니까.

다윗 왕은 황금 언약궤가 여전히 아비나답의 집에 있다는 것을 알고 있었지. 다윗 왕이 말했단다.

"하나님의 언약궤가 아직도 아비나답의 집에 있다니……. 언약궤는 예루살렘에 있어야 해. 모두 가서 언약궤를 이곳으로 옮겨 오도록 하자. 예루살렘에 있는 새 천막에 언약궤를 옮겨 놓도록 하라. 우리 모두 즐거운 잔치를 벌이며 이 일을 하자."

왕의 말에 모두 찬성했단다. 그리고 모두 언약궤를 가지러 갔지.

멋진 수레를 만들어 암소가 끌게 하고 수레 위에 언약궤를 올려놓았단다. 사람들은 길게 행렬을 지어 예루살렘으로 걸어갔지. 피리를 불기도 하고 '둥둥' 북을 치는 사람도 있었어. 즐겁게 춤을 추는 사람도 있고 다윗 왕이 만든 흥겨운 노래를 부르는 사람도 있었단다. 다윗 왕도 사람들과 어울려 함께 걸어가고 있었어.

그때였어! 갑자기 암소 한 마리가 미끄러지면서 비틀거렸단다. 그 바람에 균형을 잃은 수레가 흔들렸지. 수레 위에 올려놓은 언약궤도 미끄러져 떨어질 것 같았어. 아비나답의 아들 중 '웃사'라는 사람이 수레 곁에서 걷고 있었어. 그는 미끄러지는 언약궤를 붙잡으려 했단다. 그 순간 웃사는 그 자리에서 죽고 말았어. 바닥에 '픽' 하고 쓰러져 버렸어.

흥겹던 잔치 분위기는 순식간에 사라지고 말았단다. 기뻐하던 사람들은 모두 조용해졌어. 사람들은 겁에 질린 눈으로 바닥에 쓰러져 죽어 있는 웃사와 수레 위에 비스듬히 놓여 있는 언약궤를 번갈아 쳐다보았단다.

다윗 왕도 소스라치게 놀랐지.

'뭔가 잘못되었어.'

다윗 왕이 생각했단다.

'하나님께서 우리에게 화를 내고 계셔. 웃사가 언약궤를 잡으려고 하자 하나님께서 웃사에게 벌을 내리신 거야.'

다윗 왕이 사람들에게 말했단다.

"언약궤를 예루살렘으로 옮기는 일을 잠시 미루겠소. 이 근처에 있는 '오벧에돔'의 집으로 언약궤를 옮기시오."

무거운 마음으로 다윗 왕은 자기 궁전으로 돌아왔지. 다윗 왕은 곰곰이 생각했어.

'언약궤를 예루살렘으로 옮기는 것을 하나님께서는 싫어하시는 것 같아. 이 일을 하기 전에 하나님께 먼저 여쭤 보지도 않았군. 내가 하는 일은 전부 옳다고 생각했지 뭐야. 그래, 그 점이 잘못된 거야.'

하나님께서 언약궤를 예루살렘으로 옮기는 것을 정말 싫어하셨을까? 아니란다. 오히려 하나님은 언약궤를 예루살렘으로 옮기는 것을 좋아하셨어. 다만, 다윗 왕은 그 일을 하기 전에 미리 잘 알아봐야 할 것이 있었지. 다윗 왕은 언약궤를 올려놓을 멋진 수레를 만들게 했는데 그것이 잘못된 것이었어. 오래전 하나님께서는 모세에게 이렇게 말씀하셨단다.

“언약궤는 반드시 제사장들이 메고 옮기도록 하라. 제사장 외에 누구도 언약궤를 만져서는 안 된다. 언약궤 위에는 파란 천을 덮어야 한다. 그래서 누구도 언약궤를 볼 수 없도록 하라. 오직 제사장들만 언약궤를 볼 수 있다.”

그러니까 언약궤를 수레 위에 올려놓은 것은 잘못이었어. 아비나답의 아들 웃사가 언약궤를 잡으려고 한 것도 잘못이었어. 황금 언약궤에 어떤 나쁜 일도 일어나지 않도록 지키는 일은 하나님께서 직접 하시는 일이야.

이제 다윗 왕은 무엇이 잘못되었는지 알게 되었지. 그래서 언약궤를 옮기는 일을 다시 한 번 더 시도하기로 했단다. 물론 이번에는 제대로 된 방법으로 옮기는 거야.

다시 잔치가 열렸단다. 언약궤를 예루살렘으로 옮기는 잔치가 다시 벌어진 거야. 이번에는 언약궤를 수레 위에 올려놓지 않았어. 대신 제사장들이 언약궤를 메고 갔지. 사람들은 다시 노래하고 춤을 추었단다. 다윗 왕도 그 곁에 같이 있었어. 다윗 왕은 제일 앞에 서서 춤을 추었지.

제사장들은 나팔을 불었어. 그리고 하나님께 제사를 드렸단다. 모든 것을 하나님께서 시키신 그대로 했단다. 이번에는 제대로 언약궤를 옮기는 거야. 춤추고 노래하면서 사람들은 예루살렘에 도착했지. 제사장들은 언약궤를 아주 조심스럽게 다윗 왕이 새로 만든 천막에 갖다 놓았단다.

황금 언약궤는 평범한 천막 속에 놓여 있었어. 반면 다윗 왕은 아주 호화로운 궁전에 살고 있었지. 그래서 다윗 왕에게 이런 생각이 들었단다.

‘이럴 수는 없어. 하나님을 위해 멋진 집을 지어 드리고 싶어. 멋진 집을 지어 그곳에 언약궤를 갖다 놓으면 얼마나 좋을까? 하나님을 위해 훌륭한 성전을 짓는 거야. 나단 선지자에게 내 계획이 어떤지 한번 물어봐야겠군.’

‘선지자’가 어떤 사람인지 알고 있니? 선지자는 하나님의 일을 하는 중요한 종을 말한단다.

나단 선지자는 다윗 왕의 계획을 듣고 아주 좋다고 생각했어. 나단 선지자가 말했단다.

"하나님도 왕의 계획을 좋아하실 것입니다."

하지만, 하나님께서는 그 계획을 좋아하지 않으셨어. 물론 하나님께서도 다윗 왕이 하나님을 진심으로 사랑한다는 것과 그래서 멋진 성전을 짓고 싶어 한다는 것을 잘 알고 계셨지. 그렇지만, 하나님께서는 다윗 왕의 계획을 좋아하지 않으셨어. 하나님께서 나단 선지자에게 말씀하셨단다.

"언약궤를 갖다 놓을 성전을 짓는 일은 좋은 일이다. 하지만, 다윗 왕은 이 성전을 지을 수 없다."

아니, 왜 다윗 왕은 안 된다고 하시는 걸까?

다윗 왕은 지금까지 많은 적을 죽였단다. 그중에는 골리앗 장군도 있지. 다윗 왕은 그 외에도 아주 많은 적군을 죽였단다. 그리고 앞으로도 다윗 왕은 계속 전쟁을 해야 했지. 이것은 다윗 왕의 잘못이 아니란다. 모두 하나님께서 다윗 왕에게 하라고 하신 일이었지.

하지만 이런 전쟁들 때문에 다윗 왕은 전쟁의 왕이 되어 버렸어. 이런 전쟁의 왕은 하나님을 위한 집을 지을 수가 없는 거야. 하나님의 집은 평화의 왕이 지어야 했어. 평화의 왕은 적들과 싸울 필요가 없는 그런 왕을 말하는 거야. 하나님께서 말씀하셨지.

"다윗 왕의 뒤를 이어 왕이 될 그의 아들이 나를 위해 성전을 짓게 될 것이다. 다윗 왕의 아들은 평화의 왕이 될 것이다. 그는 전쟁하지 않아도 된다. 다윗 왕에게 전해 줄 좋은 소식이 있다. 나중에 다윗 왕의 아들은 왕이 될 것이고 그의 손자도 왕이 될 것이다. 다윗 왕의 후손들은 영원히 왕이 될 것이다."

그 말을 들은 다윗 왕이 얼마나 기뻤는지 아니?

"오, 하나님. 감사합니다."

다윗 왕은 아주 공손하게 말했단다.

다윗 왕은 나중에 자기 아들이 성전을 짓는 데 사용할 수 있도록 좋은 물건들을 모으기 시작했단다. 금과 은과 나무와 보석들을 모았어. 이렇게 해서 다윗 왕도 하나님의 성전을 짓는 일을 조금 돕고 싶었지.

다윗 왕은 멋진 노래들도 많이 만들었단다. 하나님께서는 다윗 왕에게 멋진 것을 많이 주겠다고 약속하셨지. 다윗 왕은 그것들을 노래로 만들었어. 다윗 왕의 자손은 영원히 이스라엘의 왕이 될 거래.

다윗 왕이 받은 약속 중에서 가장 멋진 약속이 무엇인지 아니? 그것은 예수님이 다윗 왕의 후손으로 태어나신다는 거야. 예수님의 엄마는 '마리아'라는 공주란다. 예수님이 이 땅에 태어나시려면 아직도 오랫동안 기다려야 했지. 하지만, 그 일은 언젠가는 꼭 일어난단다.

63. 다윗 왕과 밧세바

사무엘하 11–12 장

다윗 왕은 블레셋 민족을 이스라엘에서 모두 쫓아냈단다. 하지만, 이스라엘을 괴롭히는 적들은 아직도 많이 있었지. 다윗 왕은 군인들을 이끌고 나가이 적들과 맞서 계속 전쟁을 했단다. 다윗 왕이 전쟁에 나갈 때면 '요압' 장군도 함께 갔지. 요압 장군은 이스라엘 군대의 대장으로 군대의 총사령관이라고도 불렸지.

어느 날 이스라엘 군대가 다시 전쟁을 하고 있을 때였어. 이번 전쟁에 다윗 왕은 함께 가지 않고 궁전에 머물러 있었단다. 대신 요압 장군이 군인들을 이끌고 전쟁을 하고 있었지.

어느 날 저녁이었어. 다윗 왕은 크고 멋진 자기 궁전에 있는 평평한 옥상에서 있었단다. 하늘이 맑아 아주 아름다운 저녁이었지.

궁전 옥상에서는 주위에 있는 집들이 다 보였단다. 주위 집들의 정원도 보였지. 무심히 주위를 둘러보던 다윗 왕의 눈에 어느 집의 정원이 눈에 띄었어. 그 정원에 연못이 있었는데 어떤 부인이 연못 옆에서 목욕하고 있었단다.

'와, 정말 아름다운 여인이군.'

다윗 왕은 속으로 이렇게 생각했지.

'저 여인의 이름은 무엇일까?'

다윗 왕은 신하를 당장 그 부인의 집에 보냈단다. 그 부인의 집에 갔다 온 신하는 이렇게 말하는 것이었어.

"그 부인의 이름은 '밧세바'라고 합니다. 부인의 남편 이름은 '우리아'입니다. 우리아는 요압 장군 부대의 군인이라고 합니다."

이 말에 다윗 왕은 이런 생각을 했단다.

'저 부인의 남편이 요압 장군 부대의 군인이라면 그 남편은 지금 집에 없겠구나. 그렇다면 밧세바 부인을 나의 궁전으로 초대해도 좋겠는 걸!'

다윗 왕은 밧세바를 데려오도록 했단다. 밧세바는 다윗 왕의 말을 듣고 궁전으로 왔어. 다윗 왕은 밧세바가 매우 아름다워 한눈에 반해 버리고 말았단다.

"나와 함께 이곳에 있으시오. 마침 당신의 남편 우리아는 지금 집에 없지 않소."

밧세바는 다윗 왕의 말대로 했어. 다윗 왕과 함께 궁전에서 얼마 동안 살았단다. 두 사람은 아주 행복한 시간을 보냈지. 두 사람은 마치 결혼한 부부처럼 지냈단다. 결혼도 하지 않고 결혼한 부부처럼 같이 살면 안 되는데 말이야. 밧세바는 우리아의 아내니까. 다윗 왕이 한 일은 옳지 않은 일이었지. 하나님께서도 다윗 왕이 한 일을 아주 싫어하셨단다.

하지만, 다윗 왕은 그런 것에 전혀 신경을 쓰지 않았어. 오로지 밧세바 생각만 했단다. 밧세바를 무척 사랑했거든. '밧세바와 진짜로 결혼할 수 있다면 좋겠다'라고 소원을 빌기도 했단다. 그러나 그건 불가능한 일이야. 왜냐하면, 밧세바는 이미 우리아와 결혼한 몸이었으니까.

그때 다윗 왕이 아주 못된 계획을 생각해 냈단다. 정말 끔찍한 계획을 생각해 낸 거지. 다윗 왕이 세운 못된 계획을 들어 봐.

'만약, 우리아가 죽어 버리면 나는 밧세바와 결혼할 수 있어. 우리아는

군인이야. 군인들은 전쟁에서 싸우다가 쉽게 죽기도 하지.'

다윗 왕은 군대 총사령관인 요압 장군에게 편지를 썼단다. 그 편지에서 다윗 왕은 요압 장군이 전쟁에 나갈 때 우리아를 군대 가장 앞에 내세워 싸우게 하라고 명령했어. 적군이 칼과 창을 들고 공격해 오면 가장 앞에 있는 우리아는 누구보다 먼저 죽겠지. 다윗 왕의 계획이 어떠니? 정말 끔찍하지?

요압 장군은 다윗 왕의 명령대로 했단다. 이스라엘 군대가 적의 도시를 공격할 때 우리아를 가장 앞에 나가 싸우게 했어. 결국, 우리아는 적들이 쏜 화살에 맞아 죽고 말았지.

모든 것이 다윗 왕이 바라던 대로 되었단다. 밧세바의 남편은 전쟁에서 죽었어. 이제 다윗 왕은 밧세바와 결혼할 수 있게 되었지. 얼마 후 밧세바는 아들을 낳았단다. 아들을 품에 안고 다윗 왕은 아주 기뻐했지. 다윗 왕은 정말 행복했어.

다윗 왕은 우리아를 죽인 것에 대해 잘못했다고 생각하지 않았지. 그런 생각은 전혀 하지 않았단다. 오로지 밧세바와 자기 아들 생각만 하며 좋아하고 있었어.

그러나 하나님께서는 모든 것을 알고 계셨어. 하나님께서는 다윗 왕이 한 일을 잊지 않으셨단다. 하나님께서는 다윗 왕이 자기의 잘못을 뉘우치기를 기다리고 계셨어. 하지만, 그런 일은 일어나지 않았단다.

어느 날 나단 선지자가 왕을 찾아왔지. 하나님께서 나단 선지자를 보내신 거야. 나단 선지자는 다윗 왕에게 말했단다.

"하나님께서 왕에게 전할 말씀이 있다고 하십니다. 하나님께서 이렇게 말씀하셨습니다."

"다윗, 나는 네게 기름을 부어 너를 이스라엘의 왕으로 세웠다. 사울 왕을 대신하여 너를 왕으로 세웠다. 내가 지금까지 너를 지켜 준 것을 기억하라. 너에게 좋은 것을 많이 주었던 것을 기억하라. 그런데 너는 왜 이런 나쁜 일을 저질렀느냐? 왜 우리아를 죽였느냐? 처음에 너는 우리아에게서 부인을 빼앗았다. 그러고도 모자라 그를 죽였다. 다윗, 너는 사람을 죽인 살인자이다."

나단 선지자가 화난 목소리로 하는 이 말을 들은 다윗 왕은 깜짝 놀랐단다. 자기가 한 일이 얼마나 나쁜 일인지 그 순간 다윗 왕은 깨닫게 되었어. 너무 부끄러워 고개를 들 수도 없었지. 자기가 살인자가 되다니!

다윗 왕은 나단 선지자에게 말했지.

"제가 큰 잘못을 저질렀습니다. 저의 죄를 이제야 깨달았습니다. 하나님께서 저를 용서해 주실까요? 진심으로 저의 죄를 뉘우칩니다."

나단 선지자가 말했단다.

“다윗 왕이시여, 하나님께서 왕을 용서해 주셨습니다. 하지만, 밧세바가 낳은 아들은 죽게 될 것입니다.”

얼마 후 밧세바의 아들은 병에 걸려 아파하다가 죽었단다. 다윗 왕과 밧세바는 아주 많이 슬퍼했지. 아들이 죽은 것은 모두 자기들의 잘못 때문이라는 것을 잘 알고 있었어.

하나님께서는 나중에 밧세바에게 다시 아들을 주셨단다. 두 사람은 이 아들에게 ‘솔로몬’이라는 이름을 지어 주었지. 솔로몬은 ‘평화의 왕’이라는 뜻을 가지고 있어.

나중에 다윗 왕이 늙으면 솔로몬이 그 뒤를 이어 왕이 될 거야. 그리고 솔로몬은 하나님의 성전을 짓게 될 거야. 성전은 황금 언약궤를 갖다 놓을 하나님의 집을 말해. 다윗 왕에게는 그 외에도 아들이 여럿 있었는데, 솔로몬이 가장 중요한 아들이었단다.

64. 압살롬 왕자

사무엘하 15~20 장

다윗 왕에게는 아들이 여럿 있었어. 왕의 아들이니까 모두 왕자들이었지. 이 왕자 중에 '압살롬'이라는 왕자가 있었지. 압살롬 왕자는 아주 잘 생긴 왕자였단다. 특히 머리카락이 길고 아름다웠지. 압살롬 왕자는 말이 끄는 마차를 타고 성안을 달리곤 했어. 압살롬 왕자는 길거리를 걷다가 사람들을 만나면 아주 상냥하게 인사를 했단다. 압살롬 왕자는 사람들에게 이렇게 말했어.

"만약 어려운 일이 생기면 저에게 찾아오세요. 제가 여러분을 도와주겠습니다."

압살롬 왕자는 만나는 사람들에게 아주 상냥하게 대했지만 사실 그는 상냥한 사람이 아니었단다.

압살롬 왕자는 자기가 왕이 되고 싶었어. 아버지 다윗 왕이 너무 오랫동안 왕의 자리에 있다고 생각했지. 하지만, 사람들은 여전히 다윗 왕을 좋아했단다. 만약 압살롬 왕자가 아버지 다윗을 내쫓으려고 한다면 그걸 좋아할 사람은 아무도 없을걸. 그래서 압살롬 왕자는 이런 생각을 했어.

'앞으로 조금만 더 기다리자. 먼저 사람들이 나를 좋아하도록 만들어야겠어. 아버지보다 나를 더 좋아하게 하고 말 테야. 그리고 때가 오면 아버지를 쫓아내고 내가 왕이 되는 거야!'

이런 꿍꿍이속 때문에 압살롬 왕자는 사람들에게 상냥하게 굴었단다. 압살롬 왕자가 모든 사람에게 친절한 척한 것은 다 이런 이유 때문이었지. 압살롬 왕자의 곁에는 그를 따르는 사람들이 많이 있었단다. 이 사람들이 언젠가는 나서서 압살롬 왕자를 왕으로 만드는 일을 돕겠지.

그리고 세월이 많이 지났어. 어느 날 압살롬 왕자는 자기를 따르는 사람들을 데리고 '헤브론'이라고 불리는 도시로 갔단다. 그 자리에서 압살롬 왕자는 모인 사람들에게 지금부터 자기가 왕이라고 떠들었어.

다윗 왕은 아무것도 모른 채 예루살렘에 있는 자기 궁전에 있었단다. 그런데 갑자기 한 사람이 다윗 왕이 있는 방으로 뛰어 들어오더니 이렇게 말하는 것이었어.

"왕이시여, 압살롬 왕자께서 헤브론에서 스스로 왕이 되셨습니다!"

그 말에 다윗 왕은 깜짝 놀랐단다. 또 한편으로는 슬프기도 했어. 이 일을 어떻게 할까? 왕의 자리를 놓고 아들 압살롬 왕자와 전쟁을 벌여야 하나? 자기 아들과 전쟁을 한다고? 다윗 왕은 그럴 맘이 전혀 없었어.

다윗 왕의 군인 중에는 벌써 압살롬 왕자를 따라 헤브론으로 간 군인들도 많이 있었지. 그 군인들은 이렇게 말했어.

"압살롬 왕자가 왕이 되면 우리는 그쪽 편이 될 거야."

하지만, 다윗 왕 편에 남아 있는 군인들도 많이 있었단다. 오래전 다윗 왕과 함께 도망을 다녔던 사람들은 모두 다윗 왕 편에 남아 있었어. 다윗 왕이 말했단다.

"예루살렘을 떠나는 것이 좋겠다. 저 먼 곳으로 떠나자. 그리고 압살롬 왕자가 어떻게 하는지 한번 지켜보도록 하자. 나를 따르는 사람 중 몇 명은 예루살렘에 남아 압살롬 왕자의 계획이 무엇인지 살피도록 하라."

그리고 잠시 후 침울한 얼굴을 한 일행들이 예루살렘 성을 빠져나가고 있었단다. 그 일행의 가장 앞에는 다윗 왕이 걸어가고 있었어. 그 뒤를 따라 많은 사람이 걸어가고 있었지.

얼마 후 압살롬 왕자는 자기를 따르는 사람들을 거느리고 예루살렘 성에 들어왔단다. 압살롬 왕자는 자기 아버지인 다윗 왕이 살던 궁전에서 살았어. 자기가 마치 진짜 왕이라도 된 듯 행동했단다.

"이제 앞으로 어떻게 하면 좋을까?"

압살롬 왕자가 자기를 따르는 사람들에게 물어보았지.

"당장 아버지를 뒤쫓아 가 전쟁을 할까? 아니면 먼저 군인들을 불러 모아 군대를 크게 만들까?"

"먼저 군인을 모아 군대를 크게 만들도록 하소서."

누군가가 말했단다.

"그 후에 다윗 왕을 뒤쫓아 가는 겁니다. 그래야 다윗 왕을 이길 수 있을 것입니다."

"좋다. 군인들을 불러 모아라. 우리는 내일 출발한다."

압살롬 왕자가 말했어.

예루살렘 성에는 압살롬 왕자의 계획을 알아내려고 일부러 성에 남아 있던 다윗 왕의 사람이 2명 있었어. 이 두 사람은 서둘러 다윗 왕에게 갔단다. 그리고 압살롬 왕자가 사방에서 군인들을 끌어모으고 있다는 소식을 전했지.

이제 다윗 왕은 하는 수 없이 자기 친아들과 전쟁을 해야만 했어. 죽기보다 싫은 일이지만 다른 도리가 없었어. 다윗 왕도 자기편 군인들을 불러 모았단다.

다윗 왕은 전쟁에 직접 나가 싸우지는 않았어. 전쟁을 시작하기 전 다윗 왕은 모든 군인에게 말했단다.

"압살롬 왕자를 죽여서는 안 된다."

그 다음 날 다윗 왕과 압살롬 왕자의 군대 사이에 큰 전쟁이 벌어졌단다. 이 전쟁은 정말 슬픈 전쟁이었어. 왜냐하면, 전쟁을 하는 양쪽 군인들이 모두 이스라엘 민족이었거든. 이스라엘 사람이 같은 이스라엘 사람을 죽이는 싸움이 벌어진 거야!

결국, 다윗 왕의 군대가 전쟁에서 이겼단다. 압살롬 왕자와 그를 따르는 군인들은 뿔뿔이 도망을 쳤어. 압살롬 왕자는 용감한 사람이 아니었단다. 그는 버릇없이 떠들기만 잘했지 전쟁에서 싸움은 잘 못했어. 압살롬 왕자는 말을 타고 숲 속으로 도망갔단다. 전속력으로 말을 달려 도망을 쳤지. 무서워 어쩔 줄 모른 채 말이야.

압살롬 왕자가 도망을 친 숲은 나무가 아주 울창한 숲이었어. 나무들이 빽빽이 들어서 있고, 나뭇가지가 낮게 드리워 있었단다. 압살롬 왕자를 태운 말은 낮은 나뭇가지 밑을 지나 달려갈 수 있었지만 말 위에 앉아 있는 압살롬 왕자는 나무 밑을 지나가기가 어려웠단다. 그러다 그만 압살롬 왕자의 머리가 나뭇가지에 걸리고 말았어. 압살롬 왕자의 긴 머리카락이 나뭇가지에 걸려 버린 거야. 압살롬 왕자가 타고 가던 말은 그대로 달아나 버리고 압살롬 왕자는 나뭇가지에 머리가 걸린 채 대롱대롱 매달려 있었단다. 꼼짝달싹도 못하고 매달려 있었어.

다윗 왕의 군대 총사령관인 요압 장군이 압살롬 왕자가 나무에 매달려 있는 것을 보게 되었지. 압살롬 왕자를 죽이지 말라고 다윗 왕이 명령했지만 요압 장군은 그런 말에 전혀 신경 쓰지 않았단다.

'압살롬 왕자는 못된 짓을 많이 했어. 그런 압살롬 왕자는 차라리 죽는 편이 나아.'

이렇게 생각한 요압 장군은 창을 꺼내 들어 압살롬 왕자를 찔러 죽였단다. 그러고 나서 요압 장군이 말했어.

"이제 이런 전쟁은 그만두자. 이스라엘 민족끼리 싸우는 일은 다시는 없어

야 한다. 지금 이스라엘 민족끼리 서로 싸우게 된 것은 모두 압살롬 왕자의 잘못 때문이다. 이제 압살롬 왕자는 죽었다. 앞으로 이런 일은 절대로 없을 것이다."

군인들이 다윗 왕에게 돌아와 전쟁에서 압살롬 왕자의 군대를 이겼다는 보고를 했단다. 걱정스러운 목소리로 다윗 왕이 물어보았지.

"내 아들 압살롬 왕자는 어떻게 되었느냐?"

"압살롬 왕자는 죽었습니다."

군인들이 대답했지.

그 말에 다윗 왕은 몹시 슬퍼했단다. 울면서 다윗 왕이 소리쳤어.

"내 아들, 압살롬아. 오, 내 아들아! 차라리 내가 죽고 네가 살았더라면 좋았을 것을!"

압살롬 왕자는 자기 아버지에게 몹시 나쁜 짓을 했단다. 아버지를 왕위에서 쫓아냈어. 하지만, 다윗 왕은 압살롬 왕자를 여전히 사랑했단다. 압살롬 왕자는 자기의 아들이었거든.

다윗 왕은 다시 궁전으로 돌아갔지. 그리고 예전처럼 다시 이스라엘의 왕이 되었어. 마치 아무 일도 일어나지 않은 것처럼 모든 것이 똑같아 보였단다.

하지만, 다윗 왕의 슬픔은 쉽게 사라지지 않았어. 다윗 왕은 압살롬 왕자를 많이 사랑했거든. 다행스럽게도 다윗 왕에게는 다른 아들이 여럿 있었단다. 그중 한 명은 '솔로몬'이었어.

65. 이스라엘 왕이 된 솔로몬

열왕기상 1–3 장

다윗 왕은 나이가 아주 많아졌어. 어느 날 다윗 왕이 말했단다.

"하나님께서는 내 아들 솔로몬이 나의 뒤를 이어 왕이 될 거라고 말씀하셨다. 이제 솔로몬을 왕으로 세우도록 하라."

중요한 사람들이 모두 다윗 왕이 있는 궁전에 모여들었지. 제사장 '사독'은 기름을 가지고 왔단다. 사독 제사장은 솔로몬 왕자의 머리에 그 기름을 부었어. 솔로몬 왕자의 머리에 기름을 부어 이스라엘의 왕으로 세운 거지.

왕이 된 솔로몬은 자기 아버지의 말을 타고 성내를 돌았어. 그리고 아버지의 궁전에 있는 왕이 앉는 자리에 가 앉았단다. 이제 모든 사람은 솔로몬이 이스라엘의 새 왕이 되었음을 알게 되었지.

솔로몬이 왕위에 올랐을 때 그는 아직 젊은 나이였단다. 솔로몬 왕은 많은 사람을 다스려야 하는 왕의 자리가 매우 어렵게 느껴졌어. 솔로몬 왕은 이런 생각을 했지.

'나는 아주 좋은 왕이 되고 싶어. 하지만, 아직 나이도 어리고 아는 것도 많이 없지. 하나님께서 나를 도와주시지 않으면 나는 좋은 왕이 될 수 없을 거야.'

솔로몬 왕은 하나님을 진심으로 사랑했단다.

어느 날 밤 하나님께서 솔로몬 왕에게 말씀하셨어.

"솔로몬아, 내가 너에게 선물을 주겠다. 네가 원하는 것을 무엇이든 말해 보아라."

솔로몬 왕은 망설이지 않고 자신이 바라는 것을 말했단다.

"하나님, 제가 좋은 왕이 되도록 도와주십시오. 제 힘으로는 좋은 왕이 될 수 없습니다. 하나님께서 도와주셔야만 좋은 왕이 될 수 있습니다."

하나님께서 솔로몬 왕에게 말씀하셨단다.

"솔로몬아, 네가 원하는 것을 너에게 주겠다. 너는 지혜롭고 현명한 좋은 왕이 될 것이다. 온 세상에서 너만큼 슬기롭고 명석한 왕은 없을 것이다. 그리고 너를 큰 부자로 만들어 주겠다."

솔로몬 왕은 하나님의 약속을 듣고 무척 기뻤단다. 그리고 하나님께 진심으로 감사했지.

어느 날 두 여인이 솔로몬 왕이 있는 궁전으로 찾아왔단다. 두 여인은 울면서 서로 싸우고 있었지. 두 여인 중 한 명은 품에 아기를 안고 있었어. 다른 한 명은 그 아기를 빼앗으려고 하고 있었지.

"이리 내. 이 아기는 내 아기야!"

"무슨 말이야. 이 아기는 내 아기야!"

이 아기는 과연 누구의 아기일까? 아무도 그것을 알 수 없었어. 그래서 두 여인은 솔로몬 왕을 찾아왔단다. 솔로몬 왕은 아주 슬기로운 왕이니까 분명히 좋은 해결책을 찾아 줄 거라고 생각했지.

왕좌에 앉은 솔로몬 왕이 두 여인에게 말했단다.

"먼저 무슨 일이 있었는지 나에게 설명해 보아라."

한 여인이 설명을 시작했어.

"며칠 전 저희 둘은 각각 아기를 낳았습니다. 저희는 한집에서 살고 있는데,

각자 자기 아기를 데리고 잠을 자고 있었습니다.

지난밤 제 옆에 사는 이 여인이 자다가 실수로 자기 아기를 깔아뭉개 버렸습니다. 그 바람에 아기가 죽어 버렸습니다. 그러자 이 여인은 제가 잠을 자는 틈을 타 몰래 자기의 죽은 아기를 제 옆에 갖다 놓았습니다. 그리고 제 아기를 데려가 자기 옆에 뉘어 놓았습니다.

아침이 되어 제가 일어났을 때 제 옆에는 죽은 아기가 있었습니다. 하지만,

그 아기는 제 아기가 아닙니다. 엄마인 제가 왜 모르겠습니까? 바로 이 여인이 제 아기를 데려간 겁니다."

그 말을 듣고 다른 여인이 말했단다.

"이 여인의 말은 사실이 아닙니다. 죽은 아기가 이 여인의 아기이고, 살아 있는 아기가 바로 제 아기입니다."

이렇게 두 여인은 솔로몬 왕 앞에서도 다시 싸움을 벌였단다.

이제 왕이 나서서 죽은 아기가 누구의 아기이고 살아 있는 아기가 누구의 아기인지 가려내야 했지. 솔로몬 왕이 그 답을 알고 있을까? 아니란다. 솔로몬 왕도 그 답을 알 수가 없었어. 갓 태어난 아기들은 아주 비슷비슷해 보이거든. 솔로몬 왕이 확실히 아는 것은 두 여인 중 한 사람은 거짓말을 하고 있다는 것이었어. 거짓말을 하는 여인이 누구일까?

솔로몬 왕이 이 문제를 어떻게 해결했는지 들으면 솔로몬 왕이 얼마나 지혜로운 왕인지 알게 될 거야. 솔로몬 왕은 거짓말을 하는 여인을 찾아낼 방법을 알고 있었어. 솔로몬 왕이 신하에게 명령했단다.

"잘 드는 날카로운 칼을 들고 오너라."

잠시 후 신하는 커다란 칼을 들고 솔로몬 왕이 앉아 있는 곳으로 왔단다. 솔로몬 왕은 두 여인을 향해 말했어.

"너희 둘 다 살아 있는 아기가 자기 아기라고 말하고 있다. 이제 내 신하가 이 살아 있는 아기를 정확하게 두 쪽으로 자를 것이다. 그리고 너희 둘에게 아기를 절반씩 나눠 주겠다."

그 말을 듣고 한 여인이 울음을 터뜨렸단다. 그 여인이 말했지.

"제발 그러지 마십시오. 아기를 죽이지 마십시오. 차라리 아기를 저 여인에게 주십시오!"

하지만, 다른 여인은 이렇게 말했단다.

"그거 좋은 생각입니다."

그 말을 듣고 솔로몬 왕은 울음을 터뜨린 여인에게 말했단다.

"그대가 바로 살아 있는 아기의 엄마인 것이 확실하군. 그대는 아기가 죽는 것을 원치 않았다. 아기를 죽이는 대신 차라리 그대의 아기를 저 여인에게 주라고 말하는 것을 보니 살아 있는 아기는 그대의 아기가 틀림이 없구나. 이제 그대의 아기를 저 여인에게 줄 필요가 없겠다.

자, 아기를 받아 가거라. 내가 정말로 아기를 두 쪽으로 자르려고 한 것은 아니다. 그건 일부러 꾸며서 해 본 말일 뿐이다."

한 여인은 살아 있는 아기를 품에 안고서 고마워하며 기쁜 얼굴로 집으로 돌아갔단다. 다른 여인은 화를 냈고 슬퍼했지. 죽은 아기가 자기 아기였으니까. 게다가 자신이 거짓말한 것을 모든 사람이 다 알게 되었어. 부끄럽지만 모두 자기 잘못인걸 뭐!

솔로몬 왕이 얼마나 지혜로운 왕인지 잘 알겠지?

솔로몬이 왕으로 있는 동안 이스라엘은 아주 평화로웠단다. 이스라엘을 쳐들어오는 적도 없었어. 전쟁의 걱정도 없었지. 이스라엘은 아주 평화로웠어. 그래, 솔로몬 왕은 정말 평화의 왕이었어!

66. 성전을 지은 솔로몬 왕

열왕기상 6–9 장

다윗 왕이 하나님을 위해 진심으로 하고 싶은 일이 있었는데 뭔지 아니? 그래, 바로 성전을 짓는 일이었지. 하지만, 다윗 왕은 성전을 지을 수 없었어. 왜냐하면, 다윗 왕은 전쟁의 왕이었으니까.

하나님께서 다윗 왕에게 말씀하셨지.

"너의 아들 솔로몬이 나를 위해 성전을 짓게 될 것이다. 솔로몬이 이스라엘의 왕이 되면 그때에는 이스라엘을 괴롭히는 적이 하나도 없을 것이다. 이 땅에 전쟁이 사라질 것이고 이 땅은 아주 평화로워질 것이다. 솔로몬은 전쟁의 왕이 아니라 평화의 왕이 될 것이다."

하나님께서는 다윗 왕에게 성전이 어떻게 생겼는지를 설명해 주셨단다. 다윗 왕은 솔로몬을 위해 성전에 필요한 물건들을 미리부터 하나하나 모아 두었단다. 금과 은, 목재와 아름다운 보석들을 많이 모아 두었지.

솔로몬 왕은 왕이 되고 나서 머뭇거리지 않고 성전 공사를 시작했단다. 솔로몬 왕은 성전 공사를 시작한 것이 무척 기뻤지. 솔로몬 왕 역시 하나님을 진심으로 사랑했거든. 솔로몬 왕은 성전 공사를 돕는 모든 사람에게 말했어.

"모두 온 힘을 다해 일하도록 하라. 이 성전은 하나님의 집이 될 것이다. 하나님께서 사시는 집이고 언약궤도 이곳에 갖다 놓을 것이다."

그때까지 언약궤는 예루살렘에 있는 평범한 천막 속에 있었어. 하지만 잠시 후 성전이 완성되면 언약궤는 사방이 금으로 입혀진 방 안에 놓이게 될 거야. 천장도 금이고 바닥도 금, 사방 벽도 모두 금으로 입혀진 방 안에 놓이는 거야. 그리고 언약궤 위에는 두 명의 천사가 세워질 거야. 성막에 있던 것과 똑같이 말이야. 하지만, 이번에 만들어지는 천사는 크기를 훨씬 크게 만들 거야.

성전에는 그 외에도 방이 하나 더 있단다. 이 방도 역시 금으로 입힐 거야. 이 방에는 초를 꽂는 금 촛대를 갖다 놓을 거란다. 이 초의 불은 꺼지지 않고 항상 활활 타도록 할 거야. 제사장들이 그 일을 책임지고 맡게 될 거야. 그리고 성전 바깥에는 구리로 만든 커다란 제단을 세울 거란다. 이 제단에서 하나님께 제사를 드리는 거지. 성전은 예루살렘에 있는 언덕 위에 세울 거야. 예루살렘 성에서 멀리 떨어져 있어도 언덕 위에 우뚝 서 있는 성전을 잘 볼 수 있도록 말이야. 성전의 하얀 벽들이 햇빛을 받아 반짝이겠지?

제사장들은 천막에 있던 언약궤를 꺼내 아주 공손하고 조심스럽게 성전으로 옮겼지. 성전 가장 안쪽에 있는 방에 언약궤를 갖다 놓았어. 사방을 금으로 입힌 이 방에는 언약궤 외에도 금을 입힌 두 천사가 서 있었단다.

성전 공사가 다 끝나자 사람들은 큰 잔치를 벌였단다. 제사장들은 나팔을 불었고, 레위 사람들은 다윗 왕이 만든 아름다운 노래를 불렀지.

그때였어. 갑자기 구름이 나타나 성전을 가득 채웠어. 바로 하나님의 구름이 나타난 거야. 이 구름은 오래전 이스라엘 백성이 사막에 살 때 성막 위에 늘 떠 있던 바로 그 구름이었어. 구름이 성전에 가득한 것을 보고 사람들은 하나님께서 이곳 성전에 계시다는 것을 알게 되었지. 사람은 하나님을 직접 볼 수 없단다. 하지만, 하나님의 구름은 볼 수가 있지. 하나님의 구름은 하나님께서 사람들 곁으로 오셔서 예루살렘에 있는 성전에 계신다는 표시였거든.

하나님의 구름을 본 사람들은 공손하게 바닥에 무릎을 꿇었단다. 모든 사람이 기뻐했어. 당연히 솔로몬 왕도 아주 기뻐했지. 솔로몬 왕은 성전 앞에 있는 커다란 제단에서 하나님께 아주 많은 제물을 드렸단다. 하나님께서는 솔로몬 왕이 하나님을 얼마나 많이 사랑하는지 보시고 기뻐하셨어.

솔로몬 왕은 자기를 위해서도 아주 아름다운 궁전을 짓게 했단다. 이 궁전도 정말 멋있었어. 궁전에는 커다란 방이 있고, 그곳에는 금을 입혀 번쩍거리는 왕좌가 있었어. 이 방이 바로 솔로몬 왕의 방이었지. 외국에서 중요한 손님이 오면 솔로몬 왕은 이 방의 황금 왕좌에 앉아 손님을 맞았단다. 솔로몬 왕은 이집트 왕의 딸과 결혼을 했단다. 그리고 그 아내를 위해서도 멋진 궁전을 또 지었지.

예루살렘 성은 정말 멋진 곳이 되었어. 예루살렘에는 궁전이 3개나 있었는데, 하나는 다윗 왕의 궁전이고 다른 하나는 솔로몬 왕의 궁전이었어. 그리고 마지막 하나는 솔로몬 왕의 아내를 위한 궁전이었지. 세 궁전이 아름답긴 하지만 뭐니 뭐니 해도 예루살렘에 있는 건물 중 가장 아름다운 것은 바로 하나님의 성전이었단다.

67. 시바의 여왕

열왕기상 10 장

어느 날 솔로몬 왕을 만나러 온 손님이 있었단다. 아주 신분이 높고 재산도 아주 많은 여인이 솔로몬 왕을 찾아왔어. 이 손님은 아주 먼 나라에서 온 여왕이었단다.

이 여왕은 이스라엘에 아주 슬기롭고 명석한 왕이 있다는 말을 듣게 되었어. 사람들은 이 왕이 세상에서 가장 똑똑한 사람이라고 말했지. 또 이 왕이 하나님을 위해 성전을 지었다는 말도 했어. 그런데 이 성전이 얼마나 아름다운지, 아마 세상에서 가장 아름다운 성전일 거라고 사람들은 말했단다. 게다가 사람들은 이 왕이 엄청난 부자라고 말했어.

이 여왕은 '시바'라는 아주 먼 나라의 여왕이었어. 시바의 여왕은 사람들이 하는 말을 하나도 믿지 않았단다. 그렇지만, 사람들이 하는 말이 과연 사실인지 궁금하기는 했지. 어느 날 여왕이 신하에게 말했단다.

"내가 직접 이스라엘에 가 보겠다. 그 왕이 정말 소문대로 그렇게 똑똑하고 부자인지 내 눈으로 직접 확인해 봐야겠다. 그리고 그 성전이 얼마나 아름다운지도 내가 직접 봐야겠다."

이렇게 해서 시바의 여왕은 길을 떠나게 되었단다. 낙타를 타고 긴 여행을 떠났지. 여왕은 자기가 탄 낙타 외에도 낙타를 여러 마리 끌고 갔어. 그 낙타 등에는 슬기롭고 명석하다고 소문이 난 그 왕에게 줄 귀한 선물들이 잔뜩 실려 있었단다. 여왕은 금과 향료를 많이 가지고 갔단다. 특히 여왕이 준비한 이 향료는 아주 귀한 것으로 여왕이 사는 나라에서만 얻을 수 있는 향료들이었지. 소문대로 굉장한 부자 왕이라면 아주 특별한 선물을 준비해야겠지. 그 왕은 이미 모든 것을 가지고 있다고 소문이 자자하던데 말이야.

여왕은 시종들도 많이 데리고 갔단다. 낙타를 돌보는 일과 선물을 잘 지키는 일을 할 시종이 많이 필요했지. 긴 여행 끝에 시바의 여왕은 마침내 이스라엘에 도착했단다. 예루살렘의 언덕 위에 서 있는 아름다운 성전이 멀리에서도 잘 보였지. 정말 아름다운 성전이었어!

여왕은 예루살렘 성에 도착했단다. 예루살렘 성 역시 말로 표현할 수 없이 아름다운 곳이었지. 여왕은 낙타와 시종들을 거느리고 솔로몬 왕의 궁전으로 향했어. 궁전 또한 정말로 아름다웠단다.

솔로몬 왕은 벌써 시바의 여왕이 오는 것을 보고 있었어.

"이쪽으로 오시지요. 먼 길 오시느라 수고하셨습니다."

솔로몬 왕이 시바의 여왕을 맞아들이며 말했단다.

여왕이 대답했지.

"저는 '시바'라는 먼 나라에서 왔습니다. 왕께서 아주 슬기롭고 명석하다는 소문을 시바에서부터 들었습니다. 왕은 모르는 것이 없다고 사람들이 말하더군요. 왕과 이야기를 나눠 보고 싶어 왔습니다. 괜찮겠습니까?"

"네, 괜찮다마다요."

솔로몬 왕이 대답했단다.

"이야기를 나누는 동안 제가 맛있는 음식을 대접하겠습니다."

이렇게 해서 시바의 여왕은 이스라엘 왕 솔로몬과 함께 식탁에 앉아 식사하게 되었어. 모든 음식이 금 접시에 담겨 있었단다. 마실 것도 다 금잔에 담겨

있었어. 세상에서 가장 맛있는 음식들이 상 위에 차려져 있었지. 모든 음식이 아주 맛있어 보였고, 실제로 맛도 정말 좋았단다. 음식을 먹으면서 시바의 여왕은 솔로몬 왕과 이야기를 나누었어. 시바의 여왕은 솔로몬 왕에게 많은 것을 물어보았단다. 그때마다 솔로몬 왕은 척척 대답을 하는 것이었어. 한 번도 '그것은 제가 잘 모르는 것입니다'라고 말하는 경우가 없었단다. 솔로몬 왕은 정말로 아는 것이 많은 왕이었어.

식사를 마친 솔로몬 왕은 시바의 여왕에게 자기의 궁전과 황금으로 만들어진 멋진 왕좌를 보여 주었지. 솔로몬 왕처럼 멋진 왕좌를 가진 사람은 세상 어디에도 없을 거야.

솔로몬 왕은 시바의 여왕에게 성전도 보여 주었단다. 구리로 된 커다란 제단 위에 하나님을 위해 하루에 몇 번씩 제물을 드리는지도 자세히 설명해 주었단다. 그리고 성전의 내부가 어떻게 생겼는지도 설명해 주었어. 황금 언약궤가 어디에 있는지도 설명해 주었지.

시바의 여왕은 성전 안에 들어갈 수 없었단다. 물론 솔로몬 왕도 성전 안으로 들어갈 수는 없어. 성전에 들어갈 수 있는 사람은 오직 제사장뿐이란다. 하지만, 성전의 바깥은 누구든 볼 수 있었지.

솔로몬 왕은 자신이 하나님을 얼마나 많이 사랑하는지도 설명했단다. 솔로몬 왕이 말했어.

"내가 지금처럼 좋은 왕이 될 수 있었던 이유를 아십니까? 그것은 하나님께서 나를 도와주셨기 때문입니다. 하나님께서 나를 현명하고 지혜롭게 만들어 주셨습니다. 나를 이렇게 큰 부자로 만들어 주신 분도 바로 하나님이십니다. 나는 하나님을 진심으로 사랑합니다."

모든 것을 보고 들은 시바의 여왕이 말했단다.

"우리나라 사람들이 왕을 두고 아주 똑똑하고 가진 것이 많은 부자 왕이라고 말을 할 때 나는 그 말을 믿지 않았습니다. 하지만 이제, 내 눈으로 모든 것을 직접 보았습니다. 당신은 사람들이 말하는 것보다 훨씬 더 똑똑하고 부자입니다. 하나님께서 왕을 정말로 많이 사랑하신다는 것을 알았습니다. 하나님께서는 이스라엘을 많이 사랑하십니다. 이스라엘에 사는 당신들은 정말 행복한 사람들입니다!"

시바의 여왕은 자기 나라로 돌아가기 전 자신이 가지고 온 귀한 선물들을 솔로몬 왕에게 주었단다. 솔로몬 왕도 시바의 여왕에게 귀한 선물을 주었지. 그리고 시바의 여왕은 자기 나라로 돌아갔단다. 자기 나라로 돌아간 여왕은 사람들에게 해 줄 이야기가 정말 많이 있었어.

어쩌면 시바의 여왕도 하나님을 사랑하게 되었는지 모른단다. 솔로몬 왕이 하나님에 대한 이야기를 많이 전해 주었거든. 온 세상을 만드신 하나님께서는 시바의 여왕도 행복하게 살도록 지켜 주실 수 있으시지. 만약 시바의 여왕이 하나님께 그런 부탁을 하기만 한다면 말이야.

68. 아합 왕과 엘리야 선지자

열왕기상 16–17 장

다윗 왕과 솔로몬 왕이 세상을 떠나고 긴 세월이 흘렀지. 그동안 이스라엘에 어려운 일과 나쁜 일이 자꾸 일어났어. 다윗 왕과 솔로몬 왕의 뒤를 이은 이스라엘의 왕들은 대부분 하나님을 사랑하지 않았어. 그러니 이스라엘에 나쁜 일들이 자꾸 생기는 것은 불을 보듯 뻔한 일이지.

'아합' 왕이 이스라엘을 다스리고 있을 때였어. 이 왕도 하나님을 사랑하지 않았단다. 아합 왕은 '이세벨'과 결혼을 했는데, 이세벨 왕비는 본래 다른 나라의 공주였어. 이세벨 왕비가 살았던 나라의 사람들은 '바알'이라는 우상을 섬겼단다. 우상 바알의 모양을 돌로 만들어 그 앞에 절을 했지. 사람들은 우상 바알에게 기도하면서 바알 우상이 자기들을 지켜 줄 것이라고 믿었단다. 바알 신상 앞에는 제단이 있었는데 사람들은 그 제단에서 바알 우상에게 제사도 드렸어.

이세벨 왕비는 아합 왕과 결혼하면서 자기 나라의 우상인 바알을 이스라엘에 가지고 왔단다. 그 후 많은 이스라엘 사람들이 바알 우상 앞에 절을 하고 기도를 했지. 사람들은 바알 우상이 자기들을 지켜 준다고 믿게 되었어. 대신 하나님은 까마득하게 잊어버렸단다!

모든 사람이 하나님을 잊었지만, 하나님을 잊지 않은 사람이 단 한 사람 있었단다. 그 사람은 하나님의 종으로 선택된 선지자 '엘리야' 였단다. 엘리야 선지자는 아주 용감한 사람이었지.

엘리야 선지자가 어느 날 아합 왕을 찾아가 말했단다.

"아합 왕이시여! 왕은 나쁜 왕입니다. 왕은 하나님의 말씀에 순종하지 않았습니다. 이제 하나님께서 왕에게 벌을 내리실 것입니다. 온 나라에 비가 내리지 않을 것입니다. 제가 비가 오라고 말할 때까지 이 나라에는 이슬 한 방울도 내리지 않을 것입니다."

아합 왕은 그 말에 콧방귀를 뀌었단다.

"엘리야 선지자, 뭐라고? 당신 맘대로 떠들어 보시지!"

하지만, 그 후 정말로 오랫동안 비가 오지 않았어. 그제야 아합 왕은 엘리야 선지자의 말이 거짓말이 아니었다는 것을 알게 되었지. 그 후로 1년 동안 비가 한 방울도 내리지 않자 아합 왕은 엘리야 선지자가 하나님의 진짜 종이라는 것을 믿게 되었어. 엘리야 선지자의 말이 그대로 이루어졌으니까. 들판에는 곡식 한 톨 자라지 않았어. 먹을 것이 없어 배고파하는 사람들이 하나 둘 생겨났지. 풀도 한 포기 자라지 않았단다. 가축들도 먹을 것이 없기는 마찬가지였어.

"엘리야 선지자를 찾아오너라!"

아합 왕이 화가 나서 소리쳤단다.

"엘리야 선지자를 당장 데려오너라. 엘리야 선지자를 시켜 당장 비가 내리도록 해라."

왕의 신하들은 엘리야 선지자를 찾아 나섰단다. 나라 곳곳을 다니며 엘리야 선지자를 찾았지. 하지만, 엘리야 선지자는 찾을 수가 없었어. 어디를 찾아보아도 엘리야 선지자는 없었지. 혹 엘리야 선지자를 본 사람이 있는지 물어

보기도 했단다. 하지만, 엘리야 선지자를 본 사람도 없었어. 엘리야 선지자는 도대체 어디로 사라진 것일까?

엘리야 선지자는 하나님이 준비해 주신 안전한 곳에서 잘 지내고 있었어. 그곳은 아합 왕이 찾을 수 없는 그런 곳이었지. 산속 깊이 시냇물이 흐르는 곳에 엘리야 선지자는 숨어 있었어. 그곳에서 엘리야 선지자는 아주 편안히 지냈단다. 곁에 흐르는 시냇물을 마시며 지냈지. 그럼 먹을 것은? 매일 아침 저녁으로 새들이 엘리야 선지자에게 먹을 것을 날라다 주었단다. 새들이 부리에 빵과 고기를 물고 멀리서 날아왔어. 그리고 엘리야 선지자 곁에 와서는 부리에 물고 온 먹을 것을 떨어뜨리는 것이었어. 하나님께서 엘리야 선지자에게 매일 이런 새들을 보내 주셨지. 하나님께서는 자신의 종을 언제나 잘 돌봐 주신단다.

그런데 오랫동안 비가 내리지 않자 엘리야 선지자가 마시던 시냇물마저 말라 버렸어. 산에 비가 내리지 않아 시냇물도 말라 버린 거야. 하나님께서 엘리야 선지자에게 말씀하셨단다.

"이스라엘 가까이 있는 이웃 나라의 작은 마을로 가거라. 그 마을에는 남편이 없는 한 과부가 어린 아들과 살고 있다. 이 과부가 너를 보살펴 줄 것이다."

엘리야 선지자는 그 마을을 찾아갔지. 마침 그 과부가 바깥에서 나뭇가지를 줍고 있었지. 엘리야 선지자가 그 과부에게 말을 걸었단다.

"마실 물을 좀 주겠소? 목이 몹시 마르오."

"예"하고 과부가 대답했단다. 그리고 물을 가지러 집 안으로 들어가려고 했지. 그때 엘리야 선지자가 말했어.

"배가 고픈데 빵도 좀 주겠소?"

그 말을 들은 과부는 슬픈 표정을 지으며 엘리야 선지자를 쳐다보았단다. 그리고 말했어.

"드릴 빵이 없습니다. 저에게는 빵이 없습니다. 저는 가난한 과부랍니다. 지금 불을 피우려고 나뭇가지를 줍고 있는데 저희 집 항아리에는 밀가루가 한 줌 정도 남아 있습니다. 기름병에는 기름이 서너 방울 남아 있을 뿐이지요. 그걸로 빵을 구우려던 참이었습니다. 마지막으로 빵을 구워 아들과 먹으려고요. 그걸 먹고 나면 제게는 먹을 것이 하나도 없습니다. 아들과 저는 이제 굶어 죽게 될 겁니다."

하나님께서 엘리야 선지자에게 하신 말씀 생각나니? 이 과부가 엘리야 선지자를 보살펴 줄 거라고 하셨는데……. 그런데 어떻게? 자기 먹을 것도 없는 이 가난한 과부가 어떻게? 하나님은 못 하는 일이 없는 분이시지! 한 번 더 하나님의 놀라운 능력을 보게 될 테니 잘 들어 봐!

엘리야 선지자가 이 가난한 과부에게 말했단다.

"앞으로 비는 계속 내리지 않을 것이오. 들판에 곡식이 자라 사람들이 먹을 수 있으려면 오랜 시간이 지나야 하오. 하지만, 당신 항아리에 남아 있는 밀가루는 떨어지지 않을 것이오. 기름병에 기름도 없어지지 않을 것이오. 당신에게는 빵을 구울 밀가루와 기름이 항상 있을 것이오. 하나님께서 그렇게 말씀해 주셨소. 그러니 지금 당장 집에 가서 나를 위해 빵을 만들어 오시오. 그리고 당신과 당신 아들이 먹을 빵도 만드시오."

그 과부는 엘리야 선지자의 말을 믿었단다! 나뭇가지를 모아 불을 피우고 항아리에 남은 마지막 밀가루를 퍼냈어. 그리고 마지막 남은 기름 몇 방울을 부어 엘리야 선지자를 위해 빵을 구웠지. 그런데 깜짝 놀랄 일이 일어났단다! 항아리 속에는 밀가루가 그대로 있고, 기름병 속에도 기름이 그대로 남아 있는 거야. 과부는 빵을 다시 만들 수 있었지. 빵을 다시 만들었는데도 항아리 속에는 밀가루가 여전히 남아 있고, 기름병에는 기름이 남아 있었어. 과부는 또 빵을 만들 수 있었지.

하나님께서 날마다 놀라운 기적을 일으키셨단다. 항아리 속에 밀가루가 떨어지지 않도록, 기름병에 기름이 떨어지지 않도록 해 주셨어. 그 과부는 날마다 엘리야 선지자와 자기와 아들이 먹을 빵을 구울 수 있었어.

들판에 곡식이 다시 자랄 때까지는 시간이 많이 지나야 했단다. 하지만 엘리야 선지자와 과부와 그 아들은 먹을 것을 걱정하지 않았지. 언제든지 빵을 구울 수 있었거든.

그러던 어느 날이었어. 아주 슬픈 일이 일어났단다. 과부의 아들이 그만 병에 걸린 거야. 병이 점점 심해지더니 결국 아들은 죽고 말았단다. 아들이 죽었으니 그 과부가 얼마나 슬펐겠니? 남편도 죽고 없는데, 이제는 아들까지 죽었으니 말이야. 이제 이 과부에게는 남은 가족이 한 명도 없는 거지.

엘리야 선지자도 많이 슬펐단다. 하지만, 엘리야 선지자는 하나님께서 무엇이든 다 하실 수 있다는 것을 알고 있었어. 엘리야 선지자는 과부의 아들을 자기 방으로 안고 가서 자기 침대에 눕혔어. 그리고 하나님께 간절히 기도했단다.

"하나님! 하나님께서는 모든 일을 하실 수 있으십니다. 제발 이 소년을 살려 주십시오!"

하나님께서는 자신의 종인 엘리야 선지자의 기도를 들어주셔서 놀라운 기적을 일으키셨단다. 하나님께서 과부의 아들을 살려 주셨지. 엘리야 선지자는 살아난 소년을 팔에 안고, 슬퍼서 우는 과부에게로 데려갔단다.

"여기 당신 아들을 데리고 왔소. 하나님께서 당신 아들을 살려 주셨소."

소년은 일어나 자기 어머니에게 두 팔을 벌리고 달려갔단다. 조금 전까지도 그 과부는 슬퍼서 울고 있었어. 하지만, 이제는 기쁨의 눈물을 흘리게 되었지! 엘리야 선지자에게 고마워하면서 말했어.

"무슨 일이 있어도 하나님을 믿어야 한다는 것을 알게 되었습니다. 당신은 하나님의 진짜 선지자입니다."

69. 엘리야 선지자와 바알의 제사장들

열왕기상 18 장

하나님께서 이스라엘에 벌을 내리셔서 무려 3년 동안이나 비가 내리지 않았단다. 이스라엘 곳곳이 바싹바싹 말라 가고 있었어. 들판에는 곡식 한 톨도, 풀 한 포기도 자라지 않았지. 사람들과 가축들은 먹을 것이 없어 많이 굶어 죽었단다.

아합 왕은 화가 머리끝까지 난 채 자기 궁전을 거닐고 있었지. 아합 왕의 아내인 이세벨 왕비도 화가 나 있었어. 아합 왕보다 더 많이 화가 나 있었지.

"이런 일이 일어난 것은 전부 엘리야 때문이야."

두 사람은 서로 이렇게 말했단다.

비가 안 오는 것이 엘리야 선지자 때문이라고? 아니지, 무슨 말을 하는 거야! 비가 안 오는 것은 이 두 사람의 잘못 때문이야. 3년 전 엘리야 선지자가 분명하게 말해 줬잖아. 하나님께서 아합 왕과 이세벨 왕비에게 벌을 내리신다고. 이스라엘에 사는 모든 사람에게도 벌을 내리셨어. 왜냐고? 이스라엘에 사는 사람들이 하나님을 잊었잖아. 모두 바알 우상 앞에 절을 하고 바알 우상이 자기들을 돌봐 줄 거라고 믿었잖아.

다행스럽게도 아직 하나님을 사랑하는 사람들이 몇몇 남아 있었단다. 하지만, 그 사람들은 하나님을 사랑한다는 말을 입 밖에 내지도 못하고 살아가고 있었어. 이세벨 왕비는 매우 무서운 왕비였거든. 사람들이 하나님을 믿고 그분께 기도하는 것을 아주 싫어했어. 모든 사람에게 바알 우상을 섬기라고 명령했단다. 아합 왕은 아내인 이세벨 왕비의 말이라면 무엇이든지 다 들어주었어. 언제나 이세벨 왕비가 원하는 대로 해 주었단다. 정말 바보 같은 왕이지?

아합 왕은 엘리야 선지자를 찾으려고 온 나라를 뒤졌단다. 이스라엘에 비가 오게 할 수 있는 사람은 엘리야 선지자밖에 없다는 것을 알고 있었거든. 하지만, 엘리야 선지자를 찾을 수 없었어. 엘리야 선지자는 가까운 옆 나라에 살고 있었지. 어느 작은 동네 가난한 과부의 집에 살고 있었어.

그러던 어느 날 하나님께서 엘리야 선지자에게 말씀하셨단다.

"엘리야야, 아합 왕을 찾아가거라. 이제 내가 비를 내리도록 해 주겠다."

엘리야 선지자는 아합 왕을 조금도 겁내지 않았어. 하나님께서 자기를 지켜 주신다는 것을 확실하게 믿었거든. 엘리야 선지자는 하나님 말씀에 순종해 당장 아합 왕에게 갔단다. 엘리야 선지자를 본 아합 왕은 화가 나서 소리쳤지.

"아, 엘리야 선지자. 드디어 나타났군. 우리나라에 이렇게 비가 오지 않고 나쁜 일이 계속 생기는 것은 다 당신 탓이야!"

"그렇지 않습니다."

엘리야 선지자가 대답했단다.

"오히려 하나님의 말씀을 듣지 않은 왕의 잘못 때문입니다. 왕은 바알 우상에게 절을 할 뿐 아니라 바알 우상이 왕을 지켜 줄 거라고 믿고 계시지요? 하지만, 하늘에 계신 하나님과 바알 중 누가 진짜 신인지 왕도 곧 알게 될 것입니다. 모든 이스라엘 사람들을 '갈멜' 산으로 불러 모아주십시오. 바알을 믿고 따르는 제사장들도 그곳으로 다 모아 주십시오."

아합 왕은 엘리야 선지자가 원했던 대로 사람들을 모았어. 모든 이스라엘 사람이 갈멜 산으로 모여들었단다. 그리고 바알을 믿는 제사장들도 같이 모였어.

엘리야 선지자가 사람들에게 말했지.

"여러분을 지켜 주는 진짜 신은 누구입니까? 하늘에 계신 하나님입니까? 아니면 바알입니까? 여러분 모두 똑바로 알고 있습니까?"

엘리야 선지자의 질문에 누구 하나 대답을 못하고 있었단다. 엘리야 선지자가 계속해서 말했어.

"오늘 여러분은 하나님과 바알 중 누가 진짜 신인지 똑똑히 보게 될 것입니다. 자, 이렇게 합시다. 바알의 제사장들은 바알에게 제물을 바치십시오. 하지만, 제물을 올려놓은 나뭇가지에 불을 붙여서는 안 됩니다. 나도 하나님께 제물을 바치겠습니다. 나 역시 제물을 올려놓은 나뭇가지에 불을 붙이지 않겠습니다. 그리고 우리 모두 기도를 합니다. 바알의 제사장들은 바알에게 기도를 하고, 나는 하나님께 기도하겠습니다. 그 기도를 듣고 하늘에서 불을 내려 제물을 활활 태우는 신이 진짜 신입니다!"

모든 사람이 엘리야 선지자의 계획을 좋다고 여겼지.

바알의 제사장들이 먼저 시작했단다. 제단을 만들고 그 위에 나뭇가지를 놓았어. 나뭇가지 위에는 소를 잡아 올려놓았지. 이제 나뭇가지에 불을 붙이는 일만 남았어. 바알의 제사장들은 기도를 시작했단다.

"바알 신이시여, 우리 기도를 들어주소서. 하늘에서 불을 내리소서. 불을 내려 우리 제물을 활활 태워 주소서."

하지만, 아무 일도 일어나지 않았단다! 바알의 제사장들은 고래고래 큰 소리로 기도했어. 제단 주위를 펄쩍펄쩍 뛰어다니기도 했지. 그래도 아무 일도 일어나지 않았어! 엘리야 선지자가 말했단다.

"더 큰 소리로 외치시오. 바알 신이 자고 있는지도 모르잖소. 아니면 여행을 떠났을 수도 있겠군!"

엘리야 선지자는 이렇게 바알의 제사장들을 놀렸단다. 바알의 제사장들은 더 큰 목소리로 고함을 지르듯 기도했어.

"바알 신이시여! 하늘에서 불을 내려 주소서. 우리의 제물을 활활 태워 주소서."

고함을 지르고 뛰어다니느라 바알의 제사장들은 모두 파김치가 되었단다. 하지만, 아무 일도 일어나지 않았어!

마침내 엘리야 선지자가 말했지.

"이제 내 차례입니다."

엘리야 선지자는 큰 돌 12개를 가져와 제단을 만들었단다. 그 위에 나뭇가지를 쌓았어. 소를 잡고 나뭇가지 위에 올려놓았지.

"여기에 물을 퍼다 부으시오."

엘리야 선지자가 말했어. 그 말에 사람들은 깜짝 놀랐단다. 하지만, 엘리야 선지자가 시키는 대로 했어. 물을 길어다 제단 위의 소와 나뭇가지에 흠뻑 들어부었단다. 제단이 전부 축축하게 젖었어. 제단을 흠뻑 적신 물은 사방으로 흘러내렸단다.

엘리야 선지자가 왜 이렇게 했을까? 이렇게 젖은 나뭇가지에는 불을 붙일 수 없잖아. 엘리야 선지자도 그쯤은 잘 알고 있었어. 엘리야 선지자는 일부러 제단에 물을 붓게 했단다. 모든 사람들은 엘리야가 나뭇가지 밑에 불을 몰래 감춰 두지 않았다는 것을 똑똑히 알게 되었어.

모든 준비가 끝나자 엘리야 선지자가 기도를 시작했어. 엘리야 선지자가

큰 소리로 고함을 지르면서 기도했을까? 아니, 엘리야 선지자는 아주 조용하고 공손하게 기도했단다.

"하나님, 여기 있는 아합 왕과 모든 사람에게 하나님께서 진짜 신이심을 보여 주십시오. 불을 내려 이 제물을 태워 주십시오."

엘리야 선지자의 기도가 끝나자 하늘에서 갑자기 불이 내려왔단다! 제물로 바친 소에 불이 붙고 나뭇가지에 불이 붙고, 제단에도 불이 붙어 활활 타올랐단다. 모든 사람이 그 광경을 똑똑히 보았지.

이스라엘 민족은 이제 하나님께서 진짜 신이라는 것을 똑똑히 알게 되었어. 하나님께서는 모든 것을 하실 수 있는 분이셔. 반대로 바알은 아무것도 할 수 없는 가짜 신이지! 이스라엘 사람들은 공손히 땅에 머리를 숙이고 이렇게 말했단다.

"하나님이 우리의 신입니다. 하나님이 우리의 신입니다."

사람들은 우상 바알의 제사장들을 모두 붙잡아 죽여 버렸단다. 이제 이 가짜 제사장들은 다시는 나쁜 짓을 못하게 되었지!

그리고 엘리야 선지자는 갈멜 산 꼭대기로 올라갔단다. 그곳에서 무릎을 꿇고 비를 내려 달라고 하나님께 기도했지. 엘리야 선지자가 기도를 마치자 파란 하늘 저쪽에 아주 작은 구름 한 조각이 나타났어. 그 작은 구름이 점점 커지더니 마침내 비가 내리기 시작했지. 한번 내리기 시작한 비는 퍼붓듯이 계속 내렸단다! 3년 만에 처음으로 비가 내렸어. 이제 모든 식물이 자랄 수 있게 되었지.

이스라엘 사람들은 하나님께서 온 세상을 다스리신다는 사실을 앞으로 절대로 잊지 않고 잘 기억해야겠지? 하나님은 이스라엘 민족을 언제나 지켜 주셔. 사람들을 많이 사랑하시니까. 우리도 하나님 말씀을 잘 듣고 순종하기만 하면 늘 하나님의 보호를 받을 수 있단다!

70. 멋진 밭을 갖고 싶었던 아합 왕

열왕기상 21 장

어느 날 아합 왕이 자기 궁전에 있는 정원을 거닐고 있었단다. 아합 왕의 정원은 평범하지 않고 아주 멋지게 꾸며진 곳이었어. 아합 왕만큼 아름다운 정원을 가진 사람은 이스라엘에 아무도 없을걸!

얼마 전 3년 동안 비가 내리지 않은 때가 있었는데, 그때는 이 정원도 그다지 볼품 있는 곳이 아니었단다. 하지만, 지금은 나무가 자라기 시작했고, 예쁜 꽃도 여기저기 활짝 피어 있었어. 빨간색, 노란색, 하얀색의 장미들이 피고, 과실나무에는 먹음직스런 과일이 주렁주렁 열렸지. 정원 한쪽에는 큰 연못도 있었어. 연못에는 물풀들이 자라고 금붕어가 그 사이를 헤엄치고 있었지. 아합 왕은 만족스러운 눈빛으로 자기의 멋진 정원을 쳐다보았어.

'이 정원에 무얼 더 심을까?'

아합 왕은 혼자 생각했지.

'그래, 이곳에는 아직 콩이나 채소가 없군. 좋아! 채소 같은 것들도 심어야겠어. 그런데 어디다 심지? 햇볕이 잘 드는 곳에 심어야 콩이랑 채소가 잘 자랄 텐데…….'

아합 왕은 채소 심을 자리를 찾아 이리저리 두리번거렸어. 하지만, 넓디넓은 자기 정원에 채소를 심을 마땅한 자리는 안 보이는 거야. 한참을 두리번거리던 아합 왕이 마침내 좋은 곳을 발견했지. 저쪽 담 뒤쪽에 있는 좋은 밭

을 발견한 거야. 그런데 안타깝게도 담 뒤쪽은 아합 왕의 땅이 아니었단다. 담이 있는 곳까지만 아합 왕의 땅이었고 담 너머 밭은 다른 사람의 땅이었지. 그 밭의 주인은 '나봇'이라는 사람이었단다.

아합 왕은 이렇게 생각했어.

'저 밭을 사야겠어. 내가 이 나라의 왕이니까 나봇은 순순히 그 밭을 내게 팔아야 해.'

아합 왕은 나봇을 불러 말했어.

"그대의 밭을 사고 싶네. 얼마에 팔겠는가?"

나봇은 그 말에 깜짝 놀랐단다. 나봇은 공손하게 아합 왕에게 대답했어.

"왕이시여, 죄송하지만 저는 그 밭을 팔 수 없습니다. 제가 왕께 그 밭을 팔 수 있다면 좋겠지만, 그 밭은 제 맘대로 팔 수 있는 땅이 아닙니다."

"아니, 자네 말고 그 밭 주인이 따로 있단 말인가? 그 땅을 팔면 안 된다는 사람이 누군가?"

아합 왕이 놀라서 물었단다.

"하나님이십니다. 이 밭은 전에 저의 아버님의 것이었습니다. 그전에는 저의 할아버지의 밭이었지요. 이 밭은 우리 집안 대대로 내려오는 땅입니다. 오래전 이스라엘 민족이 가나안에 처음 들어왔을 때 하나님께서는 각 집안별로 땅을 나누어 주셨습니다. 모든 집안들이 땅을 받았는데 그 땅은 절대로 팔 수 없는 땅입니다. 왕께서 사고 싶어 하시는 이 밭은 그때 우리 조상이 받은 땅입니다. 저는 이 밭을 제 맘대로 팔 수 없습니다. 이 밭을 파는 것은 하나님께서 싫어하시는 일입니다."

아합 왕도 하나님께서 그때 하신 말씀을 잘 알고 있었어. 나봇의 말이 맞아. 아합 왕은 그 밭을 살 수 없어.

아합 왕은 크게 실망해서 자기 궁전으로 돌아왔단다. 그런데 지금까지 멋지다고 생각했던 자기 정원이 갑자기 꼴도 보기 싫어지는 거야. 콩이나 채소도 없는 정원이 무슨 쓸모가 있담.

'정말 쓸모없는 정원이군.'

아합 왕은 자기 침대로 가 드러누워 버렸어. 다른 사람들과 말하는 것도 싫었어. 음식도 먹기 싫어졌지. 마치 어린아이가 골이 났을 때처럼 행동했단다.

그런 사실을 안 이세벨 왕비가 아합 왕이 누워 있는 방으로 찾아왔단다.

"무엇 때문에 그렇게 끙끙거리고 있으세요?"

이세벨 왕비가 물었지.

"당신이 정말 이 나라의 왕입니까? 왕은 자기 맘대로 뭐든 할 수 있지요. 가지고 싶은 것은 뭐든 다 가질 수 있어요. 내일 당신이 그 밭을 차지할 수 있도록 제가 알아서 하겠습니다."

나쁜 이세벨 왕비가 무슨 일을 꾸미려고 하는 것일까?

이세벨 왕비는 곧 그 성을 다스리는 성주에게 편지를 썼단다. 그 편지에 나봇이 하나님과 왕에게 순종하지 않았다고 썼어. 그래서 성주가 나봇에게 벌을 주어야 하는데 내일 성주가 나봇을 반드시 죽이라고 편지에 명령했단다.

이세벨 왕비가 지어낸 이 거짓말 좀 봐! 나봇이 하나님께 불순종했다고? 아니지! 나봇은 하나님의 말씀을 잘 듣고 지키려고 했단다. 하나님께서는 나봇에게 그 밭을 팔지 말라고 하셨고 나봇은 그 말씀대로 했어.

편지를 받은 성주도 나봇이 잘못하지 않았다는 것을 잘 알고 있었지. 하지만, 성주는 이세벨 왕비가 무서웠어. 성주는 이렇게 생각했단다.

'왕과 왕비의 말을 안 들었다가 나중에 무슨 고생을 하려고? 그냥 나봇을 죽이는 편이 낫겠어.'

다음 날 성주가 보낸 사람들이 죄도 없는 나봇을 집에서 끌어내 죽였단다. 정말 가슴 아픈 일이지?

이제 아합 왕은 자기가 바라던 나봇의 밭을 차지하게 되었지. 더군다나 땅값으로 동전 한 푼도 지급하지 않고 나봇의 밭을 차지하게 되었어. 이미 주인 나봇은 죽어 버렸으니 아합 왕 맘대로 할 수 있게 된 거지. 아합 왕은 신이 나서 자기의 새 밭으로 갔단다. 그 밭은 채소를 가꾸기에 아주 좋은 땅이었어.

그런데 저쪽에서 어떤 사람이 이리로 걸어오고 있었어. 그 사람은 나봇의 밭을 향해 곧장 걸어오고 있었지. 멀리서도 그 사람이 몹시 화가 많이 난 것을 알 수 있었단다. 자기 쪽으로 걸어오는 그 사람을 보고 아합 왕은 움찔 놀랐단다. 그 사람이 누구였을까? 그래, 그 사람은 바로 엘리야 선지자였어.

아합 왕이 기분 나쁜 목소리로 먼저 말했단다.

"나를 찾아 이곳까지 오셨군! 무슨 일로 왔는가?"

"예, 저는 왕을 만나러 왔습니다. 하나님께서 왕에게 벌을 내리실 거라는 말을 전하러 왔습니다. 이세벨 왕비도 하나님의 벌을 받게 될 것입니다. 왕이 하신 일을 한번 보십시오. 정말 끔찍합니다. 왕은 나봇의 밭을 빼앗으려고 죄도 없는 나봇을 죽였습니다. 나봇은 하나님을 사랑하는 사람이었습니다. 그런데 왕께서는 나봇이 하나님을 사랑하지 않고 하나님께 순종하지 않았다고 거짓말을 했습니다. 왕은 정말 나쁜 일을 하셨습니다. 왕의 아내 이세벨 왕비는 더욱더 나쁩니다.

하나님께서는 왕에게 벌을 내리실 것입니다. 그리고 이세벨 왕비에게는 더 무서운 벌을 내리실 것입니다."

말을 마친 엘리야 선지자는 그 자리를 떠났단다. 겁이 난 아합 왕도 자기 궁전으로 돌아갔지. 새 밭이 생겼다고 좋아했는데, 그 마음은 금세 사라져 버렸어. 엘리야 선지자는 하나님이 보내신 선지자라는 것을 아합 왕도 잘 알고 있었지. 그리고 엘리야 선지자가 한 말은 반드시 이루어진다는 것도 알고 있었지.

71. 엘리야 선지자와 엘리사 선지자

열왕기하 2장

두 사람이 길을 걸어가고 있었어. 한 사람은 나이가 많은 사람으로 긴 겉옷을 입고 있었고 다른 한 사람은 그보다는 좀 젊은 사람이었단다. 나이가 많은 사람은 엘리야 선지자였어. 엘리야 선지자와 같이 걸어가는 젊은 사람은 누굴까? 이 사람은 '엘리사'였단다.

엘리사는 얼마 전까지 자기 아버지의 넓은 농장에서 아버지를 도와 농사를 짓고 있었지. 어느 날 엘리사가 들판에서 일하고 있는데 엘리야 선지자가 찾아왔어. 그리고 자기를 따라오라고 말하는 거야. 그 말을 들은 엘리사가 어떻게 했는지 아니? 자기가 하던 농사일을 당장 그만두고 엘리야 선지자를 따라나섰단다. 엘리야 선지자를 따라가는 것이 농장 일보다 훨씬 더 중요하게 보였거든.

엘리야 선지자는 나이가 아주 많았어. 하나님께서는 엘리야 선지자를 하늘나라로 곧 데려가겠다고 말씀하셨지. 엘리야는 훌륭한 선지자였어. 평생 사람들에게 하나님의 말씀을 잘 들어야 한다고 가르쳤지. 하나님은 사람들을 많이 사랑하셔. 그리고 사람들이 평안히 잘 지내도록 지켜 주길 원하셔. 우리가 하나님의 보호를 받으려면 하나님께 순종해야 해. 엘리야 선지자는 이스라엘 민족에게 이 사실을 반복해서 가르쳤지.

이제 엘리야 선지자는 더 일을 할 수 없었어. 하늘나라에 가는 날만 기다리고 있었지. 이 엘리야 선지자의 뒤를 이어 엘리사가 하나님의 선지자가 되었어. 엘리사는 자기가 엘리야 선지자를 대신해 선지자 일을 하게 된 것이 무척 자랑스러웠어. 비록 그 일이 매우 어려운 일이라 해도 말이야.

엘리야 선지자는 엘리사를 곁에 가까이 두고 있으면서 모든 일을 도와주었어. 길을 걸어가는 동안에도 두 사람은 많은 이야기를 주고받았지. 엘리야 선지자가 엘리사에게 가르쳐 줘야 할 것이 아주 많았단다. 이야기를 하며 길을 걷던 두 사람이 요단 강가에 도착했지. 요단 강을 건너 저쪽 편으로 갈 계획이었어. 하지만, 요단 강에는 다리가 없었단다. 어떻게 강을 건너지? 좋은 방법이 없을까?

그때 엘리야 선지자가 자기의 긴 겉옷을 벗어 잘 접었어. 그리고 그 옷으로 요단 강물을 세게 내리쳤단다. 이제 어떤 일이 일어났을까? 강물이 좌우 양쪽으로 갈라지면서 강 한가운데에 길이 생겼단다. 엘리야 선지자는 그 길을 따라 요단 강 건너편으로 건너갔어. 엘리사 선지자도 엘리야 선지자의 뒤를 따라 강을 건넜지. 강물이 양쪽으로 갈라져 높은 벽처럼 우뚝 서 있는 그 사이를 걸어서 강을 건넜단다. 두 사람은 머리카락 하나 젖지 않고 강을 건넜지.

두 사람이 강 건너편에 도착하자 강물은 다시 본래대로 흐르기 시작했어. 강 사이에 생겼던 길도 순식간에 사라져 버렸지. 두 사람은 가던 길을 계속 걸어갔어. 엘리사 선지자가 앞으로 해야 할 일에 대한 이야기를 나누면서 말이야.

그때였어. 갑자기 회오리바람이 불어왔단다. 그것은 보통 회오리바람이 아니었어. 이전에 본 적이 없는 아주 이상한 회오리바람이었지! 그리고 하늘에서 뭔가가 내려왔어. 자세히 보니 말 여러 마리가 끄는 마차였지. 그 말과 마

차는 뜨거운 불이 붙어 활활 타는 것 같았어. 하나님께서 엘리야 선지자를 하늘나라로 데려가시려고 불 말이 끄는 불 마차를 땅으로 보내신 거야. 엘리야 선지자는 +불 마차를 타고 하늘 높이 올라갔단다.

잠시 후 엘리야 선지자는 보이지 않았어. 엘리야 선지자는 하늘나라로 올라간 거야. 보통 사람들은 나이가 많아지면 죽잖아. 그런데 엘리야 선지자는 죽지 않고 하나님께서 보내신 마차에 타고 하늘나라로 올라갔어. 정말 멋진 일이지?

+주) 개역개정: 회오리 바람

엘리사 선지자는 처음에는 슬픈 마음이 들었어. 앞으로는 어려운 선지자 일을 혼자서 해야 하잖아. 자기를 도와주던 엘리야 선지자가 하늘나라로 가 버렸으니 엘리사 선지자 혼자가 된 거지.

그 순간 엘리사 선지자는 땅바닥에 떨어져 있는 물건을 발견했어. 그것은 엘리야 선지자의 겉옷이었단다. 엘리야 선지자가 하늘나라로 올라갈 때 겉옷을 떨어뜨리고 간 거야. 엘리사 선지자는 그 겉옷을 집어 들어 자기가 입었단다. 엘리야 선지자의 겉옷을 입자 엘리야 선지자가 자기와 가까이 있는 것 같았어.

'이제 왔던 길을 돌아가야겠군. 여기서 아무리 기다려도 엘리야 선지자님이 돌아오시지는 않아.'

이렇게 생각한 엘리사 선지자는 길을 되돌아갔어. 얼마쯤 걸어가자 엘리사 선지자는 다시 요단 강 옆에 이르렀어. 엘리사 선지자는 엘리야 선지자가 했던 것처럼 엘리야 선지자의 겉옷을 벗어 들고 강물을 세게 쳤단다. 그리고 하나님께 자기도 엘리야 선지자와 같은 기적을 행할 수 있게 해 달라고 기도했지. 이번에도 요단 강물이 양쪽으로 갈라졌을까? 그럼, 물론이지! 물이 양쪽으로 갈라지면서 강 한가운데에 길이 만들어졌단다. 엘리사 선지자는 강 사이를 걸어 반대편으로 건너갔단다. 엘리사 선지자가 강 반대편에 도착하자 멈추었던 강물은 다시 흘렀지.

엘리사 선지자가 요단 강물을 양쪽으로 가르는 것을 본 사람들은 놀라서 말했어.

"엘리사도 엘리야 선지자처럼 기적을 행하는군. 이제 엘리사가 우리의 선지자다."

72. 하나님의 종 엘리사 선지자

열왕기하 4장

엘리사 선지자는 온 나라를 두루 다니며 사람들에게 하나님에 대해 전했단다. 그리고 사람들에게 어려운 일이 생기면 엘리사 선지자가 그 일을 척척 해결해 주었어. 엘리사 선지자는 이스라엘에 사는 사람들에게 점점 더 널리 알려졌지.

어느 날 어떤 부인이 울면서 엘리사 선지자를 찾아왔단다.

"저는 이제 어떻게 살아야 할지 모르겠습니다."

그 여인이 말했어.

"저는 너무 슬퍼서 말도 제대로 할 수 없을 지경이랍니다. 얼마 전에 제 남편이 세상을 떠났어요. 제게는 아들이 둘 있는데, 그 애들은 너무 어려 아직 돈을 벌 수 없답니다. 저희 집에는 지금 돈을 벌 사람이 아무도 없어요. 그런데 제가 예전에 돈을 빌린 적이 있습니다. 지금 그 돈을 갚으라고 하는데 제게는 돈이 한 푼도 없어요. 제게 돈을 빌려 준 그 사람은 제 아들을 데려가 종으로 팔겠다고 합니다. 이제 어떡하면 좋을까요? 엘리사 선지자님, 제발 저를 도와주십시오."

엘리사 선지자가 이 부인을 도와줄 수 있을까? 사실 엘리사 선지자는 이 부인에게 줄 수 있는 돈이 한 푼도 없었단다. 엘리사 선지자도 몹시 가난했거든. 하지만 엘리사 선지자는 하나님께서 이 부인을 도와주시리라는 것을 확실히 믿었지.

엘리사 선지자가 이 부인에게 물었단다.

"혹시 집에 내다 팔 만한 것이 있습니까?"

부인이 대답했지.

"기름이 조금 들어 있는 기름병이 하나 있을 뿐입니다. 그 외에는 아무 것도 없습니다."

"그렇다면 이웃집에 가서 빈 병이나 빈 그릇을 빌려 오십시오. 빌린 빈 병과 빈 그릇을 부인 집으로 들고 와 부인의 기름병에 있는 기름을 부으세요. 하나씩, 하나씩 차례대로 가득가득 부으세요. 두 아들도 그 일을 돕도록 하시고요. 그리고 기름을 붓는 동안 부인과 두 아들 외에는 아무도 부인 집에 같이 있어서는 안 됩니다."

엘리사 선지자가 정말 이상한 일을 시키지? 그런데 이 일은 하나님께서 엘리사 선지자에게 가르쳐 주신 것이었어. 엘리사 선지자는 하나님께서 하신 말씀을 그 부인에게 그대로 전할 뿐이었지. 하나님께서 이 부인의 어려움을 해결해 주실 텐데 어떻게 하실지 잘 들어 봐.

이 부인은 엘리사 선지자가 시키는 대로 했단다. 이웃집에 가서 빈 병과 그릇을 잔뜩 빌려 왔어. 빌려온 빈 병과 빈 그릇을 하나하나 늘어놓자 부인의 집 부엌과 방이 빈 병과 빈 그릇들로 가득 찼지. 부인은 기름이 조금 들어 있는 자기의 기름병을 가져왔어. 그리고 빈 그릇 하나에 기름을 붓기 시작했단다. 그런데 그 빈 그릇이 기름으로 가득 찰 때까지 기름이 계속 흘러나오는 거야. 곁에 있던 두 아들은 그 그릇을 옆으로 치우고 다른 빈 그릇을 그 자리에 갖다 놓았어. 부인은 계속해서 기름을 부었지. 이번 그릇도 기름으로 가득 차자 아들이 이번에는 더 큰 병을 가져왔지. 부인은 큰 병에도 기름을 가득 부었어. 이렇게 계속해서 기름을 부었단다. 빌려 온 빈 그릇과 빈 병에 가득가득 기름을 부었지. 기름이 조금밖에 남아 있지 않았던 기름병에서 기름이 계속해서 나왔단다.

정말 신기한 일이지? 어떻게 이런 일이 일어났을까? 그래, 하나님께서 부인을 도와주시려고 놀라운 기적을 일으키신 거야.

이제 이 기름을 어떻게 하지?

"기름을 내다 파십시오!"

엘리사 선지자가 말했단다.

"이 기름은 비싼 것입니다. 이 기름을 다 판다면 돈을 많이 벌 수 있을 것입니다."

부인은 엘리사 선지자가 시키는 대로 했단다. 기름을 팔아서 돈을 아주 많이 벌었어. 그리고 그 돈으로 빌린 돈을 갚을 수 있었지. 그런데 빚을 다 갚고도 돈이 많이 남았단다. 이 돈을 가지고 부인은 음식과 옷을 살 수 있었지.

이제 이 부인은 더는 가난하지 않아. 하나님께서 도와주신 덕분으로 말이야.

엘리사 선지자는 하나님의 말씀을 전하러 온 나라를 여행했단다. 여행을 하던 엘리사 선지자는 어느 마을에 자주 들르게 되었어. 그 마을에는 돈이 많은 부인이 한 명 살고 있었지. 이 부인은 결혼은 했지만 아이는 없었어. 엘리사 선지자는 이 마을에 들를 때면 항상 이 부인의 집에서 식사했단다.

어느 날 이 부인이 남편에게 말했어.

"엘리사 선지자님이 우리 마을에 자주 오시는 것을 당신도 아시지요? 그 분은 하나님의 종이에요. 우리 집에 방 하나를 꾸며서 엘리사 선지자께서 쓰시게 하면 어떨까요? 우리 마을에 오셨을 때 편히 주무실 수 있게 말이에요."

부인의 남편은 그 의견에 찬성했고, 두 사람은 곧 엘리사 선지자를 위해서 방을 준비했단다. 자기 집 한쪽에 방을 만들고 예쁘게 꾸미기 시작했지. 엘리사 선지자가 잠을 잘 수 있도록 침대도 갖다 놓았어. 탁자와 의자, 등불도 갖다 놓았지. 엘리사 선지자가 편안히 지내기에 부족한 것이 없도록 말이야. 얼마 후 엘리사 선지자가 그 마을에 다시 들렀단다. 부인의 집에서 식사하고 있는데 이 부인이 말했어.

"저희가 선지자님을 위해 선물을 준비했습니다. 저를 따라와 보세요."

부인은 엘리사 선지자에게 방을 보여 주었단다. 엘리사 선지자가 이 방을 보고 얼마나 기뻤는지 아니? 이제 여행 중에도 들러서 편히 쉴 수 있는 방이 생긴 거야. 편히 쉴 뿐만 아니라, 하나님께 기도도 할 수 있는 그런 방이 생긴 거지.

"저를 위해 이렇게 좋은 방을 꾸며 주시다니 정말 감사합니다."

엘리사 선지자는 부인에게 감사의 인사를 했단다. 그리고 엘리사 선지자는 생각했지.

'이 부인을 위해 내가 해 줄 수 있는 것이 없을까? 이렇게 친절하게 나를 보살펴 주시는데…….'

엘리사 선지자는 부인에게 혹시 바라는 것이 있는지 물었단다. 하지만 부인은 이렇게 대답했어.

"아닙니다. 저는 부족한 것 없이 살고 있습니다. 이렇게 부자이고, 모든 생활에 아주 만족하고 있지요."

그렇게 말하기는 했지만 사실 부인의 마음속에는 바라는 것이 하나 있었단다. 부인은 아들이 있었으면 하는 소원이 있었지. 하지만, 부인은 그 소원을 지금까지 한 번도 입 밖에 내 본 적이 없었어. 그리고 이제는 그 소원을 포기해야만 할 것 같았어. 남편과 부인 두 사람 모두 나이가 아주 많았거든.

그때 엘리사 선지자는 아무 일도 아니라는 듯 아주 쉽게 이런 말을 했어. 물론 하나님께서 알려 주신 말씀을 전하는 것이었지.

"내년 이맘때쯤 하나님께서 부인에게 아들을 주실 겁니다!"

처음에 부인은 그 말을 믿지 않았어. 하지만, 그 일은 정말로 일어났단다. 1년 뒤 부인은 진짜로 아들을 얻었어. 그 기쁨을 말로 어떻게 표현하겠니? 부인의 남편도 무척 기뻐했지. 부인의 아들은 아주 건강하고 예뻤어. 그 아들이 자라 걸음마를 배웠지. 엘리사 선지자가 부인의 집을 방문할 때면 그 아들은 반가워하며 단숨에 엘리사 선지자의 품으로 달려오곤 했단다. 엘리사 선지자가 아늑한 자기 방에서 쉬고 있을 때도, 그 아들은 엘리사 선지자 방에 자주 와 놀곤 했지.

그러던 어느 날이었단다. 마침 엘리사 선지자가 그 마을에 없을 때 그 소년이 갑자기 병에 걸렸단다. 몹시 아파하던 소년은 결국 죽고 말았어. 소년의 어머니는 얼마나 슬퍼했는지 모른단다. 엘리사 선지자가 가까이 있었더라면 이런 일은 없었을 텐데……. 아들이 태어난 것은 엘리사 선지자의 도움 때문이라고 두 부부는 생각했어. 아들이 비록 죽었지만 엘리사 선지자가 도와주기만 하면 다시 살리는 일도 가능할 거라고 생각했지. 그런데 엘리사 선지자는 지금 멀리 떨어진 곳에 있었어.

소년의 어머니가 생각했지.

"혹시 엘리사 선지자님이 갈멜 산에 계시지는 않을까? 그곳에 자주 계셨는데……. 엘리사 선지자님을 찾으러 가야겠어. 엘리사 선지자님을 만날 때까지 여기저기 찾아볼 거야."

부인은 자기의 죽은 아들을 엘리사 선지자의 침대 위에 눕혔단다. 그리고 마구간에서 나귀를 끌어내 타고 갈멜 산으로 달려갔지.

기쁘게도 엘리사 선지자는 갈멜 산에 있었어. 부인은 엘리사 선지자를 금방 만날 수 있었지. 엘리사 선지자를 만나자마자 부인은 울음을 터뜨렸어. 부인이 울면서 말했단다.

"우리 아들이 죽었습니다. 저희 집에 빨리 와 주십시오."

그 말을 들은 엘리사 선지자는 머뭇거리지 않고 부인을 따라나섰단다.

집에 도착한 엘리사 선지자는 곧장 죽은 소년이 누워 있는 자기 방으로 갔어. 소년은 엘리사 선지자의 침대 위에 누워 있었지. 엘리사 선지자도 너무 슬펐단다. 하지만, 하나님께서는 모든 것을 하실 수 있다는 것을 엘리사 선지자는 분명히 알고 있었지. 엘리사 선지자는 하나님께 이 죽은 소년을 살려 달라고 기도했어. 하나님은 당신의 종 엘리사 선지자의 기도를 들어주셔서 다시 기적을 일으키셨단다! 죽었던 소년이 갑자기 재채기를 했어. 그것도 무려 7번이나! 그리고 살며시 눈을 뜨는 거야. 소년이 다시 살아났어! 소년의 아버지와 어머니는 모든 사람에게 엘리사 선지자가 한 일을 알렸지. 모든 사람들은 엘리사 선지자가 하나님의 진짜 종이라는 것을 분명히 알게 되었어.

73. 나아만 장군

열왕기하 5장

이스라엘 옆에 '시리아'라는 나라가 있었어. 시리아 나라의 왕은 군대를 많이 거느린 힘센 왕이었지. 이 군대의 최고 책임자는 '나아만'이라는 장군이었단다. 나아만 장군은 시리아 왕의 군대 총사령관이었어.

나아만 장군에게는 아내가 있었어. 그 아내에게는 음식을 만들어 주고 청소를 해 주는 하녀가 한 명 있었지. 이 하녀는 본래 이스라엘에서 태어났단다. 그런데 지금은 나아만 장군 아내의 하녀로 일하고 있었지. 이 하녀는 나아만 장군의 집에서 일하는 것을 그다지 싫어하지 않았단다. 나아만 장군과 그 아내가 자기를 친절하게 대해 주었거든.

그러던 어느 날 나아만 장군이 병에 걸렸단다. 그냥 조금 아프다가 낫는 병이 아니라 아주아주 무서운 병에 걸리고 말았지. 장군의 손과 팔, 발과 다리의 피부가 썩어 들어가면서 하얗게 변해 갔어. 이렇게 피부가 썩어 들어가는 병을 '한센병'이라고 부른단다. 나아만 장군이 '한센병'에 걸린 거야.

나아만 장군은 의사를 찾아가 보았지. 하지만, 의사도 이 병은 고칠 수 없었단다. 한센병은 아주 무서운 병이라 나아만 장군이 살던 때에는 이 병을 고칠 약이 하나도 없었어. 이제 나아만 장군의 병은 점점 더 심해질 거야. 그렇게 몇 년이 지나면 나아만 장군은 죽게 될 거야. 한센병에 걸린 사람들은 모두 이렇게 죽을 수밖에 없었어.

나아만 장군이 병에 걸렸다는 소식을 들은 모든 사람이 슬퍼했단다. 시리아 왕은 나아만 장군을 참 좋아했어. 시리아 나라 군인들이나 다른 신하들도 나아만 장군을 좋아했지. 하지만, 장군의 병을 고쳐 줄 수 있는 사람은 아무도 없었어.

이스라엘에서 태어나 나아만 장군의 집에서 일하고 있던 하녀도 나아만 장군이 한센병에 걸렸다는 것을 알게 되었어. 그 하녀의 마음도 많이 아팠단다.

어느 날 이 하녀가 말했어.

"나아만 장군께서 제 고향 이스라엘에 사셨더라면 참 좋았을 텐데……. 저희 고향에 사는 엘리사 선지자님은 장군님의 병을 고칠 수 있거든요. 엘리사 선지자님은 하나님의 말씀을 전하는 선지자예요."

"그 말이 정말이냐? 먼저 왕에게 허락을 받고 당장 이스라엘에 사는 그 선지자를 만나러 가야겠다."

나아만 장군이 자기 아내에게 이렇게 말했어. 그리고 곧바로 왕을 찾아갔지. 왕에게 이스라엘에 기적을 일으키는 선지자가 살고 있다고 말했어. 어쩌면 이 선지자가 자기의 병도 고칠 수 있을 거라는 말도 했지!

"그렇다면 당장 이스라엘에 가 보도록 하라."

왕이 말했어.

"이곳은 걱정하지 말고 가서 병을 꼭 고치고 돌아오라."

왕의 허락을 받은 나아만 장군은 하인 몇 명을 데리고 서둘러 길을 떠났단다. 말이 끄는 마차를 타고 여행을 갔지. 마차에는 금과 은을 많이 싣고 갔단다. 모두 엘리사 선지자에게 줄 선물이었지.

나아만 장군은 이렇게 생각했어.

'엘리사 선지자가 공짜로 병을 고쳐 줄 리는 없어. 아마 아주 많은 돈을 내라고 할걸. 일단 금이나 은을 많이 가지고 가는 것이 좋겠어. 내 병을 고칠 수만 있다면 돈은 얼마가 들어도 상관없어!'

나아만 장군은 긴 여행 끝에 엘리사 선지자의 집에 도착했지.

나아만 장군은 이렇게 기대했어.

'내가 타고 온 이 마차를 본다면 제아무리 대단한 선지자라도 당장 집 밖으로 달려 나올 거야. 먼저 내 몸을 살펴보고 내가 어떤 병에 걸렸는지 알게 되면 자기 하나님께 아주 열심히 기도하겠지. 그리고 내 몸의 썩은 부분들을 손으로 만져 줄 거야. 그러면 내 병은 깨끗이 낫게 될 거야.'

하지만, 나아만 장군의 기대는 완전히 빗나갔단다. 엘리사 선지자는 집안에 있으면서 문밖으로 나오지도 않았어. 대신 자기 종 '게하시'를 나아만 장군이 탄 마차로 보냈지. 게하시가 말했어.

"장군님, 요단 강에 가셔서 머리부터 발끝까지 7번 씻으십시오. 그러면 병이 나을 것입니다."

"뭐라고?"

나아만 장군은 화가 나서 소리를 질렀어.

"저 시시한 강에 가서 7번 몸을 씻으라고? 그까짓 일을 하려고 내가 이 먼 길을 왔다고 생각하느냐? 그런 일은 우리나라 시리아에서도 할 수 있다. 오히려 우리나라에 있는 강들이 이까짓 요단 강보다 훨씬 아름답고 깨끗하다. 알겠다. 그만 집으로 돌아가자."

"장군님, 그게 무슨 말씀이십니까?"

나아만 장군의 하인들이 말했어.

"병을 고치고 집으로 돌아가셔야지요. 엘리사 선지자의 말대로 한번 해 보십시오. 물속에 7번 들어갔다 나오는 일은 그리 어려운 일도 아니지 않습니까? 그냥 속는 셈치고 시키는 대로 한번 해 보시지요?"

"음, 그 말도 일리가 있군."

나아만 장군이 대답했어.

"알겠다. 시키는 대로 한번 해 보도록 하지."

나아만 장군은 마차를 타고 요단 강으로 갔단다. 그리고 옷을 벗고 물속으로 들어갔지. 머리까지 물속에 잠기도록 깊이 쑥 들어갔단다. 잠시 후 나아

만 장군은 다시 물 밖으로 나왔어. 하지만, 몸에 있던 상처들은 여전히 그대로였어.

'이것 봐. 병이 하나도 낫지 않았어. 하지만, 엘리사 선지자는 7번이라고 말했지. 좋아, 계속해 보도록 하지.'

나아만 장군은 다시 물속으로 들어갔어. 한 번 더, 또 한 번 더. 이렇게 3번이나 물속에 들어가 몸을 씻고 나왔지만, 상처는 조금도 낫지 않고 그대로였지. 그렇지만, 나아만 장군은 중간에 포기하지 않았어. 나아만 장군이 6번째로 물속에 들어가 몸을 씻고 나왔을 때도 팔이며 다리에 있던 상처들이 하나도 낫지 않고 그대로 있었단다.

나아만 장군의 하인들은 잔뜩 긴장한 채 강가에 앉아 장군을 지켜보고 있었어. 장군이 물에 들어가 몸을 씻고 나올 때마다 '한 번, 두 번…….' 이렇게 소리치면서 지켜보고 있었어. 이제 마지막 한 번만 남았어.

과연 어떤 일이 일어날까?

나아만 장군은 7번째로 물속에 들어가 몸을 푹 담갔단다. 그리고 나아만 장군이 물 밖으로 나왔을 때 무슨 일이 일어났을까?

그래, 장군의 병은 다 나았어. 썩어 들어가던 피부가 모두 깨끗해지고 온몸이 다시 깨끗해졌단다. 엘리사 선지자의 말이 그대로 이루어진 거야.

나아만 장군은 날아갈 듯이 기분이 좋아져서 물 밖으로 달려 나왔단다. 재빨리 옷을 입고 마차에 뛰어올랐어. 엘리사 선지자에게 고맙다는 인사를 하러 단숨에 달려갔지.

이번에는 엘리사 선지자가 집 밖으로 나와 나아만 장군을 맞아 주었어. 나아만 장군이 기뻐서 소리쳤단다.

"제 병이 다 나았습니다. 당신이 믿는 하나님은 진짜 신이십니다. 이 무서운 한센병도 고칠 수 있는 분이십니다. 앞으로 저는 다른 신에게 절대로 기도하지 않겠습니다. 오직 하늘나라에 계시는 하나님께만 기도하겠습니다. 제 병이 낫다니 정말 기쁩니다.

엘리사 선지자님, 돈을 얼마나 드릴까요? 금을 드릴까요, 아니면 은을 드릴까요? 비싼 옷을 드릴까요? 말씀만 하십시오. 얼마든지 드리겠습니다."

하지만 엘리사 선지자는 나아만 장군에게 아무것도 받지 않았단다. 엘리사 선지자는 이렇게 말했지.

"저는 하나님의 종입니다. 하나님께서 저를 보살펴 주십니다. 장군님께는 아무것도 받지 않아도 됩니다."

"아무것도 안 받으시겠다고요?"

나아만 장군이 놀라서 물었지.

"아무것도 받지 않겠습니다."

엘리사 선지자가 대답했단다. 나아만 장군이 말했지.

"그렇다면 저는 이만 우리나라로 돌아가겠습니다. 앞으로 하나님을 절대로 잊지 않겠습니다."

말을 마친 나아만 장군은 마차를 타고 하인들과 함께 그곳을 떠났단다.

나아만 장군이 엘리사 선지자에게 금과 은을 주려고 할 때 옆에는 엘리사 선지자의 하인 게하시가 같이 있었단다. 게하시는 이런 생각을 했어.

'아니! 엘리사 선지자님은 도대체 무슨 생각을 하시는 거야? 부자가 될 좋은 기회를 놓치다니……. 멋진 집과 근사한 옷을 살 수도 있는데……. 엘리사 선지자님은 가난하게 살고 싶으신가 봐. 그건 선지자님 마음대로 하시라고 그래. 하지만, 나는 부자가 되고 싶어. 나아만 장군의 마차를 뒤쫓아 가서 은을 조금 달라고 해야겠어.'

게하시는 열심히 나아만 장군의 마차를 뒤쫓아 갔지. 나아만 장군이 마차를 멈추고 물었어.

"무슨 일이오? 혹 내가 엘리사 선지자님을 도울 일이라도 있소?"

"예."

게하시가 거짓말을 했어.

"엘리사 선지자님을 도와주십시오. 장군님이 떠나신 직후에 가난한 선지자 두 명이 엘리사 선지자님을 찾아왔습니다. 그분들은 몹시 가난한 분들입니다. 그런데 엘리사 선지자님도 가난하셔서 그 선지자들께 줄 것이 아무것도 없습니다. 혹시 장군님께서 그 가난한 선지자를 위해 은을 조금 주시겠습니까? 먹을 것을 살 수 있도록 말입니다."

"물론이오. 그쯤은 당연히 드릴 수 있소."

나아만 장군이 흔쾌히 대답했어.

"여기, 은이 담긴 주머니를 두 개 주겠소. 또 가난한 선지자를 위해 비싼 겉옷도 두 벌 같이 드리겠소."

엘리사 선지자를 돕는다는 생각에 나아만 장군은 기분이 더 좋아졌단다. 하지만, 그것이 게하시의 거짓말이라고는 꿈에도 몰랐지. 엘리사 선지자는 나아만 장군에게 게하시를 보낸 적이 없었어. 가난한 선지자 두 명이 엘리사 선지자를 찾아왔다는 것도 새빨간 거짓말이었지. 모두 다 게하시의 거짓말이었어.

집으로 돌아온 게하시는 은이 든 주머니와 비싼 겉옷 두 벌을 잘 감추어 두었단다. 이제 자기는 부자가 되었다고 생각했어! 그리고 아무 일도 없었다는 듯 시침을 뚝 떼고 엘리사 선지자에게로 갔단다.

엘리사 선지자가 게하시에게 물었어.

"어디를 갔다 오느냐?"

"아무 데도 갔다 오지 않았습니다. 그냥 집에 계속 있었는걸요" 하고 게하시는 거짓말을 했지.

"아무 데도 안 갔다 왔다고?"

엘리사 선지자가 화가 나서 말했단다.

"네가 한 일을 모두 알고 있다. 하나님께서 모든 것을 알려 주셨다. 게하시야, 거짓말을 하다니 정말 나쁘구나. 나아만 장군에게 거짓말을 했지? 그렇게도 부자가 되고 싶었느냐? 이제 너는 부자가 되었다. 하지만, 거짓말을 한 벌로 너는 나아만 장군이 앓았던 병을 앓게 될 것이다."

게하시는 자기의 손을 쳐다보았어. 갑자기 손이 하얗게 썩어 들어가고 있었지. 한센병에 걸린 거야! 나아만 장군처럼 말이야.

어리석은 게하시! 거짓말을 하다니! 게하시가 거짓말을 하지 않았다면 병에도 걸리지 않았을 텐데! 아무리 돈이 많이 있다 한들 한센병에 걸린 게하시에게 그 돈이 무슨 소용이 있겠니?

74. 불순종한 요나 선지자

요나 1-2장

이 이야기는 요나 선지자에 대한 이야기야. 요나 선지자는 다른 선지자들과는 좀 다른 선지자였어. 엘리사 선지자처럼 하나님의 종이었다는 점은 같지만, 하나님의 말씀을 잘 듣지 않는 선지자였어. 참 이상한 선지자야, 그렇지?

어느 날 하나님께서 요나 선지자에게 말씀하셨어.

"요나야, 저 옆에 있는 나라의 '니느웨'라는 큰 도시에 가거라. 니느웨에 사는 사람들은 나쁜 짓만 하면서 살고 있다. 그래서 내가 그들에게 벌을 내리려고 한다. 너는 가서 니느웨 사람들에게 내가 니느웨를 다 부숴버릴 것이라고 전하여라. 니느웨에 사는 사람들과 동물들이 모두 죽게 될 것이라고 전하여라."

요나 선지자는 망설이지 않고 바로 길을 떠났지. 그런데 엉뚱한 방향으로 가는 것이 아니겠니? 니느웨와는 전혀 다른 쪽으로 가더니 결국 어떤 바닷가에 도착했단다. 요나 선지자가 니느웨라는 큰 도시가 어디 있는지 몰라서 그랬을까? 아니란다. 요나 선지자는 니느웨가 어느 방향에 있다는 것쯤은 손바닥을 보듯 훤히 알고 있었어. 길을 잘 알면서도 요나 선지자는 일부러 다른 방향으로 갔단다. 왜냐고? 니느웨 사람들에게 하나님께서 벌을 내리실 거라는 말을 전하는 것이 싫었거든.

요나 선지자는 이렇게 생각했지.

'니느웨 사람들에게 하나님께서 벌을 내리시려고 한다는 말을 전한다고 치자. 그러면 니느웨 사람들은 지금까지 자기들이 했던 못된 일들을 후회할지도 몰라. 후회하면서 하나님께 잘못했으니 용서해 달라고 기도를 하면 하나님께서는 분명히 니느웨를 멸망시키지 않으실 거야. 니느웨 사람들에게 벌을 내리지 않으실 거라고. 하지만, 나는 니느웨 사람들은 벌을 받아야 한다고 생각해. 꼴도 보기 싫은 니느웨 사람들! 그 사람들은 우리와 같은 이스라엘 민족도 아니고 오히려 우리를 괴롭히기만 하는 민족이야. 그런 나쁜 사람들은 죽게 내버려 둬! 니느웨 도시가 멸망하는 게 대체 나랑 무슨 상관이람! 나는 니느웨 사람들에게 하나님의 말씀을 전하는 것이 싫어!'

그래, 요나 선지자는 하나님 말씀에 불순종하기로 마음먹은 거야. 하나님께 불순종하기로 한 요나 선지자는 도망을 갔어. 자기가 엉뚱한 곳으로 몰래 가버리면 하나님께서 자기를 못 찾을 거라고 생각한 거야. 정말 어리석지? 몰래 숨는다고 하나님께서 못 찾으실까? 하나님께서는 모든 것을 알고 계시는 것을 모르나 봐!

요나 선지자는 바닷가 작은 마을로 갔어. 그 마을의 항구에는 이제 막 바다로 떠나려는 배가 한 척 있었지. 요나 선지자는 냉큼 그 배에 올라탔단다. 선장에게 뱃삯을 내고 여행을 시작했지. 요나 선지자는 이곳까지 바쁘게 오느라 무척 피곤했어. 그래서 배 밑창으로 내려가 쿨쿨 잠을 잤단다.

요나 선지자는 여전히 이렇게 생각했지.

'넓은 바다에 떠 있는 이 배의 제일 아래에 숨어 있는 나를 하나님은 절대로 못 찾으실 거야.'

날씨는 화창했고, 선원들은 즐거운 노래를 부르고 있었지.

얼마가 지났을까? 바람이 거세게 불기 시작했어. 항해를 하다 보면 이런 일은 종종 있단다. 그래서 선장은 대수롭지 않게 생각했어. 하지만, 바람이 점점 더 거칠어지더니 폭풍이 불었어. 선장도 이렇게 사나운 폭풍은 처음이었어. 이러다가는 금방이라도 돛이 찢어질 것 같았지. 선원들은 돛을 내리고 노를 젓기 시작했어. 가까운 육지에 도착하기를 바라면서 말이야.

그때 선원들은 요나 선지자를 생각해 냈단다. 요나 선지자는 그때까지 배 밑창에서 잠을 자고 있었지. 선장이 요나 선지자를 깨웠어.

"우리를 좀 도와주시오."

선장이 소리쳤단다.

"폭풍을 만나 우리 모두 이렇게 애쓰고 있는데 당신은 혼자 태평하게 잠만 자고 있소?"

폭풍은 점점 더 사나워졌어. 금세 배가 두 동강이 나고 배에 타고 있던 사람들이 모두 물에 빠져 죽을 것 같았지. 이제 어떡하면 좋을까?

"모두 자기 신에게 살려 달라고 기도를 합시다."

사람들이 서로 떠들었어.

"기도를 하면 좋은 방법이 생길지도 모르지 않소? 요나, 당신도 당신의 신에게 기도하시오."

하지만, 요나 선지자는 감히 하나님께 기도할 수가 없었단다. 사나운 폭풍이 이렇게 갑자기 몰아치는 이유를 자기는 알 것 같았어. 이 폭풍은 바로 하나님께서 보내신 거야. 요나 선지자가 이 배에 타고 있다는 것을 하나님은 잘 알고 계셨어.

요나 선지자는 선장과 선원들에게 다가가 말했어.

"이렇게 폭풍이 치는 것은 다 내 탓입니다. 나는 하나님께서 나에게 시키신 일을 하지 않았습니다. 나는 하나님께 불순종한 선지자입니다. 나의 하나님께서는 하늘나라에 계시는 하나님이십니다. 그분께서 땅과 바다를 만드셨습니다. 이곳에 폭풍을 보내신 분도 바로 하나님이십니다. 나를 저 바다에 던지십시오. 그러면 이 폭풍이 멈출 것입니다."

그 말을 듣고 선원들이 말했어.

"당신을 저 바다에 던져 버리면 당신은 물에 빠져 죽게 될 거요!"

"예, 알고 있습니다."

요나 선지자가 대답했지.

"하지만, 이 일은 전부 내 탓입니다. 여러분이 나를 바다에 던지지 않으면 잠시 후 배는 두 동강이 나고 말 것입니다. 결국, 여러분 모두 물에 빠져 죽게 될 겁니다. 그냥 내가 시키는 대로 하십시오."

하는 수 없이 선원들은 요나 선지자를 번쩍 들어 바다에 던져 버렸어. 요나 선지자는 넘실대는 파도 속으로 사라졌지.

그러자 언제 그랬냐는 듯 폭풍이 멈췄어. 넘실대던 파도도 잠잠해졌지. 태양은 다시 빛나고 항해하기에 더없이 좋은 날씨가 되었단다. 선장이 말했어.

"요나가 믿는 하나님이 진짜 신이야. 그 하나님은 이 거친 폭풍도 다스리시는 분이셔. 하지만 불쌍한 요나, 이제 요나를 다시는 볼 수 없겠군!"

요나 선지자는 어떻게 되었을까? 물에 빠져 죽고 말았을까? 아니란다. 하나님께서 요나 선지자가 죽도록 그냥 내버려 두실 리가 없지. 하나님께서는 아주 큰 물고기를 보내셨어. 이 커다란 물고기가 요나 선지자를 보자 '꿀꺽' 하고 삼켜 버렸단다. 이제 요나 선지자는 물고기 뱃속에 갇힌 신세가 되었어. 바다 한가운데 커다란 물고기 뱃속에 갇혀 버린 요나 선지자. 요나 선지자는 바로 이 큰 물고기도 하나님께서 보내셨다는 것을 깨달았지. 그러자 하나님께 기도할 용기가 생겼단다. 요나 선지자는 기도했어.

"하나님, 제가 물에 빠져 죽지 않도록 살려 주셔서 고맙습니다. 하나님 말씀을 듣지 않은 것을 용서해 주십시오. 앞으로 다시는 이런 어리석은 짓을 하지 않겠습니다. 앞으로는 언제나 하나님 말씀에 그대로 순종하겠습니다."

하나님께서는 자기에게 불순종했던 요나 선지자의 기도를 들으셨어. 요나 선지자는 사흘 밤, 사흘 낮을 물고기 뱃속에 더 있어야 했단다. 그 후 하나님께서는 물고기를 해변으로 보내셔서 그곳에서 요나 선지자를 토해 내게 하셨지.

배도 고프고 몸에서는 퀴퀴한 냄새가 풀풀 나는 채로 요나 선지자는 집으로 돌아갔어. 물고기 뱃속에 갇혀 있었던 일은 정말 끔찍했지! 생각도 하기 싫은 일이었어. 하지만 요나 선지자는 이번 일을 통해 확실하게 배운 것이 있단다. 하나님 말씀에는 언제나 순종해야 한다는 것이지.

75. 니느웨에 간 요나 선지자

요나 3-4 장

하나님께서 요나 선지자에게 한 번 더 같은 말씀을 하셨어.

"요나야, 저 큰 도시 니느웨로 가거라. 온갖 나쁜 짓들을 하며 사는 니느웨 사람들에게 벌을 내릴 것이다. 온 도시를 완전히 멸망시킬 것이다. 니느웨에 사는 사람과 동물은 모두 죽게 될 것이다."

하나님의 말씀을 들은 요나 선지자는 바로 자리에서 일어나 길을 떠났단다. 이번에는 니느웨 쪽을 향해 똑바로 길을 떠났어. 긴 여행 끝에 마침내 요나 선지자는 니느웨 도시에 도착했지. 니느웨는 정말 큰 도시였어. 사람들이 아주 많이 살고 있었지. 하나님께서 이 사람들 모두에게 벌을 내리신다고? 요나 선지자는 이 사람들이 다 죽어도 상관없다고 생각했단다.

'어차피 니느웨 사람들은 같은 이스라엘 민족도 아니야. 오히려 이스라엘 민족을 괴롭히기만 하는 나쁜 민족이라니까. 그렇게 못된 짓만 하다가 하나님께 벌을 받는다니 너무 당연한 일이지. 잘됐어!'

하나님께서는 요나 선지자에게 니느웨 사람들에게 전할 말을 가르쳐 주셨어. 요나 선지자는 니느웨에 들어가 아주 큰 목소리로 외쳤단다.

"하나님께서 40일 후에 이 나쁜 도시를 완전히 부숴 버리실 것입니다!"

사람들은 깜짝 놀라 요나 선지자를 쳐다보았지. 이스라엘에서 온, 이 낯선 선지자가 도대체 무슨 말을 하는 거야? 하나님께서 이 도시를 부숴버리신다고?

"하나님께서 40일 후에 이 나쁜 도시를 완전히 부숴 버리실 것입니다."

요나 선지자는 온종일 니느웨 도시를 돌아다니며 외쳤어. 그리고 요나 선지자는 그 도시를 떠났지.

니느웨에서 조금 떨어진 곳에 작은 언덕이 하나 있었어. 요나 선지자는 그 언덕으로 가서 그곳에 작은 오두막을 하나 세웠단다. 그 오두막에서는 니느웨 도시가 아주 잘 보였어.

요나 선지자는 이렇게 생각했지.

'40일 후에 어떤 일이 일어날지 정말 궁금해. 하나님께서 이 도시를 어떻게 멸망시키실까? 폭풍우를 보내실까? 아니면 건물의 모든 벽이 다 무너지도록 무시무시한 지진을 일으키실까? 어떤 일이 일어날지 정말 궁금해.'

요나 선지자는 그런 생각을 하며 오두막에서 기다리고 또 기다렸단다. 하지만, 40일이 지나도록 아무 일도 일어나지 않았어. 도대체 어찌 된 영문이지?

하나님께서 이 도시를 완전히 멸망시키실 거라는 요나 선지자의 말을 전해 들은 니느웨 사람들은 무척 놀랐단다. 니느웨 사람들도 이스라엘 민족의 하나님을 알고 있었어. 세상에 있는 모든 것은 다 하나님 것이고 모든 일이 다 하나님의 뜻대로 된다는 것도 알고 있었지. 하나님께서 말씀하신 것은 반드시 이루어진다는 것도 알고 있었어!

니느웨 사람들이 서로 말했단다.

"우리 앞으로는 나쁜 짓을 절대로 하지 말자. 그리고 하나님께 기도하자. 지금까지 아주 못되게 살았는데 제발 다 용서해 달라고 하는 거야. 어쩌면 하나님께서 우리를 용서해 주실지도 몰라. 이 니느웨를 멸망시키지 않으실지도 모른다고."

니느웨 사람들은 모두 모여 하나님께 기도했단다. 그리고 그 후로는 나쁜 짓을 하나도 하지 않았어.

하나님께서 니느웨 사람들의 기도를 들어주셨을까? 그렇고 말고. 하나님께서는 니느웨 사람들이 지금까지 자기들이 한 나쁜 일들을 진심으로 후회한다는 것을 똑똑히 보셨지. 그래서 니느웨를 멸망시키지 않기로 하셨단다. 그래서 40일이 지났는데도 아무 일도 일어나지 않은 거야!

그런데 요나 선지자는 굉장히 화가 났단다. 하나님께 이렇게 따졌어.

"내가 이럴 줄 알았습니다. 니느웨 사람들이 하나님께 용서해 달라고 기도하면 하나님은 니느웨를 멸망시키지 않으실 거라는 것을 벌써 알고 있었습니다. 그래서 제가 처음부터 니느웨에 오고 싶지 않았던 겁니다. 저는 하나님께서 사람들을 사랑하신다는 것도, 또 용서해 달라고 기도하는 사람에게는 어떤 벌도 내리지 않으신다는 것도 알고 있었습니다. 하지만, 저는 저 니느웨 사람들이 정말로 싫습니다."

요나 선지자가 이렇게 투덜대는 동안 갑자기 요나 선지자의 오두막 옆에 +나무가 하나 자라기 시작했어. 그 나무는 아주 빨리 자랐지. 금세 커다란 나무가 되었단다. 정말 신기한 나무지? 요나 선지자는 그 나무 그늘에 앉아 아주 시원하게 쉴 수 있었지. 저녁이 되자 요나 선지자는 기분 좋게 잠을 자러 갔단다. 조금 전 화가 났던 것도 싹 잊어버리고 말이야. 자기 오두막 옆에 순식간에 생긴 멋진 나무 때문에 화가 났던 것도 잊어버린 거야.

다음 날 아침, 요나 선지자는 다시 그 나무 그늘에서 쉬려고 했단다. 그런

+주) 개역개정: 박넝쿨

데 나무 그늘이 다 사라지고 없어져 버린 거야. 글쎄 밤새 나무에 매달려 있던 잎들이 썩어서 다 떨어져 버렸지 뭐야. 나무는 말라죽어 있었어. 밤새 땅속에 있는 벌레들이 그 나무의 뿌리를 다 갉아먹어 버렸지. 벌레가 뿌리를 다 먹어 버렸으니 그 나무는 다시 살 수 없게 되어 말라죽은 거야. 하루 만에 이 멋진 나무가 죽어 버리다니…….

햇볕은 아주 뜨겁게 이글거렸단다. 날씨는 찜통처럼 더웠어. 하지만, 요나 선지자가 시원하게 쉬던 나무 그늘은 사라져 버렸어. 요나 선지자는 오두막 안에 앉아 한숨을 쉬며 투덜거렸단다.

"이러느니 차라리 죽는 게 낫겠어!"

"요나야. 왜 그렇게 화를 내느냐?"

하나님께서 요나 선지자에게 물으셨지.

"시원한 그늘을 만들어 주던 나무가 죽어 버렸습니다."

요나는 화가 난 목소리로 대답했어.

"정말 멋진 나무였는데, 글쎄 하루 만에 죽어 버렸습니다."

"누가 그 나무를 자라도록 했는지 아느냐? 네가 자라게 했느냐, 아니면 내가 한 것이냐?"

하나님께서 요나에게 물으셨지.

"그 나무가 자라도록 한 것은 바로 나다. 그리고 나무가 죽도록 벌레를 보내 뿌리를 갉아먹게 한 것도 바로 나다. 내가 이렇게 한 이유를 알겠느냐? 너에게 중요한 것을 가르쳐 주기 위해서이다.

그늘을 만들어 주던 나무가 하루 만에 죽어 버린 것을 너는 얼마나 아까워하고 슬퍼했느냐? 그렇지만, 너는 니느웨에 사는 수많은 사람과 특히 어린아이들이 죽게 되는 것은 하나도 슬퍼하지 않았다. 네 생각에는 나무 한 그루가 수많은 사람보다 더 중요한 것이냐? 내 생각은 그렇지 않다. 나는 사람들을 정말로 사랑한단다!"

하나님의 마지막 말씀은 요나 선지자도 이미 잘 알고 있던 말씀이었지. 사람들이 요나 선지자를 바닷물에 던졌을 때 하나님께서는 요나 선지자를 살려 주셨어. 일부러 하나님 말씀을 듣지 않았던 자기를 살려 주셨어!

그래, 하나님께서는 사람들을 사랑하셔. 그래서 하나님의 말씀을 듣지 않는 사람들에게 벌을 내리실 때 하나님께서는 무척 슬퍼하신단다. 또 사람들이 하나님께 불순종했던 것을 후회하고 용서를 빌면 하나님께서는 아주 기뻐하시지.

요나 선지자는 아주 많은 것을 배웠어. 다음번에 사람들에게 하나님의 말씀을 전하게 될 때에는 지금처럼 바보 같은 짓은 하지 않을 거야.

76. 히스기야 왕

열왕기하 16–20 장
역대하 28–33 장

아주 오래전 다윗 왕과 솔로몬 왕이 이스라엘을 다스렸지. 두 왕은 하나님을 아주 많이 사랑했어. 그때는 이스라엘 사람들이 모두 아무 걱정 없이 정말 행복하게 살았단다. 하지만, 세월이 흘러 하나님을 사랑하지 않는 왕들이 나라를 다스리게 되었지. 그때부터 이스라엘 사람들은 아주 불행해졌어.

하나님을 사랑하지 않는 나쁜 왕 중에 '아하스'라는 왕이 있었어. 아하스 왕은 하나님을 전혀 사랑하지 않았어. 아름다운 성전의 문을 닫아 버리고 아무도 성전에 들어가지 못하게 했단다. 제사장들도 성전 안에 들어가지 못하게 했어. 정말로 슬픈 일이었단다. 왜냐하면, 성전은 하나님이 계시는 집이고 제사장들은 하나님의 말씀을 따라 성전에서 일하는 사람들이잖아. 그런데 이제 아무도 성전에 들어가지 못하게 되었으니 말이야.

아하스 왕은 성전 앞에 만들어 놓은 커다란 제단도 없애 버렸어. 이 제단은 제사장들이 하나님께 제사를 드리던 곳이었는데, 아하스 왕은 그곳에 다른 제단을 만들고 우상에게 제사를 지냈단다.

많은 이스라엘 사람들이 아하스 왕을 따라 했어. 왕이 하는 일은 뭐든지 좋은 일이라고 생각했거든. 사람들은 나라 곳곳에 우상을 세우고 그 앞에 절을 하며 섬겼단다. 사람들은 이렇게 차츰차츰 하나님을 잊어 갔어. 정말 슬픈 일이지.

그러다가 아하스 왕이 죽고 그의 아들 히스기야가 왕이 되었어. 히스기야 왕은 하나님을 사랑했단다. 진심으로 하나님을 사랑했어. 히스기야가 왕위에 오른 후 가장 먼저 한 일이 뭔지 아니? 히스기야 왕은 성전의 문을 다시 활짝 열었단다! 제사장들과 레위인들을 불러 모으고 그들에게 말했단다.

"성전을 깨끗하게 청소하도록 하라. 우상을 섬길 때 쓰던 물건들은 모두 쓸어내어 버리도록 하여라. 금 촛대에 다시 불을 붙여라. 크고 멋진 제단을 다시 성전 앞에 갖다 놓고 그곳에서 하나님께 제사를 드려라. 하나님께서 원하시는 그대로 하도록 하라. 나는 하나님을 사랑한다. 따라서 모든 일을 하나님이 원하시는 그대로 할 것이다."

제사장들과 레위인들은 왕의 명령이 떨어지자마자 일을 시작했단다. 성전을 청소하고 정리해 본래 성전처럼 만들었어. 예전처럼 하나님께 제사도 드렸지. 이스라엘 사람들은 이제 다시는 우상에게 절하지 않고 대신 하나님께 기도했단다. 정말 잘된 일이지?

히스기야 왕이 왕위에 오르고 얼마 지나지 않았을 때였어. 생각지도 못한 나쁜 일이 일어났단다. 이웃 나라 왕이 엄청난 수의 군대를 이끌고 이스라엘을 공격해 온 거야. 그 왕의 이름은 '산헤립'이었단다. 이스라엘에 쳐들어온 산헤립 왕은 사람들을 잡아가고 물건들도 다 빼앗았지. 산헤립 왕은 마침내 예루살렘까지 쳐들어왔지. 예루살렘은 히스기야 왕이 사는 곳이고 성전이 세워져 있는 곳이야.

산헤립 왕은 예루살렘 성을 다 부숴 버리고 사람들도 다 잡아갈 속셈이었지. 히스기야 왕도 가만히 있을 수 없었단다. 예루살렘 성의 성벽을 더 높고 두껍게 쌓도록 명령했단다. 그리고 성문을 닫고 안에서 단단히 잠가 버렸지. 히스기야 왕은 이스라엘 군인들에게 명령했어.

"산헤립 왕의 군대를 두려워하지 마라! 하나님께서 우리 모두를 지켜 주실 것이다."

예루살렘 근처에 도착한 산헤립 왕은 자기 군인들에게 예루살렘 성을 빙 둘러서 천막을 치라고 명령했단다. 그리고 군인들에게 예루살렘 성 밖에서 잠을 자고 음식을 먹으며 지내라고 명령했어. 다른 일은 안 하고 그렇게 성 주위를 지키는 거야. 산헤립 왕이 자기 군인들에게 말했단다.

"저렇게 단단히 성문을 걸어 잠그고 있으니 예루살렘 성안으로 들어가는 것은 불가능하다. 저 높고 두꺼운 성벽을 기어 올라가는 것도 불가능하다.

하지만, 성안에 있는 이스라엘 사람들은 감히 성 밖으로 나올 수 없다. 우리에게 잡힐 것이 뻔하니 성 밖으로 나오려는 생각은 꿈에도 못할 것이다. 이스라엘 사람들은 지금 당장은 먹을 것이 충분할 것이다. 그러나 성안에는 곡식도 자라지 않고 소와 같은 가축도 없다. 얼마 안 있어 먹을 것이 다 떨어지면 이스라엘 사람들은 굶어 죽지 않으려고 성문을 열고 밖으로 나오려고 할 것이다. 그때까지 기다리는 거다. 저들이 성문을 열면 우리는 바로 성안으로 쳐들어간다."

이스라엘 사람들은 이제 독 안에 든 쥐 신세가 되었어. 산헤립 왕이 세운 이 끔찍한 계획을 어떻게 막을 수 있을까?

그리고 오랫동안 아무 일도 일어나지 않았단다. 산헤립 왕은 예루살렘 성 밖에 진을 치고 있고, 이스라엘 사람들과 히스기야 왕은 예루살렘 성 안에 꼼짝없이 갇혀 있었어. 어느 날 산헤립 왕이 히스기야 왕에게 편지를 보냈단다. 그 편지에 뭐라고 쓰여 있었는지 아니?

편지 내용은 이랬어.

"히스기야 왕에게.

히스기야 왕, 당신은 하나님이 당신들을 도와줄 거라는 말로 당신 군인들을 속이고 있다. 그 말은 새빨간 거짓말이다. 당신이 믿는 그 하나님보다 내가 더 힘이 세다. 지금까지 내가 여러 나라를 침략해 빼앗은 것을 모르는가? 예루살렘도 곧 내 차지가 될 것이다. 누구도 나를 막을 수 없다. 나는 싸움에서 항상 이긴다. 하나님을 믿는 것은 바보 같은 일이다. 어서 성문을 열고 항복하라."

이런 편지를 받고 히스기야 왕은 어떤 기분이었을까? 하나님을 무서워하지 않는 이런 나쁜 산헤립 왕에게 항복한다고? 아니지, 절대로 그럴 수는 없지.

히스기야 왕은 산헤립 왕의 편지를 들고 성전으로 갔단다. 산헤립 왕의 편지를 자기 옆에 내려놓고 성전 바닥에 무릎을 꿇었어. 그리고 하나님께 기도했지.

'하나님, 무례한 산헤립 왕이 쓴 이 편지를 한번 보십시오. 산헤립 왕은 자기가 하나님보다 더 강하다고 말합니다. 하나님을 모욕하고 있습니다. 감히 어떻게 이런 말을 합니까? 하나님, 이 나쁜 산헤립 왕에게 하나님께서 이 세상의 주인이라는 것을 보여 주십시오. 저 적군들을 물리칠 수 있도록 저희를 도와주십시오. 모든 사람에게 이스라엘의 하나님이 진짜 하나님인 것을 보여 주십시오!"

히스기야 왕은 하나님께 기도를 마치고 궁전으로 돌아갔단다.

예루살렘에는 하나님의 선지자가 살고 있었어. 바로 '이사야' 선지자였지. 하나님께서는 히스기야 왕에게 전할 멋진 이야기를 이사야 선지자에게 알려 주셨단다. 이사야 선지자는 궁전으로 가서 히스기야 왕에게 그 말씀을 전했단다.

"하나님께서 저를 이곳으로 보내 이 말씀을 왕께 전하라고 하셨습니다. 하나님께서는 허풍쟁이 산헤립 왕이 하나님에 대해 쓴 편지를 보셨습니다. 히스기야 왕이시여, 왕은 두려워하지 마십시오. 산헤립 왕이 예루살렘을 빼앗는 일은 절대 없을 것입니다. 하나님께서 이스라엘을 도와주실 것입니다."

그날 밤 산헤립 왕의 군인들이 자기 천막에 누워 잠을 자고 있을 때였어. 하늘에서 천사가 내려왔단다. 그 천사는 천막과 천막 사이를 돌아다니며 산헤립 왕의 군인을 많이 죽였단다. 아무도 눈치채지 못하게 말이야. 다음 날 아침 눈을 뜬 다른 군인들은 밤새 일어난 일을 보게 되었지. 살아남은 군인들은 죽은 군인들을 보고 소스라치게 놀랐단다. 그리고 바로 도망을 가 버렸어. 예루살렘을 떠나 자기 나라로 모두 도망갔단다.

이제 산헤립 왕도 이스라엘의 하나님이 자기보다 힘이 더 세다는 것을 똑똑히 알게 되었겠지? 산헤립 왕은 그 길로 자기 나라로 돌아갔단다. 자기 나라에 도착한 산헤립 왕은 곧 하나님이 내리신 큰 벌을 받았어.

자, 하나님께서 히스기야 왕의 어려움을 해결해 주셨던 것처럼 우리가 하나님을 굳게 믿으면 어떤 어려움도 척척 해결해 주신다는 것을 이제 확실히 배웠지?

77. 큰 병에 걸린 히스기야 왕

열왕기하 20 장

히스기야 왕은 이스라엘 사람에게 좋은 왕이 되려고 늘 노력했단다. 항상 온 힘을 다해 열심히 일했지.

그러던 어느 날 히스기야 왕이 병에 걸리고 말았어. 예루살렘에 있는 궁전 자기 침대에 누워 끙끙 앓고 있었지. 왕은 하루빨리 병이 낫기를 원했단다. 병이 나으면 해야 할 일이 또 많이 쌓여 있었거든.

병으로 아파 누워 있는 히스기야 왕에게 어느 날 이사야 선지자가 찾아왔어. 왕이 누워 있는 방 안으로 들어오는 이사야 선지자의 표정은 많이 어두웠단다. 혹시 좋지 않은 소식을 전하러 온 것은 아닐까? 이사야 선지자가 히스기야 왕에게 말했단다.

"하나님께서 저를 왕에게 보내셨습니다. 왕이 앓고 있는 병이 낫지 않을 거라는 말씀을 전하라고 하셨습니다. 왕은 곧 돌아가실 겁니다."

그 말에 히스기야 왕은 얼마나 놀랐는지 모른단다. 병이 낫지 않고 곧 죽게 된다고? 앞으로 이스라엘은 어떻게 되는 거지? 할 일이 아직 많이 남아 있는데……. 게다가 히스기야 왕에게는 그때까지 자기 뒤를 이어 왕이 될 아들도 없었어!

이사야 선지자는 그 말을 전하고 왕이 누워 있는 방을 나왔단다. 히스기야 왕이 병이 낫지 않고 죽을 거라는 사실에 이사야 선지자도 마음이 많이 아팠어. 슬픈 마음으로 터벅터벅 궁전을 걸어 나왔지.

히스기야 왕은 어땠을까? 히스기야 왕은 너무 슬퍼 눈물이 솟구쳤단다. 왕은 울면서 하나님께 기도를 드렸지.

"주님, 제가 정말 곧 죽습니까? 만약 제가 죽고 나면 이스라엘 민족은 다시 하나님을 잊게 될 겁니다. 하나님의 말씀을 듣지 않고 우상 앞에 무릎을 꿇고 섬기게 될 것입니다. 주님, 제가 주님을 진심으로 사랑하는 것을 잘 아시지요? 주님을 위해 하고 싶은 일이 아주 많습니다. 하나님, 제발 저를 도와주십시오!"

히스기야 왕이 침대에 누워 울면서 이렇게 기도를 하고 있는데 갑자기 히스기야 왕의 침실 문이 '벌컥' 하고 열렸단다. 누가 히스기야 왕을 찾아왔나 봐. 히스기야 왕은 고개를 돌려 자기를 찾아온 사람이 누구인지 쳐다보았단

다. 그리고 깜짝 놀랐어. 왜냐하면, 이사야 선지자가 거기에 서 있었거든. 조금 전 슬픈 소식을 전해 주고 떠난 그 이사야 선지자가 다시 돌아와 히스기야 왕이 누워 있는 방에 서 있었지. 하지만, 지금 이사야 선지자의 표정은 아주 밝았단다. 히스기야 왕은 어찌 된 영문인지 궁금했지.

이사야 선지자는 히스기야 왕이 누워 있는 침대 옆으로 다가와 말했단다.

"제가 궁전에서 막 나가려고 할 즈음에 하나님께서 다시 왕께 돌아가라고 말씀하셨습니다. 그리고 왕께 전할 말씀을 알려 주셨습니다. 하나님께서 왕의 기도를 들어주셨습니다. 왕의 병이 나을 거라고 말씀하셨습니다. 3일이 지나면 왕은 다시 건강해질 것이고 앞으로 15년을 더 사시게 될 것입니다!"

이사야 선지자가 전한 말은 정말 그대로 이루어졌단다. 3일이 지나자 히스기야 왕은 다시 건강해졌어. 병이 나은 히스기야 왕이 제일 먼저 달려간 곳이 어디인지 아니? 히스기야 왕은 성전으로 달려갔어. 그리고 성전 앞에 있는 커다란 제단 위에 제물을 올려놓고 하나님께 제사를 드렸단다. 자신이 얼마나 기쁘고 감사한지 하나님께 보여 드린 거야.

히스기야 왕은 그 후 15년 동안 이스라엘 왕으로 살았어. 그 사이 히스기야 왕은 아들도 얻었단다. 히스기야 왕이 죽고 나면 이 아들이 그 뒤를 이어 왕이 될 거야.

15년이 지나고 히스기야 왕은 세상을 떠났단다. 하나님께서 말씀하신 그대로였지. 그리고 히스기야 왕의 아들이 아버지의 뒤를 이어 이스라엘의 왕이 되었어. 하지만, 이 아들은 하나님을 사랑하지 않았단다. 하나님께 불순종하여 온 나라에 우상을 다시 만들어 세웠지. 사람들은 우상 앞에 절을 하게 되었고 하나님을 잊어버렸단다. 정말 슬픈 일이지?

* 78. 예레미야 선지자

예레미야 36–40 장
열왕기하 24–25 장

이스라엘에 나쁜 일들이 계속 일어났단다. 사람들은 점점 더 하나님 말씀을 듣지 않았어. 나라 곳곳에는 더 많은 우상을 세웠단다. 사람들은 우상 앞에 무릎을 꿇고 절을 하고 제물을 바쳤단다.

그러면서 사람들은 또 성전 앞에 있는 커다란 제단 위에 제물을 올리고 하나님께도 제사를 드렸단다. 사람들은 아마 이런 생각을 했나 봐.

'하나님을 사랑하는 척하자. 혹시 적들이 우리나라에 쳐들어오면 하나님께 도와 달라고 해야 할 것 아니야. 그러려면 하나님께도 제사를 많이 드려야겠지. 적들이 하나님의 성전을 부수는 것을 하나님도 좋아하실 리가 없을 테니까 말이야.'

이스라엘 사람들이 생각했던 것처럼 적들이 정말로 쳐들어올 것 같았어. 바빌로니아의 왕이 엄청나게 많은 군대를 끌어모으더니 주위에 있는 나라들을 차례대로 빼앗았단다. 이제 곧 이스라엘에도 쳐들어올 것 같았지.

어느 날 제사장들이 성전 앞에 있는 커다란 제단 앞에서 제사를 드린다고 바쁘게 움직이고 있는데 한 사람이 이쪽으로 걸어오고 있었단다. 바로 선지자 '예레미야'였어. 예레미야 선지자는 화가 아주 많이 난 것처럼 보이기도 하고, 또 다른 한편으로는 굉장히 슬퍼 보이기도 했단다. 예레미야 선지자가 그 자리에 있던 제사장들과 사람들에게 말했어.

“당신들은 지금 하나님께 제사를 지내고 있습니다. 하지만, 하나님을 진심으로 사랑하지는 않습니다. 당신들은 하나님 말씀에 순종하지 않고 우상 앞에 절을 하며 우상을 섬겼습니다. 당신들이 하는 일을 하나님께서 모르실 거라고 생각합니까? 당신들은 하나님께서 이 나라를 바빌로니아 왕으로부터 지켜 줄 거라고 기대하고 있죠? 이제 하나님의 말씀을 전하겠습니다. 당신들이 계속해서 하나님 말씀에 순종하지 않는다면 하나님께서는 당신들을 도와주지 않을 것입니다.”

그 말에 제사장들은 길길이 뛰며 화를 냈단다. 예레미야 선지자가 하는 말이 정말 기분 나쁜 말이라고 생각했거든.

“저놈을 당장 감옥에 넣어 버려. 다시는 저따위 말을 떠들지 못하게 감옥에 가둬 버려.”

제사장들이 소리쳤어. 그 말대로 예레미야 선지자는 감옥에 갇히고 말았지.

얼마 후 예레미야 선지자는 감옥에서 풀려났단다. 감옥에서 나오고 나서도 예레미야 선지자는 같은 말을 계속 전했단다. 예레미야는 하나님의 말씀을 전하는 선지자였어. 선지자는 하나님의 말씀이면 무엇이든 그대로 전하는 사람이야. 예레미야 선지자가 사람들에게 이런 끔찍한 말을 전하는 것을 좋아했을까? 아니야, 얼마 후 이스라엘에 나쁜 일이 일어날 거라는 사실에 예레미야 선지자의 마음도 많이 아팠단다. 예레미야 선지자는 이스라엘 사람들을 진심으로 사랑했거든.

그런데 시간이 지나면서 아무도 예레미야 선지자의 말을 들으려고 하지 않았어. 그래서 예레미야 선지자는 하나님께서 자기에게 하신 말씀을 모두 적어 책을 만들었단다. 예레미야 선지자의 친구인 ‘바룩’이 예레미야 선지자가 불러 주는 말을 두루마리 책에 받아 적었지. 두루마리 책은 지금 우리가 보는 책처럼 한 장 한 장 넘길 수 있는 그런 책이 아니란다. 대신 글씨가 쓰인 종이가 돌돌 말려져 있는 그런 책이었어. 바룩은 이 두루마리 책을 들고 성전으로 가서 큰 소리로 읽었단다. 거기에 어떤 내용이 쓰여 있을까? 잘 들어 봐.

"바빌로니아 왕이 예루살렘에 쳐들어올 것이다. 그리고 이 성과 성전을 모두 부숴 버릴 것이다. 바빌로니아 왕은 사람들도 모두 잡아갈 것이다. 하나님께서는 예루살렘에 사는 우리를 전혀 도와주시지 않을 것이다."

높은 신하 몇 사람이 와서 그 두루마리 책을 '여호야김' 왕에게 들고 갔단다. 왕에게 두루마리 책에 쓰여 있는 내용을 알려 주려고 말이야. 그리고 왕 앞에서 두루마리 책을 읽었지.

하나님의 말씀을 듣고 여호야김 왕은 지금까지 자기가 한 나쁜 일들을 깨닫게 되었을까? 하나님께 잘못했다고 기도했을까? 하나님께 용서해 달라고 말했을까? 아니! 여호야김 왕은 오히려 화를 냈단다. 그리고 그 두루마리 책

을 불태워 버렸어. 그따위 말은 다시는 듣고 싶지 않다면서 말이야. 게다가 여호야김 왕은 바룩과 예레미야 선지자를 감옥에 가두라는 명령까지 내렸단다. 하지만, 군인들은 두 사람을 찾을 수가 없었지. 그때는 벌써 바룩과 예레미야 선지자가 아무도 모르는 곳에 숨은 뒤였거든.

얼마의 시간이 흘렀어. 드디어 바빌로니아 왕이 예루살렘에 쳐들어왔단다. 바빌로니아 왕은 사람들을 많이 잡아서 자기 나라로 끌고 갔어. 여호야김 왕은 죽임을 당했지.

여호야김 왕의 뒤를 이어 '여호야긴'이 왕이 되었단다. 하지만, 얼마 지나지 않아 바빌로니아 왕이 다시 예루살렘에 쳐들어왔어. 바빌로니아 왕은 다시 사람들을 많이 잡아서 자기 나라로 끌고 갔고, 여호야긴 왕도 잡아갔단다. 바빌로니아 왕은 사람도 잡아가고 성전에 있는 금과 은으로 만든 물건들까지도 다 빼앗아 갔지. 그 물건들을 바빌로니아에 있는 자기들이 섬기는 우상의 신전에 갖다 놓았단다.

많은 사람이 바빌로니아로 끌려가고 예루살렘에 남은 사람은 많지 않았어. 여호야긴 왕을 이어 새로운 사람이 왕이 되었는데 이번에 왕이 된 사람은 '시드기야'였어. 시드기야 왕도 하나님을 사랑하지 않았단다. 이스라엘 사람들은 하나님 말씀을 한마디도 들으려 하지 않았어.

"바빌로니아 왕이 우리를 공격했을 때 하나님은 우리를 도와주지 않았어. 이런 하나님은 싫어. 앞으로 우리는 다른 신을 섬길 거야."

얼마 후 바빌로니아 왕이 세 번째로 예루살렘 성을 공격했단다. 하지만, 이번에는 바빌로니아 왕이 예루살렘 성안으로 들어올 수가 없었어. 시드기야 왕이 성문을 굳게 닫아버렸거든. 바빌로니아 군인들은 바빌로니아로 돌아가지 않고 성 주위에 천막을 치고 기다렸단다. 예루살렘 성안에 먹을 것이 떨어지기를 기다리겠다는 속셈이었지. 먹을 것이 떨어져 굶어 죽을 지경이 되면 이스라엘 사람들 스스로 성문을 열고 밖으로 나올 거라고 생각했지. 이제 예루살렘 성 사람들은 독 안에 든 쥐 신세가 된 거야.

바빌로니아 왕의 생각이 맞았어! 오래 기다리지 않아 예루살렘 성안에 먹을 것이 다 떨어지고 말았단다. 먹을 것이 없어 모든 사람이 굶어 죽기 직전이었지. 이제 어떻게 하지?

시드기야 왕은 생각했어.

'예레미야 선지자를 불러와야겠어. 앞으로 우리가 어떻게 해야 할지 예레미야 선지자는 알고 있을 거야.'

시드기야 왕은 예레미야 선지자를 불러서 물어보았지. 예레미야 선지자가 말했단다.

"바빌로니아 왕에게 항복하십시오. 예루살렘 성을 내주십시오. 물론 이것은 아주 슬픈 일입니다. 예루살렘 성을 빼앗은 바빌로니아 왕은 다시 많은 사람을 잡아갈 것입니다. 하지만, 왕께서 바빌로니아 왕에게 항복하지 않으면 더 무서운 일들이 일어납니다. 정말 끔찍한 일이 일어날 것입니다. 이것은 하나님께서 하신 말씀입니다."

그런데 시드기야 왕은 예레미야 선지자의 말을 믿지 않았어. 예루살렘 사람들도 예레미야 선지자에게 화를 냈단다. 사람들은 예레미야 선지자를 더러운 웅덩이에 던져 버렸지.

"그 웅덩이에서 죽어 버려. 기분 나쁜 선지자 같으니라고!"

사람들은 예레미야 선지자를 이렇게 욕했지.

불쌍한 예레미야 선지자! 예레미야 선지자는 하나님께 순종했을 뿐인데……. 하나님께서 전하라고 하신 말씀을 그대로 전했을 뿐인데……. 예레미야 선지자는 더러운 웅덩이에서 꼼짝없이 죽게 되는 걸까? 다행스럽게도 그렇게 되지는 않았단다. 왕의 신하 중 한 사람이 웅덩이에 밧줄을 던져 예레미야 선지자를 꺼내 주었어.

사람들은 예레미야 선지자를 나쁜 선지자라고 말했지만, 예레미야 선지자가 한 말은 그대로 이루어졌단다. 바빌로니아 왕은 예루살렘 성벽에 커다란 구멍을 뚫었어. 그 구멍을 통해 바빌로니아 군대가 예루살렘 성안으로 물밀듯이 들어왔단다. 바빌로니아 군인들은 집집마다 불을 질렀어. 성전에도 불을 질렀지. 예루살렘 성의 성벽도 다 부숴 버렸단다. 사람들이 많이 죽었고, 살아남은 사람들은 바빌로니아로 끌려갔단다. 시드기야 왕도 붙잡혀서 바빌로니아로 끌려갔지. 왕이 살던 궁전도 다 불에 타 버렸어.

예레미야 선지자는 바빌로니아 군대에게 붙잡히지 않았어. 예루살렘 거리를 터덜터덜 걸어가는 예레미야 선지자의 마음이 얼마나 슬펐겠니? 집들은 형체도 없이 다 부서져 버렸어. 아름다웠던 예루살렘 성은 이제 흔적도 찾아볼 수 없게 되었단다.

불타 버린 성전에 이르렀을 때 예레미야 선지자는 그만 울음을 터뜨리고 말았어. 이스라엘 나라에 일어난 끔찍한 일들을 한번 보렴. 이스라엘 민족이 하나님께 순종하고 하나님 말씀을 잘 들었더라면 이런 일은 일어나지 않았을 거야. 오히려 아주 행복하게 살 수 있었을 거야. 예전처럼 예루살렘 성에 그대로 살고 있을 것이고 솔로몬 왕의 아름다운 성전도 부서지지 않고 그대로 있을 텐데…….

이렇게 슬퍼하고 있을 때 하나님께서 예레미야 선지자에게 좋은 소식을 전해 주셨단다. 하나님께서 말씀하셨어.

"언제나 이렇게 슬프게 살게 되지는 않을 것이다. 이스라엘 민족은 아주 오랫동안 바빌로니아에 살게 될 것이다. 그것은 너희가 받을 벌이다. 그러나 70년이 지나고 이스라엘 민족은 다시 이곳으로 돌아오게 될 것이다. 그때 너희는 예루살렘 성과 성전을 다시 세우게 될 것이다. 그리고 이 모든 일이 끝나고 너희를 위한 왕이 다시 올 것이다. 새로 오는 왕은 지금까지의 왕과는 다르다. 이 새 왕은 나의 아들, '예수'다."

하나님의 말씀을 다 들은 예레미야 선지자는 그제야 마음이 조금 풀렸단다. 오랫동안 기다려야 하겠지만, 언젠가는 모든 사람이 행복하게 사는 때가 올 거라는 약속을 받았으니까 말이야.

79. 다니엘과 친구들

다니엘 1장

바빌로니아 왕은 이스라엘 사람 대부분을 자기 나라로 끌고 갔어. 그중에는 왕자 네 명도 포함되어 있었지. 이 네 명은 아주 친한 친구 사이였어. 왕자 중 한 명의 이름은 '다니엘'이었단다.

바빌로니아 왕의 이름은 '느부갓네살'이었어. 느부갓네살 왕은 힘이 아주 센 나라의 왕이었지. 많은 나라를 빼앗아 모두 자기 나라로 만들었거든. 또 느부갓네살 왕은 아주 무서운 왕이었단다. 모든 사람이 왕을 무서워했어. 만약 왕이 누군가에게 화를 냈다면 그 사람은 이제 큰일이 난 거야. 왕의 말 한마디에 그 자리에서 죽임을 당할 수도 있거든.

느부갓네살 왕이 높은 신하 한 명에게 명령했단다.

"내가 이 크고 넓은 나라를 잘 다스리는 일을 도와줄 똑똑한 신하가 필요하다. 이스라엘에서 잡아 온 사람 중 똑똑한 젊은이들을 뽑아라. 그리고 그들을 잘 교육하여라. 먼저 우리나라 말을 가르치도록 하라. 그리고 어려운 책들을 가지고 공부를 많이 시키도록 하라. 그 공부를 다 끝내면 아마 나라를 다스리는 일을 잘할 수 있을 것이다. 3년 후 공부를 마친 젊은이들을 궁전으로 데리고 오도록 하라. 그 중 누가 가장 똑똑한지 보고 나라를 다스리는 일을 시키겠다."

느부갓네살 왕의 신하는 젊은이들 여러 명을 뽑았단다. 다니엘과 친구 세 명도 뽑혔지. 느부갓네살 왕의 신하에게 뽑힌 젊은이들은 아주 좋은 집에서 살게 되었어. 멋진 옷을 입고 궁전에 사는 왕이 먹는 것과 같은 그런 맛있는 음식을 먹었단다.

그렇지만, 다니엘과 다니엘의 친구 세 명은 마음이 무거웠어. 오래전 하나님께서 이스라엘 민족에게 가르쳐 주신 명령 때문이었지. 하나님께서는 이스라엘 민족에게 먹을 수 있는 고기와 먹지 말아야 할 고기를 정해 주셨어. 그런데 바빌로니아 사람들은 이 규칙과 상관없이 모든 고기를 먹었지. 느부갓네살 왕도 마찬가지였어. 결국, 다니엘과 다니엘의 친구 세 명도 매일 그런 고기를 먹어야만 했어.

다니엘과 세 명의 친구는 하나님을 사랑했단다. 그래서 하나님의 말씀대로 하고 싶었지. 그래서 느부갓네살 왕으로부터 받는 맛있는 음식은 먹을 수가 없었어.

다니엘은 자신들을 책임지는 왕의 신하를 찾아가 말했단다.

"저희 네 명은 왕의 궁전에서 오는 음식을 먹고 싶지 않습니다. 하나님께서는 저희에게 그런 음식을 먹지 말라 하셨습니다. 그러니 저희에게는 야채와 빵과 물만 주십시오."

다니엘의 부탁을 들은 왕의 신하는 고민이 되었어. 이 신하는 다니엘과 세 명의 친구들을 좋아했거든. 그래서 다니엘의 부탁을 들어주고 싶었지. 하지만, 나중에 왕이 이 사실을 알게 된다면? 왕이 과연 좋아하실까? 다니엘과 세 명의 친구들이 야채와 빵과 물만 먹다가 빼빼 마르고 건강이 나빠지면 어떡하지? 왕의 신하가 말했단다.

"너희를 잘 돌보는 것이 나의 일이다. 만약 너희가 건강이 나빠진다면, 그 책임을 내가 져야 한다. 내가 왕에게 벌을 받게 된단 말이다."

"저에게 좋은 생각이 있습니다."

다니엘이 대답했어.

"앞으로 10일 동안 실험을 해 보는 겁니다. 다른 사람들에게는 궁전에서 나오는 맛있는 음식을 주시고 저희에게는 야채와 빵과 물만 주십시오. 열흘이 지나 저희의 건강이 나빠진 것 같으면, 그때부터는 저희도 다른 사람들과 똑같은 음식을 먹겠습니다."

"그거 좋겠군."

신하가 말했어.

"네 말대로 한번 해 보자."

그리고 10일 동안 다니엘과 세 명의 친구들은 야채와 빵과 물만 먹었단다. 열흘이 지났을 때 어떤 일이 일어났을까? 다니엘과 세 명의 친구들은 얼굴색이 전혀 나빠지지 않았어. 오히려 다른 젊은이들보다 더 건강해 보였지. 다니엘과 세 명의 친구들은 이렇게 생각했단다.

'우리가 하나님 말씀에 순종하면, 하나님께서는 우리를 지켜 주실 거야.'

다니엘과 세 명의 친구들은 하나님을 확실히 믿었어! 그리고 네 사람이 생각한 그대로 하나님께서 네 사람을 지켜 주셨지!

다니엘과 세 명의 친구들은 온 힘을 다해 자기 일을 했단다. 열심히 바빌로니아 말을 배웠어. 매우 어려운 책들을 읽고 그 외에도 어려운 것들을 많이 배웠단다. 그 네 명은 뭐든지 아주 잘했어. 다른 젊은이들보다 훨씬 더 잘했지. 하나님께서 다니엘과 세 명의 친구들을 늘 도와주셨기 때문이야!

3년이 지나고, 모든 젊은이가 느부갓네살 왕 앞에 불려나갔단다. 느부갓네살 왕은 젊은이들과 이야기를 나누면서 아주 어려운 것들을 물어보았지. 다니엘과 세 명의 친구는 다른 젊은이들보다 아는 것이 많았어. 다른 젊은이들보다 훨씬 똑똑했단다.

느부갓네살 왕이 말했어.

"이 네 명의 젊은이들은 이곳 궁전에서 일하도록 하라. 이 네 명은 아주 똑똑하다. 다른 젊은이들보다 아는 것이 훨씬 더 많다."

이렇게 해서 다니엘과 세 명의 친구들은 바빌로니아 왕의 궁전에서 일하게 되었어. 왕의 신하가 되어 중요한 일을 했단다!

*80. 느부갓네살 왕의 꿈

다니엘 2장

어느 날 밤 느부갓네살 왕은 아주 이상한 꿈을 꾸었어. 꿈이 너무 이상해서 온몸에 소름이 쫙 돋을 정도였단다. 깜짝 놀라 잠에서 깨어난 느부갓네살 왕은 더는 잠을 잘 수 없었지.

다음 날 아침 느부갓네살 왕은 공부를 많이 하고 지혜롭다고 알려진 학자들을 당장 불러 모으라고 명령했어. 그리고 이 학자들에게 말했단다.

"어젯밤 나는 아주 이상한 꿈을 꾸었다. 그 꿈은 분명히 아주 특별한 의미가 있는 것 같다. 그 꿈에 무슨 뜻이 담겨 있는지 내게 설명해 주기를 바란다."

"예, 알았습니다."

왕 앞에 불려 온 학자들이 머리를 조아리며 대답했단다.

"왕이시여, 왕이 꾸신 꿈을 설명해 주십시오."

그러자 왕은 아주 엉뚱한 대답을 하는 것이었어.

"내 꿈을 설명해 줄 수 없다. 내가 어떤 꿈을 꾸었는지 너희 스스로 알아내야 한다. 그리고 그 꿈이 도대체 어떤 의미가 있는지도 설명해야 한다. 만약 그렇게 하지 못한다면 너희 모두를 죽여 버리겠다."

정말 끔찍한 명령이지? 대답을 못하면 모두 죽여 버리겠다고? 느부갓네살 왕은 사람이 도저히 할 수 없는 것을 하라고 명령했어. 지난밤 왕이 꾼 꿈을 다른 사람이 무슨 재주로 알 수 있겠니? 그런 일은 아무도 못하는 일이야. 먼저 왕이 자기가 꾼 꿈을 설명해 준다면 그 뜻을 설명할 수는 있을 텐데 말이야. 그런데 왕은 자기 꿈도 가르쳐 주지 않겠다는구나!

왕은 다시 한 번 더 학자들에게 말했어.

"너희가 얼마나 똑똑한지, 정말 공부를 많이 했는지 그 실력을 한번 보여다오. 만약 너희가 내 꿈을 설명하지 못한다면 바빌로니아에 있는 모든 학자를 다 죽여 버리겠다."

바빌로니아의 모든 학자를 다 죽인다면 다니엘과 세 명의 친구도 꼼짝없이 같이 죽게 될 신세였지. 느부갓네살 왕의 명령을 전해 들은 다니엘은 하루만 더 기다려 달라고 부탁했단다. 그리고 다니엘은 곧바로 집으로 돌아와 세 명의 친구와 함께 하나님께 기도했지. 하나님이 도와주시지 않으면 네 사람 모두 죽을 수밖에 없었거든. 네 사람은 하나님께 도와달라고 간절히 기도했지.

하나님께서 다니엘의 기도를 들어주셨을까? 그럼, 물론이지! 밤이 되어 다니엘이 잠들었을 때 하나님께서는 다니엘이 느부갓네살 왕과 똑같은 꿈을 꾸도록 해 주셨어. 그리고 그 꿈이 무엇을 의미하는지도 알려 주셨지.

다음 날 아침, 다니엘은 자리에서 일어나자마자 왕에게 달려갔단다.

"내가 어떤 꿈을 꾸었는지 말할 수 있느냐?"

왕이 물었어.

"그리고 그 꿈이 무엇을 의미하는지도 설명할 수 있느냐?"

왕의 질문에 다니엘은 대답했단다.

"왕이 꾸신 꿈을 알아맞힐 수 있는 사람은 아무도 없습니다. 사람은 그런 일을 할 수 없습니다. 오직 하늘에 계시는 하나님만 그런 일을 하실 수 있습

니다. 하나님께서 지난밤 제게 왕이 꾸신 꿈과 똑같은 꿈을 꾸도록 해 주셨습니다. 그래서 저는 지금 왕이 꾸신 꿈 내용을 알고 있습니다.

왕께서는 꿈속에서 아주 커다란 사람 형상을 보셨습니다. 그 형상은 사람처럼 생겼는데 모양이 아주 끔찍했습니다. 그 사람 형상의 머리는 금으로 만들어져 있습니다. 가슴과 두 팔은 은이었습니다. 배는 구리로 만들어졌습니다. 두 다리는 철로 되어 있고, 두 발은 철과 진흙이 섞여 있었습니다. 왕께서 그 형상을 보고 계시는데, 갑자기 돌 하나가 이쪽으로 굴러왔습니다. 그 돌은 커다란 사람 형상을 향해 똑바로 굴러가 그 사람 형상을 부숴 버리고 말았습니다. 사람 형상의 형체도 남지 않도록 완전히 부숴 버렸습니다. 그리고 그 돌은 점점 더 커졌습니다. 산만큼 커지고 그러고도 계속 커지는 것이었습니다. 결국, 온 세상을 가득 채우고 말았습니다."

느부갓네살 왕은 숨을 죽인 채 다니엘의 이야기를 듣고 있었어.

"그래, 네가 맞혔다. 내가 꾼 꿈을 아주 정확하게 맞혔다."

다니엘은 이야기를 계속했단다.

"하나님께서는 이 꿈이 무슨 뜻인지도 저에게 알려 주셨습니다. 이제 그 꿈의 뜻을 설명해 드리겠습니다.

그 사람 형상의 각 부분은 왕들을 의미합니다. 느부갓네살 왕께서는 그 형상의 황금 머리입니다. 왕께서 이 세상에서 가장 힘이 센 왕이기 때문입니다. 왕께서 돌아가시고 나서는 다른 왕이 왕위를 이을 것입니다. 그런데 새로 왕위에 오른 왕들은 느부갓네살 왕만큼 힘이 세지 못합니다. 그래서 그 사람 형상의 가슴과 배와 다리가 은과 구리와 철로 만들어져 있는 것입니다. 은과 구리, 철은 황금처럼 멋진 것은 아니지요.

그때 돌 하나가 굴러 와서 이 형상을 다 부숴 버립니다. 이 돌은 나중에 온 세상을 가득 채울 만큼 커지지요. 이 돌도 어떤 왕을 의미합니다. 이 왕은 하나님께서 직접 선택하신 왕입니다. 이 왕은 나중에 온 세상 모든 왕을 다스리는 왕이 될 것입니다. 이 왕은 영원한 왕으로 세상을 다스릴 것입니다."

다니엘의 설명은 이렇게 끝이 났단다. 하나님께서는 온 세상을 다스리게 될 이 마지막 왕의 이름을 다니엘에게 알려 주시지 않았어. 하지만, 우리는 이미 그 이름을 알고 있지! 누굴까? 그래, 바로 예수님이셔!

다니엘이 모든 설명을 마치자 느부갓네살 왕이 말했단다.

"다니엘아, 네가 섬기는 하나님은 세상에서 가장 위대한 하나님이시다. 너의 하나님은 모든 것을 알고 계시는구나. 이제 너를 이 나라에서 가장 높은 장관에 임명하겠다. 너의 하나님께서 너에게 다른 사람이 모르는 것들까지 알려 주시니, 너는 이 나라를 잘 다스릴 수 있을 것이다."

다니엘은 왕으로부터 좋은 선물도 많이 받았단다. 갑자기 다니엘은 부자가 되고 아주 높은 장관도 되었지.

다니엘은 느부갓네살 왕에게 자기의 친구 세 명도 바빌로니아의 장관으로 임명해 달라고 부탁했단다. 왕은 다니엘의 친구 세 명도 장관으로 임명했어. 다니엘과 세 명의 친구는 세상에서 가장 힘이 센 느부갓네살 왕이 다스리는 나라의 장관이 되었지. 하나님께서 이 네 명을 잘 지켜 주셨기 때문이야!

81. 불가마에 던져진 세 친구

다니엘 3 장

느부갓네살 왕은 꿈에서 봤던 그 사람 형상이 자꾸만 생각났단다. 다니엘이 말하기를 느부갓네살 왕 자신은 그 인형의 금으로 만들어진 머리에 해당한다고 했잖아.

'나는 세상에서 가장 강한 왕이야. 모든 사람의 우두머리라고. 누구든지 내가 시키는 대로 무엇이든 다 해야 해. 가만있자. 그래! 금으로 아주 큰 형상을 만들라고 해야겠다. 그리고 모든 백성에게 그 앞에서 절을 하라고 시키자!'

이렇게 생각한 느부갓네살 왕은 황금으로 집채보다 더 크게 자기를 닮은 형상을 만들도록 했단다. 그리고 그 황금 형상 옆에 불가마를 설치했지. 뜨거운 불꽃이 훨훨 타오르는 불가마 말이야. 빵이나 케이크를 굽기 위한 불가마였을까? 아니면 도자기를 굽기 위한 불가마였을까? 모두 틀렸어. 이 불가마는 느부갓네살 왕의 말을 듣지 않는 사람들을 불에 태우려고 만든 것이란다! 만약 황금 형상 앞에 무릎을 꿇고 절을 하지 않는 사람이 있다면 그 사람을 당장 뜨거운 불가마 속에 집어던질 셈이었지. 그 사람이 불에 타 죽도록 말이야! 느부갓네살 왕은 정말 잔인한 왕이지?

느부갓네살 왕은 나라의 높은 장관들을 다 불러 모았단다. 음악을 연주할 악단도 불렀어. 그리고 모든 사람 앞에서 근엄하게 말했지.

"잠시 후 악단이 나를 위해 음악을 연주할 것이다. 그 음악을 듣는 즉시 너희는 나의 황금 형상 앞에 무릎을 꿇고 절을 하도록 하라. 만약 절을 하지 않는 사람이 있다면 그런 놈은 당장 저 뜨거운 불가마 속에 던져 버리겠다!"

왕이 말을 마치자 악단은 음악을 연주하기 시작했어. 모든 사람은 무릎을 꿇고 황금 형상 앞에 몸을 숙여 절을 했단다. 한 사람도 빠짐없이 다 절을 했어. 아니, 아니야! 모든 사람이 다 그렇게 한 것은 아니었어. 저쪽에 세 사람이 몸을 꼿꼿하게 세우고 똑바로 서 있는 것이 보였거든. 모든 사람이 형상 앞에 납작 엎드리는데, 이 세 사람은 그냥 똑바로 서 있었어. 이 세 명이 누구냐고? 바로 다니엘의 세 친구지. 마침 다니엘은 그 자리에 없고 다니엘의 세 친구만 있었는데, 이 세 명이 모두 몸을 꼿꼿이 세우고 서 있는 것이었어.

느부갓네살 왕이 그 모습을 못 본 척 그냥 지나갔을까? 아니지, 세 사람을 당장 자기 앞으로 끌고 오게 했단다.

"감히 내 황금 형상 앞에 엎드려 절을 안 하다니? 일부러 그런 것은 아니겠지? 혹 내 명령을 제대로 못 알아들었느냐? 자, 음악을 다시 한 번 더 연주하도록 하겠다. 모두 황금 형상 앞에 엎드려 절하도록 하라. 만약 이번에도 절을 하지 않는다면 너희 셋을 저 뜨거운 불가마 속에 던져 불태워 버리겠다. 알겠느냐?"

아주 무서운 목소리로 느부갓네살 왕이 소리쳤단다. 하지만, 세 사람은 느부갓네살 왕을 무서워하지 않았어.

"왕이시여, 저희는 왕의 명령을 잘 이해했습니다. 하지만, 저희는 형상 앞에 엎드려 절을 할 수 없습니다. 저희는 오직 하늘에 계신 주 하나님께만 엎드려 절을 합니다."

그 말에 느부갓네살 왕은 불같이 화가 났단다. 감히 왕에게 이런 말을 하다니! 왕의 명령을 두려워하지 않는 세 사람에게 본때를 보여 줘야겠다고 생각

했어. 세 사람을 당장 불가마에 던져 버리는 거야!

"여봐라, 저 세 명을 붙잡아 밧줄로 꽁꽁 묶어라. 불가마에 불을 더 뜨겁게 지피고 세 명을 불 속에 던져 버려라!"

명령을 받은 군인들이 다가와 다니엘의 세 친구를 붙잡아서 불가마 속에 던져버렸단다. 하나, 둘, 셋. 세 명이 모두 뜨거운 불가마 속에 던져졌어. 불가마 속의 불이 얼마나 뜨거웠는지!

느부갓네살 왕은 왕좌에 앉아 그 광경을 지켜보고 있었어. 버릇없이 왕의 명령을 거역한 세 사람이 벌을 받아 고통스러워하는 모습을 보고 싶었지.

"그럼, 저런 놈들에게는 불가마가 제격이지."

그런데 이게 어찌 된 일이지? 불가마 속을 바라보고 있던 느부갓네살 왕은 깜짝 놀랐단다.

"금방 불가마 속에 세 명을 넣지 않았느냐? 그런데 지금 불가마 속에는 네 명이 있구나. 게다가 저 네 번째 사람은 천사처럼 보이는군. 저 네 명이 지금 불 속을 걸어 다니는 것이 아니냐? 불에 전혀 타지 않고 말이다."

깜짝 놀란 왕은 불가마 곁으로 가 크게 소리를 질렀단다.

"이리 밖으로 나오너라. 다시는 너희에게 벌을 내리지 않겠다."

그 말을 듣고 세 명은 불가마에서 나왔단다. 네 번째 사람은 어느새 사라지고 없었어. 그래, 그것은 천사가 틀림없어. 하나님께서 천사를 보내셔서 다니엘의 세 친구가 불에 타지 않도록 지켜 주신 거야. 그리고 천사는 다시 하늘나라로 돌아간 거지. 다니엘의 세 친구는 왕 앞에 섰단다. 느부갓네살 왕은 세 사람을 자세히 살펴보았어. 놀랍게도 세 사람은 머리털 하나 불에 타지 않았어. 불가마에 들어갔다 나왔다는 사실이 도무지 믿기지 않을 정도였다니까. 하지만 세 사람이 불가마 속에 들어갔던 것은 분명해. 모든 사람이 다 봤으니까 말이야.

"너희 하나님은 정말 대단하시구나! 너희가 오직 하나님께만 무릎 꿇고 절하겠다고 하자 너희 하나님께서 너희가 불에 타지 않도록 지켜 주셨구나."

느부갓네살 왕은 이 일을 보고 자기가 세상에서 가장 힘이 센 사람이 아니라는 것을 알게 되었지. 다니엘의 세 친구는 왕의 명령을 듣지 않았어. 화가 난 왕이 다니엘의 세 친구를 벌주려고 했지만 세 사람에게 벌을 줄 수가 없었지. 하나님이 이 세 사람을 지켜 주셨기 때문이야. 그러니까 느부갓네살 왕이 세상에서 가장 강한 게 아니라 하늘에 계시는 하나님께서 온 세상에서 가장 높고 강한 분이시지!

82. 사자 굴에 던져진 다니엘

다니엘 6장

이번 이야기는 다니엘에 대한 거란다. 바로 앞에 했던 이야기에는 느부갓네살 왕이 나왔지? 이번 이야기에는 느부갓네살 왕이 나오지 않아. 왜냐하면, 느부갓네살 왕이 죽은 후에 일어난 이야기거든. 이번 이야기에 나오는 새로운 왕은 '다리오' 왕이란다.

다니엘은 그때까지도 높은 장관으로 일하고 있었지. 다리오 왕도 다니엘을 아주 좋아했어. 다니엘이 항상 열심히 일한다는 것을 다리오 왕도 잘 알고 있었거든. 왕이 말했단다.

"다니엘을 총리에 임명한다. 다니엘은 아주 현명하고 똑똑한 사람이다. 그는 이 나라를 잘 다스릴 수 있을 것이다."

하지만, 왕의 명령을 들은 다른 신하들은 다니엘에게 샘을 냈단다. 서로 이런 말을 주고받았어.

"뭐야? 다니엘 같은 사람을 총리에 임명한다고? 알고 보면 다니엘은 이 나라에서 태어난 사람도 아니야. 이스라엘이라는 다른 나라 출신이잖아. 다니엘이 매일 다른 신에게 기도한다는데 다들 알고 있어? 다니엘이 총리가 되어서는 안 돼. 우리가 그 일을 막아야 한다고. 혹 다니엘이 실수하는 일은 없는지 잘 지켜보다가 실수가 발견되면 당장 왕께 알리는 거야. 그때는 왕도 다니엘을 싫어하게 되실 것이고, 다니엘을 총리 자리에서 내쫓으실 거야."

하지만, 신하들의 기대와는 달리 다니엘에게는 트집 잡을 만한 것이 하나도 없었어. 다니엘은 하나님을 잘 믿었고 항상 온 힘을 다해 일했단다. 그리고 다니엘은 하나님을 진심으로 사랑해 하나님께 매일 기도를 드렸어. 다니엘이 매일 하나님께 기도한다는 것은 다른 신하들도 잘 알고 있었지. 다니엘의 집 옆을 지나갈 때면 다니엘의 기도 소리를 들을 수 있었거든. 다니엘의 집 창문을 통해 다니엘이 기도하는 모습을 보기도 했지. 신하들이 모여 서로 이야기했어.

"다니엘이 이제는 자기 하나님께 기도하지 못하도록 해 볼까? 만약 다니엘이 그래도 기도를 계속한다면 큰 벌을 받도록 하는 거야. 이번 기회에 다니엘을 죽여 버리는 거 어때? 우리 눈앞에서 영원히 사라지게 하는 거야."

이런 생각 끝에 신하들은 아주 끔찍한 계획을 세웠단다. 신하들은 다리오 왕을 찾아가 아주 공손하게 말했어.

"왕이시여! 왕은 참으로 높고 힘이 센 분이십니다. 왕은 신에 비교할 만큼 높은 분이십니다. 저희에게 좋은 생각이 있습니다. 모든 백성에게 이번 한 달 동안 오직 왕께만 기도하도록 명령을 내리십시오. 오직 왕께만 기도하고 다른 신에게는 기도하지 못하도록 하십시오. 다른 그 어떤 신도 절대 안 됩니다. 만약 누군가 자기의 신에게 기도한다면 그에게 큰 벌을 내리십시오. 그런 사람은 사자 굴에 던져 버리십시오."

그 도시에는 땅속 깊이 굴이 있었는데 그 굴에 사자를 가둬 두었단다. 사람들은 사자에게 먹이를 갖다 주며 굴속에 갇힌 사자를 구경했지. 사자는 덩치가 크고 멋진 짐승이지만 동시에 아주 위험한 동물이란다. 그래서 사자를 깊은 굴속에 가둬 두는 거지. 그런데 이 나쁜 신하들은 왕의 명령을 지키지 않는 사람들을 그 사자 굴에 집어넣겠다고 했어. 정말 끔찍한 계획이지?

신하들의 말을 듣고 다리오 왕이 대답했단다.

"좋은 계획 같구나! 모든 백성에게 이번 달에는 오직 나에게만 기도하라고 명령하라."

그때까지도 다리오 왕은 질투심에 사로잡힌 신하들이 다니엘을 죽이려고 이런 계획을 세웠다는 것을 몰랐어. 만약 왕이 신하들의 속마음을 알았다면 이런 명령을 내리지 않았을 거야. 다리오 왕은 다니엘을 진심으로 좋아했으니까.

나쁜 신하들은 기분이 좋아서 서로 말했어.

"자, 다니엘이 어떻게 하는지 한번 두고 보자고."

다음 날 아침 신하들은 다니엘의 집에 몰래 갔어. 창문을 통해 집 안을 살펴보았지. 무엇이 보였을까? 다니엘은 자기 방에서 무릎을 꿇고 기도를 하고 있었어. 하나님께 기도를 드리고 있었지. 신하들은 다니엘의 기도 소리를 다 들을 수 있었단다. 다니엘은 기도하면서 하나님을 정말로 사랑한다고 했어. 또 하나님께 자기를 지켜 달라고 하고 좋은 총리가 될 수 있도록 도와 달라는 기도도 했지. 다니엘의 기도를 다 보고 들은 나쁜 신하들은 왕께 달려갔단다.

"왕이시여!"

신하들이 호들갑스럽게 왕을 불렀어.

"왕께서는 모든 백성에게 이번 한 달 동안 오직 왕께만 기도하라고 명령하셨습니다."

"그래, 그렇게 했지. 만약 자기 신에게 기도하는 사람이 있으면 사자 굴에 던져 버리기로 했지."

왕이 대답했단다. 그 말에 이어 신하들이 말했어.

"왕께서 내리신 명령을 어기고 자기 신에게 기도하는 자가 있습니다. 저희가 직접 보고 들은 사실입니다. 왕의 신하 다니엘입니다. 그는 매일 무려 3번

씩이나 자기 신에게 기도합니다. 모든 것을 도와 달라고 자기 하나님께 기도합니다. 저희가 이 두 귀로 그 기도를 똑똑히 들었습니다. 이제 그 벌로 다니엘을 사자 굴에 던져야 합니다."

그 말에 왕은 깜짝 놀랐단다. 나쁜 신하들이 다니엘을 죽이려고 끔찍한 계획을 꾸몄다는 것을 그제야 눈치채게 되었지. 왕은 화가 나서 말했어.

"다니엘을 사자 굴에 던져 넣을 수는 없다. 그는 내가 사랑하는 신하이다. 내가 가장 믿는 총리이다."

"왕이시여, 그럴 수는 없습니다."

나쁜 신하들이 입을 모아 소리쳤단다.

"왕께서 직접 이번 한 달 동안 자기 신에게 기도하는 사람은 누구든지 사자 굴에 던져 버리겠다고 말씀하지 않으셨습니까? 약속하신 것은 반드시 지키셔야 합니다."

"음, 그 말은 사실이다."

왕이 말했단다.

"내가 한 번 말한 것은 절대로 바꿀 수 없다."

다리오 왕은 다니엘을 자기 앞으로 불러들였단다. 그리고 슬픈 마음으로 이야기했지.

"그대를 질투하는 나쁜 신하들이 이런 계획을 세웠다. 그대를 사자 굴에 던져 넣어야 한다니 내 마음도 찢어지는 것 같구나. 하지만, 그대의 하나님은 위대하신 분이시니 그대를 도와주실 것이다."

그날 저녁 다니엘은 군인들에게 붙잡혀 사자 굴로 끌려갔단다. 왕궁의 군인들이 다니엘을 사자 굴속에 던져 넣고 커다란 돌로 사자 굴의 입구를 막아 버렸지. 이제 아무도 다니엘을 도와줄 수 없어. 배고픈 사자들이 다니엘을 단숨에 잡아먹겠지?

그날 밤 다리오 왕은 잠자리에 들었단다. 하지만, 밤새 한숨도 잘 수 없었어. 다니엘이 걱정되어 잠이 오지 않았지. 다니엘에게 일어난 일을 생각하면 왕도 소름이 끼쳤어.

다음 날 아침, 날이 밝자마자 다리오 왕은 자리에서 일어났단다. 옷을 입고는 사자 굴로 달려갔어. 다리오 왕은 슬픔으로 목이 메어 다니엘을 불렀어.

"다니엘, 아직 살아 있느냐? 그대의 하나님께서 사자들이 그대를 잡아먹지 못하도록 지켜 주셨느냐?"

그러자 굴속에서 대답이 들려왔어. 사자 굴속에서 다니엘의 음성이 울려 나오는 거야.

"예, 왕이시여. 저의 하나님께서 사자 굴에 천사를 보내셨습니다. 사자들이 저를 잡아먹지 못하도록 천사가 사자들의 입을 꽉 붙잡고 있었습니다. 하나님께서 저를 지켜 주셨습니다."

그 말을 듣고 다리오 왕은 뛸 듯이 기뻐했단다. 다리오 왕은 곁에 있는 군인들에게 명령을 내렸어.

"다니엘을 지금 당장 사자 굴에서 끌어올려라."

군인들은 밧줄을 내려 다니엘을 사자 굴에서 건져 올렸단다. 털끝 하나 다치지 않은 건강한 모습으로 다니엘이 다시 왕 앞에 나타났어.

다리오 왕은 나쁜 신하들을 불러오라고 명령했단다. 화가 난 왕이 말했지.

"너희는 다니엘을 죽이려고 했다. 그런 잔인한 계획을 세운 너희는 벌을 받는 것이 마땅하다. 벌로 너희를 사자 굴속에 집어넣겠다."

군인들이 그 신하들을 잡아다 모두 사자 굴속에 던져 버렸지. 그런데 이번에는 사자들의 입을 붙잡아 줄 천사가 없었단다. 나쁜 신하들이 굴에 던져지자마자 사자들이 달려들어 그 신하들을 냉큼 잡아먹어 버렸지.

다리오 왕은 자기 나라에 있는 모든 백성에게 명령을 내렸어.

"이제부터 모든 백성은 다니엘이 믿는 하나님을 진심으로 섬겨야 한다. 하나님은 세상에서 가장 힘이 센 분이시다. 하나님은 모든 것을 할 수 있으시고, 모르는 것이 없는 분이시다. 그분은 위험한 맹수인 사자들조차 마음대로 다스릴 수 있는 분이시다."

83. 왕비가 된 에스더

에스더 1-4 장

이번 이야기는 '아하수에로' 왕과 아름다운 아가씨 '에스더'에 관한 거란다. 아하수에로 왕은 페르시아와 그 주변에 있는 많은 나라를 다스리는 왕이었어. 아하수에로 왕은 '수산'이라는 도시에 살고 있었단다.

어느 날 아하수에로 왕은 왕비에게 화가 많이 났어. 화가 너무 많이 난 나머지 왕비를 두 번 다시 보고 싶지 않았어. 그래서 왕비를 궁전에서 쫓아내 버렸단다. 페르시아에는 이제 왕비가 없는 거야.

시간이 얼마 지나 아하수에로 왕은 왕비를 쫓아낸 것을 후회하게 되었어. 그 일 때문에 마음이 자꾸 슬퍼졌지. 신하들은 왕의 마음을 눈치채고 왕에게 말했단다.

"왕이시여. 새로운 왕비를 맞으시는 것이 어떠하시겠습니까? 이 나라에는 아름다운 아가씨가 많습니다. 그중에는 분명히 왕비로 삼고 싶은 그런 아가씨가 있을 것입니다."

"그래, 그거 좋은 생각이다."

왕이 대답했지.

"온 나라에 사람을 보내 아름다운 아가씨들을 이곳으로 다 데리고 오도록 하라. 그 아가씨 중에서 새 왕비를 뽑겠다."

신하들은 온 나라를 돌면서 아름다운 아가씨들을 골라 아하수에로 왕의 궁전으로 데리고 왔단다.

수산 성에는 '모르드개'라는 사람이 살고 있었지. 모르드개는 이스라엘 사람이었단다. 이 지역에는 이스라엘 사람들이 많이 살고 있었어. 오래전에 바빌로니아의 왕이 이스라엘에 쳐들어가서 사람들을 자기 나라로 끌고 왔단다. 그때 잡혀 온 사람들이 이스라엘로 돌아가지 못하고 이곳에서 계속 살고 있었던 거야.

모르드개에게는 '에스더'라는 사촌 동생이 있었단다. 에스더가 어렸을 때 부모님이 모두 돌아가셨기 때문에 모르드개가 에스더를 돌보고 있었지. 모르드개는 에스더를 마치 자기 친딸처럼 사랑하며 보살폈단다.

왕의 신하들은 아름다운 아가씨를 찾으려고 온 나라를 돌아다녔어. 에스더를 발견한 신하들은 에스더도 왕이 사는 궁전으로 데려가기로 했단다. 한번 궁전으로 가면 다시 집으로 돌아오기까지는 시간이 오래 걸릴 것 같았어. 모르드개는 그 긴 시간 동안 집에서 가만히 기다리고 있을 수만은 없었지. 모르드개가 말했어.

"내가 매일 궁전으로 가마. 네가 어떻게 지내는지 궁금해서 말이야. 그리고 에스더야, 조심해야 할 것이 있다. 누구에게도 네가 이스라엘에서 왔다는 것을 말하지 마라. 페르시아 사람들은 이스라엘 사람들을 좋아하지 않는단다. 다른 사람들이 네가 이스라엘에서 왔다는 것을 눈치채지 못하게 하려무나."

에스더는 모르드개의 말대로 하겠다고 약속을 하고 아하수에로 왕이 사는 궁전으로 갔지. 궁전에는 아름다운 아가씨들이 정말 많이 모여 있었어.

아가씨들은 순서대로 왕을 만나러 가게 되어 있었단다. 드디어 에스더가 왕 앞에 나아가는 차례가 되었어. 에스더는 정말 아름답고 사랑스러운 아가씨였단다.

에스더가 아하수에로 왕 앞에 나아갔을 때, 왕은 첫눈에 에스더에게 반하고 말았단다. 다른 아가씨들보다 에스더를 더 좋아하게 되었지. 왕이 말했단다.

"에스더가 가장 아름답고 내 맘에 드는 아가씨다. 에스더와 결혼하겠다. 이제 에스더는 이 나라의 새 왕비가 될 것이다."

에스더는 머리에 왕이 주는 관을 쓰고 왕비가 입는 옷을 입었지. 아하수에로 왕과 결혼하여 페르시아의 왕비가 되었단다.

당연히 얼마 전까지 모르드개와 같이 살던 집으로 돌아가지도 않았어. 왕비가 되어 궁전에 살게 되었으니까 말이야. 대신 모르드개가 매일 에스더를 만나러 왔단다. 매일 궁전에 온 모르드개는 에스더 왕비가 어떻게 지내는지 물어보았지.

어느 날 모르드개가 궁전에 있을 때였어. 모르드개는 우연히 신하 두 명이 소리를 죽여 말하는 이야기를 듣게 되었단다. 이 신하들은 왕을 아주 싫어하고 있었는데, 왕을 죽이려는 계획을 짜고 있었어. 두 사람의 말을 다 듣게 된 모르드개는 그 내용을 에스더 왕비에게 급히 전했지. 에스더 왕비는 다시 왕에게 그 사실을 알렸어.

아하수에로 왕은 당장 그 두 신하를 잡아 오라고 명령을 내리고 두 신하에게 벌을 내렸단다. 그 두 신하의 계획은 실패로 돌아가고 말았지. 모르드개가 미리 알려 주는 바람에 왕을 죽이려는 계획을 막을 수 있었지.

이 일로 모르드개가 왕으로부터 상을 받게 되었을까? 돈이나 멋진 옷을 받았을까? 아니란다. 왕은 모르드개에게 상을 줘야 한다는 것을 그만 잊어버리고 말았어. 하지만, 모르드개가 한 일은 궁전에 있는 두꺼운 책에 기록되었지. 궁전에는 두꺼운 책이 있는데, 그 책에는 궁전에서 일어나는 중요한 일들을 모두 기록해 둔단다.

아하수에로 왕에게는 '하만'이라고 불리는 장관이 있었어. 하만 장관은 아주 심술궂은 사람이었지. 하지만, 하만 장관은 자기가 맡은 일은 열심히 했단다. 왕을 도와 이곳저곳에서 나라를 다스리는 일을 했어. 왕도 그런 하만 장관을 좋아했단다.

아하수에로 왕이 어느 날 이렇게 말했지.

"하만 장관은 나의 가장 중요한 신하이다. 하만 장관이 궁전 문을 지나 궁전 밖으로 나갈 때 모든 사람은 그 앞에 무릎을 꿇고 절을 해야만 한다."

모든 사람들은 왕이 명령한 그대로 해야만 했단다. 그런데 하만 장관이 궁전에서 나갈 때 그에게 절을 하지 않는 사람이 한 사람 있었어. 그 사람이 누구냐고? 바로 모르드개였어.

"너는 어째서 하만 장관에게 절을 하지 않느냐?"

왕의 신하들이 물었단다.

"저는 오직 제가 섬기는 신께만 무릎을 꿇고 절을 합니다."

모르드개가 대답했어.

"저는 이스라엘 사람입니다. 저는 하만 장관에게 절을 할 수 없습니다."

모르드개가 자기에게 절을 하지 않는다는 것을 알게 된 하만 장관은 몹시 화를 냈단다. 하만 장관은 당장 모르드개에게 벌을 줄 수 있었어. 하지만 하만 장관은 다른 방법을 택했단다.

하만 장관이 얼마나 나쁜 사람인지 하만 장관이 세운 계획을 들어 보면 알게 될 거야.

하만 장관은 이런 계획을 세웠단다.

'모르드개가 이스라엘 사람이라고? 어디서 굴러온지도 모르는 이스라엘 민족들. 모르드개 한 사람만 벌을 줄 것이 아니라, 이 나라에 사는 모든 이스라엘 민족에게 벌을 내려야겠어. 지긋지긋한 이스라엘 민족을 이 나라에서 다 죽여 버리는 거야. 아하수에로 왕도 내 계획을 좋아하실 거야. 내가 하는 일이라면 뭐든지 다 좋다고 하시니까 말이야. 당장 왕의 허락을 받으러 가야겠군.'

하만 장관은 당장 왕을 찾아가 말했단다.

"왕이시여. 왕께서 다스리시는 이 넓은 나라에는 이스라엘이라는 민족이 함께 살고 있습니다. 이 이스라엘 민족은 나쁜 민족입니다. 왕의 명령을 듣지 않을 뿐만 아니라, 왕이 정한 규칙을 지키지도 않습니다. 이런 나쁜 백성을 가만두어서는 안 됩니다. 왕께서 이 이스라엘 민족에게 벌을 내리셔야 합니다. 가장 좋은 방법은 이스라엘 민족을 다 죽여 버리는 것입니다. 이 나라에서 완전히 없애 버리는 것이지요."

아하수에로 왕은 별생각 없이 심술궂은 하만 장관의 말을 믿어 버렸지. 이 일이 얼마나 큰 불행이 될지 왕은 몰랐어. 왕은 하만 장관이 늘어놓는 거짓말에 깜빡 속아 넘어가 말했단다.

"이스라엘 민족이 그렇게 말을 안 듣는다면 벌을 받는 것은 당연하다. 하만 장관이 하고 싶은 대로 하도록 하라. 장관의 뜻이라면 무엇을 하든 상관없다."

정말 끔찍하지? 심술궂은 하만 장관의 계획은 과연 성공할 수 있을까?

84. 하만 장관의 무서운 계획

에스더 4-6 장

하만 장관은 왕의 명령을 알리는 편지를 온 나라에 보냈단다. 그 편지에는 몇 달 후 이스라엘 민족을 다 죽이라는 내용이 쓰여 있었지.

이스라엘 민족은 모두 무서워 벌벌 떨었어. 이 낯선 외국 땅에서 누가 이스라엘 민족을 도와줄 수 있을까? 이스라엘 민족을 살려 줄 사람이 과연 있을까? 하만 장관은 아하수에로 왕이 가장 믿고 좋아하는 신하야. 하만 장관이 원하는 일은 뭐든지 다 이루어지게 돼 있지.

모르드개도 하만 장관의 계획을 알게 되었어. 모르드개는 이런 생각을 했단다.

'어쩌면 에스더 왕비가 우리 민족을 도와줄 수 있을 거야.'

모르드개는 궁전으로 가서 에스더 왕비를 만났단다.

"에스더 왕비, 왕을 만나러 가거라. 왕께 하만 장관의 이 무시무시한 계획이 실행되지 못하도록 부탁해다오."

"제가 어떻게 그런 일을 할 수 있겠어요?"

에스더 왕비가 대답했어.

"저도 제 마음대로 왕을 만나러 갈 수가 없어요. 왕이 저를 부를 때만 왕께 나아갈 수 있어요. 왕이 부르시지도 않았는데 왕께 나아갔다가는 큰 벌을 받을 수도 있답니다."

정말 무서운 아하수에로 왕이지? 왕비조차도 맘대로 왕을 만날 수 없다니 말이야.

"법이 그렇다 하더라도 왕을 만나러 가야 한다."

모르드개가 말했어.

"만약 네가 이 일을 왕께 부탁하지 않으면 너도 역시 죽게 될 것이다. 너도 이스라엘 사람인 것을 잊지 마라!"

"알겠어요. 왕을 만나러 가겠어요."

에스더 왕비가 대답했단다.

에스더 왕비는 가장 예쁜 옷을 꺼내 입고 왕이 있는 멋진 방으로 왕을 만나러 갔단다. 이제 어떤 일이 벌어질까? 혹시 왕이 화를 내지는 않을까? 부르지도 않았는데 왕 앞에 나타났다고 에스더 왕비에게 화를 내면서 왕비를 쫓아내라고 소리를 지르지는 않을까? 아니란다. 다행히 그런 일은 일어나지 않았어!

에스더 왕비가 걸어오는 것을 본 아하수에로 왕은 이런 생각을 했단다.

'오, 사랑스러운 나의 에스더 왕비로군.'

아하수에로 왕은 다정한 목소리로 에스더 왕비를 불렀지.

"에스더 왕비, 이쪽으로 오시오. 무슨 일이라도 있소? 내게 하고 싶은 말이라도 있소? 무엇이든 말해 보시오."

하지만, 에스더 왕비는 왕께 대뜸 하만 장관의 계획을 이야기할 엄두가 나지 않았단다. 왕은 아직 에스더 왕비가 이스라엘 사람이라는 것을 모르거든. 그 사실을 알게 된 왕이 에스더 왕비에게 화를 낼 수도 있잖아. 그래서 에스더는 이렇게 말했지.

"오늘 저녁, 왕을 위해 맛있는 음식을 차리려고 합니다. 하만 장관과 함께 와 주십시오."

"좋소. 내 꼭 가리다."

왕이 대답했지.

에스더 왕비는 바로 잔치 준비를 시작했단다. 먼저 식탁을 아주 멋있게 꾸미고 맛있는 음식을 준비하도록 시켰단다. 저녁이 되자 왕이 하만 장관을 데리고 에스더 왕비에게 왔어. 모두 맛있게 음식을 먹고 기분 좋게 포도주도 마셨단다.

왕은 에스더 왕비가 자기에게 하고 싶은 말이 따로 있다는 것을 이미 눈치채고 있었어. 그래서 아주 다정하게 왕비에게 물었단다.

"에스더 왕비, 내게 부탁하고 싶은 것이 무엇이오. 말해 보시오. 그대가 원하는 것은 무엇이든 들어주겠소!"

하지만, 에스더 왕비는 여전히 용기가 생기질 않았어. 만에 하나 왕이 화를 낸다면 모든 일은 실패로 돌아가 버릴 테니까. 차라리 조금 더 기다리는 편이 좋을 것 같았지. 그래서 에스더 왕비는 이렇게 말했단다.

"왕이시여, 내일 저의 잔치에 한 번 더 와 주시겠습니까? 그때도 하만 장관과 함께 오십시오. 내일은 저의 부탁을 말씀드리겠습니다."

"좋소, 왕비가 좋을 대로 하시오."

왕은 흔쾌히 대답했단다.

"내일 하만 장관과 함께 왕비의 잔치에 다시 오겠소. 내일은 꼭 그대가 부탁하고 싶은 것을 말해야 하오."

식사가 끝나고 하만 장관은 아주 기분이 좋아서 집으로 돌아갔지. 왕과 함께 왕비의 잔치에 초대받아 간 것이 무척이나 자랑스러웠단다. 내일도 왕비의 잔치에 간다는 생각을 하니 하만 장관은 더없이 기분이 좋았어.

하만 장관은 이런 생각을 했단다.

'내가 얼마나 중요하고 굉장한 사람이 됐는지 이제 다들 알겠지?'

85. 모르드개와 하만 장관

에스더 6-9 장

아하수에로 왕은 에스더 왕비가 마련한 잔치에서 맛있는 음식을 먹고 기분이 아주 좋아졌단다. 그런데 에스더 왕비가 자기에게 할 말이 있는 것 같은데 아무 말도 하지 않았던 것이 생각났지. 왕비가 부탁하고 싶은 것은 무엇일까? 왕은 정말 궁금했단다. 하지만, 도무지 왕비의 부탁을 알아낼 수 없었어. 내일 하만 장관과 함께 왕비에게 다시 가면 그때는 말해 준다고 했지? 왕은 그때까지 기다릴 수밖에 없었단다.

그날 밤 왕은 잠자리에 들었어. 그런데 그날따라 잠이 오지 않았어. 정신이 말똥말똥해서 잠이 오지 않는 거야.

'이런, 잠이 안 오는데, 무얼 하면 좋을까?'

이 생각 저 생각을 하던 왕이 신하를 불러 명령했어.

"궁전의 두꺼운 책을 들고 와 읽어 보도록 하라."

신하는 궁전에서 일어나는 모든 일을 기록해 두는 두꺼운 책을 들고 왔단다. 그리고 왕 앞에서 읽기 시작했지. 마침 그 신하는 얼마 전 두 명의 나쁜 신하가 왕을 죽이려고 했던 것을 기록해 둔 부분을 읽게 되었단다.

그 이야기 기억하고 있지? 우연히 모르드개가 나쁜 두 신하의 계획을 듣게 되었잖아. 모르드개는 당장 에스더 왕비에게 이 사실을 전했고, 에스더 왕비는 다시 왕에게 이 사실을 알렸지. 결국, 두 명의 신하는 벌을 받았어. 모르드개가 알려 주는 바람에 이 두 신하의 계획은 실패하고 말았단다.

가만히 듣고 있던 왕이 물었어.

"내가 모르드개에게 상을 주었더냐? 그때 모르드개는 무슨 상을 받았느냐?"

"아무 상도 받지 못했습니다."

신하가 대답했단다.

"아무 상도 안 받았다고? 그렇다면 지금이라도 모르드개에게 상을 내려야겠구나."

왕이 말했단다.

"모르드개에게 어떤 상을 내리면 좋을까? 그래, 하만 장관에게 물어봐야겠군. 어떤 상이 좋을지 하만 장관은 틀림없이 알고 있을 거야. 지금 당장 하만 장관을 데려오도록 하라."

왕이 이 명령을 내릴 때는 아주 이른 새벽이었는데, 우연히도 하만 장관은 벌써 궁전에 와 있었단다. 왕이 하만 장관에게 물었어.

"하만 장관, 내가 어떤 사람에게 아주 큰 상을 내리고 싶은데 무엇을 주면 좋겠는가?"

이 말을 들은 하만 장관은 이렇게 생각했단다.

'왕께서 상을 내리려고 하는 사람이 누굴까? 혹시 내가 아닐까? 그래, 내게 상을 내리시려는 게 분명해. 내가 얼마나 중요한 사람인데! 내가 왕을 위해 하는 일이 얼마나 많은지 한번 생각해 봐.'

하만 장관은 망설이지 않고 자기가 받고 싶은 상을 이야기했지.

"왕이시여. 그 사람을 왕이 타는 말에 태우시고 왕이 입으시는 겉옷을 입히십시오. 그리고 성안의 모든 사람이 그를 볼 수 있도록 온 성을 한 바퀴

돌게 하는 겁니다. 그리고 높은 신하 한 사람을 시켜 그 사람이 탄 말을 끌고 가면서 큰 소리로 '왕께서 이 사람에게 큰 상을 내리셨다.' 라고 외치게 하십시오."

그 말을 듣고 왕이 어떻게 말했는지 아니?

"하만 장관, 그거 아주 좋은 생각이군! 당장 내 겉옷과 말을 준비시켜 궁전 문 앞에 서 있는 모르드개에게로 당장 가도록 하라. 모르드개에게 나의 겉옷을 입히고 그를 내 말에 태워 온 성안을 한 바퀴 돌도록 하라. 그리고 하만 장관은 '왕께서 모르드개에게 이런 큰 상을 내리셨다.' 하고 크게 외치도록 하라."

이런, 이런! 하만 장관의 기대와는 전혀 다른 일이 벌어지고 말았어. 왕의 말을 타게 된 사람은 하만 장관이 아니고 바로 모르드개였지. 게다가 모르드개가 왕의 말을 타고 성을 한 바퀴 도는 동안 하만 장관은 그 앞에서 말을 끌고 가야 했지. 하만 장관은 화가 치밀어 올랐단다. 그렇지만, 왕의 명령을 어길 수는 없었지. 신하는 왕이 시키는 대로 할 수밖에 없거든. 하만 장관은 모르드개에게 왕이 입는 겉옷을 입혔어. 그리고 왕이 타는 말 위에 앉혔단다. 그리고 성을 한 바퀴 돌며 큰 소리로 외쳤지.

"왕께서 모르드개에게 이렇게 큰 상을 내리셨다."

그날 오후 집으로 돌아온 하만 장관의 목은 완전히 쉬어 있었어. 온종일 소리를 질렀으니 그럴 법도 하지? 그날 모르드개는 아주 멋진 하루를 보냈지만, 하만 장관은 기분이 아주 엉망인 하루를 보냈단다. 저녁에 에스더 왕비의 잔치에 초대받은 것을 생각하며 하만 장관은 자신을 위로했어.

'누가 뭐래도 내가 이 나라에서 가장 높은 신하인 것은 변함이 없어!'

저녁이 되어 왕과 하만 장관은 에스더 왕비가 마련한 멋진 잔치에 갔단다. 에스더 왕비는 더없이 우아하고 멋있는 모습이었어. 그 모습을 본 왕은 생각했단다.

'정말 사랑스러운 에스더 왕비로군! 그런데 무슨 일로 저렇게 슬퍼 보이는 걸까? 왕비가 내게 부탁하고 싶은 것은 무엇일까? 어떤 부탁을 하려는지 정말 궁금하군.'

맛있는 포도주를 마시며 왕이 말했단다.

"에스더 왕비, 이제 말을 해 보시오. 당신이 원하는 것이라면 무엇이든 다 들어줄 테니 말해 보시오."

그제야 에스더 왕비는 입을 열었단다.

"왕께서 저를 정말로 사랑하신다면 제가 죽지 않도록 도와주십시오. 우리 가족들도 지켜 주십시오."

"그게 대체 무슨 말이오?"

왕이 놀라 물었지.

"왕비와 왕비의 가족을 죽이려고 하는 사람이 도대체 누구요? 어디 사는 누구요?"

에스더 왕비는 침착하게 하만 장관을 가리켰단다.

"바로 저 사람입니다."

에스더 왕비의 목소리는 두려움으로 가늘게 떨렸어.

"저기 있는 나쁜 하만 장관이 저와 저의 모든 가족을 다 죽이려고 합니다."

그 순간 왕은 모든 사실을 눈치채게 되었단다. 얼마 전 하만 장관이 모든 이스라엘 사람들을 죽일 수 있는 법을 만들어 달라고 왕께 부탁했지. 그때 하만 장관은 이스라엘 사람들이 몹시 나쁜 사람들이라고 말했어. 왕은 하만 장관의 말을 그대로 믿었단다. 하지만, 하만 장관의 말은 사실이 아니었어. 나쁜 사람은 오히려 하만 장관이었던 거야.

아하수에로 왕은 하만 장관에게 불같이 화를 냈단다. 다시는 이런 나쁜 신하를 자기 밑에 둘 수가 없었어. 곁에 있던 군인들이 그 자리에서 바로 하만 장관을 잡아가 죽여 버렸단다.

그 후 하만 장관 대신 왕의 곁에서 일하게 된 사람이 누구인지 아니?

그래, 모르드개야. 모르드개가 아하수에로 왕의 가장 높은 신하가 되어 일하게 되었단다.

하나님께서 이스라엘 민족을 안전하게 잘 보호해 주신 이야기, 어때? 멋있지? 비록 이스라엘 민족이 먼 나라에 살고 있었지만, 하나님께서는 그들을 잊지 않으셨어. 하만 장관의 계획이 성공하지 못하도록 하나님께서 이스라엘 민족을 지켜 주셨단다. 모르드개와 에스더 왕비는 곁에서 그 일을 조금 도왔을 뿐이야.

* 86. 고향으로 돌아가는 이스라엘 민족

에스라

바빌로니아의 느부갓네살 왕이 이스라엘 사람들을 자기 나라로 데리고 간 뒤로 오랜 세월이 흘렀어. 그 느부갓네살 왕은 이미 세상을 떠났지. 이 지역을 새롭게 차지한 페르시아는 고레스 왕이 다스리고 있었단다.

이스라엘 사람들은 벌써 70년째 낯선 땅에서 살고 있었어. 낯선 땅에서 살면서 사람들은 자녀를 낳았지. 그런데 이 자녀는 자기들의 고향 이스라엘을 한 번도 본 적이 없었단다. 아버지와 어머니들은 자녀들에게 고향에 대한 것을 빠짐없이 설명해 주었지.

"이스라엘은 정말 아름다운 곳이란다. 그곳에는 언덕도 있고 강도 있고 호수도 있단다. 맛있는 과일이 주렁주렁 열리는 나무들도 많이 있지. 이스라엘의 포도는 세상에서 가장 맛있는 포도란다.

이스라엘의 가장 큰 도시는 '예루살렘'이라는 곳이야. 그곳에는 다윗 왕과 솔로몬 왕, 히스기야 왕과 여호야긴 왕이 살았지. 이 왕들은 굉장히 멋진 궁전에서 살았어. 그리고 예루살렘에 있는 언덕 위에는 성전이 우뚝 서 있단다. 이 성전도 정말 아름답단다. 세상에서 가장 아름다운 성전이지. 이 아름다운 성전은 솔로몬 왕이 만들었어.

하나님께서는 언제나 우리를 지켜 주시겠다고 말씀하셨단다. 우리가 하나님 말씀에 늘 순종하면 우리는 언제나 그 아름다운 이스라엘에 살 수 있지.

하지만, 우리가 하나님께 순종하지 않고 그 말씀을 듣지 않으면 하나님께서는 우리를 다른 나라에 잡혀가도록 하겠다고 하셨단다.

사람들은 처음에는 하나님의 말씀에 순종했어. 그런데 시간이 지나면서 사람들 마음이 조금씩 바뀌고 말았어. 사람들은 우상 앞에 절을 하고 우상을 섬기면서 하나님을 잊어버렸지.

그때 바빌로니아의 왕이 쳐들어왔단다. 바빌로니아의 왕은 우리 모두를 이 땅으로 잡아왔지. 그리고 아름다운 예루살렘 성을 완전히 부숴 버렸어. 집과 궁전을 불태우고 아름다운 성전도 모두 불태워 버렸단다."

아버지와 어머니들은 아름다운 고향 이스라엘과 고향에 있던 아름다운 성전에 대한 이야기를 할 때면 언제나 눈물을 흘리셨단다.

그리고 부모님들은 이 말을 꼭 덧붙였어.

"그렇지만, 하나님께서는 우리가 언젠가는 고향 이스라엘로 다시 돌아가게 될 것이라고 말씀하셨단다. 우리는 곧 고향으로 돌아갈 수 있을 거야."

부모님들의 그 말은 정말 사실이 되었단다.

어느 날 고레스 왕이 이렇게 말했거든.

"모든 이스라엘 사람들은 자기 나라로 돌아가도 좋다. 자기들이 믿는 하나님을 위해 성전을 다시 세우도록 해라. 그곳에서 하나님께 제사를 드리도록 하라. 내가 이 모든 것을 허락하는 것은 이스라엘의 하나님께서 나를 잘 지켜 주셨기 때문이다.

내가 성전을 다시 세울 금과 은을 주겠다. 예전에 느부갓네살 왕이 성전에서 가지고 온 모든 물건을 다시 돌려주겠다."

이스라엘 사람들은 말할 수 없이 기뻤단다. 드디어 고향으로 돌아가는 거야. 사람들은 페르시아를 떠나 고향으로 출발했단다.

그때 함께 길을 나선 사람 중에 누가 있었는지 아니? 여호야긴 왕의 손자

인 '스룹바벨'이라는 왕자가 같이 있었단다. 여호야긴 왕은 오래전 이스라엘의 왕이었는데 느부갓네살 왕에게 잡혀 왔지. 스룹바벨 왕자는 이곳에서 태어났단다. 그 후 여호야긴 왕은 세상을 떠났어. 스룹바벨 왕자는 고향 이스라엘을 한 번도 본 적이 없었지. 이제 스룹바벨 왕자는 다른 이스라엘 사람들과 함께 이스라엘로 돌아가게 된 거야.

스룹바벨 왕자가 자기 할아버지의 뒤를 이어 이스라엘의 왕이 될 수 있을까? 아니, 그럴 수는 없었단다. 이스라엘을 다스리는 왕은 여전히 고레스 왕이니까. 이스라엘 사람들은 고향 이스라엘에 돌아와 살게 되었지만, 자기들의 왕을 따로 둘 수는 없었지.

긴긴 여행 끝에 사람들은 이스라엘에 도착했어. 사람들은 모두 자기들이 전에 살았던 곳을 찾아가 보았단다. 예전에 예루살렘에 살던 사람들은 예루살렘 성에 가 보았지. 하지만, 그곳에는 남아 있는 것이 별로 없었단다. 여기저기 성터의 흔적만 남아 있을 뿐이었어. 무너진 벽돌 사이에는 잡초가 무성하게 자라고 있었지. 예전에 성전이 서 있던 자리에는 불타 버린 나무더미와 부서진 벽돌만 잔뜩 쌓여 있었단다. 정말 끔찍한 광경이었지.

사람들은 당장 팔을 걷어붙이고 일을 시작했어. 먼저 모든 쓰레기를 치웠단다. 예전에 집이 서 있던 곳에는 새로 집을 지었어. 예루살렘 성은 차츰차츰 본래의 모습을 찾아가는 것 같았어.

"이제 성전을 다시 세우도록 합시다."

스룹바벨 왕자가 말했단다.

"모두 성전 세우는 일을 돕도록 하시오."

모든 사람이 자기 일처럼 열심히 일했지. 얼마 되지 않아 성전의 벽이 조금 세워졌어. 하지만, 지금의 성전은 예전에 서 있던 성전과 도저히 비교할 수 없었어. 오래전 솔로몬 왕이 세운 아름다운 성전을 직접 본 노인들은 초라한 지금의 모습을 보고 슬퍼서 울었단다. 하지만, 솔로몬 왕의 성전을 본 적이 없는 젊은이들은 지금의 성전을 보고 기뻐했단다.

새 성전이 완성되기까지는 많은 시간이 걸렸어. 새 성전을 짓는 동안 적들이 여러 번 쳐들어와 이스라엘 사람들을 괴롭혔거든. 그때마다 성전 공사를 멈추어야 했지. 하지만, 마침내 새 성전이 완성되었어. 사람들은 기뻐하며 큰 잔치를 벌였단다. 제사장들은 커다란 제단에서 하나님께 제사를 드렸지. 하나님께서는 이렇게 사람들이 감사하며 제사를 드리는 것을 보시고 기뻐하신단다.

이스라엘 사람들이 그 후로는 잘못된 일을 절대로 안 하며 살았을까? 언제나 하나님께 순종하고 하나님 말씀을 잘 듣는 사람들이 되었을까?

처음에는 그랬단다. 하지만, 얼마 가지 않아 사람들은 다시 하나님을 조금씩 잊어버리고 말았어. 바로 그때 정말 다행스럽게도 하나님을 아주 많이 사랑하는 제사장이 예루살렘에 나타났단다. 그 제사장의 이름은 '에스라' 였지.

에스라는 오래전 하나님께서 모세에게 하신 말씀을 하나도 빠뜨리지 않고 정확하게 알고 있었어. 모세가 기록한 책의 내용을 잘 알고 있었지. 그리고 다윗 왕과 솔로몬 왕이 기록한 책 내용도 잘 알고 있었지. 에스라는 아주 총명한 사람이었단다. 에스라가 사람들에게 말했어.

"이제 다시는 하나님께 불순종해서는 안 됩니다. 하나님의 말씀에 순종해 그대로 지켜야 합니다. 만약 하나님께 순종하지 않으면 다시 어려운 일이 생길 것입니다."

사람들은 에스라의 말을 듣고 다시는 잘못된 일을 하지 않도록 노력했어. 사람들은 하나님을 사랑했고, 하나님께서 슬퍼하시는 일을 하지 않았단다. 사람들은 모두 하나님께 순종하려고 정말 온 힘을 다해 노력했단다.

87. 느헤미야

예루살렘 도시는 조금씩 사람이 사는 활기 있는 도시로 변하기 시작했지. 집들이 많이 세워졌고 성전 공사도 끝이 났어.

하지만, 예루살렘 주위의 성벽은 곳곳이 무너져 있었고, 성문도 불에 타 없어진 그대로였지. 만약 적들이 쳐들어온다면 언제든지 성안으로 쉽게 들어올 수 있었단다. 예루살렘 성은 아직도 안전하지 못했어. 이제 성벽을 손볼 때가 된 거지. 그런데 예루살렘 사람들은 그동안의 긴 공사 때문에 조금 지쳐 있었어. 모두 더는 일을 하고 싶어 하지 않았지.

그때 다행스럽게도 성벽을 쌓는 일을 아주 열심히 하려는 사람이 한 사람 나타났단다. 그 사람은 '느헤미야'였어. 느헤미야는 예루살렘에 살던 사람이 아니었어. 그는 아주 멀고 먼 페르시아에 살고 있었단다.

얼마 전 이스라엘 사람들이 페르시아에서 이스라엘로 돌아오게 되었을 때, 느헤미야는 그냥 페르시아에 남아 있었단다. 느헤미야는 페르시아의 아주 높은 신하였어. 왕께 술을 따르는 일을 하는 신하였단다. 이 신하는 왕을 위해 맛있는 포도주를 항상 준비하는 일을 했지. 왕이 마시는 포도주를 책임지는 신하는 아주 중요한 신하란다. 그래서 느헤미야는 페르시아를 떠나지 않고 남아 있었지. 그렇지만, 느헤미야는 마음속으로 자기의 조국 이스라엘과 예루살렘을 늘 생각하고 있었어.

어느 날 느헤미야의 형이 예루살렘에서 느헤미야를 찾아왔단다.

"예루살렘에 사는 분들은 어떻게 지내시나요?"

"편히 지내지 못하단다."

형이 말을 계속했어.

"그동안 사람들은 집을 짓고 성전도 다시 세웠단다. 하지만 성벽은 여전히 무너진 채 그대로 있단다. 성문도 제대로 없지. 그래서 예루살렘 성은 아직 위험해. 언제든 적들이 쳐들어올 수 있으니까 말이야. 아직은 안심하고 편히 살 수가 없단다."

그 말을 들은 느헤미야는 당장에라도 예루살렘으로 달려가 성을 세우는 일을 하고 싶었어.

'내가 이스라엘에 가겠다고 하면 왕이 좋아하실까? 왕의 허락을 받아야만 하는데…….'

어느 날 왕과 왕비가 식탁에 앉아 식사하는 동안 느헤미야가 곁에서 포도주를 부어 주고 있었단다.

그때 왕이 말했어.

"느헤미야, 얼굴이 좋지 못하구나! 무슨 일이라도 있느냐?"

느헤미야는 생각했단다.

'지금이 왕께 부탁할 좋은 기회야.'

느헤미야는 아주 공손하게 말했어.

"왕이시여, 제게 아주 슬픈 일이 있습니다. 그것은 이스라엘에 사는 저의 가족 때문입니다. 예루살렘은 오래전 저희 이스라엘의 왕들이 살았던 아름다운 도시입니다. 그런데 그 예루살렘이 아직 사람들이 살기에 안전한 곳이 못 된다고 합니다. 그동안 사람들은 집을 새로 짓고 성전도 다시 세웠습니다.

그렇지만, 성벽과 성문이 아직 부서진 채로 있다고 합니다. 오래전 성문이 불에 타 없어져 그 후로는 성문을 닫을 수가 없습니다. 언제라도 적들이 쳐들어올 수 있지요. 왕이시여, 예루살렘 성벽과 성문을 새롭게 만드는 일을 하러 제가 잠깐 예루살렘에 가도록 허락해 주십시오."

"그래, 그대의 부탁이라면 허락하노라."

왕은 흔쾌히 허락해 주었단다.

"하지만, 그 일을 마치면 반드시 돌아와야 한다. 그곳으로 영영 그대를 보내고 싶은 맘은 없으니까. 그렇지, 좋은 수가 있군. 그대를 예루살렘 장관으로 임명한다. 이스라엘도 내가 다스리는 나라이니, 그곳을 책임지는 장관으로 임명하겠다. 모든 사람은 그대의 말에 복종해야 한다. 그대를 도울 신하 몇 명을 함께 보내주겠다. 그 외에 더 필요한 것이 있는가?"

"나무가 필요합니다."

느헤미야가 대답했단다.

"성문을 다시 만들려면 나무가 필요합니다."

"좋다. 그대가 필요한 모든 것을 주겠다." 하고 왕이 말했단다.

왕의 허락도 받고 공사에 필요한 물건도 다 받게 되다니 정말 잘 되었지?

신하들과 함께 긴 여행을 한 끝에 느헤미야는 마침내 예루살렘에 도착했단다. 느헤미야는 당장 성벽을 살피러 나가 보았지. 세상에 이럴 수가. 성벽 곳곳이 무너져 구멍이 뻥뻥 뚫려 있었어. 성문이 있던 곳은 그 형체를 알아보기 어려울 정도였지.

느헤미야는 예루살렘 사람들에게 말했단다.

"당신들을 도우려고 페르시아에서 왔소. 한 사람도 빠지지 말고 성벽과 성문을 다시 만드는 일을 합시다."

그 말에 예루살렘 사람들은 다시 일을 하고 싶은 마음이 생겼지. 모든 사람이 일을 돕겠다고 나섰단다. 돌을 주워 성벽에 생긴 커다란 구멍들을 막았어. 느헤미야는 가지고 온 나무로 새 문짝을 만들었지. 이제 모든 성문에는 열고 닫을 수 있는 문짝이 달렸어.

공사를 하는 중간 중간에 적들이 쳐들어와 지금까지 만들어 놓은 것들을 모두 부숴 버리려고 했단다. 하지만, 하나님께서 도와주셔서 이스라엘 사람들은 포기하지 않고 성벽 공사를 끝까지 마칠 수 있었어. 오랜 시간이 지나 높고 튼튼한 성벽이 완성되었단다. 이제 아무도 성벽을 넘어 성안으로 들어올 수 없게 되었어. 성문도 완성되었단다. 낮에는 사람이 성문 곁에 보초를 서고 밤이면 성문을 굳게 닫아 버렸지.

마침내 예루살렘 성은 안전해졌어. 적들이 쉽게 쳐들어올 수 없게 되었지. 모든 것이 옛날과 똑같아진 것 같았어. 그렇지만, 바뀐 것도 있었단다. 이스라엘에는 자기들의 왕이 없었어. 대신 페르시아의 왕이 이스라엘을 다스렸지. 앞

으로 영원히 이스라엘 민족의 왕은 없을까? 아니, 그렇지 않단다. 이스라엘에 왕이 다시 올 거야. 그런데 그 왕은 보통 왕과는 다르단다. 아주 특별한 왕이 오실 거야. 이 특별한 왕은 바로 예수님이셔.

신약성경

신약 성경 목차

*하나님의 새 약속

아주 옛날 아담과 하와가 아름다운 에덴동산에 살았던 것을 기억하니? 아담과 하와는 에덴동산에서 아주 행복하게 살았지. 하나님께서도 에덴동산에 자주 오셔서 아담과 하와랑 이야기를 하곤 하셨지.

그러던 어느 날 아주 슬픈 일이 일어났어. 아담과 하와가 하나님 말씀에 순종하지 않은 거야. 아담과 하와는 하나님 말씀을 듣지 않고 뱀의 말을 들었어. 그때부터 아담과 하와는 아주 불행해졌단다. 하나님께 순종하지 않았기 때문에 더이상 에덴동산에서 살 수도 없게 되었지. 하나님께서는 아담과 하와를 변함없이 사랑하셨지만 하나님께 순종하지 않은 두 사람은 이제는 하나님 곁에 살 수가 없게 되었단다. 하나님께서는 아담과 하와를 에덴동산에서 내쫓으셨고 두 사람은 에덴동산을 떠나야만 했어.

그 후에 태어난 사람들도 자꾸만 하나님 말씀을 듣지 않았어. 하나님께 순종하지 않고 잘못된 일들을 많이 했단다. 그것을 '죄'라고 하지. 사람들이 죄를 지을 때 하나님께서는 무척 슬퍼하셔. 하나님께서는 사람들을 사랑하시고 사람들 곁에 계시고 싶어 하시는데 죄를 지은 사람은 하나님께 가까이 올 수가 없기 때문이란다.

사람이 죄를 지어서 하나님 가까이 올 수 없게 되었는데 이제 어떡하지? 다른 좋은 수가 없을까? 하늘나라에서 하나님 곁에 계시는 예수님도 그 고민을 하셨어.

"내가 사람들이 사는 땅에 가서 사람들의 죄를 다 없애 주어야겠다. 그러면 하나님을 사랑하는 사람들은 모두 하나님 곁에 가까이 올 수 있겠지. 모든 사람이 행복해지도록 도와주자."

그렇게 말씀하신 예수님이 이 땅에 오실 때가 거의 다가오고 있었어. 머지않아 오신다고 하셨거든. 그런데 예수님이 이 땅에 오실 때 다 자란 어른으로 오실까? 아니란다. 예수님은 다른 아기들처럼 엄마 뱃속에서 태어나실 거야. 이해하기가 좀 어렵지? 그런데 하나님께서는 이 방법이 더 좋겠다고 생각하셨어.

예수님의 엄마가 될 사람은 '마리아'라는 아가씨였단다. 마리아는 공주였어. 다윗 왕의 후손이었거든. 그리고 예수님은 나중에 왕이 되실 거야. 보통 왕이 아닌 아주 특별한 왕이 되실 거야. 예수님은 하나님의 아들이시니까! 예수님이 왕이 되시면 하와에게 뱀을 보냈던 나쁜 천사에게 벌을 주실 거야. 나쁜 천사인 사탄은 사람들을 항상 불행하게 만들지. 아담과 하와에게도 그랬고 지금도 사람들을 불행하게 만들고 있단다. 하지만 예수님이 오시면 사탄에게 벌을 주신대.

지금부터 특별한 왕이 되실 예수님이 이 땅에 오시는 이야기와 나쁜 천사 사탄을 벌주는 이야기를 해 줄게. 이 이야기를 '하나님의 새 약속–신약'이라고 부른단다.

1. 사가랴와 엘리사벳

누가복음 1장

이스라엘 어느 작은 동네에 '사가랴'와 그의 아내 '엘리사벳'이 살았어. 두 사람은 서로 아주 많이 사랑했단다. 또 하나님을 많이 사랑했지. 사가랴와 엘리사벳은 예수님이 사람들을 행복하게 만들려고 이 땅에 오실 것을 알고 있었어. 그런데 언제 오실지는 몰랐지. 사가랴와 엘리사벳은 예수님이 빨리 오시기를 하나님께 열심히 부탁했단다. 그걸 '기도'라고 해. 사가랴와 엘리사벳은 하나님께 다른 것도 기도했는데, 아기를 달라는 기도였어. 두 사람은 아기를 달라고 하나님께 몇 년 동안 계속 기도했지만 아기는 생기지 않았지. 이제 두 사람은 나이가 아주 많아져서 아기를 위해서는 더는 기도하지 않게 되었어.

사가랴는 제사장이었어. 제사장은 하나님의 집인 성전에서 일하는 사람이야. 그러니까 제사장은 하나님의 종이지. 성전은 아주 멋있는 곳인데 예루살렘 언덕 위에 세워져 있어. 성전의 바깥쪽은 흰색이고 안쪽은 금으로 되어 있지. 제사장들은 성전에서 모두 한꺼번에 일하지 않고 차례를 정해서 순서대로 일한단다.

사가랴가 당번이었던 어느 날, 사가랴는 멋있는 흰색 제사장 옷을 입고 성전이 있는 예루살렘으로 떠났지. 엘리사벳은 집에 남아 있었어.

성전에는 멋진 물건들이 많단다. 전부 금으로 만들어진 것들이야. 성전에는 황금으로 된 향단도 있었지. 향단은 금으로 만들어진 탁자 같은 것인데, 그 위에는 황금 접시가 놓여 있어. 사가랴는 이곳에서 일했단다. 하나님께서 시키신 방법 그대로 좋은 냄새가 나는 향료를 접시에 담고 불을 붙이는 일을 했어. 그러면 좋은 냄새가 성전에 가득해지지.

그때 갑자기 신기한 일이 일어났어. 사가랴가 깜짝 놀랄 일이 일어난 거야. 황금 향단 옆에 천사가 서 있는 것이 아니겠니! 하나님의 천사 중 가장 중요한 천사 가브리엘이 나타났어. 가브리엘은 사가랴가 놀라는 것을 보면서 말했어.

"사가랴, 겁내지 마세요. 아주 좋은 소식을 전해 주러 왔어요. 엘리사벳과 당신은 아기를 가지고 싶어서 오랫동안 같이 기도했죠? 그 기도를 하나님께서 들으셨습니다. 1년이 지나면 하나님께서 엘리사벳에게 아들을 주실 겁니다. 그 아기 이름을 요한이라고 지으십시오. 요한이 크면 하나님을 위해 아주 중요한 일을 하는 하나님의 종이 될 겁니다. 요한은 사람들에게 예수님이 곧 오신다는 것을 알려 주는 일을 하게 될 겁니다."

"저희 집에 아기가 태어난다고요?"

사가랴가 믿을 수 없다는 목소리로 물었어.

"그건 일어날 수 없는 일입니다. 엘리사벳과 저는 나이가 너무 많아요."

그러자 천사 가브리엘이 조금 화를 냈단다.

"당신을 놀리는 것이 아닙니다. 하지만, 당신이 내 말을 믿지 않으니 그 벌로 당신은 지금부터 말을 할 수 없게 될 겁니다. 아들이 태어난 후에야 다시 말을 하게 될 것입니다."

이렇게 말하고 천사 가브리엘은 다시 하늘나라로 돌아갔어. 이제 사가랴 혼자 남게 되었지. 잠시 후 사가랴가 성전에서 나와 사람들에게 말을 하려고 하는데 아무 말도 할 수가 없었어. 천사 가브리엘 말처럼 정말 말을 할 수 없게 된 거지.

사가랴는 엘리사벳이 있는 집으로 돌아갔어. 엘리사벳에게 천사가 전해준 소식을 말해 주려고 했지만 역시 말을 할 수가 없었어. 그래서 글을 써서 알려 주었단다.

하나님이 약속하신 것은 꼭 이루어진단다. 그렇지? 엘리사벳은 얼마 후 뱃속에 아기가 생긴 것을 알게 되었어. 그리고 일 년쯤 뒤 사가랴와 엘리사벳 집에 아들이 태어났어. 사가랴와 엘리사벳은 얼마나 기뻤는지 모른단다. 이렇게 나이가 많은데 아기를 얻게 되다니! 더구나 이 아기는 천사가 말한 대로 아주 특별한 사람이 될 거잖아.

이웃 사람들이 아기를 보러 와서 물었지.

"아들 이름을 뭐라고 할 거예요?"

사가랴는 그때까지 여전히 말을 할 수가 없어서 사람들에게 글을 써서 보여 주었단다.

"아기 이름은 요한이에요."

그 순간 사가랴는 다시 말을 할 수 있게 되었어. 다시 말을 하게 된 사가랴는 자신의 기쁨을 노래로 불렀단다. 그 노래는 아들 요한에 대한 것이었어. 그리고 요한이 커서 하게 될 훌륭한 일들에 대한 것이었지. 그뿐 아니라 사가랴는 이제 곧 오실 예수님에 대해서도 노래했단다.

2. 짠 짜잔 예수님이 태어나셨다 !

누가복음 1–2 장

'나사렛'이라는 동네 어느 작은 집에 '마리아'라는 아가씨가 살고 있었어. 마리아는 부지런하고 명랑한 아가씨였지. 그리고 그 동네에는 '요셉'이라는 목수 청년이 살고 있었는데, 이 두 사람은 결혼하기로 약속한 사이였단다.

요셉과 마리아는 가난했어. 나사렛 동네의 작은 집에 사는 것만 봐도 부자가 아니라는 것쯤은 알 수 있겠지? 그런데 이 두 사람은 원래 궁전에 살아야 할 귀한 사람들이었단다. 궁전에 살아야 할 사람들이 이렇게 보통 사람들과 같이 살게 된 이유가 뭘까? 자, 설명해 줄게. 요셉과 마리아는 다윗 왕의 후손이야. 다윗 왕은 아주 오래전 이스라엘을 무척 강한 나라로 만든 왕이지. 그러니까 다윗 왕의 후손인 요셉은 왕자이고 마리아는 공주인 셈이야. 그런데 세월이 많이 흐르면서 다윗 왕의 후손들은 더 이상 이스라엘을 다스리지도 않고 궁전에서도 살지 않게 되었어. 그냥 보통 사람들의 집에 살게 되었지.

다윗 왕의 후손들이 이스라엘을 다스리지 않는다면 도대체 누가 이스라엘을 다스리고 있었을까? 아주 먼 곳에 사는 어떤 황제가 이스라엘을 다스리고 있었어. 그 황제는 군대를 보내 이스라엘을 다스렸단다. 군인들이 나라를 다스린다고? 어휴, 무섭지! 이스라엘 사람들은 얼마나 무서웠을까?

어느 날 마리아가 집에서 즐겁게 일을 하고 있을 때였어. 일하는 마리아 앞에 소리도 없이 천사가 나타났단다. 갑자기 천사가 나타났으니 마리아가 얼마나 놀랐겠니? 그 천사는 얼마 전 성전에 있던 사가랴에게도 나타났던 천사 가브리엘이었어. 하나님께서 이번에는 나사렛에 사는 마리아에게 천사 가브리엘을 보내신 거야.

천사가 아주 부드러운 목소리로 말했어.

"놀라지 마세요, 마리아. 아주 좋은 소식을 알려 주려고 왔어요. 얼마 후 당신은 아들을 낳을 겁니다. 하나님께서 그 아기에게 '예수'라는 이름을 지어 주셨어요."

마리아가 아기를 낳는다고?

"저는 아직 요셉과 결혼하지 않았어요. 그런데 어떻게 아기를 낳을 수가 있나요?"

"요셉은 아기의 아버지가 아니에요. 이 아기의 아버지는 하나님이십니다. 예수님은 하나님의 아들이지요. 하나님의 아들이 세상에 태어난 것은 처음 있는 일이에요. 세상에 오시는 예수님은 모든 사람을 행복하게 만들어 주시고 나중에는 왕이 되실 겁니다. 다윗 왕과는 다른 아주 특별한 왕이 되실 거예요. 이제까지 없었던 그런 왕이시랍니다."

조용히 천사의 말을 듣고 있던 마리아가 처음에는 많이 놀랐지. 하지만 곧 "고맙습니다" 하며 아주 공손하게 천사의 말에 대답했단다.

"제가 예수님의 엄마가 될 수 있다니 참 감사합니다."

그 말을 들은 천사 가브리엘은 다시 하나님께로 돌아갔고 마리아만 혼자 남게 되었어.

얼마 후 마리아와 요셉은 결혼했어. 그런데 얼마 지나지 않아 두 사람은

멀리 여행을 떠나야 했단다. 이스라엘을 다스리는 황제가 이스라엘 땅에 얼마나 많은 사람이 살고 있는지 알고 싶어 명령을 내렸거든.

"모든 사람은 오래전 자기 조상이 살던 곳으로 가라. 그곳에 가서 자기 이름을 적도록 해라."

그럼 요셉과 마리아는 어디로 가야 할까? 두 사람 모두 다윗 왕의 후손이니까 다윗 왕이 살던 곳으로 가야겠지? 다윗 왕이 태어나고 자란 베들레헴 말이야. 다윗 왕은 아주 오래전에 살았던 왕이지만 다윗 왕의 고향이 베들레헴이라는 것을 모르는 사람은 없었단다.

요셉과 마리아는 베들레헴으로 여행을 떠나게 되었지. 요셉과 마리아가 멋진 마차를 타고 갔을까? 아니야, 두 사람은 가난했기 때문에 나사렛에서 베들레헴까지 그 먼 길을 걸어서 가야만 했단다. 씩씩한 요셉에게도 그 여행은 힘이 들었어. 더구나 아기가 태어날 때가 다 된 마리아에게는 더욱더 힘들고 어려웠지.

며칠을 걸어서 드디어 베들레헴 근처에 도착했어. 저기 멀리 베들레헴 동네의 집들이 보이기 시작했지.

요셉이 말했어.

"마리아, 이제 조금만 더 가면 편히 쉴 수 있을 거예요. 우리가 편히 쉴 여관을 찾아봅시다."

사람들이 멀리 여행을 떠나면 여관이나 호텔에서 잠을 자잖아. 요셉과 마리아가 살던 시대 사람들도 여행 중에는 여관에서 잠을 잤단다. 긴 여행으로 지쳐 있을 마리아를 걱정하며 요셉도 어서 여관에 들어가 쉬고 싶었어. 그런데 생각지도 못한 일이 생겼단다. 온 이스라엘 사람들이 자기 조상이 살던 동네로 여행을 떠나는 바람에 너도나도 잠을 잘 여관으로 몰려들었지. 결국 모든 여관이 가득 차고, 여관이 아닌 집까지도 여행객들로 꽉 차 버렸어. 요셉과 마리아가 잠을 잘 수 있는 곳은 한군데도 남아 있지 않았어. 벌써 저녁이 되어 날은 어둑어둑한데 어떡하면 좋을까?

요셉이 궁리하다가 말했어.

"여기 빈 마구간이 있으니 일단 이곳에라도 들어가 쉽시다. 여기 짚도 있고 하룻밤 정도는 잘 수 있을 거예요. 내일 다른 곳을 한번 찾아봅시다."

마리아도 너무 힘이 들어서 그러자고 했단다. 그렇게 해서 두 사람은 그날 밤을 빈 마구간에서 보내기로 했어.

그런데 바로 그날 밤 마리아 뱃속에 있던 아기가 태어났지. 그 아기는 그냥 보통 아기처럼 보이는 아기였어. 하지만, 요셉과 마리아는 이 아기가 보통 아기가 아니라는 것을 처음부터 알고 있었지. 이 아기는 하나님의 아들이고, 아주 특별하고 거룩한 아기야. 아기 이름은 어떻게 짓기로 했지? 맞아, 예수! 천사 가브리엘이 마리아에게 전해 줬잖아. '예수'라고 말이야.

마리아는 준비해 온 아기 옷이 없었어. 그래서 따뜻한 이불로 아기 예수를 잘 감쌌단다. 마리아와 요셉은 아가용 침대도 따로 없었지. 요셉은 또 궁리를 했단다. 그때 가축들이 먹이를 먹을 때 쓰는 통이 보이는 거야. 그런 통을 '구유'라고 해. 요셉은 구유에다 깨끗한 짚을 깔고 아기 예수를 뉘였어.

가축들의 먹이통 안에 하나님의 아들이 누워 있는 모습을 상상해 봐. 하나님께서 혹 실수하신 것은 아닐까? 나중에 왕이 되실 분인데 궁전에서 태어나셔야 하는 것이 아닐까? 아니야, 우리 생각에는 이상하지만 그것이 바로 하나님의 계획이었어. 예수님은 아주 특별한 왕이 되시기 위해서 궁전 안에 있는 멋있는 침대가 아닌 베들레헴의 마구간 구유 안에 누워 계신 거야. 그것이 바로 하나님의 특별한 계획이었단다.

3. 목자들

누가복음 2 장

지금은 사람들이 모두 쿨쿨 잠을 자는 한밤중이란다. 그런데 베들레헴 근처 들판에 사람들이 모여 있네. 모닥불을 피워 놓고 둘러앉아 있어. 이 사람들은 양을 돌보는 목자들이란다. 양들이 다 잠을 자도 목자들은 잠을 자지 않아. 양들을 지켜야 하거든. 목자들은 함께 모여 이야기를 나누면서 늑대나 사자가 오는지 살펴보고 있었지. 가끔 늑대나 사자가 나타나 양을 잡아먹으려고 하거든.

그때, 주위가 갑자기 대낮처럼 환해지는 것이 아니겠니? 눈을 뜨지 못할 만큼 밝은 빛이 비쳤어. 목자들은 깜짝 놀라 주위를 둘러보았지. 어디서 이런 빛이 비치나 해서 말이야. 놀랍게도 그 빛은 자기들 곁에 서 있는 천사에게서 나오는 것이었어! 천사가 온화한 목소리로 말을 했단다.

"겁내지 마세요. 여러분에게 아주 좋은 소식을 알려 드릴게요. 여러분을 구원하실 구주, '예수 그리스도'께서 오늘 밤 베들레헴에 태어나셨답니다. 가서 구유에 누워 있는 아기를 찾아보세요."

그 말이 끝나자 점점 더 많은 천사가 나타났어. 하늘 가득 천사들이 나타났지! 천사들은 소리를 모아 노래를 불렀단다.

"높은 곳에 계신 하나님께 영광을, 땅 위에 있는 사람들에게는 평화를."

찬양 소리는 정말 아름다웠어! 그렇게 아름다운 찬양 소리는 지금까지 아무도 들어 본 적이 없을걸? 찬양을 마친 천사들은 하늘나라로 돌아갔어. 주위는 다시 깜깜해졌지.

찬양 소리도, 천사들도 다 사라지고 나서 목자들은 더는 불 주위에 모여 앉아 있을 수가 없었어.

"천사가 하는 말, 너도 들었지? 예수님이 태어나셨대. 우리 당장 베들레헴에 가자. 예수님을 만나 봐야지."

목자들은 양 떼를 어두운 들판에 내버려 둔 채 자리를 박차고 일어나 베들레헴으로 달려갔단다. 양 떼들은 하나님께서 지켜 주실 거라고 믿었거든.

한밤중에 목자들이 마구간에 들이닥치자 요셉과 마리아는 무척 놀랐지.

"목자들이 어떻게 알고 여기에 왔을까? 오늘 밤에 예수님이 태어난 것은 아무도 모를 텐데."

구유 앞에 무릎을 꿇은 목자들이 요셉과 마리아에게 말했어.

"천사가 우리를 찾아왔어요. 예수님이 마구간에서 태어나셨다고 전해주더군요. 또 예수님이 그리스도시요, 바로 우리의 구주라는 것도 알려 주었답니다. 수천 명의 천사들이 부르는 노래도 들었어요. '높은 곳에 계신 하나님께는 영광을, 땅 위에 있는 사람들에게는 평화를'이라는 아주 아름다운 노래였지요. 천사들이 하늘로 가자마자 곧장 여기로 뛰어온 겁니다. 예수님에게 경배하고 싶어서 말이죠."

목자들은 구유에 누워 있는 아주 작은 아기를 공손한 눈빛으로 쳐다보았어. 그러고는 "예수님 고맙습니다. 이곳에 오셔서 정말 고맙습니다. 우리는 예수님을 사랑합니다" 라고 말했단다.

목자들은 예수님 곁에 더 오래 머물고 싶었지. 하지만, 들판에 있는 양 떼들을 돌보러 가야 했어. 벌써 날이 밝아 오고 있었지. 목자들은 양 떼가 있는

들판으로 돌아가면서 만나는 모든 사람에게 자신들이 본 것을 이야기해 주었단다. 매우 기뻐서 도저히 참을 수가 없었거든. 목자들의 이야기를 들은 사람들은 모두 깜짝 놀랐지. 그중에는 '이 말이 사실일까? 혹시 목자들이 지어낸 이야기는 아닐까?' 하고 생각하는 사람도 있었어.

마리아와 요셉은 천사들이 목자들에게 전해 준 말을 믿었단다. 예수님이 보통 아기가 아니라는 것을 알고 있었거든. 물론 목자들도 그 사실을 알고 있었지.

천사들이 예수님에게 아주 특별한 이름 두 개를 알려 주었던 것을 기억하니? '구주'와 '그리스도'라는 이름 말이야. 이런 이름은 보통 사람에게 붙이는 것이 아니란다. 이것은 하나님의 아들에게만 어울리는 이름이지.

'구주'란 예수님이 우리를 구원해 주시는 분이라는 뜻이야. 구원이란 예수님의 도움으로 하나님께서 사람들 가까이 다시 오시게 된다는 뜻이지.

또 천사들은 예수님을 '그리스도'라고 했는데, 그것은 예수님이 세상에서 가장 중요한 왕이 되신다는 뜻이야. 우리 구주 예수 그리스도, 아주 멋진 이름이지?

천사 가브리엘이 마리아에게 예수님은 사람들을 행복하게 해 줄 거라고 말했지? 예수님은 아직 어린 아기였지만, 벌써 목자들을 행복하게 해주셨어.

4. 시므온 할아버지와 안나 할머니

누가복음 2장

기억나니? 예루살렘에 아주 멋진 성전이 있다는 것 말이야. 성전은 우리 주 하나님의 집이야. 사람들은 성전에 가서 하나님께 제사를 지내고 기도도 한단다. 하나님을 사랑하는 사람들은 성전에 가는 것을 아주 좋아하지. 하나님께서 계시는 곳이니까.

예수님이 태어나시고 요셉과 마리아는 아기 예수님을 데리고 성전에 갔단다. 베들레헴과 예루살렘은 가까운 거리였어. 하나님께서는 이스라엘의 모든 아빠와 엄마에게 첫아들을 성전에 데리고 오라고 하셨어. 엄마와 아빠는 성전에 있는 제사장에게 아기를 보여 드린단다. 제사장은 하나님의 종이라서 아기를 제사장에게 보여 드리는 것은 곧 하나님께 보여 드리는 것과 같은 거야. 그래서 요셉과 마리아도 예수님을 데리고 성전에 갔지. 제사장에게 아기 예수님을 보여 드리며 첫아들이라고 말했단다. 제사장은 이 아기가 하나님의 아들인 줄은 꿈에도 몰랐어. 그냥 성전에 오는 다른 보통 아기들과 같다고 생각했지.

요셉과 마리아가 성전을 떠나려고 할 때 아주 나이 많은 할아버지가 다가왔어. 이 할아버지 이름은 시므온이야. 시므온 할아버지는 이 아기가 누구인지 알아보았지. 하나님께서 가르쳐 주셨거든.

시므온 할아버지는 하나님을 아주 많이 사랑했어. 그래서 성전에 자주 가서 하나님께 기도했단다. 할아버지가 무슨 기도를 했는지 아니?

"하나님, 예수님은 언제 이 땅에 오실까요? 아직도 더 오래 기다려야 하나요? 저는 나이가 많아 이제 곧 죽을 것입니다. 제가 죽는 것은 괜찮지만, 죽기 전에 꼭 예수님, 우리의 구원자를 만나고 싶군요. 이 땅에 오신 예수님을 만나면 하나님과 사람 사이가 다시 좋아진다는 것을 확실히 믿을 수 있어요. 하나님, 사람들은 항상 잘못된 일을 하지요. 하나님 말씀을 도무지 안 들으려고 해요. 우리가 하나님께 불순종했기 때문에 하나님께서는 우리 곁에 오실 수가 없게 되었지요. 하나님께서는 그것을 아주 슬퍼하십니다. 우리를 굉장히 사랑하시니까요. 그래서 예수님이 이 땅에 오셔서 하나님과 우리 사이가 다시 좋아지도록 해 주시겠다고 약속하셨지요. 그 약속이 이루어지려면 아직도 더 오래 기다려야 합니까? 하나님!"

시므온 할아버지는 이렇게 기도했단다. 그러던 어느 날 하나님께서 시므온 할아버지에게 말씀하셨어.

"시므온, 약속이 곧 이루어질 것이다. 성전에서 예수를 만나게 될 것이다."

그 말을 들은 시므온 할아버지는 예수님을 만나려고 성전에 더 자주 갔단다.

그런데 오늘 하나님께서 "시므온, 오늘은 꼭 성전에 가야 한다" 하고 말씀하시는 거야. 그래서 할아버지는 또 성전에 갔지.

시므온 할아버지는 첫아들을 데리고 제사장을 찾아온 엄마들을 보았단다. 그러다가 예수님을 품에 안고 제사장 옆에 서 있는 마리아를 보았지. 그 순간 '이 아기가 바로 구주 예수님이구나!' 하고 단번에 알아보았단다. 할아버지는 기뻐하며 마리아에게 다가갔지. 그리고 예수님을 받아 안고는 큰 소리로 기도했어.

"주 하나님, 구주를 보내 주셔서 고맙습니다. 예수님이 태어나셨습니다. 모든 사람을 행복하게 해 주실 구주 예수! 이스라엘의 왕이 되실 예수 그리스도!"

마리아와 요셉은 놀라서 시므온 할아버지를 쳐다보았단다. 예수님이 보통 아기가 아니라는 것을 이 할아버지가 어떻게 알았을까? 이 할아버지가 예수님에 대해서 하는 저 말이 모두 무슨 뜻일까?

마리아와 요셉이 시므온 할아버지와 함께 성전에 있을 때 또 다른 한 사람이 다가왔어. 이번에는 나이가 아주 많은 '안나'라는 할머니였어. 안나 할머니도 하나님을 아주 많이 사랑하는 분이셨지. 안나 할머니는 매일 성전에 와서 하나님께 예수님을 빨리 보내 달라고 기도했단다. 오늘도 그 기도를 하러 성전에 왔다가 아기 예수님을 본 거야. 안나 할머니도 시므온 할아버지만큼 기뻤지.

"하나님, 고맙습니다. 예수님이 태어나셨군요. 고맙습니다."

안나 할머니는 성전에서 나와 주위 사람들에게 이야기했어.

"내가 구주 예수님을 만났어요!"

예수님은 또다시 사람들을 아주 행복하게 해 주셨어. 특별히 나이 많은 시므온 할아버지와 안나 할머니를 행복하게 만들어 주셨지.

5. 동쪽에서 온 박사들

마태복음 2장

예루살렘에는 아름다운 성전뿐 아니라 왕이 사는 궁전도 있었어. 그 궁전에는 '헤롯'이라는 왕이 살고 있었지. 헤롯 왕은 다윗 왕의 후손이 아니야. 사실 이스라엘 사람도 아니란다. 헤롯 왕은 다른 나라 사람이야. 이스라엘 사람들은 대부분 헤롯 왕을 좋아하지 않았어. 나쁜 일을 많이 하는 왕이었기 때문이지.

어느 날 아주 멋진 옷을 입은 사람들이 예루살렘에 왔단다. 낙타를 타고 아주 먼 나라에서 온 것 같았어. 그 사람들은 공부를 많이 하고 굉장히 중요한 일을 하는 사람들처럼 보였어. 아마 외국에서 온 박사들인가 봐. 예루살렘 사람들은 그 박사들을 아주 신기한 듯이 쳐다보았지. 도대체 무슨 일로 이 먼 예루살렘까지 왔을까?

사람들은 그 이유를 금방 알게 되었어. 박사들이 이렇게 묻고 다녔거든.

"이스라엘의 왕이 이제 막 태어났다고 하는데 어디로 가야 만날 수 있을까요? 우리는 아주 먼 동쪽 나라에서 왔습니다. 거기에서 이스라엘 왕을 나타내는 별을 보았습니다. 이제 막 태어난 그 아기는 아주 중요한 왕이 될 겁니다. 우리는 왕이 될 그 아기에게 선물을 주고자 이렇게 먼 길을 왔답니다."

예루살렘 사람들은 놀란 토끼 눈을 하고 박사들을 바라보았단다. 이스라엘에 왕이 태어났다고? 다윗 왕의 후손인 왕이 태어났다고?

"우리는 모릅니다. 최근에 왕이 태어난 적은 없어요."

동쪽에서 온 박사들은 사방으로 다니며 사람들에게 물어보았단다. 그러나 왕이 태어난 것을 아는 사람은 아무도 없었어. 예루살렘에는 왕이 태어나지 않았다는 거야.

멋진 궁전에 살고 있던 헤롯 왕도 그 소식을 듣게 되었지. 동쪽에 있는 먼 나라에서 온 박사들이 예루살렘에 새로 태어난 왕을 찾고 있다는 말을 듣게 된 거야. 헤롯 왕은 깜짝 놀랐어.

"내가 이 나라의 왕이야. 앞으로도 쭉 내가 왕이야! 그런데 뭐라고? 왕이 될 아기가 태어났다고? 당장 그 아기를 찾아내 죽여 버려야겠군. 그 특별한 왕이 어디에서 태어났는지 아는 사람이 없을까? 그래, 율법학자들은 알지도 몰라."

율법학자들은 성경을 열심히 공부한 사람들이야. 그래서 성경에 무엇이 기록되어 있는지 아주 잘 알고 있지. 율법학자들은 공부를 많이 한 똑똑한 사람들이란다.

헤롯왕은 율법학자들을 불러서 물어보았어.

"그 특별한 왕이 어디에서 태어나는지 알고 있느냐? 성경에 그런 내용이 기록되어 있느냐?"

"예, 알고 있습니다. 아주 분명히 알고 있지요. 성경에는 그 왕이 베들레헴에서 태어날 것이라고 쓰여 있습니다."

율법학자들을 돌려보내고서 헤롯 왕은 동쪽 먼 나라에서 온 박사들을 궁전으로 불렀어. 그리고 아주 상냥하게 말했지.

"당신들은 무엇을 하러 여기에 왔는가?"

"저희는 동쪽 아주 먼 나라에서 왔습니다. 저희는 항상 별을 관찰하고 별에 관한 어려운 책들을 많이 읽습니다. 그러던 어느 날 저희는 아주 특별한 별 하나를 발견했습니다. 그전에는 본 적이 없는 별이었지요. 저희는 그 별을 보자마자 그 별이 중요한 의미가 있는 별이라고 생각했습니다. 그래서 책을 찾아보았지요. 그랬더니 이스라엘에 아주 특별한 아기가 태어날 것이라는 내용이 있더군요. 그 아기는 나중에 아주 중요한 왕이 될 것입니다.

저희 생각에 그 아기는 최근에 막 태어난 것 같습니다. 그동안 없던 별이 갑자기 나타나 저렇게 반짝이고 있거든요. 저희는 그 특별한 아기를 만나고 싶습니다. 아기를 위해 선물도 가지고 왔지요. 그런데 아무도 아기가 어디에서 태어났는지 모르는군요. 예루살렘 곳곳을 돌아다니며 물어보았는데 아무도 아는 사람이 없었습니다."

"내가 알고 있소."

헤롯 왕이 말했어.

"예루살렘에서는 그 아기를 찾을 수가 없어요. 베들레헴으로 가 보시오. 그 특별한 아기는 베들레헴에서 태어났으니까. 베들레헴에 가서 왕이 될 그 아기를 발견하거든, 돌아와서 나에게도 이야기해 주겠소? 나도 그 아기에게 선물을 주고 싶군요."

헤롯 왕이 하는 거짓말을 들어 봐! 예수님에게 선물을 주고 싶다고? 예수님을 죽일 계획을 꾸미고 있으면서 말이야!

하지만 박사들은 그 사실을 눈치채지 못했어. 그래서 "저희가 아기를 찾으면 돌아와서 꼭 알려 드리겠습니다."라고 말했지.

박사들은 다시 낙타를 타고 예루살렘 성을 떠났단다. 그 사이 벌써 밤이 되었지. 그때 무엇이 보였는지 아니? 하늘에 그 특별한 별이 다시 나타난 거

야! 자기들의 나라에서 보았던 바로 그 별 말이야. 그 별은 깜깜한 밤하늘에서 베들레헴을 향해 천천히 움직이고 있었어. 별이 길을 가르쳐 주는 것이었어. 박사들은 정말 기뻤단다. 이제 곧 아기를 찾게 될 것이니까 말이야!

박사들은 별을 따라갔지. 그 별은 베들레헴 어떤 집 위에 멈추었단다. 박사들은 낙타에서 내려 그 집으로 들어갔어. 집 안에는 누가 있었을까? 그래, 맞아! 예수님과 마리아와 요셉이 있었어. 다행히 요셉과 마리아는 마구간이 아닌 어떤 집에 살고 있었어.

동쪽 먼 나라에서 온 박사들은 예수님 앞에 아주 경건하게 무릎을 꿇었단다. 드디어 아기를 찾은 거야. 긴 여행을 한 보람이 있었지. 박사들은 목자들이 한 것처럼 예수님에게 경배했단다. 그리고 선물을 꺼내 예수님 앞에 드렸어. 황금과 유향과 몰약을 드렸지. 유향과 몰약은 아주 귀하고 비싼 향료란다. 황금도 아주 비싼 거야, 그렇지? 이런 선물은 보통사람은 받을 수가 없어. 오직 왕만 받을 수 있는 귀한 선물이란다.

그날 밤 박사들은 베들레헴에서 잠을 잤어. 아침이 되면 예루살렘에 있는 헤롯 왕에게 가서 왕이 될 아기를 발견했다고 말해 줄 생각이었지. 그런데 그 날 밤 하나님께서 박사들에게 이렇게 말씀하셨어.

"헤롯 왕에게 돌아가지 마라. 헤롯 왕은 몹시 나쁜 사람이다. 예수를 시기해서 죽일 생각을 하고 있다."

그 말을 들은 박사들은 다음 날 아침 헤롯 왕에게 가지 않고 곧장 자기들 나라로 돌아갔단다. 헤롯 왕에게는 아무 말도 하지 않고 말이야. 하지만, 자기 나라에 돌아가서는 이스라엘의 왕이요 하나님의 아들인 예수님을 만났다고 사람들에게 이야기했단다.

헤롯 왕은 박사들이 자기에게 돌아오지 않자 몹시 화가 났어. 자기는 아직도 왕이 될 아기가 어디에 있는지 모르고 있잖아. 헤롯 왕은 화가 머리끝까지 나서 명령했어.

"군인들을 보내 베들레헴에 있는 모든 남자 아기들을 다 죽여라. 그래야 그 특별한 아기도 죽게 될 테니까 말이야."

헤롯 왕의 계획은 성공했을까? 아니, 그럴 리가 없지. 하나님께서 요셉에게 미리 이렇게 말씀해 주셨거든.

"요셉아, 빨리 베들레헴을 떠나라. 헤롯 왕이 예수를 죽이려 하고 있다. 예수와 마리아를 데리고 이웃 나라, 이집트로 가거라. 그곳에 있으면 헤롯 왕이 너희를 잡을 수 없을 것이다."

요셉은 당장 하나님 말씀대로 했어. 예수님과 마리아를 데리고 이집트로 피난을 갔지. 그리고 몇 년을 살았어.

얼마 후 헤롯 왕이 죽었단다. 이제 예수님을 해칠 사람은 없어진 거야.

그때 하나님께서 요셉에게 다시 말씀하셨어.

"헤롯 왕이 죽었다. 이제 이스라엘에 가서 살 수 있게 되었다."

요셉과 마리아는 세 번째 긴 여행을 떠났단다. 이번에는 자기들의 고향인 나사렛으로 돌아갔어. 요셉은 나사렛에서 열심히 목수 일을 했어. 물론 마리아는 예수님을 돌보았지.

요셉과 마리아 가족은 다른 가족과 비슷해 보였어. 하지만, 다른 점이 있지? 예수님은 보통 아이가 아니야. 게다가 요셉은 예수님의 아버지가 아니야. 하늘에 계신 하나님이 예수님의 아버지가 되시지. 예수님이 아직 어릴 때에는 그 사실을 아는 사람이 없었어. 사람들이 그 사실을 알 리가 없지. 요셉과 마리아조차 그 사실을 잊을 때가 있었거든.

6. 열두 살이 된 예수님

누가복음 2장

예수님은 아버지 요셉과 어머니 마리아와 함께 나사렛에서 살았어. 벌써 열두 살이나 되었지. 나사렛에 사는 사람들은 모두 예수님을 사랑했어. 예수님이 모든 사람에게 아주 친절했거든. 요셉과 마리아도 예수님을 아주 많이 사랑했단다. 예수님은 버릇없이 굴거나, 부모님에게 불순종한 적이 없었어.

나사렛 사람들은 "요셉은 정말 착한 아들을 두었어!" 하며 칭찬했단다. 사람들은 요셉이 예수님의 아버지라고 생각했어. 사실은 그렇지 않은데 말이야! 예수님은 요셉의 아들이 아니야. 예수님은 하나님의 아들이셔. 요셉과 마리아도 그 사실을 알고 있었지만 잊을 때도 있었단다.

어느 날 예수님과 요셉, 마리아는 예루살렘으로 큰 명절을 지내러 가게 되었어. 해마다 열리는 이 명절은 7일 동안 계속된단다. 나사렛에 사는 사람들도 이 명절을 지내려고 예루살렘으로 많이 가지. 나사렛에서 예루살렘까지는 꽤 먼 거리였어. 그래도 사람들은 먼 거리를 마다하지 않고 즐겁게 여행을 했어. 어른들은 길을 걸으며 서로 이야기를 나누기도 하지. 하나님을 찬양하는 시편 노래를 부르기도 하고. 시편 노래들은 예전에 다윗 왕이 만든 노래란다. 길을 걸으면서 부르는 노랫소리는 정말 아름답단다. 아이들은 재미있는 놀이를 하며 여행을 했지. 놀이를 하다 보면 저만큼 앞장서 걷기도 하고 반대로 한참을 뒤처지기도 해. 부모님들은 아이들이 그렇게 놀며 여행하는 것을 좋아하셨어.

요셉과 마리아도 예수님을 데리고 예루살렘에서 명절을 지내려고 가고 있었어. 예수님은 부모님과 나란히 걷기도 하고 때로는 나사렛 동네 친구들과 어울려 걷기도 했단다. 아주 즐거운 여행이었지.

긴긴 여행을 마치고 예루살렘에 도착하자 요셉과 마리아는 7일 동안 머물 집을 정했단다. 다음 날은 성전에 갈 계획이었어. 성전은 사람들로 북적일 거야! 명절을 지내려고 온 모든 사람은 하나님께 기도하고 제물을 바치고자 성전에 간단다. 요셉과 마리아도 마찬가지였어. 예수님도 부모님을 따라 성전에 가기로 했지.

아버지 요셉이 하나님께 짐승을 제물로 드릴 때 예수님도 옆에 있었어. 이제 열두 살이 되어서 약간은 어른들 틈에 낄 수 있게 되었거든. 열두 살이 되기 전에는 이곳에 올 수 없었는데 이제는 올 수 있게 되었어. 예수님은 성전에 온 것이 무척 좋았단다.

"내 아버지의 집에 왔어. 이곳에 항상 있었으면 좋겠는데." 하고 생각하셨단다.

성전에는 커다란 방이 여러 개 있지. 그중 어떤 방에는 공부를 많이 하고 지위가 높은 사람들이 앉아 서로 이야기를 하고 있었어. 이 사람들은 바로 율법학자들이야. 율법학자들은 성경을 잘 아는 사람들이야. 매일 성경을 읽고 함께 모여 서로 이야기를 나누거든. 보통 사람들은 성경에서 말씀하신 하나님의 뜻을 잘 모를 때가 있어. 그럴 때면 율법학자를 찾아가 물어보면 돼. 성경에 대해 모르는 것이 없는 사람들이 바로 율법학자들이거든.

예루살렘에서 7일간의 명절을 다 보내고, 요셉과 마리아는 다시 집으로 돌아가게 되었단다. 나사렛에서 온 다른 사람들과 같이 예루살렘을 떠나 나사렛으로 가고 있었어. 예수님은 곁에 없었지. 하지만 예수님의 부모님은 걱정하지 않고 계속 갔단다.

'예수는 다른 아이들과 같이 오고 있을 거야. 그 아이는 언제나 말을 잘 들었어. 잘못된 일을 한 적도 없고. 조금 있으면 예수가 이쪽으로 오겠지. 지금 여기에는 사람이 너무 많아 찾기도 어렵군.'

그런데 예루살렘을 벗어나 한참을 갔는데도 여전히 예수님이 보이지 않는 거야. 나사렛에서 온 다른 아이들은 다 보이는데 예수님은 없는 거야. 마리아는 조금씩 걱정이 되기 시작했단다. 도대체 예수님은 어디에 있는 걸까? 마리아는 아버지 요셉과 함께 길 가는 사람들 사이를 다니며 예수님을 찾기 시작했단다.

"혹시 예수를 보았어요?" 하고 모든 사람에게 물어보았지만 아무도 봤다는 사람이 없는 거야!

"그렇다면 아직 예루살렘에 있는 거예요" 하고 마리아가 요셉에게 말했어.

"돌아가 예수를 찾아야 해요!"

별별 걱정으로 마음이 무거워진 두 사람은 예루살렘으로 돌아갔단다. 돌아가는 길 중간에서도 만나는 사람들에게 이렇게 물어보았어.

"우리 예수를 보았나요?"

예루살렘에 도착해서는 성 전체를 찾아 헤맸단다. 이곳저곳 다 살피고 주위 모든 사람에게 물어보았지. 하지만, 아무도 예수님을 보지 못했다는 거야.

마침내 두 사람은 성전에 도착했어. 성전 이곳저곳을 살펴봤지. 그러다가 율법학자들이 모여서 이야기를 나누는 커다란 방에 왔어.

"아, 저기 있다!"

그 방을 살피던 마리아가 기뻐 소리를 질렀단다.

그래, 예수님은 거기 계셨어. 율법학자들과 함께 성전에 계셨어! 율법학자들은 예수님 주위에 빙 둘러서서 놀란 얼굴로 예수님의 이야기를 듣고 있었어. 지금까지 성경에 대해 이렇게 잘 아는 열두 살짜리 소년은 만난 적이 없었거든. 예수님은 율법학자들에게 매우 어려운 것들을 질문하기도 하셨단다. 그리고 율법학자들이 예수님에게 무엇을 물어보면 대답도 척척 잘하는 거야!

"정말 굉장한 아이로군."

율법학자들이 서로 말했단다. 하지만 이 굉장한 아이가 바로 하나님의 아들인 줄은 몰랐지. 예수님이 보통 아이들하고 꼭 같아 보였으니까 말이야.

마리아는 예수님에게 달려갔어. 기쁘기도 하고 화도 났단다.

"예수! 어떻게 된 거니? 우리가 얼마나 걱정을 했는지 알아? 네 아버지와 나는 너를 찾느라고 사방을 다 뒤졌어."

"왜 저를 찾아다니셨어요? 제가 아버지 집인 이곳에 있어야 한다는 것을 아시잖아요. 저는 아버지에 대해 이야기를 하고 있었습니다."

요셉과 마리아는 예수님이 하는 말을 이해하지 못했어. 예수님에 대해 걱정을 너무 많이 하고 있었거든. 그래서 예수님이 하나님의 아들이라는 사실도 까맣게 잊은 거야. 성전은 하나님의 집이고 예수님은 아버지의 집인 성전에 있고 싶으신 거야. 하나님 아버지에 대해서 이야기하는 것도 당연히 좋아하시지.

예수님은 부모님께 늘 순종하는 아이였어. 그래서 그 자리에서 일어나 부모님인 요셉과 마리아를 따라 나사렛 집으로 돌아갔단다.

'예수에게는 정말 놀라운 일들이 생긴다니까' 하고 마리아는 생각했단다. 마리아는 그 모든 일을 잘 이해할 수는 없었지만, 그것들을 마음에 담아 두고 종종 생각했단다.

'예수에게 또 어떤 일이 일어날까?

예수가 어른이 되면 어떤 일을 하게 될까?'

그 후로 예수님은 부모님 집에 평범하게 사셨어. 요셉을 도와 목수 일을 하고 주위 사람들에게도 친절하게 대하며 사셨지. 저녁이 되어 날이 어두워지면, 예수님은 종종 바깥으로 나가셨단다. 아무도 없는 곳으로 가서 땅에 무릎을 꿇고 앉으셨어. 하나님께 기도하시는 거야. 하늘에 계신 아버지께 이야기할 것이 아주 많았거든. 그리고 하나님도 땅에 있는 자신의 아들에게 이야기하실 것이 많았어. 예수님은 나중에 아주 중요한 일을 하셔야 한단다!

7. 세례 요한

마태복음 3 장
누가복음 3 장

사가랴와 엘리사벳 기억나니? 두 사람은 자식이 없었잖아. 아기를 기다리고 기다리다가 두 사람은 나이가 아주 많아졌어. 그러던 어느 날 엘리사벳이 아들을 낳았어. 두 사람은 천사 가브리엘이 알려 준 대로 그 아들을 요한이라고 불렀지.

사가랴가 성전에 있을 때 천사 가브리엘이 나타나 아기가 태어날 거라는 말을 전해 주었어. 그리고 이런 말도 했단다.

"요한은 하나님의 중요한 종이 될 것입니다. 그 아이가 자라 어른이 되면 아주 아름다운 일을 할 것입니다. 예수님이 곧 오신다는 것을 사람들에게 전하는 일을 할 것입니다."

그 요한이 쑥쑥 자라 벌써 서른 살이 되었단다. 예수님도 어린아이가 아니었지. 어느덧 요한처럼 서른 살이 되었어. 이스라엘 사람들은 아직 예수님이 누구인지 몰랐어. 구주이신 예수님이 삼십 년 전에 베들레헴에서 태어났다는 사실도 몰랐지. 예수님을 잘 아는 나사렛 사람들은 그분이 그저 요셉의 아들인 줄로만 알고 있었단다. 하나님의 아들 예수 그리스도가 이 땅에 오신 것을 아무도 몰랐어. 그런데 이제 요한이 이 사실을 사람들에게 전할 때가 온 거야!

요한은 사람들로 항상 북적대는 요단 강 옆에 서서 외쳤단다.

"하나님 나라가 곧 올 것이오. 우리의 왕이신 그리스도께서 오실 것이오. 왕을 맞이할 준비를 하고 있소?"

요한의 말을 들은 사람들은 놀랐어. 긴 옷을 입고 서 있는 하나님의 선지자 요한. 그건 모두가 알고 있었어. 그런데 이 선지자가 도대체 무슨 말을 하는 거야? 하나님의 나라가 가까이 왔다고? 왕이 오신다고? 게다가 그 왕이 다윗 왕의 후손이라고? 과연 그 왕이 온 이스라엘이 지금껏 기다려 왔던 바로 그 왕일까? 그리스도께서 드디어 오신 것일까? 그렇다면 더 바랄 것이 없을 텐데!

그 말을 들은 사람들은 아주 기뻐했단다. 하지만, 한편으로는 걱정도 되었지. 하나님 나라에 들어갈 준비가 아직 안 됐거든. 못된 일을 많이 하며 살았고 하나님의 말씀을 안 들을 때도 많았지. 모두 죄를 지으며 살고 있었던 거야. 하나님께서 죄를 싫어하신다는 것을 잘 알면서도 말이야! 사람들은 겁이 나서 요한에게 말했단다.

"우리는 아직 하나님 나라에 들어갈 준비가 안 되었어요. 하나님 나라에 들어가고는 싶지만 죄를 너무 많이 지었어요. 우린 어떻게 하지요?"

요한이 진지하게 말했단다.

"만약 자기 잘못을 회개하면 하나님께서는 모두 용서해 주십니다. 여러분이 지은 죄를 하나님께 말씀드리십시오. 그리고 이리 와서 내게 세례를 받으십시오. 그러면 하나님께서는 당신들이 회개한다는 것을 아실 거요."

사람들은 하나님 나라에 들어가고 싶어서 너도나도 모두 요한의 말을 따랐단다. 요한을 따라 요단 강에 들어가 세례를 받았지.

요한이 사람들에게 세례를 어떻게 주었는지 아니? 요한은 사람들을 데리고 강으로 걸어 들어간단다. 그리고 그 사람이 물속에 완전히 잠기도록 잠시 밀어 넣지. 그 사람이 몸을 일으켜 물 밖으로 나올 때 사람들은 그 사람이 과

거의 모든 잘못을 회개했다는 것을 보게 되는 거야.

많은 사람이 요한에게 세례를 받으러 왔어. 세례를 받고 물 밖으로 나온 사람들은 무척 기뻤단다. 이제 하나님 나라의 왕이신 예수님을 맞을 준비가 됐거든. 하지만, 그 왕이 어디에 계신지는 몰랐지. 사람들은 그 왕이 멋진 말을 타고 많은 군인을 거느린 채 오시리라 생각했어. 그리고 이스라엘에 있는 모든 적을 쫓아 내주실 거라고 기대했지. 옛날 다윗 왕처럼 말이야.

그런데, 그런 기대는 모두 틀렸단다. 예수님은 사람들이 생각하는 그런 왕이 아니거든. 예수님은 자기를 도와줄 군인들이 필요 없으시지. 예수님은 하나님 나라의 왕이시니까. 그 왕이 세상에 사는 사람들을 행복하게 만들어 주려고 오시는 거야. 하지만, 사람들은 아직 그 사실을 이해하지 못했어.

요단 강 주변은 아주 복잡해졌어. 요한에게 세례를 받으려고 사람들이 몰려들었거든. 그때부터 사람들은 요한을 '세례 요한'이라고 불렀단다.

어느 날 예수님이 요단 강에 오셨어. 사람들 사이를 걸어서 요한에게 다가오셨단다.

"나도 세례를 받고 싶소."

그 말을 들은 요한은 깜짝 놀라 예수님을 쳐다보았어.

"예수님이 저에게 세례를 받으신다고요?"

"그럴 수 없습니다. 당신은 죄가 없는 분입니다. 죄를 지은 적도 없습니다! 오히려 당신이 제게 세례를 주어야 합니다. 저는 죄를 지은 사람입니다."

예수님은 따뜻한 음성으로 요한에게 말씀하셨단다.

"요한, 내게 세례를 주시오. 부탁하오."

예수님이 이렇게 정중히 부탁을 하시니 그 말씀에 순종해야겠지. 요한은 예수님과 같이 강 가운데로 걸어 들어갔어. 그리고 예수님을 물속으로 쑥 밀어

넣었단다. 잠시 후 예수님이 물속에서 몸을 일으켜 바로 섰을 때, 아주 놀라운 일이 벌어졌어. 하늘에서 예수님의 머리 위로 무엇인가 내려오는 거야. 예쁜 흰 비둘기처럼 보였지만 진짜 비둘기는 아니었어. 바로 예수님에게 오신 성령님이었지. 그리고 하늘에서 소리도 들렸어.

"이는 내가 사랑하는 아들이다."

하나님의 음성이었어. 세례 요한은 이 모든 것을 보고 들었단다. 그리고 이제 예수님이 하나님의 아들인 것을 확실히 알게 되었지. 예수 그리스도는 하나님 나라의 왕이셔. 구주 예수님은 모든 사람의 죄를 없애 주시고 사람들을 행복하게 해 주실 거야.

8. 예수님의 제자 12명

요한복음 1장

예수님이 세례 요한에게 세례를 받으셨어. 그때 하늘에서 성령님이 예수님에게 내려왔지. 잘 기억하고 있니? 그 후에 예수님은 다른 곳으로 가셨단다. 세례 요한은 여전히 요단 강가에 있었어. 사람들에게 왕이신 그리스도에 대해 가르치고 세례를 주면서 말이야. 왕이신 그리스도가 누구지? 그래, 바로 예수님!

'안드레'와 '요한'은 친구였어. 두 사람은 자주 세례 요한을 찾아와서 예수님에 대한 이야기를 듣곤 했단다. 두 사람은 세례 요한에게 세례를 받고 하나님의 나라에 들어갈 준비를 했지. 세례 요한이 하나님 나라에 대해 설명할 때면 안드레와 요한은 아주 행복했단다.

"우리는 언제쯤 왕이신 그리스도를 만나게 될까? 세례 요한과 함께 있으면 정말 좋아. 왕이신 그리스도와 함께 있게 된다면 훨씬 더 좋겠지! 그런데 그리스도께서 빨리 오실까?"

두 사람은 서로 이런 말을 주고받았어.

그러던 어느 날 드디어 예수님이 다시 그곳에 오셨어. 세례 요한은 예수님을 보자마자, 안드레와 요한에게 말해 주었지.

"그분께서 저기 계시오."

그 사이 예수님은 저만치 걸어가고 계셨어. 안드레와 요한은 주춤거리며 예수님 뒤를 따랐지. 예수님과 이야기를 하고 싶었지만, 용기가 나질 않았어. 예수님은 두 사람이 뒤에 따라온다는 것을 벌써 알고 계셨지. 예수님이 몸을 돌려 두 사람에게 부드럽게 물으셨어.

"무엇을 찾고 있소?"

안드레와 요한은 예수님을 만나면 하고 싶은 말, 묻고 싶은 말이 많았어. 그러나 무슨 말부터 해야 할지 몰라 우물쭈물했단다. 그러다가 겨우 이렇게 물었지.

"예수님, 어디에 머물고 계십니까?"

그러자 예수님이 "나와 함께 갑시다" 하고 말씀하시는 것이 아니겠니? 두 사람은 그 말이 떨어지자마자 예수님을 따라갔어. 온종일 예수님 곁에 있으면서 많은 이야기를 나누었단다.

저녁이 되어 집으로 돌아가면서 안드레와 요한이 말했어.

"야호! 지금까지 이렇게 좋은 날은 없었어."

안드레에게는 '시몬'이라는 이름의 형이 있었어. 시몬도 하나님을 진심으로 아주 많이 사랑하는 사람이었단다. 집으로 돌아온 안드레는 시몬에게 그날 일을 말해 주었지.

"왕이신 그리스도께서 오셨어요. 요한과 내가 그분을 만났다고요. 종일 그분과 같이 있다가 왔어요. 지금 나와 같이 예수님을 만나러 가요."

그 말을 들은 시몬은 당장 안드레를 따라나섰단다. 두 사람이 다가오는 것을 보신 예수님은 "당신이 시몬이군요" 하고 말씀하시는 거야. 예수님은 시몬이 올 것을 미리 알고 계셨던 거지. 예수님은 모든 것을 알고 계시거든! 예수님이 또 무슨 말씀을 하셨는지 아니?

“당신 이름은 시몬이지만 내가 베드로라는 이름을 주겠소.”

시몬은 그 이름이 무척 맘에 들었지. 그리고 예수님을 바로 많이 좋아하게 되었어. 그래서 앞으로 계속 예수님 곁에 있기로 했단다.

그 다음 날 예수님은 두 사람을 더 뽑으셨어. 바로 빌립과 나다나엘이야. 빌립과 나다나엘도 아주 친한 친구였단다. 두 사람은 왕이신 그리스도에 대해 아주 많은 이야기를 주고받았어. 그리스도가 빨리 오시기를 바라고 있었지. 그리스도가 오시면 그분을 따를 생각이었어. 빌립과 안드레는 가까이 살고 있었는데 며칠 후 예수님이 빌립을 만나셨을 때, “내 친구가 되어도 좋소. 빌립, 나와 함께 갑시다” 하고 부르셨단다. 예수님은 빌립이 이 말을 기다렸다는 듯 좋아할 것이라는 것도 알고 계셨지. 이 말을 들은 빌립은 ‘내 친구 나다나엘에게도 이 소식을 전해야지. 예수님을 찾았다고 당장 말해 주어야지’

하고 생각했단다. 나다나엘은 다른 동네에 살고 있었어. 그 집까지 가려면 한참을 걸어야 했단다.

빌립이 나다나엘을 찾아가고 있을 때 나다나엘은 자기 집 마당 무화과나무 밑에 앉아 있었지. 무화과나무 밑은 나다나엘이 좋아하는 자리였어. 나무 그늘 밑은 얼마나 시원하고 좋은지 몰라. 그 밑에서 나다나엘은 혼자 골똘히 생각도 하고 하나님께 기도하기도 했어. 나다나엘이 무슨 기도를 했을까?

'하나님, 왕이신 그리스도께서 곧 오십니까?'

나다나엘은 왕이신 그리스도를 기다리는 기도를 종종 했단다.

그런데 친구 빌립이 갑자기 나타나 흥분한 목소리로 말하는 거야.

"나다나엘, 내 말 좀 들어 봐. 내가 왕이신 그리스도를 만났어! '예수'라는 분인데 나사렛 동네 요셉의 아들이야."

빌립은 나다나엘에게 예수님을 소개하면서 속으로 이렇게 생각했지.

'나다나엘도 나처럼 기뻐할 거야. 그리스도를 만나고 싶어서 열심히 기도하고 있었으니까.'

그런데 나다나엘은 전혀 기뻐하지 않았어. 오히려, "예수라는 사람이 왕이신 그리스도라고? 그런 말도 안 되는 말은 하지도 말게. 예수가 나사렛 사람이라고 했나? 그렇다면 그 사람은 절대로 그리스도가 아니야. 왜냐하면, 그리스도는 베들레헴에서 태어날 거라고 성경에 쓰여 있거든. 빌립, 안됐지만 난 자네 말을 믿을 수가 없네"라고 말하는 거야.

예수님은 어디에서 태어나셨지? 그래, 베들레헴에서 태어나셨지, 그렇지? 그 후에 요셉과 마리아가 나사렛으로 이사를 간 거잖아. 그리고 그 후로 계속 그곳에서 살았던 거야. 그런데, 사람들은 예수님이 나사렛에서 태어났고 목수인 요셉의 아들이라고 생각했단다. 사실은 그렇지 않은데 말이야. 나다나엘은 성경을 잘 알고 있었어. 그리고 예수님이 베들레헴에서 태어나셨다는 것도 맞는 말이야.

처음에 기쁨으로 들떠 있던 빌립은 나다나엘의 말을 듣고 나다나엘에게 조금 화가 나려고 했지. 빌립이 다시 다급하게 말했어.

"나랑 같이 가 보자. 가 보면 내 말이 옳다는 것을 알게 될 거야."

"좋아, 한번 따라가 보지."

잠시 후 두 사람은 예수님을 찾아갔어. 그런데 예수님은 마치 오래전부터 나다나엘을 알고 있는 것 같으셨어.

"어떻게 나를 아실까?"

나다나엘은 깜짝 놀랐지.

"저를 언제 보신 적이 있으신가요?"

그러자 예수님이 부드러운 음성으로 말씀하셨단다.

"나다나엘, 나는 빌립이 당신을 찾아가기 전 당신이 무화과나무 밑에 앉아 있는 것을 보았소."

'이분은 정말 모든 것을 알고 계시는구나.'

나다나엘은 속으로 많이 놀랐단다. 그리고 예수님이 왕이신 그리스도라는 것을 믿게 되었지. 그래서 아주 겸손하게 말했어.

"주님, 당신은 하나님의 아들이십니다. 당신은 이스라엘의 왕이십니다!"

이제 예수님은 다섯 명을 부르셨어. 안드레, 요한, 시몬 베드로, 빌립, +나다나엘 이렇게 다섯 명. 나중에 예수님은 일곱 명을 더 부르셨단다. 그래서 전부 12명이 되었지. 이 12명을 '예수님의 제자'라고 말한단다.

+주) 나다나엘은 마태, 세배대의 아들 요한, 가나안 시몬, 알패오의 아들 야고보, 바돌로매 중의 한사람으로 추측한다.

9. 결혼 잔치에 가신 예수님

요한복음 2장

한 청년과 한 아가씨가 서로 많이 사랑하게 되면 결혼을 한단다. 아가씨는 신부가 되고 청년은 신랑이 되지. 사랑하는 신랑, 신부가 나란히 서 있으면? 그래, 결혼식을 하는 거야. 결혼식에는 잔치가 벌어지기 마련이지. 바로 결혼 잔치야! 결혼 잔치에는 누가 올까? 신랑 신부의 가족들, 그리고 이웃들과 친구들이 오지. 잔치에 오는 사람들은 신랑, 신부에게 줄 선물을 가지고 온단다. 꽃을 가지고 오거나, 신랑 신부 집에 필요한 물건을 들고 오기도 해. 이렇게 손님들이 많이 모이면 본격적인 잔치가 벌어지게 되지. 흥겨운 음악이 울려 퍼지고 사람들은 신이 나서 서로 즐겁게 얘기한단다. 맛있는 음식과 포도주도 빼놓을 수 없지. 결혼 잔치는 항상 즐거워.

어느 날 '가나'라는 동네에 결혼 잔치가 열렸어. 그 결혼 잔치에 누가 갔을까? 예수님과 그 친구들, 다른 말로 제자들이 잔치에 가게 되었어. 예수님의 어머니 마리아도 가셨단다. 그 외 다른 손님들도 많이 왔지. 모든 사람이 기뻐하는 잔치였어. 결혼 잔치는 점점 흥겨워지고 있었지.

그런데 잔치가 한창일 때 문제가 생겼어. 손님들이 마실 포도주가 거의 떨어진 거야. 결혼 잔치 중간에 포도주가 떨어지다니! 손님을 초청한 신랑, 신부에게는 큰 낭패가 아닐 수 없지. 포도주가 떨어지면 손님들은 그냥 집으로 돌아가 버릴지도 몰라.

예수님의 어머니 마리아는 뭔가 이상하다는 것을 재빨리 눈치챘단다. 그리고 포도주가 다 떨어졌다는 말을 듣자마자 예수님에게 갔어.

'예수라면 도와줄 수 있을 텐데……' 하고 생각했지.

마리아가 예수님에게 작은 소리로 말했어.

"포도주가 다 떨어졌다는구나!"

예수님은 그 사실을 이미 알고 계셨어! 예수님은 모든 것을 알고 계시고 모든 일을 하실 수 있으시잖아. 바로 하나님의 아들이시니까 말이야. 마리아는 그 사실을 또 깜빡 잊어버린 거야. 예수님은 결혼 잔치가 잘 진행되도록 분명히 도와주실 거야.

마리아는 손님들에게 음식을 갖다 주는 하인들에게 가서 말했어.

"잠시 후 예수가 너희에게 어떤 일을 시키거든, 무엇이든지 그대로 해야 한다."

"예, 알겠습니다."

하인들이 대답했단다.

이스라엘 사람들의 집 대문 옆에는 돌로 만든 커다란 항아리가 있어. 거기에는 발 씻을 물을 담아 두지. 이스라엘은 날씨가 몹시 더워서 사람들은 언제나 맨발에 샌들을 신고 다니지. 그런데 길을 걷다 보면 흙도 들어오고 발이 더러워진단다. 그래서 집 안에 들어가기 전에 먼저 발을 씻어. 대문 옆에 있는 커다란 항아리에 있는 물로 발을 씻는 거야. 결혼 잔치가 한창인 지금은 손님들이 발을 다 씻은 후라 항아리에 물이 거의 없었어.

예수님은 하인들에게 말씀하셨지.

"저 여섯 개의 항아리에 물을 가득 채우시오."

하인들은 예수님이 시키시는 대로 했지. 항아리 여섯 개에 물을 가득 채웠어. 물 한 방울만 더 부어도 넘칠 정도로 가득 말이야.

예수님이 말씀하셨어.

"자, 항아리에서 물을 한 컵 떠서 잔치 책임자에게 주고 맛을 보게 하시오."

결혼 잔치 책임자는 잔치가 잘 진행되도록 모든 일을 챙기는 사람이야. 하인들을 책임지는 사람이기도 하지. 결혼 잔치 책임자는 그때까지 포도주가 떨어진 것을 모르고 있었어. 하인들이 아직 알리지 않았거든. 하인 중 하나가 항아리에서 물 한 컵을 떠 결혼 잔치 책임자에게 갖다 주었단다. 그 물을 맛본 책임자는, "음, 정말 맛있는 포도주로군!" 하는 거야.

하인들은 영문을 알 수가 없었지. 결혼 잔치 책임자에게 물 한잔을 떠다 주었는데 포도주라고 하니 말이야! 하인들은 항아리 여섯 개에 물을 가득 채웠지. 그런데 지금 그 여섯 항아리 속에 포도주가 가득한 거야. 어떻게 이런 일이 일어났지?

이 일은 예수님이 하신 일이야. 예수님이 물을 포도주로 바꾸신 거야. 예수님이 기적을 일으키셨어!

나중에 예수님은 더 많은 기적을 행하실 거야. 아픈 사람들을 고쳐 주시고, 불행한 사람들을 행복하게 만들어 주실 거야. 이번에 예수님은 포도주가 떨어져 결혼 잔치를 망칠 뻔한 신랑, 신부를 아주 행복하게 만들어 주셨단다. 앞으로 예수님은 슬퍼하는 사람들을 많이 도와주실 거야. 예수님은 사람들을 행복하게 만들어 주시려고 이 땅에 오신 거니까.

10. 제자들이 물고기를 잡으러 갔을 때

누가복음 5장

'가나'라는 동네 주위에 사는 사람들은 이제 예수님에 대해 조금 알게 되었지.

"얼마 전에 있었던 그 일 들어 봤나? 예수님은 기적을 행할 수 있데. 글쎄 물로 포도주를 만들었다지 뭐야. 그리고 하나님에 대해서 이야기를 하실 때는 또 얼마나 멋있다고. 우리 오늘 같이 가서 그 이야기 좀 들어 보세!"

사람들은 예수님이 어디에 계신지 알고 있었어. 예수님은 '가버나움'이라는 동네에 계셨단다. 가버나움에는 호수가 있었어. 그 호숫가에 물고기를 잡는 배가 두 척 놓여 있었지. 그중 하나는 시몬의 배였단다. 시몬이 누구인지 아니? 예수님이 베드로라는 멋진 별명을 지어 주신 바로 그 제자야. 사람들은 이제 시몬을 시몬 베드로라고 부른단다. 시몬 베드로는 어부였어. 시몬의 형제 안드레도 예수님의 제자였고 어부였지.

다른 배 한 척은 요한의 배야. 이 요한은 세례 요한이 아니고 다른 요한이야. 요한과 요한의 형제 야고보도 예수님의 제자였고, 어부였단다. 고기잡이 배 한 척은 시몬 베드로와 안드레 형제의 것이었고, 다른 배 한 척은 요한과 야고보 형제의 것이었어.

예수님은 호수 옆에 있는 풀밭에 서 계셨지. 사방에서 사람들이 예수님을 향해 모여들었어. 서로 예수님 가까이 오려고 앞 사람, 옆 사람을 밀기도 하면서 말이야. 예수님이 하시는 말씀을 더 잘 들으려면 예수님 가까이 서야 하잖아. 그런데 사람들이 너무 미는 바람에 예수님이 거의 물에 빠질 뻔했단다.

'이래서는 안 되겠군.' 하고 생각하신 예수님은 시몬 베드로에게 말씀하셨단다.

"사람들이 서로 밀다가 나를 물에 빠뜨릴 것 같소. 당신의 배를 타고 저쪽 조금 떨어진 곳으로 갑시다."

잠시 후 예수님은 베드로의 배에 타고 계셨어. 사람들은 물가에 서 있고 말이야. 이제 모든 사람이 예수님을 잘 볼 수 있고, 잘 들을 수 있게 되었어.

예수님은 하나님에 대해 말씀해 주셨단다. 예수님의 말씀은 얼마나 멋있는지! 사람들은 그 이야기를 들으며 아주 행복해했어. 성전에 있는 율법학자들도 하나님에 대한 이야기를 자주 해 주었지만, 언제나 무서운 이야기만 해 주었단다. 마치 하나님께서 사람들에게 늘 화가 나 계신 것처럼 말했지. 하지만, 예수님이 하나님에 대해 이야기를 해 주시면 전혀 달랐어! 예수님은 이렇게 말씀하셨어.

"하나님은 여러분을 사랑하십니다. 그래서 여러분이 잘못된 일을 하거나, 불순종하고 하나님의 말씀을 듣지 않으면 아주 슬퍼하시지요. 하나님께서는 그 잘못된 일들을 죄라고 부르십니다. 여러분이 죄를 지으면 하나님은 여러분 가까이 오실 수가 없습니다. 하나님은 여러분을 너무 사랑하시기 때문에 여러분 가까이 오실 수 없는 것을 정말 슬퍼하시지요. 무엇보다도 하나님은 여러분이 하나님을 사랑하기를 바라고 계십니다."

호수 옆에 있는 풀밭에 서서 예수님의 이야기를 조용히 듣고 있던 사람들은 정말 기분이 좋았단다. 사람들은 서로 이렇게 수군거렸지.

"예수님은 하나님에 대해 모르시는 것이 없어.
예수님은 아주 중요한 선지자임이 틀림없어."

예수님이 하나님에 대해 잘 아는 것은 당연하지 않니? 예수님은 하나님의 아들이잖아. 하지만, 사람들은 그 사실을 아직 알지 못했단다.

예수님의 이야기가 끝났을 때는 벌써 오후였어. 사람들은 점심을 먹으러 집으로 돌아갔지. 예수님이 베드로에게 말씀하셨어.

"배를 저어 깊은 데로 가서 물고기를 잡으시오."

베드로는 깜짝 놀라 대답했단다.

"예수님, 한낮에는 물고기가 잡히지 않습니다. 물고기는 밤이나 이른 아침에나 잡을 수 있습니다. 저희는 지난밤 고기잡이를 했는데, 글쎄 한 마리도

못 잡았습니다. 그물에 물고기가 한 마리도 안 잡혔어요. 더구나 지금은 한낮이라 물고기가 잡힐 리가 없습니다! 하지만, 예수님이 물고기를 잡으라 하시니 그물을 한번 던져 보기는 하겠습니다."

베드로는 배를 저어 호수 안쪽으로 들어가더니 그물을 던졌어. 잠시 후 던졌던 그물을 끌어 올리려고 했지. 하지만,베드로와 안드레 두 사람의 힘으로는 그물을 배 위로 끌어 올릴 수가 없었단다. 그물에 물고기가 가득했거든! 그물이 거의 찢어지기 직전이었어. 다른 사람의 도움을 받아야 했지.

마침, 호수 저편에 요한과 야고보의 배가 떠 있는 것이 보였어. 베드로는 크게 소리쳤단다.

"어이,이리 와서 우리 좀 도와주게. 물고기가 너무 많이 잡혀서 그물이 찢어질 것 같아."

요한과 야고보는 빠르게 노를 저어 베드로의 배 가까이 왔단다. 그리고 베드로와 안드레를 도와주었어. 그제야 일이 훨씬 쉬워졌지. 모두 힘을 모아 조심스럽게 그물을 배 위로 끌어 올렸단다. 그리고 그물에서 물고기를 꺼내 배에 쌓았어. 마침내 그물에 있는 물고기를 다 꺼내자 배 두 척은 물고기로 가득했단다. 배가 거의 가라앉을 정도였어.

예수님이 옳았어! 예수님은 어디에 물고기가 많이 있는지 알고 계셨어. 오히려 어부 베드로의 예상은 완전히 빗나갔지. 한낮에 물고기를 잡았잖아. 그것도 배 두 척 가득.

베드로가 예수님을 믿지 않았던 것은 참 어리석은 일이지? 언제나 예수님을 믿고 따라야 한다는 것을 베드로도 배워야 했어.

베드로는 예수님을 믿지 않은 자신이 너무 부끄러웠단다. 그래서 슬퍼하며 말했지.

“주님, 저는 몹시 나쁜 사람입니다. 제 곁을 떠나 주십시오!”

“아니오, 베드로.”

예수님은 따뜻한 음성으로 말씀하셨단다.

“베드로, 당신은 항상 나와 함께 있어도 좋소. 안드레와 요한, 야고보도 마찬가지요. 그대들에게 많은 것을 가르쳐 주겠소. 나와 함께 하나님의 일을 합시다.”

그 말을 들은 베드로는 얼마나 기분이 좋았는지 모른단다. 그리고 예수님을 더 많이 사랑하게 되었어!

네 명의 친구들은 배를 호숫가에 묶어 두었지. 이제 당분간은 이 배가 필요 없을 것 같아서 말이야. 네 명의 친구들은 아주 다른 일을 할 작정이거든. 예수님을 돕는 일을 할 계획이었지.

11. 성전을 가축 시장으로 만들지 마라 !

요한복음 2 장

예루살렘에서 축제가 열리자 이스라엘 곳곳에서 많은 사람이 모였어. 예수님도 제자들과 함께 그곳에 가셨지. 사람들로 북적대는 예루살렘에 가신 거야. 예루살렘에 도착한 사람들은 먼저 성전에 들러서 기도하고 하나님께 제물을 드린단다. 부자들은 양이나 소를, 가난한 사람들은 비둘기를 가지고 와서 하나님께 제물로 드리지.

사람들은 짐승을 끌고 와서 먼저 제사장에게 간단다. 제사장은 성전에서 일하는 하나님의 종인데 하나님께 제물을 드리는 일을 도와주지. 하나님께서는 제사장만 그 일을 하라고 명령하셨어. 제사장은 짐승을 죽여서 제단 위에 올려놓는단다. 그리고 짐승이 잘 타도록 제단 밑에 불을 피우는 거야. 그러면 연기가 하늘로 올라가겠지? 이렇게 양이나 소나 비둘기를 불에 태워 연기를 하나님께 올리는 것을 제사 드린다고 해. 이런 축제 때면 사람들은 너도나도 하나님께 제물을 드리고 싶어 하지. 그때는 일이 너무 많아져서 제사장 한 명으로는 어림도 없지. 그래서 많은 제사장이 도와줘야 해.

어떤 사람들은 제물로 드릴 짐승을 집에서부터 끌고 오기도 해. 또 어떤 사람들은 예루살렘에 도착해서 사기도 하지. 하나님께서 그렇게 해도 된다고 하셨어. 또 그게 훨씬 쉽기도 하거든.

하지만, 하나님께서는 짐승들을 성전 바로 옆에서 사고파는 것은 좋아하지 않으셨어. 소나 양, 비둘기는 예루살렘의 다른 곳에서 사고팔 수도 있잖아. 그런데 상인들은 성전 바로 옆에서 장사했단다. 그곳이 장사가 훨씬 잘될 거라고 생각했거든. 상인들은 소와 양을 담장에 묶어 놓고 비둘기는 새장에 가둔 채 장사를 했지. 그러니 얼마나 시끄러웠겠니? 소들은 음매 음매, 양들은 매애애, 새장 안에 갇힌 비둘기들은 이리저리 파닥거리며 구구구……. 그 와중에 상인들은 가축을 사라고 고래고래 소리를 질러 댔지. 성전 옆이 완전히 가축 시장이 된 거야. 이게 말이나 되니? 성전은 하나님의 집인데, 성전에서 이렇게 소란을 피우다니 말이야. 이것은 절대로 경건한 행동이 아니지! 성전에서는 모두 조용히 해야 해. 성전은 하나님께 기도하고 제사하는 곳인데 소리를 지르고 시끄럽게 하면 다른 사람들에게 방해되겠지?

예수님도 제자들과 예루살렘에 도착하시고 나서 기도하기 위해 성전으로 가셨어. "소 사세요, 비둘기 사세요." 소리 지르는 상인들 옆을 지나시게 되었어. 소와 양들 사이를 지나고, 구구하고 울어 대는 비둘기들 사이를 지나가셔야 했어. 그러다 화가 나신 거야. 예수님이 화가 나실 만도 하지 않니?

'감히 여기에서 장사를 하다니. 성전은 내 아버지의 집이야. 그런데 상인들이 가축 시장을 만들어 버렸어.'

예수님은 바닥에 떨어진 채찍을 집어 들어 휘두르시며 마당에 있던 모든 상인을 내쫓으셨어. 짐승들도 다 함께 말이야. 비둘기를 파는 상인들에게도 소리치셨어.

"새장을 들고 당장 여기를 떠나시오. 성전은 내 아버지 집인데 당신들이 가축 시장으로 만들어 버렸소."

상인들은 예수님이 누군지 몰랐어. 하지만, 예수님의 말씀을 듣고는 다 도망갔단다.

"저 사람은 도대체 누구야?" 하고 물으면서 말이야.

"마치 저 사람이 이곳의 주인 같군. 정말 화가 단단히 난 모양이야. 빨리 도망가는 것이 좋겠어."

제물을 준비하고 있던 제사장들은 짐승을 끌고 도망치는 상인들을 깜짝 놀라 쳐다보았단다. 성전에서 이야기를 나누고 있던 율법학자들도 달려왔어. 무슨 일이 일어났나 보려고 말이야. 모여든 사람들은 예수님을 쳐다보았지. 손에 채찍을 들고 화가 난 채 서 계신 예수님을 보았어!

성전이 다시 조용해졌으니 제사장들이 좋아했을까? 아니란다. 오히려 그 반대였어. 제사장들은 자기들이 성전의 주인이라고 생각하고 있었거든. 그런데 갑자기 예수님이 주인이 되셨어. 모든 사람이 예수님이 시키는 대로 하고 있잖아. 제사장들은 예수님을 시기하는 마음이 생겼어.

"아니 저 사람이 누군데 주인 행세를 하는 거야?" 하고 수군거렸단다.

성전의 주인은 누구시지? 그럼! 바로 예수님이시지. 예수님은 하나님의 아들이신걸! 그런데 제사장들은 그것을 이해하지 못했어. 율법학자들도 역시 예수님을 시기했어. 예수님이 하나님과 성경에 대해서 이야기를 해 주실 때, 사람들이 얼마나 좋아하는지 알고 있었거든. 율법학자들은 그것이 못마땅했지.

"사람들은 우리가 하는 말을 들어야 해. 우리가 하나님에 대해 훨씬 많이 알고 있어. 저 예수보다 말이야" 라고 말했단다. 안타깝지만 율법학자들도 예수님이 하나님의 아들이라는 것을 이해하지 못했어.

다행히 율법학자 중에 예수님을 시기하지 않는 사람이 한 명 있었어. 니고데모라는 사람이었지.

'예수님은 하나님과 성경에 대해 정말 많이 알고 계셔. 나보다도 훨씬 많이 알고 계시지. 나중에 예수님을 한번 만나 이야기를 나눠 보고 싶군. 그런데 다른 율법학자들이 그걸 알면 화를 내겠지' 하고 니고데모는 생각했단다.

어느 날 밤 니고데모는 예수님이 계신 집으로 몰래 찾아갔어. 그리고 예수님과 늦게까지 이야기했단다. 니고데모는 예수님에게 많은 것을 배웠어. 예수님과 이야기하는 것이 무척 즐거웠지.

나중에 니고데모는 예수님의 진짜 친구가 된단다. 그때 니고데모는 다른 율법학자들에게 자기가 예수님을 사랑한다는 것을 자신 있게 말하게 되지. 지금은 니고데모가 두려워하고 있지만, 나중에는 아주 용감해진단다.

12. 병든 사람과 그의 네 친구

마가복음 2 장

예루살렘에서 축제가 끝난 뒤 예수님은 가버나움으로 가셔서 거기 사셨단다. 가버나움 사람들은 예수님을 자주 만날 수 있게 되었어. 예수님이 하나님과 성경에 대해서 이야기해 주실 때마다 들을 수 있게 된 거야.

어느 날 멋진 옷을 입은 율법학자 몇 명이 예루살렘에서부터 예수님을 찾아왔어. 성경 이야기라면 모르는 것이 없는 율법학자들이 무슨 일로 왔을까? 율법학자들은 예수님이 하나님에 대해 많이 알고 있다는 소문을 들었지. 율법학자도 아닌 사람이 하나님에 대해 많이 알고 있다니 샘이 난 거야.

"예수가 우리보다 하나님에 대해서 더 많이 알까? 아냐, 그럴 리는 없을 거야. 예수는 사람들에게 도대체 뭐라고 말하는 걸까? 옳지, 우리 직접 가버나움에 가서 예수가 하는 말을 한번 들어 보자."

그래서 율법학자 몇 명이 예수님을 찾아오게 된 거야. 예수님이 계신 곳에는 예수님 말씀을 듣고 싶어 하는 사람들이 많이 와 있었어. 예수님이 계신 방은 금방 사람들로 꽉 차 버렸어. 그런데도 사람들이 계속 왔단다. 그 사람들은 하는 수 없이 방문 밖에 섰지. 잠시 후에는 마당까지 사람들로 꽉 차 버렸어. 이제 정말 한 사람도 더 올 수 없었어.

그때 저쪽에서 남자 네 명이 다가왔단다. 뭔가 무거운 것을 들고서 말이야.

네 사람이 들고 오는 것은 침상 같았어. 그 침상에는 병에 걸린 사람이 누워 있었어. 이 사람은 걸을 수도 없고 일어설 수도 없었단다. 아무것도 못하고 온종일 그저 누워 있기만 했어. 중풍에 걸렸거든. 정말 불쌍하지? 심한 중풍에 걸리면 하루 종일 누워 있어야만 해. 아무 곳도 못 가고 아무 일도 못하지. 늘 다른 사람이 돌봐 주어야만 한단다. 다행히 이 사람에게는 도와줄 친구가 네 명이나 있었어. 이 친구들은 예수님이 가버나움에 계시다는 것을 듣고, 서로 이렇게 말했지.

"예수님은 중풍에 걸린 우리 친구를 고쳐 주실 수 있을 거야. 우리 당장 예수님에게 가 보자."

그래서 아픈 친구를 침상에 누인 후 그 침상을 들고 예수님이 계신 곳으로 온 거야. 예수님이 계신 집 대문에 이르자 주위에 서 있는 사람들에게 말했단다.

"길 좀 비켜 주세요. 예수님에게 가까이 가야 해요."

그러자 대문 옆에 서 있던 사람들이 너도나도 말하는 거야.

"우리도 마찬가지요. 우리도 예수님 가까이 가고 싶소."

"집에 사람들이 꽉 찼어요. 더는 아무도 들어갈 수 없어요. 당신들도 못 들어간다고요. 그러니 그냥 돌아가시오."

이 일을 어쩌지? 친구 네 명은 어떻게 했을까? 그냥 포기하고 집으로 돌아갔을까? 아니, 그럴 수는 없어. 오히려 아주 기발한 생각을 해 냈단다!

이스라엘의 집들은 지붕이 평평해. 평평한 지붕은 기와로 덮여 있지. 집 밖에는 지붕으로 올라갈 수 있는 계단이 있어. 그 계단을 올라가면 집 안에 들어가지 않고도 지붕 위에 올라갈 수가 있단다.

친구 네 명은 자신들의 아픈 친구가 누워 있는 침상을 들고 지붕으로 올라가는 계단으로 갔어. 그리고 낑낑대며 조심조심 지붕으로 올라갔지. 지붕에는 왜 올라갔을까? 거기에서도 예수님을 만날 수는 없는데 말이야. 예수님을 만날 수 있는 좋은 방법은 도대체 무엇일까?

지붕 위에 다 올라온 네 친구는 조심스레 기와를 뜯어내 구멍을 만들었지. 그리고 침상의 모서리를 밧줄로 단단히 묶었단다. 그러고는? 친구가 누워 있는 침상을 구멍을 통해서 천천히 밑으로 내려보냈어. 그렇게 해서 중풍에 걸린 사람은 정확하게 예수님 발 앞에 내려오게 되었지. 침상에 누운 채 예수님 앞으로 내려온 거야. 중풍에 걸린 사람은 침상에 가만히 누워 있었어. 어차피 누워 있는 것 외에는 아무것도 할 수 있는 것이 없는 사람이잖아?

방에 있던 사람들은 모두 어안이 벙벙해서 지붕에 뚫린 구멍과 예수님 앞에 누워 있는 중풍 병자를 번갈아 쳐다보았어. 예수님도 위를 쳐다보셨지. 잔뜩 긴장한 채 예수님을 내려다보는 네 사람이 보였어. 이 네 사람은 이렇게 생각하고 있었겠지.

'예수님이 우리 친구를 고쳐 주실까? 예수님은 분명히 고치실 수 있으셔. 하지만, 우리에게 화를 내시면 어쩌지?'

그때 예수님이 어떻게 하셨는지 아니? 중풍에 걸린 사람을 쳐다보시며 말씀하셨어.

"당신이 했던 모든 잘못을 용서합니다. 내가 당신의 죄를 다 용서합니다!"

예수님은 그 아픈 사람의 모든 죄를 용서해 주셨어. 하지만, 그 사람의 병을 고쳐 주신 것은 아니었어!

예수님 곁에 앉아 있던 율법학자들이 그 말씀을 들었지.

'뭐라고? 죄를 용서한다고? 감히 그런 말을 함부로 하다니! 오직 하나님만이 죄를 용서해 주실 수 있어. 예수는 마치 자기가 하나님이라도 되는 양 행동하는군. 말도 안 돼.'

예수님은 율법학자들의 생각을 정확하게 아셨어. 모든 것을 아시는 분이잖아. 예수님이 율법학자들에게 말씀하셨지.

"그대들은 내가 이런 말을 하면 안 된다고 생각하는군요. 하지만, 나는 죄를 용서할 수 있습니다. 왜냐하면 하나님이 내 아버지이시기 때문입니다. 나는 죄를 용서해 줄 수 있습니다. 그리고 중풍에 걸린 사람을 고쳐 줄 수도 있지요."

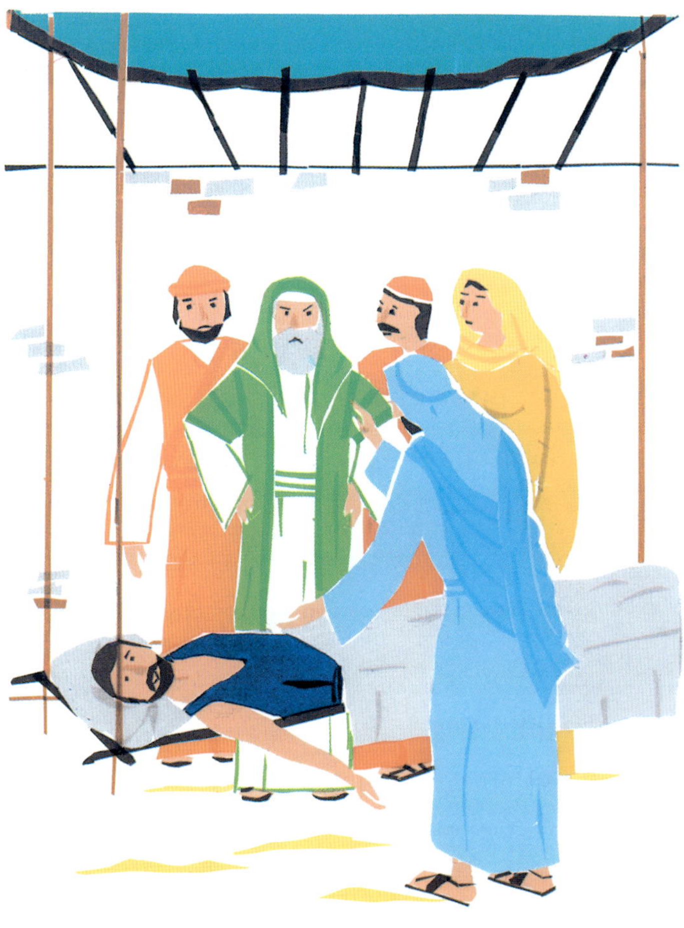

예수님은 바닥에 놓인 침상에 멀뚱멀뚱 누워 있는 그 사람에게 다정하게 말씀하셨어.

"일어나십시오. 그리고 침상을 가지고 집으로 돌아가세요."

중풍에 걸린 사람은 예수님을 쳐다보다가 그 말씀에 순종했단다. 자리에서 벌떡 일어났어. 그래, 일어설 힘이 갑자기 생긴 거야. 예수님이 그 사람을 고쳐 주셨거든.

"고맙습니다. 예수님!"

중풍에 걸렸던 사람은 기뻐서 눈물이 나올 지경이었지.

"예수님, 고맙습니다. 저의 죄를 용서해 주셔서 고맙습니다. 또 제 병을 고쳐 주셔서 고맙습니다!"

그 말을 마치고 그 사람은 침상을 들고 문으로 걸어갔어. 사람들은 놀라서 길을 비켜 주었지. 그곳에 모여 있던 사람들은 중풍병이 다 나은 그 사람을 목을 빼고 쳐다봤어. 지금까지 중풍 환자가 나아서 이렇게 걷는 것을 본 적이 없었거든.

얼마 전까지 아파서 누워 있던 그 사람은 자기 친구 네 명과 함께 걸어서 집으로 돌아갔어. 스스로 걸어서 말이야. 네 명의 친구들은 이제는 자기 친구를 들고 옮길 필요가 없게 되었지. 중풍병이 나은 사람은 얼마나 기뻤을까? 그 사람이 예수님을 아주 많이 사랑하게 된 것은 당연하겠지?

잠시 후 사람들은 집으로 돌아가면서 서로 말했단다.

"중풍병 걸린 사람을 고치다니. 예수님은 정말 대단해. 예수님은 엄청난 기적을 행하시는 분이야."

13. 로마 장군 백부장의 종

누가복음 7장

이스라엘은 자기 나라 사람이 나라를 다스리는 것이 아니었어. 대신 다른 나라 사람이 이스라엘을 다스리고 있었지. 그 사람이 누구냐 하면 저 멀리 로마에 사는 황제였어. 황제는 많은 군인을 이스라엘에 보냈단다. 로마에 사는 황제가 보낸 로마 군인들이 이스라엘을 다스렸어. 그걸 좋아하는 이스라엘 사람은 하나도 없었단다. 이스라엘 사람들과 로마 군인들은 당연히 사이가 좋지 않았지.

'가버나움'이라는 동네에도 군인들이 많이 있었지. 그 군대에 대장이 있는데 그 대장을 '백부장'이라고 불렀단다. 100명이나 되는 군인의 대장이었거든. 그런데 이 백부장은 이스라엘 사람들을 괴롭히지 않았어. 오히려 이스라엘 사람들과 친구처럼 잘 지냈지. 이 백부장이 어떻게 이스라엘 사람들과 친구가 되었는지 아니?

어느 날 이 백부장은 가버나움 사람들이 새 회당을 짓고 싶어 한다는 말을 들었어. 회당은 이스라엘 사람들의 교회야. 새 교회를 지으려면 아주 많은 돈이 필요했어. 하지만, 가버나움 사람들은 돈이 많이 없었단다. 부자가 아니었거든.

그때 로마 군인 백부장이 이렇게 말했어.

"회당을 지을 돈을 내가 내겠습니다. 나는 이스라엘 사람들과 하나님을 사랑하니까요. 나는 이스라엘 사람도 아니고 다른 나라에서 온 군인이지만 이스라엘 사람들을 좋아한답니다."

그 말을 들은 가버나움 사람들은 아주 기뻐했지. 로마 군대의 백부장이 새 회당을 지을 돈을 그냥 주겠다고 하니까 말이야. 그 후로 백부장과 이스라엘 사람들은 친구가 되었지.

그러던 어느 날 백부장의 종 한 사람이 병에 걸렸어. 조금이 아니라 굉장히 많이 아프게 되었단다. 곧 죽을 것만 같았어. 자기 종들을 잘 보살피던 백부장은 마음이 아주 슬펴졌어. 자기 종이 병들어 이렇게 많이 아파하는 것 때문에 무척 괴로웠지.

'누가 이 사람을 고쳐 줄 수 있을까? 아, 그래, 예수님! 예수님은 어떤 병도 고칠 수 있으시지. 그런데 예수님이 고쳐 주시려 할까? 나는 이스라엘 사람도 아니고, 다른 나라에서 온 군인이잖아. 더구나 이스라엘 사람들은 로마 군인들을 좋아하지 않아. 예수님도 나를 좋아하시지 않을 거야. 그분께 도와달라고 말할 용기가 없군. 그렇지만 회당에 모이는 내 친구들은 다 이스라엘 사람들이야. 그 사람들이 부탁하면 예수님도 들어 주시지 않을까?'

백부장은 회당에 가서 거기 있는 사람들에게 자기 종이 병들었다는 것을 말했지.

"예수님에게 가서 내 종의 병을 고쳐 달라고 부탁해 주세요. 나는 그런 말을 할 용기가 없어요."

"예, 그렇게 하지요." 회당에 모여 있던 사람들이 대답했단다.

"백부장님을 위해 우리가 예수님에게 부탁해 보겠습니다. 당신은 우리 친구니까요."

사람들은 당장 예수님에게 달려가 부탁했지.

"주님, 백부장의 종을 고쳐 주세요. 원래 로마 군인들은 우리와 친구가 아닙니다. 하지만, 이 백부장은 달라요. 우리가 회당을 지을 수 있도록 돈을 내기도 했습니다. 그리고 우리 이스라엘 사람들을 좋아하지요. 자기 종도 잘 보살피는 사람이고요. 지금 자기 종이 병들어 이 백부장이 아주 슬퍼하고 있답니다. 제발 그 종을 고쳐 주세요. 백부장은 예수님에게 와서 도와 달라고 말할 용기가 없답니다."

그 말을 듣고 예수님은 어떻게 하셨을까? 예수님은 사람들과 함께 백부장의 집으로 가기로 하셨단다. 정말 잘 됐지?

예수님이 백부장의 집을 향해 한참 걸어가셨을 때였어. 백부장의 다른 친구들이 예수님 쪽으로 다가왔지.

"주님, 백부장이 보내서 저희가 이렇게 왔습니다. 백부장은 예수님이 병든 자기 종을 고쳐 주시려고 일부러 찾아오시는 수고를 할 필요가 없다고 합니다. 주님께 너무 폐가 될까 봐서요. 그냥 여기에서 아픈 종에게 나으라고 말씀만 해 주십시오. 백부장은 주님의 말씀만으로도 자기 종의 병이 나을 것이라고 믿는답니다. 주님은 모든 것을 하실 수 있는 분이니까요!"

"이 말을 들었소?"

예수님은 함께 걸어가고 있던 가버나움 사람들에게 말씀하셨어.

"백부장은 이스라엘 사람이 아니요. 하지만, 내가 모든 것을 할 수 있다는 것을 확실하게 믿고 있소. 백부장의 이 놀라운 믿음이 내 마음을 정말 기쁘게 하는구려!"

예수님이 계속 말씀하셨지.

"백부장에게 돌아가시오. 종의 병은 이미 나았소."

예수님이 백부장의 친구들에게 말씀하셨지.

예수님은 병자 곁에 가지 않고도 병을 고치실 수 있을까? 물론이지! 백부장의 친구들이 집에 도착해 보니 그 종의 병이 다 나아 있었어. 예수님이 모든 것을 할 수 있다고 믿은 백부장의 믿음대로 된 거야!

이번에 예수님은 로마 군인 백부장과 그 종을 행복하게 만들어 주셨어, 그렇지? 예수님은 그저 이스라엘 사람들만 행복하게 만들어 주시려고 이 땅에 오신 것이 아니야. 다른 나라 사람들도 행복하게 해 주고 싶어 하셔. 예수님은 모든 사람이 행복해지기를 원하셔. 세상 모든 사람이 이 사실을 곧 알게 될 거야.

14. 호수에 높은 파도가 쳤어

마가복음 4장

가버나움 사람들 사이에 예수님이 로마 백부장의 종을 고쳐 주셨다는 소식이 두루 퍼졌단다. 가버나움에는 백부장의 종 이외에도 병든 사람이 많이 있었는데, 그 사람들이 모두 예수님을 찾아왔어. 예수님이 어디 계신지 수소문해서 찾아왔단다. 그날도 예수님은 호수 가까이에 계셨지. 사방에서 사람들이 모여들었어. 병든 친구를 데리고 오는 사람들, 아픈 자녀를 데리고 온 부모들, 병든 부모님을 모시고 온 사람들도 있었단다. 예수님은 그 모든 사람을 다 고쳐 주셨어!

예수님은 아픈 사람을 고쳐 주시는 일만 하신 것이 아니야. 여느 때처럼 하나님에 대해 이야기도 해 주셨지. 사람들은 예수님 말씀을 듣는 것을 참 좋아했단다. 예수님을 사랑해서 언제까지나 그 곁에 있고 싶어 했지.

그런데 그중에는 예수님을 진심으로 사랑하지 않는 사람들도 있었어. 예수님을 사랑하는 척만 하는 사람들 말이야. 그 사람들은 예수님이 하시는 기적만 보려고 했어. 예수님이 병든 사람을 고쳐 주실 때는 감탄을 했지만, 하나님에 대한 말씀은 듣고 싶어 하지 않았지. 그 마음을 알고 계신 예수님은 무척 슬프셨단다.

그래도 대부분의 사람들은 예수님이 하시는 멋진 말씀을 아주 좋아했단다. 예수님의 말씀을 하나도 빠뜨리지 않고 들으려고 점점 예수님 가까이 모여들었어. 서로 이리 밀고 저리 밀면서 말이야. 지난번에도 그런 적이 있었지? 그때 예수님은 베드로의 고기잡이배에 가서 앉으셨잖아? 예수님은 이번에도 그렇게 하셨단다.

저녁이 되었는데도 사람들은 예수님을 떠나지 않고 모여 있었어. 예수님은 무척 피곤하셔서 제자들에게 말씀하셨어.

"호수 건너 저쪽 편으로 배를 저어 갑시다. 그곳에는 사람들이 없으니 좀 쉴 수 있을 것 같소."

베드로와 요한은 자기들의 배를 타고 떠날 준비를 했지. 배의 돛을 높이 올렸어. 모든 제자가 배 두 척에 나눠 타고 호수를 건넜단다. 바람이 살랑살랑 불고 있었지. 배는 바람을 가득 안고 천천히 호수 건너편으로 움직이고 있었어. 예수님은 배 뒤편으로 가시더니 머리를 기대고 누우셨단다. 그리고는 금방 잠이 드셨어. 예수님이 얼마나 피곤하셨을까? 제자들은 소리를 죽여 서로 속삭이듯 말을 했지. 예수님을 깨우면 안 되니까 말이야. 주위가 깜깜해졌어. 맑은 하늘에 별들이 반짝이고 있었지. 정말 아름다운 밤이었단다!

그때 갑자기 바람이 세차게 불기 시작했어. 잔잔하던 호수에 파도가 일기 시작했지. 바람은 점점 더 세차게 불었어. 잠시 후에는 위험한 일이 벌어질 것 같았단다. 돛은 금방이라도 찢어질 것 같았어! 제자들은 서둘러 돛을 내려 잘 접었단다. 그럼에도 예수님은 전혀 눈치를 못 채신 듯 계속 쿨쿨 주무시고 계셨지. 바람은 점점 더 세차게 불었어. 광풍이 몰아치기 시작했지. 제자들은 돛을 내리고 노를 저어 보려고 했어. 하지만, 그것도 쉽지 않았단다. 파도는 점점 더 높아졌지. 배는 위로 아래로 앞으로 뒤로 이리저리 출렁거렸단다. 배가 도대체 어디로 떠내려가는지 알 수가 없었어. 높은 파도가 사방에서

출렁거렸지. 파도가 일어나 배 안으로 물이 들어오기 시작했어. 제자들은 온 힘을 다해 물을 밖으로 퍼냈단다. 그러면 또다시 산더미 같은 파도가 일어나 배 안으로 물이 가득 들어왔지. 이러다가는 배가 곧 가라앉고 말 것 같았어!

"우리 모두 물에 빠져 죽겠어!"

제자들이 겁에 질려 소리쳤어.

"어떡하면 좋지? 아니, 예수님은 아직도 주무시고 계시잖아? 폭풍이 치는 것도 모르시다니! 예수님을 깨워. 안 그러면 예수님도 물에 빠질 거야!"

베드로는 예수님을 흔들어 깨웠지.

"주님, 바람이 이렇게 무섭게 부는데 그냥 쿨쿨 주무시면 어떡해요? 우리 모두 물에 빠져 죽을 것 같아요. 제발 우리를 도와주세요!"

그 말에 예수님은 잠에서 깨어나 일어나 앉으셨어. 그러고는 겁에 질려 있는 제자들을 보셨지. 예수님도 제자들과 함께 배에 들어온 물을 퍼내셨을까?

물에 빠져 죽을까 봐 겁을 내셨을까?

아니! 아니야! 예수님은 배 앞쪽으로 가셨지. 그리고 화가 난 눈으로 바람과 파도를 바라보셨단다. 이어서 예수님은 말씀하셨지.

"바람아, 멈추어라! 파도야, 사라져라!"

그러자 어떤 일이 일어났을까? 바람이 멈추었어. 높게 일렁이던 파도는 작아지고 또 작아지고 점점 작아졌지. 잠시 후 제자들이 탄 배 두 척은 유유히 호수 위에 떠 있었지. 언제 광풍이 불었느냐는 듯이 말이야. 맑은 하늘에는 다시 별들이 반짝였어.

"무엇 때문에 그렇게 겁을 냈소?"

예수님이 제자들에게 따뜻한 음성으로 물으셨어.

"내가 곁에 있지 않소? 내가 여러분을 지켜 준다는 것을 아직도 못 믿겠소?"

제자들은 입이 열 개라도 할 말이 없었단다. 조금 전까지 그렇게 겁에 질려 있었던 것이 너무 부끄러웠지. 존경하는 눈으로 모두 예수님을 바라보았단다. 제자들은 예수님을 더욱더 사랑하게 되었어!

배를 타고 한참을 더 갔을 때 제자들은 작은 소리로 속삭였어.

"우리 생각으로는 도저히 이해할 수 없지만, 바람과 파도가 예수님 말씀에 순종했어. 우리 눈으로 모두 똑똑히 봤잖아."

그래, 제자들은 예수님이 하나님의 아들이시기 때문에 모든 것을 하실 수 있다는 것을 아직도 이해하지 못했지. 시간이 더 흐른 뒤에야 제자들은 그 사실을 이해할 수 있을 거야.

15. 과부의 아들

누가복음 7 장

예수님이 늘 가버나움에만 계셨던 것은 아니란다. 예수님은 제자들과 함께 온 나라를 다니셨어. 가시는 곳마다 하늘나라가 이미 왔다는 것을 사람들에게 말씀해 주셨지!

어느 날 예수님이 '나인'이라는 성에 가게 되셨어. 예수님 주위에는 많은 사람이 함께 걷고 있었지. 사람들은 예수님 말씀도 듣고, 예수님이 하시는 일을 보고 싶어 했거든. 예수님을 따르는 긴 행렬이 만들어졌지!

사람들이 '나인' 성 가까이 이르렀을 즈음, 나인 성에서 오는 다른 행렬과 만나게 되었단다. 나인 성에 축제가 열린 것일까? 아니, 이 사람들은 축제 행렬 같지는 않았어. 나인 성에서 온 사람들의 얼굴이 즐거운 얼굴은 아니었거든. 그중에는 우는 사람도 있었단다. 특별히 정말 슬프게 우는 한 여인이 있었어! 나인 성에서 온 그 긴 행렬은 천천히 길을 가고 있었지. 행렬 앞에 선 남자 네 명은 무엇인가를 메고 가고 있었어. 이 사람들은 무얼 하는 사람들일까?

잠시 후 두 행렬이 서로 만났단다. 그제야 제자들은 네 명의 남자가 메고 있는 것을 똑똑히 보게 되었어. 그것은 네모난 판으로 한 청년이 위에 누워 있었어. 이런 네모난 판은 침대와 비슷한데 두 개의 긴 막대기에 천을 고정해 침대처럼 만든 들것이었지. 그 들것 위에 누워 있는 청년은 꼼짝도 하지 않

고 있었단다. 숨도 쉬지 않았어. 그래, 그 청년은 죽은 거야. 죽은 사람을 옮기는 이런 들것을 '상여'라고 부른단다. 나인 성 사람들은 지금 이 청년을 성 바깥에 묻으러 가는 중이었어. 상여 뒤에는 그 청년의 어머니가 따라오고 있었지. 그 어머니의 슬픔은 말로 표현할 수 없었어. 이 여인은 이미 남편을 잃었단다. 남편이 없는 부인을 '과부'라고 해. 이 과부에게는 이제 아들 하나만 남았지. 다른 자녀는 없었거든. 그런데 그 아들마저 죽어 버린 거야. 과부에게는 식구가 아무도 안 남은 거지. 그러니 그 슬픔이 오죽하겠니? 그 과부는 슬퍼서 울고, 또 울었단다!

그 과부가 울고 있는데 어디선가 부드러운 음성이 들렸어.

"울지 마시오!"

사람들은 놀라 소리가 나는 쪽을 바라보았지. 울지 말라고? 슬퍼하지 말라는 말일까? 아들이 죽었는데, 슬퍼하는 것은 당연하잖아? 그런데 울지 말라고? 누가 이런 말을 하는 걸까?

바로 예수님이셨어! 예수님은 죽은 청년이 누워 있는 상여로 걸어가셨지. 남자 네 명은 그 자리에 멈춰 섰어. 예수님이 무엇을 하시려는 것일까? 놀란 눈을 한 채 사람들은 예수님을 바라보았어. 예수님은 죽은 청년 가까이 가시더니 말씀하셨단다.

"청년이여, 일어나라. 내가 말하노니, 일어나라!"

그러자 어떤 일이 일어났는지 아니? 죽은 청년이 갑자기 움직이는 것이었어. 청년이 다시 살아난 거야! 청년은 자리에서 일어나 앉더니 말을 하기 시작했단다. 예수님은 청년이 상여에서 내려오는 것을 도와주셨어. 그리고 그 어머니에게 데리고 가셨지.

처음에 과부는 슬픔으로 울고 있었어. 하지만, 이제는 기쁨으로 울게 되었단다. 아들이 죽었다가 다시 살아났으니 말이야! 예수님이 청년을 살려 주셨어. 예수님이 놀라운 기적을 행하신 거야! 슬픔에 잠겼던 행렬은 이제 기쁨의 행렬이 되었단다. 모두 기뻐하며 성으로 돌아갔지. 기쁨으로 환호하는 이 사람들 속에는 아주 행복한 어머니가 아들과 함께 걷고 있었어.

"예수님은 도대체 어떤 분이시지?"

사람들은 서로 물었어.

"예수님은 아주 중요한 선지자임이 틀림없어. 엘리야 같은 선지자 말이야" 하고 말하는 사람도 있었어.

"하나님께서 선지자를 우리에게 보내 주셨어. 오늘 큰 기적이 일어났어."

사람들은 아직도 예수님을 그냥 선지자인 줄 알고 있었어. 예수님이 보통 선지자와는 다르다는 것을 깨닫지 못했단다. 예수님은 하나님의 아들이셔. 예수님은 사람을 행복하게 만들어 주시려고 이 땅에 오신 거야.

*16. 율법학자 시몬의 집에 가신 예수님

누가복음 7장

이 이야기는 율법학자 시몬과 또 다른 사람에 대한 이야기야. 율법학자들은 성경 말씀을 열심히 공부한, 그래서 성경에 대해 모르는 것이 없다고 생각하는 사람들이었어. 사람들이 성경이나 하나님에 대해 잘 모르는 것이 있으면 율법학자를 찾아가 물어본단다. 그래서 율법학자들은 자기가 똑똑하고 중요한 사람이라고 생각하지. 대신 다른 사람들은 어리석다고 얕잡아 보기도 해.

율법학자 시몬은 예수님에 대해 많은 이야기를 들었어. 그러자 이런 생각이 들었단다.

'예수는 도대체 누구일까? 선지자일까? 이스라엘 모든 사람이 예수에 대해 이야기를 하고 있어. 예수를 우리 집에 초대하는 것은 어떨까? 초대해서 매우 어려운 질문들을 하는 거야. 그렇게 해서 그 사람이 진짜 선지자인지, 아닌지 알아보는 거야. 그래, 예수를 우리 집에 초대하자. 다른 율법학자들도 함께 초대하는 것이 좋겠지?

하지만, 예수가 중요한 손님처럼 보이게 해서는 안 돼. 그럼, 안 되고말고. 예수는 내 친구가 아니라는 것을 분명히 해야지. 그냥 예수가 어떤 사람인지 알아보려고 우리 집에 오라고 하는 것뿐이니까!'

정말 이상한 시몬이지, 그렇지?

예수님은 시몬이 왜 식사 초대를 하는지 눈치채셨지만, 모른 척하시고 시몬의 집에 가셨단다.

이스라엘에서는 맨발에 샌들을 신고 다닌다고 했지? 날씨가 너무 더워서 말이야. 모래가 많은 길을 걷다 보면 금방 발이 더러워진단다. 그래서 집 대문 옆에는 물이 담긴 통이 있고 수건을 든 하인이 한 명 서 있단다. 그 하인은 손님들의 발을 씻어 주지. 그 외 또 다른 하인은 손님들의 머리에 기름을 발라 주는 일을 한단다. 이 기름은 좋은 냄새가 나는 기름인데 바로 '향유'라고 하는 거야.

율법학자 시몬의 집에 초대된 손님들은 발을 씻고 향유를 바른 다음 식사를 할 방으로 들어왔지. 손님을 기다리고 있던 시몬은 손님들에게 입을 맞추며 인사했어.

"어서 들어오세요."

아주 상냥한 목소리로 인사했단다. 그리고 손님들에게 앉을 곳을 안내했지. 중요한 손님일수록 주인인 시몬과 가까운 자리에 앉게 된단다.

예수님도 시몬의 집에 도착하셨어. 하지만, 하인이 나타나 예수님의 발을 씻어 주지 않는 거야. 게다가 머리에 향유도 발라 주지 않았어. 예수님이 방에 왔을 때 시몬은 예수님에게 입맞춤도 안 했단다. 그리고 예수님을 식탁 제일 끝자리에 앉으라고 했어. 손님으로 초대해 놓고 이건 정말 너무한 거 아니니? 예수님은 아무 말씀도 하지 않으셨어. 그냥 조용히 자리에 앉으셨단다. 잠시 후 음식이 나오고 손님들은 음식을 먹으면서 서로 이야기를 나누었단다.

그때 사람들이 음식을 먹고 있는 방에 한 여인이 들어왔어. 초대받은 손님도 아닌데 그냥 들어온 거야. 그 당시에는 그런 일이 종종 있었다고 해. 신분이 높은 사람들이 식사할 때 보통 사람들이 가까이 와서 보는 경우가 있었대.

그 여인은 예수님이 앉아 계신 곳으로 갔어. 예수님 앞에 무릎을 꿇더니, 하염없이 눈물을 흘리는 거야! 눈물이 뚝뚝 떨어져 예수님의 발을 적셨어. 자기 눈물로 예수님의 발이 완전히 젖은 것을 본 그 여인은 몸을 더 낮게 숙였단다. 몸을 깊이 숙여 자기의 긴 머리카락으로 예수님의 발을 닦았지. 그리고 예수님의 발에 입맞춤하는 것이었어!

이 여인은 무슨 이유로 이렇게 우는 것일까? 속이 상하거나 아주 슬픈 일이 있는 것일까? 원래 이 여인은 나쁜 일을 굉장히 많이 했어. 그 도시에 사는 사람은 이 여인을 다 알고 있었단다. 모든 사람이 그 여인을 나쁜 여자라고 말했고, 그 여인에게 말을 건네는 사람도 없었지. 그런데 이 여인은 자기가 했던 나쁜 일, 잘못한 일에 대해 진심으로 후회했단다. 이제 그것을 누군가에게 말하고 싶었어. 그 사람이 누구일까? 그래, 예수님! 바로 예수님에게 자기

죄를 고백하고 싶었던 거야!

여인은 이런 생각을 했지. '어쩌면 예수님은 나의 나쁜 일을 용서해 주실 거야. 예수님은 사람들을 사랑하셔. 예수님이 내 죄를 용서해 주신다면 하나님도 내게 더는 화를 내지 않으실 거야!'

이 여인이 예수님을 위해 준비해 온 것이 있었어. 그것은 아주 비싼 향유가 가득 든 병이었어. 이 향유는 시몬이 손님들을 위해 준비한 향유보다 훨씬 더 좋은 냄새가 났지. 여인은 향유가 든 병을 열어 그 기름을 전부 다 예수님의 발에 부었단다! 그러면서 여인은 아무 말도 하지 않았어. 대신 눈물을 흘리며 계속 흐느껴 울고 있었지. 여인이 말을 하지는 않았지만, 예수님은 여인이 예수님을 사랑해서 그 비싼 향유를 붓는다는 것을 잘 알고 계셨어. 예수님은 불행한 삶을 살아 슬픔이 가득한 여인의 모든 것을 다 알고 계셨지!

율법학자 시몬은 눈이 휘둥그레져서 우는 여인과 예수님을 번갈아 바라보았어. 그러면서 생각했지.

'아니, 저 나쁜 여자가 예수에게 와서 하는 것들을 봐! 그리고 예수는 저 여자를 쫓아 버리지도 않는군! 예수는 아마 저 여자가 얼마나 나쁜 여자인지 모르는 것이 틀림없어. 안다면 당장 내쫓았을 텐데 말이야!'

시몬이 완전히 헛다리를 짚었지, 그렇지? 예수님은 이 여인이 누구인지 잘 알고 계셨어. 게다가 시몬이 지금 어떤 생각을 하고 있는지도 알고 계시지.

"시몬, 당신에게 할 말이 있소. 오늘 밤 내가 당신 집에 왔을 때, 당신은 나의 발을 씻겨 줄 하인을 보내지도 않았소. 그리고 다른 손님들처럼 내 머리에 기름을 발라 주지도 않았소. 당신은 내게 입맞춤도 하지 않았소. 시몬, 당신은 나를 손님으로 친절하게 맞지 않았소! 하지만, 이 여인은 자신의 눈물로 내 발을 씻겨 주었소. 자신의 머리로 내 발을 닦아 주었소. 내 발에 입맞춤했고, 비싼 향유를 부어 주기까지 했소. 이 여인은 나를 사랑해서, 그리고 자신이 했던 잘못들을 후회하기 때문에 이렇게 한 것이라오."

이 말을 들은 시몬은 예수님을 친절히 맞지 않은 자신이 부끄럽게 생각되었어. 슬퍼서 눈물을 그치지 못하던 여인은 예수님 곁에 무릎을 꿇고 앉았단다. 예수님은 그 여인을 보시며 따뜻하게 말씀하셨어.

"당신이 했던 모든 잘못을 용서합니다. 내가 당신의 모든 죄를 용서합니다! 이제 집으로 돌아가십시오."

이 여인이 얼마나 기뻤을까? 하나님께서는 이제는 이 여인에게 화를 내지 않으실 거야. 왜냐하면, 모든 죄를 용서받았으니까. 게다가 예수님은 이 여인을 사랑하셔. 지금까지 누구도 이 여인에게 이렇게 친절하게 말해 주지 않았단다! 율법학자 시몬과 손님들은 그 광경을 이해할 수가 없었지. 과연 예수가 선지자일까? 예수는 이 여인의 죄를 없애 준다고 말했어. 죄를 없애는 것은 오직 하나님만 하실 수 있는 일인데?

성경에 어떤 말씀이 있는지 잘 아는 시몬조차도 예수님이 하나님의 아들이라는 것을 깨닫지 못했단다. 하지만, 불행한 삶을 살았던 그 여인은 그 사실을 잘 알고 있었지! 그 여인은 예수님이 사람의 죄를 다 용서해 주실 수도 있다는 것을 알고 있었어. 그분은 예수님이시며 우리의 구주이셔.

구주, 이 멋진 이름을 기억하고 있니? 예수님이 베들레헴에서 태어나실 때 천사가 지어 준 이름이잖아. '구주'란 예수님이 우리를 구원해 주시는 분이라는 뜻이야. 구원이란 예수님의 도움으로 하나님께서 사람들 가까이 다시 오시게 된다는 뜻이야.

17. 베데스다의 병자

요한복음 5 장

예루살렘에는 '베데스다'라는 집이 있었어. 어떻게 보면 병원처럼 보이기도 하는데, 진짜 병원은 아니었단다. 이곳에는 연못이 있었어. 언뜻 보면 수영장 같기도 한데, 수영장과는 조금 달랐지. 여기는 아픈 사람들을 위한 연못이었단다.

이 연못은 아주 특별한 곳이야. 가끔 못의 물이 물결을 치며 움직일 때가 있거든. 물이 언제 물결을 치며 움직일지는 아무도 모른단다. 하지만, 만약 물이 출렁거리기 시작하면……! 아픈 사람들은 서로 빨리 못에 뛰어 들어가려고 소동을 벌인단다. 물에 가장 먼저 들어간 사람의 병이 깨끗이 낫게 되기 때문이지! 연못에 조금 늦게 들어간 그다음 사람의 병은 낫지 않는다는구나. 그래서 모든 사람은 서로 제일 먼저 못에 들어가려고 늘 준비하고 있었지.

하지만, 물이 언제 출렁출렁 움직일지는 아무도 몰랐어. 그래서 몸이 아픈 사람들은 항상 연못 주위에 있었단다. 앞이 안 보이는 장님들은 베데스다 주변을 천천히 걸어 다니고 있었지. 몸이 많이 아파서 걸을 수 없는 사람들은 베데스다 옆에 자리를 깔고 누워 있었단다. 그곳에는 몸이 건강한 사람들도 있었는데 병든 사람들을 돌보는 사람들이었어. 연못의 물이 출렁출렁 움직이면 걷지 못하는 사람들을 연못 안으로 옮기는 일도 했단다.

베데스다에 누워 있는 사람 중에 아주 오랫동안 아픈 사람이 한 명 있었어. 38년 동안이나 몸이 아팠대. 그 사람은 바닥에 자리를 깔고 누워 있었지. 38년 동안 아팠다니, 정말 긴 세월이지? 그 사람은 걸을 수가 없어서 연못의 물이 출렁인다 해도 연못 안에 들어가는 데 시간이 오래 걸렸지. 당연히 남보다 늦게 물에 들어가게 되겠지. 이 사람이 연못에 들어갔을 때는 언제나 다른 사람이 벌써 연못에 들어가 병이 다 나은 후였단다. 이 사람은 자기를 연못 안으로 옮겨 줄 친구나 친척도 없었어. 그러니 이 사람은 언제나 남보다 늦게 물에 들어갈 것이고, 어쩌면 병이 낫기는 영영 가망이 없는지도 몰라. 정말 안됐지?

어느 날 예수님이 베데스다에 오셨단다. 예수님은 오랜 세월 병든 몸으로 바닥에 자리를 깔고 불쌍하게 누워 있는 그 병자에게 걸어가셨어. 그 사람 곁에 서시더니 이렇게 물어보셨지.

"병이 낫기를 원하시오?"

그 병자는 예수님을 알지 못했어. 그래서 희망이 없는 목소리로 대답했지.

"저는 못의 물이 출렁일 때 연못 안으로 빨리 들어갈 수가 없습니다. 제가 못 안에 들어갔을 때는 항상 너무 늦습니다. 이미 다른 사람이 물에 들어가 병이 나은 후거든요. 저는 저를 도와줄 친구도 없습니다."

어쩌면 이 병자는 연못의 물이 움직일 때 예수님이 자기를 연못 안으로 데려가 주기를 바랐는지도 몰라. 하지만, 예수님은 전혀 다른 말씀을 하셨어.

"일어나십시오. 그리고 자리를 들고 이 자리를 떠나십시오."

병자는 놀란 눈으로 예수님을 바라보았어. 그러더니 예수님 말씀에 순종했단다. 자리에서 벌떡 일어난 거야. 와, 별안간 이 병자는 혼자 일어설 수 있게 되었어! 한 발, 두 발……. 걸을 수도 있었어. 38년 만에 병이 나았단다! 이 사람은 신이 나서 이리저리 막 걸어 다녔지. 그 사이 예수님은 다른 곳으로 가셨단다. 이 사람이 예수님에게 감사의 말을 할 사이도 없이 말이야.

'그렇다면 성전에 가서 하나님께 감사해야겠군.'

38년 동안 아팠던 이 사람은 자신이 깔고 누워 있던 자리를 들고 성전으로 갔단다.

이 사람은 기뻐서 춤을 추며 예루살렘 거리를 걸어갔지. 이곳을 이렇게 걸어 본 것이 얼마 만인지 몰라. 그때 이 사람의 등 뒤에서 뜻밖에도 성난 목소리가 들리는 것이었어.

"당신 거기에서 무얼 하는 거야? 지금 자리를 들고 가잖아. 그건 금지된 일이야. 오늘이 안식일이라는 걸 몰라!"

성난 율법학자 몇 명이 이렇게 말하는 것이었어.

'안식일'은 이스라엘의 주일을 말한단다. 사람들은 안식일에 일하면 안 되었어. 하나님께서 일하지 말라고 말씀하셨기 때문이야. 엄격한 율법학자들은 안식일에 아무것도 하지 말라고 했단다. 자리를 들고 걸어가는 것은 안식일에는 하면 안 되는 일이었단다. 너무 지나치지? 하나님의 뜻과는 전혀 다르니까 말이야. 율법학자들은 자기들이 성경이나 하나님에 대해 모든 것을 알고 있다고 생각했지. 그리고 보통 사람들은 다 자기들의 말을 들어야 한다고 생각했어. 만약 누가 안식일에 자리를 들고 옮긴다면 하나님께서 화를 내실 거라고 사람들에게 가르쳤단다. 정말, 하나만 알고 둘은 모르는 율법학자들이야!

자리를 들고 신나게 길을 걷던 이 사람은 오늘이 안식일이라는 생각을 전혀 안 했어. 게다가 예수님이 '자리를 들고 가라'고 말씀하셨잖아. 그 사람은 화를 내는 율법학자들에게 말했단다.

"제가 베데스다에 누워 있을 때, 어떤 분이 제게 와서 제 병을 고쳐 주었습니다. 그분은 저더러 자리를 들고 가라고 하셨습니다."

"그 사람이 누구냐?"

율법학자들은 여전히 화난 목소리로 물었단다 .

"그건 저도 모릅니다. 제가 그분께 감사 인사를 하기도 전에 그분은 다른 곳으로 가 버리셨거든요."

잠시 후 이 사람이 성전에 도착해 보니, 예수님도 성전에 계시는 것이었어. 예수님은 이 사람과 다시 말씀을 나누셨단다. 이제 이 사람은 자기 병을 고쳐 주신 분이 예수님이라는 것을 알게 되었지. 이 사람은 당장 율법학자들에게 달려가 그 사실을 전했단다.

그런데 율법학자들이 친절한 사람은 아니라는 것을 눈치챘니? 율법학자들은 이 사람의 병이 나은 것을 기뻐하지 않았어. 오히려 예수님에게 화를 냈단다. 율법학자들은 예수님에게 이렇게 말했지.

“안식일에는 일을 할 수 없습니다. 그럼에도 당신은 안식일에 일을 했습니다. 병든 사람을 고쳐 주었는데, 그것은 분명히 ‘일’ 입니다! 그리고 아픈 사람에게 자리를 들고 가라는 말도 했습니다.”

예수님은 율법학자들을 조금도 두려워하지 않으셨지.

“하늘에 계신 내 아버지도 안식일에 일하신다오. 그래서 나도 일하는 것이오!”

이렇게 예수님은 말씀하셨어. 그래, 하나님께서는 다른 날과 마찬가지로 안식일에도 사람들을 돌보아 주셔. 예수님이 안식일에 병든 사람을 고치신 것이 잘못일까? 아니지, 고쳐 주실 수 있지. 하지만, 율법학자들은 이 말을 듣고 예수님에게 더 많이 화를 냈단다.

“다들 방금 그 말을 들었어? 예수는 하나님이 자기 아버지라고 말하고 있어. 말도 안 돼. 감히 그런 말을 하다니, 예수는 벌을 받아야 해. 예수는 마치 자기가 하나님인 것처럼 행동하고 있어. 안식일에도 일하는 것을 보라고.”

율법학자들은 정말 이상한 말을 하지, 그렇지? 예수님을 질투하기 때문에 그러는 거야. 사람들은 질투하면 항상 이런 고약한 말을 하게 된단다.

하지만, 예수님은 그런 것들을 두려워하지 않으셨어. 예수님은 슬퍼하시며 예루살렘을 떠나셨단다.

18. 야이로의 딸

마가복음 5 장

'가버나움'이라는 동네에 '야이로'라는 사람이 아내와 열두 살 된 딸과 함께 살고 있었단다. 야이로와 그의 아내는 다른 자녀는 없고 딸만 한 명 있었지. 두 사람은 딸을 매우 사랑했단다. 야이로의 식구들은 큰 집에서 살았고, 딸에게 예쁜 옷과 좋은 장난감을 사 줄 돈도 충분히 있었지. 야이로의 가족 세 사람은 정말 행복하게 살고 있었어.

그러던 어느 날 아주 슬픈 일이 일어났단다. 야이로의 딸이 아프기 시작한 거야. 그것도 아주 많이! 의사 선생님이 오셔서 야이로의 딸에게 알약과 물약을 주셨단다. 하지만, 딸의 병은 점점 심해졌어. 야이로의 딸은 창백한 얼굴을 하고 침대에 가만히 누워 있었단다. 먹지도, 마시지도 못하고 말도 거의 못했어. 야이로와 아내는 아픈 딸 곁에 내내 앉아 있었단다. 아픈 딸을 바라보는 것은 정말 슬프고 힘든 일이었지.

어느 날 진찰을 하러 온 의사 선생님이 이렇게 말씀하셨어.

"따님은 앞으로 오래 살지 못할 겁니다. 저는 더는 병을 낫게 할 수가 없습니다. 아무도 따님을 고칠 수 없을 겁니다."

'뭐? 아무도 병을 못 고친다고?' 그 순간 야이로에게 예수님이 떠올랐어!

'예수님은 지금까지 많은 사람을 고쳐 주셨지. 사랑하는 나의 딸도 분명히 고쳐 주실 수 있을 거야.'

야이로가 아내에게 말했단다.

"예수님을 찾아가 봐야겠어. 듣자 하니 예수님이 예루살렘에 가셨다가 다시 오셨다더군."

야이로는 머뭇거리지 않고 바로 집을 나섰어. 동네 곳곳을 돌면서 예수님이 계실 만한 곳을 다 가 보았단다. 하지만, 어디에서도 예수님을 찾을 수가 없었어.

'어쩌면 호숫가에 계실지도 몰라. 예수님은 호숫가에 자주 가신다고 들었어. 호숫가에서 사람들과 이야기하기를 좋아하신다더군.'

야이로는 발걸음을 재촉하며 동네를 빠져나와 호수 쪽으로 걸어갔단다.

'예수님을 빨리 찾아야 할 텐데……, 내가 집을 나올 때 이미 우리 딸의 병은 아주 심했어. 내가 예수님을 찾는 사이 우리 딸이 죽어 버리면, 모든 것은 헛수고가 되고 말아!'

야이로는 호숫가를 따라 계속 걸어가고 있었단다. 마침내 저 멀리 사람들이 많이 모여 있는 것이 보였어. 예수님도 저 속에 함께 계실까? 야이로는 그 쪽을 향해 숨을 헉헉거리며 뛰어갔단다. 체면 차릴 것도 없이 야이로는 사람들을 옆으로 마구 밀치며 앞으로 들어가면서 소리쳤어.

"예수님이 여기 계십니까?"

야이로의 예상이 맞았어! 모여 있는 사람들 중앙에 예수님이 계셨단다. 예수님은 사람들과 이야기를 나누고 계셨지. 하지만, 야이로는 그런 것에 신경 쓰지 않고 소리쳤단다.

"주님, 제 딸이 많이 아픕니다. 제발 늦기 전에 저희 집에 오셔서 제 딸을 고쳐 주세요!"

"알겠소."

예수님이 사랑이 담긴 음성으로 대답하셨어.

"함께 당신 집으로 갑시다."

야이로는 예수님을 모시고 자기 집을 향해 출발했어. 그렇지만 도저히 빨리 걸을 수가 없었단다! 주위에 있던 모든 사람이 다 같이 움직이고 있었거든. 잠시 후 어떤 일이 일어날지 보고 싶어서 모두 따라오는 거야. 사람들은 서로 밀고 밀리면서 걸어가고 있었어. 예수님조차 제대로 움직이시지 못할 지경이었다니까.

엎친 데 덮친 격으로 오랫동안 병을 앓던 어떤 여인이 예수님에게 다가왔단다. 예수님은 그 여인을 고쳐 주시고 한참 동안 이야기를 나누시는 것이었어. 예수님은 한시라도 빨리 야이로의 집에 가야 한다는 것을 모르시는 것 같았어. 급한 야이로의 마음을 모르시는 걸까?

'왜 예수님은 빨리 가실 생각을 안 하시는 거지? 우리 집까지 가려면 아직 한참 가야 하는데. 저 여인과 계속 얘기만 하고 계실 건가? 물론 저 여인의 병이 나은 것은 잘된 일이야. 하지만, 우리 딸도 지금 많이 아프다고. 언제 죽을지 모른다니까. 이러다가 우리 딸이 죽어 버리면 어떡하지? 그때는 예수님도 어쩌실 수 없잖아!'

예수님이 계속해서 그 여인과 이야기를 나누고 계시는 동안, 야이로 집에서 하인이 한 명 달려왔단다. 아주 슬픈 얼굴을 하고서 말이야! 야이로에게 다가온 하인이 말했어.

"주인님, 따님이 조금 전 숨을 거두었습니다. 예수님은 더 이상 오실 필요가 없으십니다. 벌써 늦었습니다!"

늦었다고? 야이로의 눈에는 당장 눈물이 쏟아졌단다. 하늘이 무너지는 것 같았어. 자기 어린 딸이 죽다니!

예수님도 하인이 야이로에게 전하는 말을 들으셨어. 이제 예수님이 야이로의 집에 가실 필요가 없어진 걸까? 아니, 아니야. 예수님의 생각은 다르셨어. 예수님이 야이로에게 말씀하셨단다.

"두려워하지 마시오. 모든 것이 잘될 거요. 나를 믿으시오!"

예수님과 야이로는 사람들과 함께 그렇게 계속 걸어서 마침내 야이로의 집에 도착했지.

야이로의 집은 울음바다였어. 야이로의 딸은 침대 위에 가만히 누워 있었단다. 이미 숨을 쉬지 않고, 죽은 상태였지! 야이로의 아내는 흐느끼며 딸 곁에 앉아 있었단다. 이웃들과 친척들이 찾아와 함께 슬퍼하며 울고 있었지.

예수님은 야이로와 함께 집에 들어가셨어. 예수님은 베드로, 요한, 야고보

세 명의 제자를 데리고 들어가셨단다. 그 외 다른 사람들은 다 집 밖으로 내보내셨지. 집 안에서 우는 사람들에게 예수님이 말씀하셨어.

"모두 밖에 나가 계시오."

모든 사람이 다 밖으로 나가자 예수님은 야이로와 그의 아내, 그리고 세 명의 제자를 데리고 딸이 누워 있는 침대로 가셨단다. 예수님은 야이로 딸의 손을 잡으시고 말씀하셨어.

"아이야, 일어나라. 내가 명령한다!"

자, 이제 무슨 일이 일어났을까?

죽었던 야이로의 딸이 눈을 떴단다. 야이로의 딸은 자리에서 일어나 똑바로 앉더니, 자기 침대 주위에 서 있는 사람들을 놀란 눈으로 바라보았지. 그 자리에서 일어선 아이는 방 안을 걸어 다녔단다. 야이로와 그의 아내는 자신들의 눈을 믿을 수가 없었어. 사랑하는 자기 딸이 살아난 것이 사실일까? 그럼, 사실이고말고. 예수님이 자기 딸을 살려 주셨어. 예수님이 놀라운 기적을 베푸신 거야!

예수님이 야이로의 아내에게 말씀하셨단다.

"아이에게 먹을 것을 주시오."

예수님은 아이가 오랫동안 아파서 아무것도 먹지 못했다는 것을 알고 계셨지. 이제는 병이 나아 무엇이든 먹을 수 있고 배도 매우 고플 거야!

야이로와 그의 아내는 정말 기뻤어. 그리고 예수님에게 진심으로 감사했단다! 예전에 자기의 딸이 아프기 전엔 세 사람은 아주 행복하게 살았지. 하지만 이제는 그전보다 훨씬 더 행복하단다. 왜냐하면, 예수님을 알게 되었으니까!

19. 보리 빵 5개와 생선 2마리의 기적

마가복음 6장
요한복음 6장

'가버나움' 동네 곁에는 '갈릴리 호수'가 있단다. 이 갈릴리 호수가 얼마나 크던지 사람들은 '갈릴리 바다'라고도 불렀어.

어느 날 예수님과 제자들이 갈릴리 호수에서 고기잡이배에 타고 있었지. 그때 예수님과 제자들은 모두 지쳐 있었어. 그날도 사람들이 예수님의 말씀을 들으려고 많이 모여들었거든. 아픈 곳을 고쳐 달라고 모여든 사람도 대단히 많았어. 예수님은 그 사람들을 모두 고쳐 주셨지! 그 일을 마치시자 예수님은 너무 피곤해지셔서 제자들과 함께 배를 타고 가버나움을 떠나셨단다.

호수 반대편 조용한 곳으로 배를 저어 갔지. 그곳은 사람이 살지 않는 곳이어서 예수님도 잠시 쉬실 수 있을 테니까. 그런데 예수님과 제자들이 호수 반대편에 도착해 보니 사람들이 벌써 그곳에 모여 있는 것이 아니겠니? 사람들이 미리 와서 예수님과 제자들을 기다리고 있었던 거야. 도대체 이 많은 사람이 어디에서 온 걸까? 이 외떨어진 갈릴리 호수 건너편까지 말이야! 사람들은 예수님이 배를 타고 저쪽 조용한 곳으로 가시는 것을 보았어. 그 순간 빠른 걸음으로 호수 주위를 돌아 예수님과 제자들보다 먼저 호수 반대편에 도착해 있었던 거지. 예수님이 이 사람들을 다 돌려보내셨을까? 지칠 대로 지치셔서 이젠 조금 쉬고 싶어 하셨잖아? 제자들도 피곤하기는 마찬가지였지.

그렇지만 예수님은 예수님에게 도움을 청하는 사람을 모른 척 돌려보내지 않으신단다.

예수님은 모든 사람이 잘 볼 수 있도록 언덕 위에 앉으셨어. 그리고 하늘에 계신 하나님과 하나님 나라에 대해 이야기를 해 주셨어. 예수님의 말씀은 정말 멋져. 그 말씀을 듣는 사람들은 모두 행복해진단다! 예수님이 말씀을 전하시는 사이 사람들은 계속 모여들었어. 나이 든 사람, 젊은 사람, 그리고 자녀를 데리고 온 엄마 아빠들도 많았단다. 예수님은 어른들뿐 아니라 아이들도 많이 사랑하시거든!

시간은 계속 흘러갔단다. 어느덧 주위가 어둑어둑해지고 저녁이 되었는데 예수님은 그 사실을 모르시는 것 같았어. 이야기를 계속하고 계셨거든.

제자들은 조금씩 걱정이 되기 시작했지.

"예수님은 식사 시간이 되었다는 것을 모르시는 걸까? 이 중에는 먹을 것을 싸 온 사람도 없는 것 같아. 근처에 음식을 사 올 마을도 없는데……. 가게를 찾아가려면 아마 한참을 걸어가야겠지? 그리고 지금 가게에 간다 해도 돌아올 때쯤에는 이미 캄캄해질 거야. 예수님이 사람들을 지금이라도 돌려보내시면 좋겠는데……."

하지만, 예수님은 사람들을 돌려보내지 않으셨어. 오히려 제자들에게 "사람들에게 먹을 것을 주시오!" 하고 말씀하시는 거야.

제자들은 놀란 토끼 눈을 하고 예수님을 바라보았지.

"무슨 말씀이신가요? 지금 여기 사람이 얼마나 많은지 아세요? 아마 5,000명은 될걸요! 저희는 이 많은 사람이 다 먹을 만큼 많은 빵을 사 올 돈도 없어요. 설사 돈이 있다 해도 5,000명이 먹을 그 많은 빵을 어디에서 사 온다는 말씀이십니까?"

5,000명이 먹을 빵이라! 그게 얼마나 많은 양인지 알겠니? 빵집 열 군데에 가서 거기 있는 빵을 다 사 온다 해도 모자랄걸. 5,000명이 얼마나 많은 숫자인데!

"빵이 몇 개나 있소?"

예수님이 물으셨어.

"여기 한 아이가 보리 빵 5개와 구운 생선 2마리를 가지고 있습니다. 그것이 전부입니다."

제자 중 한 사람인 안드레가 말했어.

"사람들에게 풀밭 위에 앉으라고 하시오."

예수님이 말씀하셨어.

"그리고 내게 그 빵과 생선을 주시오."

제자들은 예수님 말씀대로 모든 사람을 호수 주변 풀밭에 앉으라고 했어. 다행히 풀밭이 아주 넓어서 모든 사람이 풀밭에 앉을 수 있었단다.

예수님은 빵 5개와 생선 2마리를 손에 드셨어. 그리고 하늘을 우러러보시며 이렇게 기도하셨어.

"아버지, 먹을 것을 주셔서 감사합니다."

그리고 사람들을 보시며 이렇게 말씀하셨어.

"이 음식을 먹는 이들에게 복을 주노라."

예수님은 '아버지, 이 사람들과 이 음식에 복을 주세요'라고 기도하시지 않으셨어. 대신 예수님이 직접 복을 주신다고 말씀하셨지. 예수님은 하나님의 아들이시기 때문에 사람이나 음식에 직접 복을 주실 수 있으시단다!

예수님은 빵을 뜯어 작게 나누셨어. 그러자 아주 신기한 일이 일어났단다. 예수님이 빵을 뜯어내시는데도 빵이 없어지지 않는 거야. 예수님은 계속 빵을 뜯어 나눠 주셨어. 제자들은 빵 조각을 바구니에 담았지. 잠시 후 바구니가 가득 찼어! 제자들은 두 번째 바구니를 갖고 왔어. 예수님은 이 바구니에도 빵을 가득 담으셨어. 그러면 제자들은 세 번째 바구니, 네 번째 바구니를 가져오는 거야. 예수님은 그 바구니도 빵으로 채우셨어!

"이제 사람들에게 나눠 주어 모두 배불리 먹게 하시오."

예수님이 빵을 계속 뜯어내시며 말씀하셨어.

제자들은 빵이 가득 담긴 바구니를 들고 다니며 사람들에게 나누어 주었단다. 그러면서 사람들에게 말했어.

"세상에, 정말 신기한 일입니다. 예수님이 빵을 계속 뜯어내시는데도 빵이 없어지지 않아요. 모든 사람이 실컷 먹어도 됩니다!"

예수님은 구운 생선 2마리를 손에 집으시고 작게 나누셨어. 예수님이 생선을 나눠 바구니에 담으시면 제자들은 다시 바구니를 들고 사람들에게 가 나눠 주었어. 거기 모였던 5,000명의 사람들 모두 생선을 실컷 먹었단다. 기억하니? 예수님에게 있던 생선은 겨우 2마리였어. 어떻게 그럴 수가 있지?

사람들은 지금까지 이런 일을 한 번도 본 적이 없었단다. 예수님이 아주 큰 기적을 일으키신 거야, 지금까지 누구도 하지 못한 그런 기적, 그렇지?

모든 사람이 배불리 먹고 난 후에 남은 빵과 생선 조각을 모았더니 12바구니나 되었단다.

"음식이 모자라 제대로 먹지 못했어!"라고 말하는 사람은 한 사람도 없었어. 식사를 마친 사람들은 서로 웅성거렸지.

"예수님은 무슨 일이든 할 수 있으셔! 모든 어려운 일들을 해결해 주신다고. 그렇다면 말이야, 예수님을 왕으로 모시는 거 어때? 우리 모두 예수님과 함께 예루살렘으로 가는 거야. 가서 헤롯 왕과 그 군사들을 이 나라에서 쫓아내 버리자! 헤롯 왕과 군사들을 내쫓으려면 우리가 싸워야 하는데 그건 문제없어. 예수님이 도와주시면 우리가 백전백승이니까 말이야. 싸움에서 이기면 예수님을 예루살렘에 있는 궁전으로 모시는 거야. 예수님을 위해 멋진 왕좌도 만들고, 옛날 다윗 왕 시대처럼 다시 멋지게 살아 보는 거야."

제자들도 그 계획이 아주 맘에 들었어. 예수님을 왕으로 모시는 일을 힘껏 돕고 싶었지. 하지만, 예수님도 이 계획을 좋아하셨을까? 아니야. 예수님은 이 계획을 싫어하셨단다. 예수님은 그런 왕이 되고 싶지 않으셨어. 싸움을 하려고 이 세상에 오신 것이 아니었거든! 예수님은 아픈 사람들을 고쳐 주시려고 이 땅에 오셨어. 불행한 사람들을 다시 행복하게 만들어 주려고 이 땅에 오셨어! 예수님은 싸우지 않으셔. 예수님은 사람들의 죄를 깨끗하게 없애 주실 거야! 그렇지만 이 일은 아무도 이해할 수 없는 일이란다. 물론 쉽게 이해가 되는 것도 아니지만!

예수님은 제자들을 불러 모으시고 말씀하셨어.

"배를 타고 이곳을 떠나시오. 나는 조금 후에 가겠소."

제자들의 실망은 이만저만이 아니었어. 예수님이 왕이 되시면 좋겠는데, 예수님이 그걸 원하지 않으시니 말이야! 그래도 제자들은 예수님의 말씀에 순종했어. 제자들은 배를 타고 다른 곳으로 갔단다.

예수님은 다른 사람들도 모두 돌려보내셨어.

"예수님이 예루살렘에 가셔서 왕이 되는 것을 싫어하신다니 실망이군."

모든 사람이 중얼거렸어.

모든 사람이 돌아가자 예수님은 산속 조용한 곳으로 가셨단다. 예수님은 바닥에 무릎을 꿇으시고 하늘에 계시는 아버지 하나님께 기도드렸어. 예수님은 아버지 하나님과 함께 잠시 후 하셔야 할 어렵고 힘든 일에 대해 이야기를 나누고 싶으셨지. 바로 사람들의 죄를 없애 주시는 일에 대해서 말이야! 예수님은 그 일을 정말 하고 싶으셨어. 왜냐하면, 사람들을 사랑하시거든. 하지만 그 일은 아주 어려운 일이었지!

시간이 지나 그 어려운 일이 끝나고 나면 예수님은 왕이 되실 거야. 그것은 다윗 왕처럼, 단지 이스라엘의 왕이 되는 것이 아니야. 예수님은 온 세계의 왕이 되실 거란다. 예수님은 온 하늘과 온 땅의 왕이 되실 거란다. 지금까지 그런 왕은 한 번도 없었어. 예수님은 아주 특별한 왕이 되실 거야!

20. 호수 위를 걸으신 예수님

마태복음 14 장

제자들은 실망한 채 호수로 가 배를 띄웠단다. 제자들의 마음은 전혀 기쁘지 않았어. 왜 예수님은 예루살렘에 가셔서 왕이 되는 것을 싫어하시는 걸까? 정말 멋진 계획인데 말이야. 예수님은 예루살렘으로 같이 가지 않으시겠대. 예수님은 사람들을 모두 돌려보내셨단다. 그리고 제자들은 배를 타고 호수 반대편으로 돌아가야만 했지.

"나는 나중에 가겠소."

예수님은 제자들에게 이 말씀만 하셨단다.

제자들은 배 위에 걸터앉아 서로 투덜거리고 있었지. 그때 바람이 점점 세게 불기 시작했어. 제자들은 급히 돛을 내렸지. 바람이 세게 불면 돛이 소용없거든. 대신 노를 저어야 해. 제자들은 힘을 모아 노를 저었단다. 하지만, 배는 앞으로 나가지 않았어. 높은 파도가 출렁일 때마다 배는 다시 제자리로 되돌아왔단다. 그 사이 주위는 깜깜해져 앞뒤를 분간할 수 없게 되었어. 제자들은 어느 쪽으로 노를 저어 가야 할지 알 수 없었지.

제자들은 정말 무서워졌어. 배는 당장에라도 뒤집힐 것만 같았어. 배가 뒤집히기라도 한다면 모두 꼼짝없이 물에 빠져 죽는 거지. 얼마 전에도 폭풍이 휘몰아쳤던 적이 있는데 제자들이 그때도 지금처럼 무서워했지. 마침 그때 예수님이 곁에 계셔서 바람과 파도를 잔잔하게 만들어 주셨지만 지금은 예수님이 함께 계시지 않아. 예수님의 도움을 기대할 수 없다고. 이 깜깜한 호수에 제자들만 덩그러니 있는 거야. 겁에 잔뜩 질린 제자들은 있는 힘을 다해 노를 젓고 있었어.

그때 누군가 이렇게 소리치는 것이 들렸어.

"저게 뭐지? 저길 봐. 하얀 뭔가가 물 위를 떠다니는 것 같은데……. 혹시 유령이 아닐까?"

"뭐, 유령이라고? 아이고, 무서워!"

다른 제자들도 겁에 질려 소리 질렀단다.

정말 어리석은 제자들이지? 세상에 유령이 어디 있다고. 유령 같은 것은 세상에 없어! 그렇다면 저기 보이는 것은 무엇일까? 제자들이 다시 보니 그것은 어떤 사람이었어. 한 남자가 물 위를 유유히 걸어오고 있었단다. 바로 예수님이셨어, 예수님!

예수님이 소리치셨단다.

"겁내지 마시오. 나요!"

제자들은 이제 무섭지 않았어. 예수님만 곁에 계시면 안전하니까! 저 만치에서 걸어오고 계신 예수님을 보자 시몬 베드로는 무척 기뻤단다. 예수님이 자기가 있는 곳까지 오실 때까지 기다릴 수가 없었어. 베드로가 소리 질렀단다.

"예수님, 제가 예수님 곁으로 가겠습니다."

예수님이 베드로에게 말씀하셨어.

"이리 오시오, 베드로."

예수님의 말씀에 베드로는 어떻게 했을까? 베드로는 배에서 풀쩍 뛰어내려 물 위를 걸어갔단다. 예수님과 꼭 같이 말이야. 정말 놀라운 기적이지? 그럼에도 베드로는 그런 생각은 전혀 하지 않았지. 오직 예수님만 생각했단다. 한

시라도 빨리 예수님에게 가고 싶다는 생각뿐이었어!

그때 갑자기 베드로 바로 앞으로 커다란 파도가 몰려왔단다. 베드로는 깜짝 놀랐어! 순간 무서운 생각이 들었단다. 그 순간 예수님을 잊어버렸지. 갑자기 자기를 삼킬 듯 몰려오는 차갑고 깊은 호수만 눈에 보이는 거야. 그 생각이 들자마자 베드로의 몸은 벌써 물속으로 빠지기 시작했단다. 순식간에 머리까지 물에 잠길 지경이 되었어!

"예수님, 살려 주세요. 물에 빠져 죽을 것 같아요."

죽을 힘을 다해 베드로가 소리쳤단다.

그 사이 예수님은 베드로 가까이 걸어오셨어. 베드로의 손을 잡으시고는 물 위로 끌어 올려 주셨단다.

"어리석군요. 내가 있다는 것을 잊었소?"

베드로는 할 말이 없었단다. 자기 자신이 너무 부끄러웠지. 예수님은 베드로와 함께 물 위를 걸어 배까지 가셨단다. 그리고 배에 올라타셨어. 그때 사납게 불던 바람이 순식간에 조용해졌단다. 배는 잔잔한 호수 위에 평화롭게 떠 있었어.

부끄럽기는 다른 제자들도 마찬가지였단다. 아무것도 아닌 것 앞에서 지금까지 얼마나 무서워했는지! 정말 어리석지? 제자들은 예수님이 언제나 지켜 주시고 돌보아 주신다는 것을 아직 모르고 있었을까? 아니야. 제자들도 그 사실을 잘 알고 있었어. 단지 매번 되풀이해서 그 사실을 잊어 먹을 뿐이지.

제자들은 존경하는 눈빛으로 예수님을 바라보았단다. 모두 이런 생각을 하고 있었어.

'예수님은 정말 대단하셔! 온 세상의 주인이신 게 틀림없어. 이 호수도 예수님의 것이지. 그러니까 예수님은 호수 위를 그냥 걸으실 수도 있어! 게다가 예수님은 언제든지 우리를 지켜 주셔. 우리를 위험한 곳에 내버려 두지 않으신다니까!'

제자들은 예수님 앞에 무릎을 꿇고 말했단다.

"주님, 주님은 하나님의 아들이십니다!"

21. 태어날 때부터 장님이던 사람

요한복음 9장

오늘은 안식일이란다. 이스라엘 사람들에게 안식일은 지금의 주일과 같은 날이야. 안식일에는 일을 하면 안 된다는 규칙이 있어.

예수님은 제자들과 함께 예루살렘 거리를 걷고 계셨지. 조금 전 성전에 가셨다가 나오시는 길이었단다. 돌아오는 길에 예수님과 제자들은 어떤 사람이 길거리에 앉아 있는 것을 보았어. 그 사람은 구걸하는 거지였단다. 그 사람은 먹을 것을 사려고 사람들에게 돈을 달라고 하고 있었어.

이 사람은 일하기 싫어서 구걸을 하는 걸까? 아니란다. 이 사람도 일을 하고 싶어 했지만, 이 사람은 일을 할 수가 없었단다. 왜냐하면, 앞이 보이지 않는 장님이거든. 이 사람은 아무것도 볼 수가 없단다. 지금까지 아무것도 보지 못하고 살았지.

이 사람은 아버지, 어머니가 어떻게 생겼는지도 모른단다. 꽃이나 새를 본 적도 없었어. 나무를 본 적도 없고. 보이는 것은 깜깜한 어둠뿐이었지. 정말 불쌍한 사람이지?

예루살렘 사람들은 누구나 이 사람을 알고 있었단다. 이 사람이 장님이라는 것도 알고 있었지. 지나가는 사람들은 이 사람에게 돈을 주곤 했단다.

제자들도 이 사람을 보았어. 그리고 예수님에게 물어보았지.

"주님, 누구 때문에 이 사람이 장님이 되었습니까? 자기 아버지와 어머니의 죄 때문입니까? 아니면 자기 자신의 죄 때문입니까?"

예수님은 어떤 대답을 하셨을까?

"이 사람이 장님이 된 것은 그의 아버지나 어머니의 죄 때문이 아니요. 물론 자기 자신의 죄 때문도 아니라오. 이 사람이 다시 볼 수 있도록 내가 고쳐 줄 거라오. 아픈 사람들과 보지 못하는 사람들을 고쳐 주기 위해 내가 이 땅에 왔소!"

길거리에 앉아 구걸하던 그 장님은 제자들이 예수님에게 묻는 말을 들었단다. 그리고 예수님의 대답도 들었지. 그 사람은 속으로 이런 생각을 했단다.

'사람들이 예수님에 대해 말하는 것을 벌써 여러 번 들었지. 예수님은 놀라운 기적을 행하실 수 있다고 하던걸. 혹시 이 사람이 예수님이 아니실까? 말씀하시는 것이 정말 다정하게 들리는데.'

예수님은 몸을 구부리고 앉으셨단다. 땅에 있는 흙에 침을 뱉어 잘 섞으셨단다. 마치 반죽을 만드시는 것처럼 말이야. 진흙 반죽이 완성되었지. 예수

님은 구걸을 하는 장님에게 다가가셔서 진흙 반죽을 장님의 눈 위에 발라 주셨어. 그리고 장님에게 "실로암 연못에 가서 눈을 씻으시오" 하고 말씀하셨단다.

그 말씀이 끝나자 장님은 자리에서 일어났어. 그리고 예루살렘 거리에서 실로암 연못까지 걸음을 재촉하여 갔단다. 사실 실로암 연못까지 가는 길도 제대로 몰라 사람들에게 계속 물어물어 가야 했지. 장님이 길을 물을 때마다 사람들은 친절하게 길을 가르쳐 주었단다.

마침내 실로암 연못에 도착했어. 몸을 숙여 두 손 가득 실로암 연못물을 퍼 올렸단다. 그리고 그 물로 눈에 있는 진흙을 씻어 냈지. 진흙을 다 씻고 나자 무슨 일이 일어났을까? 그 순간, 갑자기 눈앞이 환해지면서 모든 것이 보이는 거야! 사람도 보이고, 집도 보이고, 나무도 보였어. 예수님이 위대한 기적을 행하신 거야!

그 사람은 날아가는 듯 집으로 달려갔단다. 태어나서 처음으로 자기의 아버지와 어머니를 보게 된 거지.

"아버지, 어머니. 제가 볼 수 있게 되었어요" 하고 소리쳤단다.

이웃 사람들도 그 소리를 듣고는 모여들었어.

"어떻게 이런 일이 일어났지?"

모두 놀라 서로 물었단다. 조금 전까지 장님이었던 그 사람이 신이 나서 말했지.

"예수라는 분이 제게 오셨어요. 그분이 내 눈에 진흙을 바르셨죠. 그리고 저더러 실로암 연못에 가서 씻으라고 하셨어요. 제가 그분의 말씀대로 했더니 이렇게 보게 되었어요!"

그 이야기를 듣는 사람마다 모두 이상하다고 생각했단다. 도대체 이런 일은 본 적도, 들은 적도 없었거든. 그래서 "율법학자들에게 같이 가 보자. 율법학자들은 모르는 것이 없으니까 가서 한번 물어보자" 하고 말했지.

사람들이 율법학자들에게 갔을 때, 조금 전까지 장님이던 사람은 예수님이 하신 일을 다시 한 번 더 설명했단다. 율법학자들은 예수님을 이미 알고 있었어. 예수님을 시기해서 이미 여러 번 예수님에게 싸움을 걸었던 적도 있지.

그 사람의 말이 끝나자마자 율법학자들이 물었단다.

"네가 지금까지 앞을 전혀 못 보는 장님이었다는 것이 사실이냐? 우리를 속이려는 것은 아니겠지?"

곁에 있던 그 사람의 부모가 나서며 대답했단다.

"우리 아들이 장님이었다는 것은 확실합니다. 그런데 지금 이렇게 보게 되었습니다. 어찌 된 영문인지 우리는 모르겠습니다."

이렇게 되자 율법학자들도 별 수 없이 예수님이 놀라운 기적을 행하셨다는 것을 인정해야만 했단다. 율법학자들이 기뻐했을까? 아니야. 정반대였어. 율법학자들은 막 화를 냈단다! 그러면서 뭐라고 했는지 아니?

"오늘은 안식일이야. 안식일에는 아무도 일을 할 수 없어. 하지만, 예수는 안식일에 일을 했다. 이 사람 눈에 진흙을 이겨서 발랐잖아. 그리고 이 사람을 고쳐 주었어. 이건 일이란 말이야. 예수는 큰 죄를 지었어!"

율법학자들이 하는 말 좀 들어 봐. 안식일에 장님의 눈을 뜨게 해 준 것이 죄라고? 정말 어처구니없지?

율법학자들의 말을 듣다가 조금 전까지 장님이던 그 사람이 말했단다.

"예수님이 죄를 지었다고는 생각하지 않습니다. 저는 예수님이 하나님이 보내신 선지자라고 생각합니다. 예수님은 저의 눈을 고치셔서 제가 볼 수 있게 해 주신 분이십니다!"

율법학자들은 예수님을 너무 미워해서 예수님 말만 들어도 화를 냈거든. 이번에는 이 사람에게도 화를 냈단다.

"어디에다 대고 이런 무례한 말을 하는 거냐? 여기가 감히 어디라고. 당장 꺼져 버려! 앞으로 다시는 성전에 오지 못할 줄 알아라!"

율법학자들이 어떤 사람을 성전에서 내쫓는다는 것은 아주 심한 일이란다! 정말 이상한 율법학자들이지? 지금까지 장님이던 사람이 눈을 뜨고 보게 되었는데 기뻐해야 하는 것 아니니? 예수님이 장님이던 사람을 행복하게 만들어 주셨으니 같이 좋아하는 것이 당연하잖아! 하지만 오히려 반대였단다. 율법학자들은 예수님을 시기하고 미워했어.

눈을 뜨고 보게 된 것이 마냥 좋던 그 사람은 갑자기 시무룩해져서 예루살렘 거리를 걸어갔지. 그때 갑자기 낯익은 목소리가 들렸어. 바로 예수님의 음성이었지. 그 사람은 예수님이 어떻게 생기셨는지 몰랐어. 조금 전 예수님이 자기 눈에 진흙을 바르실 때까지 그 사람은 아무것도 볼 수 없었으니까.

하지만, 그 사람은 예수님의 다정한 음성은 단번에 알 수 있었어!

예수님은 율법학자들이 이 사람에게 한 일을 이미 알고 계셨단다. 이 사람이 지금 얼마나 마음이 아픈지도 알고 계셨어. 예수님은 이 사람에게 다가가셔서 따뜻한 음성으로 말씀하셨단다.

"나는 하나님의 아들이오. 그 사실을 믿으시오?"

'이것 봐. 내 말이 맞았지? 내가 율법학자들에게 예수님은 하나님이 보내신 선지자라고 했잖아. 예수님은 자신이 하나님의 아들이라고 말씀하시네!'

그 사람은 예수님 앞에 무릎을 꿇고 아주 겸손하게 말했단다.

"예, 주님. 저는 주님이 하나님의 아들이신 것을 믿습니다!"

장님으로 살다가 눈을 떠서 보게 된 사람은 더욱더 행복해졌단다. 그날 오후 처음으로 눈을 뜨고 세상을 보게 되었을 때보다 더 행복해졌어. 율법학자들이 자기에게 화를 낸 것은 이제 아무것도 아니야. 이제 더는 성전에 가지 못하게 된 것도 상관없어. 그런 못된 율법학자들은 이제 필요 없으니까. 이 사람은 이제 예수님에게 속한 사람이 되었지. 이보다 더 좋은 일이 어디 있을까?

22. 좋은 목자와 고집쟁이 양!

누가복음 15 장
요한복음 10 장

어느 날 많은 사람이 예수님 주위에 모여 있을 때였지. 예수님은 사람들에게 어떤 목자와 고집쟁이 양에 대한 이야기를 들려주셨단다.

이 이야기에 나오는 목자는 아주 많은 양을 키우고 있었지. 양이 100마리나 되었단다! 목자는 양들에게 이름을 하나씩 지어 줬단다. 뽀글이, 귀돌이, 까망이, 살랑이, 오물이, 킁킁이……. 100마리나 되는 양에게 각각 어울리는 이름을 붙여 주었지. 목자는 자기 양들을 무척 사랑했고 늘 곁에서 돌보아 주었단다. 정말 좋은 목자였어!

밤이 되면 양들은 우리 속에 들어가 잠을 잤단다. 우리 문은 굳게 닫혀 있었지. 사나운 짐승이 들어와 양들을 잡아가지 못하도록 말이야.

날이 밝아 아침이 되면 목자가 와서 우리의 문을 활짝 열어 준단다.

"양들아, 모두 밖으로 나오너라!"

"오늘은 저 멀리까지 산책하러 가자. 정말 맛있는 풀이 자라는 곳이 있거든. 모두 같이 출발하자!"

양 떼는 목자의 말을 듣자마자 우리에서 우르르 몰려나왔어. 양들은 목자의 목소리를 정확하게 기억하거든. 만약 다른 사람이 양들을 불러냈다면 그 말을 듣고 나올 리가 없지. 양들은 자기 목자의 말만 듣는단다!

목자는 양 떼를 이끌고 산책을 나섰어. 손에 지팡이를 쥔 목자가 앞장을 선단다. 100마리의 양들은 목자의 뒤를 폴짝거리며 따라오지.

"멀리 가면 안 된다!"

목자가 말했어.

"내 곁에 붙어 있어라. 안 그러면 길을 잃을지도 몰라."

목자는 처음에는 평평한 보통 길로 양 떼를 이끌고 갔단다. 그러다 언덕 사이로 난 작은 길로 접어들었지. 그 길이 끝나자 커다란 바위가 있고, 따끔거리는 가시가 잔뜩 있는 덤불이 있는 곳을 지나게 되었어. 제대로 걸음을 옮기기도 어려운 곳이었지. 목자는 양 떼들이 이곳을 잘 지나갈 수 있도록 도와주며 길을 갔단다.

마침내 초록 풀이 가득한 들판에 이르렀어. 양 떼는 풀을 보자마자 달려가 풀을 뜯기 시작했지. 목자는 근처 돌 위에 앉아 쉬었어. 하지만, 그 순간에도 목자는 양 떼에게서 눈을 떼지 않는단다. 간혹 이 근처에서 늑대가 나타나기도 하거든. 늑대는 순식간에 어린 양을 잡아먹어 버리지!

저길 봐! 저기 늑대 한 마리가 나타났어! 배고픈 늑대가 발소리를 죽인 채 다가오고 있어. 눈 깜짝할 사이에 양을 물고 달아나 버릴 거야! 늑대는 목자가 자기를 못 봤을 거라고 생각하겠지만, 천만의 말씀! 목자가 늑대를 못 봤을 리가 없지!

목자는 자리에서 벌떡 일어나 늑대 쪽으로 달려갔어. 들고 있던 지팡이로 늑대를 내리쳤단다.

"썩 꺼져!"

늑대를 위협하며 크게 소리쳤어. 그래도 늑대가 달아나지 않으면 이번에는 돌을 집어 들어 늑대의 머리를 향해 던지지. 이쯤 되면 도망을 안 가고 버티는 늑대가 없단다. 걸음아 날 살려라 줄행랑을 치면서 늑대는 이런 생각을 하겠지.

'어휴, 이 목자는 양을 아주 잘 지키는군. 양 한 마리 잡아먹으려다 오히려 내가 죽겠어. 차라리 다른 곳으로 가 먹이를 찾아보는 것이 낫겠다.'

좋은 목자는 사나운 짐승들을 두려워하지 않지! 양을 지키려고 사자와 싸운 적도 있단다. 자기 양 떼를 사랑하니까 한 마리라도 잃고 싶지 않거든!

양들은 온종일 풀을 뜯으며 평화롭게 지냈단다. 옆으로 흐르는 시내에서 물을 마시기도 하면서 말이야. 울퉁불퉁 돌산에 올라 놀기도 하지. 움푹 파인 웅덩이 옆을 지나갈 때도 있어. 하지만 양들은 겁내지 않는단다.

'목자님이 가까이 계시면 걱정할 것이 없거든. 목자님 옆은 언제나 안전해!'

날이 어둑어둑해지고 저녁이 되면 양들은 다시 우리로 돌아온단다.

"자, 이제 모두 우리 안으로 들어가거라."

양 우리로 들어가는 문 옆에 서서 목자가 소리치지.

어디 보자, 양들이 다 모였나? 목자는 큰 소리로 양들을 세기 시작해.

"하나, 둘, 셋, 넷, 다섯, 여섯……."

양들은 한 마리씩 차례차례 문을 지나 우리 안으로 들어간단다. 마침내 마지막 양이 우리 안으로 들어갔어.

"어? 웬일이지?"

목자가 말했어.

"양이 99마리밖에 안 되네? 한 마리가 없어졌어. 어디 보자, 어느 양이 안 보이지? 그래, 까망이가 없구나!"

양 한 마리가 없어졌다고 목자가 걱정할까? 목자에게는 지금 99마리나 되는 양이 있잖아. 그리고 까망이가 없어진 것은 까망이 잘못일 수도 있어. 까망이는 항상 못된 고집을 피우는 양이었거든. 목자의 말을 잘 들었더라면 지금처럼 길을 잃고 우리로 돌아오지 못하는 일은 없었을 텐데…….

좋은 목자는 어떻게 했을까? 당장 지팡이를 집어 들고 까망이를 찾으려고 오던 길을 되돌아갔단다. 다시 언덕 사이로 난 작은 길을 따라 걸어갔어. 낮에 늑대를 만났던 초록 풀밭이 있던 곳까지 돌아갔단다. 울퉁불퉁 돌산에도 올라가 주위를 살폈단다. 그러는 동안 목자는 쉬지 않고 까망이를 불렀지.

"까망아! 어디 있니?"

좋은 목자는 너무 걱정이 돼 가슴이 쿵쾅거렸어!

'요 고집쟁이 녀석. 이 녀석은 항상 자기가 길을 다 안다고 생각한다니까. 오늘 낮에 이 돌산에서 놀다가 아마 다른 쪽으로 간 모양이야. 도대체 지금 어디 있는 거야? 늑대에게 잡아먹힌 것은 아니겠지?'

목자는 두리번두리번 까망이를 찾아보았지만 어디에도 까망이는 없었어. 목자는 다른 쪽으로 계속 걸어갔지. 오늘 낮에 오지 않았던 낯선 곳에도 가보았어. 이곳은 위험한 곳이야. 바닥 곳곳에 깊은 웅덩이들이 있거든. 더구나 웅덩이 위로 덤불이 자라고 있어서 웅덩이가 눈에 잘 띄지도 않는 곳이지. 만약 이곳을 잘 모른다면 순식간에 웅덩이에 빠질 수도 있지!

"까망아, 여기 있니?"

목자는 다시 목소리를 높여 까망이를 불렀단다.

그때 갑자기 저쪽 웅덩이에서 매에에 하는 양의 울음소리가 들렸어. 까망이가 틀림없어! 웅덩이가 너무 깊어서 빠져나오지 못하고 있었던 거야!

좋은 목자는 성큼성큼 걸음을 옮기더니 웅덩이에 빠진 까망이를 발견하고 두 손으로 까망이를 꺼냈단다.

"까망아! 너, 여기 있었구나!"

목자는 기뻐서 소리쳤단다.

"네 걱정을 얼마나 많이 했는지 아니? 늑대에게 잡아먹힌 것은 아닌지 별 걱정을 다 했단다. 내 말을 안 듣다니, 까망이 이 녀석 정말 어리석구나! 무엇 때문에 다른 길로 간 거냐?"

목자는 까망이를 번쩍 들어 어깨 위에 올리고는 신이 나서 집으로 돌아왔단다.

까망이도 목자님만큼 기뻤단다. 조금 전까지 너무 무서웠거든! 오늘 오후까지만 해도 까망이는 자기가 모든 길을 잘 알고 있다고 생각했지. 그런데 길을 잃은 거야. 엎친 데 덮친 격으로 웅덩이에 빠지기까지 한 거야. 좋은 목자님이 자기를 찾아오지 않았더라면 아마 웅덩이에서 굶어 죽었을 거야. 아니면 사나운 짐승에게 잡아먹힐 수도 있었지. 지금 좋은 목자님의 어깨 위에 올라앉아 집으로 돌아가고 있노라니 하늘을 날듯이 기분이 좋았단다.

'내 맘대로 길을 찾아가 버린 것은 정말 잘못한 일이야. 앞으로 그런 일은 절대 하지 않을 거야. 이제 산책하러 갈 때는 항상 목자님 옆에 있을 거야.'

정말 멋진 이야기지? 예수님이 사람들에게 이 이야기를 해 주신 이유가 무얼까? 그래, 사람들에게 교훈을 주시기 위해서야. 예수님은 이렇게 덧붙이셨단다.

"좋은 목자가 양들을 잘 보살피듯이 나도 여러분을 보살핀다오. 나는 좋은 목자요! 내 곁에 있으면 여러분은 항상 안전할 겁니다."

이 말은 예수님이 정말 양을 기르는 목자라는 말은 아니야! 당연히 우리는 양도 아니지! 하지만, 사람들은 종종 까망이 양처럼 자기 고집을 부리기도 하고, 불순종하기도 한단다!

그렇지만, 예수님은 한결같은 마음으로 우리를 사랑해 주신단다. 좋은 목자가 까망이와 다른 양들을 사랑하는 것처럼 말이야. 예수님이 우리를 항상 보살펴 주신다는 것을 우리가 잊지 않도록 하려고 예수님은 이런 멋진 이야기를 해 주신 거야. 혹시 우리가 예수님에게 불순종했더라도 우리는 다시 예수님에게 돌아올 수 있단다. 우리가 잘못된 일을 하면 예수님은 아주 슬퍼하셔. 하지만, 우리가 우리 잘못에 대해 후회하고 용서를 구하면 예수님은 항상 우리를 용서해 주시지!

23. 잃어버린 아들

누가복음 15 장

예수님이 어떤 아버지의 아들이 집을 떠나 멀리 갔다가 돌아온 이야기를 해 주셨어. 지난번에는 순종하지 않고 혼자서 멀리 갔다가 길을 잃은 양의 이야기였어. 이번에는 어떤 아들에 대한 이야기란다. 다음은 예수님이 해 주신 이야기야.

한 아버지에게 아들이 2명 있었단다. 두 아들은 아버지를 도와 농장 일을 하며 지냈어. 아버지는 꽤 큰 농장을 가지고 계셨고 굉장한 부자셨어. 종들도 많이 데리고 있었지. 두 아들은 멋진 옷을 입었고 아들이라는 표시의 금반지를 끼고 있었단다. 첫째 아들은 농장에서 아주 열심히 일했단다. 농장 일을 좋아했어. 나중에 아버지가 돌아가시면 두 아들은 아버지 농장을 물려받게 되겠지. 그런데 둘째 아들은 농장 일을 싫어했어. 매일 똑같은 일을 하는 것이 아주 지겨웠단다. 아버지 농장에서 일하는 것이 점점 싫어졌지.

'이곳을 떠나야겠어. 넓은 세상을 보고 싶거든. 다른 나라에도 가 보고 낯선 사람들도 사귀고 싶어. 재미있게 놀기도 하고 모험도 해 보고 싶어' 하고 둘째 아들은 생각했어.

둘째 아들은 아버지에게 가서 자기 계획을 말했단다.

"아버지, 아버지의 유산을 지금 물려주세요. 나중에 아버지가 돌아가시고 나서 아무것도 안 주셔도 좋으니 지금 아버지 재산을 물려주세요."

아버지는 집을 떠나겠다는 아들의 말에 가슴이 아팠단다. 그래서 아들에게 충고했지.

"아들아, 네 눈에는 여기보다 다른 나라가 더 멋있어 보이지? 하지만 그렇지 않단다. 매일 잔치를 벌이며 노는 것도 금방 싫증이 나는 법이야."

"상관없어요. 저는 떠날래요." 둘째 아들이 말했어.

"제 일은 제가 알아서 잘할 수 있어요."

"네 뜻이 정 그렇다면 가려무나." 아버지가 아주 슬퍼하며 말씀하셨단다. "여기 유산을 주마. 언제쯤 돌아올 거니?"

"그건 저도 몰라요. 다른 나라에서 사는 것이 재미있으면 영원히 안 돌아올지도 몰라요."

며칠 후 작은아들은 집을 떠났단다. 돈이 가득 든 커다란 주머니를 말에 싣고 말이지. 둘째 아들은 아버지에게 손을 흔들었어.

"아버지, 이제 떠납니다."

작은아들은 신이 나서 아버지에게 작별 인사를 하고 집을 나섰단다. 아버지는 슬퍼하며 집 안으로 들어가셨지. 눈에서는 눈물이 쏟아졌단다. 작은아들을 이제 영영 못 보게 될 것 같아서 말이야.

둘째 아들은 신나게 말을 달려 동네를 떠났어. 아주 행복하다고 느꼈지.

"아, 이제 행복한 생활의 시작이다. 이제부터는 내가 하고 싶은 대로 할 수 있어. 야호!"

드디어 둘째 아들은 다른 나라에 도착했단다. 좋은 집을 빌리고 비싼 옷도 많이 샀지. 친구도 많이 생겼어. 둘째 아들은 친구들과 신나게 놀았고 저녁에는 매일 잔치를 벌였단다.

'아, 나는 지금 정말 행복해. 게다가 모든 사람이 나한테 친절해. 모두 나와 친구가 되고 싶어 한다고. 아버지가 계시는 그 지긋지긋한 농장과는 비교가 안 되지. 이렇게 돈이 많으니 일할 필요도 없고 말이야.'

이런 생각을 하다니 아주 어리석지 않니? 둘째 아들은 일이라고는 전혀 안 하고 매일 잔치를 벌였단다. 돈은 벌지도 않으면서 아버지가 주신 돈을 물 쓰듯 마구 썼단다.

그 많던 돈이 점점 없어졌겠지. 얼마 후 돈이 떨어졌어. 이제 잔치를 열 수 없게 되어 버렸지. 그 후에 어떤 일이 벌어졌는지 아니? 글쎄 잔치를 벌일 때면 늘 왔던 친구들이 다 떠나 버렸단다. 그러니까 그 친구들은 진짜 친구가 아니었어. 그저 먹고 노는 잔치가 좋아서 모여든 가짜 친구들이었던 거야. 이제 둘째 아들이 돈이 없어 잔치를 열 수 없게 되자 모두 떠나 버렸단다. 정말 나쁜 사람들이지?

둘째 아들은 금반지도 팔고, 말도 팔고, 좋은 옷도 다 팔았단다. 먹을거리를 살 돈이 필요했거든. 그런데 그 돈도 떨어지자 진짜 빈털터리가 되었어.

'일자리를 알아봐야겠어' 하고 생각했지만, 그것도 쉽지 않았어. 때마침 그 나라에 가뭄이 들어 들판에 곡식들이 자라지 않아 나라 전체가 어려울 때였거든. 모두 먹을 것이 부족했지. 시장에서 팔리는 곡식 한 줌도 엄청나게 비싸졌어. 곡식 값이 두 배, 세 배로 비싸져서 곡식을 사 먹어야 하는 사람들은 점점 가난해졌지. 부자들도 종을 부릴 수가 없었어. 그러니 둘째 아들이 일자리를 구하기는 더 어려워졌지.

가까스로 둘째 아들은 일자리를 구했단다. 들판에서 돼지를 돌보는 일을 하게 되었지. 돼지 냄새는 아주 고약했단다. 지독한 냄새를 참으며 힘든 일을 해야 했어. 진흙탕에 마구 뒹구는 돼지 주위에는 파리 떼가 항상 들끓었단다.

그래도 둘째 아들은 배가 너무 고파 그 일을 계속 했어. 더 슬픈 것은 그 힘든 일을 하고도 먹을 것을 조금밖에 얻지 못했다는 거야. 돼지 주인도 몹시 가난했거든. 그 나라에 사는 모든 사람이 먹을 것이 모자라 굶주리고 있었단다. 그런데 돼지들은 먹을 것이 있었어. 돼지 먹이 말이야. 원래 돼지 먹이는 사람이 먹는 것이 아닌데, 둘째 아들은 너무 배가 고픈 나머지 그거라도 먹고 싶어졌단다. 정말 불쌍한 신세가 되어 버렸지? 퀴퀴한 냄새가 나는 돼지들 틈에 고픈 배를 움켜쥐고 앉아 있는 꼴이 상상이 되니? 아버지의 농장에서는 종들도 배불리 먹을 수 있는데 말이지.

'고향 집에 있었다면 좋았을걸. 아버지 말씀을 안 듣고 집을 떠났는데, 결국 이런 꼴이 되고 말았어. 집을 떠날 때만 해도 모든 것이 좋았지. 지금처럼 꿀꿀이 돼지들 틈에 앉아 배가 고파 죽을 지경이 되리라고는 상상도 못했지. 그래, 집으로 돌아가자! 아버지가 화를 많이 내시겠지만 할 수 없어. 아버지의 돈을 다 써 버린 것은 내 잘못이야. 이제는 아버지의 아들 자격도 없어. 아버지 농장에서 종노릇이라도 할 수 있다면 바랄 것이 없겠다.'

결심을 한 둘째 아들은 집으로 돌아갔단다. 집으로 돌아가는 길은 꽤 멀었단다. 신발은 다 떨어졌고 옷은 더럽고 구멍투성이였어. 머리는 감지 않아 새 둥지처럼 엉클어져 있었지. 정말 꼴이 말이 아니었단다. 둘째 아들이 고향에 도착했을 때 둘째 아들을 알아보는 사람은 아무도 없었어. 그럴 만도 하지 않니? 고향을 떠날 때는 비싼 옷을 입고 멋진 말을 타고 떠났는데 지금은 다 떨어진 옷을 입은 더러운 거지꼴이니 말이야.

잠시 후 저만치서 아버지의 농장이 보였어. 그러자 겁이 더럭 나는 거야. 아버지가 불같이 화를 내지 않으실까? 자기를 만나려고도 하지 않으시면 어쩌지? 어쩌면 종들을 시켜 쫓아내실 수도 있어!

‘그래도 아버지한테 돌아갈 테야’ 하고 둘째 아들은 생각했단다.

‘아버지를 꼭 만나고 싶어.’

용기를 내서 둘째 아들은 집을 향해 걸어갔지. 둘째 아들이 농장 가까이 왔을 때, 누군가 자기를 향해 달려오고 있었어. 누구일까? 그래, 바로 아버지였어!

아버지는 둘째 아들이 걸어오는 것을 저 멀리에서 벌써 보신 거야. 더러운 꼴을 한 이 청년이 누구인지도 단번에 알아보신 거지. 아버지는 아주 기뻤어. 아들을 향해 달려오셔서 두 팔로 아들을 안아 주셨단다. 둘째 아들은 울면서 말했어.

“아버지, 아버지 말씀을 듣지 않고 멀리 떠났던 것을 용서해 주세요. 아버지의 돈도 다 써 버렸습니다. 저는 아버지의 아들이라고 할 자격도 없습니다. 저를 농장의 종으로 써 주세요.”

"아들아! 내 아들아!"

눈물을 훔치며 아버지가 말했어. "네가 돌아왔구나. 어서 집으로 가자꾸나. 먼저 목욕을 깨끗이 하고 새 옷을 입고 신을 신어야겠지. 금반지도 다시 끼어야지. 누가 뭐라고 해도 너는 여전히 내 아들이다."

아버지는 종을 불러 말했어.

"가서 맛있는 음식을 만들어라. 잔치를 열어야겠다. 내 아들이 돌아왔다. 아들을 잃은 줄 알았는데, 그 아들을 다시 찾았어. 잃어버린 내 아들이 다시 돌아왔다!"

정말 멋있는 이야기지? 아버지가 아들을 얼마나 사랑하는지 느낄 수 있지! 둘째 아들은 아주 어리석은 짓을 저질렀지만, 아버지는 여전히 아들을 사랑하셔.

예수님은 이 이야기를 통해 무엇을 가르쳐 주려고 하신 걸까? 예수님은 이 이야기의 아버지가 아들을 사랑하는 것처럼 하나님께서도 우리를 사랑하신다는 것을 가르쳐 주고 싶으셨어. 우리는 이런 생각을 할 때가 있지. '나는 하나님이 필요 없어. 혼자서 잘 살아갈 수 있어.'

이런 생각을 하는 바로 그 순간 우리는 하나님을 버리고 멀리 가게 된단다. 내가 하고 싶은 일만 하고, 기도도 안 하게 되는 그런 순간 말이야. 그때부터 우리는 잘못되기 시작하는 거지. 이 이야기에 나오는 둘째 아들처럼 아주 불행해지는 거야! 그렇다고 낙심하고 포기하면 안 돼. 우리는 언제든지 하나님께 돌아올 수 있다는 것을 잊지 마. 하나님께 잘못을 후회한다고 말하면, 하나님은 우리를 용서해 주신단다. 하나님은 우리에게 화를 내지 않으셔. 이 이야기에 나오는 아버지도 둘째 아들에게 화를 내지 않으시고 받아 주셨잖아!

24. 선한 사마리아 사람

누가복음 10 장

예수님은 이야기를 하나 더 해 주셨어. 이 이야기는 선한 이웃, 사마리아 사람에 대한 얘기야. '선하다'라는 말은 무슨 뜻일까? 우리가 다른 사람을 진심으로 불쌍하게 생각해서 도와줄 때 '선하다'라고 말한단다.

사마리아 사람은 어느 나라 사람인지 아니? 사마리아 땅에 사는 사람을 사마리아 사람이라고 불렀어. 사마리아는 이스라엘 옆에 있는 나라란다. 사마리아 사람들과 이스라엘 사람들은 사이가 안 좋았지. 사이가 안 좋은 정도가 아니라 서로 원수처럼 지냈지. 그런데 사마리아 사람이 어떻게 이스라엘 사람의 선한 이웃이 되었을까?

어떤 사람이 주위에 집도 없고, 사람도 잘 다니지 않는 한적한 길을 걸어가고 있었어. 그 사람은 '여리고'라는 도시에 가고 있었단다. 그 사람은 부지런히 걸음을 옮겼어. 조금만 더 가면 여리고에 도착할 거야. 그때 갑자기 길옆 수풀 속에서 두 사람이 튀어나왔어. 무시무시한 강도들이었지! 강도들은 그 사람에게 달려들어 멱살을 잡았단다. 그리고 머리며 팔이며 다리를 마구 때렸어. 그러더니 그 사람의 돈을 다 빼앗고, 옷도 속옷만 남기고 다 빼앗아 갔어. 강도들은 빼앗은 물건을 다 챙겨서 수풀 속으로 '휙' 하고 사라졌지. 그 불쌍한 사람을 길 한가운데에 내팽개쳐 두고 말이야.

그 사람은 굉장히 많이 다쳤지만, 다행히 죽지는 않았단다. 온몸이 상처투성이였지. 상처에서는 피가 줄줄 흘렀어. 다른 사람이 도와주지 않는다면 금방 죽을 것 같았어.

잠시 후 저만치에서 누군가 걸어오는 발소리가 들렸어. 그 사람은 몸을 일으켜 누가 오는지 살폈단다. 제사장이 걸어오고 있었어. 예루살렘에서 돌아오는 길인가봐. 예루살렘 성전에서 일을 마치고 집으로 돌아가는 길임에 틀림없어.

'제사장이 오다니 정말 다행이야!'

그 사람이 생각했단다.

'제사장은 하나님의 종이야. 당연히 나를 도와주겠지! 먼저 내 상처를 싸매고 치료해 줄 거야. 제사장이 나를 부축해 준다면, 함께 여리고까지 걸어갈 수도 있을 것 같아!'

길을 걷던 제사장은 온몸에 상처를 입은 사람이 길 위에 쓰러져 있는 것을 보았어. 그런데 제사장이 어떻게 했는지 아니? 제사장은 재빨리 저쪽 옆으로 돌아서 갔단다. 마치 다쳐서 피를 흘리며 쓰러져 있는 사람을 못 본 것처럼 하며 말이야. 이럴 수가?

제사장은 이렇게 생각했단다.

'저 사람을 도와주겠다고 여기서 머뭇거리다가 강도들이 다시 나타나면 어떡해? 나까지 당할지도 몰라. 게다가 저 사람의 상처를 치료해 주다가는 내 우아한 제사장 예복에 피가 묻을 수도 있어. 그럴 수는 없지, 안 되고말고! 못 본 척하고 여기를 빨리 빠져나가는 것이 제일 좋겠어!'

제사장은 강도를 만나 온몸에서 피가 흐르는 그 사람을 도와주지 않고 그대로 지나가 버렸어. 그 사람은 아무 도움도 받지 못한 채 길 한가운데에 그대로 쓰러져 있었단다. 온몸은 점점 더 아프고, 목이 너무 말랐어. 머리 위로는 햇볕이 쨍쨍 내리쬐고 있었어.

시간이 조금 흘렀을 때 또 발걸음 소리가 났단다. 혹시 도움을 받을 수 있을까 하는 마음에 그 사람은 간신히 머리를 들고 누가 오나 보았어. 레위 사람이었단다. 레위 사람도 하나님의 종이야. 레위 사람은 제사장을 돕는 일을 해. 이 레위 사람도 제사장처럼 예루살렘에서 집으로 가는 중이었어.

'레위 사람이 와서 다행이야.'

그 사람은 생각했단다.

'레위 사람은 하나님의 종이야. 이 사람은 나를 꼭 도와줄 거야! 어쩌면 물을 가지고 있을지도 몰라. 아, 목말라.'

레위 사람은 길에 피 묻은 사람이 쓰러져 있는 것을 보았지. 그 다음에 어떻게 했는지 아니? 레위 사람도 길 다른 쪽으로 돌아서 가 버렸단다. 상처투성이 사람이 길에 쓰러져 있는 것을 못 본 척하면서 말이야. 이 레위 사람도 제사장처럼 겁이 났어. 제사장이나 레위 사람은 하나님의 종인데, 다친 사람을 못 본 체하면서 그냥 가 버렸어. 정말 너무하지?

'지금 당장 누군가 나타나 나를 도와주지 않는다면 어떡하지? 나는 이대로 죽을지도 몰라.'

그 사람은 이렇게 낙담한 채 길가에 쓰러져 있었어.

잠시 후 또 누군가 걸어오는 소리가 들렸단다. 다시 피가 흐르는 머리를 조심스럽게 들고 누가 오는지 살펴보았어. 당나귀를 타고 오는 사람은 바로 사마리아 사람이었어!

'정말 운도 없군! 도움을 받긴 틀렸어' 하고 그 사람은 생각했단다.

'사마리아 사람은 나를 도와주지 않을 거야. 사마리아 사람은 우리와 원수인걸. 당나귀를 타고 그냥 지나가겠지.'

그런데 예상을 뒤엎는 일이 일어났단다. 당나귀가 멈춰 섰어. 사마리아 사람이 당나귀에서 내리더니 다친 사람에게로 다가왔단다. 그러고는 이렇게 말하는 거야.

"이런 불쌍한 일이……. 강도를 만나신 모양이로군요. 많이 다치신 것 같아요. 목이 무척 마르신 것 같은데, 잠깐만요. 제게 물이 있어요."

그리고는 나귀 쪽으로 가더니 물병을 들고 오는 거야. 그리고 조심스럽게 다친 사람의 머리를 들어 물을 마실 수 있도록 도와주었단다. 또 붕대와 약도 가져와서 그 사람의 상처를 치료해 주었어.

"이제 조금 걸으실 수 있겠습니까?"

사마리아 사람이 물었지.

"저에게 기대세요, 그리고 제 당나귀에 앉으세요. 저기 여관까지 가면 편히 쉴 수 있을 거예요."

여관은 여행하는 사람들이 쉴 수 있는 호텔과 비슷한 곳이란다. 잠시 후 다친 사람을 당나귀 위에 앉히고, 사마리아 사람은 그 옆에서 당나귀를 잡고 천천히 여관을 향해 걸어갔지. 사마리아 사람은 강도들이 다시 나타나면 다친

이 사람 때문에 자기까지 도망을 못 갈 것이고 자기 물건을 모두 빼앗길지도 모른다는 생각은 조금도 하지 않았단다. 이 사람이 이스라엘 사람이라는 것도 신경 쓰지 않았단다. 대신 이런 생각을 했지.

'이 사람이 얼마나 아플까? 마침 내가 그 옆을 지나다 도와줄 수 있어서 참 잘됐어.'

사마리아 사람은 다쳐서 길에 쓰러져 있는 그 사람을 불쌍하게 생각했어. 바로 그 마음과 행동을 '선하다'라고 말한단다.

여관에 도착하고 나서 몸을 다친 사람은 음식도 먹고, 물도 마셨단다. 침대에 누워 편히 쉬었지. 사마리아 사람이 말했어.

"제가 모든 비용을 다 내겠습니다. 강도들이 돈을 다 빼앗아 갔으니 돈이 한 푼도 없으시지요?"

다음 날 아침 사마리아 사람은 여행을 계속해야 했단다. 떠나면서 여관 주인에게 말했지.

"이 사람을 잘 돌보아 주세요. 미리 돈을 좀 드리고 가겠습니다. 혹시 돈이 부족하면 제가 다음 주 돌아올 때에 계산하겠습니다."

그 말을 남긴 채 사마리아 사람은 나귀를 타고 가 버렸단다. 다친 사람은 몸이 다 나을 때까지 여관에 머물 수 있게 되었지.

이야기는 이렇게 끝이 나. 아주 재미있는 이야기지? 예수님이 이 이야기를 하실 때 모든 사람은 아주 조용하게 들었단다. 이야기를 마치시고 예수님이 주위에 있는 사람들에게 질문하셨어.

"이 이야기에 나오는 사람 중 누가 잘했습니까? 하나님께서 기뻐하시는 일을 한 사람은 누구입니까? 제사장입니까? 레위 사람입니까? 아니면 사마리아 사람입니까?"

너무나 쉬운 질문이지, 그치? 당연히 사마리아 사람이지. 제사장과 레위 사람은 오로지 자기 자신만 생각했어. 강도가 무서워 피 흘리며 길에 쓰러져 있는 사람을 돕지 않았잖아. 하지만, 사마리아 사람은 자기를 생각하지 않았어. 다친 사람의 형편을 먼저 생각했단다. 그리고 그 사람을 불쌍하게 생각하고 도와주었어.

예수님이 사람들에게 말씀하셨어.

"여러분도 사마리아 사람처럼 해야 합니다. 만약 어떤 사람이 가난하거나 아프다면 도와주세요. 친한 사람만 돕는 것이 아니라 모르는 사람도 도와야 합니다. 원수까지도 도와야 하지요!"

아프거나 도움이 필요한 원수를 도와주는 것을 하나님은 원하실까? 그래, 하나님은 우리가 원수도 도와주기를 원하셔.

25. 한센병에 걸린 10사람

누가복음 17 장

예수님은 제자들과 함께 온 나라를 다니셨단다. 예수님이 가시는 곳마다 많은 사람이 모여들었어. 어느 날, 예수님과 제자들이 어느 마을 입구에 이르렀을 때 저 멀리 10명의 사람이 서 있는 것이 보였어. 그중에는 목발을 짚은 사람도 있고 손이나 머리에 붕대를 감은 사람도 있었어. 이 사람들은 아주 무서운 병에 걸린 사람들이었어. 바로 한센병에 걸린 사람들이야.

한센병에 걸리면 팔이나 다리에 하얀 종기 같은 것이 생긴단다. 그러다가 병이 심해지면 걸을 수 없게 되기도 해. 때로는 손을 못 쓰게 되기도 하지. 한센병을 고칠 약이 그 당시에는 없었단다. 그래서 무서운 병이었지. 한센병이 무서운 이유가 또 있어. 이 병은 전염이 되는 병이야. 한센병에 걸린 사람이 다른 사람을 만지면 그 사람도 병에 걸릴 수 있단다. 그래서 한센병에 걸린 사람들은 자기 집이나 자기가 살던 마을에서 살 수가 없었어. 한센병에 걸린 아빠는 절대 자기 집에서 살 수 없고 집을 떠나야 해. 만약 엄마가 한센병에 걸리면 그 엄마는 자기 아이들 곁을 떠나야 했지. 안 그러면 아이들도 다 병에 걸릴 테니까. 한센병에 걸린 사람은 자기가 살던 마을을 떠나 외딴 곳에 가서 살아야 했단다. 한센병은 이렇게 무서운 병이었어!

한센병에 걸린 이 10사람도 마을 밖 움막에서 살고 있었어. 그러던 어느 날 예수님이 이 근처를 여행하고 계신다는 말을 들었지. 곧 이곳을 지나가실 거라는 말도 들었어. 예수님이 많은 병자를 고쳐 주셨다는 소문도 들었단다. 예수님은 놀라운 기적을 행하시잖아! 한센병에 걸린 10사람은 서로 이렇게 말했단다.

"우리 모두 큰길가로 가자. 예수님이 이 길을 지나가실 때 큰 소리로 예수님을 부르는 거야. 예수님이 우리를 보시면 고쳐 주실지도 몰라!"

한센병에 걸린 사람들은 마을 가까이 올 수가 없었어. 그랬다가는 다른 사람에게 병을 옮기게 될 테니까 말이야. 하는 수 없이 이 10사람은 마을에서 멀리 떨어진 곳에 서서 큰 소리로 예수님을 불렀어.

"예수님, 우리를 불쌍히 여겨 주세요!"

그 소리를 듣고 제자들과 주위에 있던 사람들은 굉장히 놀라고 한편 무서웠단다.

'만약 저 사람들이 가까이 와서 나와 부딪히면 어떻게 하지? 아이고, 무서워. 저 사람들이 더 가까이 오기 전에 빨리 도망가야겠다.'

하지만, 예수님은 걸음을 멈추고 소리 나는 쪽을 바라보셨단다. 그 사람들을 보고 전혀 두려워하지 않으셨어! 오히려 한센병에 걸린 그 사람들을 불쌍하게 생각하셨지. 그렇다고 그 사람들을 바로 고쳐 주시지는 않았어. 대신 한센병에 걸린 10사람에게 말씀하셨단다.

"제사장에게 가서 그대들의 몸을 보여 주시오."

한센병에 걸린 사람들이 제사장에게 가는 경우는 언제일까? 바로 한센병이 다 나았을 때란다. 한센병에 걸렸다가 병이 다 나았다고 생각되면 제사장을 찾아가 자신의 손과 발, 그리고 온몸을 구석구석 보여 준단다. 만약 그 사람 몸에서 한센병을 앓는 상처가 없으면 제사장이 이런 말을 해 주지.

"당신은 더 이상 한센병에 걸린 것이 아니요. 당신은 이제 건강하니 당신 집에 가도 좋소."

하지만, 이 열 명의 사람들은 아직 병이 나은 것이 아니야. 예수님이 아직 안 고쳐 주셨잖아. 그런데도 예수님은 이 사람들더러 제사장에게 가라고 하셨어. 정말 이상하지? 이상한 일을 시켰는데도 한센병에 걸린 열 사람은 곧바로 예수님이 말씀하신 대로 했단다. 아픈 몸을 이끌고 걸음을 재촉해 제사장에게 갔지. 걸어가면서 서로 이렇게 얘기했단다.

"예수님이 말씀하신 대로 하면 분명히 좋은 일이 생길 거야. 예수님은 기적을 일으킬 수 있잖아, 그렇지?"

그래, 한센병에 걸린 열 사람은 예수님의 말씀을 그대로 믿고 순종했어. 그러자 그 믿음대로 기적이 일어났단다. 그 사람들이 제사장에게 가는 도중에 병이 다 나아 버렸어. 열 사람 모두 병이 다 나았어! 몸에 가득하던 종기가 다 없어지고 아픔도 사라졌어. 병이 깨끗하게 나은 거야. 예수님이 큰 기적을 행하신 거야. 예수님이 한센병에 걸린 열 사람을 고쳐 주셨단다! 잠시 후 제사장이 이 사람들의 몸을 살핀다면, 한센병이 다 나았다고 말해 줄 거야. 이제 마을에서 떨어진 움막에서 살지 않아도 돼! 가족이 있는 집으로 돌아가도 되는 거야! 얼마나 행복한 일이야!

한센병에 걸렸다가 병이 다 나은 사람들이 서로 말했어.

"먼저 제사장에게 갔다가 집으로 돌아갈 거야. 우리 집으로 한시라도 빨리 돌아가고 싶어!"

그 순간 이 사람들은 예수님 생각을 했을까? 병을 고쳐 주신 예수님 말이야! 안타깝게도 아홉 명은 빨리 집으로 돌아갈 생각만 했단다. 예수님에게 감사하다는 말을 하는 것조차 잊었지 뭐야.

그중 딱 한 사람은 예수님을 생각했지. 그 사람은 잠시 후 예수님에게 돌아왔단다. 예수님에게 돌아오는 도중에 춤을 추고 노래를 부르며 왔단다. 얼마나 기뻤는지 알겠지?

"하나님, 고맙습니다!"

이 말을 계속 외치면서 왔단다.

그 사람이 예수님 가까이 왔을 때 곁에 있던 사람들이 소곤거렸어.

"야! 저기 한센병에 걸린 10사람 중 한 사람이 오고 있어. 하지만, 지금은 아픈 것 같지 않네. 정말 병이 다 나은 걸까?"

그 사람은 곧장 예수님 앞으로 달려왔어. 주위 사람들은 움칠 놀라며 옆

으로 피했단다. 그 사람이 아직도 한센병에 걸려 있을 수도 있잖아! 한센병에 걸리고 싶은 사람은 아무도 없겠지? 예수님은 옆으로 피하지 않으셨어. 그냥 조용히 서 계셨단다.

병이 다 나은 그 사람이 예수님 앞에 무릎을 꿇더니 공손하게 말했단다.

"고맙습니다, 주님. 저를 건강하게 고쳐 주셔서 고맙습니다."

예수님이 슬픈 목소리로 물으셨어.

"그런데 다른 아홉 사람은 어디에 있소? 열 사람이 병이 나았는데 아홉 사람은 고마워하지도 않는단 말이오?"

그래, 그 아홉 사람은 자기 자신만 생각했단다. 예수님이 그 무서운 병을 고쳐 주셨는데 감사할 줄도 모르니 말이야. 정말 나쁘지!

예수님이 병을 고쳐 주신 사람 중, 단 한 사람만이 예수님에게 감사하러 왔는데, 그 사람에게는 더 멋진 일이 있었단다. 이 사람은 예수님이 자기의 한센병을 고쳐 주시자, 예수님이 하나님의 아들이라는 것을 믿게 되었어. 원래 이 사람은 이스라엘 사람이 아니었어. 사마리아 땅에 살던 사마리아 사람이었단다. 그렇지만, 이제 예수님이 하나님의 아들이라는 사실을 믿게 되자 하나님 나라에 속한 하나님 나라 백성이 되었단다.

26. 어린아이들을 내게로 데려 오라!

마가복음 10장

예수님이 가시는 곳마다 사람들이 모여들었지. 예수님과 이야기를 나누고 싶은 사람들이 많았거든. 그중에는 신분이 높은 율법학자들도 있었단다. 율법학자들은 성경에 대한 매우 어려운 질문을 하곤 했지. 대부분 율법학자들은 예수님을 좋아하지 않았어. 오히려 질투했단다. 그래서 예수님에게 일부러 매우 어려운 질문을 하는 거야. 예수님이 대답을 못해 쩔쩔매는 것을 보고 싶어서 말이지. 하지만, 예수님은 항상 멋진 대답을 하셨어. 모든 것을 알고 계시니까 말이야! 다행스럽게도 율법학자 중에는 예수님을 사랑하는 사람도 있었어. 그중 한 사람은 니고데모야. 니고데모 이야기 기억하지?

어느 날 예수님이 신분이 높은 율법학자들과 한참 이야기를 나누고 계실 때 여자들이 모여들기 시작했단다. 이 사람들은 고귀한 신분의 여자들이 아니었어. 그저 평범한 아이들의 엄마들이었단다. 이 엄마들은 예수님의 말씀을 귀 기울여 듣고 있었지. 그리고 서로 이렇게 말했어.

"우리 아이들이 예수님을 만난다면 얼마나 좋을까요? 예수님은 우리 아이들도 많이 사랑하실 거예요. 어쩌면 예수님은 우리 아이들에게 좋은 이야기를 해 주시고, 축복도 해 주실 거예요. 게다가 우리 아이들이 예수님을 알게 되면 우리 아이들도 예수님을 많이 사랑하게 되겠죠. 그렇게만 된다면 더 바랄 것이 없겠어요!"

말을 마친 엄마들은 저쪽에서 노는 자기 아이들을 데리러 갔어. 예수님에게 데리고 가려고 말이야. 아주 어린아이들은 팔에 안고, 좀 큰 아이들은 손을 잡고 예수님에게 왔어.

그런데 제자들이 그런 엄마들을 보더니 막 화를 내는 것이었어.

"아니, 어린아이들을 왜 데리고 오는 거요? 예수님은 아주 바쁘세요. 이런 어린아이들을 봐 주실 시간이 없어요. 그리고 어린아이들은 예수님이 하시는 말씀을 이해하지도 못하잖아요? 얘들을 데리고 저리 가세요!"

아이들은 예수님의 제자들이 왜 이렇게 화를 내는지 알 수가 없었지. 조금 전 엄마는 예수님이 아주 친절하다고 말해 주었는데, 제자들은 전혀 친절해 보이지 않았어. 참 이상도 하지?

엄마들은 시무룩해져서 말했단다.

"얘들아, 되돌아가야겠다. 여기 오면 안 된다는구나. 예수님은 지금 바쁘시대."

그때 갑자기 제자들이 목소리를 바꾸어 말을 했어.

"죄송합니다. 예수님에게 아이들을 데리고 오세요. 예수님이 아이들을 부르십니다. 어서 이쪽으로 오세요!"

아이들은 무척 기뻐하며 예수님에게로 달려갔단다. 아이들은 예수님을 조금도 무서워하지 않았어. 예수님도 사랑스러운 눈으로 아이들을 바라보셨어.

예수님은 조금 전 약간 화가 나셨지. 아이들에게 화가 나신 것이 아니라 제자들에게 화가 나셨단다.

"아이들이 내게 오는 것을 막지 마시오. 아이들을 쫓아 보내지 마시오. 어린아이들도 하나님 나라의 식구이지 않소?"

예수님은 아이들을 다정한 눈빛으로 바라보셨어. 엄마들이 아이들을 예수님에게 데려오는 것도 아주 좋아하셨지. 어린아이 몇 명은 예수님의 무릎 위로 기어 올라왔단다. 다른 아이들은 예수님 주위에 빙 둘러섰어. 예수님은 팔을 뻗어 그 아이들을 안아 주셨단다. 그리고 아이들과 이야기를 나누셨지. 예수님이 아이들을 많이 사랑하신다는 것과 하늘에 계신 하나님도 어린아이들을 많이 사랑하신다는 것을 말씀해 주셨어! 그리고 예수님은 아이들 머리에 손을 올리시고 축복해 주셨단다.

그 광경을 보고 제자들은 몹시 부끄러웠지. 아이들을 내쫓으려고 한 것이 잘못이었다는 것을 깨달았거든. 제자들은 예수님이 단지 어른들만을 위해서 오셨다고 생각했어. 하지만, 이제 어린아이들도 하늘나라에 속한다는 것을 배우게 되었지.

잠시 후 아이들은 저쪽 옆에 서 있는 엄마들에게로 돌아갔어. 그중 한 아이가 말했단다.

"엄마, 예수님은 정말 친절하세요! 우리를 많이 사랑하시고요. 그리고 예수님이 우리를 축복해 주셨어요. 저도 예수님을 사랑해요!"

또 다른 아이는 이렇게 말했단다.

"우리도 모두 예수님을 사랑해요!"

예수님은 제자들과 함께 다른 곳으로 가셨어. 아이들은 다시 놀기 시작했지. 엄마들은 아주 행복했단다. 자신들의 아이들도 예수님을 알고 사랑하게 되었으니까 말이야.

* 27. 죽은 나사로

요한복음 11 장

예루살렘 근처에 '베다니'라는 동네가 있단다. 이 동네에는 예수님을 사랑하는 세 사람이 살고 있었어. 나사로와 그의 두 여동생, 마르다와 마리아였어. 이 세 사람은 예수님을 진심으로 사랑했단다. 예수님도 세 사람을 정말 사랑하셨지. 예수님이 예루살렘 근처에 가실 때면 나사로와 그 여동생 집에서 주무시기도 하셨어. 그 즈음에 예수님은 제자들과 이스라엘의 다른 지역을 여행하고 계셨어. 그래서 나사로의 집을 오랫동안 들르지 못하셨지.

어느 날 나사로가 병이 들었어. 심한 병에 걸려 아주 많이 아프게 되었단다. 마르다와 마리아는 오빠가 죽을까 봐 걱정이 되었지.

"예수님이 이곳에 계셨다면 우리 오빠를 고쳐 주셨을 텐데……. 예수님에게 이곳으로 빨리 오시라고 사람을 보내 부탁해 봐야겠어."

이런 생각을 한 마르다와 마리아는 예수님을 찾으러 사람을 보냈어. 그 사람은 예수님을 찾아 이곳저곳을 다니다가 마침내 예수님을 찾았단다.

"주님, 나사로가 많이 아픕니다. 마르다와 마리아는 예수님이 빨리 와 주셨으면 하고 부탁했습니다."

그 말을 들으신 예수님이 당장 베다니로 가셨을까? 예수님이 사랑하는 나사로가 많이 아프다고 하잖아. 그런데 예수님은 나사로의 집으로 가지 않으셨어. 대신 소식을 전하러 온 사람에게 이렇게 말씀하셨지.

"죽음이 생명을 이기지 못할 것이오!"

그 사람은 이렇게 생각했단다.

'정말 다행이다. 죽음이 이기지 못한다면 나사로가 병에 걸렸지만 죽지는 않겠군.'

그 사람은 베다니로 돌아갔단다. 예수님은 제자들과 함께 그곳에 며칠 더 머무셨어.

그로부터 이틀이 지난 뒤 예수님은 제자들에게 이렇게 말씀하셨지.

"이제 베다니로 갑시다. 나사로가 죽었소."

정말 이상한 말씀이지? 처음에 예수님은 죽음이 생명을 이기지 못할 거라고 말씀하셨어. 그런데 지금은 나사로가 죽었다고 말씀하시는 거야! 그렇다면 죽음이 이긴 건데, 그렇지 않니? 예수님은 제자들에게 좀 더 설명을 해 주셨어.

"내가 나사로를 다시 살릴 것이오. 나사로를 살리는 것을 보고 많은 사람이 내가 하나님의 아들이라는 것을 믿게 될 것이오."

며칠 후에 예수님과 제자들은 베다니에 도착했단다. 동네 가까이에 이르러 나사로가 죽은 지 나흘이 지났다는 이야기를 듣게 되었지. 죽은 나사로를 이미 무덤에 묻었다는 말도 들었어.

이스라엘 나라에서는 죽은 사람을 장사 지내는 방법이 우리와 다르단다. 우리처럼 죽은 사람을 관에 넣고 땅에 묻지 않아. 대신 바위로 된 굴에 넣어. 먼저 죽은 사람의 몸에 천을 감아. 머리에도 천을 감는단다. 그리고 바위로 만들어진 무덤 속에 가만히 누인단다. 무덤 앞에는 아무도 들어가지 못하게 커다란 돌로 막아 버려.

마르다와 마리아는 나흘 전 오빠 나사로를 그렇게 장사 지냈어. 그러고는 너무 슬퍼 집에서 울고 있었단다. 평소 알던 많은 친척과 친구들이 두 사람을 위로하려고 방문했어. 그 사람들도 같은 마음으로 슬퍼했단다. 모든 사람이 슬피 울고 있었어! 마르다가 잠시 밖에 나왔다가 예수님이 이쪽으로 오신다는 말을 듣게 되었지.

"예수님이 오신다고? 당장 가 봐야지. 이 슬픈 내 마음을 이해하고 위로해 주실 분은 예수님뿐이야!"

마르다는 베다니 거리를 달려 예수님에게 뛰어갔단다.

그리고 울면서 말했어.

"주님, 주님이 이곳에 계셨다면 제 오빠 나사로는 죽지 않았을 거예요!"

예수님은 부드러운 음성으로 대답하셨단다.

"나사로는 무덤에서 다시 살아날 것이오. 마르다, 나를 믿으시오!"

"예,주님. 저는 당신이 하나님의 아들이시며 모든 것을 하실 수 있다고 믿습니다" 하고 마르다는 대답했지. 예수님이 오셔서 슬픔이 조금 진정되는 것 같았단다.

"마리아도 불러 주시오."

예수님이 부탁하셨단다. 마르다는 급히 집으로 돌아가 마리아를 불렀지.

"예수님이 오셔서 너를 찾으셔."

그 말을 들은 마리아는 자리에서 바로 일어났단다. 울면서 집 밖으로 나갔어. 예수님에게 달려간 거야. 주위에 있던 다른 사람들도 마리아를 따라갔어. 예수님을 보자 마리아는 더 큰 소리로 울면서 주님 앞에 엎드렸단다.

"주님, 주님께서 이곳에 계셨더라면 저희 오빠는 죽지 않았을 거예요."

눈물을 흘리며 마리아가 말했지. 예수님은 나사로가 죽은 것 때문에 마르다와 마리아 그리고 많은 사람들이 얼마나 슬퍼하는지를 보셨어. 그리고 예수님도 슬퍼서 우셨단다!

그 모습을 본 사람들은 이렇게 말했지.

"저것 봐, 예수님도 우셔. 나사로를 정말 많이 사랑하셨나봐. 예수님은 기적도 행하시잖아. 아픈 사람도 많이 고쳐 주시고. 그런데 왜 나사로가 죽기 전에 오지 않으셨을까? 죽기 전에 오셔서 병을 고쳐 주셨으면 좋았을걸……."

예수님은 사람들에게 물으셨어. "나사로의 무덤이 어디 있소?"

"주님, 이쪽으로 오십시오."

마르다와 마리아가 대답했단다. 그 자리에 있던 사람들이 모두 나사로가 묻혀 있는 바위 무덤으로 걸어갔단다.

"무덤 앞에 있는 돌을 치워 주시오."

예수님이 말씀하셨지. 그 말에 사람들은 깜짝 놀랐단다. 나사로를 장사지낸 지 나흘이나 지났는데, 무덤의 돌을 치우라고? 하지만, 사람들은 예수님의 말씀에 순종했어. 나사로가 있는 무덤 앞의 커다란 돌을 옆으로 굴려 치웠단다.

예수님은 하늘을 바라보시고 기도하셨어.

"아버지, 늘 저의 기도를 들어주셔서 감사합니다. 이제 모든 사람이 당신이 죽음을 이기시는 것을 보게 해 주십시오. 내가 당신의 아들이라는 것도 알게 해 주십시오!" 기도를 마치신 예수님은 큰 목소리로 외치셨지.

"나사로, 밖으로 걸어 나오시오!"

무슨 일이 일어났을까? 모든 사람이 잔뜩 긴장한 채 바위 속 무덤을 쳐다보고 있었어. 무덤 속에서 무슨 소리가 들리더니 잠시 후 나사로가 밖으로 걸어 나오는 것이 아니겠니? 발에 천이 감겨 있어서 나사로는 잘 걸을 수가 없었어. 머리에도 천이 감겨 있어서 앞도 잘 볼 수 없었지만 나사로는 천천히 무덤에서 걸어 나왔단다. 그 광경을 본 사람들은 깜짝 놀랐어! 나사로는 나흘 전에 죽었어. 그런데 지금 살아서 무덤에서 걸어 나온 거야!

"와, 예수님은 정말 대단하신 분이야! 예수님은 죽은 지 나흘이 된 나사로를 살려 주셨어. 예수님이 하나님의 아들이신 것은 정말 확실해!"

모여 있던 모든 사람이 소리쳤지.

예수님은 부드러운 음성으로 말씀하셨단다.

"나사로의 몸에 감긴 천들을 풀어 주시오. 그리고 집으로 가게 해 주구려."

마르다와 마리아는 오빠 몸에 감긴 천을 풀어 주었단다. 그리고 함께 집으로 돌아왔어. 세 사람은 얼마나 행복했는지 모른단다!

죽음은 절대로 예수님을 이길 수 없어! 이제 확실히 알겠지?

28. 바디매오

누가복음 18 장

여리고 성으로 가는 길가에 거지 한 명이 앉아 있었단다. '바디매오'라는 사람으로 장님이었지! 바디매오는 앞을 전혀 볼 수 없었기 때문에 일을 할 수가 없었고 돈도 벌 수 없었지. 그래서 바디매오는 구걸을 했단다. 길가에 앉아 지나가는 사람들에게 도와 달라고 했어. 그렇게 사람들이 준 돈으로 바디매오는 먹을 것을 사고 옷도 샀단다. 매일 길가 같은 자리에 앉아 사람들에게 구걸했지.

바디매오는 아무것도 보지 못했지만, 소리는 잘 들을 수 있었단다. 최근에는 사람들이 예수님에 대해서 이야기하는 것을 많이 들었어. 어떤 사람들은 예수님을 선지자라고 말하기도 했지. 다른 사람들은 예수님을 다윗 왕의 자손이라고도 말했어.

아주 오래전 하나님께서는 다윗 왕에게 다윗 왕의 자손 중 한 사람이 아주 특별한 왕이 될 것이라고 약속하셨단다. 예수님이 혹시 그 특별한 왕이실까? 그 답을 확실히 아는 사람은 없었어. 단지 사람들은 예수님이 아주 놀라운 기적을 행하신다는 것만 알고 있었지. 예수님은 아픈 사람들을 많이 고쳐 주셨대. 게다가 죽은 지 나흘이나 지난 나사로를 다시 살려 주시기도 하셨대!

사람들의 말을 들으며 바디매오는 이런 생각을 했단다.

"만약 예수님이 이 길을 지나가신다면, 나는 예수님에게 내 눈을 고쳐 달라고 부탁할 거야!"

드디어 그날이 왔단다. 예수님이 그 길을 지나가시게 되셨어. 길거리는 사람들로 소란스러웠지. 모두들 예수님을 보고 싶어 했어. 그런 중요한 순간에 바디매오에게 돈을 주려는 사람은 아무도 없었어.

"예수님이 이 근처에 오셨나요? 그렇다면 나를 제발 예수님에게 데려다 주세요!"

바디매오는 사람들에게 부탁했단다. 하지만, 그 말에 대꾸하는 사람도 아무도 없었어. 모두 바쁘게 바디매오 옆을 지나갈 뿐이었지. 길옆에 앉아 있는 바디매오의 말에 주의를 기울이는 사람은 아무도 없었어.

'예수님 옆에 갈 수 있는 방법이 없을까?

조금 후 예수님이 이 길을 지나가 버리시면 모든 것이 끝나고 말아.

아무도 나를 도와주지 않는다면 나 스스로라도 뭔가 시도해야 해!'

이런 생각을 한 바디매오는 아주 큰 목소리로 소리치기 시작했단다.

"다윗의 자손 예수님, 저를 불쌍히 여겨 주십시오."

"아니, 그 고함 좀 멈출 수 없어요? 아이 시끄러워."

곁에 있던 사람들이 화를 내며 말했단다.

"예수님은 당신에게 관심이 없어요. 당신을 봐 줄 시간이 없다고요."

하지만, 바디매오는 그 말에는 신경 쓰지 않고 더 큰 목소리로 소리쳤단다.

"다윗의 자손, 예수님! 저를 불쌍히 여겨 주십시오."

예수님이 바디매오의 그 고함을 들으셨을까? 물론이지, 예수님은 바디매오의 소리를 들으셨어. 자리에 멈춰 서신 예수님이 말씀하셨단다.

"바디매오를 이리로 데려오시오."

예수님의 말씀 한마디에 사람들은 갑자기 바디매오에게 친절해졌어.

"예수님이 당신을 오라고 하셔요." 하면서 바디매오의 손을 잡고 예수님에게 데려다 주었단다.

"바디매오, 당신에게 무엇을 해 주면 좋겠소?"

예수님이 따뜻한 목소리로 물으셨단다.

바디매오는 아주 공손하게 대답했지.

"주님, 제 눈을 고쳐 주셔서 볼 수 있게 해 주십시오."

"내가 당신 눈을 고쳐 줄 수 있다는 것을 믿소?"

예수님이 다시 물으셨지.

"아무것도 볼 수 없는 당신의 눈을 내가 고쳐 줄 수 있다고 당신이 믿기 때문에 당신의 눈을 고쳐 주겠소. 눈을 떠 보시오!"

그러자 무슨 일이 일어났을까? 갑자기 바디매오가 볼 수 있게 되었단다. 예수님이 서 계신 것도 보이고, 주위의 다른 사람들도 보였지. 파란 하늘도 보이고, 나무들도 볼 수 있었어!

바디매오가 예수님에게 얼마나 감사했는지, 그리고 얼마나 행복했는지!

"예수님, 고맙습니다. 정말 고맙습니다" 하고 바디매오가 소리쳤단다.

이제 바디매오는 길가에 앉아 있을 이유가 없어졌어. 구걸을 할 필요가 없어졌지. 일을 해서 돈을 벌 수 있게 되었으니까. 하지만, 바디매오는 당분간 예수님과 함께 있고 싶었단다. 예수님을 따라 여리고 성으로 가 함께 길을 걷는 것은 정말 기분 좋은 일이었지. 게다가 예수님은 아주 멋진 이야기도 해 주셨어.

예수님과 함께 걸어가는 사람은 바디매오뿐만이 아니었단다. 사람들이 길에 가득했어. 온 성이 사람으로 북적댔지. 대부분의 사람은 예루살렘으로 가고 있었단다. 몇 주가 지나면 유월절 명절이야. 유월절을 지내고자 많은 사람이 예루살렘으로 가고 있었지.

사람들은 예수님도 유월절을 지내러 예루살렘으로 가셨으면 하고 바랐단다. 그리고 하나 더 바라는 것이 있었는데 무엇인지 아니? 그래, 사람들은 예수님이 왕이 되시기를 원했어. 지금 이스라엘의 왕 헤롯 왕은 다른 나라 사람이야. 이스라엘 출신이 아니란다. 이스라엘 사람들은 헤롯 왕을 좋아하지 않았어. 또 사람들은 이스라엘을 다스리는 로마 군인들을 다 쫓아내고 싶어 했단다. 만약 예수님이 도와주신다면 헤롯 왕이나 로마 군인들을 쫓아내는 것쯤은 식은 죽 먹기일 거야. 예수님은 모든 일을 하실 수 있으시잖아!

그래, 사람들은 벌써 계획을 다 짜 놓았단다. 예수님이 왕이 되셔서 예루살렘에 있는 멋진 왕궁에서 사시는 거야. 그렇게 된다면 오래전 다윗 왕이 이스라엘의 왕이던 때처럼 이스라엘이 좋아질 것 같았어.

사람들의 생각이 이루어질까? 예수님이 로마 군인들과 싸움을 하실까? 그리고 왕이 되실까? 아니란다. 예수님의 생각은 전혀 다르셨어! 예수님은 유월절을 지내러 예루살렘으로 가실 거야. 하지만, 예루살렘에서 싸우지는 않으실 거야. 그리고 멋진 궁전에서 사시지도 않을 거야.

예수님은 유월절 때 사람들의 죄를 없애 주시는 일을 하실 거야. 그 계획을 제자들에게는 이미 말씀해 주셨단다. 하지만, 제자들은 그 말씀을 전혀 이해하지 못했어. 물론 이해하기 무척 어려운 말씀이긴 하지만 말이야!

29. 세리 삭개오

누가복음 19 장

여리고 성에 한 사람이 살고 있었어, 그 사람은 예수님을 만나 꼭 한번 이야기를 나누고 싶어 했단다. 하지만, 그 사람은 용기가 없었어. 그 사람은 바로 '삭개오'라는 사람이었단다.

삭개오는 아주 부자였어. 크고 멋진 집에서 살았지. 원하는 것은 무엇이든 살 수 있었어. 하지만, 삭개오는 행복하지 않았단다. 언제나 혼자였거든. 친구가 한 명도 없었어. 아무도 삭개오에게 말을 걸지 않았단다. 삭개오가 여리고 성안을 걸어가면 사람들은 화난 얼굴로 삭개오를 쳐다보았지. 삭개오는 왜 친구가 없는 걸까? 그것은 삭개오가 세리였기 때문이야.

세리란 로마 황제를 위해 세금 걷는 일을 하는 이스라엘 사람을 말한단다. 로마 황제는 이스라엘을 다스리는 다른 나라 황제였어. 만약 로마 황제가 돈이 필요하다고 하면 세리들이 나가 이스라엘 사람들에게서 돈을 걷는단다. 때때로 세리들은 사람들에게 너무 많은 돈을 걷곤 했어. 걷은 돈을 로마 황제에게 다 줬을까? 아니야. 세리들은 돈을 많이 걷어서 조금씩 자기 몫으로 챙기기도 했단다. 그러니까 도둑질을 한 거지.

삭개오도 터무니없이 많은 돈을 사람들에게 걷어 자기 것으로 챙긴 적이 있단다. 그렇게 해서 부자는 되었지만, 친구가 한 명도 없었어. 삭개오에게 말을 거는 사람이 한 명도 없었던 거야.

삭개오는 예수님이 세리와도 이야기하신다는 말을 들었어. 예수님의 제자 중 한 사람도 이전에 세리였대. '마태'라는 제자가 세리였다고 하더군. 삭개오는 이렇게 생각했어.

'예수님과 한 번이라도 이야기를 해 본다면 얼마나 좋을까? 나는 지금 정말 불행해. 아무도 나를 좋아하지 않아. 내가 못된 일을 많이 했기 때문이란 걸 알아. 하지만, 나는 내가 한 일을 후회해. 만약 예수님에게 나의 잘못을 다 이야기하면 예수님은 나를 다시 행복하게 해 주실 거야.

하지만, 예수님 곁에는 항상 사람들이 많아서 나 같은 사람은 예수님과 이야기할 기회가 없을 거야. 게다가 나는 예수님에게 말을 걸 용기조차 없는걸. 아! 그냥 예수님 얼굴이라도 한 번 봤으면 좋겠다.

그래, 좋은 수가 있어. 예수님이 여리고 성에 오셨을 때 길거리에 서 있는 거야. 예수님이 지나가실 때 그분을 볼 수 있을 거야!'

드디어 삭개오가 기다리던 그 기회가 왔어. 예수님이 여리고 성에 오셨단다. 삭개오는 길거리로 나갔어. 다른 사람들 틈 속에서 예수님이 지나가시기를 기다리고 있었지. 예수님이 이쪽으로 다가오고 계셨어. 길거리는 사람들로 꽉 찼단다. 예수님은 그 가운데를 걸어오고 계셨어. 얼마나 사람이 많고 복잡한지!

삭개오는 키가 작은 사람이었단다. 그래서 사람들 머리 너머 저쪽을 쳐다볼 수가 없었지. 다른 사람들이 삭개오를 위해 옆으로 비켜 주는 것도 아니었어. 오히려 삭개오를 구석으로 더 밀쳐 내기만 했단다!

'어떻게 하지? 이렇게 해서는 예수님을 볼 수 없어.'

이런 걱정을 하던 삭개오에게 좋은 생각이 떠올랐단다! 삭개오는 서 있던 곳을 빠져나와 저만치 앞으로 뛰어갔단다. 잠시 후 예수님이 이쪽으로 오시면

이 길도 역시 사람들로 꽉 차게 될 거야. 아직 이 길은 한산했단다. 길옆에는 커다란 돌무화과나무(무화과 뽕나무)가 몇 그루 서 있었어. 나뭇가지들이 낮게 드리워 있고, 커다란 나뭇잎이 달려 있는 나무였지. 삭개오는 나무 쪽으로 뛰어가서 그 위로 기어 올라갔단다. 그리고 아무도 보지 못하게 나뭇잎 사이에 몸을 숨겼단다. 나무 위에서 삭개오는 모든 것을 볼 수 있었지. 길거리를 지나가는 모든 사람을 다 볼 수 있었어. 삭개오는 자신의 꾀에 아주 만족했지! 나무 위에서 조금 기다렸더니, 예수님이 오시는 것이 보였어. 삭개오는 나뭇잎 사이로 예수님을 아주 잘 볼 수 있었단다.

'야! 돌무화과나무 위의 이 자리, 정말 좋은 곳이군! 조금 있다가 사람들이 다 지나가고 나면 나무에서 내려가야겠다.'

그런데 어떤 일이 일어났는지 아니? 삭개오가 생각지도 못한 놀라운 일이 일어났단다. 예수님이 삭개오가 올라가 있는 바로 그 나무 밑에 오신 거야. 그리고 위를 쳐다보시는 것이 아니겠니? 예수님은 삭개오가 그 위에 앉아 있다는 것을 벌써 알고 계셨지. 예수님은 모든 것을 아시잖아! 예수님은 삭개오가 너무 불행해서 예수님과 이야기를 하고 싶어 한다는 것도 알고 계셨어.

예수님은 삭개오를 바라보시면서 말씀하셨지.

"삭개오, 나무에서 빨리 내려오시오. 지금 당신 집에 함께 가고 싶소."

처음에 삭개오는 그 말을 믿을 수가 없었단다. 예수님이 자기 집에 오고 싶으시다고 말씀하시잖아! 나무에서 펄쩍 뛰어 내려온 삭개오는 예수님과 함께 자기 집으로 걸어갔단다.

주위에 있던 사람들은 자기들이 보고 들은 것을 믿을 수가 없었지. 예수님이 삭개오의 집에 가신다고? 저렇게 나쁜 사람의 집에? 사람들은 화가 나서 서로 말했지.

"이 일은 예수님이 잘못하시는 거야. 저렇게 나쁜 사람의 집에는 가시면 안 되지!"

사람들은 자기들도 때때로 못된 일을 한다는 것을 잊고 있었어. 사람은 모두 잘못된 일을 해. 거짓말을 할 때도 있고 다른 사람의 물건을 몰래 집어 올 때도 있지. 하나님께 불순종할 때도 종종 있어. 예수님은 모든 사람이 잘못된 일을 한다는 것을 알고 계셨어. 그럼에도 불구하고 예수님은 사람들을 사랑하신단다. 삭개오도 사랑하셔. 자기의 잘못을 진심으로 회개하고 있기 때문에 오히려 삭개오를 더 많이 사랑하신단다.

삭개오는 예수님에게 자신의 잘못을 모두 말했어. 그리고 이런 말도 덧붙였단다.

"예수님, 제가 다른 사람에게 빼앗아 온 돈을 다 돌려주겠습니다. 가난한 사람들에게는 돈을 나눠 주겠습니다. 제가 가진 것의 절반을 가난한 사람들에게 나눠 주겠습니다!"

삭개오는 이제는 부자가 아니야. 하지만, 그것은 중요하지 않아. 예수님을 알게 되었거든. 그것이 훨씬 더 중요하니까!

예수님은 삭개오의 집에서 식사를 하셨지. 그날은 정말 멋진 날이었단다! 마침내 삭개오는 아주 행복해졌어. 예수님이 자기를 사랑하시고, 자기의 모든 잘못을 용서해 주셨다는 것을 알게 되었으니까!

30. 호산나, 우리 왕이 오신다!

누가복음 19장

몇 주가 지나면 예루살렘 성에서 큰 명절을 지내게 된단다. 바로 유월절 명절이야. 각 지방에서 사람들이 예루살렘으로 모여들지. 예루살렘은 사람들로 북적일 거야!

예수님도 제자들과 함께 예루살렘으로 출발하셨단다. 명절은 다음 주에 시작되는데, 예수님과 제자들은 미리 올리브산(감람산)에 도착하셨어. 올리브산은 예루살렘 근처에 있는 작은 산이란다. 올리브산 꼭대기에 서면 예루살렘 성을 다 내려다볼 수 있지. 엎드리면 코 닿는 거리에 예루살렘 성이 있는 거지.

이번 유월절에는 아주 특별한 일이 있을 거야. 예수님은 제자들에게 그 일을 몇 번이나 설명해 주셨단다. 하지만, 제자들은 예수님의 말씀을 통 이해하지 못했지. 예수님은 유월절에 사람들의 죄를 다 없애 주실 거라고 말씀하셨어. 이 일은 너무 어려운 일이야! 그래서 예수님은 이 일을 위해 죽으셔야만 해! 하지만, 사흘 뒤에는 다시 살아나실 거야! 무덤에서 다시 살아나시는 거야!

이 말을 듣고 제자들은 서로 수군거렸단다.

"예수님이 하시는 말씀이 무슨 뜻인지 알겠니? 예수님이 죽으신다고? 안 되지, 안 돼. 예수님이 돌아가시면 안 돼. 예수님은 왕이 되셔야 해. 사람들이 모두 예수님이 이스라엘의 왕이 되실 거라고 말하고 있잖아!"

이런 말을 주고받는 사이 제자들은 어느새 어떤 동네에 이르렀단다. 예수님은 제자 두 명을 불러 말씀하셨어.

"저 마을에 가면 나귀가 매여 있을 것이오. 그 나귀를 끌고 오시오. 만일 누가 '왜 나귀를 끌고 가냐'라고 묻거든, 내가 필요하다고 말하시오. 그렇게 말하면 되오."

그 말씀을 들은 제자 두 명이 마을로 가 잠시 후 나귀를 끌고 돌아왔단다. 예수님은 그 나귀 등에 올라앉으시려고 하셨어. 그런데 안장이 없는 거야. '어떻게 할까?' 궁리를 하던 제자들에게 좋은 생각이 떠올랐어. 자기들의 겉옷을 벗어 나귀 등에 올려놓은 거야. 푹신푹신한 나귀 등에 예수님이 올라앉으셨고, 그 모습은 정말 멋져 보였단다. 예수님이 마치 진짜 왕처럼 보이는 거야! 옛날에 다윗 왕은 나귀를 타고 예루살렘 거리를 다니곤 하셨거든.

제자들은 그 광경을 보고 흥분해서 말했단다.

"그전에 예수님이 예루살렘에 오실 때는 언제나 걸어서 오셨지. 하지만 지금은 나귀를 타셨어. 마치 다윗 왕처럼 말이야. 오늘 굉장한 일이 일어날 것 같아. 그래, 예수님은 오늘 예루살렘의 왕이야!"

그 사이 사람들이 점점 더 많이 주위에 모여들었단다. 그 많은 사람이 함께 올리브산을 올라갔지. 모든 사람은 예수님이 오늘 왕이 되실 거라고 기대했지. 그렇다면 얼마나 좋을까? 사람들이 이렇게 외쳤어!

"이제 큰 잔치를 벌이자!"

사람들은 나뭇잎을 뜯어 길 위에 놓았단다. 그 위에 자기들의 겉옷을 벗어 펼쳐 놓았지. 그렇게 만들어진 멋진 길을 따라 나귀를 탄 예수님이 올리브산을 올라가고 계셨지. 사람들은 손에 야자나무(종려나무)의 가지를 들고 있었단다. 그 가지를 흔들며 소리쳤어.

"호산나, 우리의 왕이 오신다. 호산나, 이스라엘의 왕이여!"

정말 굉장한 행렬이었단다! 제자들도 그 광경에 가슴이 벅차올랐지! 잠시 후 예수님이 왕이 되시면 제자들은 아주 중요한 일을 하게 되겠지! 예수님이 이스라엘을 다스리실 때 제자들도 그 일을 돕게 될 거니까.

얼마 후 모두 올리브산 꼭대기에 이르렀단다. 예루살렘 성이 한눈에 다 보였지. 예루살렘까지는 이제 금방이면 갈 수 있는 거야.

"호산나, 이스라엘의 왕이 오신다!"

사람들은 더 큰 소리로 외쳤단다.

흥분한 사람들은 춤을 추고 노래를 부르며 산에서 내려갔지. 그때 예수님이 어떻게 하셨는지 아니? 예수님은 울기 시작하셨어! 얼마 후면 사람들이 생각하는 것과는 전혀 다른 일이 벌어질 것이기 때문에 눈물이 나셨어. 예수님은 지금 왕이 되려고 하시는 건 아니야. 아직은 그때가 아니야! 예수님은 나중에 왕이 되실 거야.

그때 예수님은 단지 이스라엘의 왕만이 아니라, 온 세상의 왕이 되실 거야! 예수님은 정말 특별한 왕이 되셔! 그전에 예수님은 아주 어려운 일을 끝내셔야 해. 먼저 사람들의 죄를 없애는 일을 하실 거야. 사람들의 죄를 없애려면 예수님이 죽으셔야 한단다. 정말 힘든 일을 앞두고 계셨지!

사람이 죄를 짓는 것이 그렇게 심각한 것일까? 그럼, 하나님께서는 죄를 몹시 나쁘게 생각하시지! 하나님은 사람들을 정말 사랑하시고 하나님 가까이 두고 싶어 하신단다. 하지만, 죄를 지은 사람은 하나님이 계시는 하늘나라에 올 수가 없단다. 그래서 예수님이 유월절에 사람들의 죄를 모두 없애는 일을 하시려는 거야. 하나님을 사랑하는 모든 사람이 하늘나라에 올 수 있도록 하기 위해서! 노래를 부르며 산에서 내려가는 사람들은 그런 일을 전혀 모르고 있었단다. 그것을 보신 예수님 마음이 얼마나 아팠겠니!

잠시 후 모두 예루살렘에 도착했단다. 예수님은 나귀에서 내리시고 성전으로 가셨지. 그리고? 아무 일도 일어나지 않았어. 정말 아무 일도 없었어. 예수님은 로마 군인들과 싸움을 벌이지도 않았어. 왕이 되겠다는 말씀도 하지 않으셨고.

"그것 참, 실망스럽군!"

사람들은 이런 말을 주고받으며 흩어졌단다.

예수님은 나귀를 타고 예루살렘 거리를 지나가실 때 길옆에서 가만히 지켜보기만 하던 사람들이 있었단다. 바로 율법학자들이었어.

이 율법학자들은 '호산나, 우리 왕이 오신다!' 하고 같이 소리 지르지 않았어. 아니, 그럴 리가 없지. 율법학자들은 예수님을 아주 많이 시기하고 질투했거든.

“모든 사람이 예수의 뒤를 따라가는군. 만약 예수가 왕이 된다고 생각해 봐! 그렇게 되면 아무도 우리 말을 들으려고 하지 않을 거야! 예수가 왕이 되지 않도록 우리가 미리 손을 써야 해!”

성전에 있는 제사장들도 예수님을 시기하고 있었단다.

“예수는 마치 자기가 성전의 주인인 것처럼 굴어.

그럴 수는 없지. 이 성전의 주인은 바로 우리야!”

율법학자들과 제사장들은 한자리에 모여 아주 고약한 계획을 짰단다. 예수님을 감옥에 넣으려고 했어. 그리고 로마 군인들을 시켜 예수님을 죽일 계획이었지! 하지만, 잘못도 없는 예수님을 그냥 자기들 마음대로 감옥에 넣을 수는 없는 노릇이었어. 잘못한 일이나 나쁜 일을 해야 감옥에 넣을 수 있는 거잖아. 그러나 예수님은 나쁜 일을 하신 적이 없어. 물론 잘못된 일을 하신 적도 없지! 율법학자들과 제사장들도 그쯤은 알고 있었단다. 그걸 알면서도 예수님을 감옥에 잡아 가두고 죽일 계획을 만들었으니 아주 나쁜 사람들이지!

31. 마리아의 아주 귀한 향유병

마가복음 14 장
요한복음 12 장

유월절을 며칠 앞둔 어느 날 예수님은 제자들과 함께 베다니를 한 번 더 방문하셨어. 베다니에는 나사로와 마르다, 마리아가 살고 있단다. 그 외에도 예수님을 사랑하여 따르는 다른 사람들도 있었어. 예수님은 그중 한 사람인 시몬의 집을 방문하셨지. 시몬이 식사 초대를 했거든. 예수님을 사랑하는 사람들이 다 한자리에 모였단다. 죽었다가 예수님이 다시 살려 주신 나사로도 다른 손님들과 함께 식탁에 앉아 있었지. 나사로의 여동생 마르다는 음식 나르는 일을 도와주고 있었어. 마리아는 잠시 자리를 비우고 없었단다. 물건을 사러 밖에 나갔거든.

잠시 후 마리아가 물건을 사서 들고 돌아왔어. 마리아가 산 물건은 아주 예쁘고 비싼 병이었어. 그 안에는 아주 비싼 기름이 들어 있었단다. 아주 좋은 냄새가 나는 기름, 바로 향유였지! 향유병 주둥이에는 아주 작은 구멍이 있어. 병을 거꾸로 들면 향유가 천천히 한 방울씩 한 방울씩 떨어지도록 말이야. 이 향유는 한 방울만 발라도 아주 좋은 냄새가 난단다.

마리아는 귀하고 비싼 향유병을 들고 예수님에게로 걸어갔지. 그런데 예수님에게 걸어가는 마리아의 얼굴은 전혀 기뻐 보이지 않았단다. 무슨 일인지 마리아는 아주 슬퍼 보였어. 울음을 참고 있는 것 같기도 했지. 예수님 곁에 온 마리아는 비싼 향유병의 윗부분을 깨뜨렸어. 그러자 병의 구멍이 커져 향유를 줄줄 부을 수 있게 되었지. 마리아는 향유를 한꺼번에 다 부어 버릴 셈인가 봐! 마리아는 예수님의 머리와 발에 한 방울도 남기지 않고 향유를 다 부었단다. 집 안은 온통 향기로 가득했어. 그 향기가 정말 좋아서 집 안에 있던 사람들은 모두 기분이 좋아졌단다!

마리아가 왜 이런 일을 하는 것일까? 마리아는 예수님이 며칠 후면 죽으실 거라는 것을 알고 있었어. 제자들도 그것쯤은 깨달을 수도 있었지. 예수님이 벌써 여러 번 말씀해 주셨으니까 말이야. 하지만, 제자들은 그 사실을 믿고 싶지 않았어. 예수님이 왕이 되시기를 바라고 있었거든. 하지만, 마리아는 분명히 알고 있었단다. 예수님이 말씀하실 때 항상 주의를 기울여 들었거든. 예수님 가까이에 앉아서 예수님이 하시는 말씀을 하나도 빠뜨리지 않고 잘 들었어. 마리아는 예수님이 사람들의 죄를 없애기 위해 죽으셔야 한다는 것을

알게 되었지. 예수님이 죽으시는 것은 마리아 자신이 지은 죄 때문이라는 것도. 마리아는 자기도 잘못된 일을 했다는 것을 잘 알고 있었어. 사람은 누구나 죄를 짓지.

마리아는 오늘이 예수님과 함께하는 마지막 시간이라는 걸 알고 있었어. 그래서 자기가 주님을 정말로 많이 사랑한다는 것을 보여 드리고 싶었어. 그 사랑을 보여 드리기 위해 마리아는 가장 비싼 향유를 사 온 거야.

'오늘 예수님에게 이 향유를 전부 드리고 싶어. 그런데 이 향유병은 구멍이 너무 작아. 병을 깨뜨려 병 안의 향유를 전부 부어 드려야겠어.'

그런 맘으로 마리아는 병을 깨뜨리고 병 안에 있는 향유를 한 방울도 남기지 않고 예수님의 머리와 발에 다 부었단다. 예수님은 마리아가 왜 이렇게 하는지를 알고 계셨지. 예수님을 진심으로 사랑하는 마리아의 마음을 보시고 아주 좋아하셨단다. 그리고 며칠 뒤에 일어날 일에 대해 이해하는 사람이 한 사람이라도 있다는 것을 보시고 무척 기뻐하셨단다.

32. 유다의 배반

마가복음 14 장
요한복음 12 장

이 이야기는 바로 앞에 해 준 마리아의 향유에 대한 이야기에 이어지는 거란다. 마리아가 예수님의 머리와 발에 비싼 향유를 다 부어 버렸잖아. 마리아는 자기가 예수님을 얼마나 많이 사랑하는지 예수님에게 보여 드리고 싶어서 그렇게 했단다. 예수님도 마리아가 한 일을 아주 기뻐하셨지.

식탁에 함께 앉아 있던 다른 사람들도 마리아의 행동을 좋게 생각했을까? 아니란다. 심지어 예수님의 한 제자는 오히려 화를 냈지. 그 제자는 유다였어.

유다는 마리아가 그 비싼 향유병을 깨뜨리고 그 속에 있던 향유를 예수님에게 한 번에 다 부어 버린 것을 바보짓이라고 생각했지. 예수님이 한꺼번에 좋은 것을 너무 많이 받으셨다고 생각했거든. 참 이상도 하지? 유다는 예수님의 제자인데 예수님이 좋은 것을 받으시는 것을 싫어하니 말이야.

그래, 유다는 예수님의 제자였지만 이제는 예수님을 사랑하지 않았단다. 참 마음 아픈 일이지? 얼마 전까지만 해도 유다의 마음은 그렇지 않았단다. 유다는 예수님 곁에 있는 것이 정말 좋았지. 다른 제자들과 같이 3년 동안 예수님 곁에 있었어. 예수님이 하시는 모든 기적도 다 보았지. 유다는 그 기적들을 최고라고 생각했단다.

'예수님이 온 이스라엘의 왕이 되실 것이 분명해. 이런 기적을 일으킬 수 있는 왕은 아주 위대한 왕이 되겠지. 예수님은 멋진 궁전에서 살게 될 거야. 그리고 우리는 예수님을 돕게 되겠지. 나는 돈을 관리하는 일을 할 거야. 그래야 많은 돈을 벌 수 있을 테니까. 나는 부자가 될 거야.'

유다는 그때도 예수님과 제자들의 돈을 관리하고 있었지. 하지만, 유다는 정직하지 않았어. 몰래 돈을 빼돌려 자기 몫으로 따로 챙기곤 했단다. 유다가 도둑질을 한 거야! 그 사실을 다른 제자들은 전혀 몰랐지. 예수님은 알고 계셨지만 한 번도 말씀하지 않으셨단다.

마리아가 그 값진 향유를 예수님에게 다 부어 드릴 때, 유다는 화를 내며 말했어.

"그 값진 향유를 병과 함께 예수님에게 그대로 바치는 것이 더 좋았을 텐데 말입죠. 그것을 우리가 되팔아 가난한 사람들에게 나누어 줄 수도 있습죠, 안 그렇습니까?"

유다는 마치 자기가 가난한 사람을 진심으로 돕고 싶어 하는 것처럼 말했지만 본심은 그렇지 않단다. 그 돈을 훔쳐 가고 싶어서 그렇게 말했을 뿐이란다. 유다가 도둑이라는 것을 모르는 다른 제자들은 유다의 말에 동의했지.

"유다 말이 맞아! 그 돈으로 가난한 사람들을 돕는 게 더 좋을 뻔했어."

그 말을 하면서 제자들도 마리아에게 조금 화가 났지.

다행스럽게도 예수님이 마리아를 도와주셨어.

"마리아가 한 일은 좋은 일이오. 가난한 사람은 항상 여러분 곁에 있소. 나중에라도 언제든지 도울 수 있어요. 하지만, 나는 며칠 후면 이곳에 없을 것이오. 나는 죽게 될 것이오. 마리아는 그 사실을 알고 나를 위해 이 향유를 준비한 거요."

'예수님이 죽는다는 말씀을 또 하시는군.'

유다는 생각했단다.

‘예수님은 왕이 될 생각이 없으신 거야. 그러니까 지금까지 예수님을 따라다닌 것이 다 헛수고였단 말이지. 예수님이 왕이 안 되면 그럼 난 뭐야? 이제 뭘 하냐고? 사람들은 우리가 예수님의 제자였다는 것을 다 알고 있어. 만약 제사장들이 예수님을 감옥에 잡아 가두기라도 한다면 우리도 전부 잡아갈 거야. 안 돼. 그럴 수는 없어. 이제는 예수님의 제자 따위는 안 할 거야!’

유다는 예수님에게 갑자기 화가 났단다. 지금까지의 자기 계획이 모두 물거품이 되어 버렸으니 말이야. 예수님이 왕이 안 되시면 부자가 되겠다는 자기 꿈도 사라지는 거잖아! 그때 유다는 전혀 다른 생각을 해냈어. 돈을 많이 벌 수 있는 다른 방법을 생각해 낸 거야. 아주 비열한 방법이지만 말이야!

유다가 생각해 낸 방법은 무엇일까? 유다는 예수님을 팔아넘기려고 했어! 불쌍한 유다. 나중에 아주 많이 후회할 일을 계획해 버렸지 뭐야!

다른 제자들이 아무도 눈치를 채지 못하게 유다는 예루살렘에 있는 제사장을 찾아갔단다. 그리고?

"예수를 감옥에 잡아 가두고 싶으시죠, 그렇죠? 제게 돈을 많이 준다면 그 일을 돕도록 합죠!"

"그거 아주 좋은 제안이군." 제사장들도 기뻐했단다.

"예수를 잡아 감옥에 가두는 일을 도와준다면 돈은 얼마든지 주겠다. 하지만, 이 일은 절대 비밀이다. 아무도 눈치채서는 안 돼. 모든 사람이 예수를 좋아하고 있기 때문에 예수가 잡혀가는 것을 보면 사람들이 소동을 일으킬 거야."

"그런 일은 걱정하지 마십쇼. 날이 어두워졌을 때 예수를 잡아가면 될 것 아닙니까? 제가 예수를 언제 잡아가는 것이 좋을지 알려 드립죠. 일단 저는 다시 예수 곁에 가 있도록 합죠. 예수가 있는 곳을 정확하게 알아야 하니까 말입죠."

말을 마친 유다는 다른 제자들이 있는 곳으로 돌아왔단다. 마치 아무 일도 없었던 것처럼. 그리고 아직도 예수님을 사랑하는 것처럼 행동했단다. 정말 나쁜 유다지?

하지만, 예수님은 모든 것을 알고 계셨어! 유다가 제사장들과 어떤 약속을 했는지도 알고 계셨지. 유다가 예수님을 배반하고 팔아 버릴 거라는 것도 알고 계셨어! 하지만, 예수님은 아무 말씀도 하지 않으셨어. 유다를 쫓아내시지도 않으셨고.

33. 누가 최고의 제자일까?

누가복음 22장
요한복음 13장

유월절 명절이 바로 코앞에 다가온 어느 날 저녁이었지. 예수님은 제자들과 함께 마지막으로 유월절 명절을 보낼 계획이셨어. 예루살렘에 사는 한 사람이 자기 집 큰방을 빌려 주었지. 예수님과 제자들은 그곳에서 유월절을 기념하는 식사를 하실 수 있었단다. 제자 두 명이 그날 저녁을 위한 준비를 했어. 빵과 포도주와 그 외 필요한 것을 샀단다.

이스라엘에서는 맨발에 샌들을 신고 다닌다고 했지? 온종일 그렇게 돌아다니다 보면 저녁쯤에는 발이 아주 더러워져. 그래서 저녁 식사를 하기 전에는 발을 깨끗하게 씻는단다. 발은 하인들이 씻어 주지. 식사 준비를 하던 제자 두 명은 발을 씻을 수 있도록 물이 담긴 커다란 대야를 문 옆에 준비했지. 그 옆에는 더러워진 물을 버릴 빈 통도 두었어. 발을 닦을 수건도 그 옆에 갖다 두었단다.

저녁이 되자 식사 준비가 끝난 방으로 예수님과 다른 제자들이 들어왔단다. 하지만 사람들의 발을 씻어 줄 하인이 없는 거야. 이제 어떻게 하지? 제자 중 한 사람이 나서야 할 것 같았어. 그런데 누가 그 일을 하지?

'나는 안 할 거야.'

베드로가 생각했단다.

'나는 하인이 아니야. 나는 예수님의 제자 중 최고야! 내가 그 일을 할 이유는 없지, 그럼!'

'나는 그런 일 안 해!'

야고보가 생각했단다.

'나는 예수님의 가장 중요한 제자야.'

'나는 그런 일 안 해!'

빌립도 생각했지.

'나는 하인 노릇을 할 생각이 전혀 없어. 다른 사람이나 하라고 그래.'

'나는 안 해!'

모두 이렇게 생각하고 있었단다. 그래서 발도 씻지 않고 더러운 발 그대로 식탁에 가서 앉았지! 그러면서 서로 이런 말을 주고받았어.

"우리 중 누가 최고일까?"

"누가 가장 못났을까?"

제자들이 이런 말싸움을 벌이고 있을 때, 예수님이 일어서셨단다. 일어나셔서 물이 담긴 대야와 빈 통과 수건을 챙기시는 거야. 그리고 식탁에 앉아 있는 제자들에게 가시는 거야! 제자들은 놀라서 숨을 죽인 채 멍하니 쳐다보고만 있었단다.

예수님은 빌립 앞에 무릎을 꿇고 앉으셨지. 그리고 그의 발을 씻어 주시고 닦아 주셨어. 빌립은 아무 말도 못했단다. 자신이 너무 부끄러웠거든. 예수님이 하인이 되신 거야. 제자들은 자기가 최고이기 때문에 그런 일은 할 수 없다고 생각하고 있었는데 하나님의 아들이신 예수님이 하인이나 하는 일을 하고 계셨어! 빌립의 발을 씻기신 예수님은 야고보에게 가셨지. 그리고 야고보의 발도 씻어 주시고 닦아 주셨단다.

예수님이 또 베드로에게 다가가셨어. 하지만, 베드로는 자기 발을 치워버렸단다.

"주님께서 제 발을 씻어 주신다고요? 안 됩니다. 그러실 수 없습니다!" 하고 소리쳤지. 베드로는 너무 부끄러워 얼굴이 빨개졌단다.

예수님은 부드러운 눈빛으로 베드로를 바라보시며 말씀하셨어.

"베드로, 내가 당신의 발을 씻어 주지 않으면, 당신은 나의 제자가 아니오."

그 말에 베드로는 깜짝 놀랐단다.

'뭐라고? 예수님의 제자가 아니라고? 그런 일은 있을 수 없어. 내가 예수님을 얼마나 사랑하는데. 나는 언제나 예수님 곁에 있을 거란 말이야!'

베드로는 치웠던 자기 발을 예수님 앞에 쓱 내놓았어. 그리고 손도 같이 내밀었단다.

"주님, 그렇다면 저의 손과 머리도 같이 씻어 주십시오. 저는 완전히 주님의 사람이 되고 싶어요!"

"아니오. 그럴 필요는 없소. 발을 씻는 것으로 충분하오."

예수님은 말씀하셨단다.

예수님은 베드로의 발을 씻기시고 유다에게로 가셨어. 예수님은 유다 앞에 무릎을 꿇으시고 그 발을 씻어 주셨지. 유다가 예수님을 배신하리라는 것을 아시면서도 기꺼이 유다의 하인이 되어 주셨어!

제자들의 발을 다 씻기시고, 예수님이 다시 식탁에 가 앉으셨단다. 누구도 고개를 들고 예수님을 쳐다보지 못했어. 너무 부끄러웠거든!

"내가 왜 이 일을 했는지 아시오?"

예수님이 물으시고 말씀하셨단다.

"여러분은 누가 가장 높은 사람인지 알고 싶어 했소. 그 사람은 바로 나요. 여러분은 나를 '주님'이라고 부르지 않소? 나는 가장 높지만, 여러분의 발을 씻어 주었소. 바로 여러분에게 교훈을 주기 위해서였소.

여러분은 누가 가장 높은지 찾을 것이 아니요. 오히려 서로 도우려고 항상 노력해야 하오. 하기 힘든 일일수록 서로를 위해 나서서 하려고 해야 하오."

다음번에 또 이런 귀찮고 힘든 일이 생겼을 때, 제자들이 이번 일을 기억할까? 그럼, 기억하고말고! 예수님은 그날 밤, 제자들에게 어떻게 남을 섬겨야 하는지 보여 주셨단다.

예수님 말씀을 들은 제자들은 그제야 고개를 들고 예수님을 바라볼 수 있었어. 11명의 제자들은 이렇게 생각했지.

'예수님은 정말 좋으신 분이야. 난 예수님을 사랑해!'

하지만, 열두 번째 제자인 유다는 다르게 생각했단다. 예수님도 그것을 알고 계셨어! 그 생각을 하시자 예수님은 갑자기 너무 슬퍼지셨단다.

"여러분 중 한 명이 나를 배신할 것이오."

그 끔찍한 말씀에 제자들은 서로 쳐다보았어. 제자 중 한 명이 예수님을 배신한다고? 어떻게 그런 일이? 누가 감히 그렇게 나쁜 짓을 할 수 있을까?

"주님, 저는 아니지요?"

두려운 눈으로 예수님을 바라보면서 제자들이 물었단다.

유다는 아주 퉁명스럽게 말했어.

"내가 그 사람일 리는 없겠죠?"

예수님은 유다에게 빵 한 조각을 집어 주시며 다른 사람은 듣지 못하도록 작은 소리로 말씀하셨단다.

"유다, 바로 당신이오."

그러고는 다른 사람들이 다 들을 수 있도록 조금 큰 목소리로 말씀하셨어.

"유다, 계획한 일을 서둘러 하시오."

그 말에 유다는 벌떡 일어서더니, 그 방을 나가 버렸지. 다른 제자들은 유다가 예수님이 부탁하신 어떤 일을 하러 가는 거라고 생각했단다. 가난한 사람들에게 돈을 나눠 주는 일이나, 물건을 사 오는 일 말이야. 유다는 돈을 관리하고 있었거든. 그래서 유다가 갑자기 방을 나가도 이상하게 생각하지 않았단다.

하지만, 유다는 예수님이 무슨 뜻으로 말씀하셨는지 정확하게 알고 있었지. 유다는 바로 제사장들에게 달려갔어. 그리고 날이 어두워지자 예수님을 붙잡을 수 있는 곳이 어디인지 알려 주었단다.

34. 성찬식

누가복음 22 장
요한복음 14–18 장

유다가 문을 닫고 나가 버린 후였어. 예수님을 팔아넘기려는 제자가 떠나 버린 거야! 예수님은 이제 남은 제자들과 함께 편안하게 이야기를 나누시게 되었단다. 제자들에게 해 주고 싶은 말씀이 아직도 많이 있었어. 그날 밤은 예수님이 제자들과 함께 있는 마지막 밤이었어! 예수님은 말씀하셨단다.

"내가 죽기 전 이렇게 여러분과 함께 식사하고 싶었습니다."

예수님은 빵을 집어 여러 조각으로 나누셨단다. 그리고 제자들에게 한 조각씩 나눠 주셨어. 예수님은 병에 담긴 포도주를 컵에 부으셔서 제자들에게 마시도록 건네셨지.

"오늘은 내가 여러분과 함께 빵을 먹고 포도주를 마시는 마지막 시간이오. 나는 내일 죽게 될 것이오. 사람들의 죄를 모두 없애기 위해서요. 여러분의 죄도 다 없어질 것이오. 나는 내일 여러분을 위해 죽을 것이오! 앞으로 내가 없더라도 함께 빵을 먹고 포도주를 마시는 이런 모임을 자주 하십시오. 그리고 나를 기억하시오. 꼭 나를 기억해 주길 바랍니다. 내가 여러분을 위해 죽었다는 것을 기억하시오."

예수님이 죽는다는 말을 다시 하시자 제자들은 슬퍼졌단다. 예수님이 하시는 말씀이 무슨 뜻인지 아직도 이해할 수가 없었거든. 예수님도 제자들의 그런 마음을 아셨어. 그래서 다시 설명해 주셨지.

“여러분, 슬퍼하지 마시오. 나는 3일 후에 무덤에서 다시 살아날 것입니다. 그리고 나는 하늘나라로 가오. 하늘나라에서 여러분과 나를 사랑하는 모든 사람을 맞을 준비를 할 것이지요. 모든 준비가 끝나면 여러분을 데리러 오겠소. 내가 여러분의 죄를 다 없애 버릴 것이기 때문에 여러분은 나중에 하늘나라에 올 수가 있지요. 하늘나라에서 나와 항상 함께 있을 수 있습니다. 나를 사랑하는 모든 사람은 하늘나라에서 나와 함께 있게 될 것이오. 그곳은 정말 좋은 곳이라오!”

예수님은 제자들에게 더 많은 것들을 설명해 주셨단다. 하지만, 제자들이 이해할 수 있는 것은 많지 않았지. 모든 이야기가 너무 어려웠거든! 예수님은 다시 설명해 주셨어.

“내가 하늘나라에 가면, 성령님을 여러분에게 보내겠소. 성령님은 지금 여러분이 어려워 이해하지 못하는 것들을 알 수 있도록 도와주실 것이오. 하지만, 먼저 해야 할 일이 있소. 오늘 밤 나는 사람들에게 잡혀갈 것이오. 내가 잡힐 때 여러분은 모두 도망가 버릴 것이오.”

“아닙니다.”

베드로가 소리쳤단다.

“저는 주님을 절대 떠나지 않겠습니다. 만약 사람들이 주님을 잡아간다면 제가 주님을 위해 싸우겠습니다!”

예수님은 그 말을 듣고 대답하셨단다.

“여러분은 모두 도망갈 겁니다. 베드로 당신도 마찬가지예요. 내일 아침 동이 트고 닭이 울기 전에 3번이나 나를 모른다고 할 겁니다!”

“그런 일은 없습니다, 주님!”

베드로가 흥분해서 말했단다.

"저는 결코 주님을 혼자 버려두고 떠나지 않겠습니다."

"저희도 마찬가지입니다, 주님!"

다른 제자들도 입을 모아 말했지.

예수님과 제자들은 함께 기도를 하고 찬양을 했단다. 그리고 자리에서 일어났어. 마지막으로 함께 식사를 했던 방을 떠났어. 예수님과 제자들은 날이 어두워져 깜깜한 밖으로 나왔지. 벌써 밤이 깊었단다. 예수님은 예루살렘 가까이에 있는 작은 동산으로 가셨어. '겟세마네'라는 동산이었지. 예수님과 제자들이 밤에 자주 왔던 곳이었어. 아주 조용한 곳이었단다. 예수님은 그곳에서 항상 기도를 하셨지. 지금도 기도를 하러 오셨단다. 예수님은 제자들과 함께 기도를 하기 위해 깜깜한 동산으로 걸어가셨어.

이 이야기는 아주 오래전에 일어난 일이란다. 제자들은 지금 다 죽어서 예수님과 함께 하늘나라에 있지. 제자들은 살아 있는 동안 예수님과 함께 했던 그 마지막 저녁 식사 때처럼 함께 빵을 먹고 포도주를 마시는 일을 자주 했단다. 예수님이 제자들에게 그렇게 하라고 부탁하셨잖아!

예수님은 이것을 단지 제자들에게만 하라고 하시지 않았단다. 주님을 사랑하는 모든 사람에게 다 하라고 하셨어. 그래서 우리도 이것을 하고 있단다! 이것을 뭐라고 부르는지 아니? 그래, '성찬식'이라고 해. 예수님이 그 방에 있던 제자들과 함께 빵을 먹고 포도주를 마시며 식사를 하신 것을 기념해서 붙인 이름이야. 요즘 우리는 성찬식을 보통 주일 예배 때 하지. 예수님을 사랑하는 사람들이 모두 모여 같은 빵을 잘라서 나눠 먹고, 같은 포도주를 나눠 마신단다. 성찬식 때마다 우리는 예수님이 우리를 위해 죽으셨다는 것을 기억해야 해. 또 예수님이 우리의 죄를 다 없애 주셨다는 것도 기억해야 해. 우리가 성찬식에 참여하는 것은 우리가 예수님을 정말 사랑하고 있다는 것을 나타내는 거야.

예수님은 우리가 성찬식 하는 것을 좋아하셔. 우리는 예수님이 오셔서 우리를 데려가실 때까지 성찬식을 해야 한단다. 하늘나라에서는 성찬식을 할 필요가 없어. 하늘나라에서는 예수님에게 직접 가서 사랑한다고 말할 수 있으니까 말이야. 그곳에서 우리는 예수님과 함께 영원히 살게 될 거야.

35. 예수님이 붙잡혀 가셨어 !

누가복음 22 장

예수님은 11명의 제자들과 함께 예루살렘 근처에 있는 겟세마네 동산을 거닐고 계셨어. 내일이면 예수님은 힘들고 어려운 일을 하실 거야. 사람들의 죄를 전부 없애 주시려고 내일 죽게 되실 거야. 예수님은 이 일 때문에 하늘에 계시는 아버지와 한 번 더 이야기하고 싶으셨어. 그래서 이 동산에 오신 거야.

"여기서 내가 올 때까지 나를 위해 기도하며 기다려 주겠소?"

예수님이 제자들에게 말씀하셨어.

"나는 동산 저쪽으로 조금 더 가서 기도하겠소."

예수님이 무릎을 꿇고 기도하시는 동안 제자들은 금세 잠에 곯아떨어졌단다. 다들 너무 피곤했거든. 제자들은 예수님이 기도하시는 그 짧은 시간도 깨어 있을 수가 없었지.

잠시 후 예수님이 기도를 마치고 돌아오셔서 제자들을 깨웠단다. 그리고 슬퍼하시며 말씀하셨지.

"그대들은 나를 위해 한 시간도 깨어 있을 수가 없단 말이오?"

그 말씀에 제자들은 너무 부끄러웠단다. 어떤 위험한 일이 일어나도 예수님을 버리지 않고 함께하겠다고 말한 것이 바로 조금 전 저녁이었잖아! 그런데 지금 예수님이 도움을 청하시는데 제자들은 그냥 잠이 들어 버렸으니 말이야!

예수님과 제자들이 이런 이야기를 서로 나누고 있을 때 갑자기 동산 입구에서 시끄러운 소리가 들려왔단다. 로마 군인들과 제사장의 종들이 칼과 몽둥이를 들고 이쪽으로 걸어오고 있었어. 또 다른 손에는 횃불을 들고 있었어. 그 맨 앞에 유다가 걸어오는 것이 보였지! 예수님은 하나도 놀라지 않으셨어. 예수님은 무슨 일이 일어날지 잘 알고 계셨거든. 예수님은 도망가지도 않으시고 차분하게 서 계셨단다.

유다가 예수님 쪽으로 걸어왔어. 마치 예수님을 만난 것이 아주 기쁜 척하며 말이야. 그리고 예수님에게 입을 맞추었어.

예수님은 안타까운 마음으로 말씀하셨어.

"유다, 그대가 입맞춤으로 나를 배신하는구려!"

그래, 이것이 바로 '배신의 입맞춤'이었어. 유다는 예수님을 만나면 입을 맞추겠다고 군인들과 미리 약속했거든. 유다는 그들에게 이렇게 말했어.

"나를 잘 보십쇼. 내가 입을 맞추는 그 사람을 붙잡으십쇼. 사방이 깜깜하니 누가 예수인지 잘 알아볼 수 없을 겁니다. 예수 대신 제자 중 한 사람을 잡을 수도 있단 말입죠. 하지만, 나는 거기 있는 모든 사람을 아주 잘 알고 있습죠. 누가 예수인지도 잘 알고 있고 말고요. 그러니까 내가 누구에게 입맞춤하는지 잘 보십쇼!"

예수님은 유다가 군인들과 어떻게 약속했는지 알고 계셨어. 그래서 이렇게 말씀하셨지.

"유다, 그대가 입맞춤으로 나를 배신하는구려!"

군인들은 이제 누가 예수님인지 알게 되었어. 누구를 잡아가야 하는지 알게 된 거야. 제자들은 처음에는 무슨 영문인지 몰랐단다. 그런데 군인들이 예수님을 붙잡는 것을 보자 곁에 서 있던 베드로는 화가 치밀어 올랐어. 베드로는 칼을 꺼내 사납게 휘둘렀지. 그때 대제사장의 종 가운데 한 명이 머리를 감싸고 쓰러졌어. 베드로의 칼이 그 사람을 스친 거야. 그 사람의 오른쪽 귀가 떨어져 나갔지.

예수님이 말씀하셨어.

"베드로! 칼을 치우시오. 나를 위해 싸울 필요는 없소. 나는 이렇게 잡혀가야만 하오. 이것이 바로 내가 원하는 것이오. 모든 것은 내가 원하는 대로 될 것이오."

예수님은 그 종의 귀를 당장 고쳐 주셨어. 그리고 손을 앞으로 내미셨어. 군인들이 예수님을 밧줄로 꽁꽁 묶을 수 있도록. 예수님은 말씀하셨지.

"자, 나를 데리고 가시오. 그러나 나의 제자들은 해치지 마시오."

군인들은 예수님을 밧줄로 단단히 묶고서 대제사장의 집으로 끌고 갔단다.

제자들은 모두 도망쳤지. 예수님을 혼자 내버려 두고 걸음아 날 살려라 도망을 갔어. 그런데 도망을 치던 베드로는 이내 멈추었단다. 예수님에게 무슨 일이 일어날지 걱정이 되었거든. 그래서 예수님을 끌고 대제사장의 집으로 가는 군인들의 뒤를 살금살금 따라갔지.

군인들은 예수님을 아주 큰 방으로 데려갔어. 이곳에서 제사장들과 율법학자들은 예수님과 이야기를 할 계획이었지.

그동안 군인들은 할 일이 없었단다. 그래서 밖에다 모닥불을 피우고 그 주위에 옹기종기 모여 앉았지. 모닥불 주위는 따뜻하거든. 주위에 있던 사람들이 하나둘 모닥불 주위로 모여들었어. 한밤중이지만 사람들이 꽤 북적였단다.

베드로는 이렇게 생각했지.

'지금은 어두우니까 아무도 나를 알아보지 못할 거야. 슬쩍 모닥불 옆으로 가서 이야기를 하는 저 사람들 틈에 끼어 앉아도 되겠군. 어쩌면 예수님에

관한 이야기를 엿들을 수도 있을 테니까 말이야.'

그런데 베드로가 모닥불 옆에 자리를 잡은 지 얼마 되지 않아 여자 하인 한 명이 베드로를 보더니 이렇게 묻는 거야.

"당신도 예수와 한패가 아니던가요?"

베드로는 소스라치게 놀랐단다. 자기가 누구인지 벌써 들키다니! 당장에라도 군인들이 나타나 베드로를 잡아갈 것 같았어! 베드로는 급히 거짓말을 지어냈단다.

"아니오! 어떻게 그런 말을 하는 거요? 나는 예수가 누군지도 모르오!"

무서워서 베드로의 가슴은 콩닥콩닥 뛰었지. 하지만, 그 자리에서 도망갈 용기는 없었단다.

잠시 후 또 다른 사람이 모닥불 옆에 와 앉았어. 그 사람이 베드로를 가만히 쳐다보더니 이렇게 말하는 거야.

"당신, 어디선가 본 적이 있어! 당신, 예수의 제자 맞지?"

베드로는 화를 벌컥 내며 말했어.

"무슨 헛소리야? 나더러 예수의 제자라고? 아니야. 정말 아니라니까!"

베드로는 점점 더 겁이 났지만 그곳을 빠져나갈 용기는 나지 않았어.

잠시 후 또 다른 사람이 베드로 쪽으로 왔어. 그러더니, "어이, 당신은 예수의 제자가 맞아. 틀림없어!" 하고 말하는 것이 아니겠어!

벌써 세 번이나 사람들이 베드로를 알아본 거야. 베드로는 너무 겁이 나서 무슨 말을 해야 할지 알 수가 없었어. 베드로는 마구 욕을 하며 화난 목소리로 말했어.

"정말 생사람 잡는군! 나더러 예수의 제자라고? 내가 예수를 어떻게 알겠어? 난 모른다고!"

그때 갑자기 수탉이 울었어. 어둠이 걷히며 새벽이 밝아 오고 있었지.

어젯밤 예수님이 베드로에게 하신 말씀이 있었는데, 뭐였더라?

"베드로, 내일 날이 밝고 수탉이 울기 전에 그대는 나를 모른다고 3번이나 말할 것이요."

그 말이 생각난 베드로는 자리에서 벌떡 일어나 밖으로 뛰어나갔단다!

'세상에, 이럴 수가! 이런 끔찍한 일이……. 도대체 내가 무슨 짓을 한 거야?'

베드로의 볼에 눈물이 쉬지 않고 흘러내렸어.

'내 입으로 예수님의 제자가 아니라고 말하다니…… . 예수님을 모른다고까지 말해 버렸어. 어젯밤까지만 해도 뻔뻔스럽게 어떤 위험이 닥쳐도 예수님을 절대로 버리지 않겠다고 했는데……. 지금 난 예수님을 완전히 버린 거야. 예수님이 하신 말씀이 옳았어.'

아무도 보지 않는 조용한 곳에서 베드로는 무릎을 꿇었지. 그리고 큰 소리로 엉엉 울었단다. 예수님을 진심으로 사랑했는데! 군인들이 자기도 잡아갈까 봐 두려워서 예수님을 모른다고 말한 자신 때문에 한없이 울었단다. 그 말을 한 번도 아니고 무려 세 번이나 했지. 베드로는 예수님을 지켜 드리기는커녕 완전히 버린 거야!

이제 베드로가 할 수 있는 일은 무엇일까? 기도, 그래 기도! 베드로는 하나님 아버지에게 모든 것을 말했단다. 하나님은 베드로가 예수님을 진심으로 사랑한다는 것을 이미 알고 계실 테니까!

"주님, 저를 용서해 주세요."

베드로가 기도했지.

"제가 한 나쁜 모든 행동을 용서해 주세요."

하나님이 베드로를 용서해 주셨을까? 그럼, 물론이지. 하나님은 베드로를 용서해 주셨어.

36. 로마 군인들의 대장 , 빌라도 앞에서

누가복음 22-23 장
요한복음 19 장

예수님은 대제사장의 집으로 끌려오셨어. 지난밤 군인들이 예수님을 깜깜한 겟세마네 동산에서 붙잡았지. 그리고 밧줄로 꽁꽁 묶어 대제사장의 집으로 데리고 왔단다.

그곳에는 다른 제사장도 많이 있었어. 물론 율법학자들도 있었지. 모두 예수님을 시기하는 사람들이었단다. 모두 예수님을 죽이고 싶어 했어. 예수님이 죽고 나면 끝이고 그 후에는 모든 것이 자기들 뜻대로 될 거라고 생각했지. 정말 그럴까? 천만에! 제사장들과 율법학자들이 잘못 생각한 거야. 큰 착각을 한 거지.

제사장들은 자기들 마음대로 예수님을 죽일 수가 없었어. 그런 일은 로마 군인들만이 할 수 있지. 왜냐하면, 이스라엘을 다스리는 사람이 로마 군인들이었으니까. 제사장들은 예수님을 빌라도에게 데리고 갔어. 빌라도는 예루살렘에 있는 로마 군인들의 대장이었단다. 죄를 지어 잡혀 온 사람들을 어떻게 할지 결정하는 일은 항상 빌라도가 했어.

빌라도는 당연히 제사장들에게 왜 예수님이 죽어야 하는지 물어보겠지. 그러면 제사장들은 뭐라고 대답을 할까? 예수님이 도둑질을 했니? 아니지!

예수님이 가난하고 아픈 사람들을 놀린 적이 있었니? 아니야! 오히려 예수님은 가난한 사람들을 도와주고 아픈 사람들은 고쳐 주셨어.

예수님이 사람을 죽인 적이 있었니? 천만에! 예수님은 죽은 사람을 살려 주셨어. 예수님은 지금까지 잘못한 일이 하나도 없으셔. 그렇다면 제사장들은 빌라도에게 무슨 말을 할까?

대제사장은 나쁜 꾀를 냈어. 그래서 예수님에게 물었단다.

"네가 바로 하나님의 아들, 그리스도냐?"

"그렇소, 내가 바로 그리스도요."

예수님이 대답하셨단다.

사실이지, 그렇지? 예수님은 하나님의 아들이셔. 그리고 '그리스도'라는 이름도 가지고 계시지. 예수님이 베들레헴에서 태어나실 때 천사가 전해 준 이름이 바로 '그리스도' 잖아. 그리스도, 특별한 왕, 그분이 바로 예수님이시지!

하지만, 제사장들과 율법학자들은 그 모든 것을 믿지 않았단다. 오히려 화를 냈어.

"지금 한 말을 들었소? 자기가 하나님의 아들이라는군! 게다가 자기가 마치 이스라엘의 왕인 것처럼 행동하잖아. 이것은 정말 큰 죄야! 빌라도에게 일러바쳐야겠군."

그렇게 해서 예수님을 밧줄로 묶은 채 빌라도의 집으로 끌고 갔단다.

가는 도중에 사람들이 자꾸 모여들었어. 모두 빌라도의 집으로 따라갔단다. 예수님에게 어떤 일이 일어나는지 보고 싶어서 말이야.

화가 난 제사장들이 어떤 사람을 앞세우고 오는 것을 본 빌라도가 밖으로 나왔어.

"우리가 아주 위험한 사람을 붙잡아 왔습니다."

제사장들과 율법학자들이 말했단다.

"바로 예수라고 하는 자입니다."

빌라도가 물었어.

"예수가 무슨 못된 일을 했지?"

빌라도가 보기에 예수님은 전혀 위험한 사람처럼 보이지 않았거든. 예수님은 화가 난 사람들 사이에 그냥 조용히 서 계실 뿐이었어.

제사장들이 말했어.

"이 사람은 자기가 우리의 왕이라고 말합니다. 이스라엘의 왕이라는 겁니다. 황제가 우리의 주인인데, 어떻게 감히 그런 말을 할 수 있습니까?"

빌라도가 다시 물었단다.

"그럼 예수가 어떤 벌을 받아야 하느냐?"

제사장들은 이렇게 소리쳤단다.

"십자가에서 죽어야 합니다."

십자가에서 죽는 것은 가장 심한 벌이었어. 강도나 살인자만이 십자가에 매달려 죽는 벌을 받았단다. 빌라도는 이렇게 생각했어.

'예수와 먼저 이야기를 해 봐야겠어. 이 사람은 전혀 강도질을 하거나 살인을 한 사람처럼 보이지는 않는데…….'

빌라도는 예수님과 조용히 이야기를 나누었단다. 그리고 예수님이 잘못한 것이 없다는 것을 알게 되었어! 빌라도는 그 사실을 제사장들에게 말했지.

"내가 보기에 예수는 죄가 없다. 잘못한 것이 없어!"

그 말에 제사장들과 율법학자들은 길길이 뛰며 화를 내고 고래고래 소리를 질렀어.

"예수를 십자가에 매달아 죽이시오!"

그러자 주위에 있던 다른 사람들도 덩달아 소리를 질렀단다.

"예수를 십자가에 매달아 죽이시오!"

처음에 사람들은 예수님을 사랑했어. 일주일 전만 해도 사람들은 예수님이 왕이 될 거라고 기대했지. 그래서 야자나무(종려나무) 가지를 흔들면서 '호산나! 왕이 오셨다!' 하고 외쳤지. 예수님이 모든 것을 할 수 있을 거라고 굳게 믿으면서 말이야.

하지만, 예수님이 밧줄에 묶인 채 제사장들에게 붙잡혀 가는 것을 보자 생각이 바뀌었어.

'우리가 잘못 본 것 같아! 예수가 우리를 속였어. 예수는 모든 것을 다 할 수 있는 줄 알았는데, 이제 보니 아무것도 못하잖아!'

사람들은 이제 예수님에게 화가 났어. 그래서 제사장들과 같이 소리를 질렀단다.

"예수를 십자가에 매달아 죽이시오!"

빌라도는 마구 소리를 질러 대는 사람들이 무서워졌어. 사람들이 난동을 피울까 봐 겁이 났지. 그래서 이렇게 말했단다.

"나는 예수가 죄가 없다고 생각한다. 하지만, 너희들 마음대로 해라. 너희 뜻대로 예수를 십자가에 매달아라."

그 말이 떨어지자 군인들은 예수님을 거칠게 붙잡아 끌고 갔어. 그리고 예수님을 마구 때리고 욕을 퍼부었단다. 예수님은 아무 말도 하지 않으셨어!

군인들은 예수님을 예루살렘 바깥에 있는 언덕으로 데리고 갔단다.

37. 십자가에서 돌아가신 예수님

누가복음 23 장
요한복음 19 장

빌라도의 군인들은 예수님을 데리고 예루살렘 성 바깥에 있는 한 언덕으로 갔단다. 이 언덕은 '골고다'라고 불리는 곳이었지. 군인들은 골고다 언덕 위에 십자가를 세웠어. 이 십자가에 예수님을 매달았단다. 군인들은 예수님의 손과 발에 큰 못을 쾅쾅 박았어. 손과 발에 못을 박았으니 예수님이 얼마나 아프셨을까? 그러나 예수님은 아무 말씀도 하지 않으셨어.

예수님 곁에 두 사람이 더 십자가에 매달리는 벌을 받았단다. 이 사람들은 벌 받을 짓을 한 사람들이었지. 강도들이었거든. 지금까지 나쁜 일을 많이 한 사람들이었지.

골고다 언덕에는 십자가가 세 개 서 있었어. 그 가운데에 예수님이 매달린 십자가가 서 있었지. 제사장과 율법학자들은 십자가 주위에 서서 예수님을 비웃었단다. 이런 말을 하면서.

"만약 당신이 하나님의 아들이라면 십자가에서 지금 당장 내려올 수 있겠지? 하나님의 아들은 모든 것을 할 수 있잖아!"

율법학자들과 제사장은 속으로 이렇게 믿고 있었어.

'예수는 하나님의 아들이 아니야. 나사렛에 사는 목수 요셉의 아들일 뿐이지. 십자가에서 내려오는 일은 절대로 할 수 없을 거야.'

틀렸어! 예수님은 십자가에서 내려오는 일쯤은 쉽게 하실 수 있어. 예수님이 원하기만 하신다면 예수님 손과 발에 박혀 있는 못들도 스르르 빠져 버릴 거야. 예수님은 무엇이든지 하실 수 있어.

그렇지만, 예수님은 그렇게 하지 않으셨단다. 예수님이 원하시는 것은 십자가에서 죽는 것이었어. 우리를 정말 정말 사랑하셨거든! 예수님은 우리의 죄를 다 없애 주고 싶으셨어. 그런데 우리의 죄를 다 없애려면 예수님이 십자가에서 죽는 것 말고는 방법이 없어. 하나님께서 다른 방법이 없다고 말씀하셨거든. 하나님의 말씀에 예수님은 이렇게 대답하셨단다.

"아버지, 알겠습니다. 제가 십자가에서 죽겠습니다. 저는 사람들을 진심으로 사랑합니다. 사람들이 나중에 우리가 있는 하늘나라에 올 수 있도록 도와주고 싶습니다."

예수님의 한쪽 편 십자가에 매달려 있던 한 강도는 예수님을 비웃었단다. 하지만 그 반대편 십자가에 매달려 있는 강도는 예수님을 비웃지 않았어. 이 사람은 이렇게 말했단다.

"우리가 십자가에 매달린 것은 벌 받을 만한 짓을 했기 때문이야. 우리는 지금까지 나쁜 일을 셀 수도 없이 많이 했지. 그러나 예수님은 나쁜 일을 하신 적이 없는 분이야!"

그 사람은 예수님에게 이런 부탁을 했단다.

"주님, 나중에 하늘나라에 가실 때에 저를 기억해 주십시오."

예수님이 이 강도에게 무슨 말씀을 하셨는지 아니?

"잠시 후 그대도 나와 함께 하늘나라에 있게 될 것이오."

와, 정말 잘됐지? 이 강도는 예수님이 하나님의 아들이라는 것을 믿었어. 그래서 하늘나라에 가게 된 거야!

예수님을 십자가에 못 박은 군인들도 예수님을 비웃으며 놀렸단다.

그럼에도 예수님은 누구에게도 화를 내지 않으셨어. 오히려 그 사람들을 위해 하나님께 기도했단다.

"아버지, 저 사람들을 용서해 주십시오. 저 사람들은 자기들이 하는 일을 잘 모릅니다."

모르고말고. 자기들이 하나님의 아들을 십자가에 못 박아 매달았다는 것을 군인들이 알 턱이 없지! 그 순간 갑자기 하늘이 깜깜해졌단다. 그때가 오후쯤이었는데, 갑자기 밤이 된 것처럼 세상이 깜깜해졌단다! 십자가 주위에 있던 사람들은 무서워 벌벌 떨었지. 세 시간 동안 세상은 칠흑처럼 어두웠어. 그동안 예수님은 십자가에 매달려 계셨단다. 손과 발에 박힌 못 때문에 말할 수 없이 아프셨단다.

그렇지만, 예수님에게는 손과 발이 아픈 것보다 더 아픈 것이 있었어. 하나님께서 예수님을 마치 죄를 많이 지은 사람처럼 대하신 것이란다. 예수님이 십자가에 매달리셨을 때 우리가 지은 모든 죄는 예수님에게 옮겨졌단다. 우리의 죄가 어떻게 예수님에게 옮겨졌는지는 알 수 없어. 다만, 우리 죄를 다 떠맡으신다는 것이 예수님에게는 정말 견디기 어려운 고통이었지. 그 고통스러운 일을 예수님은 원하셨어. 우리를 아주 많이 사랑하시기 때문에.

예수님이 우리 죄를 다 맡으신 그 순간 하나님은 예수님 곁에 계실 수가 없으셨어. 하나님은 죄를 지은 사람 곁에 가까이 오실 수 없으시거든! 그래서 마치 하나님께서 예수님을 내버리고 멀리 가신 것 같았어. 하나님께서 멀리 계시다는 것이 예수님에게는 가장 큰 고통이었어. 예수님은 아파서 소리치셨지.

"아버지, 아버지, 왜 나를 혼자 내버려 두십니까?"

세 시간 동안 예수님은 십자가에 매달려 계셨단다. 그리고 예수님의 일은 끝이 났지! 예수님의 어려운 그 일은 이제 마무리된 거야. 예수님이 우리의 모든 죄를 다 없애 주신 거야. 어둠이 가득했던 시간은 다 지나갔어. 다시 세상이 밝아졌지. 예수님이 기쁨으로 말씀하셨단다.

"모든 것을 다 이루었다!"

이 말씀은 '예수님의 어려운 일이 끝이 났다'는 뜻이야!

예수님은 가만히 머리를 떨어뜨리셨어. 그렇게 예수님은 돌아가셨단다.

하지만, 사흘이 지나면 예수님은 다시 살아나실 거야.

38. 무덤에 묻히신 예수님

마태복음 27 장
요한복음 19 장

예수님이 돌아가셨어. 이제 사람들은 예수님의 시신을 무덤으로 옮겨야겠다고 생각했지. 예수님을 사랑하는 두 사람이 예수님을 장사 지내려고 왔단다. 두 사람은 니고데모와 아리마대 사람 요셉이었어.

니고데모가 누구인지 알지? 니고데모는 율법학자인데 언젠가 한밤중에 예수님을 찾아와 이야기를 나누었던 사람이야. 그때 니고데모는 자기가 예수님과 이야기를 나누고 싶어 한다는 것을 다른 율법학자들이 알게 될까 봐 두려워했어. 그래서 낮이 아닌 한밤중에 예수님을 찾아왔던 거야.

하지만, 지금의 니고데모는 더 이상 다른 율법학자들을 두려워하지 않아. 예수님을 사랑한다는 것을 떳떳하게 드러낼 용기가 생겼거든!

예수님을 사랑하는 또 다른 사람은 아리마대 사람 요셉이었어. 요셉은 예루살렘에서 아주 유명한 사람으로 굉장한 부자였어.

요셉은 얼마 전 바위로 된 작은 동산을 샀단다. 그리고 그 바위에 커다란 동굴을 만들게 했어. 자기가 죽으면 그 동굴을 무덤으로 쓸 계획이었지. 자기가 언제 죽을지는 모르지만, 미리 무덤을 만들어 놓은 거야.

요셉이 미리 만들어 놓은 무덤은 예루살렘에서 경치가 아주 아름다운 곳에 있었어. 그곳은 부자들의 무덤만 있는 곳이었지. 가난한 사람들의 무덤은 다른 곳에 있었단다.

‘예수님의 시신을 내 무덤에 두어야겠다. 예수님의 무덤은 예루살렘에서 가장 아름다운 곳에 있어야 해.’

이렇게 생각한 요셉은 빌라도를 찾아갔어. 그리고 예수님을 장사 지내기 위해 시신을 가져가도 되는지 물어보았단다. 빌라도는 허락해 주었어.

‘예수가 죽었으니 이제 모든 일은 끝났어.’

빌라도는 이렇게 생각했지.

니고데모와 아리마대 사람 요셉은 예수님의 시신을 십자가에서 조심스럽게 내려서 요셉의 동산으로 옮겼단다.

예수님을 사랑하는 여인들이 여러 명 와서 함께 도왔단다. 먼저 예수님의 시신을 깨끗한 모시 천으로 잘 감쌌단다. 머리도 천으로 잘 감았어. 니고데모는 아주 비싼 향료를 사 왔는데 그 향료를 천 사이사이에 넣었단다. 이스라엘에서 부자들이 죽으면 이렇게 장례를 준비했는데 예수님에게도 그대로 했단다. 그들은 너무 슬퍼서 울음을 그칠 수가 없었어. 흐르는 눈물을 닦으며 예수님의 시신을 요셉의 무덤 안에 두고 밖으로 나왔단다. 그리고 다른 사람이 무덤 안에 들어가지 못하도록 커다란 돌을 굴려서 동굴을 막았어.

모두 슬픈 마음을 안고 집으로 돌아갔지. 예수님이 3일 후 무덤에서 다시 살아나실 거라고 하신 말씀을 기억하는 사람은 아무도 없었단다.

제자들도 그 말씀을 기억해 내지 못했어. 그저 무섭고 슬프기만 했지. 제자들은 함께 모여 앉아 이렇게 푸념하고 있었단다.

“이제 모든 것이 끝났어. 예수님이 돌아가셨어.”

예수님을 사랑하던 사람들이 슬픔에 잠겨 울고 있을 때, 예루살렘의 다른 사람들은 유월절 축제를 즐기고 있었단다. 그날은 금요일 저녁이었어. 제사장들과 율법학자들도 유월절 축제를 즐기고 있었지. 제사장들이 서로 말했단다.

“이제 더는 예수가 우리보다 힘이 세질까 봐 걱정할 필요가 없어졌어. 예수는 죽었어!”

율법학자들도 서로서로 말했단다.

“사람들이 우리의 말보다 예수의 말을 더 잘 듣지 않을까 걱정할 필요가 없어졌어. 이제 예수는 완전히 끝났잖아!”

제사장들과 율법학자들이 하는 말이 과연 사실일까?

그 다음 날 제사장과 율법학자들은 불현듯 예수님이 예전에 여러 번 하셨던 말씀이 생각났어. 예수님이 죽으신 후 3일 만에 다시 살아난다고 하셨던 말씀 말이야!

“만약 예수의 제자들이 예수의 시체를 몰래 훔쳐 간다고 생각해 봐. 그러고는 예수가 살아났다고 말하면? 사람들은 그 말을 믿으려고 할 거야. 안 되지, 안 돼. 예수의 제자들이 무덤 가까이 오지 못하도록 단단히 지켜야겠어.”

제사장들과 율법학자들은 당장 빌라도에게 달려갔지. 군인들을 시켜 예수님의 무덤을 지키도록 허락해 달라고 했단다. 빌라도는 그것도 허락해 주었지.

그래서 토요일 온종일 군인들이 아리마대 사람 요셉의 동산에 있는 무덤을 지켰단다. 밤이 되어도 계속 지켰어.

"하하하. 아무도 예수의 시체를 훔쳐 갈 수 없어. 무덤 근처에는 개미 한 마리도 얼씬거리지 못해!"

제사장과 율법학자들은 이렇게 말했지.

정말 그럴까? 아무도 무덤 근처에 못 올까?

39. 무덤에서 살아나신 예수님

마태복음 27 장
요한복음 20 장

빌라도의 군인들이 예수님의 무덤을 지키고 있었단다. 율법학자들과 제사장들은 누가 예수님의 시신을 훔쳐 가지 않을까 걱정할 필요가 없었어. 군인들이 무덤 앞을 든든히 지키고 있으니 말이야. 누가 무덤 가까이 다가오면 군인들이 당장 내쫓을 거야.

군인들은 밤에도 무덤을 지켰단다. 밤이 지나고 새벽이 되었어. 일요일이 되었지. 잠시 후 태양이 뜨면 세상은 밝아지겠지.

바로 그때 놀라운 일이 벌어졌어. 땅이 흔들리고 무덤이 있는 동산 주위가 갑자기 환해졌단다! 갑자기 동산에 어떤 사람이 나타났는데 그 사람에게서 밝고 강한 빛이 나와 동산을 환하게 비추는 것이었어. 이 사람은 대체 누굴까? 어디에서 온 사람일까?

맞아. 이 사람은 하늘에서 내려온 천사였어. 하나님이 아리마대 사람 요셉의 동산으로 보내신 천사였어. 무덤 앞에 나타난 천사는 지난 금요일 저녁 니고데모와 요셉이 무덤을 막으려고 굴려 놓은 커다란 돌 쪽으로 걸어갔어. 그리고 무덤을 막은 큰 돌을 굴려 버리고 그 위에 턱 앉는 거야.

눈이 부시게 환한 빛을 내뿜으며 서 있는 천사를 보고 군인들이 얼마나 놀랐겠니? 그래서 '걸음아 날 살려라' 하고 도망갔단다. 무덤을 지켜야 한다는 임무도 잊어버리고 말이야!

그 일요일 아침 이보다 더 놀라운 일이 일어났단다. 죽으셨던 예수님이 다시 살아나신 거야. 예수님이 부활하셔서 무덤 밖으로 걸어 나오셨단다.

지난 금요일 저녁 예수님의 장례를 도왔던 여인이 세 명 있었어. 이 세 사람은 일요일 아침 일찍 예수님의 무덤을 향해 걸어오고 있었어. 이 세 사람은 그 전날인 토요일 하루 종일 모여서 울기만 했단다. 그리고 일요일 아침이 되자 함께 무덤에 가 보기로 했지. 예수님의 시신에 넣을 향료를 챙겨 들고서 말이야. 세 여인은 잠시라도 예수님 곁에 더 있고 싶고 예수님을 위해 뭔가 해 드리고 싶었어.

무덤으로 걸어가는 도중 세 여인은 이런 말을 주고받았지.

"예수님은 이제 살아 계시지 않아. 하지만, 예수님을 위해 무엇인가 작은 일이라도 해 드리고 싶어. 우리가 예수님을 얼마나 사랑했는데……."

세 여인이 동산 근처에 거의 왔을 때 문득 한 사람이 말했어.

"무덤 앞에 있는 큰 돌을 어떻게 치우지? 우리 힘으로는 안 될 텐데. 그 돌을 치우지 않으면 무덤 안에 있는 예수님 곁에 갈 수 없어. 이 일을 어떡하지?"

다른 두 여인도 방법이 없었단다. 그렇지만, 일단 무덤까지 계속 걸어갔지. 그런데 무덤에 도착했을 때 눈앞의 광경을 보고 세 여인은 깜짝 놀랐어. 세상에 그 큰 돌이 옆으로 치워져 있는 거야. 대체 누가 그랬을까?

세 여인 중에 '막달라 마리아'라는 여인은 그 광경을 보자마자 바로 제자들에게 뛰어갔단다. 무덤 안을 자세히 살필 여유도 없었어. 막달라 마리아는 이렇게 생각했지.

'누군가 예수님의 시신을 훔쳐 간 거야. 제자들에게 이 사실을 알려야 해. 당장 가서 말해 주어야지.'

막달라 마리아가 제자들에게 뛰어가는 동안, 다른 두 여인은 무덤 쪽으로 계속 걸어갔지. 무덤에 이르러 안을 들여다보았어. 어? 무덤에 예수님의 시신이 보이지 않았어. 그 자리에 아무것도 없었어. 예수님은 어디에 계신 것일까? 두 여인은 무섭기도 하고 놀라기도 해서 서로 쳐다보았단다. 이 일을 어떡하면 좋을까?

그때 두 여인은 부드러운 음성을 들었단다.

"무서워하지 마십시오. 예수님을 찾고 있지요? 예수님은 여기 계시지 않아요. 예수님은 다시 살아나셨습니다. 보세요. 무덤이 비었잖아요?"

다정한 목소리로 이렇게 말한 것은 바로 천사였어.

두 여인은 무덤 속을 찬찬히 살펴보았지. 무덤 속에는 천사가 또 한 명 더 있었어. 그리고 지난 금요일 저녁 자기들이 예수님의 몸을 감쌌던 천이 가지런히 놓여 있었지. 하지만, 예수님은 보이지 않았어. 천사가 말한 그대로였어! 천사가 이어서 말했단다.

"지금 제자들에게 가서 예수님이 무덤에서 부활하셨다고 전해 주십시오."

천사의 말이 끝나기가 무섭게 두 여인은 동산을 빠져나와 제자들에게로 달려갔단다. 조금 전 이곳으로 올 때만 해도 너무 슬퍼서 울면서 왔지. 그런데 지금은 반대로 정말 기뻐서 울음이 나올 것만 같았어!

"당장 제자들에게 가요. 예수님이 다시 살아나셨다고 하면 다들 얼마나 기뻐할까요!"

두 여인이 얼마쯤 뛰어갔을 때 저쪽에 누군가 서 있는 것이 보였단다. 누굴까? 그래, 바로 예수님이셨어! 예수님은 두 사람에게 다가와 다정하게 안부를 물으셨단다. 두 여인은 예수님 앞에 무릎을 꿇고 예수님에게 경배를 드렸어!

예수님이 말씀하셨지.

"빨리 제자들에게 가서 곧 나를 만나게 될 거라고 전해 주오."

그 말씀을 마치시고 예수님은 스르르 사라지셨단다. 두 여인은 더 이상 슬프거나 놀라지 않았어. 예수님이 살아나셨다는 것을 확실히 알게 되었거든! 두 여인은 그 길로 단숨에 제자들에게 와 기쁜 목소리로 이렇게 소리쳤단다.

"예수님이 다시 살아나셨어요. 무덤에서 부활하셨어요. 우리가 예수님을 만났다고요!"

그 말을 들은 제자들이 기뻐했을까? 아니야. 풀이 죽은 목소리로 말했단다.

"뭐라고? 무슨 말을 하는 거요? 예수님이 살아나셨다고? 그럴 리가 없지! 예수님은 지난 금요일에 죽으셨어요. 돌아가셨다니까요. 당신들은 너무 슬퍼서 지금 제정신이 아닌 것 같군요."

제자들은 두 여인의 말을 믿을 수가 없었단다.

막달라 마리아는 무덤 앞의 큰 돌이 치워져 있는 것을 보자마자 되돌아갔다고 했지? 무덤 안을 더 자세히 살펴보지도 않고 말이야. 베드로와 요한에게 그 사실을 당장 알려야 한다고 생각했거든. 베드로와 요한을 만난 후 막달라 마리아는 다시 요셉의 동산으로 돌아왔지. 이번에는 무덤으로 다가가 그 안을 살펴보았단다. 두 천사가 아직 거기 있었어. 하지만 막달라 마리아는 그 사람이 천사인 줄 알아보지 못했단다. 계속 엉엉 우느라 제대로 볼 수가 없었거든. 천사가 물었단다.

"왜 그렇게 울고 있나요?"

울음을 삼키며 마리아가 대답했어.

"누군가 예수님의 시신을 가지고 갔어요. 예수님의 시신을 어디로 옮겼는지 찾을 수가 없어요."

막달라 마리아는 천사의 대답을 기다리지도 않고 몸을 돌려 무덤에서 나오려고 했단다. 그때 눈물이 어려 흐릿한 마리아의 눈앞에 또 다른 사람이 서 있는 것이 보였어. 그 사람이 부드럽게 말했어.

"왜 울고 있소? 누구를 찾으시오?"

마리아는 그 사람이 동산을 돌보는 사람인 줄 알았어. 그래서 말했지.

"저, 혹시 예수님의 시신을 다른 곳으로 옮기셨나요? 가져가신 곳이 어디예요?"

그때 그 사람이 말했단다.

"마리아!"

'어, 이것은 예수님의 음성인데!'

마리아는 눈물을 닦고 다시 쳐다보았단다. 그러자 예수님이 저기 서 계시는 것이 뚜렷하게 보이는 거야! 마리아는 정말 기뻤단다! 예수님 앞에 무릎을 꿇고 엎드렸어. 예수님의 발을 꼭 붙잡으려고 했어. 이제는 예수님이 멀리 가시지 못하게 하려고 말이야.

그런데 예수님이 부드럽게 말씀하셨어.

"안 되오, 마리아. 나를 붙잡지 마시오. 이제 나는 그대들과 함께 이 땅에 있을 수가 없소. 이제 곧 하늘에 계신 내 아버지에게로 갈 것이오. 그대들도 앞으로는 하나님을 '아버지'라고 부를 수 있게 되었소! 내가 그대들의 죄를 깨끗이 없애 주었기 때문에 하나님은 하늘에 계신 그대들의 아버지가 되셨소! 제자들에게 돌아가 이 모든 것을 전해 주시오."

마리아는 지금까지 이렇게 기뻤던 적이 없었단다. 예수님은 돌아가신 것이 아니야. 다시 살아나셨어. 무덤에서 부활하셨어.

모든 것이 예수님이 전에 말씀하신 그대로 이루어졌단다, 그렇지? 예수님이 돌아가시기 전에 무덤에서 3일이 지난 후 다시 살아나신다고 이야기하셨거든. 여인들은 그 말을 들었지만, 너무 슬픈 나머지 그 말을 잊어버렸던 거야. 그리고 이제야 예수님의 말씀이 다시 생각났어!

이 여인들에게는 그날이 정말 굉장한 일요일 아침이었어!

하지만, 제자들에게는 그 아침이 아직도 굉장한 일요일 아침이 아니었단다. 아직 예수님을 못 만났거든. 게다가 여인들이 하는 말은 믿을 수가 없었어. 그래도 조금만 기다려. 예수님이 제자들을 만나러 곧 오실 테니까!

40. 엠마오로 가는 두 친구

누가복음 24 장

그날은 일요일 오후였어. 예루살렘에서 조금 떨어진 곳을 두 사람이 터벅터벅 걸어가고 있었단다. 두 사람 중 한 사람은 '글로바'라는 사람이었어. 다른 한 사람의 이름은 성경에 나오지 않아.

두 사람은 예수님의 제자들하고 잘 아는 사이였어. 지금까지 제자들과 있다가 이제 막 길을 떠난 참이었지. 두 사람은 고향인 엠마오라는 동네로 가던 길이었단다. 엠마오까지는 서너 시간을 걸어야 갈 수 있는 거리였지. 길을 가면서 두 사람은 열심히 이야기를 나누고 있었어. 무슨 이야기를 하고 있었을까?

그날 아침, 두 사람이 예루살렘에서 예수님의 제자들과 같이 있을 때 갑자기 여자들 몇 명이 찾아왔어. 그 여자들은 아주 놀라운 말을 전해 주었지.

"예수님이 다시 살아나셨어요. 오늘 아침 예수님 무덤에 갔는데, 무덤에 예수님이 없었어요. 대신 천사가 둘 있었지요. 천사는 예수님이 무덤에서 다시 살아나셨다고 말해 주었어요. 우리가 놀라 이리로 뛰어오는데 글쎄, 예수님이 우리 앞에 나타나셨지 뭐예요!"

제자들은 여자들의 말을 무시했지. 여자들이 예수님 때문에 너무 슬퍼하다가 결국 정신이 이상해졌다고 생각했어. 모든 제자들은 예수님이 부활하셨다는 것을 믿지 않았단다.

글로바와 그 친구도 그 이야기를 믿을 수가 없었어. 예수님은 돌아가신 게 분명하거든. 두 사람은 집으로 돌아가는 내내 그런 이야기를 나누었고 마음은 더욱 침울해졌어.

며칠 전만 해도 사람들은 예수님이 이스라엘의 왕이 될 거라고 믿었단다. 예수님이 메시아이신 그리스도이고, 구원자라고 믿었어. 그때는 정말 좋았지. 예수님은 아픈 사람들을 고쳐 주셨단다. 하나님에 대한 이야기도 정말 멋지게 해 주셨어. 예수님은 못 하시는 것이 없으셨어. 모든 것을 하실 수 있었지. 글로바와 그 친구는 예수님을 정말 많이 사랑했단다.

그런데, 지난 금요일 모든 기대가 물거품이 되고 말았어. 갑자기 예수님이 아무것도 하실 수 없는 것처럼 보이지 뭐야! 군인들에게 순순히 붙잡혀 가시더니 십자가에 매달려 죽으실 때까지 예수님은 가만히 계시는 거야. 그리고 예수님은 정말로 돌아가셨어.

"이제 모든 것이 끝났어."

두 친구는 너무나 절망했어.

"예수님은 돌아가셨어. 그분은 아마도 그리스도가 아니었나 봐. 우리가 잘못 생각한 거야. 하지만 우리는 예수님을 정말로 사랑했어!"

그때 어디선가 한 사람이 나타나 이 두 사람과 같이 길을 걷게 되었어. 그 사람은 두 사람에게 친절하게 인사했단다. 글로바와 그의 친구는 그 사람에게 대충 인사를 했어. 그 사람을 자세히 쳐다보지도 않았어. 너무 마음이 슬퍼서 낯선 사람과 이야기를 나누고 싶지 않았거든. 그런데도 그 사람은 두 사람 곁에 같이 걸어가면서 이렇게 물어보는 거야.

"무슨 이야기를 그렇게 열심히 하고 계시오?"

두 사람은 깜짝 놀랐지.

“아니, 지난 금요일 예루살렘에서 일어난 일을 아직 모르세요? 모든 사람이 다 아는 일인데요!”

“무슨 일이 있었소?”

“지난 금요일 예수님이 십자가에서 죽으셨습니다. 우리는 그분이 그리스도라고 믿고 있었어요. 하지만 아니었나 봅니다. 그렇게 죽으신 걸 보면 말이죠. 그런데, 오늘 아침 여자들 몇 명이 예수님이 다시 살아나셨다고 말하지 뭐예요. 예수님이 무덤에서 부활하셨다고 말하더라구요. 도대체 뭐가 뭔지 알 수가 없습니다. 처음에는 예수님이 돌아가셨어요. 그런데 다시 살아나셨대요! 아마 그 여자들이 거짓말을 하는 걸 겁니다.”

그 말을 듣고서 함께 걸어가던 그 남자가 뭐라고 말했는지 아니?

“당신들은 정말 어리석군요! 예수님이 직접 하신 말씀을 기억하지 못 한단 말이오? 예수님은 죽었다가 사흘 만에 다시 살아날 거라고 직접 말씀하셨잖소?

왜 예수님이 십자가에서 죽으셨소? 예수님이 십자가에 죽으신 것은 스스로 원해서 하신 거요. 사람들의 죄를 없애 주려고 말이요! 예수님이 십자가에 달려 죽어야만 사람들의 죄를 없앨 수 있기 때문이죠!”

그 낯선 사람은 두 사람에게 더 많은 것을 이야기해 주었단다. 글로바와 그의 친구는 그 사람의 이야기를 듣고 많이 놀랐지. 그 사람은 성경이나 하나님에 대해 굉장히 잘 알고 있었어! 그 사람 이야기를 듣고서 예수님이 그리스도이시고 구세주라는 것을 새롭게 이해하게 되었단다. 그렇게 이야기를 나누면서 세 사람은 엠마오에 있는 글로바의 집에 도착했단다. 그 낯선 사람은 계속해서 길을 가려는 것 같았지. 그때 글로바가 그 사람을 자기 집에 초대했어.

"저의 집에서 식사도 하고 주무시고 가십시오. 벌써 저녁이 되어 어두워지고 있습니다."

초대를 받아들인 낯선 사람은 글로바의 집에 따라 들어갔어. 잠시 후 세 사람은 글로바의 집 식탁에 앉아 식사를 하게 되었지. 그런데 이상도 하지. 그 낯선 사람은 자신이 마치 주인인 것처럼 식사 기도를 하고 빵을 집어 들더니 글로바와 친구에게 나눠 주는 거야. 그 순간 두 사람은 그 낯선 사람이 누구인지 알게 되었어. 바로 예수님이셨어! 두 사람은 예수님의 손에 있는 못이 박혔던 상처도 보았단다. 정말, 그분은 예수님이셨어. 두 사람이 그제야 예수님을 알아본 거야! 조금 전까지만 해도 다른 사람이라고 생각하고 있었는데 말이야.

그러나 그 순간 예수님은 갑자기 사라지셨어. 두 사람은 예수님이 어디로 사라지셨는지 찾을 수가 없었어. 이럴 수가! 이제야 예수님을 알아봤는데, 이렇게 금세 사라지시다니. 하지만 두 사람은 그 일로 더 이상 슬퍼하지 않았어. 예수님이 살아나셨다는 것을 확실히 알게 되었거든.

"예수님이 우리와 같이 걸어오시는 내내 우리는 예수님을 알아보지 못했어! 하지만 주님이 우리에게 직접 말씀을 해 주셨던 그때 우리 마음이 점점 기쁘고 즐거웠던 이유를 이제야 알겠어. 우리 당장 예루살렘으로 돌아가 제자들에게 예수님을 만났다고 전해 주세."

글로바와 친구는 자리에서 벌떡 일어나 예루살렘으로 되돌아갔단다. 이윽고 두 사람이 예루살렘에 도착했을 때는 이미 한밤중이었어.

41. 예수님의 부활을 믿게 된 제자들

누가복음 24 장
요한복음 20 장

예수님의 제자 10명이 예루살렘 어느 집에 모여 있었단다. 가룟 유다는 그 자리에 없었어. 왜냐하면 유다는 일주일 전 제사장들에게 돈을 받고 예수님을 팔아넘겼거든. 슬프지만 유다는 더 이상 예수님의 제자가 아니야.

도마도 그 자리에 없었어. 도마는 예수님이 돌아가셨다는 것이 너무 슬펐단다. 하지만 그날 아침 여자들이 하는 이야기는 믿을 수가 없었어.

"예수님이 살아나셨다고? 아니야, 그건 불가능해. 사람들이 너무 슬픈 나머지 그런 헛된 말을 지어낸 거야!"

도마는 더 이상 그런 이야기를 듣고 싶지 않았어. 그래서 다른 곳으로 가버렸지.

그렇게 유다와 도마가 빠지고 제자 10명이 함께 모여 있었단다. 하지만 조금 전까지 슬퍼하던 것과는 달리 조금씩 기운을 차리고 있었지. 왜냐하면 예수님이 다시 사셨다는 사실을 믿기 시작했거든. 어떤 이유로 예수님이 다시 살아나신 것을 믿게 되었을까?

베드로는 그날 오후에 자기가 예수님을 만나 이야기를 주고받았다는 것을 얘기해 주었어. 베드로는 처음에 다른 제자들보다 갑절은 슬펐단다. 며칠 전 자기가 저질렀던 큰 잘못 때문이었어. 예수님이 목요일 저녁 군인들에게 붙잡혀 가셨을 때 베드로는 3번이나 예수님의 제자가 아니라고 말했잖아. 예수님을 전혀 모른다고 3번이나 말했지. 군인들이 자기까지 잡아갈까 봐 겁이 나서 거짓말을 한 거야. 베드로는 그 일을 정말로 후회했단다. 예수님을 정말로 사랑했거든. 하지만 엎질러진 물은 다시 담을 수 없는 법. 예수님은 빌라도에게 끌려가셨고 십자가에 매달려 돌아가셨어.

그런데 3일째 되는 오늘 오후 베드로의 슬픔과 후회가 모두 사라졌어! 살아나신 예수님이 베드로에게 나타나셔서 함께 이야기를 나누셨단다. 베드로는 자기가 거짓말을 한 것에 대해 진심으로 후회한다는 말도 했어. 그리고 예수님을 정말로 사랑한다는 말도 했지. 예수님은 모든 것을 용서해 주셨단다. 이제 예수님과 베드로 사이의 문제는 해결되었어!

베드로가 부활하신 예수님을 만나 이야기를 나눌 때 다른 제자들은 옆에 없었어. 그래서 다른 제자들은 부활하신 예수님을 아직 만나지 못했지.

하지만 예수님이 살아나신 것이 틀림없다는 베드로의 이야기를 듣고 믿게 되었단다.

그때 누군가 문을 '쾅쾅' 두드렸어. 누구일까?

문을 열자 거기에는 글로바와 그의 친구가 서 있었어. 글로바는 제자들을 보자 기뻐서 소리를 질렀단다.

"예수님이 다시 살아나셨어! 우리가 예수님을 만났다구!"

그 말에 제자들도 소리쳤지.

"베드로도 예수님을 보았어."

"어서 들어와 그 이야기를 좀 더 자세히 해 주게!"

"모든 일들이 정말 믿기지 않아. 예루살렘에서 엠마오로 가는 내내 예수님이 우리와 함께 가셨어! 하지만 우리는 예수님을 알아보지 못했지 뭐야! 저녁에 식사를 하다가 겨우 예수님을 알아봤다니까."

제자들이 이렇게 이야기를 나누고 있을 때 놀라운 일이 일어났단다! 갑자기 예수님이 제자들 옆에 나타나신 거야. 처음에 제자들은 너무 놀랐어. 너무 놀라서 예수님을 봤는데도 기쁘기는커녕 얼떨떨하기만 했어.

'이분이 과연 예수님이실까? 창문이 다 닫혀 있고, 문이란 문도 다 잠겨있는 이곳에 어떻게 들어오셨을까? 대체 어떻게 된 일이지?'

제자들은 겁이 났어. 그것을 눈치채신 예수님은 사랑스런 목소리로 말씀하셨지.

"여러분, 나는 유령이 아닙니다. 못 박혔던 나의 손과 발의 상처를 보시오!"

그리고 예수님은 식탁에 앉으셔서 식탁에 남아 있는 음식을 드셨단다. 예수님이 천천히 음식을 드시는 동안 제자들은 한 명씩 다가와 곁에 앉으며 예수님을 가만히 바라보았어.

그제서야 제자들은 확신이 생겼어. 예수님이 분명했거든! 예수님이 다시 살아나신 거야! 살아나셔서 제자들을 찾아오셨어! 하지만 그전과는 무엇인가 달라진 것 같았어. 예수님이 달라 보였어. 그것은 예수님이 죽었다가 다시 살아나셨기 때문이야. 예수님의 죽었던 몸이 다시 살아나신 거잖아. 우리는 이것을 '부활한 몸'이라고 부른단다. 예수님의 몸은 부활하신 몸이기 때문에 문이 꼭꼭 잠겨 있어도 집 안으로 들어오실 수 있으셔. 그리고 갑자기 스르르 사라지실 수도 있는 거고. 그때까지 제자들이 그 사실을 몰랐으니 얼마나 놀랐겠니?

예수님의 몸은 부활한 몸으로 달라졌지만 예수님은 전과 마찬가지로 제자들을 사랑하셨단다. 제자들도 그 사실을 느낄 수 있었어. 또 예수님은 예전과 같이 하나님에 대해서, 하늘나라에 대해서 말씀해 주셨어. 제자들은 그날 밤 무척 행복했단다.

그런데 도마는 그때 그 자리에 없어서 안타깝게도 예수님을 직접 만나지 못했지.

그 다음 날 아침 제자들이 도마에게 얘기했단다.

"도마, 예수님이 살아나셨어! 그분이 어젯밤 우리에게 오셨어!"

하지만 도마는 그 사실을 믿을 수가 없었어.

"예수님의 손과 발에 있는 상처를 내 눈으로 보기 전까지는 그 사실을 믿을 수 없어! 내 손으로 그 상처를 만져 보기 전에는 예수님이 살아나셨다는 말을 믿을 수가 없어. 누가 무슨 말을 하더라도 말이야! 절대로 믿을 수가 없어!"

그래서 도마는 그 후에도 일주일 동안이나 혼자서 슬퍼하며 지냈단다.

일주일이 지난 다음 일요일 제자들은 역시 같은 집에 모여 있었어. 이번에는 도마도 같이 있었지. 슬퍼하면서 혼자 있는 것이 더 힘들었거든.

제자들이 서로 이야기를 하고 있을 때 갑자기 예수님이 방 안에 나타나셨어. 지난번 일요일처럼 말이야. 이번에 제자들은 지난번처럼 놀라지 않았어. 예수님이 다시 오신 것이 정말 좋았단다.

예수님은 반갑게 인사하셨어. 그리고 도마에게 말씀하셨어.

"도마, 이리 와 내 손과 발을 잘 보시오. 그리고 내 상처를 만져 보구려!"

예수님이 하신 말씀은 며칠 전 도마가 했던 말 그대로였지. 예수님은 도마가 했던 말을 정확하게 알고 계셨던 거야.

하지만 도마는 상처를 만져 볼 필요가 없었어. 이분이 예수님이라는 사실을 당장 믿게 되었거든. 도마는 공손하게 말했어.

"나의 구세주이시며 나의 하나님이십니다!"

드디어 도마도 예수님이 살아나셨다는 사실을 믿게 되었지.

이제 모든 제자들이 살아나신 예수님을 만났고 믿게 되었어.

42. 다시 물고기를 잡으러 간 제자들

요한복음 21 장

지난 몇 주 동안 예루살렘에는 정말 많은 일들이 벌어졌단다. 먼저 예수님이 잡히셨어. 그 다음 날 군인들이 예수님을 십자가에 못 박았지. 예수님은 돌아가셨고 사람들이 예수님을 장사 지냈단다. 그리고 3일째가 되는 일요일, 예수님은 무덤에서 다시 살아나셨단다!

제자들은 처음에 그 사실을 믿지 않았지. 그러다가 부활하신 예수님이 일요일 저녁 제자들을 직접 찾아오시자 믿게 되었어. 다시 일주일이 지난 그 다음 일요일 예수님이 다시 제자들에게 오셨어. 그때는 도마도 함께 있었단다. 정말 멋진 시간들이었지!

하지만 옛날과 달라진 것이 있었어. 예수님이 달라지셨지. 예수님의 몸은 부활하신 몸이었어. 그래서 예수님은 한순간에 제자들 곁에 나타나실 수도 있고 또 한순간에 사라지기도 하셨어. 그렇지만 예수님이 제자들과 즐겁게 이야기를 나누실 때는 예전과 달라진 것이 없었지.

예수님은 제자들에게 갈릴리에 가 있으라고 말씀하셨어. 예수님도 나중에 그곳으로 가시겠다고 하셨지. 갈릴리는 이스라엘의 북쪽에 있단다. 사실 제자들은 원래 갈릴리에 살고 있었어. 하지만 최근 3년 동안 예수님과 함께 온 나라를 여행했지.

제자들은 자신들의 고향 마을에 가게 되었단다. 예수님이 언제 오실지 몰라 각자 자기 일을 하러 갔지. 그러면서 예수님을 기다리고 있었어.

어느 날 저녁 제자들이 모여 갈릴리 호숫가를 거닐고 있었단다. 이 호수는 예전에 예수님과 자주 왔던 곳이었지. 예수님과 함께 폭풍이 마구 몰아치는 이 호수를 배를 타고 건넌 적도 있었어. 그때 제자들은 물에 빠져 죽을까 봐 벌벌 떨었지! 그리고 예수님이 이 호수 위를 걸어오신 적도 있었어. 그때도 제자들은 무서워 벌벌 떨었지. 예수님이 유령인 줄 알았으니까!

갈릴리 호숫가는 예수님의 말씀을 듣기 위해 모여든 사람들로 늘 북적댔지. 예수님은 사람들에게 하늘에 계신 하나님에 대해서 말씀해 주셨단다. 아픈 사람들도 고쳐 주셨지. 얼마나 많은 사람들이 모였던지…….

하지만 오늘 저녁은 아주 조용했어. 예수님도 안 계시고. 제자들도 언제 예수님이 오시는지도 모른 채 기다리고 있었어.

베드로의 고깃배가 호숫가에 떠 있었지. 베드로가 본래 어부였잖아!

"나는 고기나 잡으러 가겠네!"

베드로가 말했어.

"그러면 우리도 함께 가세."

다른 제자들이 말했지. 모두들 배를 타고 호수 가운데로 나아갔단다. 그리고 물속에 그물을 던졌어. 잠시 후 그물을 다시 끌어 올렸지. 물고기가 많이 잡혔을까? 아니, 그물은 텅 비어 있었어!

제자들은 그물을 다시 던졌어. 한참을 기다렸다가 그물을 끌어 올렸는데, 이번에도 그물은 텅텅 비어 있었단다! 제자들은 호수 이곳저곳을 떠다니며 그물을 던졌다가 다시 끌어 올리기를 연거푸 계속했어. 밤새도록 그물질을 했지만 결국 물고기는 한 마리도 못 잡았단다!

그렇게 아침이 되었어. 햇살이 호수 위로 비치기 시작했지. 제자들은 고기잡이를 멈추어야만 했어. 고기잡이는 원래 한밤중이나 아침 일찍 해가 뜨기 전이 가장 좋거든. 그날은 헛수고만 한 거지. 밤이 새도록 그물을 내렸다 올렸다 했지만, 배 안에 물고기라고는 한 마리도 없으니까!

그물질을 계속하며 제자들의 배는 호수 가장자리를 향해 가고 있었단다.

그때 누군가가 부르는 소리가 들려왔어. 한 사람이 호숫가에 서 있는 것이 보였지. 그 사람을 잘 볼 수는 없었지만 그 사람이 하는 말은 잘 들렸어.

"고기 좀 잡으셨소?" 그 사람이 물었지.

"아뇨. 지난밤에는 한 마리도 못 잡았어요."

"그렇다면 배의 오른쪽으로 그물을 던져 보시오!"

그 사람이 다시 소리쳤어. 제자들이 서로를 쳐다보며 말했단다.

"저렇게 멀리 서서 어느 쪽에 고기가 많은지 보이기나 한단 말이야? 뭐, 밑져야 본전이지. 한번 그물을 던져 보세. 혹 고기가 잡힐지 누가 알아?"

제자들은 그물을 배의 오른쪽으로 던졌지. 그리고 시간이 얼마쯤 흐른 뒤 그물을 끌어 올렸어. 정확히 말하자면 그물을 '스윽' 하고 끌어 올리려고 했어. 그런데 도저히 그물을 끌어 올릴 수가 없는 거야. 그물 안에 물고기가 가득했거든!

"어떻게 된 일이지?" 제자들은 놀라 어안이 벙벙했어.

"고기잡이는 우리가 선수잖아! 그런 우리가 지난밤에는 밤새도록 그물질을 하고도 물고기를 한 마리도 못 잡았어. 그런데 호숫가에 서 있는 저 사람은 물고기가 어느 쪽에 많이 있는지 정확하게 아는군!"

요한은 눈을 크게 뜨고 호수 저쪽을 자세히 보았단다. 그 사이 제자들이

탄 배는 호숫가에 더 가까이 왔어. 그리고 날도 더 밝아졌지. 도대체 저 사람은 누구일까? 요한이 갑자기 말했어.

"봐, 예수님이셔!"

세상에, 제자들이 얼마나 좋았을까? 예수님이 다시 제자들에게 오신 거야. 물론 물고기들도 예수님이 그쪽으로 보내신 것이야. 예수님은 물고기도 다스리시는 분이시잖아!

제자들은 조심스럽게 물고기로 가득 찬 그물을 매단 채 배를 호숫가로 저어 갔단다. 잠시 후 배가 호숫가에 도착하면 그물을 저쪽 풀밭으로 끌어 올릴 참이었지. 그렇게 하면 배에서보다 물고기를 더 쉽게 꺼낼 수 있으니까.

그런데, 베드로는 호숫가까지 가는 시간이 너무 오래 걸린다고 생각했어. 그동안을 참지 못한 베드로는 배에서 뛰어내리더니 물을 튀기며 예수님께로 달려갔단다. 다행히 그곳은 물이 깊지 않아서 쉽게 걸어갈 수 있었지. 베드로는 일 초라도 빨리 예수님에게 가고 싶었던 거야!

다른 제자들은 배를 저어 잠시 후 예수님이 계신 곳에 도착했단다.

제자들이 예수님이 계신 곳에 왔을 때는 모닥불이 피워져 있었어. 먹을 것도 벌써 준비되어 있었단다. 빵과 구운 생선이 있었어.

"그대들이 잡은 생선을 몇 마리 주시오."

예수님이 말씀하셨단다. 베드로는 조심스럽게 그물을 호수 옆 땅에 끌어 올렸지. 그리고 물고기를 꺼냈단다. 무려 153마리의 물고기가 잡혔어. 정말 많지? 게다가 물고기들이 얼마나 큰지!

잠시 후 제자들은 모두 불 옆에 빙 둘러앉아 아침을 먹었어. 제자들은 예수님을 존경스런 눈으로 바라보았지. 예수님을 마지막으로 뵙고 벌써 시간이 꽤 지났거든. 제자들은 함부로 이야기를 할 수가 없었어. 예전에 제자들은 하고픈 말들이 참 많았지. 하지만 예수님이 돌아가셨다가 다시 살아나신 후로는 모든 것이 달라졌어.

식사를 마친 후 예수님이 베드로에게 이렇게 물어보셨단다.

"베드로, 다른 제자들보다 나를 더 사랑하오?"

베드로는 깜짝 놀랐단다. 예전에 자기가 한 말이 생각났어.

'다른 제자들이 예수님을 위험에 내버려 두고 떠날지라도 저는 예수님을

떠나지 않겠어요. 저는 예수님을 위해 싸울 거예요. 저는 절대로 예수님을 버리지 않을 거예요.'

그 후에 무슨 일이 일어났지? 군인들이 예수님을 잡아갈 때 다른 제자들처럼 베드로도 도망갔지. 나중에 베드로는 더 심한 일까지 했어. 거짓말까지 했잖아! 예수님을 전혀 모른다고 말했잖아. 그 이야기 모두 기억하고 있지? 베드로는 더 이상 다른 제자들보다 예수님을 더 사랑한다고 말할 수가 없었어. 단지 이렇게 말할 뿐이었지.

"네, 주님. 제가 예수님을 사랑한다는 것을 주님은 아십니다."

잠시 후 예수님은 다시 한 번 베드로에게 물어보셨어.

"베드로, 나를 사랑하오?"

베드로가 다시 대답했어.

"네, 주님. 제가 예수님을 사랑한다는 것을 주님은 아십니다."

그런데, 시간이 조금 흐른 뒤 예수님이 베드로에게 세 번째로 물어보시는 것이었어.

"베드로, 나를 사랑하오?"

베드로는 그 질문을 받고 마음이 슬퍼졌단다. 예수님이 자기를 믿어 주시지 않는 것일까? 베드로가 말했지.

"주님, 주님은 모든 것을 알고 계십니다. 주님은 제가 주님을 사랑한다는 것도 알고 계십니다!"

물론이지! 예수님은 잘 알고 계시지. 하지만 베드로는 예전에 3번이나 예수님을 모른다고 말한 적이 있었어. 그래서 예수님을 사랑한다는 말을 3번 말할 필요가 있었어. 곁에 있던 다른 제자들은 예수님과 베드로 사이가 다시 좋아진 것을 알게 되었지. 베드로는 끔찍한 일을 저지른 적이 있었어. 그렇지만 베드로는 여전히 예수님의 제자란다.

43. 하늘로 올라가신 예수님

사도행전 1장

예수님은 그 후에 제자들에게 자주 나타나셨단다. 제자들과 많은 이야기를 나누셨지.

그러던 어느 날 예수님이 말씀하셨어.

"며칠이 지나면 나는 하늘로 올라갈 것이오."

제자들은 예수님의 그 말씀에 깜짝 놀라 입을 모아 소리쳤지.

"주님, 우리를 남겨 두고 가신다구요? 저희는 주님 없인 못 살아요!"

"그렇지 않소."

예수님이 말씀하셨어.

"그대들만 홀로 남겨 두는 것이 아니라오. 내가 하늘에 가면 성령님을 보내겠소. 성령님은 그대들 마음속에 오셔서 항상 그대들과 함께 계실 것이오. 여러분은 성령님을 볼 수는 없지만 그분은 항상 여러분 마음속에 계신다오. 성령님께서 그대들의 마음속에 오시면 그대들이 나중에 하게 될 중요한 일을 잘하도록 도와주실 거라오. 그것은 모든 사람들에게 내가 세상에 왔었다는 것을 전하는 일이오. 또 내가 사람들을 사랑해서 그들의 모든 죄를 깨끗하게 다 없애 주었다는 것을 전해야 하오. 그대들은 나에 대한 모든 것을 이야기해야 하오."

제자들이 두려워서 벌벌 떨며 말했단다.

"우리가 그 모든 것을 해야 한다구요? 우리는 그 일을 할 수 없습니다. 그 모든 것을 말할 용기가 없습니다. 사람들은 우리를 믿지 않을 거예요. 어쩌면 우리를 때리고 감옥에 가둘지도 모릅니다. 그 사람들이 예수님도 괴롭혔잖아요!"

예수님이 제자들에게 다정하게 말씀하셨어.

"성령님께서 여러분 마음속에 오시면 더 이상 두렵지 않을 것이오. 그 일을 할 용기도 생기지요. 여러분은 나에 대해 전하는 일을 할 수 있소! 나는 여러분을 위험에 내버려 두지 않겠소. 비록 나는 하늘에 있지만 여러분을 항상 지켜보고 있겠소. 또 여러분을 보살피겠소.

언젠가 나는 다시 하늘에서 땅으로 돌아올 것이오. 그때 모든 사람들은 내가 이스라엘의 왕이라는 것을 보게 될 것이오. 단지 이스라엘의 왕이 아니라 온 세상의 왕임을 보게 될 것이오. 모든 사람들은 내가 하늘과 땅의 왕이라는 것을 보게 될 것이오!"

며칠 후 제자들은 예루살렘에 있는 한 친구의 집에 모두 모였단다. 마지막으로 함께 식사를 하고 있었지. 제자들이 식탁에 앉아 있을 때 예수님이 말씀하셨어.

"잠시 후 내가 떠나고 난 뒤 그대들은 여기 예루살렘에 머물면서 내가 보낼 성령님을 기다리시오. 그 후에 여러분은 내가 모든 사람들을 사랑한다는 것을 전하시오. 이스라엘에 있는 사람들뿐만 아니라 다른 나라에 사는 사람들도 그 소식을 들어야 하오. 내가 이 땅에 왔던 것과 사람들의 죄를 다 없애 주었다는 것을 모든 사람들이 알아야 하오."

식사가 끝난 뒤 예수님과 제자들은 걸어서 예루살렘 성 밖으로 나갔어. 예수님은 올리브산(감람산)으로 올라가셨어. 올리브산은 예루살렘 가까이에

있는 작은 산이야. 제자들은 예수님을 따라갔지. 예수님은 올리브산 꼭대기까지 올라가셨단다. 그곳에서 제자들과 이야기를 더 나누셨어. 그 다음 순간 예수님이 갑자기 공중으로 올라가시는 것이었어. 점점 더 높이, 하늘 높이 올라가셨어!

제자들이 하늘 위를 쳐다보고 있을 때 구름이 나타나 예수님을 가려 버렸어. 예수님은 더 이상 보이지 않게 되었지.

하지만 제자들은 하염없이 하늘 위를 계속 쳐다보고 있었단다. 예수님이 정말로 사라지셨다는 것을 믿을 수가 없었어.

"어쩌면 예수님은 다시 돌아오실지도 몰라!"

제자들이 말했지. 하지만 그런 일은 일어나지 않았어. 예수님은 하늘로 올라가셔서 다시 아버지 하나님 곁으로 가셨단다. 예수님이 이 땅에서 하셔야 했던 힘든 일은 모두 끝났어. 이제 사람들의 죄는 다 없어졌지. 예수님을 사랑하는 사람들은 나중에 하늘나라에 갈 수 있게 되었지.

얼빠진 듯한 얼굴로 하늘을 쳐다보고 있는 제자들 곁에 갑자기 두 명의 천사가 나타났어. 제자들을 위로해 주라고 예수님이 보내신 천사였지. 두 천사가 제자들에게 말했어.

"여러분, 여기에서 왜 하늘을 쳐다보고 있나요? 예수님은 하늘에 계시는 아버지께로 가셨어요. 예수님은 지금은 돌아오지 않으십니다. 하지만 언젠가는 다시 오실 것입니다."

제자들은 그제서야 그 말을 이해하게 되었어. 예수님은 지금은 돌아오지 않으실 거야. 내일도 돌아오지 않으신단다. 모레도 아니야. 이 땅에서 예수님의 일은 모두 끝났어.

앞으로는 제자들이 일을 할 차례였지. 성령님께서 오시면 제자들은 사람들에게 예수님에 대한 모든 것을 전하게 될 거야. 사람들에게 해 줄 말이 너무 많았지.

먼저 제자들은 예루살렘으로 돌아갔단다. 그리고 어떤 사람의 집에서 성령님이 오시기를 기다렸어. 예수님을 사랑하는 여인들도 함께 모였단다. 예수님의 어머니 마리아도 함께 있었어.

이스라엘에는 예수님을 사랑하는 사람들이 많이 있었단다. 그 사람들이 모두 예루살렘으로 모여들었지. 120명의 사람들이 함께 모여 성령님을 기다리고 있었어.

44. 오순절에 오신 성령님

사도행전 2 장

이스라엘의 큰 명절인 오순절이 되었어. 예루살렘 도시는 다시 사람들로 북적댔지. 전국 곳곳에서 사람들이 예루살렘으로 몰려들었단다. 다른 나라에 사는 이스라엘 사람들도 오순절 명절을 보내기 위해 예루살렘에 왔지. 그리스, 이집트, 터키, 또 더 먼 나라에 사는 사람들이 예루살렘으로 왔어. 그 사람들은 모두 성전에 가서 하나님께 기도를 드리고 제사를 드린단다.

제자들은 성전 가까이에 있는 어떤 집에 함께 모여 있었지. 무언가를 기다리고 있었어. 열흘 전에 예수님이 하늘로 올라가셨어. 그때 예수님은 제자들에게 성령님을 보내 주시겠다고 약속하셨거든. 제자들은 그 순간 성령님을 기다리고 있었던 거야.

제자들이 앉아 이야기를 나누고 있는데, 갑자기 생각지도 못한 이상한 일이 벌어졌단다. 집안에 엄청나게 센 바람이 불기 시작했어. 처음에 제자들 눈에는 그렇게 보였단다. 하지만 그것은 진짜 바람이 아니었어. 문이 덜컹거리지도 않았고, 탁자 위에 있는 종이가 날아가지도 않았어. 바람에 휘청 넘어지는 것도 없었어. 단지 바람 부는 소리만 요란하게 들렸단다!

그 순간 그 집 밖을 지나가고 있는 사람들도 그 소리를 들었지. 그 자리에 발길을 멈추고 서서 집 안을 들여다보았어. 도대체 이 집에서 무슨 일이 일어나고 있는 걸까 궁금해서.

제자들은 놀란 토끼 눈을 하고 서로의 얼굴만 빤히 쳐다보고 있었지. 무슨 영문인지 알 수가 없었단다. 휘이잉 휘이잉 바람 부는 소리가 들리고, 뭔가 보이는 것도 같았지.

어? 제자들의 머리 위에 갑자기 불꽃이 생겼어. 진짜 불꽃은 아니었어. 뜨겁지 않았거든. 하지만 꼭 불꽃처럼 보였어. 또 제자들 마음속에 어떤 특별한 느낌이 들었어. 무엇 때문에 이런 느낌이 생겼는지는 알 수 없었지만 갑자기 마음이 행복해지고 한없이 기뻐졌어. 그리고 모든 사람들에게 예수님에 대해 이야기하고 싶은 맘이 생겼단다.

무슨 일이 일어났을까? 맞아, 성령님께서 마음속에 오신 거야! 성령님은 보이지 않거든. 그렇지? 하지만 하나님께서는 모두에게 성령님이 오셨다는 것을 알려 주고 싶으셨지. 그래서 하나님께서는 신비스러운 바람을 일으키셨어. 그리고 제자들의 머리 위에 신비스러운 불꽃도 주신 거야.

제자들은 문을 열고 밖으로 나갔어. 그 사이 많은 사람들이 집 주위에 모여 있었단다. 모두들 놀란 눈으로 제자들을 바라보고 있었어. 제자들은 기쁨으로 흥분해 있었어. 큰 소리로 감사 기도를 드렸단다. 하나님께서 자기들을 사랑해 주시는 것이 너무 감사했어. 자기들의 죄를 깨끗이 없애 주신 예수님도 참 감사했어.

그때 신기한 일이 다시 벌어졌단다. 하나님께 감사 기도를 드리는데 제자들이 모두 다른 나라 말인 외국어로 감사 기도를 한 거야. 원래 제자들은 다른 나라 말을 전혀 몰랐어. 이스라엘 나라 말밖에는 할 줄 몰랐어. 그런데, 그리스나 이집트, 터키에서 온 사람들 모두 제자들이 자기 나라 말로 감사 기도하는 소리를 듣게 된 거야. 주위에 있던 모든 사람들이 제자들이 무슨 기도를 하는지 정확하게 알아들을 수 있었어.

어떻게 된 일일까? 제자들이 갑자기 똑똑해진 것일까? 아니야! 이 일은 성령님께서 하신 일이야. 성령님께서 제자들이 외국어를 할 수 있도록 도와주셨어.

"도대체 어떻게 된 일이지?"

사람들이 놀라서 물었어.

"지금 이곳에서 정말 특별한 일이 일어났군!"

베드로는 바깥에 모여 있는 사람들을 향해 이야기하기 시작했단다.

"성령님께서 우리 마음속에 오셨습니다! 바로 예수님이 보내 주셨습니다. 여러분 모두 예수님이 누구신지 알고 있지요?"

그럼, 많은 사람들이 예수님을 알고 있었어. 예수님을 몇 번이나 본 사람도 있었어. 예수님이 병든 사람들을 고쳐 주신 것을 보기도 했고, 예수님이 하나님에 대해 이야기하실 때 가서 그 이야기를 들은 적도 있지. 사람들은 예수님이 왕이 되실 거라고 기대했지.

하지만 예수님은 군인들에게 잡혀가셔서 십자가에 못 박히셨어. 그리고 돌아가셨단다. 그 후에 일어난 일에 대해서는 대부분 사람들이 모르고 있었어.

사람들이 모르는 그 이야기를 베드로가 말해 주었지. 베드로가 말했어.

"예수님은 그냥 돌아가시고 끝난 것이 아닙니다. 그분은 죽음을 이기시고 3일 후에 다시 살아나셨어요. 그리고 열흘 전 예수님은 다시 하늘로 올라가셨어요. 예수님은 하나님의 아들이십니다. 그는 그리스도시요, 구주이십니다. 여러분은 예수님을 십자가에 못 박으라고 말했지요!"

그 말에 사람들은 깜짝 놀랐단다. 베드로의 말이 전부 사실이었거든. 제사장들이 예수님을 죽이려고 할 때 사람들은 소리를 모아 외쳤지.

"예수를 십자가에 못 박으시오!"

정말 끔찍한 일이지! 하나님의 아들을 십자가에 못 박으라고 소리쳤으니! 하지만 사람들은 예수님이 하나님의 아들이라는 사실을 몰랐어. 생각도 못 했다니까.

이제 베드로의 이야기를 듣고서 그 사실을 알게 된 거야. 사람들은 하나님의 아들을 죽인 잘못을 진심으로 후회했지. 두려워하며 사람들은 이렇게 물었단다.

"이제 우리는 어떻게 해야 하지요? 하나님은 당연히 우리에게 매우 화가 나 있을 거예요. 베드로 선생님, 우리는 어떻게 해야 하지요?"

베드로가 대답했어.

"여러분은 하나님께 여러분의 잘못을 회개한다고 말하십시오. 여러분의 죄를 용서해 주시도록 기도하십시오. 그 후에 예수님의 이름으로 세례를 받으십시오. 그러면 하나님과 여러분의 사이는 다시 좋아질 겁니다. 그때는 성령님도 여러분 마음에 오실 수 있게 됩니다."

사람들은 모두 다 그렇게 하겠다고 약속했어. 너도나도 세례를 받았단다. 3,000명이나 되는 사람들이 세례를 받았지. 그리고 이 모든 사람들이 예수님의 가족이 되었어. 성령님께서 사람들 마음에 오시자, 사람들은 제자들과 같이 마음에 기쁨이 넘쳤단다.

성령님께서 우리 마음에 오신다면 얼마나 좋을까? 우리는 행복해지고 마음에 기쁨이 가득할 거야. 게다가 우리는 예수님을 점점 더 사랑하게 되겠지.

45. 성전 문 옆의 앉은뱅이

사도행전 3-4 장

어느 날 오후였단다. 베드로와 요한은 기도를 하기 위해 예루살렘 성전으로 가고 있었어. 한참을 걸어 성전에 들어가는 큰 문에 이르렀지. 성전 문 옆에는 바닥에 앉아 구걸을 하는 사람이 있었어. 그는 지나가는 모든 사람에게 이렇게 말하고 있었지.

"제발 저를 도와주세요. 음식을 살 돈이 없어요."

이 사람은 걸을 수가 없었단다. 두 발이 마비되었거든. 다리에 힘도 없었어. 일어설 수도 없었지. 그 사람은 아주 어릴 때부터 앉아만 있었단다. 이런 사람을 앉은뱅이라고 해. 이 사람은 한 번도 걸어 본 적이 없었어. 일도 할 수 없었지.

아침이면 사람들이 이 사람을 들어 성전 문 옆에 데려다 준단다. 그러면 하루 종일 그 자리에 앉아 있는 거야. 성전으로 가는 사람들에게 돈을 구걸하면서. 그날도 베드로와 요한이 지나가는 것을 보고 구걸을 했지. 두 제자는 앉은뱅이 앞에 멈춰 섰어. 베드로가 말했단다.

"우리를 보십시오!"

앉은뱅이는 고개를 들어 두 사람을 쳐다보았지. 베드로가 돈을 줄지도 모른다고 생각했어. 그래서 손을 앞으로 쭉 내밀었단다. 하지만 베드로는 이렇게 말하는 것이었어.

"나는 돈은 없습니다. 하지만 내가 가지고 있는 것을 당신에게 주겠습니다. 주 예수님의 이름으로 말합니다. 일어나 걸으십시오!"

베드로는 앉은뱅이의 손을 꽉 잡더니 힘껏 일으켜 세웠단다. 무슨 일이 벌어졌을까? 앉은뱅이가 갑자기 벌떡 일어섰어! 그리고 걸어 다녔어. 태어나서 처음으로 걷게 된 거야! 하늘에 계시는 예수님이 그 사람을 걷게 해 주신 거야! 베드로는 앉은뱅이에게 예수님의 말을 대신 전한 것뿐이야. 베드로가 예수님을 도와 드린 거지!

그 사람은 곧장 걸어서 베드로와 요한과 함께 성전으로 들어갔어. 드디어 이 사람도 자기 발로 걸어서 성전 안에 들어온 거야! 얼마나 좋았을까? 그 사람은 기뻐 춤을 추면서 외쳤지.

"하나님, 고맙습니다. 저를 고쳐 주셔서 고맙습니다!"

성전에는 많은 사람들이 있었단다. 모두 앉은뱅이였던 사람이 외치는 소리를 들었지. 그리고 두 제자와 나란히 걸어가는 것도 보았단다.

"아니, 이럴 수가?"

사람들이 말했어.

"성전 문에 앉아 매일 구걸을 하던 바로 그 앉은뱅이잖아! 어떻게 저 사람이 걸을 수 있게 되었지? 지금까지 걸어 본 적이 없는 사람인데!"

사람들은 어안이 벙벙해져서 베드로와 요한을 바라보았지. 저 두 사람이 기적을 일으킬 수 있단 말이야?

그때 베드로가 말했어.

"왜 그렇게 우리를 보십니까? 우리가 이 사람을 고친 것이 아닙니다. 예수님이 고치셨습니다! 예수님이 누구인지 알고 있습니까? 여러분이 십자가에 못 박으라고 했던 바로 그분입니다. 빌라도는 여러분의 말대로 예수님을 십자가에 못 박았습니다. 예수님은 그렇게 돌아가셨습니다. 하지만 3일 후에 무덤에서 다시 살아나셨습니다. 그 후 40일 동안 우리와 함께 계셨습니다. 그리고 하늘에 계신 하나님 아버지께로 가셨답니다.

예수님은 하나님의 아들이십니다. 그분은 여러분을 아주 많이 사랑하십니다. 그분이 이 땅에 오셔서 십자가에 죽으셔서 여러분의 죄를 없애 주셨습니다. 그 어려운 일을 다 끝내시고 이제 다시 하늘로 가셨습니다."

베드로와 요한은 사람들에게 예수님에 대한 이야기를 계속했단다. 성전에 있던 많은 사람들은 그 이야기를 듣고 두 제자의 말을 믿게 되었지. 사람들은 이렇게 말했어.

"예수님이 하나님의 아들이라는 사실을 몰랐어요. 예수님이 십자가에 죽으셔서 우리들의 죄를 없애 주셨다는 것도 몰랐지요. 예수님은 우리를 정말 많이 사랑하시는군요! 이제 우리도 예수님을 사랑합니다. 우리는 예수님에게 속한 예수님의 가족이 되고 싶어요. 그리고 세례를 받고 싶어요!"

성전에서 일을 하는 제사장들도 베드로와 요한의 말을 들었단다. 하지만 제사장들은 제자들에게 화를 냈단다. 예수님이 죽으셨으니까 이제 예수님에 대한 이야기는 사라질 줄 알았거든.

'우리가 이겼어! 예수는 죽었고. 사람들은 이제 우리들의 말을 다시 들을 거야!'

하지만 제사장들과 율법학자들의 생각은 완전히 빗나갔단다. 자신들이 틀렸다는 것을 이제야 알게 됐어. 앉은뱅이였던 사람이 갑자기 걷는 것을 봤고 모든 사람들이 예수님이 무덤에서 살아나셨다는 제자들의 말을 듣고 있잖아! 제사장들은 너무 화가 났단다. 그래서 베드로와 요한을 잡아 가둬 버렸지. 그때는 이미 날이 저물고 밤이었어. 너무 늦었기 때문에 다음 날 아침 제자들을 데려다 심문하기로 했단다.

다음 날 제사장들과 율법학자들이 모였단다. 함께 의논을 했지.

"예수의 제자들을 어떻게 하지? 죽일 수는 없어. 그랬다가는 사람들이 소동을 일으킬 거야. 베드로와 요한이 앉은뱅이를 고치는 것을 많은 사람들이 다 봤단 말이야. 모든 사람들이 제자들의 말을 듣고 있어."

제사장들과 율법학자들은 베드로와 요한을 불러냈지.

"당신들이 앉은뱅이를 고쳤다고? 그 말이 사실이오?" 하고 물었어.

"어떻게 그 일을 했지?"

두 제자가 대답했단다.

"우리는 주 예수님의 이름으로 앉은뱅이를 고치는 일을 하였습니다. 예수님은 지금 하늘에 계십니다. 여러분은 예수님을 십자가에 못 박아 죽였습니다. 하지만 3일 후 하나님께서 예수님을 다시 살려 주셨습니다."

베드로와 요한은 제사장들이 전혀 두렵지 않았어. 예전에는 두려워했지만 말야. 성령님께서 마음에 오신 뒤로 제자들은 겁내지 않고 말할 수 있는 용기가 생겼어!

제사장들은 붉으락푸르락 화가 나서 말했어.

"예수에 대한 말을 절대로 하지 마라! 만약 계속 예수에 대해서 말한다면 가만 두지 않겠다!"

그 말에 베드로와 요한이 겁이 났을까? 아니야! 전혀 그렇지 않았지. 그들은 이렇게 대답했단다.

"우리는 하나님께서 우리에게 말씀하시는 대로 할 뿐입니다. 하나님께서는 우리에게 예수님이 무덤에서 다시 살아나셨다는 것을 모든 사람에게 말하라고 하셨습니다."

이 말을 들은 제사장들은 베드로와 요한에게 길길이 뛰며 화를 냈지. 그렇지만 베드로와 요한을 놓아주었단다. 어쩔 수가 없었어. 예루살렘에 사는 사람들이 큰 소동을 일으킬까 봐 두려웠거든.

두 제자는 집으로 돌아왔지. 하지만 그 다음 날 제자들은 또 성전으로 갔어. 그리고 사람들에게 예수님에 대한 이야기를 또 전했지! 그 다음 날에도 성전으로 갔단다. 매일 제자들은 사람들에게 예수님이 그들을 사랑하신다는 것을 이야기했어. 그러자 매일매일 예수님을 사랑하는 사람들이 생겨났단다. 그들은 예수님에게 속한 예수님의 가족이 되고 싶어서 세례를 받았단다.

46. 감옥에 갇힌 베드로

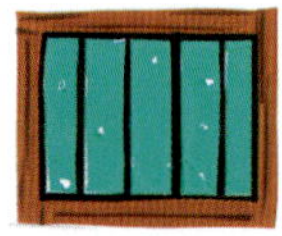

사도행전 12 장

제자들은 어디를 가든지 예수님 이야기를 했지. 예수님이 사람들의 죄를 없애 주시려고 이 땅에 오셨다는 이야기 말이야. 그 말을 듣고 예수님을 사랑하게 된 사람들이 점점 많아졌단다. 그들은 모두 세례를 받았지. 심지어 제사장 중에도 예수님이 하나님의 아들이라는 것을 믿는 사람들이 생겨났어. 예수님이 자기들의 죄도 모두 없애 주셨다는 것도 믿었지!

하지만 모든 제사장들이 예수님을 사랑하게 된 것은 아니었어. 많은 제사장들은 아직도 예수님을 시기했지. 예수님을 사랑하는 사람들을 아주 싫어했단다. 제사장들은 예수님을 사랑하는 사람들을 많이 괴롭히고 감옥에 가두기도 했지!

그 나라의 왕이던 헤롯 왕도 제사장들을 도와주었어. 왜냐하면 제사장들과 같은 편이 되고 싶었거든. 어느 날 헤롯 왕은 베드로를 잡아 감옥에 가두었단다. 며칠 뒤 베드로를 죽이기로 제사장들과 약속을 했지!

베드로를 죽이기로 한 날이 하루 앞으로 다가왔어. 베드로는 내일이면 죽게 되는 거야! 하지만 베드로는 무섭지 않았어! 내일 죽게 되더라도 하늘나라에 가게 될 거니까. 그곳에는 예수님이 계시지. 예수님에게 간다니 얼마나 좋겠어!

하지만 베드로는 이 땅에 조금 더 살고 싶은 마음도 있었단다. 아직 할 일이 많았거든. 모든 사람들이 이 땅에 하나님이 오셨던 것을 알아야 하잖아. 예루살렘에 사는 사람들만 그 사실을 알아서는 안 되지. 다른 도시, 다른 나라에 사는 사람들도 알아야 해! 베드로는 그 일을 더 하고 싶은 마음도 있었지.

예루살렘에 있는 베드로의 친구들은 참 슬펐단다. 베드로가 내일이면 죽게 된다는 것을 알고 있었거든. 베드로를 위해 할 수 있는 것이 없을까? 있지, 있고말고! 바로 베드로를 위해 기도하는 거야! 베드로의 친구들은 모여서 기도를 했지. 어떤 친구의 집에 함께 모였어. 그리고 마음을 모아 하나님께 기도했단다. 베드로를 지켜 달라고 기도했어.

그때 베드로는 감옥에서 잠을 자고 있었단다. 손목은 쇠사슬에 묶여 있었어. 그 쇠사슬은 두 명의 군인 손목에 연결되어 있었지. 두 명의 군인이 함께 일어나지 않으면 베드로는 자리에서 일어날 수도 없었어. 베드로와 군인들은 함께 묶여 있었지!

베드로가 갇혀 있는 감옥 문에는 두 명의 군인이 지키고 있었어. 그 다음 바깥문에도 두 명의 군인이 보초를 서고 있었고. 길거리로 나가는 감옥 맨 바깥문은 무거운 쇠로 만들어진 철문이었어. 단단한 자물쇠로 굳게 잠겨 있었단다. 베드로는 절대로 도망칠 수가 없었지!

사실 베드로는 달아날 궁리도 하지 않았어. 두 명의 군인들 사이에 누워 조용히 자고 있었단다. 그런데 한밤중에 천사가 감옥에 나타났어. 갑자기 나타난 천사가 베드로 옆에 서 있는 거야! 감옥 안은 천사 때문에 아주 환해졌단다. 하지만 군인들과 베드로는 눈치를 못 챘어. 세 사람 모두 쿨쿨 자고 있었거든. 천사가 베드로의 옆구리를 툭툭 치며 말했어.

"베드로, 일어나세요. 눈을 뜨고 자리에서 일어나세요!"

베드로는 잠에서 깼어. 그리고 천사가 말한 대로 자리에서 일어났지. 그러자 손목에 묶여 있던 쇠사슬이 스르르 땅으로 떨어지는 거야. 함께 쇠사슬에 묶여 있던 군인들은 아무것도 모른 채 계속 잠을 자고 있었지!

천사가 베드로에게 말했어.

"신을 신고 겉옷을 입으세요! 그리고 나와 함께 갑시다."

그 말에 베드로는 먼저 신을 신었어. 그리고 겉옷을 걸쳐 입었지. 군인들은 아직도 자고 있었어! 천사가 감옥 문을 열고 두 명의 군인들 사이를 지나 밖으로 걸어갔지. 베드로도 천사의 뒤를 따라 나갔어. 군인들은 천사와 베드로가 지나가는데도 전혀 눈치를 못 채는 거야! 계속 걸어 천사와 베드로는 보초를 서고 있는 다른 군인들 옆을 지나갔어. 이 군인들도 아무 눈치를 못 챘단다. 베드로는 이렇게 생각했어.

'아, 내가 꿈을 꾸고 있구나. 조금 있다가 잠에서 깨면 다시 두 군인들 사이에 누워 있을 거야.'

천사는 계속 걸어갔고 베드로는 그 뒤를 따랐지. 마지막으로 굳게 잠긴 감옥 가장 바깥문에 도착했어. 하지만 무거운 그 철문도 저절로 열리는 것이었어. 힘도 들이지 않고 지나갈 수 있었지! 잠시 후 천사와 베드로는 감옥 밖 길거리에 서 있었어!

천사는 베드로와 함께 조금 더 길을 걷다가 갑자기 사라져 버렸단다. 베드로 혼자 캄캄한 예루살렘의 거리에 남게 되었어. 별들은 빛나고 바람은 부드럽게 그의 머리 위를 스쳐 지나갔지.

'어?' 베드로가 생각했어.

'꿈이 아니잖아! 꿈을 꾸고 있는 것이 아니라 진짜로 길거리에 나와 있군! 하나님께서 천사를 감옥으로 보내 주신 거야. 나는 풀려났어, 이제 자유야! 당장 친구들에게 가 봐야겠군.'

조용한 밤거리를 달려 베드로는 친구의 집으로 갔단다. 쾅쾅쾅 문을 두드렸어. 잠시 후 하녀가 나왔지.

"누구세요?" 겁에 질린 목소리로 하녀가 물었어. 자기들을 잡아가려고 군인들이 왔을 거라고 생각했거든. 베드로가 말했지.

"나요, 베드로. 문을 열어 주시오!"

하녀는 베드로의 목소리를 듣고 너무 놀라고 기뻤지. 그래서 문을 열어주는 것도 잊었어! 집 안에 모여 있는 사람들에게 당장 달려가 소리쳤어.

"베드로 선생님이 문밖에 서 있어요!"

베드로의 친구들은 슬픈 목소리로 말했어.

"그럴 리가! 베드로는 감옥에 있어. 네가 정신이 나간 모양이구나!"

"아닙니다!"

하녀가 다시 말했어.

"진짜 베드로 선생님의 목소리였습니다. 들어 보세요. 아직도 문을 두드리고 계시잖아요!"

정말, 다른 사람들도 문 두드리는 소리를 들을 수 있었어. 방에서 나와 조심스럽게 문을 열었단다. 그랬더니, 집 안으로 성큼 들어온 사람이 누구였을까? 그래. 베드로야, 베드로!

"베드로, 어떻게 된 일이오? 어떻게 여길 왔소? 헤롯 왕이 당신을 풀어 줬나요?"

사람들은 궁금한 것을 이것저것 물어보았단다. 베드로가 말했어.

"잠시만 기다려요. 무슨 일이 일어났는지 천천히 얘기하겠소.

하나님께서 천사를 감옥에 보내 주셨소. 그 천사가 나를 감옥에서 나오게 해 주었어요. 하지만 나를 지키던 군인들은 아무 눈치도 못 채고 있었다오! 이제 여러분들을 만났으니 나는 바로 이곳을 떠나는 것이 좋겠어요. 헤롯 왕과 제사장들이 나를 찾겠다고 온 예루살렘을 샅샅이 뒤질 테니까요."

베드로는 당장 길을 떠났단다. 헤롯 왕이 찾을 수 없는 다른 곳을 향해.

다음 날 아침 헤롯 왕은 베드로를 죽이려고 그를 감옥에서 데려오라고 명령했지. 하지만 베드로는 사라지고 감옥에 없었어! 두 명의 군인은 쇠사슬로 손목이 묶인 채 그대로 있는데 베드로만 없어졌지 뭐야!

보초를 섰던 다른 군인들도 아무것도 모르고 있었어.

"어떻게 아무도 모르게 베드로가 감옥을 탈출할 수 있었지?"

군인들은 두려워 덜덜 떨며 서로 말했단다.

헤롯 왕은 베드로가 도망쳤다는 말을 듣고 화가 치밀어 올랐어. 베드로를 잘 지키지 못한 군인들에게는 벌을 내렸지. 하지만 그 군인들도 어쩔 수가 없었어. 그렇지?

47. 낯선 사람에게 세례를 준 빌립

사도행전 8 장

예수님이 하나님의 아들이라는 것과 예수님이 사람들의 죄를 다 없애 주셨다는 것을 믿는 이스라엘 사람들이 점점 더 많아졌어. 그 사람들은 모두 세례를 받았지. 제자들은 말씀을 전하고 세례를 주느라 더 바빠졌단다. 해야 할 일이 정말 많았지. 그래서 의논을 했단다.

“우리는 요즘 정말 바쁩니다. 이래서는 일을 제대로 할 수가 없어요. 우리를 도와줄 사람을 7명 찾아봅시다. 예수님을 진심으로 사랑하는 사람으로요.”

그래서 제자들은 자기들을 도와줄 사람 7명을 뽑았단다. 그중 한 명이 ‘빌립’이었어. 이 이야기는 빌립에 관한 이야기야.

어느 날 하나님께서 빌립에게 말씀하셨지.

“빌립, 네가 할 일이 있다. 나를 위해 할 일이 있어. 남쪽 지방에서 예루살렘으로 가는 큰길이 하나 있지? 다른 나라에서 예루살렘으로 오는 사람들은 다 그 길을 지나간단다. 그 길로 가거라.”

하나님께서는 빌립에게 그곳으로 가라고만 하시고 왜 가야 하는지는 말씀하지 않으셨어. 빌립도 묻지 않았단다. 그냥 하나님 말씀에 순종하여 남쪽 지방에서 예루살렘으로 가는 큰길로 갔단다.

걸어가자면 한참이 걸리는 먼 길이었어. 마침내 빌립은 그 길에 도착했지.

빌립은 길옆에 있는 나무 아래에 가 앉았어. 그러고는 하나님께서 무엇을 말씀하실지 기다렸단다.

얼마 후 아주 멋진 마차가 오는 것이 보였지. 마차 주위로 많은 하인들이 따라 걸어오고 있었어. 이 정도 마차면 굉장한 부자만 탈 수 있는 거야. 마차가 가까이 다가왔을 때, 빌립은 아주 화려한 옷을 입은 신분이 높은 한 사람이 마차에 앉아 있는 것을 보았어. 그 사람은 피부색이 검은 색이었단다. 멋진 마차를 탄 이 사람은 도대체 어디에서 온 사람일까?

그 사람은 멀고 먼 '에티오피아'라는 나라에서 온 사람이었어. 에티오피아는 여왕이 다스리는 나라였지. 이 사람은 그 나라의 가장 중요한 장관으로 여왕의 돈을 관리하는 일을 했어. 이 장관이 어느 날 이스라엘의 하나님이 아주 위대한 신이라는 말을 들었지. 그 하나님의 성전이 예루살렘에 있다는 말도 들었어. 성전에서 하나님께 기도를 드린다는 것도 들었지. 멀고 먼 나라에 사는 장관은 이스라엘의 하나님에 대해 알고 싶어졌어. 그래서 예루살렘까지 오는 긴 여행을 떠났단다.

장관은 아름다운 성전에도 가 봤어. 성전에서는 율법학자도 만났지. 율법학자들은 이스라엘의 하나님에 대해 모든 것을 알고 있다고 떠드는 사람들이야. 하지만 율법학자들은 예수님이 하나님의 아들이라는 것을 믿지 않았단다. 그래서 먼 나라에서 온 장관에게 예수님에 대해서는 한마디도 말하지 않았을 거야. 정말 안타깝지?

장관은 예루살렘에서 두루마리 책을 하나 샀단다. 두루마리 책은 지금 우리가 보는 것같이 종이를 한 장, 한 장 넘길 수 있는 그런 책이 아니야. 대신 긴 종이를 돌돌 말아 놓은 책이란다. 이 두루마리 책에는 성경의 한 부분이 쓰여 있었지. 몇 주일이 걸리는 여행을 마치고 다시 집에 도착하면 장관은 편안하게 성경을 읽어 볼 참이었지. 그러면 이스라엘의 하나님에 대해 좀 더 잘 이해하게 될 테니까.

장관이 탄 마차가 예루살렘을 떠나 남쪽으로 가고 있을 때 장관의 머리 속에 이런 생각이 떠올랐어.

'그래, 마차를 타고 가면서 이스라엘의 하나님에 대해 한 번 읽어 보자.'

장관은 두루마리 책을 손에 집어 들고 큰 소리로 읽기 시작했단다.

빌립은 그때 무엇을 하고 있었지? 그래, 길가 나무 밑에 앉아 있었지! 하나님의 말씀을 기다리면서 말이야. 장관이 탄 멋진 마차가 빌립 쪽으로 가까이 오는데, 하나님께서 빌립에게 말씀하셨지.

"빌립아, 저 사람이 타고 있는 마차 옆에 바싹 붙어 걸어가거라."

빌립은 일어나서 마차 옆에 바싹 붙어 걸었단다. 마차에 타고 있는 장관을

잘 볼 수 있었어. 그리고 장관의 책 읽는 소리도 들을 수 있었지. 빌립은 상냥한 목소리로 물었단다.

"그 두루마리 책에 쓰인 내용을 아세요? 그 이야기를 이해하시나요?"

"아니요, 무슨 말인지 전혀 이해가 안 됩니다."

장관이 대답했지.

"나를 도와주겠소? 마차로 올라와 내 옆에 앉으시오."

빌립은 마차에 올라 장관 옆에 앉았단다. 그리고 피부색이 검고 높은 신분인 그 사람에게 하나님에 대해서, 하나님의 아들인 예수님에 대해서 설명했단다.

"예수님은 바로 장관님을 위해 이 땅에 오셨어요. 예수님은 십자가에서 돌아가시면서 장관님의 죄도 다 없애 주셨어요! 예수님은 장관님도 사랑하셔요."

빌립은 마차가 움직이는 동안 아주 많은 것을 설명했지. 먼 나라에서 온 장관은 주의를 기울여 빌립의 말을 들었어. 그리고 장관은 아주 기뻐했단다. 예수님은 모든 사람을 사랑하신다는 내용을 이해하게 되었어. 예수님은 자기도 사랑하셔. 장관은 기뻐하며 빌립에게 말했어.

"이제 모든 것을 알게 되었소. 나도 예수님에게 속한 그분의 가족이 되고 싶소. 마침 저기 작은 연못이 있구려. 저 연못에서 내게 세례를 주시오."

빌립이 물었단다.

"예수님이 하나님의 아들인 것을 진심으로 믿습니까? 예수님이 장관님의 죄를 다 없애 주신 것을 믿습니까?"

"예, 그 모든 것을 진심으로 믿소."

먼 나라에서 온 장관이 대답했지.

마차는 작은 연못 옆에 멈춰 섰어. 빌립과 장관은 마차에서 내려 물로 걸어갔단다. 연못 안으로 몇 걸음 들어가 빌립은 피부색이 검은 높은 신분의 장관에게 세례를 주었어.

정말 멋진 일이지? 예수님은 모든 사람을 사랑하셔. 예수님은 피부색이 하얀 사람이나 피부색이 검은 사람이나 다 사랑하신단다. 모든 사람이 예수님의 가족이 될 수 있어!

장관은 마차에 다시 올라타고 자기 나라로 돌아갔단다. 집에 도착하면 사람들에게 해 줄 이야기가 정말 많을 거야. 장관은 여왕에게도 자기가 예수님에게 속한 그분의 가족이 되었다는 것을 이야기하겠지?

빌립은 다시 다른 곳으로 갔단다. 하나님께서 빌립을 다른 곳으로 가라고 하셨거든. 자, 이야기를 다 듣고 나니 빌립이 왜 남쪽 지방에서 예루살렘으로 가는 큰길로 가야 했는지 알게 되었지?

48. 예수님 때문에 돌에 맞은 스데반

사도행전 6-7 장

제자들은 자기들을 도와줄 7명의 사람을 뽑았지? 그중 한 사람은 빌립이었어. 바로 앞의 이야기는 빌립에 관한 것이었지? 그 7사람 중에는 '스데반'이라는 사람이 있었어. 이번 이야기는 스데반에 관한 것이란다.

스데반은 예수님을 아주 많이 사랑했어. 스데반은 사람들에게 예수님이 세상에 오셨고, 십자가에서 죽으시면서 사람들의 죄를 다 없애 주셨다는 것을 설명해 주었어. 사람들에게 이 말을 전하는 것이 스데반은 정말 기뻤단다. 스데반은 또 예수님이 사흘 후 무덤에서 다시 살아나셨다는 것과 지금은 하늘나라에 계시다는 것도 잊지 않고 사람들에게 설명했지. 스데반이 이야기를 아주 멋있게 잘해서 사람들은 스데반의 이야기 듣는 것을 아주 좋아했단다.

하지만, 아주 슬픈 일이 벌어졌단다. 몇몇 이스라엘 사람들이 스데반을 시기하게 된 거야. 스데반이 자기들보다 하나님에 대해서 더 잘 알고 있어서 샘이 났어. 그 사람들은 어느 날 스데반과 함께 성경에 대한 이야기를 하며 말다툼을 벌였단다. 하지만 스데반의 말이 옳았기 때문에 이길 수 없었지.

스데반을 시기하는 사람들은 율법학자들을 찾아가 말했어.

"스데반은 하나님에 대해서 잘못된 것을 떠들고 다닙니다."

그 말은 사실이 아니야. 스데반은 거짓말을 하거나 틀린 말을 한 적이 없어.

스데반을 시기하는 사람들은 어느 날 회의를 하고 있는 율법학자들과 제사장들에게 스데반을 데리고 왔단다. 율법학자가 스데반에게 물었어.

"당신이 사람들에게 하나님에 대해 잘못된 것을 가르치고 있다던데, 예수에 대해서는 뭐라고 떠들고 있지?"

스데반은 율법학자나 제사장을 무서워하지 않았어. 오히려 용기 있게 대답했지.

"나는 성경에 쓰여 있는 것만 말합니다. 나는 사람들에게 예수님은 하나님의 아들이라고 전했습니다. 여러분은 예수님이 하나님의 아들이라는 것을 믿지 않고 예수님을 십자가에 매달아 죽였습니다. 하지만 예수님은 죽음에서 다시 살아나셨습니다. 지금 예수님은 하늘나라에 계십니다!"

스데반이 이 모든 것을 설명하자 율법학자들과 제사장은 스데반에게 무섭게 화를 냈단다. 스데반의 말을 더 이상 들으려고 하지 않았어. 화가 머리끝까지 나서 스데반에게 고래고래 소리를 질렀지. 하지만 스데반은 그런 것에 신경 쓰지 않았어. 스데반은 고개를 들어 하늘을 쳐다보았단다. 스데반의 얼굴은 기쁨으로 가득 차 빛이 나기 시작했어.

"하늘에 계신 하나님과 그 옆에 서 계신 예수님이 보입니다."

스데반이 말했단다. 이 말을 들은 율법학자들과 제사장들은 더 화가 났어! 그들은 달려들어 스데반을 꽉 잡더니 예루살렘 거리를 지나 성 밖으로 마구 끌고 갔단다. 그리고 정말 끔찍한 일을 저질렀지! 바닥에 있는 커다란 돌을 집어 들어 스데반을 향해 던졌어!

스데반이 이 사람들에게 화를 냈을까? 아니, 전혀 그렇지 않았어. 스데반은 바닥에 무릎을 꿇고 앉아 모든 사람들이 들을 수 있도록 큰 목소리로 기도했단다.

"예수님, 저를 주님이 계신 하늘나라에 받아 주십시오.

주님, 저에게 돌을 던지는 이 사람들의 죄를 용서해 주십시오."

하지만 시기심으로 가득 찬 사람들과 율법학자들은 멈추지 않고 스데반에게 계속 돌을 던졌지. 스데반이 돌 속에 완전히 파묻힐 때까지. 그렇게 스데반은 죽었어!

하지만 스데반이 죽은 것에 대해 안됐다고 생각할 필요는 없단다. 왜냐하면 스데반은 지금 예수님 곁에 있으니까. 스데반은 진심으로 예수님 곁에 가길 원했단다!

사람들은 스데반에게 돌을 던지기 전 겉옷을 벗어 그 옆에 두었단다. 곁에 있던 한 젊은 청년이 그 겉옷을 지키고 있었어. 그 청년의 이름은 '사울'이었지.

사울은 사람들이 스데반에게 돌을 던지는 것이 옳다고 생각했어. 스데반이 거짓말을 떠들고 다니는 나쁜 사람이라고 생각했거든. 예수님이 하나님의 아들이라는 것도 믿지 않았지. 사울의 생각에 예수님은 나사렛에 사는 요셉의 아들이었고, 지금은 죽은 사람이었지. 예수님이 무덤에서 다시 살아났다는 말도 도저히 믿을 수가 없었어.

"다행이야. 이제 스데반이 죽었으니 예수에 대한 거짓말을 더 이상 떠들지 못하게 되었군."

하지만 사울의 생각은 완전히 잘못된 거야. 스데반은 거짓말을 한 적이 없잖아. 감사하게도 사울은 나중에 예수님이 하나님의 아들이라는 것을 믿게 된단다. 그리고 시간이 많이 흘러 사울 자신도 예수님의 아주 특별한 종이 된단다.

49. 눈이 먼 사울

사도행전 9 장

성경학자 중에 '사울'이라는 사람이 있었단다. 성경에 대해 모르는 것이 없다고 자신하는 사람이었지. 적어도 사울 자기 생각에는 말이야. 사울은 하나님을 사랑했단다. 하지만 예수님은 사랑하지 않았어. 예수님이 하나님의 아들이라는 말에는 콧방귀를 뀌었지. 예수님이 죽으셨다가 다시 살아나셨다는 것도 믿지 않았어. 예수님이 지금 하늘나라에 계신다는 말, 그 말은 더더욱 믿지 않았지!

"예수는 그냥 나사렛 출신인 요셉의 아들일 뿐이야. 그리고 지금은 죽었어. 스데반도 얼마 전에 죽었잖아. 정말 다행이야. 사람들에게 계속 거짓말을 떠들어 대던 사람이 죽어 버렸으니 말이야. 그런 일이 다시 있어서는 안 돼. 그런 일은 하나님께서 정말 싫어하시는 일이니까 말이야. 내가 하나님을 도와 드려야겠어. 예수를 하나님의 아들이라고 믿는 사람들을 다 잡아서 감옥에 넣는 거야. 아님, 죽이는 것도 좋겠군. 하나님은 나를 아주 훌륭한 하나님의 종이라고 생각하시겠지!"

어리석고 불쌍한 사울! 사울은 하나님의 마음을 잘못 알고 있지 뭐야! 예루살렘에 사는 사람들 중에 예수님을 사랑하는 사람들은 그때부터 마음이 조마조마했단다. 사울이 그 사람들을 잡아 감옥에 가두었거든. 사울은 예수님을 사랑하는 사람들을 많이 괴롭혔단다. 어떤 사람들은 죽이기까지 했어.

예루살렘에서 아주 멀리 떨어진 곳에 '다마스쿠스'라는 도시가 있었지. 거기에는 예수님을 사랑하는 사람들이 많이 살고 있었어. 사울도 그 사실을 알았지.

'이 사람들도 다 잡아 와서 예루살렘에 있는 감옥에 가둬 버려야겠어. 직접 가서 모조리 잡아 와야겠군!'

이런 결심을 하고 사울은 다마스쿠스를 향해 출발했단다. 군인들도 데리고 갔지. 사람들을 잡아 오려고. 그곳까지는 긴 여행이었단다. 드디어 다마스쿠스가 저기 눈앞에 보이는 거야.

'야, 이제 조금만 더 가면 다마스쿠스다. 거의 다 왔어!'

사울은 이런 생각을 했단다.

'예수를 믿는 나쁜 사람들을 다 잡아 예루살렘에 있는 감옥에 처넣는다면 하나님도 아주 기뻐하시겠지?'

사울이 다마스쿠스를 향해 다시 출발하려는 순간 이상한 일이 벌어졌단다. 갑자기 하늘에서 강한 빛이 비쳤어. 태양빛보다 더 강한 빛 말이야! 사울과 군인들은 깜짝 놀라 땅바닥에 털썩 주저앉았어. 그리고 두 손으로 얼굴을 가렸지. 빛이 너무 강하게 비치고 있었거든.

사울이 무서워 바닥에 납작 엎드려 있는데, 하늘에서 목소리가 들렸어.

"사울아, 왜 나를 괴롭히느냐?"

사울은 겁에 질려 물었어.

"누구십니까?"

"나는 예수다! 네가 그렇게 괴롭히는 예수다."

사울이 생각했단다.

'뭐? 예수? 그럼 예수가 지금 하늘나라에 있다는 것이 정말 맞는 거야? 예

수가 진짜로 하나님의 아들이었던 거야? 그럼, 내가 지금까지 잘못 알고 있던 거잖아!'

두려움으로 몸을 덜덜 떨며 사울이 말했지.

"예수님, 저는 이제 어떻게 해야 합니까?"

하늘에서 들리는 그 목소리는 예수님의 목소리였어. 예수님이 계속 말씀하셨단다.

"일어나 지금 다마스쿠스로 가거라. 그곳에서 네가 앞으로 할 일을 일러 주겠다."

사울은 온몸을 덜덜 떨며 자리에서 일어났단다. 눈을 떠 주위를 둘러보았지만 온통 깜깜할 뿐이었어. 아무것도 볼 수 없었어. 그래, 사울은 장님이 되었어!

사울 곁에 있던 군인들은 무슨 일이 일어났는지 몰랐단다. 아주 강한 빛이 비쳤어. 그리고 사람의 말소리가 웅웅거리는 것도 들었지. 하지만 예수님이 사울에게 하신 그 말씀을 알아들을 수는 없었단다.

장님이 된 사울은 혼자서 걸을 수가 없었지. 하는 수 없이 군인들의 손을 잡고 다마스쿠스로 천천히 갔단다. 군인들은 사울을 '유다'라는 사람의 집에 데려다 주었어.

사울은 드디어 다마스쿠스에 도착했단다. 하지만 모든 것이 사울의 계획과는 다르게 변해 버렸지! 사흘 동안 사울은 유다의 집에 머물렀어. 너무 슬퍼서 아무것도 먹을 수가 없었어. 밥도 안 먹고 물 한 모금도 안 마셨지! 그러면서 계속 이런 생각이 들었어.

'지금까지 내가 한 일은 다 뭐지? 너무 못된 일을 많이 했군! 지금까지 예수님을 사랑하는 사람들을 많이 잡아 감옥에 가두었지. 예수님을 사랑한다고 때린 적도 있어. 게다가 그 사람들은 죽어 마땅하다고 생각했어. 스데반이 죽을 때는 잘된 일이라고 좋아했잖아. 아, 어떻게 이런 일이!

하나님은 내게 화를 내실 거야. 하나님께서 나를 용서해 주실까? 지금까지 내가 한 일들이 진심으로 후회돼. 내가 하는 일이 옳은 일인 줄 알았는데, 완전히 잘못된 일이었어!'

이런 후회를 하면서 사울은 무엇을 했을까? 그래, 기도했어. 밥 먹고 물 마시는 일은 할 수 없었지만, 하나님께 기도는 할 수 있었지.

"하나님, 저를 용서해 주세요."

쉬지 않고 사울은 기도했단다.

사람들을 잡아가기 위해 사울과 함께 다마스쿠스에 온 군인들은 할 일이 없어지고 말았어. 사울이 꼼짝도 않고 유다 집에만 있었거든. 앞도 못 보게 되고 다른 사람들에게 말도 한마디 하지 않았지. 그렇게 사울은 아무것도 안 하고 있었어! 그래서 군인들은 서로 의논했단다.

“아직도 사울이 사람들을 모두 잡아 감옥에 가두고 싶어 하는 것 맞아? 장님이 된 사울이 과연 그 일을 할 수 있을까? 우리는 그냥 예루살렘으로 돌아가야 할 것 같아. 할 일이 아무것도 없으니 말이야.”

다마스쿠스에는 예수님을 진심으로 사랑하는 ‘아나니아’라는 사람이 살고 있었지. 아나니아는 사울이 예수님을 사랑하는 사람들을 잡아가기 위해 군인들을 데리고 이곳으로 오고 있다는 말을 들었어. 아나니아와 몇 몇 사람들은 몹시 겁이 났단다. 사울이 예수님을 사랑하는 사람들을 많이 괴롭힌다는 것을 알고 있었거든. 다마스쿠스에 사는 다른 사람들은 사울이 자기들을 잡으러 오면 사울 편이 되어 자기들을 잡아가도록 도와줄 거야. 아나니아를 비롯한 몇몇 사람을 도와주실 수 있는 분은 오직 하나님뿐이셔. 그래서 아나니아와 함께한 사람들은 매일 기도했단다.

“하나님, 사울이 우리를 잡으러 예루살렘에서 이곳을 향해 오고 있는데, 우리를 보호해 주세요.”

어느 날 아침 하나님께서 아나니아에게 말씀하셨단다.

“아나니아, 할 일이 있다. 다마스쿠스에 있는 유다의 집으로 가거라. 그 집에는 사울이라는 사람이 있다. 그는 지금 앞을 보지 못하는 장님이 되었다. 사울의 머리에 손을 올리고 기도해 주어라. 사울이 다시 볼 수 있도록.”

아나니아는 하나님의 말씀을 듣고 깜짝 놀랐어. 그래서 하나님께 다시 물었지.

“하나님, 그런 일은 못합니다. 사울이 저와 제 친구들을 잡아가려고 하는 것을 아시잖아요?”

“안다. 내가 잘 알고 있다.” 하나님께서 대답하셨어.

"그렇지만 사울에게 가거라. 사울은 지금 자신의 잘못을 많이 후회하고 있다. 이제 사울도 예수를 사랑하게 되었다. 사울은 아주 특별한 나의 종이 될 것이다."

아나니아는 하나님의 말씀에 순종했지. 유다의 집을 찾아 갔어. 집 안으로 들어가 슬픈 얼굴을 하고 기도를 하고 있는 장님을 한 사람 만났단다. 바로 사울이었지! 아나니아는 사울에게 다가갔어. 자기의 손을 사울의 머리에 올려놓고 말했단다.

"사울, 하나님께서 나를 당신에게 보내셨습니다. 하나님은 당신이 다시 볼 수 있도록 해 주실 겁니다. 예수님이 당신의 죄를 다 없애 주셨습니다. 당신도 이제 예수님의 가족이 되었습니다."

그 말이 끝나자 사울의 눈이 밝아졌지. 사울이 얼마나 기뻤을까? 사울은 눈이 밝아진 것보다도 예수님의 가족이 되었다는 사실이 더 기뻤단다! 사울이 말했어.

"예수님은 하나님의 아들이십니다. 이제 그 사실을 확실히 알게 되었습니다. 예수님은 십자가에서 나의 모든 죄를 다 없애 주셨습니다. 그 사실을 알게 되었으니 세례를 받고 싶습니다. 저도 이제 예수님의 가족이 되었습니다!"

사울은 자기가 바라던 대로 세례를 받은 후 아나니아와 그의 친구들 집에 며칠을 머물렀단다. 그리고 어디를 가든지 예수님이 하나님의 아들이라는 것을 전했어.

다마스쿠스에 사는 사람들은 도대체 이해할 수가 없었지. 처음에 사울은 예수님을 하나님의 아들이라고 믿는 사람들을 잡아가기 위해 이곳으로 왔잖아. 그런데, 지금은 스스로 예수님이 하나님의 아들이라고 말하고 있으니 말이야! 정말 기적 같은 일이지? 그래, 기적이고말고. 처음에 사울은 예수님에게 대항하는 적이었는데, 이제 예수님의 아주 특별한 종이 되었으니까!

50. 여행을 떠나는 바울

사도행전 16 장

사울은 '예수님의 사도'가 되었어. '사도'는 하나님의 특별한 종을 말한단다. 예수님의 12제자들도 사도라고 불러. 그 외 사람들에게는 사도라는 이름을 붙이지 않는단다.

하나님께서는 사울에게 다른 나라, 외국에 가라고 말씀하셨어. 외국 사람들에게도 예수님이 누구인지 전하라고 하셨지. 사울은 기쁨으로 이 멋진 일을 했단다. 사울은 이름이 하나 더 있었어. '바울'이라는 이름이야. 외국 사람들에게는 바울이 더 부르기 쉬운 이름이었거든. 앞으로는 사울을 바울이라고 부를 거야.

어느 날 바울은 긴 여행을 떠났어. 바울은 가는 곳마다 예수님이 하나님의 아들이라고 전했어. 그리고 예수님이 사람들을 행복하게 해 주시기 위해 이 땅에 오셨다는 것도 전했어. 많은 사람들이 바울이 하는 말을 믿었지. 예수님이 사람들을 얼마나 사랑하시는지 알게 되자 사람들도 예수님을 사랑하게 되었어! 예수님을 사랑하는 사람들은 모두 세례를 받고 예수님의 가족이 되었단다. 예수님과 한 가족이 된 사람들을 뭐라고 부르기 시작했는지 아니? '그리스도인'이라고 불렀어. 예수님을 그리스도라고도 부르잖아. 그래서 예수 그리스도와 한 가족이 된 사람들을 그리스도인이라고 하는 거야!

하지만 외국에 사는 사람들이 모두 바울의 말을 믿게 된 것은 아니었어. 어떤 사람들은 바울에게 화를 냈단다. 바울에게 이런 말을 하며 화를 냈어.

"바울, 당신은 쓸데없는 말을 떠들고 다니는군. 거짓말을 하고 있잖아."

그 사람들은 바울을 많이 괴롭혔어. 하지만 바울은 그런 것에 전혀 신경을 쓰지 않았지. 사람들이 바울의 말을 듣지 않으려고 하면 바울은 다른 도시로 떠났어. 그리고 그곳에서 다시 예수님에 대해서 전했단다. 그래서 바울은 언제나 여행을 하며 살았지.

한번은 바울이 친구 '실라'와 함께 '빌립보'라는 도시에 갔단다. 빌립보는 그리스에 있는 도시야. 이스라엘을 다스리던 그 힘센 로마 황제가 그리스 지방도 다스리고 있었단다. 빌립보에 도착한 바울은 사람들에게 예수님에 대해 전했어. 어떤 사람들은 바울의 말을 믿었단다. 예수님이 하나님의 아들이라는 것과 사람들의 죄를 다 없애 주셨다는 것을 믿었어. 그 사람들은 세례를 받고 그리스도인이 되었지. 그리스도인이 된 사람 중에 '루디아'라는 사람이 있었어. 루디아는 돈이 많은 부인이었단다. 크고 멋진 집을 가지고 있었지. 그래서 바울과 실라를 자기 집에 머물도록 해 주었단다.

어느 날 바울과 실라가 빌립보 거리를 걸어가고 있을 때, 바울은 병에 걸린 한 여인을 고쳐 주었단다. 이 여인은 아주 이상한 병을 앓고 있었지. 앞으로 일어날 일을 미리 알고 말하는 병에 걸려 있었어. 바울이 여인의 병을 고쳐 주자 이 여인은 앞으로 일어날 일을 알 수 없게 되었어. 여인은 너무 행복했단다. 지금까지 이 이상한 병 때문에 너무 불행했거든.

그런데, 여인이 병이 나은 것 때문에 화를 내며 싫어한 사람들이 있었어. 이 여인의 병을 이용해 돈을 많이 벌고 있던 사람들이었지. 바울이 이 여인의 병을 고쳐서 더 이상 돈을 벌 수 없게 되자 화가 날 수밖에. 이 사람들은 바울과 실라에게 화가 났지. 두 사람을 잡아 그곳을 다스리는 로마 장군에게 데리고 갔어. 그리고 이렇게 말했단다.

"이스라엘에서 온 이 사람들을 벌주십시오. 이 사람들은 로마 황제가 싫어할 것이 분명한 것을 빌립보 사람들에게 가르치고 있습니다."

이런, 이런. 어떻게 이런 거짓말을 할 수가 있지?

로마 장군은 바울과 실라에게 무슨 잘못을 했는지도 물어보지 않았어. 그냥 바로 벌을 주었단다. 바울과 실라의 옷을 벗기고 등에 피가 나도록 채찍으로 때렸지! 그리고 두 사람을 감옥에 가두게 했단다.

감옥을 지키는 책임자인 간수장에게는 이렇게 말했어.

"이 두 사람은 아주 위험한 사기꾼들이다. 특별히 잘 지켜야 한다. 만약 이 두 사람이 도망친다면 네가 큰 벌을 받게 될 것이다."

간수장은 로마 대장의 말을 듣고 잔뜩 긴장했지. 그래서 바울과 실라를 지하 깊숙이 있는 아주 더러운 감옥에 가두었단다. 그것도 모자라 커다란 나무로 만들어진 족쇄 구멍에 발을 채워 버리기까지 했어. 두 사람은 한 발자국도 움직일 수 없는 신세가 되었지. 게다가 감옥 벽에 고정된 쇠사슬로 두 팔도 묶어 버렸지. 그리고 감옥 문을 단단히 잠갔어. 감옥의 바깥문도 잠갔단다. 어떤 무서운 도둑이라 해도 절대로 도망가지 못하게 말이야. 간수장은 안심을 하고 집으로 갔지!

바울과 실라는 빌립보의 지하 깊숙한 감옥에 갇히는 신세가 되었어. 채찍에 맞은 등은 욱신욱신 아팠단다. 피도 계속 났어.

바울과 실라가 왜 감옥에 갇히게 되었지? 바울과 실라는 빌립보 사람들에게 예수님에 대해 전했어. 그리고 나쁜 병에 걸려 불행하게 살던 한 여인의 병을 고쳐 주었지! 바울과 실라는 하나님께서 더러운 감옥에 갇혀 있는 자신들을 보고 계시다는 것을 알고 있었지. 두 사람은 함께 기도를 했단다. 그리고 찬양도 했어! 감옥에 갇힌 두 사람은 밤이 깊도록 예수님을 찬양하는 노래를 불렀단다.

51. 감옥에 갇힌 바울과 실라

사도행전 16 장

바울과 실라는 빌립보의 감옥에 갇혀 있었어. 무슨 일 때문이었는지 아니? 나쁜 병에 걸린 여인을 고쳐 준 것 때문이었지. 그리고 빌립보 사람들에게 예수님에 대해 이야기했기 때문에 감옥에 갇히는 신세가 되었지. 하지만 바울과 실라는 하나님께서 자기들을 도와주실 거라고 굳게 믿고 있었지. 그래서 감옥에 갇혀 있으면서도 밤이 새도록 찬송을 부를 수 있었어!

감옥에는 다른 죄수들이 많이 있었단다. 다른 죄수들은 바울과 실라의 찬송 소리를 듣고 모두 잠에서 깨어났지. 감옥에서 찬송을 부르다니 깜짝 놀랄 일 아니니?

죄수들은 서로 이렇게 수군거렸어.

"저 두 사람은 지하에 있는 제일 더러운 방에 갇혀 있잖아. 그런데 노래를 부르고 있군! 어떻게 저럴 수가 있지? 그런데, 무슨 노래를 부르고 있는 거야? 모든 것을 지으신 하나님과 모든 사람을 사랑하는 예수님에 대한 노래잖아! 흠, 정말 멋진 노래군!"

하나님께서도 바울과 실라의 기도와 찬양 소리를 들으셨단다. 이런 믿음직한 하나님의 종을 하나님께서 도와주지 않으실 리가 없지! 하나님께서는 지진이 일어나게 하셨어. 지진이 일어나면 어떻게 되지?

지진이 일어나면 땅이 흔들린단다. 종종 땅에 금이 가기도 하고 건물의 벽

도 갈라지지. 지진이 아주 심하면 집들이 무너지기까지 한단다! 지금 감옥 옆에 일어난 지진은 그렇게 큰 지진은 아니었지. 건물이 무너지지는 않았거든. 하지만 감옥의 벽들이 많이 갈라졌어. 그 바람에 죄수들을 묶어 놓는 쇠사슬들이 벽에서 다 떨어졌단다. 바울과 실라의 발을 묶어 놓았던 나무 족쇄도 풀어졌어. 감옥의 문들도 다 열렸어. 죄수들이 그냥 도망칠 수 있게 된 거지!

감옥을 지키는 간수장은 잠을 자다가 지진 때문에 일어나게 되었단다. 깜짝 놀라 감옥으로 한달음에 뛰어갔지. 아니, 감옥 벽에 금이 간 것이 보였어. 게다가 감옥 문들이 모두 열려 있잖아!

'이럴 수가! 죄수들이 다 도망갔겠구나!'

'특별히 잘 감시해야 할 그 사기꾼 두 명도 도망갔겠지? 이 일을 어떡하면 좋아? 로마 장군이 얼마나 화를 낼까? 이제 나는 큰 벌을 받겠군.'

겁에 질린 간수장은 가지고 있던 칼을 꺼내 자기를 찔러 스스로 목숨을 끊으려고 했단다! 바로 그때 감옥에서 간수장을 부르는 소리가 들려왔어.

"멈추십시오. 모든 죄수들이 여기 그대로 있습니다."

바울의 목소리였어. 간수장은 주위를 잘 살펴보았지. 그랬더니 정말, 바울의 말 그대로였어. 모든 죄수들이 감옥에 그대로 있는 것이 아니겠니? 죄수들이 간수장에게 말했어.

"어떤 일이 일어났는지 아세요? 바울과 실라가 아주 아름다운 노래를 부르고 있었어요. 저 더러운 감옥에 갇혀서 말이죠. 채찍에 맞아 등도 많이 아팠을 텐데……. 그때 지진이 일어나 모든 감옥 문이 열렸지요. 바로 바울과 실라의 하나님께서 하신 일이에요. 하나님은 정말 위대하신 분이에요!"

그 순간 간수장은 바울과 실라가 절대로 나쁜 사람이 아니라는 것을 알게 되었지. 간수장이 말했어.

"저희 집으로 가십시다. 등에 난 상처를 치료해 드릴게요. 저희 집에 가서 깨끗한 옷으로 갈아입으시죠. 그리고 제게 두 분이 찬양했던 하나님과 예수님에 대한 이야기를 더 해 주시겠어요?"

하나님과 예수님에 대한 이야기라면 바울과 실라가 신이 나서 하는 일이지! 바울과 실라는 간수장의 집으로 갔단다. 먼저 아픈 등에 약을 발랐어. 그리고 새 옷으로 갈아입었어. 그동안 간수장의 부인과 자녀들이 맛있는 음식을 만들었지.

그 후 바울의 이야기가 시작되었단다.

"하나님께서는 그 아들 예수님과 함께 하늘나라에 계십니다. 그곳은 정말 좋은 곳이지요! 하나님께서는 사람들을 무척 사랑하고 사람들과 가까이 지내고 싶어 하셔요. 하지만 사람들은 하나님께 가까이 갈 수가 없답니다. 항상 잘못된 일을 하기 때문이죠. 사람들은 늘 죄를 지어요. 그러나 하나님이 계신 하늘나라에는 죄가 없어요. 왜냐하면 하나님은 거룩하시거든요.

예수님은 사람들의 모든 죄를 없애 주시려고 이 땅에 오셨어요. 사람들의 죄를 없애는 일은 아주 힘든 일이었어요. 그 일을 위해 예수님이 십자가에서 죽으셔야 했거든요. 하지만 사흘 후에 예수님은 다시 살아나셨지요. 지금 예수님은 하늘나라에 계십니다. 예수님은 모든 사람들을 사랑하셔요. 물론 여러분도 사랑하시죠!"

바울은 더 많은 이야기를 해 주었단다. 간수장과 그의 부인과 자녀들은 열심히 바울의 말을 들었지. 바울이 이야기를 마치자 이렇게 말했어.

"우리는 지금까지 예수님에 대해 들어보지 못했답니다! 예수님이 우리를 그렇게 사랑하신다는 것도 몰랐지요. 이제 우리는 예수님을 사랑합니다. 우리에게 세례를 베풀어 주세요. 우리도 예수님에게 속한 예수님의 가족이 되고 싶어요."

바울은 간수장의 가족에게 세례를 주었어. 이제 빌립보 감옥의 간수장은 그리스도인이 되었단다. 그의 부인과 자녀들도 함께 말이야.

다음 날 로마 장군이 와서 바울과 실라를 풀어 주라고 말했단다. 참 잘됐지! 바울과 실라는 먼저 그들이 묵고 있던 루디아의 집으로 갔어. 그곳에서 루디아와 작별을 하고 다시 여행을 떠났단다. 그리스의 다른 도시로 갈 작정이었지. 아직 예수님을 모르는 사람들이 있는 도시를 향해.

이 이야기는 처음에는 슬픈 이야기 같았지? 바울과 실라가 채찍에 맞고 감옥에 갇혀 있었으니까. 하지만 하나님께서는 두 사람을 모른 척 내버려 두지 않으셨지! 마지막에 이 이야기는 멋진 이야기가 되었단다. 감옥의 간수장과 그의 부인, 자녀들도 예수님을 알게 되었으니까 말이야!

* 52. 바울과 아르테미스 여신

사도행전 19 장

'터키'라는 나라에 '에베소'라는 큰 도시가 있어. 이 도시에는 아주 멋진 신전이 있었단다. 이 신전은 에베소 사람들이 믿는 우상인 '아르테미스'를 위한 것이었지. 아르테미스는 남자 이름일까, 여자 이름일까? 아르테미스는 여자 이름이야. 그러니까 아르테미스는 여자 신이지. 멋있는 신전에는 아르테미스 여신의 모형이 세워져 있었어. 돌로 만든 상으로, 바로 우상이지. 그냥 돌로 만든 여자 모양에 불과하단다. 그런데 에베소 사람들은 아르테미스 여신상이 오래전 하늘에서 툭 떨어졌다고 믿고 있었어! 하늘에서 정확히 에베소를 향해 떨어졌다나. 그 후 사람들은 하늘에서 떨어진 이 석상을 위해 멋진 신전을 지었단다. 아르테미스는 이제 에베소 사람들의 여신이 되었어! 에베소 사람들은 이렇게 믿었어.

"아르테미스 여신은 아주 위대해요. 아르테미스 여신은 우리를 언제나 지켜 줘요!"

정말 어리석은 사람들이지? 돌로 만든 인형이 어떻게 사람들을 지켜 줄 수 있겠어?

에베소에 있는 가게에 가면 무엇을 살 수 있는지 아니? 바로 아르테미스 여신의 신전과 똑같이 생긴, 은으로 만든 작은 모형 신전을 살 수 있어. 많은 사람들이 그 신전 모형을 사서 자기 집 방 안의 눈에 잘 보이는 곳에 두었지.

터키 나라 여러 곳에서 온 사람들은 에베소에 오면 아르테미스 여신의 석상을 보고 절을 했단다. 그리고 은으로 만든 모형 신전을 사 가지고 갔단다.

이 예쁜 신전 모형은 에베소에 사는 '데메드리오'라는 은 세공인이 만들었지. 그는 신전을 만드느라 아주 바빴단다. 다른 은 세공인들도 그와 함께 일했어. 신전 모형을 만드는 일이 쉽지 않았거든. 데메드리오와 다른 은 세공인들은 돈을 많이 벌고 싶었지. 그래서 모형 신전을 비싸게 팔았단다. 그래도 사람들은 너도나도 모형 신전을 사 갔어. 아르테미스 신전을 자기들 방에 갖다 놓으면 아르테미스 여신이 자기들을 특별히 더 잘 지켜 줄 거라고 믿었거든!

어느 날 바울이 몇몇 사람들과 함께 에베소에 왔단다. 번쩍거리는 아르테미스 신전을 보자 이런 생각이 들었어.

'이곳의 사람들은 정말 어리석구나! 석상이 자기를 지켜 준다고 믿다니……. 하나님을 몰라서 그런 거야.'

바울은 당장 에베소 사람들에게 이야기했단다. 하늘에 계시는 하나님께서 우리를 지켜 주신다고 말했어. 예수님에 대한 이야기도 물론 빠뜨리지 않았지! 예수님이 모든 사람들을 사랑하신다는 것을 전했어. 예수님은 에베소에 사는 사람들도 사랑하신다고 말했지. 예수님이 십자가에 돌아가시면서 사람들의 죄를 전부 없애 주셨다는 말도 했어!

에베소의 많은 사람들은 예수님이 그들을 사랑하신다는 말을 듣고 기뻐했단다. 그들은 세례를 받고 그리스도인이 되었지! 이제 에베소 사람들은 아르테미스 여신이 자기들을 지켜 준다는 말을 믿지 않았어. 은으로 된 모형 신전을 집에 놔둘 이유도 없어졌지.

에베소에 사는 사람들만 바울이 전하는 말을 들은 것이 아니야. 터키의 다른 곳에 살면서 에베소에 일을 보기 위해 또는 물건을 사기 위해 온 사람들도 바울의 말을 들었단다. 여기저기 사람들이 모일 때면 바울이 했던 말에 대해 쑥덕거렸어. 어떤 사람은 이렇게 말했지.

"그래도 아르테미스 여신이 우리 신이야. 아르테미스 여신이 우리를 지켜 준다구!"

다른 말을 하는 사람도 있었지.

"아니야, 아르테미스 여신은 그냥 돌로 만든 인형일 뿐이야. 하늘에 계시는 하나님께서 우리를 지켜 주시지. 아르테미스 여신은 더 이상 필요 없어. 은으로 만든 모형 신전 따위는 이제 필요 없어!"

이렇게 되자 데메드리오와 다른 은 세공인들이 만든 모형 신전은 잘 팔리지 않게 되었단다. 데메드리오와 그 친구들이 좋아할 리가 없겠지. 이전처럼 돈을 많이 벌 수 없게 되었으니까.

데메드리오가 은 세공인 친구들에게 말했어.

"요즘 우리 사업이 잘 안 되고 있소. 이러다가는 돈을 한 푼도 못 버는 날

이 올지도 모르겠어! 우리 아르테미스 여신이 무시를 당하고 있기 때문인데 이러다가 아르테미스 여신에게 절을 하려고 신전을 찾는 사람이 없어질지도 모르겠소. 이스라엘에서 온 그 바울이라는 사람이 아르테미스 여신은 진짜 신이 아니라고 떠들고 다니면서 이런 일이 생겼소! 바울의 말을 믿는 사람들이 점점 많아지고 있다더군요. 은으로 된 모형 신전을 사는 사람들도 줄어들고 있소. 바울을 에베소에서 당장 쫓아 버려야겠소."

데메드리오와 그의 친구들은 거리로 나갔단다. 그리고 화가 난 목소리로 소리쳤어. "우리의 아르테미스 여신이 무시를 당하고 있습니다!"

사람들은 데메드리오의 속셈이 무엇인지 잘 몰랐어. 그러면서 그냥 데메드리오 뒤를 따라갔단다. 잠시 후 성난 목소리로 소리를 지르는 사람들이 온 거리를 다 메울 정도로 모여들었지! 그때 데메드리오가 바울의 두 친구를 발견했단다! 화가 난 데메드리오는 바울의 친구들 멱살을 잡고 광장으로 두 사람을 끌고 갔지. 사실 데메드리오는 바울을 붙잡고 싶었지만, 바울은 보이지 않았어. 성이 난 다른 사람들은 그냥 덩달아서 데메드리오를 따라갔단다. 잠시 후 광장은 성난 사람들로 꽉 찼지! 사실 어느 누구도 뭐가 문제인지 제대로 모른 채 광장에 모여 있었단다. 단지 자기들의 신 아르테미스 여신에 대한 것이라는 것만 눈치채고 있었어. 몇몇 사람들이 소리치기 시작했지.

"우리의 아르테미스 여신은 위대하다!"

주위 다른 사람들도 그 말이 맞다고 생각했어! 그래서 함께 소리쳤단다.

"우리 아르테미스 여신은 위대하다!" 무려 두 시간 동안 사람들은 광장에서 고래고래 소리를 질렀단다. 목이 다 쉬어 버릴 정도로!

아르테미스 여신이 자기들을 지켜 준다고 믿는 사람들이 있다니 얼마나 슬픈 일이니? 대체 아르테미스 여신이 할 수 있는 일이 뭐가 있지? 아르테미스 여신은 그냥 석상일 뿐이잖아! 에베소 사람 중에 하늘에 계신 하나님께서 자기를 지켜 주신다는 것을 믿지 않는 사람이 이렇게 있다니 정말 안타까운 일이지!

한참 후 사람들은 소리 지르는 것을 멈추었단다. 이젠 지칠 대로 지쳤고 목도 다 쉬었거든. 그때 에베소 시장이 나타나 사람들에게 말했지.

"여러분, 무엇 때문에 이렇게 소리를 지르는 겁니까? 아르테미스 여신이 위대한 것은 모두가 아는 사실입니다! 아르테미스 여신에게는 아무 일도 일어나지 않았습니다. 우리는 아르테미스 여신을 위해서 멋진 신전을 지었습니다. 그리고 하늘에서 내려온 아르테미스 여신상도 잘 지키고 있습니다. 우리의 아르테미스 여신은 아무 문제가 없습니다. 그런데도 데메드리오가 저 두 사람을 이유도 없이 끌고 온 것은 바보 같은 짓입니다. 저 두 사람은 우리의 아르테미스 여신에게 아무 짓도 안 했습니다. 아르테미스 여신의 신전을 부순 것도 아닙니다. 만약 에베소를 다스리는 로마 황제가 이 일을 알게 된다면 어떻게 되겠습니까? 우리가 아무 이유도 없이 사람을 잡아 가두고 이렇게 모여 소리 지른다는 것을 알게 된다면 분명 우리에게 좋지 않은 일이 일어날 겁니다! 로마 군인을 이곳으로 보낼 수도 있습니다. 로마 군인이 우리를 괴롭히는 것을 좋아하는 사람 있습니까? 이제 조용히 집으로 돌아가십시오. 화가나 소리 지르는 것은 그만두십시오."

사람들이 서로 수군거렸어. "시장님 말이 옳아!"

사람들은 조용히 집으로 돌아갔단다. 데메드리오는 바울의 두 친구들을 놓아줄 수밖에 없었지!

바울과 두 친구들은 아무런 해도 당하지 않았어. 참 다행이지! 데메드리오가 바울과 두 친구를 해치지 못하도록 하나님께서 지켜 주신 거야!

바울은 에베소에 오랫동안 더 머물렀지. 2년 후 바울은 예수님을 전하기 위해 다른 도시로 갔단다.

53. 예루살렘으로 돌아온 바울

사도행전 21-22 장

바울은 오랫동안 여행을 했단다. 어디를 가든지 예수님에 대한 복음을 전했지. 긴 여행 끝에 드디어 예루살렘에 돌아오게 되었단다. 예루살렘은 바울이 꼭 돌아오고 싶어 하던 곳이었어! 고향과 같은 곳이었거든.

바울을 만난 제자들은 무척 기뻐했단다. 바울은 여행에서 겪었던 일들을 이야기해 주었지. 그리스와 터키에 사는 많은 사람들도 예수님을 믿게 되었다는 말을 듣고 제자들은 더 기뻤단다!

바울이 예전에 예루살렘에 살 때 무슨 일을 했는지 아니? 그래, 바울은 율법학자였어. 그때 바울은 아직 예수님을 사랑하지 않았지. 예수님이 하나님의 아들이라는 사실을 눈곱만큼도 믿을 수 없었어. 그래서 예수님을 믿는 사람들을 못살게 괴롭혔단다!

예루살렘에 살고 있는 많은 율법학자들과 제사장들은 아직도 예수님이 하나님의 아들이라는 사실을 믿지 않았어. 예루살렘에 사는 대부분의 사람들도 마찬가지였지! 예수님은 요셉의 아들일 뿐이고 지금은 죽었다고 말했단다!

바울에게 이런 생각이 들었어.

'율법학자들과 제사장들 그리고 다른 사람들에게 잘못 알고 있다고 말해 주어야겠어. 나도 그전에는 잘못 알고 있었다고 말해 주어야지. 나도 같은

율법학자니까 내 말은 들을 거야. 예루살렘에 사는 모든 사람들이 예수님을 사랑하게 된다면 얼마나 좋을까!'

어느 날 바울은 성전으로 갔단다. 그런데 모든 일들이 바울의 생각과는 딴판이 돼 버렸지! 바울을 보는 순간 사람들이 바울에게 엄청나게 화를 내는 거야!

"아니, 저 사람 바울이잖아! 이곳저곳을 다니면서 나사렛에서 태어난 예수가 요셉의 아들이 아니라며 떠든다는군. 예수가 하나님의 아들이고 죽었다가 다시 살아나서 지금 하늘나라에 있다고 이야기하며 다닌대. 저 바울이라는 사람은 하나님에 대해 거짓말을 퍼뜨리고 있어!"

바울이 하나님에 대해 거짓말을 하고 다닌다고? 아니지, 바울은 거짓말을 하지 않았어. 그런데도 예루살렘 사람들은 바울을 붙잡았단다. 그리고 바울을 죽이려고 했어. 너무너무 화가 나 있었거든!

다행스럽게도 그 순간 로마 군인들이 나타났지. 예루살렘을 다스리고 있는 로마 군인들이 바울을 구해 주려고 나타난 거야! 로마 군인의 장군은 바울을 밧줄로 묶어 군인들이 머물고 있는 병영으로 데리고 갔지.

로마 장군은 바울이 아주 위험한 사람이라고 생각했어. 이스라엘에서 로마 군인들을 쫓아내려고 하는 그런 사람 말이야. 하지만 바울과 이야기를 해 보니 바울은 그런 사람이 아니라는 것을 알게 되었단다. 로마 장군은 궁금해졌어.

'예루살렘 사람들은 이 사람에게 왜 그렇게 화를 냈을까? 정말 이해할 수 없군!'

그때 바울이 부탁을 했단다.

“장군님, 성전 뜰에 모여 있는 저 사람들에게 제가 이야기를 할 수 있도록 허락해 주십시오.”

로마 장군은 바울의 부탁을 들어주었어. 어쩌면 사람들이 바울에게 왜 화를 내고 있는지 알게 될지도 모르니까 말이야.

성전 뜰에 있던 사람들은 바울이 하는 말을 듣고 싶었어. 바울이 이야기를 시작하자 모두들 조용히 들었단다.

“사랑하는 형제자매 여러분, 저는 여러분과 꼭 같은 이스라엘 사람입니다. 그리고 저는 율법학자로 이곳에 살았습니다. 저는 하나님에 대해, 성경에 대해 잘 알았고 예수님을 사랑하는 사람들을 아주 많이 미워했습니다. 그래서 예수님을 사랑하는 사람들을 감옥에 가두었습니다. 사람들이 스데반을 죽일 때도 저는 잘하는 일이라고 생각했던 사람입니다.

저는 예수님을 사랑하는 사람들을 잡아 감옥에 가두려고 다마스쿠스로 가고 있었습니다. 그런데 제가 다마스쿠스에 거의 이르렀을 때, 무슨 일이 벌어졌는지 아십니까? 하늘에서 갑자기 아주 강한 빛이 비치면서 어떤 목소리가 들렸습니다.

'사울아, 왜 나를 괴롭히느냐?'

저는 너무나 두려워 물었습니다.

'당신은 누구신가요?'

그 목소리가 대답했습니다.

'나는 예수다. 네가 그렇게 괴롭히는 예수다!'

그때 저는 예수님이 하나님의 아들임을 알게 되었습니다. 그리고 그분은 그때 하늘에서 제게 말씀하고 계셨습니다. 제가 지금까지 완전히 잘못 알고 있었던 겁니다. 아무 잘못이 없는 사람들을 감옥에 가두고 죽이기도 했던 저의 큰 잘못을 알게 되었습니다. 저는 제 잘못을 진심으로 후회했습니다! 이어서 제가 물었습니다.

'주님, 저는 이제 어떻게 해야 합니까?'

예수님이 제게 대답하셨습니다.

'모든 사람들에게 내가 이 땅에 왔었고 지금은 하늘나라에 있다는 것을 전하여라. 그리고 내가 모든 사람을 사랑한다는 것을 전하거라.'

그래서 저는 그리스를 비롯한 다른 나라로 갔습니다. 그리고 이제 여러분에게도 예수님이 하나님의 아들이 분명하다고 전합니다. 예수님은 여러분 모두를 사랑하십니다!"

성전 뜰에서 그 말을 들은 사람들은 기뻐했을까? 예수님이 하나님의 아들이라는 것을 믿게 되었을까? 아니, 전혀 그렇지 않았단다. 오히려 반대였어!

정말 안타깝지, 그렇지?

사람들은 바울에게 화를 냈단다! 바울을 죽여야 한다고 소리 질렀어! 그 고함 소리에 로마 장군은 더럭 겁이 났지. 화가 난 사람들이 바울을 죽이지 못하도록 바울을 얼른 감옥으로 보냈단다.

불쌍한 바울, 감옥에 있으면서 얼마나 슬펐을까? 예루살렘 사람들은 예수님이 그들을 사랑한다는 사실을 믿고 싶어 하지 않아. 게다가 바울을 죽이려고 해! 이제 앞으로 어떻게 하면 좋을까?

그러던 어느 날 밤 하나님께서 바울을 위로해 주셨단다. 이렇게 말씀해 주셨어.

"바울, 슬퍼할 것 없다. 너는 얼마 후 로마로 가게 될 것이다. 바로 로마 황제가 살고 있는 큰 도시 말이다. 그곳에서 너는 나에 대해 말하게 될 것이다."

그 말에 바울은 조금씩 힘이 솟았단다.

"내가 로마에 가게 되다니, 정말 굉장한 일이야! 그곳에는 아직 예수님을 모르는 사람들이 많이 살고 있어. 그리고 로마에는 여러 나라를 다스리는 로마 황제가 살고 있어. 어쩌면 나는 로마 황제에게도 예수님에 대해 말하게 될지도 몰라!"

54. 로마로 가는 길

사도행전 27 장

바울은 그 후 2년 동안 감옥에 갇혀 있었어. 2년이 지난 어느 날, 바울은 드디어 황제를 만나러 로마에 가게 되었지. 바울을 풀어 줄 것인지, 계속 감옥에 가둬 둘 것인지를 로마 황제가 결정하게 될 거야.

로마는 이탈리아에 있는 큰 도시란다. 이탈리아는 아주 먼 나라였어. 그러니까 로마까지 가려면 아주 긴긴 여행을 해야 했지. 먼저 육지에서 아주 많이 걸어가야 했어. 그 다음에는 배를 타고 오래 항해를 해야 해. 그리고 다시 육지를 또 한참 걸어가야 했단다.

바울은 자유롭게 여행을 할 수 있는 처지가 아니었어. 여전히 죄수였거든. 죄수인 바울을 책임지고 지키는 사람은 로마 군대의 율리오 장군이었지. 율리오 장군에게는 로마 황제 앞으로 데리고 가야 할 죄수들이 여러 명 있었어. 다행스럽게도 율리오 장군은 바울에게 아주 친절했단다.

모든 죄수들은 걸어서 바다가 있는 곳을 향해 갔지. 그 항구에서 배를 찾았단다. 배는 어렵지 않게 구할 수 있었지. 하지만 그 배는 로마까지 가는 배가 아니었어. 로마까지 가려면 중간에 다른 배로 바꿔 타고 항해를 계속해야 했단다. 배를 타고 얼마 동안 항해를 한 뒤, 바울을 포함한 일행은 어떤 항구에 도착했지. 율리오 대장은 그곳에서 이탈리아로 가는 배를 찾았단다. 그 배에는 곡식이 많이 실려 있었어. 그리고 사람이 탈 자리도 많이 있었지. 율리오 장군은 죄수들을 데리고 배에 탔어. 다시 로마를 향해 배를 타고 떠나는 거야.

하지만 이번 항해는 쉽지 않았단다. 바람이 아주 세게 불어 배가 자꾸만 엉뚱한 방향으로 가는 것이었어. 마침내, 바울과 그 일행이 탄 배는 어느 섬의 아주 작은 항구에 이르렀어. 그때 바울은 로마 군대의 율리오 장군에게 이렇게 말했단다.

"우리 모두 이 항구에 머무는 편이 좋겠습니다. 이제 곧 겨울이 옵니다. 이곳은 겨울에는 항상 폭풍이 붑니다. 지금 항해를 계속하는 것은 아주 위험합니다. 이곳에서 봄이 올 때까지 기다리는 것이 좋지 않을까요? 그 후에 이탈리아로 가는 것이 좋겠습니다."

하지만 배의 선장은 당장이라도 출발하고 싶어 했단다. 이런 작은 항구에서 겨울 내내 갇혀 있고 싶은 맘이 없었거든. 율리오 장군은 바울의 말보다 선장의 말을 들었단다. 그래서 그들은 항해를 계속하게 되었지.

항해를 시작한 지 얼마 되지 않았을 때 나쁜 일이 생긴 것을 알게 되었단다. 거센 폭풍이 불기 시작했어. 엄청난 바람이 불었단다. 선장은 도저히 배를 조종할 수가 없었어. 정말 무시무시한 바람이 불었거든. 선장이 바울의 말을 들었더라면 좋았을텐데……. 후회하기에는 이미 때가 늦어 버렸지!

하늘은 온통 시커먼 구름으로 덮여 있었단다. 밤처럼 깜깜했지. 배가 대체 어디로 가고 있는지 선장도 알 수가 없었어. 사방이 깜깜해서 아무것도 보이지 않았단다. 단지 눈앞에서 출렁대는 커다란 파도들만 보였지.

배에 타고 있던 다른 사람들도 모두 너무 무서웠어. 삼삼오오 모여 앉아 벌벌 떨고 있었단다.

"이러다가 배가 두 동강 날 것 같아. 배가 부서져 버리면 우리는 모두 물에 빠져 죽을 거야."

그때 바울은 이런 생각을 했단다.

‘도대체 하나님의 뜻을 알 수가 없군. 하나님께서는 나에게 로마에 가게 될 거라고 약속하셨지. 그런데, 지금 상황을 보면 이곳에서 물에 빠져 죽을 것 같아!’

하나님께서 이 무시무시한 폭풍 속에 있는 하나님의 종 바울을 분명히 보고 계셨단다. 하나님께서 물론 겁에 질려 있는 다른 사람들도 다 보고 계셨어. 하나님께서는 어느 날 밤 바울에게 말씀해 주셨단다.

“겁내지 마라. 이 배에 탄 사람 중 물에 빠져 죽는 사람은 한 사람도 없을 것이다. 그리고 바울 너는 로마에 있는 황제에게 가게 될 것이다.”

그 다음 날도 변함없이 폭풍이 불었어. 사람들은 너무 무서워서 밥도 못 먹고 있었단다. 그런데, 그 속에서 두려워하지 않는 사람이 있었어. 그 사람은 바로 바울이었어. 바울은 사람들에게 이렇게 말했단다.

“여러분, 제 말을 들어 보십시오. 저는 하늘에 계신 하나님의 종입니다. 하나님께서 어젯밤 저에게 우리 모두 물에 빠져 죽지 않을 것이라고 말씀해 주셨습니다. 그러니 겁내지 마십시오. 제가 믿는 하나님을 믿으십시오. 일단 음식을 좀 먹고 기운을 내도록 하십시오. 우리는 곧 이 근처에 있는 어떤 섬에 내리게 될 겁니다."

며칠이 지난 후 바울이 말한 어떤 섬에 도착할 수 있었단다. 어느 날 아침, 주위가 조금 환해진 것 같았어. 그때 사람들은 저 멀리 섬이 보이는 것을 발견했지. 배를 그쪽으로 조종해 가려고 모든 사람들이 나서서 도왔단다. 하지만 그 근처는 바다가 너무 얕았어. 갑자기 배 앞부분이 모래사장에 푹 파묻혀 버리고 말았지. 모래에 박힌 배는 앞으로 조금도 움직일 수가 없었지. 바람은 여전히 세게 불어왔단다. 높은 파도가 배에 와서 철썩하고 부딪쳤어. 그러더니 우지끈 소리를 내며 배의 중간이 부러져 버리고 말았단다. 파도와 함께 부러진 배의 반쪽은 저쪽으로 떠내려가 버렸어. 사람들은 너 나 할 것 없이 모두 물 위로 솟아 있는 배의 나머지 반쪽으로 모여들었어. 하지만 이 반쪽도 금세 물에 빠져 버릴 것 같았어. 이제 어떻게 해야 할까?

로마 군대의 율리오 장군이 그때 말했단다.

"수영을 할 수 있는 사람들은 배에서 뛰어내려 저쪽 해변으로 헤엄쳐 가시오. 나머지 사람들은 물에 뜨는 널빤지를 꼭 붙들고 가시오."

사람들은 율리오 장군의 말을 따랐어. 수영을 할 수 있는 사람들은 바닷물에 뛰어들어 해변을 향해 헤엄치기 시작했지. 수영을 못하는 사람들은 나무 판자나 배에서 떨어져 나온 조각 등을 붙잡았어. 그리고 파도를 타면서 해변으로 갔단다.

모두들 물에 흠뻑 젖은 채 섬에 도착했어. 율리오 장군은 죄수들의 수를 세어 보았단다. 죄수들이 모두 있었어. 물에 빠져 죽은 사람은 한 사람도 없었어. 다친 사람도 없었단다. 하나님께서 바울에게 하신 말씀이 하나도 틀리지 않고 그대로 다 이루어진 거야.

55. 드디어 로마에 !

사도행전 28 장

부서진 배에서 탈출한 바울과 다른 일행들은 물에 빠진 생쥐 꼴로, 더 이상 걸을 힘도 없어 엉금엉금 기어 해변으로 올라왔단다. 게다가 추위로 몸을 덜덜 떨면서 말이야. 그 섬에 살고 있던 원주민들이 이 낯선 사람들을 보러 순식간에 모여들었단다. 온몸이 물에 젖어서 덜덜 떨고 있는 사람들을 보자 해변에 있는 나뭇가지들을 모아 커다란 모닥불을 피워 주었어.

바울과 일행들은 모두 불 주위에 모여 앉았지. 얼마쯤 시간이 지나자 몸도 따뜻해지고 옷도 말랐어. 원주민들은 먹을 것과 마실 것도 갖다 주었단다. 얼마나 맛이 있는지! 그제서야 모두들 좀 살 것 같다고 느꼈단다.

바울은 일어나 모닥불에 넣을 나뭇가지를 찾고 있었어. 그런데, 바울이 집어 든 나뭇가지에 아주 위험한 독사가 있었어. 이런 독사에게 물리면, 그 사람은 당장 죽게 된단다. 바울은 나뭇가지 더미 속에 있는 독사를 보지 못했어. 그냥 나뭇가지를 불속에 던져 넣으려고 했단다. 그 순간 독사가 튀어나왔어. 독사는 바울의 팔을 물어 버렸지. 그리고 바울의 팔에 척 하고 매달려 있었어. 주위에 있던 사람들은 깜짝 놀랐지! 하지만 바울은 놀라지 않았어. 팔을 이리저리 흔들어 독사를 불속에 던져 넣었단다. 불에 타도록 말이야.

"이제 바울은 죽겠군. 당장 죽게 될 거야."

주위 사람들은 수군거렸지.

"독사에게 물렸으니 달리 손을 쓸 방법도 없어!"

하지만 바울에게는 아무 일도 일어나지 않았어. 바울은 아무 일도 없었다는 듯 태연하게 불 옆에 앉아 있었단다. 바울에게는 이런 믿음이 있었어.

'하나님께서는 내가 로마에 가게 될 거라고 말씀하셨어. 그렇다면 나는 이곳에서 지금 죽지 않을 거야.'

섬 안으로 조금 들어가면 커다란 집이 하나 있었단다. 그 집에는 이 섬의 추장인 '보블리오'가 살고 있었어. 보블리오는 자기 섬의 사람들에게 말했단다.

"부서진 배에서 탈출한 사람들이 당분간 우리 섬에 머물도록 허락하겠습니다. 그대로 해변에 머물 수는 없는 노릇이니까요."

정말 친절한 추장이야, 그렇지?

보블리오 추장의 집에는 추장의 아버지가 같이 살고 있었단다. 그런데, 그 아버지는 아주 심한 병에 걸려 있었어. 그 이야기를 들은 바울은 당장 추장의

집으로 달려갔단다. 그리고 병든 추장의 아버지가 누워 있는 침대 옆에 무릎을 꿇고 앉아 하나님께 기도를 드렸지.

"하나님, 병에 걸려 아파하는 이 사람을 고쳐 주십시오."

하나님은 정말로 하나님의 종 바울이 부탁하는 것을 들어주셨어. 다음 날 아침 보블리오 추장의 아버지는 병이 다 나아 바깥을 걸어 다니게 되었단다. 섬에 사는 다른 사람들은 바울의 한 일을 듣고 바울에게 아픈 사람들을 다 데리고 왔단다. 바울은 그 사람들의 병을 모두 고쳐 주었지!

원주민들은 이제 바울이 대단한 능력을 가졌다고 생각하게 되었어. 바울은 아픈 사람도 고쳐 줄 수 있지, 독사에게 물려도 죽지 않아!

"바울은 신이야."

"아닙니다."

바울이 말했단다.

"나는 신이 아니고 그저 평범한 사람일 뿐입니다. 단지 나는 하늘에 계신 하나님의 종입니다. 나의 하나님은 온 세상, 모든 사람의 주인이십니다. 나의 하나님께서 이 섬에 있는 병든 사람들을 고쳐 주라고 내게 말씀하셨습니다."

바울을 비롯해 율리오 장군과 배에 탔던 다른 사람들은 겨울 내내 그 섬에 머물러야 했단다. 겨울 동안에는 그곳을 지나 항해하는 배가 없었거든. 그 섬에 그렇게 오래 머무는 것도 나름대로 좋았단다. 바울은 3개월 동안 섬 원주민들에게 예수님이 어떤 분인지 이야기해 줄 수 있었거든.

마침내 봄이 되자 이탈리아로 가는 배를 구할 수 있었지. 율리오 장군은 바울과 다른 죄수들과 함께 배에 올랐단다. 이제 로마로 가는 여행을 계속하게 된 거야. 배를 타고 얼마쯤 항해를 해 이탈리아의 어떤 항구에 이르게 되었지. 이탈리아에 도착한 거야. 이제부터 로마까지는 걸어가야 했단다.

로마는 크고 멋진 도시였지. 이곳 로마에는 아주 멋진 궁전에 로마 황제가 살고 있어. 로마 시내에는 사람들이 또 얼마나 많은지! 로마에도 그리스도인들이 살고 있었단다. 이들은 바울이 로마로 오고 있다는 말을 벌써 들었어. 이 사람들은 바울을 환영하고 싶었어. 그래서 아주 먼 길을 걸어서 바울을 마중 나갔단다. 바울을 조금이라도 빨리 보고 싶었거든. 바울과 로마 그리스도인들이 서로 만났을 때 얼마나 기뻐했는지 모른단다. 바울도 이곳 로마에 오기를 얼마나 고대했는지! 바울과 그리스도인들은 함께 로마로 걸어갔지.

바울은 여전히 율리오 장군의 죄수였단다. 하지만 율리오 장군은 바울이 위험한 사람이 아니라는 것을 누구보다 잘 알고 있었어. 바울을 감옥에 가둘 필요가 없다는 것도 알고 있었지. 그래서 바울을 보통 집에서 살게 해 주었단다. 단, 군인 한 사람을 시켜 바울을 항상 지키도록 했지. 바울은 다른 곳으로 갈 수는 없었어. 왜냐하면 언제든 로마 황제를 만나러 갈 준비를 하고 있어야 했거든. 로마 황제가 바울을 풀어 줄 때를 말해 줄 테니까.

바울은 그 집에서 몰래 도망치고 싶다는 생각을 한 적이 없었단다. 오히려 언제쯤 황제를 만날 수 있을까, 하고 황제를 만나게 되기를 고대하고 있었지. 그 위대한 황제를 만나 예수님이 어떤 분이신지 전하고 싶었거든! 바울이 실제로 황제를 만나 예수님을 전했는지는 아무도 모른단다. 그 이야기는 성경에 쓰여 있지 않거든. 하지만 성경에는 바울이 2년 동안 로마에 머물렀다고 나와. 그동안 매일매일 사람들이 바울을 찾아 왔지. 바울을 지키는 군인도 괜찮다고 허락해 주었어. 바울은 죄수처럼 한곳에 갇혀 있었지만, 매일매일 예수님에 대해 전할 수 있었단다.

56. 밧모 섬에 갇힌 요한

요한계시록

이제 성경 가장 마지막에 나오는 이야기를 할 차례야.

이 이야기는 예수님의 제자 중 한 명인 요한에 대한 이야기란다. 사람들은 예수님의 제자들을 '사도'라고 불렀어. 그러니까 이 이야기는 사도 요한에 대한 이야기야.

로마 황제가 이스라엘과 그 주위 많은 나라들을 다스리고 있었다는 것을 기억하니? 처음에 로마 황제는 자기 나라에 사는 사람들이 예수님을 사랑하고 믿고 따르게 되어도 신경을 쓰지 않았어. 그리스도인들을 괴롭히지 않고 그냥 내버려 두었지.

하지만 이 일이 일어날 즈음에 로마 황제는 그리스도인들을 싫어했단다. 이 황제는 예수님에 대해 조금도 알고 싶어 하지 않았어. 예수님에 대한 이야기를 하는 사람들은 모두 감옥에 가두거나, 벌을 주었단다. 많은 그리스도인들이 죽음을 당하기도 했지.

그런데 요한은 황제의 명령 따위에는 전혀 신경을 쓰지 않았어. 요한은 가는 곳이면 어디든지 예수님이 하나님의 아들이라는 것과 모든 사람을 사랑하신다는 말을 전했지! 예수님에 대한 이야기를 계속하다가는 위험한 일이 생길지도 모르는데 말이야.

결국 요한은 잡혀 감옥에 갇히게 되었단다. 요한은 죽임을 당하지는 않았지만 대신 아주 다른 종류의 벌을 받게 되었지!

군인들이 요한을 배에 태우더니, 바다 한가운데에 있는 작은 섬으로 데리고 가는 것이었어. 그 섬은 '밧모 섬'이라는 곳이었단다. 섬에 도착한 군인들은 요한을 해변에 내려놓았지. 그리고 배를 타고 자기들만 떠나 버렸어. 요한만 혼자 밧모 섬에 내려놓은 채 말이야.

섬에 혼자 남게 된 요한에게는 예수님에 대해 전할 사람이 주위에 한 명도 없는 거야. 요한에게는 말할 수 없이 큰 슬픔이었지. 이제 요한이 할 수 있는 일이 아무것도 없는 걸까? 아니야, 예수님은 요한이 할 수 있는 다른 일을 많이 준비해 두셨단다.

어느 주일 아침이었지. 요한이 해변에 쓸쓸하게 앉아 있는데, 아주 놀라운 일이 일어났단다. 요한이 아주 신비한 것을 보게 되었어. 마치 요한이 꿈을 꾸는 것 같았지. 하지만 그것은 꿈이 아니었어. 요한은 맑은 정신으로 분명히 깨어 있었거든. 요한이 본 것은 '환상'이었어. 우리는 그런 일을 '환상'이라고 부른단다. 그 환상 속에서 요한은 아주 신비로운 것들을 보게 되었어.

맨 먼저 예수님이 요한에게 가까이 다가오셨지. 요한은 소스라치게 놀랐단다! 예수님은 그전과는 전혀 다른 모습을 하고 계셨어. 무엇과도 비교할 수 없이 아주 거룩하게 보였단다. 그리고 예수님께로부터 눈부시게 밝은 빛이 비쳐 나오고 있었어.

요한은 너무 놀라 바닥에 납작 엎드리고 말았지. 감히 고개를 들고 쳐다볼 수가 없었어. 그 순간 예수님이 손을 내밀어 요한의 어깨를 잡아 주시면서 다정하게 말씀하셨어.

“요한아, 놀라지 말아라. 바로 나다! 네가 할 중요한 일을 알려 주겠다. 앞으로 일어날 일들을 너에게 보여 줄 것이다. 너는 그것을 종이에 적도록 해라. 네가 환상에서 본 모든 것을 모든 사람들이 읽을 수 있도록 꼼꼼히 적도록 해라. 이제 모든 사람들은 앞으로 일어날 일에 대해 알게 될 것이다.”

요한은 예수님의 말씀에 순종했단다. 자기가 본 모든 것을 책에 찬찬히 적어 나갔지. 이 책이 바로 성경의 마지막 이야기가 되었어. 우리는 하나님께서 이 이야기를 요한에게 보여 주셨다는 뜻으로 ‘요한계시록’이라고 부른단다. 계시는 사람이 알 수 없는 것을 하나님께서 가르쳐 알게 해 주셨다는 뜻이야.

환상 속에서 요한이 본 것은 무엇이었을까?

요한은 하늘나라를 보았단다. 저 높은 곳에 있는 하늘나라를 보았어. 하늘나라는 정말 아름다운 곳이었지!

하늘나라에서 요한은 하나님께서 앉아 계시는 멋진 의자를 보았단다. 그 의자 옆에 사람들이 죽 둘러서 있는 것도 보았어. 그 사람들은 하나님을 사랑하다가 죽은 사람들이었지. 그런 사람들이 모두 하늘나라에 모여 있었어.

예전에 예수님이 제자들과 함께 계실 때, 제자들에게 약속하신 것이 있었단다. 예수님은 하늘나라에서 제자들을 위해 모든 것을 준비해 놓겠다고 약속하셨지. 예수님은 그때 이런 말씀도 하셨단다.

"모든 준비가 끝나면, 내가 너희들을 데리러 오겠다. 너희들은 나중에 모두 하늘나라에 오게 될 것이다. 그때 너희들은 나와 항상 함께 있게 될 것이다. 나를 사랑하는 모든 사람들도 나와 함께 하늘나라에 있게 될 것이다."

우리가 예수님과 함께 있게 된다니 얼마나 멋지고 좋은 일이니? 그때 비로소 우리는 예수님을 직접 보게 되는 거지! 그때가 되면 우리는 더 이상 두 손을 모으고, 눈을 감은 채 예수님에게 기도할 필요가 없어지겠지. 물론, 그럴 필요가 없고말고. 그때는 예수님에게 직접 이야기할 수 있으니까 말이야. 또 예수님이 십자가에서 우리의 모든 죄를 없애 주신 것을 감사드릴 수도 있겠지. 게다가 우리가 예수님을 얼마나 많이 사랑하는지 말할 수도 있을 거야.

우리는 그곳에서 목소리를 합하여 예수님을 위해 멋진 찬양을 부르게 될 거야. 우리는 더 이상 슬프거나 아프거나, 불행하다고 느끼지 않을 거야. 하늘나라는 이 세상에서 가장 멋진 곳이거든!

요한은 환상 속에서 더 많은 것을 보았단다.

예수님이 어떻게 왕이 되시는지 보았어. 어떻게 하늘의 왕이 되시고, 땅의 왕이 되시는지를 보았지. 예수님은 온 세상의 왕이 되실 거야. 모든 사람들은 예수님 앞에 무릎 꿇고 경배하겠지!

요한은 사탄이 벌을 받는 것도 보았단다! 사탄은 하나님을 질투해서 그분에게 불순종하고 나쁜 일을 서슴없이 하는 나쁜 천사야. 사탄은 모든 사람을 불행하게 만들고 싶어 하지. 오래전 아담과 하와가 에덴동산에 살 때부터 두 사람을 벌써 불행하게 만들었어. 그 후에도 사탄은 할 수만 있으면 사람들을 불행하게 만들려고 애쓴단다. 하지만 이제 모든 것이 끝나 버렸어. 사탄은 벌을 받아 앞으로는 절대로 사람들을 괴롭힐 수 없게 되었어. 절대로!

요한은 환상 속에서 더 많은 것들을 보았단다. 하지만 어떤 것들은 이해하기가 정말 어려운 것들도 있지.

요한의 책 가장 마지막에 이런 말이 나온단다.
'주 예수님, 어서 오십시오!'

우리도 매일 이렇게 기도해 볼까? 어쩌면 이 기도대로 예수님이 아주 빨리 오실지도 모르잖아. 그때 우리는 예수님 곁에 항상 있게 된단다.